Titre original :
Magyar rapszódia. Liszt életének regénye

ISBN 978-2-7427-3481-8

ZSOLT HARSÁNYI

LA VIE DE LISZT EST UN ROMAN

roman traduit du hongrois
par Françoise Gal

BABEL

PREMIÈRE PARTIE

I

Quand il ouvrit les yeux, il entendit la voix sourde et monotone de deux hommes qui bavardaient sous la fenêtre. Pendant un moment il resta couché sans bouger, ne sachant pas encore très bien si c'était son rêve qui se continuait. Mais le tic-tac impassible de la pendule, la banalité familière des meubles et des objets de la pièce lui prouvèrent bientôt qu'il était bel et bien éveillé. Il prêta l'oreille à la discussion qui filtrait à travers la fenêtre. Les hommes parlaient en hongrois. Mais lui ne comprenait guère cette langue, il lui aurait fallu faire de gros efforts d'attention pour dégager de ces propos la plus petite bribe de signification.

Il s'assit dans son lit, les jambes pendantes. De ses dix doigts il peigna en arrière ses cheveux ébouriffés. Il regarda autour de lui. Le lit de son père et celui de sa mère étaient déjà faits. D'aussi loin qu'il s'en souvînt, ils avaient toujours été couverts de ces mêmes dessus-de-lit verts usés et effilochés sur les bords. Son père était quelque part avec les troupeaux de moutons. Sa mère était dans la cuisine, il l'entendait s'affairer.

Pendant longtemps il resta assis dans cette position, sans rien faire, sans bouger. Bien qu'il eût dormi longtemps, il se sentait vraiment fatigué, comme chaque matin. C'était un enfant frêle et maladif et, tandis que les autres enfants du village étaient tirés du lit dès la pointe du jour, il avait le droit de dormir autant qu'il le voulait ; lorsqu'il était éveillé, ses parents lui permettaient de traîner encore un peu avant de s'habiller. Il ne prenait toujours pas ses vêtements, il restait assis, avec de légers soupirs de fatigue, et regardait ses mains posées sur ses genoux. Il les leva toutes les deux et remua ses doigts en l'air comme des griffes menaçantes. Puis, les mains ainsi écartées, il s'efforça de ne remuer que l'annulaire. Il contempla un instant ses doigts puis laissa retomber ses mains sur ses genoux nus. Il regarda devant lui dans le vide, soupira. Enfin, après une longue hésitation, il se décida :

— *Mutti !*

Immédiatement la réponse lui parvint de la cuisine :

— *Ja, mein Kind, ich komm schon**.

L'instant suivant sa mère entrait. C'était une femme grande et mince dont les cheveux noirs séparés en bandeaux luisants dépassaient légèrement de la coiffe blanche. Les manches de sa robe étaient retroussées jusqu'au coude ; à sa taille étaient accrochées des clefs qui cliquetaient à chaque pas. L'enfant et la mère se sourirent tendrement.

Ils allèrent dans la cuisine. Sur une chaise était préparée la cuvette pour l'enfant, à côté de celle-ci le savon et sur le dossier, la serviette. Le garçon ôta sa chemise de nuit et la noua autour de sa taille comme un tablier puis docile se pencha au-dessus de la cuvette. Il serra les paupières pour que le savon n'aille pas dans ses yeux. Tout en s'affairant à lui laver le visage, le cou, les oreilles et les épaules, la mère l'interrogeait :

— Comment te sens-tu ?

— Comme d'habitude.

— Tu es fatigué ?

— Oui.

— Hier encore tu n'as pas obéi. Tu as travaillé une demi-heure de plus.

L'enfant ne répondit pas, il ne savait pas quoi répondre. La serviette rêche lui frottait le cou et le nez. Enfin la

* Oui, mon enfant, je viens. *(N.d.T.)*

toilette fut terminée. Il retourna en vitesse dans la chambre et s'habilla en un clin d'œil, enfilant à la hâte une chemise et un pantalon, ainsi que des bottes sur ses pieds nus. Pendant ce temps sa mère avait apporté un bol de café avec un quignon de pain, les avait posés sur la table et s'était mise à faire le lit du garçon.

— Ta prière, Putzi.

Mais l'enfant n'avait pas besoin qu'on le lui rappelât, il s'était déjà agenouillé devant l'image de la Vierge sous laquelle une petite flamme tremblante jetait une pâle lueur. Il fit le signe de croix et récita les prières quotidiennes : le Notre Père, l'Ave Maria et la prière du matin. Il aimait tout particulièrement cette dernière. A cause de la phrase : "Toi qui m'aimes." Quand il priait, il se dépêchait toujours un peu pour arriver à ces mots qui l'inondaient d'une chaleur et d'un bonheur merveilleux. Puis il se signa de nouveau et s'assit à table devant son bol. Mais la joie de cette phrase souriait encore en lui. Il sentait la présence de quelqu'un de grand et de mystérieux, quelqu'un d'une immensité insondable qui à présent ne s'occupait que de lui et qui, abandonnant pour un instant l'ensemble de l'univers, n'aimait que lui, le fils d'Adam Liszt, ici à Doborján.

— Bois lentement ton café, le piano ne va pas s'envoler. Il est sept heures et demie, tu as le droit de jouer jusqu'à dix heures et demie.

La mère sortit. Il s'efforça de lui obéir docilement mais son avidité était plus grande que sa bonne volonté. Il engloutit d'énormes bouchées de pain et les avala en buvant de grandes gorgées de café. La bouche encore pleine, il se hissa sur le tabouret de piano. Sa fatigue et son abattement disparurent aussitôt, il fut traversé d'un courant de fraîcheur. Sur le pupitre du piano se trouvait une partition : *Das Wohltemperierte Klavier**. Il tourna les pages jusqu'au premier prélude. De son pied il chercha

* *Le Clavecin bien tempéré. (N.d.T.)*

la pédale puis, de nouveau, il tint devant lui ses deux mains en écartant les doigts pour pianoter un peu en l'air. Il se frotta rapidement l'oreille qui le démangeait, sa mère y avait laissé un peu de mousse. Encore une fois il leva ses mains mais ne frappa pas encore. Cette attente de l'accomplissement était bien trop douce pour qu'il la fît cesser immédiatement. Il se faisait languir, se délectait encore un peu de l'immensité de la joie qui l'attendait et qui ne connaissait aucun obstacle. Puis il s'abattit sur la première note. Dans la demeure du régisseur le son du piano retentit. L'enfant fut métamorphosé instantanément. Il ferma les yeux, son visage se colora.

La partition aurait très bien pu ne pas se trouver devant lui, il connaissait par cœur le volume tout entier. Chacun de ces préludes et chacune de ces fugues, ce n'était même pas dans sa tête, mais dans ses mains qu'ils vivaient. Et tandis qu'il les jouait les uns après les autres il avait l'impression d'être baigné par le flot des notes comme dans les ondes fraîches d'un ruisseau. Dans son dos, dans ses épaules, il ressentait cette immersion totale dans la musique. Voluptueusement inclinée sur le côté, sa tête oscillait parfois dans la délectation de certaines modulations.

Au milieu de la seconde fugue il s'arrêta brusquement. Il ouvrit les yeux et, comme s'il cherchait un secret, son regard se baissa sur la rangée noir et blanc des touches. Puis, avec curiosité, il frappa un *do*. Il écouta. Il éprouvait une joie profonde à entendre la note pure. Il frappa encore cette même note, plus rapidement, puis plus lentement, avec plus de force, ensuite plus délicatement, il appuya la pédale de droite et laissa résonner le *do* indéfiniment. La note, ce miracle insoluble, plana lentement dans l'air, elle résonna, résonna longtemps en s'évanouissant doucement, mais on pouvait encore l'entendre, puis elle ne fut plus qu'un souffle, moins qu'un souffle, et le silence suivit, un silence tout empli de son souvenir mystérieux. De nouveau il joua la note avec force, la laissa résonner et mourir. Il ne pouvait se lasser de cette merveille toujours nouvelle et mystérieuse.

— Putzi, qu'est-ce que tu as encore à pianoter comme ça ? Joue correctement !

C'était sa mère qui criait de la cuisine. Il sursauta et reprit la fugue à l'endroit où il l'avait interrompue. Il sourit tout honteux comme le voleur de bonbons pris la main dans le sac.

Après six préludes et six fugues, il remit en place le volume de Bach et chercha une nouvelle partition. Il hésitait entre Haydn, Mozart, Beethoven, Haendel, Ries et Hummel qu'il prit tour à tour. Il frappait quelques notes, à la hâte, comme une simple illustration et beaucoup plus vite que dans la mesure originale, puis continuait à feuilleter.

Il se décida pour une partition de Beethoven. La *Sonate pour piano en ré majeur* opus 10. Il aplatit la feuille, ses yeux étincelaient de joie. Le mouvement *presto* de la sonate, le premier, commençait par une octave plaquée de la main droite. Il pensa au supplice affreux que lui avaient fait endurer les octaves quand il était plus jeune. Sa main était trop petite, la distance entre son pouce et son petit doigt ne couvrait pas les huit notes, quelque grands que fussent ses efforts pour les écarter. Il ne parvenait à frapper une octave qu'en trichant, d'une main qui se déplaçait à la vitesse de l'éclair. A l'âge de sept ans il jouait encore ainsi. A cette époque il récitait chaque soir des prières secrètes pour que ses mains grandissent plus vite et plus d'une fois l'envie le traversa de se taillader entre les doigts avec le rasoir de son père. Il était tourmenté par le désir indicible de pouvoir jouer à n'importe quel prix ce qu'il voyait imprimé dans les partitions. Alors qu'il déchiffrait pour la première fois une composition de Ries, il découvrit avec stupeur qu'il fallait de la main gauche frapper une dixième. Comment pourrait-il donc taper de sa petite main un intervalle de dix notes ? Son zèle démesuré le rendit inventif : tandis que de sa main droite il jouait en haut la mélodie, et en bas, de la gauche, la note inférieure de la dixième, il se pencha au-dessus du clavier et frappa du bout de son nez la note manquante. Son père fut secoué de rire pendant plusieurs minutes puis il le serra contre lui et l'embrassa. Mais lui ne riait pas. Il haïssait son impuissance. Maintenant qu'il avait dix ans, la situation était différente. S'il ne parvenait pas encore à frapper une dixième, il n'éprouvait plus aucune difficulté avec les octaves. Son pouce et son petit doigt s'ouvraient presque à l'horizontale en raison de l'écartement violent. Avec aisance et fierté il frappa les trois *ré*, alors que le compositeur avait indiqué un piano, ce qui rendait la chose beaucoup plus difficile.

Avec une assurance fanfaronne les petits doigts couraient au-dessus des touches. Tandis que sa main droite cédait la mélodie à la gauche, puis la reprenait, son buste fléchissait en balançant tantôt d'un côté, tantôt de l'autre. Au crescendo il serra les dents comme pris d'envie de mordre, et quand il arriva au trémolo de *si*, c'est tout son corps qui frissonna de délice. Mais se laissant emporter par une nouvelle ardeur il poursuivit le nouveau mouvement de la composition, au pianissimo il appuya sur les touches avec une précaution extraordinaire, puis, de nouveau, poursuivit son jeu, libéré, comme celui qui a traversé un précipice sur une passerelle étroite et vacillante. Il arriva au mouvement *Largo e mesto*. A la deuxième mesure ses yeux étaient déjà embués de larmes. La plainte douce et sombre de la composition emplissait son cœur d'un chagrin merveilleux. Tandis que sa main gauche jouait l'accompagnement avec des pulsations précises, sa main droite jouait les ornements suppliants de la plainte avec une ferveur si émue et si heureuse que subitement il dut la lever pour essuyer les larmes qui commençaient à le démanger au bord du nez. Mais il resta quand même en mesure. Il continua à jouer avec précision, tout en pleurnichant doucement ou en se réjouissant secrètement par avance du menuet qui allait suivre.

Ce menuet, il l'aimait de tout son cœur. Dès qu'il se mit à le jouer son visage se modela sur le sourire gracieux et mélancolique de la phrase musicale. "*Ein trauriges Lächeln**" – c'était l'expression qu'il avait inventée lui-même pour cette musique et il se délectait à la répéter. Mais après deux mesures il recommença. Ce n'est pas dans son jeu que se trouvait la faute, non, c'est du jeu de son visage qu'il n'était pas satisfait. Il revêtit le jeu de physionomie qu'il avait imaginé, y ajustant pour ainsi dire ses traits, et recommença. Mais quelque chose n'allait pas : ses doigts lui obéissaient, mais pas son visage. Il descendit brusquement du tabouret, courut dans l'autre pièce jusqu'au miroir de sa mère et là il essaya le visage "au sourire triste". Il dodelinait de la tête, tiraillait sa bouche, essayait de tenir ses yeux mi-clos. Puis il retourna en courant au piano, l'expression figée sur son visage, la transportant comme l'on porte précautionneusement une boisson dans un récipient rempli à ras bords. Il se rassit et se mit à jouer, satisfait cette fois. Et c'est avec la même mimique qu'il joua les phrases musicales saisissantes jusqu'au trio. Il répéta le mouvement comme c'était indiqué et lorsqu'il eut terminé il s'inclina sous le tonnerre d'applaudissements imaginaires, le visage grave et plein de dignité. Puis il jeta un coup d'œil furtif sur la porte ouverte pour s'assurer que personne n'était le spectateur de sa comédie solitaire. Il serait mort de honte si on l'avait surpris. Mais personne ne l'avait vu, l'arrière-cuisine était déserte. Rassuré, il attaqua le trio. Débordant de joie il faisait lestement

* Un sourire triste. *(N.d.T.)*

passer sa main gauche au-dessus de la droite tantôt d'un côté, tantôt de l'autre, pour retrouver, à la répétition du menuet, le sourire étudié avec lequel il se plaisait tant.

Le rondo devait suivre mais ses doigts s'immobilisèrent sur l'accord final en *ré* majeur. Il leva les yeux. Au mur était suspendu le portrait de Beethoven dans un cadre noir ovale. D'aussi loin qu'il s'en souvînt, ce tableau avait toujours été là, avec, au-dessous, le violoncelle et la guitare de son père, instruments auxquels le chef de famille ne touchait que rarement car il aimait surtout le piano.

Le tableau représentait un homme au regard sombre, au nez camus et au front large. Il avait entendu dire beaucoup de choses à son sujet : son père et les hôtes de la maison le mentionnaient fréquemment, sur un ton empli d'une sorte de recueillement. Ils discutaient parfois sur d'autres musiciens, mais à son sujet jamais ; dès qu'ils commençaient à parler de Beethoven le ton de la conversation changeait, comme si celui-ci était descendu en personne parmi eux, le visage renfrogné et inspirant la vénération. On racontait qu'il était un homme extrêmement bourru, que, pétri d'un orgueil immodéré, il ne courbait jamais la tête, même pas devant les aristocrates, qu'il vivait chichement, confiné dans son petit appartement à Vienne, qu'à l'âge de trente ans il avait commencé à souffrir de troubles de l'audition et qu'à présent il était complètement sourd. On disait qu'au-dessus de son piano était fixée une sorte de plaque de cuivre d'une flexion spéciale qui lui permettait de pressentir encore quelque chose de la vibration des notes quand il essayait de jouer. Mais même atteint de cette infirmité, c'était lui le plus grand de tous les musiciens vivants.

Cet homme au regard inamical avait toujours eu une influence extraordinaire sur l'enfant. Un jour où les invités de son père lui avaient demandé ce qu'il voulait être plus tard, quand il serait grand, il avait montré le tableau et répondu en rougissant :

— Comme lui.

Il regardait cet adulte mystérieux qu'il avait choisi pour modèle. Il éprouvait le désir passionné de pouvoir l'approcher et de s'en faire aimer. Il avait le sentiment de savoir beaucoup de choses à son sujet ; ses œuvres, qu'il jouait, semblaient toutes être des conversations intimes avec le petit garçon de Doborján. Les collègues de son père qui venaient parfois chez eux étaient tous des messieurs adultes. Mais pas Beethoven. Pour lui Beethoven n'était pas un adulte, mais quelqu'un qui n'avait pas d'âge, avec qui il aurait aimé être, même sans parler, seulement en restant assis avec lui au piano, pour jouer par exemple les premières mesures sentimentales et profondes de la *Sonate pour piano en la bémol majeur*, et se regarder ensuite dans les yeux avec une joie partagée, extatique. Et vivre aussi à ses côtés, toujours, toujours.

Mais est-ce qu'il deviendrait "comme lui", ainsi qu'il l'avait décidé alors qu'il n'était encore qu'un tout petit enfant ? Travailler, il fallait travailler. Il s'arracha à la rêverie, ferma le recueil de sonates et se mit à chercher parmi les nombreuses partitions. Il les reconnaissait toutes à leur couverture et à leur toucher, à la forme de leurs bords qui tombaient en lambeaux. De la masse des cahiers il tira vivement les études de Czerny. Il ouvrit le volume à l'endroit où son père avait tracé la veille des signes au crayon. Il rectifia sa position sur le tabouret, étendit ses mains comme des armes avant le combat, mais ne commença pas tout de suite. Auparavant il fit le signe de croix. Puis il tourna ses doigts vers le clavier et enfin, après une longue attente, les abattit sur les touches. Le travail quotidien régulier avait démarré. Répéter cent fois la même phrase musicale, avec une invariabilité ennuyeuse et opiniâtre, encore et encore, comme s'il fallait compter le sable du désert grain par grain. Cinq minutes, un quart d'heure, une demi-heure, et davantage, de façon monotone, interminablement. L'attention aimerait échapper au travail mécanique des doigts, mais si elle les laisse sans surveillance, ne serait-ce qu'un instant, ils en profitent aussitôt pour fomenter le désordre, comme des esclaves sournois. A ces moments-là il faut punir les mutins, leur faire répéter huit fois, dix fois, vingt fois la même mesure, et c'est tout spécialement ces deux vauriens maladroits qu'il faut mener à la baguette, ces annulaires qui sont toujours prêts à détourner quelque part quelque petite besogne. Une demi-heure, une heure, une heure et demie, sans s'arrêter, avec la monotonie mélancolique du manège…

— Putzi, ça suffit, il est onze heures et demie.

La mère s'avança jusqu'au piano, une tartine beurrée à la main. L'enfant interrompit l'étude au beau milieu et sauta du tabouret.

— Qu'est-ce qu'on mange à midi ? demanda-t-il en dévorant la tartine.

— Tu n'as pas honte ? Tu as encore la bouche pleine et tu penses déjà au déjeuner ? Allez, file en vitesse chez M. le vicaire. Et sois rentré pour midi et demi, sinon ton père te grondera.

Dehors, dans la rue, l'été villageois resplendissait d'une joie torride. Les murs blancs des petites maisons aveuglaient, à cette heure proche de midi, les acacias poussiéreux ne projetaient plus guère d'ombre. Sur la grand-route la poussière cuisait presque. En taches blanches les oies haletantes se terraient dans les fossés couverts de petite mauve. La route était déserte ; seul, très loin, un paysan cheminait, il rentrait sûrement de Sopron.

L'enfant se hâta vers la maison du vicaire. Malgré la chaleur accablante il était heureux de pouvoir courir après être resté si longtemps assis devant le piano. En passant devant la maison des Zirkel, il vit Szepi en train de tailler quelque chose. Celui-ci lui cria :

— Tu as ce dont on a parlé ?

— Cet après-midi, maintenant je suis pressé.

Ils étaient convenus de voler une poignée de poudre dans les affaires de chasse de son père et d'inventer un jeu. Mais ça lui était sorti de la tête. Il le ferait cet après-midi.

Onkel Rohrer, le vicaire, était assis dans la cour en manches de chemise, sans soutane, en pantalon de lustrine noir. Il était occupé à enfoncer un coin dans le manche branlant d'une petite hache tout en fumant sa chibouk.

— Eh bien, comment vas-tu, mon enfant ?

— Merci beaucoup, monsieur Rohrer, je vais bien. J'ai travaillé jusqu'à maintenant.

— Ton père est à la maison ?

— Non, il ne rentrera que pour le déjeuner.

Un silence suivit. Le vicaire tapait sur la hachette avec le marteau. Régulièrement il essuyait de sa manche son front inondé de sueur. L'enfant attendait patiemment.

— Quelle chaleur ! dit le vicaire. Allons, entrons. Il fait quand même plus frais à l'intérieur.

Ils entrèrent dans la maison en longeant la cuisine d'où s'échappait une forte odeur de ragoût mêlée au grésillement du fourneau. Un véritable nuage de mouches s'abattit sur eux. Dans la pièce obscure qui sentait le renfermé, le vicaire bourra sa pipe et installa son corps lourd près de la table en soufflant. Le garçon alla chercher ses affaires sur l'appui de la fenêtre : des livres, des cahiers, des plumes et de l'encre. Il prit place lui aussi à la table, trempa sa plume et attendit. Le vicaire commença à dicter tout en saisissant une tapette à mouches.

— *Constitit atque oculis*…

— *Oculis*, oui.

— … *Phrygia agmina*… Tu y es ?

— Oui.

— *Circumspexit*. Tu y es ? Fais voir. Qu'est-ce que c'est ? *Phrygia ?* Comment faut-il écrire *Phrygia* ? Tu ne fais jamais attention, mon garçon. Je t'ai encore expliqué hier.

L'élève corrigea vigoureusement le mot mal écrit.

— Et maintenant, traduis. Qu'est-ce que ça signifie *constitit* ?

— Il s'est arrêté.

— Alors vas-y, vas-y, ne te fais pas prier.

A cet instant un grand claquement retentit et de sa paume le vicaire Rohrer balaya la mouche qu'il avait tuée. Le cours avait commencé, sommeilleux et laborieux. "Il s'arrêta et regarda tout autour les troupes phrygiennes." Puis de nouveau la dictée, de nouveau la traduction. Entre-temps il lui fallait chasser des pieds et des mains les mouches qui l'assiégeaient, et la tapette du vicaire retentissait avec fracas en s'abattant sur la table.

— Quoi ? *Literarum*, avec un seul *t* ? Tu n'as pas honte ? Un enfant prodige qui a donné des concerts à Pozsony et à Vienne et qui ne sait pas l'orthographe malgré tous mes efforts ? Tu n'arriveras jamais à rien. Si ça se reproduit encore une fois, je dirai à ton père que tu ne fais jamais attention.

— Non, non ! s'écria le garçon effrayé.

— Tu vois, maintenant tu as peur. Mais pourtant tu ne peux pas faire attention. Mais dis-moi un peu, qu'est-ce que vous allez faire ? Vous allez vraiment vous installer à l'étranger ?

— Je ne sais pas, monsieur Rohrer. Papa ne me l'a pas dit.

— Pourtant j'ai entendu dire que Son Altesse sérénissime vous donnait une bourse.

— Je ne sais pas.

— Et ton grand-père, qu'est-ce qu'il devient ? Il est toujours à Pottendorf à la fabrique de drap ?

— Oui, il est là-bas.

— Eh bien, j'irai vous voir un de ces jours, dis-le à ton père. Cela fait des semaines que j'en ai l'intention mais il y a toujours des imprévus. Attends un peu, je reviens tout de suite. Pendant ce temps regarde tes fautes. C'est du joli : l'enfant prodige ne sait pas l'orthographe. Tu crois que Mozart faisait des fautes d'orthographe ?

Il sortit. L'enfant resta seul. Il haussa les épaules. Il avait en horreur ces leçons qui ne faisaient apparaître que son ignorance et son inattention. Tout de suite il se mit à chercher dans ses souvenirs glorieux un baume pour apaiser les blessures de son amour-propre. Il pensa tout d'abord au concert de Sopron. Oh, cela avait été merveilleux. Le jeune baron aveugle, qui avait eu vent de la virtuosité du fils du régisseur de Doborján, âgé de neuf ans, avait demandé à ce dernier de permettre à l'enfant de se produire à son concert, peut-être le public en serait-il plus nombreux. Le père avait donné son autorisation. L'enfant était assis en haut, sur l'estrade, entouré de l'orchestre. En bas la salle était pleine. Il se souvenait encore du pincement en un point de sa poitrine, juste au-dessus de l'estomac. Quand il avait entamé le *Concerto pour piano en mi bémol majeur* de Ries, œuvre qu'il avait jouée tant de fois à la maison, ses oreilles avaient été frappées d'une surdité totale, il n'entendait plus la moindre note de l'orchestre ni de son piano, il avait cru qu'il allait s'évanouir sur-le-champ, mais les premières mesures avaient retenti à la perfection et lentement il était revenu à lui. En l'espace de deux minutes il était à nouveau maître de ses doigts. Il avait joué le cœur battant, enfiévré par une passion étrange. Et ses oreilles résonnaient toujours des applaudissements qui avaient suivi le morceau. C'étaient les premiers applaudissements publics de sa vie. Cette crépitation excitante, douce, dure, qui montait de l'assistance comme une averse de grêle extraordinaire. Et les gens bondissaient, se précipitaient jusqu'au piano, hommes et femmes l'enlaçaient, l'embrassaient, caressaient sa tête, cajolaient son visage et chacun criait dans une joyeuse confusion : Oh, quel amour d'enfant ! comme il est mignon ! comme il est adorable !... Après le concert, alors qu'ils étaient déjà couchés, son père, croyant qu'il dormait, était venu sur la pointe des pieds jusqu'à son lit et l'avait embrassé. Il pleurait. Le lendemain les parents avaient déclaré qu'ils n'avaient désormais plus le moindre besoin du baron aveugle Braun. Putzi devait donner un concert tout seul à Sopron. Et ils l'avaient organisé, ce concert. Son père courait du matin au soir avec les billets, sa mère était constamment en route entre Sopron et Doborján, et quant à lui, il devait travailler six heures par jour. Ce concert avait été couronné d'un succès encore plus grand que le premier. La salle était comble et dès qu'il était entré et avait salué, il avait été accueilli par un tonnerre d'applaudissements. Et que dire de ce qui avait suivi le récital ? Combien plus crépitants, plus durs, plus longs peuvent être les applaudissements d'un grand public ! Et comment ils se l'étaient passé de main en main, combien de caresses, combien de baisers il avait reçus, cent fois plus que la première fois. Et son père, avec quel bonheur il avait discuté pendant des heures avec sa mère de ce qu'avait dit tel grand seigneur, et tel autre grand seigneur... C'est alors qu'était né dans son âme le secret qui allait le ronger atrocement et qu'il n'avait depuis jamais livré à personne...

— Me voici, dit en soufflant le vicaire qui entrait. Prends donc la grammaire allemande.

L'enfant avala le soupir qui essayait de sortir. Docilement il ouvrit le livre. Il chercha la page de la leçon du jour et commença à lire à voix haute, avec résignation, sans faire attention. Le vicaire interrompait sa lecture par des questions auxquelles l'enfant donnait une réponse hésitante et presque toujours fausse. Les semonces se succédaient. Une de ces questions l'avait justement plongé dans le plus profond embarras, quand tout à coup l'angélus de midi fit retentir le *sol* dièse mélodieux qu'il connaissait bien. Le vicaire et l'enfant suspendirent la leçon, firent le signe de croix et se mirent à prier en remuant les lèvres. C'est Rohrer qui eut fini le premier. Et sans se soucier du fait que l'enfant était encore en train de réciter sa prière, il lui lança :

— J'arrive tout de suite.

Il ressortit. L'enfant fit le signe de croix et retourna vite à la consolation de ses souvenirs de triomphe. Et après Sopron ? Un jour son père était rentré à la maison tout animé, porteur d'une grande nouvelle : le prince désirait entendre l'enfant, ils devaient aller à Pozsony. Quel émoi dans la maison ! Il ne reconnaissait plus son père. Celui qu'il avait jusqu'alors imaginé comme étant le plus grand, le plus fort, le plus puissant du monde, lui semblait tout à coup un valet tremblant et agité, quelqu'un qui s'aplatissait et languissait après les grâces d'une grande autorité supraterrestre. Du matin au soir la famille parlait du concert de Pozsony et à tout propos les conversations déviaient vers le même et unique sujet : le prince.

Il ne pouvait même pas se l'expliquer, mais cette agitation qu'il constatait chez ses parents, surtout chez son père, le bouleversait jusqu'au fond de l'âme. Il avait jusqu'alors toujours considéré son père comme le premier au monde et à présent il voyait descendre de l'autel cette idole qu'il aimait d'une passion brûlante. Il se referma en lui-même, tourmenté par ses sombres réflexions, souffrant, mais sans en parler à personne. Jusqu'alors il n'avait jamais rien caché à ses parents, maintenant était apparu dans son cœur le premier secret amer. Sa peine était encore accrue par les remontrances incessantes que lui faisaient son père comme sa mère.

Ils le reprenaient sans arrêt, trouvaient toujours quelque chose à redire dans son comportement. Comment es-tu assis sur cette chaise ? Redresse-toi, c'est ainsi que tu vas te tenir devant Son Altesse ? Comment tiens-tu ce couteau ? C'est comme cela que tu vas manger à Pozsony ? Que vont dire les gens de Son Altesse sérénissime ? Qu'il fût debout, qu'il fût assis, qu'il mangeât, qu'il marchât, rien n'allait. Et tout cela à cause du prince. Bien vite, il se mit à haïr ce prince jusqu'au fond de son âme. Il sentait que s'était formée une brèche irréparable dans le respect passionné qu'il éprouvait jusqu'alors envers son père. Il eut beau au début se le cacher à lui-même, il lui fallut se rendre à l'évidence qu'il en voulait profondément à son père. Il était déçu et humilié. Un jour il ne tint plus et éclata :

— Arrêtez de me gronder tout le temps à cause du prince, papa. C'est donc Dieu, le prince ?

Son père le regarda, étonné, et dit :

— Presque.

Puis d'une voix grave, avec une tendresse pleine de compassion, il poursuivit :

— Nous, notre pain, c'est de notre maître, le prince Miklós Esterházy, que nous le recevons. Tu es encore petit et tu ne comprends pas encore quel grand seigneur il est. Il vient juste après l'empereur François dans toute l'Europe. Cette maison est la sienne. Tout Doborján est à lui. Où que tu regardes, les champs, les forêts, les collines, tout est à lui. Ce que nous mangeons, c'est lui qui nous le donne. Ton grand-père aussi, c'est de lui qu'il reçoit à Pottendorf ce qu'il mange. Les habits que nous portons tous, c'est lui qui nous les donne. Qu'il se fâche, et demain peut-être serons-nous sans toit et sans rien à nous mettre sous la dent. Mais s'il lui en prend l'envie, il peut nous donner beaucoup d'argent, et nous pourrons aller habiter dans une maison plus belle et je pourrai te faire donner des cours de piano par des maîtres.

Tu sais qui il a nourri à Kismarton ? Haydn. Et Hummel. S'ils pouvaient jouer du piano, c'est seulement parce qu'il les entretenait. Tu sais qui est Cherubini, je te l'ai déjà expliqué. Eh bien, même Cherubini est venu ici de très loin voir le prince, parce que le prince le voulait. Il faut que tu comprennes, mon cher petit garçon, que dans le monde il y a deux sortes d'hommes : les grands seigneurs et les pauvres. Le pauvre, s'il veut arriver à quelque chose, doit être respectueux, humble, soumis et obéissant.

— Mais moi, c'est à vous que je veux obéir, papa, pas à lui. Lui, je ne le connais pas.

— Ne discute pas avec ton père, mon petit. Fais de ton mieux à Pozsony, si tu as la chance de paraître devant Son Altesse, parce que de cela dépendent beaucoup de choses. Tu joueras chez un parent de Son Altesse sérénissime. C'est magnifique.

Il se taisait, l'âme emplie de désillusion et d'amertume. Et cette amertume, il ne la pardonna pas à son père. Il travaillait assidûment pendant des heures, le concert le faisait déborder d'une ambition fougueuse, et quand on lui apporta de Sopron son splendide habit de gala à la hongroise, il exulta de bonheur. Mais dans son âme, avec une obstination secrète, il réchauffait toujours sa colère.

Le concert était transformé dans son souvenir en un tourbillon de couleurs si resplendissant qu'il n'était plus capable quand il y repensait que d'en évoquer certains détails. Il se revoyait transporté d'enthousiasme à la vue de l'immense ville de Pozsony. Auparavant il n'aurait même pas pu s'imaginer ces palais, cette foule, ces attelages empanachés grondant sur le pavé des rues. Il se revoyait montant l'escalier entre des hussards magnifiques, serrant avec force la main de son père. Il revoyait l'exécrable tableau de son père courbé humblement devant les serviteurs de la cour. Puis il se revoyait dans la salle scintillante et féerique, au piano, aveuglé et étourdi par le luxe des sièges dorés, par le faste inouï des gens qui y étaient assis. Il se souvenait de son jeu, du visage concentré de son père, blanc comme un mort, il se souvenait de l'émoi douloureux qui l'avait saisi quand il avait vu trembler les doigts qui tournaient les pages des partitions. Il se souvenait de l'étonnement formidable qui avait parcouru les rangs de l'assistance quand il avait joué les partitions tout à fait inconnues que l'on avait posées devant lui pour mettre son talent à l'épreuve. Puis il revit devant lui le prince, ce vieillard magnifié, ce seigneur de l'au-delà, qu'il aurait tellement aimé détester, mais en vain, car ce vieil homme de belle prestance aux habits somptueux était souriant, gentil et bon : il l'avait soulevé et serré contre sa poitrine en l'embrassant sur les deux joues tandis que dans la salle les applaudissements redoublaient. Puis tout se confondit : des messieurs en habit d'apparat et des princesses sorties des contes de fées avaient déferlé autour de lui. Du reste il ne parvenait plus à se souvenir.

Mais il se rappelait très bien que pendant qu'il jouait sa mère l'attendait dehors, parmi les domestiques. Sa mère n'avait pas eu le droit d'entrer dans la salle de concert. Un laquais poudré en costume multicolore l'avait sévèrement interpellée quand elle avait tenté lâchement de se faufiler quand même. Ce spectacle l'avait profondément meurtri, sa mère était retournée sur ses pas en souriant, comme un enfant surpris en train de faire une bêtise.

Puis on l'avait ramené à l'hôtel. Son père et sa mère avaient fondu en larmes au déjeuner. Ils l'avaient serré contre eux, couvert de baisers.

— Tout va changer, avait dit son père, tremblant de bonheur, les “magnats” ont été tellement enthousiastes qu'ils vont t'offrir ensemble une bourse d'étude pour six ans. Je vais t'emmener étudier auprès de Hummel.

Et maintenant, qu'est-ce que tu aimerais, mon petit ? Veux-tu manger ou boire quelque chose ? Tu peux demander ce que tu veux. Que pouvons-nous t'acheter en ville dont tu as envie ?

Mais lui n'avait envie de rien du tout, il se sentait très fatigué. Il les suivit à contrecœur tout l'après-midi, et le soir il voulut se coucher très tôt.

Puis ils rentrèrent à Doborján et l'ivresse du succès aux couleurs d'arc-en-ciel s'évanouit bien vite. Les comtes avaient proposé une bourse de six ans, mais cette offre de grand seigneur devait à présent être monnayée – et Adam Liszt ne savait pas comment s'y prendre. Il se rendait sans cesse à Kismarton et là, des heures durant, il frappait aux portes des puissants officiers du domaine princier. Ceux-ci lui interdirent d'ennuyer les amis de Son Altesse sérénissime. Ils lui interdirent même d'adresser une requête au prince pour que celui-ci intervînt auprès des aristocrates concernés. Quant à ceux qui, dans la fièvre du succès formidable, avaient jeté à profusion leurs promesses d'argent à l'enfant prodige, ils n'envoyèrent pas un sou à Doborján. Il n'était d'ailleurs pas possible d'attendre cela de leur part. Il aurait fallu quelqu'un qui les rencontrât et recouvrât les sommes proposées. Mais ce genre d'intermédiaire ne s'était pas trouvé. Et le rêve grisant de l'installation à l'étranger se transforma en un gnome grimaçant et moqueur de plus en plus lointain.

Pendant trois mois, les promesses dans sa poche, Adam Liszt attendit, condamné à l'inaction. C'est alors qu'il décida que son fils se produirait à Vienne. Les seigneurs hongrois ouvriraient les yeux, ils se rappelleraient les promesses de Pozsony et peut-être Son Altesse sérénissime elle-même se montrerait-elle généreuse et large. Une correspondance intense commença : chaque soir, jusqu'à minuit, le père calligraphiait ses lettres, courbé au-dessus de la table. Il assaillit de celles-ci tous ceux qu'il connaissait à Vienne. La mère elle aussi se creusait la tête pour se rappeler les connaissances qu'elle avait eues à Vienne lorsque, jeune fille, elle habitait encore avec sa famille, à la mercerie Langer de Krems. Et finalement ils parvinrent à mettre sur pied le concert viennois.

Le vicaire entra en traînant les pieds. L'enfant se pencha immédiatement sur son livre d'allemand. Cependant l'instituteur resta debout, hésitant :

— Cela suffit pour aujourd'hui. Il fait une chaleur épouvantable. Demain nous étudierons davantage.

— Oui, monsieur Rohrer.

Il ramassa promptement ses affaires, les remit sur l'appui de fenêtre. Le vicaire s'était déjà étendu paresseusement sur le divan grinçant et, somnolant, répondit à peine au salut de l'enfant. L'enfant sortit, mais beaucoup plus lentement qu'il n'était entré. Ses souvenirs vivaient si intensément en lui qu'il ne parvenait pas à s'en libérer. Tandis qu'il cheminait dans la lumière radieuse en direction de la maison de ses parents, il se remémora l'époque du concert de Vienne, avec la même curiosité que s'il avait regardé un livre d'images.

Mais il ne lui restait de ce voyage à Vienne que des images sans liaison. Les voyageurs de la spacieuse chaise de poste lui apparurent, les péripéties du voyage, la trompette et le manteau de couleur du cocher. Puis il vit les rues de Vienne aux lumières scintillantes dans cette soirée de printemps, la longue rangée des palais beaucoup plus grands encore que ceux de Pozsony, la foule des gens, l'intense circulation. L'agitation de son père qui courait à mille endroits, haletant, transpirant. Puis le concert lui-même : une salle à moitié vide, une ambiance de glace, des applaudissements clairsemés, quelques dames enthousiastes qui le prirent sur leurs genoux et le harcelèrent de questions indiscrètes, beaucoup de gens qui vinrent trouver son père et qu'il ne connaissait pas. Il se souvenait aussi du voyage de retour : son père était de mauvaise humeur, il le reprenait et le grondait sans cesse. Pourtant il n'y pouvait rien. Il avait joué de la même façon qu'à Pozsony. Si peu de gens étaient venus, ce n'était pas sa faute.

Depuis, quelques mois avaient passé. Son père, plus opiniâtre que jamais, préparait toujours leur installation à l'étranger. Il le faisait travailler son piano avec assiduité. A présent l'enfant jouait six à sept heures par jour. Sa mère l'observait toujours d'un œil anxieux et lui demandait à tout moment s'il allait bien, s'il n'avait pas mal quelque part. Il est vrai qu'autrefois il avait souvent été gravement malade. Pendant des mois il avait souffert de la fièvre des marais et il ne lui restait plus que la peau sur les os. Il pouvait à peine soulever la main et avait dû abandonner complètement le piano pendant une longue période. Ses parents lui avaient aussi raconté que lorsqu'il était tout petit il était régulièrement atteint d'un spasme étrange. A ces moments-là il restait étendu raide, sans bouger, puis son corps tout entier était saisi de convulsions. Les parents ne croyaient pas que l'enfant survivrait à ces crises. Au cours de l'une d'elles il était allé si mal que son père avait fait venir le menuisier du village et lui avait commandé un cercueil. Mais ces symptômes n'apparaissaient à présent que rarement. Maintenant il se sentait bien, il était assez fort pour travailler le piano et avait un appétit de loup. Seulement chaque matin il était fatigué, et sa mère avait peur qu'il n'attrapât la phtisie. Un petit frère, dont il ne se souvenait pas, en était mort.

Il courait à présent vers la maison, affamé. Il rencontra quelques paysans de Doborján qui portaient, suivant la mode du village, un tablier de toile. Haletant et transpirant ils allaient à leur besogne dans la chaleur suffocante de midi. Adam Liszt était déjà rentré. Il allait et venait dans la petite cour en attendant le déjeuner.

L'enfant entra dans la cour, courut vers son père et lui baisa la main.

— Tu as travaillé ?

— Oui, six préludes et six fugues. Ensuite j'ai joué la *Sonate pour piano en ré majeur.*

— Encore ? éclata la voix menaçante du père.

— Seulement une fois, papa, vraiment, une seule fois. Et après j'ai travaillé Czerny jusqu'à onze heures et demie. Maintenant je viens de chez M. Rohrer.

— Je t'ai déjà dit mille fois que la matinée n'est pas faite pour s'amuser. Je te prie de travailler comme je t'en ai donné la consigne. Tu as compris ?

— Oui, papa.

La mère leur cria de l'intérieur que le déjeuner était prêt. Ils entrèrent dans la pièce remplie de mouches bourdonnantes. Ils restèrent un instant muets debout près de leur chaise, se signèrent. Puis la mère servit la soupe. L'enfant se jeta sur son assiette. Il n'écoutait même pas ses parents qui s'étaient mis à discuter d'affaires d'intendance, de moutons, et encore et toujours de moutons. C'était le travail d'Adam Liszt à Doborján : contrôler l'élevage des moutons dans cette partie du domaine seigneurial. L'enfant ne s'y intéressait pas. Tandis qu'il mangeait, il se demandait si Mozart, lorsqu'il était allé jouer à Vienne, avait eu lui aussi un nouvel habit.

Après le repas, à peine se furent-ils essuyé la bouche que le père et le fils prirent place au piano. Tout d'abord ils jouèrent à quatre mains. L'enfant était très concentré, il avalait les notes et dans sa grande application il faisait même un peu dépasser sa langue au coin de sa bouche. Parfois il sursautait, effrayé, lorsque son père, accentuant fortement les mesures des basses, lui rappelait sévèrement :

— *Takt hal-ten ! Takt hal-ten* !*

* Tiens la mesure. *(N.d.T.)*

Lui succéda la leçon de transposition. Le père choisit un exercice de Czerny et l'enfant le joua d'abord en *do* majeur, puis immédiatement en *sol* majeur, en *la* majeur, et ainsi de suite, dans toutes les tonalités. Quand il se trompait son père éclatait :

— Qu'est-ce que tu fais ? Qu'est-ce que c'était ? Je veux un *fa* dièse, pas un *sol*, quel laisser-aller !

Puis il exécuta un autre exercice dans toutes les tonalités mineures. Ensuite, avec un troisième exercice, dans l'ordre des règles de l'harmonie : après *ré* majeur immédiatement *mi* bémol majeur. Et de nouveau avec un quatrième, après *si* bémol mineur tout de suite *ut* mineur.

Ils jouaient déjà depuis une bonne heure et demie. La mère avait terminé la vaisselle, elle était entrée, s'était placée derrière eux. Elle hésita un instant puis demanda :

— Tu n'es pas trop fatigué, mon enfant ?

L'enfant n'eut même pas le temps de répondre, le père lança sèchement :

— Ne t'en mêle pas, ma chère, ne nous dérange pas. Je vois bien quand il est fatigué.

La mère ne répondit pas, elle retourna à son travail. Ils passèrent ensuite à l'exercice d'interprétation, comme tous les jours. Le père se leva, s'assit à la table et y apporta de quoi écrire. Il se mit à rédiger les lettres quotidiennes dont il inondait ses connaissances viennoises, les gens du domaine de Kismarton et les musiciens viennois qu'il ne connaissait même pas personnellement. L'enfant pendant ce temps devait interpréter un morceau de concert assez long, en travaillant bien les nuances, comme s'il était sur l'estrade. Tout en s'occupant de sa correspondance, Adam Liszt écoutait d'une oreille le jeu de son fils et intervenait de temps à autre :

— Plus lentement, plus lentement, quel tempo est-ce donc, tu ne parviendras donc jamais à apprendre ce diminuendo ?

Ou bien, impatiemment, il tapait du poing sur la table :

— Qu'est-ce que c'est que ce travail ? Beaucoup plus doucement, avec du sentiment ! Ne sais-tu pas ce que c'est que le sentiment ? Enfin !

Quand l'aiguille de la pendule fut arrivée au chiffre trois, enfin, il reçut la permission salvatrice :

— Tu peux improviser une heure. Mais seulement une heure. Et demain pendant une heure tu travailleras séparément les tierces chromatiques des deux mains, aujourd'hui c'était exécrable.

Il prit son chapeau et sortit. L'enfant resta seul avec le piano qu'il avait maintenant en sa possession sans aucune interdiction. Il s'en empara comme l'amoureux d'une proie guettée depuis longtemps, pris du désir cupide de l'adorer et de la dévorer à la fois. Avant tout il fit courir ses dix doigts tout au long du clavier en passages grondants et étincelants. Ensuite, cherchant distraitement les transitions des différentes tonalités il s'efforça de pianoter un thème. Au début aucune mélodie à son goût ne lui vint à l'esprit mais ensuite ses doigts se mirent à jouer la mélodie de *O du lieber Augustin.* Il sourit. Il avait fait des variations sur cet air devant le public de Vienne. Quand il avait eu joué tous les morceaux fixés dans le programme et que, selon la coutume, il avait improvisé sur des thèmes proposés par l'assistance, quelqu'un lui avait demandé cette mélodie. Comment avait-il donc fait alors ? En premier lieu il l'avait jouée simplement, strictement, comme un dessin géométrique dessiné au tableau. Puis il l'avait entamée en fugue. La mélodie était dédoublée, tels deux serpents s'enlaçant, s'entortillant, mais bien vite un troisième s'était joint à eux, puis un quatrième, et les tresses de la mélodie s'étaient réunies comme une toile épaisse et vibrante sur un métier à tisser. Puis subitement il avait défait la formule embrouillée et avait décomposé la mélodie en doubles croches avec trilles, et, de façon tout aussi inattendue, il l'avait reprise de la main gauche tandis que, de la droite, il jouait des passages riches, capricieux, en un chant grondant, comme trempé dans les flots d'une cascade colorée. Ses deux mains et son corps entier s'abandonnaient à la musique, chaque parcelle de son être y participait, ses épaules se balançaient, sa tête tournait théâtralement de droite à gauche, il se laissait aller dans son jeu. Il aurait joué des heures, indéfiniment, si sa mère n'était entrée et n'avait posé sa main sur son épaule.

— Ça suffit pour aujourd'hui, mon petit, tu vas encore te rendre malade. Et ton père sera fâché si tu t'amuses trop longtemps.

L'enfant abandonna la musique en poussant un gros soupir. Il descendit du tabouret en essayant de cacher sa fatigue. Mais il ne le put. Il ressentait un épuisement profond et doux. Il se jeta de tout son long sur le divan aux ressorts cassés et ferma les yeux. Il ne dormait pas mais son cerveau était vide de toute pensée, son corps tout entier était encore pris par la musique, même si ses mains reposaient sans force à côté de lui. Sa mère lui caressa la tête et sortit.

Il était étendu depuis longtemps sur le divan lorsqu'il sursauta au bruit des pas de son père. Celui-ci se hâtait vers la maison, tout agité. Il cria depuis la grande porte :

— Anna ! Anna !

La mère courut à sa rencontre.

— Il faut balayer tout de suite devant la maison et ça ne serait pas non plus de trop de laver les fenêtres. Son Altesse va passer par ici d'un moment à l'autre.

Sa voix était complètement transformée par l'émotion. Il entra en courant dans la pièce et, sans même jeter un regard à l'enfant, prit en toute hâte dans l'armoire son habit de fête. Entre-temps il cria en direction de la cuisine :

— Et toi, arrange-toi un petit peu. Je cours au village pour que tout soit en ordre. Et habille l'enfant aussi !

Peu après il partit en trombe. La mère entra dans la chambre et sortit l'habit de fête de son fils. Ce n'était pas le somptueux costume hongrois qu'ils avaient fait confectionner pour le concert, mais son habit de fête qu'il mettait tous les dimanches pour aller à la messe. Il s'habilla docilement, puis resta seul dans la pièce pendant que sa mère nettoyait en vitesse les fenêtres qui donnaient sur la rue.

C'est alors qu'il se rappela la poudre à fusil. L'instant était propice. Il ouvrit le tiroir inférieur de la grande commode au-dessous de la fenêtre, y plongea la main profondément, se mit à fouiller et bien vite il trouva du bout des doigts ce qu'il cherchait. Il sortit un petit sac de toile noircie. C'est dans celui-ci que son père conservait la poudre à fusil. Il dénoua l'ouverture du petit sac, y plongea la main et prit une grosse poignée de la poudre noire, lisse et luisante. Il la versa dans son chapeau. Puis il en prit encore une poignée et, insatiable, une troisième. Enfin il referma le sac, le remit à sa place, ferma le tiroir. Et maintenant il se tenait debout, hésitant : comment se sauver chez Szepi Zirkel ?

Au même instant Szepi Zirkel surgit en personne. Son visage parsemé de taches de rousseur brillait de convoitise et de curiosité. Tout d'abord, comme il en avait l'habitude, il montra ses nouveaux dessins à son ami. Szepi Zirkel était passionné de dessin. Mais bien vite il en vint à la poudre à fusil.

— Je l'ai, dit mystérieusement le petit Liszt, et il montra le chapeau rempli de poudre, et maintenant, qu'est-ce qu'on va en faire ?

— On va la faire sauter, répondit l'autre, les yeux scintillants.

— Mais où ?

— On va l'emporter à la mare aux canards.

— C'est pas possible. Je n'ai pas le droit de sortir avec mon habit de dimanche.

Szepi jeta un coup d'œil dans la pièce, l'air soucieux.

— Alors faut le faire ici.

— Dans la chambre ? Mais ça va faire sauter la maison !

— Si on met la poudre dans le poêle, il ne peut rien arriver. Dans le poêle il y a toujours du feu, ça ne peut pas lui faire de mal.

Szepi était si déterminé et semblait si bien s'y connaître en matière de poudre à fusil qu'il ne lui vint même pas à l'esprit de s'opposer à ce projet. Ils s'accroupirent près du poêle de faïence et ouvrirent la porte inférieure. Tout d'abord ils essayèrent de verser simplement la poudre du chapeau mais n'y parvinrent pas. Alors ils posèrent le chapeau par terre et par poignées mirent la poudre dans le poêle.

— Maintenant, va chercher de la braise dans la cuisine, dit Szepi en fronçant le front, comme celui qui dirige une opération d'une extrême importance.

— Ça ne va pas tourner mal ? demanda son complice, hésitant.

— Si tu es lâche, on laisse tomber, moi je m'en fiche.

Il alla à la cuisine, espérant secrètement qu'il n'y aurait pas de braise dans le fourneau. Mais il y en avait. Tant pis, pensa-t-il. Dans les bûchettes dispersées au pied du fourneau il prit un sarment et en posa l'extrémité dans la braise. Le bois sec s'enflamma instantanément. Il le porta en courant dans la chambre.

— Et maintenant comment faut-il faire ? demanda-t-il à Szepi le spécialiste.

— Maintenant on se recule suffisamment pour que tu atteignes tout juste l'ouverture du poêle. Tu y tiens la torche et ça va faire un feu d'artifice. Ça va faire des flammes magnifiques, tu vas voir. Moi, j'y arrive toujours.

Ils se mirent à plat ventre devant la bouche du poêle. Liszt jeta le cep au bout brûlant sur la poudre à fusil. Une énorme détonation se produisit. Tout se confondit devant ses yeux. Dans les instants qui suivirent il perdit même connaissance. Quand il revint à lui il vit sa mère devant lui qui poussait des cris. Elle se pencha et l'aida à se remettre debout. Au même instant Szepi lui aussi se relevait, épouvanté.

— Mais qu'est-ce que vous faites, pour l'amour de Dieu ?

La mère tâta le corps de son fils de la tête aux pieds. Il n'était pas blessé. Mais son visage, ses mains, son vêtement étaient plus noirs que ceux d'un ramoneur. Szepi détala comme un lapin, en abandonnant son complice. Celui-ci ne songeait qu'à une chose : son père, par chance, n'était pas à la maison. Il était possible de faire disparaître en vitesse les traces de l'accident, sa mère le punirait mais elle ne dirait rien à son père.

Cependant le destin en décida autrement. Au même instant Adam Liszt entra.

— Que s'est-il passé ici ?

L'enfant se résigna à son sort, il raconta tout. L'état des lieux parlait de lui-même d'ailleurs : autour du poêle tout était noir de suie, des flocons noirs volaient encore dans l'air. Alors retentit la première gifle paternelle. Puis la deuxième, la troisième, suivies de beaucoup d'autres encore. Le coupable se mit à pleurer amèrement.

— Arrête de pleurer, lui cria son père, montre-moi tes mains !

Il lui tendit ses deux mains couvertes de suie.

— Remue les doigts. Tous, l'un après l'autre ! Tu as mal ?

L'enfant était incapable de répondre, il se contenta de secouer la tête entre deux sanglots. Le père se rassura. Les mains du garçon n'avaient rien, ce n'était pas grave.

— Bien. Ta mère va te nettoyer, puis tu resteras agenouillé deux heures dans le coin et ce soir tu seras privé de dîner.

Silence. Le chef de famille réfléchissait.

— Et puis non. Quand ta mère t'aura arrangé tu viendras avec moi devant la maison. Je veux que Son Altesse sérénissime te voie, même si tu ne le mérites guère. Quand le carrosse sera passé tu iras te mettre à genoux. Allons, vite, dépêchons-nous !

Adam Liszt sortit en hâte. La mère, sans dire un mot, emmena le garçon se laver. Elle n'eut aucune parole de consolation mais la main qui lui savonnait le visage et les mains fut beaucoup plus tendre que d'habitude. L'enfant ne pouvait plus remettre son habit gris couvert de suie, elle prit dans l'armoire le magnifique vêtement hongrois.

Quand il fut prêt, sa mère l'envoya devant la maison. Son père se tenait là, très agité et scrutant la grand-route. Il jeta à son fils un regard furieux.

— Vraiment tu mérites un habit si cher, ah oui !

Puis il continua à observer la route. Tout le long de la rangée de maisons les habitants s'étaient rassemblés sous les porches, les hommes en tablier bleu, les femmes en fichu. Mme Adam Liszt sortait de la maison en se hâtant, une coiffe propre sur les cheveux, un tablier propre à la taille. Sur la grand-route, dans le lointain, on commençait à distinguer le nuage de poussière qui annonçait l'approche du grand seigneur.

— Vite ! dit Adam Liszt. Tiens l'enfant de l'autre côté.

Le nuage de poussière approchait. En un instant le somptueux carrosse se dégagea. Il était tiré par quatre chevaux splendidement harnachés, toute une compagnie y était assise. La voiture fila devant eux à toute allure comme une vision splendide. L'enfant distingua l'un des occupants assis l'un en face de l'autre : le prince.

Le grand seigneur ne regarda ni à droite ni à gauche. Il bavardait avec une dame. Le carrosse était déjà passé, le nuage de poussière l'avait déjà englouti, on ne pouvait plus distinguer personne à l'intérieur.

L'enfant regarda son père. Celui-ci se redressait seulement de sa profonde révérence servile. Mais tandis qu'il regardait en direction du carrosse qui se perdait dans la poussière, son visage restait marqué du rictus gêné de la soumission la plus vile. L'enfant l'observa avec une douleur cuisante. Une terrible colère le saisit un bref instant, il aurait aimé se précipiter derrière le carrosse, lancer à son occupant quelque chose de blessant, en grinçant des dents, puis revenir toiser son père avec un mépris muet.

— Et maintenant va te mettre à genoux ! lui cria le père.

Il se glissa dans la chambre en se faisant tout petit et se mit à genoux. Son visage était encore brûlant des gifles qu'il avait reçues. Mais au fond de lui-même il brûlait surtout de la honte qu'avait allumée en lui un tableau qu'il ne parvenait pas à chasser de ses pensées : son père tête nue faisant des courbettes au demi-dieu qui filait et ne daignait même pas jeter un regard à celui qui s'humiliait. L'enfant agenouillé fixait le mur en respirant profondément. Il cherchait en lui-même une consolation à tout prix, une consolation rapide, quelque chose qui caressât et adoucît sa fierté d'enfant cruellement blessée. Et à mi-voix il se mit à murmurer en lui-même : “Dimanche dernier, le 26 de ce mois, Ferenc Liszt, pianiste de neuf ans, a eu l'immense honneur de jouer chez Son Altesse le comte Mihály Esterházy, devant un grand auditoire composé de la haute noblesse du lieu et de célèbres protecteurs des arts. Le talent prodigieux de l'artiste ainsi que ses dons extraordinaires de déchiffrage ont provoqué l'étonnement général et autorisent les espoirs les plus magnifiques.”

C'était le communiqué du *Pressburger Städtische Zeitung* au sujet de son concert à Pozsony. Il le connaissait par cœur. Et tandis qu'il était là, agenouillé dans le coin, il chuchotait ce texte avec un obscur désir de vengeance.

II

Il y avait au bout du village un campement de Tziganes. Près de la grand-route s'étendait un grand pré, bosselé, raviné, que les paysans utilisaient comme pâturage pour les moutons. C'est dans un creux qu'habitaient les Tziganes. Leur campement était un pêle-mêle inextricable de tentes et de chariots ; de jeunes mères à moitié nues s'accroupissaient sur le sol, la pipe serrée entre les dents, allaitant avec un naturel impudique leurs petits Tziganes à la peau brune. Les hommes jeunes avaient les cheveux longs et une barbe bouclée, les vieux portaient un écu d'argent sur leur dolman en haillons, les vieilles femmes avaient l'air de paquets de chiffons et ressemblaient à des sorcières. Ses parents lui avaient interdit de vagabonder du côté des Tziganes. Ils lui racontaient des histoires de petits enfants enlevés et entraînés dans de lointaines contrées. Les Tziganes tordaient les bras et les jambes à ces petits garçons et ils les vendaient à l'étranger à des forains pour un bon prix. Ou bien, s'ils n'enlevaient pas les enfants qui s'aventuraient dans leurs parages, ils leur prenaient leurs vêtements et on ne retrouvait jamais les voleurs.

Il obéissait donc et n'allait pas dans le coin des Tziganes. Pourtant il s'y sentait attiré par une curiosité brûlante. Ces hommes étranges qui faisaient du torchis avec de la boue, qui rapiéçaient les marmites trouées et envoyaient leurs femmes voler des poulets au village sous prétexte de dire la bonne aventure, ces hommes savaient faire quelque chose à merveille : jouer du violon. Et ils jouaient tout à fait autrement qu'Adam Liszt ou que les quelques connaissances de la famille qui, les jours de fête, venaient de villages du domaine Esterházy proches de Doborján pour faire de la musique chez eux. Les messieurs du domaine avaient un jeu distingué, régulier, sanctifié par de grands noms et prescrit par les partitions apportées de Vienne. Les Tziganes, non. Le fils du régisseur les avait entendus pour la première fois à la fête votive de Nyék où ses parents l'avaient emmené quand il était encore tout petit. Cette musique sauvage, provocante et étrange lui était restée dans l'oreille pendant des années. Ce qu'ils avaient joué pour la danse de fête des paysans ne ressemblait à aucune des compositions de Beethoven, Mozart ou Cramer. Comme si leur musique n'était même pas ce qu'il connaissait sous le terme de musique, mais quelque chose de tout à fait différent. Dans son irrégularité il percevait beaucoup plus de rythme que dans la régularité stricte des sonates entendues à la maison, et dans les progressions de la gamme, dans les nuances des modulations, non variées mais d'autant plus étranges, un secret singulier, lointain et insondable bourdonnait. Parfois, furtivement, il allait écouter un enfant tzigane qui, assis au pied des saules sur la berge, essayait de tirer une mélodie grinçante de son violon rudimentaire, sans s'imaginer quelle émotion provoquait sa musique geignarde chez l'enfant aux aguets.

Cette musique si particulière rendait à ses yeux les Tziganes attirants et mystérieux. Il avait essayé d'apprendre de ses parents certaines choses qui mettraient ce secret en lumière. Mais son père avait sèchement réglé la question en déclarant que ce qu'ils faisaient ce n'était pas de la musique sérieuse et que celui qui voulait arriver à quelque chose en musique n'avait pas à se casser la tête à propos de ce genre d'orchestres de quatre sous.

— Mais dites-moi, papa, qui a composé la musique qu'ils jouent ?

— Personne. Elle pousse toute seule comme les chardons sur le bord de la route. Ça ne vaut pas la peine d'en parler. Tu ferais mieux de t'occuper du trille du quatrième et du cinquième doigt, cela te serait plus utile.

Quant à sa mère, elle répétait à tout propos que les Tziganes étaient de dangereux malfaiteurs, dans les meilleurs des cas des fainéants et des voleurs, et qu'il devait s'en méfier. Il ne parla donc plus des Tziganes et comme il commençait lentement à apprendre qu'il y avait des pensées qu'il fallait garder pour soi, il rangea les Tziganes parmi celles-ci au fond de son âme. Mais lorsqu'il était sûr que personne ne pouvait l'entendre, avec la joie coupable des délices interdites, il exécutait au piano les étranges mélodies, s'efforçant de trouver un accompagnement de basses étonnantes et ornant leur ligne étrangère de fioritures somptueuses. Comme chez d'autres enfants la maraude de fruits verts ou la rapine du pot de miel dans le garde-manger, le vagabondage libre à travers la musique tzigane était devenu sa passion secrète.

Puis vint le jour où, en même temps qu'à Doborján, il dut dire adieu à cette passion cachée. Adam Liszt, après bien des tentatives acharnées et amères, parvint enfin à tirer son fils du village perdu pour l'amener dans une grande ville.

Le premier homme important qu'il gagna à sa cause fut Fuchs, le chef d'orchestre des musiciens du prince. Après l'avoir harcelé pendant des semaines il obtint de lui qu'il se rendît chez eux à Doborján. Le chef d'orchestre écouta attentivement l'enfant, au début avec les signes de tête bienveillants dont les adultes gratifient généralement les petits génies, mais bien vite il fut saisi de stupéfaction et d'émotion. Il exigea de l'enfant de nouveaux morceaux, d'autres encore, lui fit faire des exercices de transposition difficiles, mit devant lui les partitions toutes fraîches qu'il venait de se procurer à Vienne, et resta muet d'étonnement lorsque l'enfant les joua immédiatement sans la moindre hésitation, et dans le tempo prescrit.

— Si c'était quelqu'un d'autre qui me le racontait, je ne le croirais pas, dit-il, grave et gêné.

Il fallait battre le fer pendant qu'il était chaud et le père discuta avec Fuchs des diverses possibilités qui s'offraient à l'enfant pour poursuivre ses études. S'ils consentirent à répondre aux timides interventions de la mère, ils ne demandèrent pas une fois son avis à l'enfant, qui écoutait respectueusement le débat ouvert à son sujet. Fuchs resta chez eux toute la journée, et le soir il prit congé en promettant qu'il parlerait de l'avenir de l'enfant à l'intendant en personne, János Szentgály.

A partir de cet instant le sujet principal des conversations familiales devint Szentgály, que les parents, même entre eux, honoraient du nom de Hofrat. Adam se rendait à tout bout de champ à la cour de Kismarton pour y demander une audience auprès du Hofrat. La plupart du temps on la lui accordait d'ailleurs, car Fuchs avait tenu sa parole et avait clamé partout le talent prodigieux du fils du régisseur de Doborján. Pendant des semaines ils ne discutèrent que de ces audiences et passèrent leur temps à calculer au crayon le coût d'une année à Weimar. En effet, c'est à Weimar qu'Adam Liszt avait fait le projet de s'installer avec l'enfant. Le célèbre Hummel, qui avait commencé sa carrière de musicien à la cour des Esterházy, y était devenu chef d'orchestre. Naguère il avait été l'ami d'Adam Liszt, musicien passionné lui aussi, et cette amitié lui serait précieuse s'il parvenait à amener l'enfant dans "la ville classique de Goethe et de Schiller". C'est ainsi que s'exprimait Adam Liszt qui parlait de sa vie comme d'une vie brisée, parce qu'il n'avait pas réussi à devenir musicien, et qui se complaisait aux expressions les plus sublimes pour rendre encore plus criante la différence entre son emploi misérable et sa culture.

Lorsqu'il sembla qu'avec l'appui du Hofrat les grands projets d'établissement à l'étranger pourraient se réaliser, Adam Liszt écrivit une lettre à M. le chef d'orchestre de la cour Hummel, à Weimar. Il invoqua leur ancienne amitié et décrivit longuement le talent prodigieux de son fils. Il lui fit savoir que, vraisemblablement, il parviendrait avec l'aide de Sa Seigneurie à s'installer à Weimar et que là il confierait avec une joie indicible ce jeune trésor à la direction géniale de son ami de jadis que la fortune avait si bien favorisé. Il demanda donc des renseignements sur la vie de là-bas et s'enquit du prix des leçons. Il était sûr de la réponse : l'ami d'autrefois allait faire une exception et ne demanderait pour son fils qu'une somme symbolique. Mais la réponse de l'homme célèbre fut bien différente : il se chargerait très volontiers de donner des cours à l'enfant et souhaitait de tout cœur qu'il progressât ; en ce qui concernait le prix des leçons, il avait à présent tant d'élèves qu'il ne lui était pas possible de demander moins d'un louis d'or par heure.

Liszt fut horrifié : un louis d'or ! C'était épouvantable. Un louis d'or équivalait à huit forints et demi. Son salaire, en plus du seigle, du vin, du bois, du foin et des autres contributions, était de cent trente forints en espèces. Si donc le domaine lui accordait un congé d'une année avec salaire complet, l'enfant pourrait avec la totalité de la somme prendre en un an quinze leçons avec Hummel. C'est-à-dire que son salaire intégral suffirait tout juste à une leçon par mois. Et ceci, c'était Hummel qui le lui réclamait, Hummel, son grand ami de jadis, avec lequel il s'était tant amusé quand ils étaient jeunes, avec lequel il avait passé tant de temps à jouer de la musique, et qui savait très bien ce que gagnait le régisseur de Doborján.

Il leur fallut renoncer à Weimar. Ce n'était pas Hummel qui serait le maître de l'enfant, le beau rêve s'était évanoui. Qu'allaient-ils faire ? Fuchs et les musiciens de la cour lui avaient conseillé d'emmener s'il le pouvait son enfant à Vienne, il s'y trouvait suffisamment d'excellents professeurs de piano.

Bien, il l'emmènerait à Vienne. Mais comment ? S'il se décidait à y laisser l'enfant tout seul, il fallait compter pour son entretien cinquante forints par mois et soixante-dix pour les cours. Pour les vêtements, partitions, livres, etc., vingt forints, au bas mot. Ce qui faisait mille sept cents forints par an ! Et il ne possédait même pas le dixième de la somme ! Et même, ce dixième il l'aurait seulement si le domaine lui accordait un congé d'un an avec la totalité de son salaire. Ce n'était même pas sûr. Et même s'il l'obtenait, où irait-il chercher le reste ?

Chaque soir, les parents se concertaient et la nuit l'enfant les entendait dans son demi-sommeil qui discutaient à voix basse. Ils passaient leur temps à lancer des chiffres. Et le ton des conversations se faisait de plus en plus lugubre. Un jour ils durent se rendre à l'évidence que l'humidité du logis avait totalement détérioré le troisième piano ; l'enfant ne pouvait plus continuer à étudier sur cet instrument. Le père, après un combat intérieur qui dura des jours, prit dans l'armoire sa montre en or qu'il conservait précieusement.

— Adam, demanda, interdite, sa femme, que veux-tu faire avec cette montre ?

— Le piano est plus important, dit le père en haussant les épaules d'un air résigné.

Il l'avait achetée autrefois quand il était jeune homme et que ses affaires allaient bien. Il la vendit au-dessous de son prix et acheta un nouveau piano. Pendant des jours il n'ouvrit pas la bouche. L'enfant, à la vue d'un tel sacrifice, se comporta comme un ange, mais soulager l'abattement de ses parents ne dépendait pas de ses efforts. Adam Liszt se débattait avec une impuissance croissante dans le filet compliqué des dettes qui s'accumulaient. L'enfant avait constamment besoin de nouvelles partitions. Plus de mille œuvres étaient déjà entassées dans la pièce sentant le renfermé, près du piano, sur la table, sur l'armoire, sur les étagères. Et si le chef de famille se mettait à calculer, il se rendait compte qu'avec sa paie annuelle de cent trente forints et la maigre dot de sa femme, il avait déjà dépensé en partitions plus de quatre cent quatre-vingts forints. Comment avaient-ils pu acheter leurs vêtements ? Cela tenait du miracle. Et comment allaient-ils vivre à l'avenir, même s'ils restaient à Doborján ?

Un jour il rentra à la maison fou de joie : le Hofrat lui avait donné une idée géniale. Il devait se faire muter dans les services viennois du domaine. Le prince avait de nombreuses maisons et un bureau central à Vienne. Si Adam Liszt pouvait y être transféré, tout ce qui jusqu'alors semblait un rêve deviendrait réalité. Mais la grande joie ne dura qu'un temps. A la cour de Vienne il n'y avait pas la moindre place pour lui, les services étaient surchargés. Le bon Szentgály imagina alors qu'il lui faudrait essayer de créer un nouveau poste à l'échansonnerie de Vienne, pourtant il risquait ce faisant d'attirer sur sa tête toutes les foudres princières, car dans le domaine une ordonnance de Son Altesse interdisait strictement que quiconque fût proposé pour un nouvel emploi par le bureau de l'intendant sans une requête spéciale du prince. Le projet tomba à l'eau, Son Altesse rejeta le dossier. Szentgály imagina alors une autre possibilité : Son Altesse prendrait en charge la formation de l'enfant, en échange de quoi le régisseur de Doborján s'engageait à ce que le garçon entre au service de l'orchestre princier et y reste jusqu'à ce que les frais d'enseignement soient remboursés sur sa paie. Adam Liszt adressa une nouvelle requête, qui fut également rejetée par le prince. Szentgály et le père mijotèrent alors le plan suivant : le prince accorderait à Adam Liszt un congé d'un an sans salaire, mais avec la promesse de le reprendre au bout de cette période au cas où il ne serait pas parvenu à faire de l'enfant un pianiste financièrement indépendant. Le prince accepta cette fois la proposition, il affecta même avec magnanimité la somme de deux cents forints pour l'année.

Adam Liszt passait des nuits penché sur ses papiers couverts de chiffres. Il lui fallait coûte que coûte réunir la somme qui, ajoutée aux deux cents forints, assurerait leur séjour à Vienne. Il voulait en finir en l'espace de quelques jours. Les jours devinrent des semaines, les semaines des mois. Et au bout de plusieurs mois il s'avéra qu'il était absolument impossible de passer une année à Vienne. Alors, un jour de printemps, Adam Liszt frappa sur la table.

— Je n'en peux plus. Je vais devenir fou. Et si c'est pour me perdre, alors autant que je me perde à Vienne. Advienne que pourra ! Nous déménageons à Vienne le mois prochain, un point c'est tout.

Sa décision était prise, il n'y avait plus d'obstacle pour lui. Les amis et connaissances s'effrayèrent en apprenant la nouvelle. C'était une entreprise folle, Adam Liszt avait perdu la tête, il laissait ici un emploi sûr, il liquidait ses meubles, ses bêtes, tout ce qu'il possédait, pour se jeter dans l'inconnu. Le premier à lever les bras au ciel, épouvanté, fut le chef d'orchestre Fuchs.

— De quoi allez-vous vivre, pour l'amour du ciel ? A Doborján, au moins, tu peux nourrir cet enfant !

Le grand-père se déplaça spécialement de Pottendorf, lui qui d'ordinaire se souciait peu de leur sort ; il vivait avec sa troisième femme qui lui donnait tous les ans un nouvel enfant. Il avait peur de voir retomber sur lui les conséquences de l'acte irréfléchi. Le grand-père s'en retourna de mauvaise humeur, ronchonnant, en haussant les épaules, et n'ayant écouté que d'une oreille le jeu de l'enfant. Le vicaire Rohrer vint lui aussi les trouver, plusieurs jours de suite. Quand le père las de ses exhortations quitta la maison en alléguant son travail, le vicaire conjura la mère d'empêcher ce départ qui les menait à une ruine certaine.

Mais à présent Adam Liszt avait pris sa décision et on pouvait lui dire ce qu'on voulait, il préparait le départ. Il vendit sa vache, ses deux chevaux, ses moutons, sa volaille, il passa ses meubles en revue et vendit ceux qui étaient difficiles à transporter. Il courait de tous côtés, marchandait, comptait, se disputait. Entretemps il écrivit une longue et brillante lettre de remerciement au prince : "La promotion de mon fils, ses succès à l'étranger, je les considérerai non pas comme ma gloire, mais comme celle de la maison princière, car ce n'est que grâce à la magnanimité de Son Altesse sérénissime que mes projets peuvent se réaliser."

Le dernier jour arriva. Dans la cour de la petite maison se tenaient les chariots qui devaient transporter leurs bagages. Les deux premiers étaient partis pendant la nuit. L'enfant avait dormi sur des vêtements étendus par terre, les lits et le linge ayant été chargés la veille. Une belle matinée de mai se levait sur Doborján. La profonde voix de basse du père claironnait des ordres dans la cour.

L'enfant jeta un dernier regard aux pièces vides. Sur les murs des taches plus claires indiquaient l'endroit où s'étaient trouvés pendant tant d'années les meubles familiers. Une vitre avait été brisée pendant le déménagement, ses débris jonchaient le sol, plus personne ne se souciait à présent de cette fenêtre. Là où l'avant-veille encore se tenait le piano, il y avait un vide oppressant.

L'enfant s'avança à la place du tabouret, ferma les yeux et fit courir en imagination ses doigts sur le clavier d'ivoire. Son cœur se serra, il avait envie de fondre en larmes.

— Ne reste pas là à bayer aux corneilles ! lui cria son père de l'extérieur ; nous devons nous dépêcher d'aller à l'église.

Le vicaire Rohrer dit une messe à l'occasion du départ de la famille. La petite église était déjà pleine quand ils arrivèrent. Le peuple les aimait beaucoup. Adam Liszt s'assit tout de suite au petit orgue, sa femme et son fils prirent place à l'endroit habituel, au premier banc.

— Prie pour que le bon Dieu nous vienne en aide, lui souffla sa mère.

Il priait. Il aimait prier. Depuis des années il avait dompté son âme à se donner tout entière à la douce sensation de la dévotion. Il ne suivait pas toujours à ces moments-là le texte de ses prières mais son esprit ne vagabondait pas, il restait plongé dans ce qu'on lui avait appris depuis sa plus petite enfance : la supplication, fervente et émue, l'adoration inconditionnelle. Il avait alors l'impression que s'il levait les yeux il pourrait apercevoir le visage étincelant dans sa magnificence de ce quelqu'un de mystérieux qui l'aimait infiniment. Avec son âme il se blottissait contre le sein de Dieu et éprouvait un bonheur que même le piano ne lui procurait que dans des moments très rares.

Après la messe un grand attroupement les attendait devant l'église. Le peuple faisait ses adieux au régisseur du domaine. Adam Liszt serra la main de chaque paysan et de chaque femme. Les hommes les saluaient bruyamment, les vieilles femmes pleuraient. Tour à tour elles prirent l'enfant entre leurs bras et l'embrassèrent.

— Tu reviendras, toi, dit la plus vieille, la mère Reichel qui était sourde, tu reviendras nous voir, mais dans un carrosse, tu verras.

Entre-temps le vicaire Rohrer avait ôté sa chasuble et était venu se joindre à eux. Ils lui firent leurs adieux. Le chariot les attendait devant l'église. Adam Liszt aida sa femme à monter puis il souleva l'enfant et l'assit à son tour.

Le chariot se mit en branle. L'une après l'autre les maisons disparurent. L'enfant regarda en arrière : le groupe des villageois qui commençaient à se disperser n'était plus à présent qu'un amas noir. Ils passèrent près de la maison qu'ils avaient abandonnée. Les fenêtres regardèrent l'enfant assis sur le chariot avec un silence lourd de reproches. Et l'enfant éclata en sanglots.

— Mais qu'est-ce que c'est, dit le père, tu vas avoir onze ans et tu te mets à pleurnicher à tout bout de champ ?

La mère cependant prit contre elle et serra contre sa poitrine la tête de l'enfant. D'une voix tremblante elle dit :

— Ne le gronde pas.. Moi, j'ai bien passé onze ans mais j'aimerais aussi pleurer.

Le père ne répondit pas. Le chariot cahotait déjà à travers les champs. Doborján devint plus petit, et toujours plus petit. Et tout à coup il ne fut plus nulle part.

III

Le modeste petit hôtel du Hérisson-Vert se trouvait loin dans les faubourgs. Coincé dans l'étroite rue entre les maisons, ni plus beau ni plus spacieux que celles-ci, il ne se distinguait d'elles que par l'enseigne de fer-blanc suspendue au-dessus de la grande porte. La peinture avait été usée par le temps, personne n'aurait pu dire ce qu'elle représentait s'il n'y avait eu l'inscription gravée en lettres gothiques : *Gasthaus zum grünen Igel – Stiftgasse 92.*

La famille s'entassa dans une chambre donnant sur la rue au premier étage. A l'origine ils ne voulaient y passer qu'une journée, en attendant de trouver un logement. Mais le père, après avoir examiné le problème financier sous tous ses aspects, constata qu'ils y gagneraient en restant dans cette petite chambre bon marché sans avoir à s'occuper de tenir un ménage. Ils faisaient le café le matin dans la chambre, commandaient pour le déjeuner deux portions qu'ils économisaient afin qu'il en restât pour le soir. De leurs bagages ils ne déballèrent que le piano et rangèrent le reste dans le grenier de l'auberge.

— Toi, tu n'as à t'occuper de rien, dit Adam Liszt à son fils. Travaille jusqu'à ce que je t'aie trouvé un maître.

Il travailla donc dans l'étroite chambrette encombrée par le grand piano, par l'énorme quantité de partitions et par leurs effets à tous trois. Il ne put même pas voir la ville car son père comme sa mère étaient très occupés et ne lui permettaient pas de sortir seul : il se ferait renverser par une voiture.

Dès le troisième jour les choses commencèrent à prendre forme. En rentrant à midi pour déjeuner le père annonça, tout agité :

— J'ai trouvé un maître. Tous ceux qui s'y connaissent disent que c'est avec Czerny que tu dois étudier. Ils ont parlé aussi de Sechter qui a travaillé à l'Institut des aveugles et qui est maintenant musicien à la cour. Mais Czerny est encore mieux.

— Quel Czerny ? demanda, impatiemment, l'enfant. Celui, celui qui…

— Oui, celui qui a écrit les études. Nous irons le trouver cet après-midi. Et tu dois faire de ton mieux, car j'ai entendu dire qu'il n'est pas facile d'être son élève.

— Oui, papa.

— Si tu joues de façon négligée, il ne t'acceptera pas, ou seulement très cher. Mais si tu joues très bien il te donnera des leçons pour peu d'argent. Et tu sais que nous n'avons pas d'argent.

Ils n'en parlèrent plus. Tout de suite après le déjeuner ils se préparèrent. La mère peigna avec un soin tout particulier les cheveux de l'enfant et au dernier instant elle s'accroupit pour frotter ses chaussures.

— Ce n'est pas la peine, dit le père, il y a une telle boue dehors que lorsque nous arriverons en ville nous serons de toute façon crottés jusqu'aux genoux.

Lorsque le père et le fils se mirent en route en se tenant la main il se mit à pleuvoir. Adam Liszt ouvrit son grand parapluie rouge et serra l'enfant contre lui. Un crachin tombait, obstiné et désolant. Sous certains porches plus spacieux se pressaient des groupes de femmes en crinoline et d'hommes en gibus. Parfois une paysanne passait, la jupe de dessus relevée sur la tête en guise de capuche. Des voitures capotées passaient en cliquetant sur les pavés inégaux, leurs occupants regardaient dehors avec l'indifférence de celui qui est protégé. Ils cheminaient sous le grand parapluie rouge.

Le trajet dura une bonne heure jusqu'à la cité. Adam Liszt dut plusieurs fois se renseigner sur la direction à prendre car lui non plus ne connaissait pas très bien l'immense ville. Enfin ils aperçurent la maison qu'ils cherchaient. Ils montèrent, tapèrent leurs pieds pour en chasser l'eau et posèrent le parapluie ouvert devant la porte. Puis Adam Liszt tira la sonnette.

— Je vais voir, leur dit une femme.

Ils attendirent dans l'entrée. L'appartement était silencieux, on n'entendait aucun son de piano.

La femme revint.

— Mon fils est vraiment désolé, mais il ne reçoit pas pour les leçons, il ne peut plus prendre de nouveaux élèves.

L'enfant fut frappé au cœur. Il sentit son corps s'engourdir.

— Je vous en prie, dit énergiquement Adam Liszt, dites à M. Czerny qu'il faut absolument que je lui parle.

La femme, contrariée, voulut dire quelque chose mais elle haussa simplement les épaules et sortit de nouveau. Quelques instants plus tard la porte s'ouvrit. Un monsieur d'une trentaine d'années, portant des lunettes, apparut dans le cadre de la porte.

— Je suis vraiment désolé, commença-t-il, mais...

Adam Liszt se dirigea avec assurance vers lui. Le maître de maison fut contraint de le laisser entrer. Ils étaient dans la pièce.

— Je cherche M. Czerny, dit Adam Liszt.

— Mais c'est moi.

— Vous ? Je vous prie de m'excuser, mais je n'imaginais pas que le célèbre Czerny fût si jeune. Je cherche le professeur de musique Czerny, s'il vous plaît.

— Si je vous dis que c'est moi, dit le jeune homme, souriant dans son impatience.

— Et depuis combien d'années enseignez-vous ?

— Depuis quinze ans.

— Quinze ans ? Si je peux vous poser cette question sans vous offenser, quel âge avez-vous alors ?

— J'ai trente ans.

Adam Liszt secoua la tête. Mais bien vite il entra dans le vif du sujet.

— Voilà, monsieur Czerny, mon fils que je voulais vous présenter...

— Je vous prie de m'excuser, l'interrompit le maître de piano, mais ça ne valait pas la peine de vous déranger, il m'est tout à fait impossible de prendre un nouvel élève. Je suis tellement surchargé de leçons de musique que le peu de temps qui me reste...

Czerny s'arrêta subitement, stupéfait, et tressaillit. L'enfant, sur un signe muet et impérieux que son père lui avait adressé, s'était enfui vers le piano et avait attaqué avec puissance l'étude la plus difficile de Czerny. Il y était plongé corps et âme, ne s'occupait plus de rien, jouait d'une humeur enjouée, apparemment sans effort, comme si Gauss s'amusait à réciter la table de multiplication.

— Comment ? dit Czerny, étonné et troublé à la fois, en s'avançant vers le piano.

L'enfant, profitant d'un accord approprié, passa avec aisance de l'étude de Czerny à la composition de Hummel qu'il considérait comme le morceau le plus difficile à interpréter. Il joua à cœur joie, sans même lever la tête.

— C'est inouï, dit Czerny, et il s'assit sur l'autre tabouret.

A partir de cet instant il contempla bouche bée le jeu de l'enfant. Celui-ci joua l'œuvre de Hummel en entier. Ce n'est qu'ensuite qu'il jeta un coup d'œil sur le côté. Ce regard était empli d'une sorte de flatterie suppliante mêlée d'une petite joie maligne et narquoise. Et sur le visage du célèbre Czerny on pouvait lire qu'il était autant étonné par la prodigieuse maturité musicale de l'enfant que par la supériorité et l'aisance de son comportement.

— Quel âge as-tu ?

— Dix ans, répondit le père à la place de son fils, et j'aimerais avoir le grand honneur de nous présenter.

Il se présenta et lui parla de leur installation à Vienne.

— Monsieur, dit-il enfin, ma vie est une vie ratée. J'aurais aimé être un grand musicien, mais je n'ai pu accomplir mon rêve, car j'étais pauvre. Ce que la vie m'a refusé, c'est dans cet enfant que j'aimerais le recevoir. Pour lui je suis prêt à tous les sacrifices. Ma femme et moi n'avons d'autre but dans notre existence que de faire de lui un grand pianiste. Ce que vous avez entendu n'est encore rien. Mon fils sait des choses encore plus étonnantes.

— S'il vous plaît, l'interrompit Czerny, ne parlons pas de cela. J'accepte de donner des leçons à votre fils. Mais il devra venir le soir, je ne peux pas faire autrement. Depuis Schubert, je n'ai pas eu un tel talent chez moi…

— Tu entends ? dit le père en se tournant vers son fils.

— Donc, je le prends. En ce qui concerne le prix des leçons, je descendrai au-dessous de la limite inférieure, si vous me promettez de n'en faire part à personne. Vous paierez deux forints par cours. Je lui donnerai quatre leçons par semaine.

— Je n'en ai pas les moyens. Je peux payer trois leçons par semaine, vingt-cinq forints par mois. Je parviendrai bien à les trouver.

— Disons deux forints pour l'instant, nous verrons le reste après. Quand voulez-vous prendre la première leçon ? Demain ? Oui, demain c'est possible. L'enfant peut-il venir à sept heures et demie du soir ? Je dîne à sept heures. Je ne peux pas faire autrement, je lui consacrerai mes soirées.

— Quand vous le désirez. A minuit même.

La femme ouvrit la porte.

— On est venu pour les épreuves.

— Que le garçon attende, j'en ai pour un instant. Nous disions donc demain soir. Que l'enfant apporte de quoi écrire et du papier à musique.

La table était couverte de pages de partitions fraîchement corrigées. Le maître devait y travailler quand ils étaient arrivés. Adam Liszt s'inclina. Ferenc Liszt sauta du tabouret sur lequel il était toujours assis et lui aussi s'inclina. L'enfant jeta un coup d'œil en arrière et son regard rencontra celui de l'homme célèbre, encore ébahi et grave.

— Tout finit par s'arranger, dit Adam Liszt dans l'entrée, il suffit de vouloir. Je t'emmène dans une pâtisserie pour fêter ça ? Nous attendrons que la pluie ait cessé.

— J'aimerais bien, répondit l'enfant en hésitant, mais maman nous attend sûrement avec une grande impatience.

— Bien, alors nous rentrons.

Ils reprirent le parapluie rouge qui avait formé quelques petites flaques sur le sol de pierre. Dehors la pluie tombait toujours, fine, obstinée et monotone. Ils refirent dans l'autre sens le long trajet à pied.

— Comment ferons-nous ? dit le père. Cette route est si longue… Tu devras faire trois fois par semaine le trajet aller et retour. Il sera au moins dix heures quand tu rentreras. Nous ne pouvons pas te laisser aller tout seul dans cette grande ville…

— Mais si, papa, mais si, puisque je suis grand maintenant. J'apprendrai vite la route, et si je me trompe je me renseignerai. Papa, laissez-moi aller aux leçons tout seul… J'aimerais tellement…

— Bien, nous verrons cela plus tard.

Le lendemain il accompagna encore l'enfant. Mais à la quatrième leçon celui-ci partit tout seul et en revenant de la sixième il annonça, au comble de la joie :

— Papa, M. le professeur Czerny vous fait savoir qu'après m'avoir donné des cours pendant deux semaines il voit clairement à présent de quoi je suis capable et qu'à partir de maintenant il n'accepte plus d'argent pour les leçons.

— Comment ? Il donnera ses cours gratuitement ?

— Oui, il a dit qu'il n'accepterait plus rien. Et il vous demande de venir avec moi après-demain car il faudrait aussi que je prenne des cours de théorie et il voudrait en discuter avec vous. Il a parlé d'harmonie et de lecture de partitions et de choses comme cela.

La mère exprima son inquiétude.

— D'autres leçons ? Mais c'est de la folie. Tu dois étudier les matières scolaires, travailler ton piano, aller aux cours de Czerny, et maintenant cela par-dessus le marché, c'est impossible. Tu ne tiens déjà plus debout.

Adam Liszt s'adressa à sa femme sur un ton de blâme.

— Attendons un peu, je te prie, je vais réfléchir à tout ceci. Que l'enfant aille se coucher de toute façon, nous sortirons dans le couloir.

C'est toujours ce qu'ils faisaient lorsqu'il leur fallait discuter d'une affaire importante. La mère dormait dans le lit, le père sur le divan grinçant, l'enfant sur une couche installée par terre au pied du piano. Pour ne pas gêner l'enfant ils sortaient deux des trois chaises dans le couloir à parapet de fer. C'était le début de l'été et ils pouvaient y parler tant qu'ils le voulaient. Le garçon se coucha et pendant un moment il entendit encore le ronronnement continu, monotone, de leur conversation. Il savait bien de quoi il s'agissait. Ces derniers temps il était sans cesse question de ses études scolaires. Il fallait continuer à étudier le calcul, la géographie, le latin et bien d'autres matières parallèlement au piano. Mais jusqu'à présent ils n'avaient pas trouvé de solution. Ils ne pouvaient pas l'inscrire dans une école publique, car cela aurait été au détriment de son temps d'étude. Ils ne pouvaient faire venir un précepteur, ils n'en avaient pas les moyens. Quant au père, il ne pouvait se charger d'enseigner des choses qu'il avait oubliées depuis belle lurette.

Le lendemain matin, au café, il apprit la décision.

— Ecoute un peu, mon enfant. J'ai décidé cette nuit de suspendre pour l'instant tes études autres que la musique. Tu as une santé fragile et je ne veux pas te surmener. Il arrive à d'autres garçons de perdre une année. Je considérerai tout simplement que tu es entré à l'école un an plus tard. Quand tu auras suffisamment avancé en piano nous reprendrons l'étude des autres matières. Je demanderai de toute façon à Czerny comment les parents de Mozart ont à l'époque résolu ce problème.

Le garçon bondit de joie. La vie n'aurait pas pu réaliser de façon plus magnifique son désir le plus secret. Le piano, même les exercices qui duraient des heures, avait toujours été pour lui non pas une leçon mais un amusement passionnément aimé. Au cours des deux derniers cours, c'est vrai, il avait commencé à ressentir une sorte de désappointement, son maître lui interdisant tout ce qui s'écartait au piano de l'automatisme le plus strict. Mais il pensait que cela changerait bientôt.

Adam Liszt discuta longuement avec Czerny de l'enseignement théorique à donner au garçon. Czerny lui proposait le vieil Italien Salieri qui, bien que n'acceptant lui non plus aucun nouvel élève, ferait à coup sûr comme lui une exception. Et c'est bien ce qui se passa. A l'adresse indiquée ils trouvèrent un homme de soixante-dix ans aux cheveux blancs qui, quoique vivant depuis plus de trente ans à Vienne, parlait toujours l'allemand avec un fort accent italien.

Il ne voulait à aucun prix se charger de donner des leçons à l'enfant et la lettre de recommandation de Czerny lui fit seulement hausser les épaules. Mais il lui arriva exactement la même chose qu'à Czerny. Le garçon prit place au piano de son propre chef et il se mit à jouer. Dix minutes plus tard le vieillard consterné avait accepté de lui donner des cours, gratuitement, et attendait la première leçon plus impatiemment que l'élève lui-même.

Maintenant l'enfant se rendait tous les jours à pied du lointain faubourg aux environs de l'église Saint-Etienne. Un jour il y allait le cœur joyeux, l'autre jour de mauvais gré. Car s'il était heureux d'aller chez Salieri, il n'aimait plus, en revanche, aller chez Czerny.

Les leçons de Salieri le passionnaient. Le vieux utilisait pour l'enseignement de l'harmonie les genres mineurs de la musique religieuse. Il ne fallut pas trois leçons à l'enfant pour qu'il découvrît en jubilant qu'il était possible de prier dans la musique. Depuis qu'il était en âge de réfléchir il aimait prier. Mais cette prière était jusqu'alors restée sans forme. Aussitôt qu'il se mettait à prier tout son être s'emplissait d'une sorte de tension agréablement brûlante qui, faute de texte, ne pouvait que balbutier dans une volupté muette. Mais à présent il avait découvert la façon, la forme, pour dire ce qu'il sentait, dans des harmonies belles et régulières, que le vieil Italien lui enseignait. Ces harmonies pouvaient chanter, elles s'insinuaient au fin fond de son être, révolutionnaient son univers intérieur. En proie à la délectation il marchait dans la rue les yeux fermés en se cognant aux passants. Les tonalités s'étaient tout à coup transformées devant lui en des personnages de caractères différents qu'il n'était possible de réunir en société qu'en respectant rigoureusement les règles de l'étiquette. Ces modulations qu'il avait apprises des explications rudimentaires de son père, qu'il découvrait chez les auteurs classiques ou ressentait instinctivement, avaient à présent acquis pour lui un contenu limpide et s'ordonnaient en un système d'une merveilleuse logique ; il les observait au piano comme celui qui parcourt sous un soleil radieux la contrée où il avançait auparavant en trébuchant dans une obscurité d'encre.

En outre le vieil Italien racontait des choses très intéressantes. Il aimait beaucoup parler et à tout propos il lui venait à l'esprit une anecdote, un souvenir. Il raconta son enfance à Legnano, parla de son premier professeur, qui était son frère aîné et l'élève du grand Tartini, celui qui avait écrit *le Trille du diable*. Ou bien il parlait de Mozart, dont il avait été jadis l'adversaire acharné et dont le *Don Giovanni* avait à l'époque été écrasé par son opéra *Azur*. Quand Mozart était mort, des ragots coururent à Vienne disant que c'était lui qui l'avait empoisonné. Il parla aussi de l'époque où il était membre du chœur de l'église Saint-Marc de Venise. Il raconta comment son bienfaiteur et ami, le grand Gluck, l'avait aidé à Paris à monter son opéra *les Danaïdes* : ils avaient fait inscrire sur l'affiche de spectacle leurs deux noms et ce n'est qu'après le succès que fut divulguée la vérité. L'enfant écoutait, bouche bée et le cœur ouvert à ces histoires qui faisaient miroiter devant lui les univers nouveaux aux couleurs arc-en-ciel du passé et de l'avenir. Quand il avait une leçon avec Salieri, dès le matin il regardait l'heure.

Avec Czerny les choses se passèrent différemment. Pendant deux semaines Czerny l'avait seulement fait jouer pour bien le connaître et s'était contenté de remarques superficielles. Puis il s'était attaqué à l'enseignement musical méthodique. Avant tout il prêta à l'enfant un métronome. L'enfant n'avait encore jamais vu cet obélisque tictaquant. A présent cet ennemi impitoyable se trouvait constamment sur le piano et veillait austèrement à ce qu'il ne pût se réjouir de ce qu'il jouait. Dès qu'il avait envie de ralentir un peu le tempo devant un accord intéressant, le métronome, avec une jalousie glaciale, le rappelait à l'ordre, et avec la même sévérité insupportable il le retenait si, en se délectant du perlé d'un passage, il voulait l'accélérer. Czerny lui-même était tout à fait comme un métronome.

— Que fais-tu ? Quel ritenuto est-ce donc ?

— C'est plus beau ainsi.

— Non, ce n'est pas plus beau. Ne peut être beau que ce qui est précis et complet. Joue correctement.

Il continuait de jouer, sans enthousiasme. Après deux mesures Czerny frappait de nouveau sur le couvercle du piano :

— Que fais-tu, mais que fais-tu à la fin ? C'est d'un négligé inouï. Y a-t-il un accelerando ici ?

— Non, il n'y en a pas, mais moi je le sens comme cela.

— Tu n'as rien à sentir, seulement à jouer le morceau. Reprends au début. Et n'aie pas l'esprit constamment préoccupé de ce que tu sens mais de ce que les triples croches soient égales. Car elles ne le sont pas. Tu joues d'une façon si négligée que c'en est une honte.

Le garçon continuait de jouer sans dire un mot. Il avait perdu tout intérêt pour le morceau qu'il trouvait pourtant au début agréable et beau. Il devenait nerveux, susceptible, jouait la ligne encore plus mal, en faisant même des erreurs. Mais Czerny était patient, avec une implacabilité de fer il lui faisait répéter les lignes dépouillées de toute humeur, de tout sourire, de toute émotion, réduites à un automatisme nu.

Leurs rapports devinrent de plus en plus froids. Et lorsque Czerny passa aux exercices de Clementi le garçon commença à trouver la vie insupportable. Dès le premier instant il exécra le *Gradus ad Parnassum*. Il n'aurait pas pu dire pourquoi. Dès que le volume fut sous ses yeux, il joua le tout sans une faute du début à la fin. Et lorsqu'il eut terminé, il demanda à son maître, contrarié :

— Je dois jouer cet exercice si facile ?

— Ne discute pas. Ces exercices de Clementi sont géniaux, justement parce qu'ils sont si faciles, mais chacun d'entre eux développe un doigté différent, exerce des muscles différents, fait travailler des doigts différents. Seulement pour cela il faut les jouer beaucoup. Personne ne peut accéder au Parnasse sans effort. Rien ne peut donner de résultat, sauf l'application. Et si cela t'ennuie, eh bien, ennuie-toi, mais joue-les. Cent fois de suite.

Il ravala sa salive et joua l'exercice. Avec une haine étouffée, en grinçant des dents. Il trouvait humiliant de devoir jouer cet enfantillage primitif et, en plus, être esclave du tic-tac méchant du métronome. C'est comme si l'on avait attelé Pégase à la charrue et qu'un garnement stupide le piquât de son aiguillon. Tremblant d'impatience, il attendit la fin de la leçon et quand il fut rentré à la maison il n'arrêta pas de se plaindre. Mais son père, bien vite, coupa court à ce genre de discours :

— Czerny est le meilleur maître et il sait bien ce qu'il fait. Si c'est sa méthode, nous n'avons pas à en discuter. Et d'ailleurs, tu dois être reconnaissant qu'il te donne des leçons gratuitement.

L'enfant se tut. Il ne pouvait autrement, il obéit. Et lentement il se résigna. L'enseignement de Czerny, qui avait été au départ un délice céleste, était désormais une obligation pesante et il exécutait pendant des heures les exercices au métronome, exercices qui lui engourdissaient l'âme et n'avaient rien à voir avec la musique. Mais quand il s'était acquitté de cette contrainte il se jetait avidement sur la matière que lui enseignait Salieri. Il avait décidé de composer. Ce n'étaient pas des devoirs qu'il voulait écrire mais une véritable composition, comme les grands. Salieri lui avait enseigné longuement ce qu'était la musique religieuse et lui avait parlé des différentes parties musicales de la messe. De celles-ci c'était le Tantum Ergo qu'il comprenait le mieux, l'instant de la messe qu'il aimait déjà plus que tout dans la petite église de Doborján. Salieri lui écrivit le texte également :

Tantum ergo sacramentum
Veneremur cernui,
Et antiquum documentum
Novo cedat ritui.

Comme il ne comprenait pas assez précisément le texte latin, le vieil Italien le lui avait expliqué en détail : "Adorons donc prosternés un si grand sacrement ; que les antiques rites cèdent la place à ce nouveau mystère."

Il avait posé devant lui cette phrase et s'efforçait d'exprimer dans le langage des harmonies ce qu'au milieu de ses ravissements et de ses glorifications pleines de ferveur il ressentait à l'église. Très vite il ne regarda plus le papier, son regard s'était tourné vers l'intérieur de lui-même. Il était à l'écoute de la messe mystérieuse qui se tenait dans son cœur et dont jusqu'à présent il ne lui était possible de capter que quelques bribes. Il était assis au piano, les yeux clos, les doigts inactifs sur les touches, et tandis qu'il recherchait en lui un message musical il jouissait en même temps de cette sensation toute nouvelle et si étrange : celle de la composition. Pourtant il n'avait pas encore écrit la moindre note.

Il trouvait la chose atroce et douce à la fois. Il se sentait le même que le matin lorsque, au réveil, il était encore fortement marqué par le rêve étrange qu'il venait de faire mais qu'il était incapable d'exprimer par des mots, ou même par des idées. La composition également vivait, vibrait en lui, insaisissable. S'il essayait de l'attraper, c'est le néant qu'il saisissait, pourtant il était sûr que son œuvre à la beauté féerique se trouvait quelque part cachée entre les plis de ses méditations musicales. Après une gestation douloureuse et voluptueuse qui dura des jours il poussa tout à coup un cri : Ça y est ! Il était dans la rue, se promenant au pied des maisons de Wollzeile et l'impression fut si vive qu'il dut s'arrêter. Devant lui se tenait la composition tout entière : la ligne séduisante des modulations qui serpentaient à travers les harmonies extatiques jusqu'au dernier accord de septième diminuée, suivi avec une force triomphale du fortissimo terminal de la tonique. Il entra sous un porche et avec une agitation fiévreuse il dessina en lui-même la ligne qu'il avait trouvée, devant ses yeux apparaissaient en images les points noirs des accords qui collaient en grappes aux petits bâtonnets à drapeau dans les interstices des cinq lignes. Oh, pourvu qu'il ne s'envole pas, à présent qu'il l'avait attrapé, ce papillon merveilleux ! Comme celui qui a trouvé un bijou sur le pavé du trottoir et se faufile sous un porche pour y regarder en secret son trésor, il nota sur-le-champ la progression du Tantum Ergo, appuyant contre le mur les papiers qu'il avait sur lui.

Il y travailla deux semaines, les exercices de Clementi, les devoirs à faire à la maison et les deux leçons ne lui laissant que bien peu de temps libre. Il l'écrivit pour quatre voix avec accompagnement d'orgue. Il composa son œuvre à moitié debout, à moitié assis. En effet, ce qu'il avait élaboré dans sa tête, il devait le jouer au piano, mais pour noter il lui fallait se lever : il était encore trop petit pour écrire assis. En deux semaines il eut terminé. Il supplia son père de lui donner de l'argent pour acheter du papier à musique plus fin. Il recopia au propre le Tantum Ergo et lorsqu'il eut fini c'est le cœur battant qu'il porta son œuvre à Salieri.

Le vieux monsieur le fit s'asseoir à l'harmonium.

— Tu connais par cœur la partie de l'orgue ?

— Oui.

— Alors joue-la et donne-moi la partition, que je voie le chant.

Il la joua jusqu'au bout. Il n'avait pas le trac du tout. Il ne ressentait qu'une joie exultante et le désir brûlant que Salieri lui aussi aimât ce qu'il avait fait. Le vieux écouta, fredonnant doucement parfois. Quand l'enfant eut terminé il retourna à la première page et lui montra une mesure :

— Que t'ai-je dit de la sous-dominante ?

Le jeune compositeur regarda fixement la mesure, interdit. Il remarqua tout de suite son erreur. Comment avait-il donc pu se tromper ? C'était inconcevable. Mais Salieri poursuivit. Il prit la place du garçon à l'harmonium et, indiquant l'une des lignes de la composition, il se mit à jouer, différemment. L'enfant entendit, bouche bée, chanter sa propre pensée, telle qu'il se l'était imaginée mais n'avait pu l'exprimer. Ce qu'il avait écrit sur la portée, c'était un bafouillement lourd sur trois mesures, ce que Salieri jouait allait de soi et était d'une puissance prodigieuse.

— Comme c'est beau, s'écria l'enfant, c'est tout à fait ce que j'avais pensé.

Il saisit brusquement le manuscrit, courut à la table et nota la bonne solution. Ensuite il jeta un regard interrogateur au vieux. Celui-ci hocha seulement la tête et dit, d'une voix neutre :

— C'est excellent. On peut le faire imprimer.

Ils ne parlèrent plus de la composition. L'enfant débordait de fierté : le célèbre et sage Salieri trouvait tout à fait naturel que lui, son élève, ait créé quelque chose d'excellent ! Le reste de la leçon fut occupé par la lecture de partitions. D'habitude il aimait beaucoup cet exercice et éprouvait une joie immense à pouvoir d'un seul coup d'œil réunir en une seule ligne le message multiple et ramifié de l'orchestre. Mais maintenant il était incapable de concentrer son attention. Il aurait aimé être déjà à la maison pour présenter à ses parents son œuvre achevée.

Adam Liszt lui aussi prit le manuscrit tandis que son fils était au piano. La mère n'avait pas appris la musique, elle n'écoutait qu'à titre d'auditoire profane. Le père en revanche faisait preuve de compétence. Il hochait vivement la tête à certains passages, ailleurs il plissait le front et attendait la suite avec une attention ostentatoire. Enfin, il résuma son verdict en ces termes :

— Je l'ai suffisamment entendu pendant des semaines, pendant que tu le remaniais. Comme cela, en entier, je le trouve assez bon. Quand j'avais vingt-quatre ans j'ai écrit un Te Deum, moi. Mais c'était une composition pour orchestre beaucoup plus important : deux violons, deux hautbois, deux clarinettes, quatre trompettes, deux cors, violoncelle, contrebasse, timbale et orgue. Je l'ai dédiée à Son Altesse sérénissime et celle-ci l'a acceptée. Elle doit se trouver maintenant encore dans la bibliothèque du prince. Attends un peu, je vais te la jouer, si je m'en souviens encore. Laisse-moi donc le piano...

Une longue, très longue explication suivit. L'enfant écoutait sagement mais son âme était douloureusement meurtrie de ce qu'en ce grand jour ce ne fût pas de son œuvre à lui qu'on parlât tant, mais de celle de son père.

— Elle est belle, cette musique d'église, dit finalement, rêveur, le chef de famille, je peux dire que c'est ce que j'ai regretté le plus lorsque j'ai décidé que je ne serais pas franciscain.

On savait en effet dans la famille qu'Adam Liszt se destinait à l'origine à être prêtre. Mais il avait quitté l'ordre alors qu'il était encore élève. A présent encore il y avait dans tout son être, dans l'expression de son visage, quelque chose du prêtre. L'ancien séminariste se ressaisit : il convenait de dire quelque chose de l'œuvre du garçon.

— Mais pour en revenir à ton Tantum Ergo, il faut que je te félicite. C'est un début très encourageant. Il faut continuer. Mais sans négliger le piano, bien sûr. Comment vont tes leçons avec Czerny ?

Le garçon haussa les épaules :

— Ce Clementi est épouvantable. Il m'enlève l'envie de jouer au piano. Je n'aime plus jouer comme avant.

— Comment ? Tu n'aimes plus jouer ?

— Non. Je hais le piano. J'aime la lecture de partitions et la théorie musicale. Pas le piano.

— Mon cher enfant, voilà qui me stupéfie. Mais enfin, tu n'étudies pas avec plaisir chez Czerny ?

L'enfant éclata en sanglots et prit son père par les épaules.

— Papa, retirez-moi de chez Czerny ! Je n'en peux plus ! Je ne veux plus étudier de Clementi, plutôt... plutôt mourir !

— Comment ? Ecoute un peu, mon enfant, c'est une paire de gifles que tu vas recevoir à parler ainsi... Regardez-moi ça !

La mère intervint. Elle prit contre elle la tête de l'enfant qui pleurait et se mit à la caresser.

— Allons, papa, tu grondes cet enfant juste au moment où il nous a joué sa première composition… Comme ce Tantum Ergo est magnifique… Allons, ne pleure pas, mon chéri, nous allons demander gentiment à papa qu'il parle avec Czerny, peut-être peut-on faire quelque chose…

L'enfant marmonna entre ses larmes, d'une voix entrecoupée de sanglots :

— Ces cours de Czerny sont épouvantables… je suis encore si petit et j'ai déjà tant souffert…

Le père et la mère éclatèrent de rire.

— Mais pourquoi ne dis-tu rien, espèce de bourricot ! dit le père sur un ton enjoué. Je ne savais pas que tu étais à ce point désespéré. Demain j'irai trouver Czerny.

— Oui, mais il faut que vous parliez avec lui avant le cours, que ce Clementi soit réglé quand j'arriverai.

— Bien, bien, je verrai. Tu peux aller te coucher.

Adam Liszt se rendit en effet le lendemain chez Czerny. Et lorsque le garçon se présenta chez son maître le soir, comme d'habitude, celui-ci le regarda longtemps d'un air de reproche. Puis il dit :

— C'est du joli, vraiment. Tu me déçois. C'est un petit Clementi qui te met dans cet état ? Assieds-toi et joue-moi des deux mains une gamme chromatique. Sur tout le clavier. *Prestissimo*. Comme s'il s'agissait d'un glissando.

L'enfant attaqua l'octave inférieure et en un grondement de tonnerre remonta tout le long du clavier.

— Eh bien, essaie maintenant de te rappeler comment tu jouais cette même gamme quand tu es venu pour la première fois. De façon cahotante, inégale, boiteuse, tâtonnante. Et à qui dois-tu ce progrès ? A cet abominable Clementi ! Mais enfin, je ne veux pas te contraindre à quoi que ce soit. Ce que l'on fait sans envie ne vaut rien. Désormais nous essaierons Cramer. Mais seulement si tu me promets solennellement que tu travailleras comme un ange.

— Je vous le promets.

— On verra. Il te manque bien peu à présent pour pouvoir te produire en public. Je veux que tu sois prêt pour novembre. Nous ferons alors le premier grand concert pour que vous ayez de quoi vivre.

— J'ai déjà joué à Vienne...

— Ce n'était rien. Je pense à un concert sérieux, bien organisé, avec des affiches, un programme, de la réclame, des critiques. Si tu travailles avec application, j'oserai te présenter dès cette année. Et si tout se passe bien, le monde te sera ouvert. J'en ai déjà parlé avec ton père. Tu n'as, quant à toi, qu'une seule chose à faire, c'est de ne pas faire le raisonneur et de m'écouter. Je ne te tourmenterai plus avec Clementi, mais toi, il faut que tu te donnes corps et âme à ton travail. Ce n'est pas pour moi que je le fais, mais pour toi. Allons, que t'avais-je donné pour aujourd'hui ?

L'enfant s'assit au piano, débordant de zèle et de reconnaissance. Il se sentait transformé. De tout son cœur il essayait de satisfaire son maître. Tout en cheminant vers le faubourg, dans les rues obscures, le visage doucement fouetté par l'air piquant de cette soirée d'automne, il fredonnait joyeusement en lui-même le Tantum Ergo. La vie était belle et passionnante.

A la maison une autre joie l'attendait : la poste avait apporté une grande nouvelle. Adam Liszt avait depuis longtemps déjà adressé une requête au prince pour que celui-ci lui donnât un logement modeste dans l'une de ses nombreuses maisons viennoises, afin que son fils n'ait pas à marcher pendant des heures et pût se consacrer plus pleinement à l'étude. La requête avait été appuyée par une lettre de recommandation enthousiaste du vieux Salieri qui connaissait personnellement le prince. Maintenant on les avisait que Son Altesse sérénissime mettait à la disposition du régisseur de Doborján en congé temporaire Adam Liszt et de sa famille un logement gratuit de deux pièces situé dans la cité, au numéro 1047 de la Krugerstrasse, au deuxième étage. Les parents rayonnaient de joie. Czerny et Salieri habitaient très près de là.

— Cela arrive à temps, dit Adam Liszt, nous aurions été incapables de payer cette chambre la semaine prochaine, et nous n'avons plus rien à vendre.

Il se tut pendant un long moment en regardant la lampe puis se tourna vers son fils :

— Si ton concert réussit et que tu commences à gagner de l'argent nous sommes sauvés. Mais s'il échoue, c'est la fin de tout. Nous n'aurons pas de quoi vivre et pourrons retourner à Doborján. Alors, fais tous tes efforts. Comment ? Pourquoi ne réponds-tu pas ?

L'enfant s'était endormi assis près de la table.

IV

Aux prises avec les difficultés matérielles, la famille n'avait jusqu'alors que bien peu profité des plaisirs de la grande ville. Le père était toujours en train de courir pour relancer à propos de ses différentes affaires les employés viennois du domaine. La mère n'allait nulle part et le garçon travaillait tout le jour, et n'avait pas une heure à lui. Quand ils étaient arrivés à Vienne ils avaient rendu visite à l'un des frères du père qui possédait une boutique d'horlogerie assez florissante. Mais Antal Liszt, l'horloger, les avait reçus avec une prudence plutôt aigre ; il craignait qu'Adam et sa famille qui s'étaient installés à Vienne de façon si intrépide ne tombent tôt ou tard à sa charge. La visite n'avait pas très bien tourné, ils ne remirent d'ailleurs plus les pieds chez l'horloger.

Un dimanche d'été ils allèrent au Prater. Ils avaient décidé de rester dehors toute la journée pour ne rentrer que le soir. Ils avaient emballé des provisions pour ne pas avoir à dépenser d'argent à l'extérieur. La longue marche leur fit attraper des ampoules, ils furent étourdis par la foule, l'orgue de Barbarie, le vacarme des voitures, ils trébuchaient sur les chemins de promenade inconnus et, morts de soif, durent quand même dépenser de l'argent pour acheter de la bière et du café. Anna avait mis ce jour-là un beau fichu de cachemire qu'elle ne sortait de l'armoire qu'aux grandes occasions, et dans la bousculade un voleur habile le lui avait dérobé ; c'est fatigués, les pieds douloureux, de mauvaise humeur, qu'ils rentrèrent à la maison et se jurèrent de ne plus remettre les pieds au Prater.

Un autre dimanche ils allèrent voir le Burg. Ils eurent au début plus de chance car ils virent sortir en voiture le vieil empereur François avec, à ses côtés, son petit-fils, le duc de Reichstadt. Le petit Napoléon avait juste le même âge que le fils des Liszt. C'était un très beau petit garçon et dans son uniforme d'élève officier il avait l'air d'une poupée. Ils furent ravis et le chef de famille leur expliqua longuement l'histoire de Napoléon et de Marie-Louise. Mais plus tard Adam Liszt eut une altercation avec une sentinelle, ils hurlaient tous les deux, et le soldat en était presque venu à saisir par le collet ce bourgeois impertinent quand Mme Liszt intervint en poussant des cris et les sépara, tandis que l'enfant, pâle et tremblant, guettait l'instant où il se jetterait sur le soldat grossier, avec ses griffes et ses dents, pour défendre son père. Après ces incidents ils perdirent pour un temps toute envie de faire une excursion. L'événement du dimanche était la messe à l'église Mariahilfe. Ensuite ils rentraient chez eux.

Par la suite il leur fallut faire attention à chaque sou, le soir ils dînaient souvent de café, et dans une si grande ville, pour le villageois sans expérience, il suffisait de faire un pas pour que cela coûtât de l'argent. Maintenant le père avait réussi à emprunter une petite somme et pour fêter leur appartement gratuit il offrit un concert à sa famille. C'était d'ailleurs plutôt pour faire plaisir à l'enfant que pour lui-même, celui-ci l'ayant obtenu à force de supplications.

Chez Salieri venait parfois un ancien élève de celui-ci, un certain Randhartinger qui était juriste mais poursuivait quand même ses études musicales. Le garçon et le jeune homme s'étaient liés d'amitié. Plusieurs fois ils quittèrent ensemble le logis de Salieri et discutèrent de musique. Un jour Benz – c'était le prénom de Randhartinger – lui demanda :

— Tu es bien hongrois de naissance, Putzi ?

— Oui, je suis né en Hongrie.

— Eh bien, la semaine prochaine un de tes compatriotes célèbres donnera un concert ici. C'est Bihari, le Tzigane. Vous n'allez pas l'écouter ?

— Bihari ? Qui est-ce ? Je ne le connais pas.

— Tu ne connais pas Bihari ? C'est aujourd'hui votre Tzigane le plus célèbre. Ici, à Vienne, on l'aime follement. On l'appelle "le Beethoven hongrois". C'est un violoniste fantastique. Il joue ses propres œuvres. Dis à ton père qu'il vaut la peine d'aller l'écouter. Et d'ailleurs il est normal que vous y alliez, vous, Hongrois. Les Hongrois qui vivent ici vont toujours à ses concerts.

Ce n'était pas tombé dans l'oreille d'un sourd. Dès qu'il fut rentré à la maison le garçon évoqua le concert devant son père.

— Bihari, bien sûr, il est très célèbre, dit celui-ci. Je l'ai déjà entendu à Sopron. Il joue prodigieusement bien. Des choses sauvages, à la tzigane, mais il le fait magnifiquement, c'est certain. Il a tout particulièrement une composition très drôle qui s'intitule : *le Chant de Bihari lorsqu'il n'a plus d'argent.* Je l'ai entendu jouer. Un chef-d'œuvre en son genre.

— Papa, j'aimerais tant aller au concert.

— Il n'en est pas question, mon garçon. Nous n'avons pas d'argent pour ce genre de choses. Renonces-y.

Mais il ne renonça pas. Il en parlait à tout propos, obstinément. Et quand il lui fut interdit de le mentionner, par son silence boudeur il signalait obstinément qu'il voulait aller au concert.

— Nous n'irons pas, mon enfant. Maintenant tu apprends le programme du concert, ce morceau de Hummel est bien assez difficile. Il ne faut pas t'embrouiller la tête avec un autre genre de musique.

Le garçon fut cependant plus opiniâtre que le père : ils allèrent au concert. Tous les trois. Ils ne prirent que des places debout, mais ils y allèrent quand même.

L'enfant se sépara de ses parents : les spectateurs qui étaient arrivés avant eux le laissèrent se faufiler et s'avancer jusqu'à la rampe du promenoir. Autour de lui beaucoup parlaient hongrois.

Le programme commença avec un chanteur qui ennuya tout le monde. Enfin, le célèbre Tzigane apparut au milieu d'un tonnerre d'applaudissements. Le garçon regarda, émerveillé, le vieux en bottes et habit passementé qui s'inclinait à droite et à gauche avec un sourire enjôleur. Puis les applaudissements s'apaisèrent et Bihari mit son violon sous son menton. Tout près, quelqu'un qui avait le programme chuchota très vite et distinctement :

— *Le Chant du colonel Hadik.*

Le Tzigane attaqua. Et l'enfant fut étonné dès la première note. Jusque-là il n'avait jamais entendu de vrai violoniste et de cet instrument il ne connaissait que le grincement villageois primitif. Il avait peine à croire que l'archet et les cordes fussent capables de produire un tel son. Mais il n'eut guère le temps de s'émerveiller, le jeu du violon accapara de façon irrésistible toute son attention. A la fête de Nyék il avait déjà entendu quelque chose du même genre, mais ce que Bihari faisait était cent fois, mille fois supérieur. Le caractère spécial et capricieux de la mélodie ne ressemblait en rien à ce qu'il avait appris de ses maîtres. Cette mélodie ne connaissait pas le métronome. Elle se fragmentait avec une grande richesse de fioritures puis s'allongeait sur des notes longuement tenues, avec une irrégularité arbitraire qui ne pouvait être enfermée dans une partition. Puis, s'arrêtant sur un petit thème composé de quatre notes, il se mit à répéter celles-ci à un rythme croissant, jusqu'à ce que la salle tout entière devînt un immense trémolo, et, sans la moindre transition, commença à moduler un thème lent, comme si le violon s'était mis à sangloter.

L'enfant écoutait, tout pâle. Cet artiste rejetait la ligne rythmique tout comme lui aimait le faire parfois lorsqu'il voulait donner une expression impétueuse à ce qu'il ressentait dans la mélodie d'un morceau. Ce que jouait le violon avait une âme semblable à la sienne, et étrangère à tous ceux qui vivaient ici, à Vienne. Cette musique lui rappelait les bottes des paysans de Nyék et leurs habits à brandebourgs, toute cette région, le pays abandonné. Pour la première fois de sa vie il sentait que le violon jouait la musique d'un peuple tout à fait différent et en un éclair il lui fut révélé qu'il avait quelque chose à voir avec tout cela. S'il avait dû dire ce qu'il ressentait alors, il n'aurait pas trouvé un seul mot pour s'exprimer, mais la sensation était si claire et si forte qu'au son du violon sa colonne vertébrale résonnait, son corps tout entier tremblait.

Toute la soirée il fut dominé par cette sensation étrange qui devenait de plus en plus vive. Il y avait parmi les morceaux un *huszárverbunkos.* Son rythme à quatre temps avait une force aux pulsations infernales ; comme la victime d'un enchantement, l'enfant en était possédé et subitement l'ancienne image des paysans en train de danser lui apparut. Il éprouvait une sensation innommable : il ne pleurait pas mais ses yeux étaient humides, et bien qu'il eût chaud il savait qu'il était pâle. Dans ce violoniste il y avait quelque chose de sorcier, à la fois effrayant et attirant. Autour de lui les gens criaient des bravos et applaudissaient sauvagement, mais lui ne faisait que serrer très fort la rampe, en avalant sans cesse sa salive dans sa gorge desséchée.

Quand le concert fut terminé, il était épuisé et son cerveau semblait ne plus fonctionner. Il se laissa entraîner par le flot du public qui se dirigeait vers la sortie et ses parents eurent du mal à le retrouver dans la bousculade. Ils le grondèrent même pour leur avoir fait peur en disparaissant, mais l'enfant ne répondit pas à leurs remontrances. Sur le chemin du retour il resta muet, mais à la maison, subitement, sa langue se dénoua et il se mit à harceler son père de questions.

— Papa, comment peut-on noter ce genre de musique ? Avec un rubato continu ?

— Oui, c'est une possibilité. C'est d'ailleurs une preuve supplémentaire qu'il ne s'agit pas de vraie musique mais seulement de quelque chose de paysan. Ne te casse pas trop la tête là-dessus, je n'aime pas beaucoup cela avant ton concert.

L'enfant se tut pendant un moment puis il se remit à interroger son père.

— Papa, nous sommes hongrois, nous ?

— Oui, répondit Adam Liszt avec indifférence.

— Et pourquoi ne savons-nous pas le hongrois ?

— Moi j'arrive à me débrouiller, il n'y a que toi et ta mère qui ne le parliez pas. Mais si tu veux faire une carrière à l'étranger il n'est pas important que tu le saches. En Hongrie d'ailleurs il n'y a guère que les paysans qui le parlent vraiment. Tu as pu entendre à Pozsony que les seigneurs parlent plutôt en latin ou en allemand, beaucoup plus rarement en hongrois. C'est la même chose avec cette musique. Elle est faite pour les paysans. Nous, c'est de Beethoven que nous avons besoin.

— Oui, mais au concert ceux qui parlaient hongrois n'étaient pas des paysans mais des messieurs. Et ils applaudissaient très fort.

— Bien sûr qu'ils applaudissaient. La danse de l'ours aussi on la regarde et elle nous amuse. Mais la distraction noble n'en est pas moins la musique de chambre, tu comprends maintenant ?

L'enfant hocha la tête avec hésitation. Mais non, il ne comprenait pas. Il réfléchit et demanda de nouveau :

— Papa, pourquoi ne sommes-nous pas des paysans ?

— Tu en as de drôles de questions. C'est que nous ne sommes pas nés paysans. On raconte dans notre famille qu'en fait nous appartenions autrefois à la noblesse. Mon grand-père, c'est-à-dire ton arrière-grand-père, György Liszt, était lieutenant de hussards, et dans les régiments de hussards seuls les gens de haute naissance accédaient au grade d'officier. Mais il n'avait plus de fortune et ton grand-père a été élevé en enfant pauvre. Pourtant j'ai entendu dire aussi qu'autrefois nous nous appelions Liszthy, avec *t*, *h* et *y*, comme les nobles hongrois ont coutume d'écrire leur nom. Mais nous sommes pauvres et il serait ridicule de parader ainsi. D'ailleurs tu n'as pas à t'occuper de ce genre de choses, tu dois seulement étudier avec application pour devenir un homme.

La mère intervint :

— Parle-lui du baron, Adam !

— Mais enfin, pour quoi faire ? Je ne te comprends pas, Anna. Faut-il à tout prix remplir la tête de cet enfant de ce genre de balivernes ?

Mme Liszt se tut mais l'enfant se mit à insister :

— Qui est ce baron ? Dites-moi, papa, qui est ce baron ? Racontez-le-moi, j'aimerais tellement le savoir !

— Mais ce sont des âneries. Ton grand-père raconte que son père à lui, le lieutenant de hussards, voulait prouver son baronnage. Il y avait en effet un certain baron László Listius, homme très célèbre et très riche qui écrivait des poèmes, il y a quelques centaines d'années de cela, et ton arrière-grand-père avait entrepris toutes sortes de recherches car il croyait dur comme fer que notre famille était apparentée à cet ancien baron hongrois.

Les yeux du garçon étincelèrent.

— Alors, nous aussi nous sommes barons ?

— Rien n'est impossible. Mais il serait dommage de s'en vanter car il s'est avéré que cet illustre baron Listius avait été un assassin, un brigand et un faux-monnayeur et qu'il avait fini sur la roue. Il vaut mieux ne pas approfondir la chose. Nous sommes pauvres, mon cher fils, et tu ne dois pas t'occuper de ce genre de niaiseries, mais seulement te soucier d'arriver à quelque chose dans la vie.

— Oui. Et où peuvent donc être ces écrits que mon arrière-grand-père cherchait ?

La voix du père se fit sévère tout à coup :

— Cela suffit à présent. Trêve de bêtises. Tu vois, Anna, à quoi cela lui sert d'entendre de telles choses ? Apprenez que nous sommes des miséreux et que nous devons nous réjouir de vivre. Pour ma part, je ne crois pas un mot de toute cette histoire de noblesse, un point c'est tout. Je ne veux plus en entendre parler.

Le garçon ne dit rien. Mais il observa son père furtivement. Cette histoire passionnante qu'il venait d'entendre l'avait profondément marqué. A la recherche de relations obscures, son âme incendiée par la musique tzigane avait bu avidement l'histoire romanesque de son père. Quand il se coucha il eut bien du mal à s'endormir. De ses pensées confuses où il ne trouvait pas le fil conducteur il ne parvint à dégager qu'une seule chose fixe : il était beaucoup plus concerné par l'étrange musique de Bihari que les autres.

Le lendemain, lorsqu'il put le faire sans risquer d'être entendu il essaya encore d'évoquer de mémoire au piano les mélodies poignantes du Tzigane hongrois. Il se délectait à l'extrême des accords bizarres des ornements entrelacés de la ligne mélodique. Mais la date du concert se rapprochait et il fallait travailler le morceau de Hummel. Petit à petit l'étrange concert devint un souvenir lointain, mais quand il y songeait il se disait qu'il reviendrait à cette musique si différente, s'il en avait la possibilité.

Le concert avait été fixé au 1er décembre. Adam Liszt courait deux fois plus que d'ordinaire. Il remarquait maintenant qu'il n'avait pas perdu son temps, tandis que son fils étudiait : il s'était fait des relations partout dans le monde de la musique. Il connaissait des éditeurs de partitions, des musiciens de théâtre, des organisateurs de concerts, des journalistes ou des personnes connues qui avaient accès à ce milieu. A la maison il parlait à peine de ses entrevues. Parfois néanmoins il laissait tomber quelques nouvelles. Le lieu du concert était maintenant définitivement fixé : il se donnerait dans la salle du Landstand. Un jour il annonça encore que l'on avait déjà trouvé l'un des artistes qui devaient se produire en même temps que son fils : il s'agissait de Saint-Lubin, le violoniste, idée vraiment excellente car ce Saint-Lubin avait dix-sept ans et il était donc suffisamment intéressant pour attirer le public, sans pour autant diminuer l'effet que produirait un pianiste de onze ans. Il ne manquait plus à présent qu'une artiste attirante. On la trouva bientôt : le choix tomba sur une jeune et belle chanteuse hongroise. Elle s'appelait Karolin Unger et était venue à Vienne de sa ville natale, Székesfehérvár, pour y apprendre le chant. Elle avait une voix splendide et devait à tout prix gagner un peu d'argent car elle s'apprêtait à se rendre à Milan chez Ronconi pour s'y parfaire.

Au cours des deux dernières semaines les leçons de Salieri avaient été totalement suspendues. Czerny était devenu l'unique directeur du garçon, son tyran, celui qui l'encourageait, son juge, son bourreau et son consolateur. Une nouvelle matière était venue s'ajouter aux autres : la présentation des œuvres musicales à la mode. Comme à la fin de chaque concert, il devrait improviser sur des thèmes proposés par le public, il lui était nécessaire de connaître les œuvres qui pourraient venir à l'esprit de son auditoire. Il connaissait depuis longtemps les classiques ; parmi les œuvres de Beethoven, Bach, Gluck, Mozart on aurait eu de la peine à en trouver une qu'il ne sût jouer à la perfection. A présent il lui restait à s'initier aux plus importants des compositeurs vivants et chaque jour Czerny le faisait déchiffrer pendant au moins une heure. Il plaçait devant lui les partitions les plus différentes, des œuvres de Schubert, des opéras de Rossini ou des chants populaires de la province de Salzkammergut. Bien qu'il n'eût guère l'habitude de faire des compliments, un soir le maître ne put s'empêcher de laisser échapper :

— Tu peux remercier le bon Dieu. Je n'ai encore jamais rencontré de mémoire musicale aussi prodigieuse que la tienne.

Une semaine avant le concert la famille organisa une répétition à la maison. Papa et maman s'assirent sur le divan. L'enfant sortit dans la cuisine, entra et s'inclina. Le père le renvoya trois fois avant d'être satisfait de la révérence. Le garçon put enfin prendre place au piano. Tout d'abord il joua l'ouverture de Klement, qui ne ressemblait à Clementi que par le nom de son auteur, et était par ailleurs une œuvre plaisante et agréable. Czerny l'avait choisie pour répondre à l'attente du public viennois qui aimait que figurât au programme l'œuvre d'un compositeur viennois, et ce Klement, chef d'orchestre du théâtre An der Wien jouissait à Vienne d'une très grande popularité. Après l'ouverture le garçon se leva et s'inclina sous les applaudissements de ses parents. Il dut de nouveau répéter deux fois son salut. Puis le père vint s'installer avec son violon sur la scène imaginaire. Il représenterait l'orchestre dans le *Concerto pour piano* de Hummel. Mais une petite confusion se produisit. Adam Liszt n'avait pas joué au violon depuis bien longtemps et, à côté de celle de son fils, son interprétation était maladroite. Il s'embrouilla même deux fois.

— Pourquoi ne fais-tu pas attention ? dit-il gêné, à l'enfant, quoiqu'il fût évident que c'était lui qui était responsable de l'erreur.

Finalement l'enfant joua lui-même le concerto tout entier, interprétant également au piano la partie de l'orchestre. Le père, stupéfait, laissa retomber son violon. Il regarda son fils presque avec effroi. Mais celui-ci ne leva pas les yeux, voulant, par délicatesse, détourner leur attention à tous les trois de la faiblesse de son père.

— C'était très bien, dit le père quand il eut terminé. Je te dispense de l'improvisation, je ne veux pas te fatiguer. Tu as très bien joué, il est impensable que tu n'obtiennes pas un immense succès. Ah oui, c'est vrai, j'oubliais quelque chose. Il ne faut dévoiler à personne, mais à personne, entends-tu ? que tu as déjà passé onze ans. Tu as dix ans, ça ne regarde que nous. Tu m'as bien compris ?

— Oui, répondit le garçon. Et il sourit. De ce sourire avec lequel les adultes pardonnent aux enfants leurs petites faiblesses.

— Mon grand garçon, mon grand garçon, dit la mère, tout émue, en serrant l'enfant contre elle.

Le lendemain ils allèrent voir la salle, à deux seulement, le père et le fils. Ils montèrent sur l'estrade où devait se trouver le piano au milieu de l'orchestre. Le garçon parcourut des yeux la salle vide. Il était de très bonne humeur ce matin-là.

— Papa, regardez ce que je sais faire !

Il descendit de l'estrade et se coucha par terre. Son père le regarda, interloqué. Le garçon se mit à se relever en s'aidant des deux pieds sur le côté de l'estrade jusqu'à ce qu'il parvînt à se tenir sur les mains un instant. Puis il redescendit ses jambes et se releva. Haletant et le visage empourpré, il dit :

— C'est l'équilibre. Randhartinger me l'a montré la fois dernière. Près du mur je parviens déjà à le faire très bien.

Le père secoua la tête stupéfait.

— C'est dans cette salle que va se décider ton sort, et en même temps celui de tes parents. Et c'est la seule chose qui te vienne à l'esprit ? Tu es d'une frivolité inouïe. Tu n'arriveras jamais à rien de bon.

Le garçon le regardait, bouche bée. Sa bonne humeur s'était évanouie. Le père poursuivit, furieux :

— Et tu ne penses pas à ce qui arrivera si avec cette bêtise tu te foules le poignet ? Tu mériterais vraiment une gifle !

Ils ne dirent plus rien. Pendant tout le trajet du retour ils marchèrent, muets, l'un à côté de l'autre. Sur la Mariahilfe ils virent un grand chien tout ébouriffé qui trépignait de joie dans la neige toute fraîche. Il y enfonçait sa truffe en s'ébrouant, se jetait sur le dos puis, sautant sur ses pattes, il aboyait joyeusement, comme pour jouer la comédie, après une charrette qui passait par là. Puis il partait à toute allure et revenait s'ébattre dans la neige. L'enfant aurait aimé ralentir pour le voir encore un peu. Mais son père le rappela à l'ordre :

— Allons, allons, il faut que tu travailles.

Ils se séparèrent devant la grande porte, son père ne rentrait pas encore. Le garçon lui baisa la main et s'élança dans l'escalier. La mère avait tellement chauffé l'appartement que le poêle était presque aussi brûlant qu'un four. Après avoir rangé ses affaires l'enfant se mit aussitôt au piano.

Avant le concert il n'y eut qu'une répétition avec l'orchestre. C'est à cette occasion que l'enfant fit la connaissance des deux autres artistes. Saint-Lubin, le violoniste, était un jeune échalas qui, de façon flagrante, désirait se faire passer pour un petit garçon. Il s'habillait comme un enfant et dans cette tenue sa voix, grondante comme celle d'un adulte, produisait un effet vraiment comique. Il parlait très mal l'allemand. Papa Liszt le salua comme une vieille connaissance, ils s'étaient déjà rencontrés plusieurs fois et avaient marchandé au sujet du concert. Le violoniste prodige était le fils d'un professeur de langue française qui vivait en Italie. Il s'était montré un client difficile et Adam Liszt avait dû faire attention pour ne pas se faire berner par le garçon en ce qui concernait les billets vendus jusque-là. Le jeune homme se comportait d'ailleurs de façon particulièrement désagréable et exigeante ; il trouvait l'estrade trop large, les marches trop étroites, se plaignait à haute voix du mauvais chauffage de la salle, plus tard il pleurnicha qu'il avait trop chaud.

La Hongroise, Karolin Unger, en paraissait d'autant plus charmante. Sans attendre qu'on lui présentât le petit pianiste elle se précipita vers lui les mains tendues en disant quelque chose en hongrois :

— Je ne sais pas le hongrois, avoua piteusement l'enfant.

— Alors parlons allemand. C'est toi, Putzi. Je suis très contente que nous jouions ensemble.

C'était une belle fille souriante aux yeux brillants. L'enfant l'adora tout de suite. Il leva vers elle un regard confiant.

— Moi aussi je suis très content, mademoiselle Karolin.

Mlle Karolin regarda furtivement autour d'elle puis elle se pencha vers l'enfant.

— Que dis-tu de ce singe, le violoniste ? Rien ne lui convient à lui. Tu sais quoi, moquons-nous de lui !

Ils pouffèrent gaiement tous les deux.

— Il a la même voix que la contrebasse, souffla l'enfant, quand l'archet n'est pas frotté à la colophane !

— Excellent. A ton avis, quel âge a-t-il ? Moi, j'ai dix-neuf ans et je parie qu'il est à peine plus jeune que moi.

Ils rirent de nouveau. Leur alliance était désormais scellée, à la vie à la mort. La répétition commença. L'enfant s'assit au piano et joua l'ouverture de Klement. Czerny lui tournait les pages, quoiqu'il n'en eût pas le moindre besoin, il n'y jeta pas une seule fois les yeux.

— Fais attention à l'acoustique, dit entre-temps Czerny, mesure la force du forte et du piano.

Le garçon jouait. Les musiciens qui n'avaient pas cessé leurs conversations lorsque le piano avait commencé se turent bien vite. Au bout de dix mesures c'est au milieu d'un silence de mort que retentissait l'ouverture et jusqu'au bout les souffles furent suspendus. Quand le morceau fut terminé les musiciens s'attroupèrent en se bousculant autour du piano. Ils voulaient parler tous ensemble. Ceux qui se trouvaient plus loin s'émerveillaient à voix haute :

— C'est inouï.

— Je n'ai encore jamais entendu un tel prodige.

— D'où vient cet enfant ? Qui est-il ?

Ceux qui l'entouraient le harcelaient de questions, le regardaient, le touchaient presque pour voir s'il était bien vivant. Mais lui ne faisait pas attention à ses admirateurs. Il se tenait tout contre Karolin avec une ferveur enfantine. La cantatrice le regardait avec des yeux étincelants et le pressa contre elle.

— Allons, messieurs, allons ! Nous ne serons jamais prêts !

Le violon solo frappa impatiemment de son archet sur le dos de son instrument. C'était lui qui dirigeait le concert et il devait couper court à l'émerveillement général. Chacun regagna sa place, l'enfant resta au piano.

Ce fut le tour du concerto de Hummel. Czerny tournait les pages. Lorsqu'ils parvinrent au point d'orgue de l'accord de quarte-sixte et que suivit le solo de piano les musiciens se levèrent pour mieux voir l'enfant. A la fin du morceau leurs ovations furent encore plus grandes. Un vieil artiste à la barbe blanche alla vers Adam Liszt.

— Monsieur, lui dit-il en tenant le bouton de sa veste, j'ai entendu jouer Mozart il y a quarante ans. Votre fils est un aussi grand pianiste que lui.

Les musiciens déferlèrent sur l'enfant, formant un anneau compact autour de lui. Dans le brouhaha enthousiaste ils parlaient tous à la fois. C'est alors qu'une grosse voix impatiente se fit entendre :

— Que se passe-t-il donc, je vous prie ? Nous répétons, oui ou non ?

C'était Saint-Lubin. Il se tenait sur l'estrade, avec son accompagnateur, un vieil homme corpulent d'humeur grincheuse. Tout le monde se tut. Karolin prit la main de son nouvel ami et elle l'emmena dans la salle. Ils s'assirent au bord de la deuxième rangée.

— Attention, Putzi, il ne faut plus rire car il va se vexer. Tenons-nous correctement.

Mais lorsque le violoniste commença à jouer elle pinça malicieusement le garçon. Celui-ci avait bien envie de rire mais il s'efforçait de garder son sérieux. En haut le violon poursuivait ses variations. Et ce fut le scandale. L'enfant éclata de rire, la chanteuse aussi. Le violoniste s'arrêta de jouer, indigné, et tandis que l'accompagnateur poursuivait tout seul, il s'écria en un allemand abominable, hors de lui :

— Mais je vous en prie ! Je ne peux pas jouer comme cela !

— Bien, bien, lui cria la belle Karolin, conciliante, continuez donc, nous ne rirons plus.

Adam Liszt les menaça sévèrement du regard, Czerny secoua la tête.

— Vous voyez ? Pourquoi me faites-vous rire ? chuchota l'enfant.

— Tu sais, lui souffla en retour Karolin, ce qui serait maintenant magnifique ? Se faufiler derrière son dos et frapper un grand coup sur sa tête !

Le garçon se mordit les lèvres pour ne pas une nouvelle fois éclater de rire. Il éprouvait une attirance brûlante envers la belle demoiselle. Il sentait en elle un camarade comme jamais il n'en avait eu. Il posa sa main sur le dossier de la chaise de sorte qu'elle touchât la robe de la cantatrice, cela lui donnait un plaisir infini. Et tandis que le violon jouait sur l'estrade il se demandait pourquoi les femmes étaient plus attirantes et plus gentilles que les hommes.

Le grand garçon bougon avait terminé. Immédiatement il rangea son instrument dans son étui et sans saluer personne, tandis que Karolin Unger montait sur l'estrade, il s'éloigna, le visage renfrogné. Un jeune homme couvert de taches de rousseur sortit de l'orchestre et s'assit au piano. C'était lui qui accompagnerait la cantatrice.

La salle vide retentit du soprano plein de fraîcheur de la jeune fille hongroise. Le garçon reconnut tout de suite le morceau : c'était l'aria de l'opéra de Rossini *Demetrio e Polibo*. La voix était enchanteresse, palpable, il aurait aimé caresser de sa paume le velours parfumé de ses fioritures. Et son attirance pour cette belle fille, entre les dents étincelantes de laquelle s'écoulait avec une telle splendeur le miracle du bel canto, se transforma en une adoration flamboyante.

Après l'aria il se précipita sur l'estrade et baisa la main de la jeune fille.

— Regardez-moi ce gentil petit galant, dit la jeune fille. Tu es aussi raffiné qu'un lieutenant de hussards.

Elle se pencha vers l'enfant et l'embrassa. Celui-ci frissonna de bonheur. La répétition était terminée. Il ne restait plus que l'improvisation mais Adam Liszt ne désirait pas qu'elle eût lieu. Czerny était également d'avis qu'il ne fallait pas surmener l'enfant. Ils s'en allèrent à quatre : le père, le fils, le maître et la cantatrice. L'enfant saisit la main de la jeune fille et c'est ainsi qu'ils descendirent l'escalier. Il aurait aimé ne plus jamais lâcher cette main. Mais devant la porte se tenait un attelage somptueux et la fille les salua.

— Adieu, mon petit Putzi, à demain. Tu auras un succès énorme, tu verras !

Elle monta dans la calèche, la porte claqua et l'attelage partit en trombe. L'enfant regarda longtemps dans cette direction.

— Papa, dit-il d'une voix embarrassée, j'aime tellement Mlle Karolin que je ne trouve pas les mots pour le dire.

Adam Liszt hocha la tête.

— C'est une fille très gentille. Et elle nous est très utile. Elle peut faire venir toute l'aristocratie. Le prince de Metternich a pris ses billets hier. Si Dieu nous aide nous aurons un auditoire magnifique. Oh ! que j'aimerais avoir deux jours de plus…

Sur le conseil de Czerny l'enfant ne joua plus ce jour-là et le lendemain deux heures seulement, juste avant le concert. Mais ces deux heures ne furent guère marquées par l'angoisse du concert, il était distrait, sans cesse sa nouvelle idole, la ravissante Karolin, lui venait à l'esprit. Il tremblait d'impatience lorsque sa mère lui fit revêtir son habit hongrois et la pensée du trajet à accomplir jusqu'à la salle du Landstand lui était insupportable. Il aurait aimé se retrouver là-bas, tout simplement, comme par enchantement, pour pouvoir admirer le plus vite possible la jeune fille qui l'envoûtait.

Exceptionnellement, le père fit venir une voiture, afin d'éviter à l'enfant le long trajet dans la neige. Ils arrivèrent bien avant l'heure. Dans la petite pièce réservée aux artistes Karolin n'était pas encore visible. L'enfant était nerveux. Il ne songeait nullement au concert, il n'attendait que Karolin. Son père se rendit à la caisse, sa mère émue avait déjà pris place dans la salle. Enfin Karolin arriva. Le froid avait rendu encore plus frais son jeune visage. Elle posa son manchon, ôta son long manteau de fourrure. Elle était vêtue d'une magnifique robe rose à taille très haute avec des volants dans le bas. Ses cheveux roulés avec art en macarons étaient ornés de trois grosses roses rouges. L'enfant courut vers elle, heureux et émerveillé.

— Mlle Karolin est la plus belle du monde.

— Oh, que tu es gentil ! Je te plais ?

— Oh oui, beaucoup, beaucoup.

Arriva le violoniste Saint-Lubin. Il les salua à peine et, plein d'arrogance, déposa son manteau. L'enfant et la jeune fille se regardèrent et se retournèrent, le rire au bord des lèvres. Le grand dadais était habillé en petit garçon de dix ans, culottes courtes, coiffure lisse et sage.

— Quelle pitrerie ! chuchota Karolin.

— C'est d'un ridicule ! renchérit l'enfant, en faisant le grand.

Adam Liszt rentra précipitamment en haletant. De sa poche dépassait une liasse de programmes, ses cheveux étaient en désordre, son front couvert de sueur.

— J'ai laissé ici un paquet de billets. Personne ne les a vus ?

Il disparut en trombe sans même attendre la réponse. L'air de la pièce commençait à s'emplir d'une tension invisible. Karolin s'avança jusqu'au miroir et d'une main tremblante rectifia les fleurs piquées dans ses cheveux.

— J'ai un trac épouvantable, Putzi. Tu n'es pas ému, toi ?

— Pas le moins du monde.

Et il disait vrai. A la maison il avait été un peu agité toute la journée, c'est sûr, à la pensée du grand événement et des retrouvailles avec Karolin. Mais à présent il était parfaitement calme et ne ressentait rien d'autre qu'une grande curiosité. Le moment de l'entrée sur scène approchait. Czerny vint voir si tout allait bien. Le vieux Salieri apparut lui aussi et, en Italien dévot, il signa de son pouce le front de l'enfant. Puis le père entra précipitamment.

— Cela va commencer d'un instant à l'autre. Viens ici. Tu vois cette porte ? De là tu peux apercevoir la salle de spectacle. Je vais l'ouvrir un peu pour que tu voies où se trouve le piano.

Le père entrouvrit la porte. Le bourdonnement du public qui s'installait fit irruption dans la pièce. L'enfant regarda à travers l'étroite ouverture. Il vit des dames scintillantes de bijoux, des messieurs élégants en plastrons à volants. L'orchestre avait déjà pris place sur l'estrade et au murmure de l'assistance se mêlait la cacophonie des musiciens accordant leurs instruments.

— Maintenant, fais attention. Tu vois au premier rang ce monsieur de haute taille, très élégant ?

— Celui aux cheveux blancs ? Oui, je le vois.

— C'est le prince de Metternich. Quand tu t'avanceras sur l'estrade tu devras t'incliner spécialement dans sa direction. Et il faut également que tu fasses attention à un autre. Trois chaises plus loin se tient un homme jeune. Il est justement en train de rire. Tu le vois ?

— Oui, je le vois bien.

— Eh bien, sais-tu qui c'est ? Rossini ! Il est à Vienne et s'est déplacé pour ton concert. Il a pris son billet ce matin. C'est extraordinaire. Il faudra que tu t'inclines également vers lui. Tous ces aristocrates ! Tu n'as pas peur ?

— Mais non, pas du tout, dit l'enfant en riant.

La porte se ferma. Karolin se tenait dans le coin de la pièce, la main pressée sur son cœur et d'une voix étouffée demandait qu'on ne la tourmentât pas à présent.

On lui avait apporté une lettre accompagnée d'un gros bouquet. Le père sortit à toute vitesse et trente secondes plus tard il était déjà de retour. Il était si agité que les mots ne sortaient pas. Enfin il finit par prononcer péniblement d une voix rauque les paroles fatales :

— Tu peux y aller. Attention. Je vais ouvrir la porte.

L'enfant monta sur l'estrade. Il s'avança vers le piano et salua, comme il en avait fait le projet lui-même, sans en parler à personne : la main gauche posée sur le piano, il s'inclina devant l'auditoire tout entier, puis dans la direction du prince de Metternich, ensuite dans celle de Rossini. Les applaudissements crépitèrent. Il se redressa et regarda vers le bas avec curiosité. Il aurait aimé observer un peu l'assistance avant de jouer. La salle n'était pas tout à fait comble mais cette fois c'était quand même un vrai public, coloré, pas comme le misérable concert de l'année précédente, dans la salle d'auberge, mal éclairée, à moitié vide.

Il s'assit, ou plutôt grimpa sur le tabouret, celui-ci étant bien trop haut pour lui. Il ne regarda plus le public. Ni même le jeune musicien qui s'était proposé pour tourner les pages et s'était déjà installé sur l'autre siège. Il ne regarda pas non plus la partition. Les yeux fixes devant lui durant une seconde il pensa au bon Dieu, comme il se l'était promis à l'avance. Il souleva ses mains, comme deux instruments. Il resta un bref instant ainsi. Amen, chuchota-t-il en lui-même et ses mains s'abattirent sur les touches. Dès la première note le piano seul exista pour lui. Rien d'autre. Quand il eut terminé le morceau il sauta du tabouret et se tourna vers le public.

Tout le monde applaudissait. C'étaient des applaudissements uniformes, forts, nourris. Il s'inclina, content, souriant. Les applaudissements continuaient de plus belle. Il s'inclina encore une fois sous le tonnerre… puis une fois encore… encore… Enfin son oreille perçut l'affaiblissement du grondement et, comme on le lui avait appris, il se dirigea vers la sortie. De l'autre côté de la porte il vit le visage convulsé et pâle de son père.

— Attends un peu maintenant, lui dit-il d'une voix rauque en le tenant par le bras, puis il le fit ressortir : Continue !

Les applaudissements crépitaient toujours. L'enfant s'inclina. Il s'assit au piano. Le silence se fit soudainement. Le violon solo frappa sur le dos de son instrument. C'était le *Concerto pour piano* de Hummel qui suivait. Il joua. Il ne ressentait aucune agitation, rien que l'émotion avide, sauvage et vraie de son jeu. Quand son piano laissa place à l'orchestre, l'enfant eut une petite moue théâtrale et d'une main il rejeta ses cheveux vers l'arrière. Il osa même poser son regard sur le public, comme s'il était las d'attendre. Mais à l'instant voulu il attaqua avec puissance. Le morceau tout entier fut écouté dans un silence lourd de stupéfaction et d'émerveillement derrière lequel on pouvait déjà sentir le tonnerre d'applaudissements contenu à grand-peine.

Il éclata. Comme un ouragan, comme une gigantesque crécelle. Beaucoup s'étaient levés et criaient des bravos. Il riait, réjoui, s'inclinait, tout en cherchant sa mère des yeux. En signe d'ovation les musiciens frappaient leur instrument de leur archet. La mère lui faisait signe du bord de la lointaine sixième rangée et il lui sourit, heureux. Toute la salle avait remarqué ce coup d'œil et les regards curieux s'étaient portés dans cette direction.

Quand il se retrouva enfin dans la loge des artistes il avait les reins douloureux.

— Allons, allons, siffla furieusement le violoniste, la nuit va tomber !

Il sortit. A cet instant les applaudissements devinrent plus polis, et plus faibles. Les applaudissements eux aussi ont leur langage aux mille nuances.

Karolin se précipita vers l'enfant et le serra contre elle. Celui-ci, au comble du bonheur, riait aux éclats, pressant son visage contre la taille de la fille. Son père se tenait près d'eux, ému, les yeux mouillés.

— Papa, comme je suis content ! C'était bien, n'est-ce pas ?

Les gens attirés par l'enfant prodige et peu curieux du violoniste commençaient à arriver dans la loge. C'étaient surtout des dames, mais aussi des personnalités du monde de la musique. Adam Liszt s'empressa autour d'eux. Il se présentait à chacun à part, s'inclinait par-ci, adressait une parole par-là, tournait comme une toupie. Pourtant ceux qui entraient étaient bien peu intéressés par le père. C'était l'enfant au talent miraculeux qui les attirait. Il se tenait au centre d'un cercle serré de messieurs et de dames bien plus hauts que lui. Tout le monde voulait le toucher, lui parler.

— Depuis combien d'années étudies-tu ?

— Où es-tu né ? C'est vrai que tu es hongrois ?

— Combien de frères et sœurs as-tu ?

— Tu ne joues jamais Mozart ? Pourquoi n'as-tu pas joué du Mozart ?

— Vous habitez à Vienne ?

— Que ressens-tu en montant sur l'estrade ?

Et il y en avait qui, ne sachant pas quoi lui demander, le tournaient simplement vers eux et réfléchissaient à ce qu'ils pourraient bien lui dire. D'autres le scrutaient, suspicieux, pour s'assurer qu'il s'agissait bien d'un enfant et non d'un quelconque trucage. L'enfant répondait à peine aux questions qu'ils posaient tous en même temps et son père s'interposa entre lui et les questions. Il répondait à droite, à gauche, en avant, en arrière, s'affichant de toutes les façons possibles et montrant qu'en fait c'était son succès à lui, puisque finalement l'enfant et le talent de l'enfant venaient de lui.

Après les premières minutes de l'assaut la situation se calma un peu. Le cercle se relâcha et l'enfant put apercevoir sa mère qui se tenait près du mur, attendant modestement son tour

— *Mutti !* s'écria-t-il, heureux, et il courut vers les bras qui s'ouvraient à lui.

Entre-temps Saint-Lubin avait terminé son récital et c'était le tour de Karolin. La jeune fille se mit en route, pâle et chancelante. Peu après retentit sa voix de soprano. Les admirateurs continuaient de harceler l'enfant de leurs questions et de leurs cajoleries mais celui-ci avait désormais cédé la place à son père, il écoutait la voix angélique qui berçait son âme d'une douceur indicible, même d'aussi loin, à travers la porte fermée. Karolin eut un succès immense, elle fut applaudie longuement et chaleureusement. Quand elle revint dans la loge, son premier geste fut de prendre l'enfant dans ses bras.

— Mon petit Putzi, cela s'est très bien passé, je suis si heureuse ! Toi aussi tu as eu un succès énorme, moi aussi. Mais où est le violoniste ? Il doit sûrement crever de dépit.

Le violoniste n'était nulle part. Tandis que personne ne faisait attention à lui il s'était éclipsé.

— Maintenant, attention, dit Adam Liszt, très agité.

D'une main il saisit la poignée de la porte, de l'autre la main de l'enfant. Puis, tout à coup, il ouvrit la porte. Le père et le fils s'avancèrent sur l'estrade. Quand le tonnerre d'applaudissements se fut calmé, l'enfant s'assit au piano et le père s'avança vers le bord de l'estrade.

— Je prie la haute noblesse et la respectable assistance de bien vouloir proposer des thèmes sur lesquels mon fils improvisera au piano.

Un garçon de salle apporta les fiches qui avaient été réunies entre-temps. De partout s'élevaient les propositions.

— L'aria de la reine de la nuit dans *la Flûte enchantée* !

— Nous voulons un chant italien !

— Haydn : *Ariane à Naxos* !

— Beethoven ! Beethoven !

Le père tendait l'oreille dans toutes les directions. Puis il porta les fiches à son fils. L'enfant les regarda avec curiosité l'une après l'autre. Son père voulait lui chuchoter quelque chose mais il ne prêta pas attention. Il jouait déjà. Il frappa les premières mesures de l'opéra de Haendel, *Xerxès*. Mais seulement les toutes premières. Puis il se mit à les varier. C'était un travail facile, il connaissait à fond un nombre immense d'œuvres intitulées *Tema con variazioni*, c'était pour lui un jeu d'enfant de répéter le même thème de façons différentes. D'une main il continuait à jouer tout en cherchant parmi les fiches le thème suivant. Il parcourut ainsi huit ou dix phrases musicales et inséra également celles qu'il avait entendu demander à haute voix. Il ne restait qu'un thème : l'andante de la *Septième Symphonie* de Beethoven. Il l'avait gardé pour la fin car c'était celui qu'il préferait. Mais quand il se mit à jouer, son père assis à ses côtés lui souffla :

— Il faut à tout prix jouer quelque chose de Rossini ! Rossini ! Rossini !

Il hocha la tête. Et avec le même *la* majeur il entama l'une des cantilènes du tout dernier opéra de Rossini, *Zelmira*. Il se mit à jouer alternativement les deux motifs. Il les liait, les enlaçait l'un à travers l'autre, reprenait chacun tantôt de la main droite, tantôt de la main gauche. Quand il fut parvenu à une extrême complexité il défit le tout en puissants passages en *la* majeur, puis, lentement, assourdit les passages grondants pour faire réapparaître de nouveau l'un des thèmes entre les ornements perlés.

— Cela suffit, chuchota le père, termine à présent.

Mais il ne termina pas encore. Ce n'était pas pour le public qu'il jouait mais pour lui-même. Ce qu'il faisait en ce moment avait une structure et il ne pouvait pas l'abandonner ainsi. Enfin, avec une solennité somptueuse, une puissance extraordinaire, il frappa l'accord final en *la* majeur. Et une fois encore, et une fois encore. Les applaudissements retentissaient déjà quand il frappa l'accord le plus grave.

En bas le public se désagrégeait. Beaucoup s'étaient levés et se dirigeaient vers la sortie, mais beaucoup aussi se pressaient en direction de l'estrade. Tout près, on applaudissait debout. Le père observait le prince de Metternich. Le grand seigneur hocha la tête dans sa direction en souriant. Puis il s'éloigna. Au même moment Rossini, qui s'était frayé un passage à travers la foule, monta en toute hâte sur l'estrade. D'autres l'avaient suivi et tous faisaient cercle autour de l'enfant.

— *Non parla italiano ?* demanda Rossini au père.

Adam Liszt secoua la tête avec un sourire honteux.

— Et le français vous ne le parlez pas non plus ?

Encore une fois le père ne put que secouer la tête. Rossini eut un geste de regret, puis en montrant l'enfant, il leva les bras vers le ciel, indiquant que celui-ci était un génie divin. Il prit le petit garçon contre lui et l'embrassa sur les deux joues. Apercevant le vieux Salieri qui venait de se joindre au groupe, il alla vers lui et tous deux se mirent à parler italien. Czerny vint également. Le groupe se dirigea vers la loge avec, au milieu, noyau invisible, l'enfant prodige.

— Où est Mlle Karolin ? s'enquit l'enfant, une fois dans la loge.

— Baise la main de tes maîtres, lui dit son père. Tu n'as pas à te préoccuper d'autre chose pour l'instant. Va leur baiser la main, c'est la moindre des choses.

Le garçon fit le baisemain, docilement, aux deux maîtres. Sa mère lui apporta son manteau. Ils l'habillèrent. On pouvait à peine bouger dans la petite pièce et ils eurent du mal à se frayer un passage jusqu'à l'escalier. Le héros de la soirée jetait des regards inquiets à droite et à gauche. Les parents le tenaient par la main.

— Où est Mlle Karolin ?

— Elle est partie depuis longtemps, répondit le père, quand elle a eu terminé, je pense. Eh bien, mon petit, c'était un succès formidable. Nous pouvons espérer la suite la plus belle. Je vais organiser le concert de Pozsony, puis nous irons à Pest également. Je peux maintenant percevoir la bourse des magnats. Et si cela réussit, je t'emmène à Paris, chez Cherubini. Je crois que c'est ce soir que notre vie à tous s'est jouée.

Le garçon se taisait. Quand ils montèrent dans la calèche et que la mère posa avec soin la couverture sur les genoux de l'enfant, celui-ci demanda :

— Papa, vous n'avez pas parlé avec Mlle Karolin quand elle est partie ?

— Non, je n'ai pas parlé avec elle. Ou peut-être que oui ? Je n'en sais plus rien, ma tête était tellement pleine que j'ai cru qu'elle allait éclater. A Pozsony nous demanderons à Son Altesse le prince une lettre de recommandation pour Cherubini. Il le connaît bien. Et je demanderai une audience auprès du prince de Metternich pour qu'il nous donne des lettres de recommandation auprès des aristocrates français. Maintenant tout ira comme sur des roulettes.

Puis ils se turent jusqu'à la maison. Quand ils eurent grimpé jusqu'au deuxième étage l'escalier délabré et que l'enfant posa, fatigué, son manteau, sa mère mit avec anxiété sa main sous son menton pour le regarder dans les yeux.

— Tu n'es pas trop fatigué ? Cette grande émotion ne t'a pas fait de mal ?

— Mais non ! Dites-moi, papa, Mlle Karolin n'a pas laissé de message ?

— Non, aucun. Quel message aurait-elle laissé ?

L'enfant répondit, honteux :

— Je ne sais pas… non, rien… mais je pensais seulement… Quand reverrons-nous Mlle Karolin ?

— Pas de sitôt. A ma connaissance elle part pour Milan. Oui, c'est vrai, demain n'oubliez pas que nous sommes invités à goûter. Il y a ici une certaine Mme Kozeluch, la veuve du compositeur ; elle s'y connaît elle-même en musique et c'est une femme charmante. Czerny lui aussi sera présent. Tu joueras quelque chose. C'est ta première invitation, comporte-toi correctement, ne me fais pas honte. Pourquoi as-tu cette face de carême ? Il y a quelque chose qui ne va pas ?

— Non, rien, vraiment.

Le père sentit que l'enfant méritait maintenant quelques bons mots, une petite plaisanterie paternelle.

— Parce que maintenant tu pourrais vraiment être de bonne humeur. Et tu peux faire tous les équilibres que tu veux !

Le garçon ne répondit pas, il se contenta de sourire poliment. Il ne pouvait penser à autre chose qu'à Mlle Karolin. Plus que tout au monde il aurait aimé être à présent avec elle. Il pensa à sa voix aux trilles féeriques et ferma les yeux.

V

Deux semaines plus tard ils partirent pour Pozsony. Adam Liszt avait organisé le concert avec assiduité et adresse. Il était à présent beaucoup plus audacieux et osa aller trouver les magnats qui, au concert donné dans le palais Esterházy, avaient proposé pleins d'enthousiasme une bourse pour les études de l'enfant. Ceux qu'il put rencontrer s'exécutèrent maintenant avec empressement. A la place de ceux qui n'étaient pas à Pozsony il s'en trouva d'autres. Ainsi un jeune aristocrate du nom de Ferenc Bethlen proposa spontanément sa contribution au soutien financier du jeune talent. Le concert remporta un beau succès. Son Altesse le prince n'y assista pas mais il ne manqua pas de personnalités éminentes. Déduction faite des frais il resta une somme coquette à Adam Liszt.

Tout ceci intéressa bien moins l'enfant que la rencontre très curieuse qu'il fit dans cette ville de Pozsony : dans la rue il était tombé sur Szepi Zirkel ! Les deux enfants restèrent bouche bée. Szepi Zirkel avait tant supplié son père que celui-ci l'avait présenté à un célèbre peintre vivant à Pozsony, Lütgendorff-Leinburg. Le peintre avait regardé les dessins du petit Souabe au visage criblé de taches de rousseur et avait gardé celui-ci auprès de lui. Les deux enfants de Doborján se tenaient l'un en face de l'autre et, tout troublés de bonheur, ils ne savaient pas quoi se dire.

— Viens chez moi, dit enfin Szepi, tu verras la maison magnifique où j'habite.

Ils allèrent ensemble demander l'autorisation à papa Liszt. Celui-ci alla en vitesse se renseigner à l'auberge sur ce Lütgendorff-Leinburg et lorsqu'il apprit qu'il s'agissait non seulement d'un peintre célèbre mais, qui plus est, d'un noble, il donna la permission. Les deux enfants se rendirent donc chez le maître de Szepi. Celui-ci accueillit avec joie le petit visiteur, car la veille il avait lui aussi assisté au concert. Toute la famille se réunit pour admirer l'enfant prodige et Szepi s'émerveillait en pensant que ce petit génie était son compatriote de Doborján et son plus cher camarade de jeu. Plus tard le peintre laissa aller l'enfant prodige, l'apprenti peintre et ses propres enfants dans le jardin. Un épais tapis de neige recouvrait le sol et les enfants chahutèrent à cœur joie et se lancèrent des boules de neige jusqu'au déjeuner. Le peintre fit savoir à Adam Liszt qu'il gardait l'enfant pour le repas.

Les jeux de neige et le bonheur inhabituel du jeu effréné avaient donné à l'enfant un appétit de loup. De plus, il y avait du goulache au chou, son plat préféré. Il mangea goulûment. Il se sentait tout à fait bien, tout le monde le tutoyait et l'appelait Putzi, comme à la maison. Après le déjeuner ils retournèrent jouer. Quand ils furent las de la course dans la neige ils rentrèrent se chauffer dans la cuisine. Au bord du fourneau se trouvait la grande marmite avec les restes du déjeuner.

— Que dis-tu de la fille du maître ? demanda Szepi, d'une voix secrète, rougissant sous ses taches de rousseur.

L'enfant prodige, tout en réfléchissant, plongea ses doigts dans la marmite et y piqua un morceau de viande particulièrement appétissant auquel il n'avait pu résister.

— C'est une belle petite fille, dit-il en hochant la tête, mais moi je ne parviens pas à me lier avec des filles si petites.

— Allons, ne te vante pas ! Les grandes t'adressent peut-être la parole ?

Il prit un nouveau morceau dans la marmite et répondit, bouffi d'orgueil :

— A moi ? Ma meilleure amie est Mlle Karolin Unger. C'est une cantatrice très célèbre, elle a la plus belle voix au monde.

Szepi regardait son ami du coin de l'œil, perplexe. Il ne savait s'il fallait le croire ou non. Au même instant le peintre et sa femme se présentèrent dans l'embrasure de la porte de cuisine.

— Tout va bien ? Vous n'avez besoin de rien ? Mais continuez donc à bavarder !

Ils retournèrent aussitôt dans l'appartement, un sourire étrange sur leur visage. Et jusque dans la cuisine on put entendre ce que la femme disait à son mari :

— Tu as vu ? Quel grand artiste et en même temps c'est un vrai enfant. Il lèche en cachette la marmite avec les mêmes doigts qui jouent aussi divinement les symphonies de Beethoven !

Szepi jeta un regard goguenard au bon ami de la célèbre cantatrice. Celui-ci se lécha les doigts, gêné, et rougit jusqu'aux oreilles. A partir de cet instant il se sentit moins bien dans cette maison. Il ne tarda pas à prendre congé et retourna chez son père à l'auberge. En général, d'ailleurs, il se sentait mal à Pozsony. Il y avait ici beaucoup de magnats, et quoique les comtes fussent tous d'une extrême gentillesse avec lui, et même serviables, il était de nouveau en proie à la révolte inexplicable qu'il ressentait lorsqu'il voyait son père s'incliner humblement et servilement devant les grands seigneurs. Il savait qu'il lui fallait être reconnaissant envers ceux qui proposaient de l'argent pour ses études, et pourtant un étrange désir de vengeance le soulevait.

Ils ne tardèrent d'ailleurs pas à rentrer à Vienne et les journées reprirent, remplies par les leçons de Czerny et Salieri. Mais sa vie était à présent différente. On commençait à le connaître, il arrivait souvent que quelqu'un dans la rue lui adressât la parole. Deux ou trois fois par semaine il était à présent invité à goûter chez des gens du grand monde. Son père lui expliquait toujours très précisément comment il fallait s'adresser aux hôtes et, si on le faisait s'asseoir au piano, quels morceaux il devait jouer. A ces goûters il était enlacé et choyé par tous et recevait toujours des cadeaux. Le plus souvent on lui donnait une petite bourse de velours avec des pièces d'or, deux, cinq, parfois dix. Son père mettait les pièces de côté et lui, gardait la bourse. Il en avait déjà toute une série à la maison. Mais on lui offrait aussi des jouets raffinés, des partitions, des livres luxueusement reliés.

Dans tous les magasins de musique il était connu. Il s'y rendait fréquemment, sans son père, feuilletait toutes les partitions, essayait tous les pianos, bavardait avec les clients. Tout enfant prodige qu'il était on le prenait parfois pour un garnement. Il y avait sur le Graben un commerce de partitions dont le propriétaire, un vieillard bougon, se montra désagréable, ne l'ayant pas reconnu :

— Je voudrais quelque chose de difficile, avait demandé l'enfant.

— Et pour quoi faire ?

— J'aimerais le jouer ici, et si cela me plaît l'emporter à la maison. Mais que ce soit très difficile !

Le marchand le regarda avec agacement puis chercha une partition et d'un ton narquois lui lança :

— Voilà. S'il te faut quelque chose de difficile, eh bien, vas-y. Jusqu'à présent personne ne l'a encore joué. Maintenant tu peux faire le malin !

C'était le *Concerto pour piano en si mineur* de Hummel. Après avoir parcouru la partition, l'enfant joua l'œuvre sans une faute, avec précision et dans les mesures prescrites. Après le dernier accord il jeta derrière son épaule un regard goguenard. Le marchand n'était plus seul ! Tous les employés du magasin s'étaient attroupés ainsi que les clients arrivés entre-temps. On pouvait entendre chuchoter : "C'est le petit Liszt !"

— Eh bien, mon enfant, dit le marchand, j'ai passé toute ma vie dans la musique mais je n'ai encore rien vu de pareil. Mozart n'aurait pas mieux joué. Je te donne la partition, emporte-la. Et viens le plus souvent possible.

Peu après Noël, quand il entra dans cette boutique, le vieux brandit devant lui un petit cahier.

— Tu donneras ceci à ton père, il sera heureux.

— Qu'est-ce que c'est ?

— Le nouveau numéro du *Allgemeine Musikzeitung*. Breitkopf et Härtel l'ont envoyé de Leipzig. Il y a un article sur toi. Tu peux le lire.

L'enfant se plongea tout de suite dans le journal. "Au début du mois de décembre un concert a été donné dans la salle du Landstand par Ferenc Liszt, garçon de dix ans, Hongrois de naissance... Encore un enfant virtuose qui nous est tombé du ciel et nous remplit de la plus grande admiration. Le talent de ce garçon tient du miracle. On peut affirmer que les limites de l'impossible ont été reculées lorsqu'on entend avec quelle force implacable ce jeune géant fait tonner l'œuvre de Hummel, composition d'une extrême difficulté et très fatigante, spécialement dans le dernier mouvement. Il a tout à sa disposition, sentiment, expression, coloration et une palette des nuances les plus raffinées. Il paraît également que ce prodige musical est capable de tout jouer *prima vista* et qu'il n'a pas son pareil en ce qui concerne la lecture de partition d'orchestre. Que Polymnie préserve cette jeune pousse et le protège des tempêtes destructrices afin qu'il grandisse et que se ramifie son talent ! Nous donnerons à sa fantaisie plutôt le nom de capriccio ; les thèmes incorporés l'un dans l'autre avec des intermèdes ne méritent pas encore cette appellation distinguée que l'on utilise, hélas, trop facilement de nos jours. Mais il ne fait aucun doute que nous avons été tout à fait charmés par l'idée de ce petit Hercule lorsque, unissant l'andante de la *Symphonie en la* de Beethoven et le motif de l'une des cantilènes de la *Zelmira* de Rossini, il les a pour ainsi dire pétris jusqu'à n'en faire qu'une seule pâte. *Est deus in nobis*."

— Comprends-tu cette phrase latine à la fin ?

— Bien sûr que je comprends. Je sais le latin, moi.

— Mais pourquoi te fâches-tu ?

L'enfant haussa les épaules sans répondre. Il musarda encore un peu dans le magasin puis rentra chez lui. Son père était à la maison. De mauvaise grâce il lui donna la revue. Adam Liszt se jeta avec avidité sur l'article et à la fin il s'écria au comble de la joie :

— C'est magnifique ! C'est merveilleux ! Anna, Anna, écoute un peu ce qu'écrit la revue musicale au sujet de ton fils.

La mère accourut de la cuisine et écouta, émerveillée.

— Mais qu'as-tu donc ? dit ensuite le père en se tournant tout étonné vers son fils. Que se passe-t-il ? Ce n'est pas que tu pleures ?

Mais oui, il pleurait. Jusqu'alors il était parvenu à se maîtriser mais maintenant les pleurs s'étaient échappés. Des larmes de colère coulaient sur son visage. La bouche convulsée, il dit :

— Pourquoi n'était-elle pas bonne ma fantaisie ? Tout le monde a dit qu'elle était bonne. Elle a plu à Salieri, à Czerny, à Rossini aussi. Mais pas à celui qui a écrit l'article ?

Il jeta furieusement son chapeau sur le lit, s'assit à la table et continua à pleurer en silence.

— Ne sois pas stupide, mon garçon, enfin ! C'est une critique magnifique !

— Celui qui l'a écrite s'y connaît en musique, et pas Rossini ? Moi je m'en moque, je ne ferai plus de fantaisies. Si cela ne leur plaît pas, eh bien, tant pis, je m'en moque !

Il pleurait de plus belle. Ses parents le regardaient, étonnés, en secouant la tête. Adam Liszt s'apprêtait à tenir un long discours au pianiste en pleurs, mais sa femme lui dit doucement :

— Laisse-le pour l'instant. Attends qu'il se soit calmé.

Si les larmes furent épuisées au bout d'une demi-heure l'enfant eut le cœur gros pendant longtemps encore. Il allait et venait sombrement et dans la boutique où il se rendait à présent chaque jour il regardait d'un air constamment vexé les nouvelles partitions. C'était le magasin de musique de Cappi et le compositeur Diabelli, associé du propriétaire, y passait des journées entières. L'enfant aimait beaucoup bavarder avec Diabelli, car celui-ci avait jadis bien connu Haydn et lui en parlait beaucoup. Une certaine intimité s'était installée entre le vieux professeur de guitare et l'enfant prodige. Le garçon ne lui avait pas révélé à lui non plus la douleur secrète qui avait touché son amour-propre et continuellement il lui parlait de son désir de composer, il aurait aimé montrer de quoi il était capable. Il lui joua le Tantum Ergo et le maître le félicita.

— J'ai une idée, dit l'homme au regard rusé ; je te permets de faire des variations sur ma valse. Sur cette valse célèbre, tu la connais.

— Oh oui que je la connais !

— Tous les grands musiciens ont déjà écrit des variations sur celle-ci, à Vienne. Pour ne t'en donner qu'un exemple, Beethoven lui-même en a écrit pas moins de trente-trois.

— Mais je les connais bien, je les joue.

— Alors, tu vois. Si tu fais des variations bien réussies, je demanderai à M. Cappi qu'il les édite.

Exultant, l'enfant baisa la main à Diabelli et il courut à la maison. Il se précipita sur le piano. Trois jours plus tard il se présentait avec sa composition dans la boutique de Cappi. Il tendit la partition à Diabelli et s'assit au piano. Il joua. A la fin Diabelli ne fit qu'un "hum". Puis il se retira avec son associé, Cappi. Ils discutèrent quelques minutes puis lui firent jouer une seconde fois ses variations. Ils se regardèrent, hochèrent la tête. Alors Diabelli lui annonça :

— C'est d'accord. Nous allons les publier.

L'enfant leur baisa la main à tous deux. Il courut avec la grande nouvelle chez Czerny, se précipita chez Salieri, puis à la maison. Et à partir de cet instant le compositeur tout neuf vécut de fortes émotions de jour en jour, de semaine en semaine. Tout d'abord il croyait qu'il suffirait de quelques jours pour que la partition fût prête. Il se rendit bientôt à l'évidence amère qu'il n'en était pas question. Il fallait "piquer" la partition, et la firme éditrice surchargeait de travail la personne compétente. Il aurait bien été jusqu'à attendre quelques semaines mais à présent il s'avérait que ce genre de parution était une affaire de plusieurs mois. Pourtant l'enfant n'avait pas de plus grand désir que de jeter à la face du monde son œuvre, pour que le *Allgemeine Musikzeitung* vît à qui il avait affaire.

L'émoi causé par l'édition de la partition fut vite étouffé par une nouvelle émotion : le père avait de nouveau organisé un concert. Le premier avait remporté un tel succès et la réputation de l'enfant s'était à tel point étendue dans Vienne au cours des trois derniers mois que l'organisation d'un nouveau concert promettait d'être une affaire fructueuse. Ils avaient d'ailleurs besoin d'argent car Adam Liszt avait forgé des projets fous. Quoiqu'il n'eût guère eu l'habitude de communiquer à l'avance ses plans à sa famille, par des remarques qu'il laissait tomber de temps à autre on comprenait clairement qu'il était en train d'élaborer un plan d'envergure.

Ce concert, Adam Liszt l'avait prévu dans l'Augarten. De nouveau il courait du matin au soir, de nouveau l'enfant travaillait du matin au soir. Il avait choisi comme morceau principal le *Concerto pour piano en si mineur* de Hummel, ce morceau très difficile qu'il avait joué pour la première fois dans le magasin de musique. Au beau milieu des préparatifs, un soir, le père annonça à l'enfant :

— Demain tu travailleras moins. Nous irons à dix heures chez Beethoven.

— Chez qui ? demanda, stupéfait, l'enfant, en bondissant du tabouret.

— Chez Beethoven, tu as bien entendu. Je suis enfin parvenu à arracher cette entrevue à ce Schindler. Tu mettras ton nouvel habit. Beethoven n'entend plus rien du tout, il faut écrire ce que l'on veut lui dire. C'est plutôt moi qui écrirai, car il serait vite lassé par tes pattes de mouche. Tu connais Beethoven pour avoir vu son portrait, je ne dois rien t'expliquer à son sujet. Il y aura également un homme de vingt-huit ou trente ans, c'est Schindler, son factotum. Il faut essayer de lui plaire, car beaucoup de choses dépendent de lui. Et il y aura peut-être aussi un garçon de seize ans, Karl, le neveu que Beethoven aime beaucoup. Je te préviens qu'il faudra bien te comporter. Le vieux est très bourru et si tu fais ou dis quelque chose de malséant il te rabrouera méchamment.

L'enfant n'entendit que d'une oreille les avertissements de son père, son âme tout entière était occupée par cette pensée inouïe : il allait voir Beethoven, il allait parler avec lui. Ce soir-là il eut de la peine à s'endormir. Ballotté entre l'état de veille et le sommeil il se voyait constamment devant le grand homme qui se penchait vers lui.

Le lendemain à dix heures précises ils frappèrent à la porte de l'appartement de Beethoven. Un jeune homme alerte vint leur ouvrir.

— De quelle humeur est le maître ? s'enquit Adam Liszt avec anxiété.

— D'une humeur de dogue, répondit Schindler, mais espérons que tout ira pour le mieux. Par ici, je vous prie.

Ils entrèrent dans une pièce étroite et encombrée. A côté du piano se tenait le demi-dieu. Petit, trapu, les épaules larges. Il portait une veste d'intérieur bleu foncé. Sa tête au front immense et agressif était tendue vers l'avant et tandis que sous ses sourcils en broussaille il regardait avec hostilité les nouveaux venus, une impatience pleine de nervosité et de courroux flamboyait dans ses yeux.

— Ne parlez pas, souffla Schindler, le crayon est ici, écrivez.

Le père écrivit. Ils se tenaient debout dans un silence mortel et tendu. L'enfant, dont le père avait lâché la main, sentait ses genoux s'engourdir et ses tempes battre. De façon insensée il ne pouvait que répéter en lui-même la date de ce jour : 12 avril 1823, 12 avril 1823. Il était incapable de penser à quoi que ce fût d'autre. Il adorait cet homme sourd au cou de taureau, au regard assassin, et tremblait devant lui. Jamais encore il n'avait ressenti cela. Celui qui se tenait devant lui, il le savait à cet instant d'une grandeur incroyable, funeste et effrayante.

Schindler prit le papier et le tint devant Beethoven. Celui-ci le parcourut et de la voix mate des sourds, sèchement, il répondit aux phrases écrites :

— Je déteste les enfants prodiges.

Il ne jeta pas le moindre coup d'œil au garçon. Ni même au père. Il regardait dans le vide et, en signe d'impatience, tapotait nerveusement de ses doigts sur le couvercle du piano. Schindler se mit à écrire. Il écrivit beaucoup. Le demi-dieu trépignait. Il ressemblait à un lion que l'on excite. Schindler lui présenta son papier. Il lut en vitesse. Son visage fut traversé d'une convulsion nerveuse. Il répondit encore plus crûment :

— Je ne vais pas aux concerts. Je ne propose pas de thèmes.

En regardant dans le vide il continua à tapoter sur le piano. Schindler leur souffla :

— Je suis désolé, cela n'a pas réussi, veuillez prendre congé.

Adam Liszt s'inclina, tout gêné, l'enfant suivit son exemple. Ils s'avancèrent vers la porte, effroyablement mal à l'aise. Ils n'étaient pas encore sortis que le demi-dieu leur tournait déjà le dos. Dans la pièce voisine Schindler leur dit rapidement :

— Ne considérez pas ce résultat comme définitif, le vieux était d'une humeur spécialement exécrable aujourd'hui. Il n'a pas l'habitude d'être aussi désagréable, et avec les enfants il est toujours gentil. Je ne comprends vraiment pas ce qui lui a pris. Pour ma part, l'affaire n'en demeurera pas là, ayez confiance en moi. Au revoir.

Ils étaient sortis. L'enfant leva les yeux vers son père, pâle comme un mort. Celui-ci ne dit rien, il se mordait les lèvres et secouait la tête. Ils étaient déjà loin quand l'enfant osa rompre le silence :

— Papa, que lui avez-vous écrit ?

— J'ai demandé en ton nom qu'il vienne au concert.

— Et Schindler, que lui a-t-il écrit ?

— Il lui a demandé de donner un thème dans une enveloppe cachetée que tu ouvrirais au concert pour l'improvisation.

Ils ne parlèrent pas davantage. A la maison le garçon se mit tout de suite au travail. Il entendit d'une oreille son père qui expédiait les questions de sa mère : ça s'était passé comme ça s'était passé.

L'après-midi, quand il fut seul, il se laissa aller à ses pensées. Il souffrait de façon indicible. S'il avait appris que le bon Dieu le détestait, ce bon Dieu à qui il adressait chaque matin et chaque soir ses prières avec un tel bonheur, une telle ferveur, une telle confiance, cela ne lui aurait pas causé de douleur plus vive. Mais comment était-ce possible que Beethoven se fût comporté de la sorte avec lui ? Beethoven ! Comment était-ce possible ? Il s'étonnait, impuissant, et il s'assit au piano pour jouer Beethoven. En réfléchissant profondément il attaqua un fragment de sonate pour piano, puis une symphonie. Le piano résonnait sous ses doigts, avec sentiment et noblesse, comme s'il répondait à la question qu'il posait. "Je ne peux pas le croire", disaient les doigts glissant sur les touches. "Tu n'as pas à le croire, répondaient les notes au contenu merveilleux et infini, il est grand et bon." Mais comment avait donc pu arriver ce qui était arrivé ? Cette âme qui depuis toujours avait adoré aveuglément et passionnément le grand homme se tourmentait à présent au-dessus du piano et tout à coup elle avait perdu toute foi en la vie, en la musique et dans le monde. Plus rien n'avait désormais de sens pour l'enfant.

Avec un profond soupir il arrêta de jouer le morceau qu'il avait entamé, le mouvement *allegretto* de la *Septième Symphonie*, coupant en plein milieu la rêverie enchanteresse du violoncelle qui vibrait dans son âme. Il s'en détourna avec une tristesse infinie et se mit à travailler le numéro du concert. Il était affligé et orphelin, comme l'enfant que l'on a battu injustement.

Avant le concert il n'ouvrit pas la bouche. Il traînait, distrait, dans la loge. Tout à coup son père surgit dans la pièce en haletant :

— Beethoven est ici ! C'est un événement incroyable ! Depuis des années il n'avait pas mis les pieds à un concert. Alors, fais bien attention et distingue-toi !

Le garçon poussa un grand cri, lui-même ne savait pas ce qu'il disait :

— Je... je le savais !

Quand il s'avança sur l'estrade il le vit tout de suite. Il était assis au bord du premier rang. Son visage n'avait plus cette expression nerveuse et bourrue, il était grave et d'une profonde tristesse. La salle était pleine à craquer, des gens s'étaient faufilés sans avoir pris de billet et ils se pressaient dans le fond. L'enfant joua comme jamais encore il n'avait joué. Parfois il jetait un coup d'œil furtif à Beethoven. On voyait sur ce visage qu'il n'entendait pas le moindre son. De plus il était assis de telle sorte qu'il ne pouvait voir les mains de l'enfant. Il ne voyait rien, n'entendait rien, il était simplement assis à sa place, sans bouger, sa large bouche durement pincée, son visage troublant penché vers l'avant.

Après les morceaux il n'applaudit pas. Il resta assis sans bouger. Enfin arriva l'improvisation. Adam Liszt ramassa les thèmes proposés. Beethoven ne bougea pas. L'enfant prit les fiches et commença son grand numéro. Il mettait toute son âme dans ce qu'il jouait. Maintenant c'était pour Beethoven qu'il jouait, pour Beethoven qui ne pouvait rien entendre.

Un tonnerre d'applaudissements encore jamais entendu suivit l'improvisation. L'enfant prodige se leva et s'inclina. Il s'inclina vers Beethoven aussi et vit alors que le demi-dieu s'était levé et s'approchait de lui.

Beethoven monta sur l'estrade d'un pas pesant, s'avança vers lui, le prit sous les bras, le leva vers lui et le pressa contre sa poitrine. Et tendrement, longuement, il lui baisa le front. Une tempête d'applaudissements grondait dans la salle. Ensuite il posa l'enfant et redescendit de l'estrade. La foule compacte lui ouvrit un passage avec ferveur. Pendant longtemps encore on put suivre des yeux le mouvement du public qui se fendait devant lui pour se reformer ensuite. L'enfant ne s'inclinait plus sous les bravos. Il se tenait immobile au bord de l'estrade, comme devant une vision lumineuse.

VI

Quand après le concert il se rendit pour la première fois chez Czerny, celui-ci s'adressa à lui en ces termes :

— Dorénavant je serai toujours content de te voir, aussi souvent que tu viendras, mon enfant, mais je ne peux plus rien t'apprendre. J'ai déjà dit à ton père qu'il faut que vous avanciez d'un pas. T'a-t-il déjà parlé de Paris ?

— Seulement en passant.

— C'est là que vous devez aller, à Paris. Ailleurs tu ne peux plus rien apprendre, seulement là-bas, au Conservatoire. Et d'ailleurs c'est dans cette ville que tu dois aller, c'est le centre du monde. Tu es maintenant prêt pour montrer à toute l'Europe ce dont tu es capable. Dans toute l'Europe il n'y a que deux pianistes avant toi…

— Je sais, oui, dit le garçon en hochant la tête.

Ils n'avaient pas besoin de mentionner les noms. Depuis des mois on avait vraiment assez répété les noms des plus célèbres pianistes du monde et depuis longtemps on avait constaté qu'il ne restait à l'enfant prodige hongrois que deux concurrents à vaincre. L'un était Moscheles, qui avait également étudié jadis à Vienne. C'était un juif de Prague. Salieri avait été son maître et un maître si bon que Moscheles avait écrit la transcription pour piano du *Fidelio* pour Beethoven. A l'époque où le jeune Meyerbeer étudiait également à Vienne, tous deux se disputaient la palme du piano et c'était Moscheles qui l'avait remportée. Maintenant il vivait à Londres et aurait été le premier pianiste du monde s'il n'y avait eu Hummel. Car celui-ci n'était pas seulement un célèbre compositeur et chef d'orchestre à la cour de Weimar, mais aussi un virtuose au talent diabolique.

— Quel âge ont-ils ? demanda l'enfant.

— Moscheles approche de la trentaine, Hummel a plus de quarante ans.

— Alors j'ai encore le temps de les rattraper.

— Ce n'est pas du temps qu'il faut pour cela mais de la volonté. Tout dépendra de la détermination et de l'application dont tu pourras faire preuve. La chose ne sera pas facile. En outre, à tout instant peut surgir un nouveau talent. J'entends continuellement mentionner, par exemple, un génie de Berlin…

— Oui, je sais, il s'appelle Mendelssohn. Mais il a déjà quatorze ans. Et moi je n'en ai que onze. Pour lui c'est facile, son père est banquier. Mais nous, nous sommes pauvres…

— Ne pèche pas contre le bon Dieu. Tu n'as jusqu'à présent pas eu beaucoup à souffrir de la pauvreté. Ton père seulement. Ce n'est pas de lui que dépendra ta réussite, seulement de toi. Tu as de graves défauts contre lesquels il faudra te battre pendant de nombreuses années. Tu es beaucoup trop passionné quand tu joues, tu perds ton pouvoir sur le tempo indiqué et tu renverses la ligne rythmique comme les Tziganes. Si tu veux de moi un seul conseil pour toute ta vie : imagine toujours le métronome devant toi sur le piano. Bon, voyons un peu ces exercices de sixte...

L'artiste s'assit au piano pour prendre une leçon du maître qu'il avait surpassé en l'espace de quelques mois. Il faisait pourtant attention à ses remarques et obéissait docilement à chacun de ses avertissements. Mais il n'avait vraiment pas la tête à son piano. La ville mystérieuse et féerique l'excitait depuis des semaines, ce Paris vers lequel tendaient les plans de son père. Il ne savait presque rien de ces projets ; son père avait l'habitude de ne communiquer à sa famille que ses décisions définitives, presque sous la forme de décrets, et bien souvent sans en fournir la moindre motivation.

Un de ces décrets l'attendait justement à la maison. Son père lui fit savoir qu'à partir du lendemain ils apprendraient tous les trois le français. Un professeur viendrait chaque jour chez eux, à la place du déjeuner. Il n'était pas permis de faire des économies avec les leçons, car il leur fallait à tous trois savoir parler français d'ici à leur arrivée à Paris. Par ailleurs il fallait travailler pour le concert de Pest. S'il y avait un concert important, c'était bien celui de Pest.

— Papa, comment est cette ville de Pest ?

— C'est une ville magnifique. Je n'en ai jamais vu de plus belle. La rive du Danube, et de l'autre côté les collines...

— Et j'aurai du succès ?

— Si tu fais tous tes efforts, oui. A Pest ils aiment beaucoup tout ce qui est étranger. Même si ce qui est hongrois est excellent on s'arrache ce qui vient d'ailleurs. Tu es hongrois et tu as beaucoup de succès à Vienne. Cela a beaucoup d'importance là-bas.

— Oui, mais comment ferai-je ? Je ne sais pas le hongrois.

— On n'a pas besoin de connaître le hongrois à Pest, gros bêta. Tout le monde y parle allemand et latin. Il n'y a guère que les paysans qui parlent hongrois, et ce n'est pas à eux que tu auras affaire. Contente-toi de bien jouer, ne t'occupe de rien d'autre.

Le lendemain le professeur de français se présenta. La première leçon fut très bizarre et malaisée. Le père avait déclaré qu'il était interdit de prononcer le moindre mot en allemand pendant toute la durée du cours. Même pour demander quelque chose, il suffirait de s'exprimer par gestes. Et c'est ce qui arriva. Le professeur, M. Hachette, était un petit homme malingre à lunettes qui parlait à une vitesse effroyable et avait un appétit effroyable. Pendant le repas il parlait constamment. Tout d'abord il montra la soupe.

— Soupe. La soupe. Je mange de la soupe.

La maman comme le garçon durent répéter.

— Soupe. Je mange. Soupe. La soupe.

Le père se glorifiait des quelques mots qui lui étaient restés de l'époque où il étudiait. Il se comportait plutôt comme un enseignant que comme un élève. Ils rirent tous beaucoup, le premier repas ne fut qu'une suite de mime et de gesticulations interrogatives. C'est à la fin de la leçon qu'ils rirent le plus, lorsque le professeur les quitta avec un "adieu". La mère n'osa pas répéter le mot parce qu'elle ne savait pas que c'était du français.

Pendant deux semaines l'apprentissage du français apporta un peu de fraîcheur, comme toute nouveauté, au travail habituel. Puis le père et le fils partirent pour Pest. Ce fut un voyage passionnant. Ils prirent une chaise de poste jusqu'à Pozsony où ils passèrent la nuit et de là un chariot les mena à Pest. L'enfant harcelait infatigablement son père de ses questions, au sujet des villages qu'ils traversaient, de l'étrangeté variée des costumes populaires, de soldats à cheval, des inscriptions incompréhensibles. Son attention ne faiblissait pas une seconde, tout l'intéressait et sa curiosité insatiable buvait les explications comme le sable l'eau. A deux reprises ils croisèrent même une caravane de Tziganes nomades et le garçon en fut ému. Le cou complètement retourné il les regardait bouche bée, qui avançaient dans l'autre direction, même lorsqu'ils furent à peine visibles sur la route bourbeuse.

Ils entrèrent à Pest au crépuscule. Le garçon était mort de fatigue d'avoir été secoué tout au long du chemin mais cette nouvelle émotion le tint éveillé. Ce qui s'ouvrait devant lui avec les points brillants des lumières du soir sur la rive de l'immense fleuve, c'était Pest, le centre de sa patrie, sa ville. Le chariot les mena à l'auberge somptueuse portant le nom de *Sept Electeurs*. Un valet, après s'être incliné respectueusement, prit leurs bagages et les accompagna dans l'escalier comme s'ils avaient été de grands seigneurs. Quant à la chambre qu'on leur ouvrit, elle aurait pu convenir, de l'avis du garçon, à n'importe quelle personnalité éminente. C'était une chambre spacieuse à deux lits, ses fenêtres donnaient sur une place, au delà de laquelle les flots du Danube formaient sous la colline une énorme masse noire.

Tandis que le père, aidé par le valet, défaisait les vêtements, partitions et autres bagages, le garçon put regarder par la fenêtre. C'était un soir de fin d'avril très doux, on avait ouvert la fenêtre sur les supplications de l'enfant. Il observait en bas la vie de la berge. De rares passants avançaient sous les fenêtres, beaucoup parlaient allemand, mais beaucoup aussi hongrois.

Soudain, comme si c'était pour lui faire plaisir, une musique tzigane se fit entendre tout près. L'enfant écouta, le cœur battant. Et tandis que montaient jusqu'à lui les rumeurs du soir, les fragments de conversations mélangées, le grondement sourd du fleuve, la musique tzigane, il sentit brusquement qu'il y avait ici quelque chose d'indéfinissable et d'inexprimable qui lui appartenait mais vers quoi il ne pouvait étendre la main. Dans la calèche qui passait en cliquetant, dans le dialogue hongrois des deux jeunes gens en bottes et bonnet fourré, dans l'obscurité mélancolique et immobile de la colline d'en face, dans la musique tzigane existait quelque chose de profondément commun qui lui était inaccessible. Il sentait une atmosphère tout à fait voilée et spéciale, quelque chose de langoureux, un désir stérile, et, lui-même ne savait pourquoi, un de leurs vieux chiens de Doborján lui vint à l'esprit ; dans son regard intelligent et chaleureux qui désirait, en vain, dire quelque chose, il y avait un peu de cet inexprimable qui maintenant inondait son cœur.

— Nous nous levons tôt demain matin, il est temps d'aller nous coucher. Toi, tu dois travailler et moi j'ai un tas de choses à régler.

De leur chambre on entendait encore, très bas, un groupe qui jouait quelque part dans le voisinage. Et pour sa première nuit à Pest le garçon s'endormit bercé dans son rêve par ces sons étranges qu'il aimait en secret.

De la ville, il ne vit que bien peu de choses, le lendemain comme par la suite. Dès le matin le père avait fait installer un piano dans la chambre et l'enfant devait travailler jusqu'à midi. A midi un professeur de français venait donner la leçon, son père tenant à ce que l'enseignement ne fût pas interrompu, même pour une journée. L'après-midi ils allèrent à quelques endroits, dans un magasin de partitions, une imprimerie et une espèce de bureau. Partout son père parlait à sa place. Il avait appris une seule chose : lui, Franz Liszt, s'appelait dans la langue de son pays natal Liszt Ferenc. Il trouvait ce nom singulier, l'aimait et se le répétait. Liszt Ferenc… Liszt Ferenc… Cet ordre inversé et la forme hongroise du prénom avaient un charme particulier. L'enfant trouvait d'ailleurs Ferenc beaucoup plus intéressant que Franz. Il s'en délectait comme s'il l'avait accroché à sa boutonnière, fleur d'un rouge violent.

Il eut tout juste le temps de s'ébahir devant la circulation animée de quelques rues, se retourner sur le passage d'un attelage sur le siège duquel un hussard richement paré était assis, à côté d'un cocher en dolman à gros boutons métalliques, s'émerveiller de voir que la crinière des chevaux de fiacre était ici teinte en couleurs éclatantes. Déjà il rentrait à la maison pour travailler. Il travailla jusqu'au soir. Il ne se plaignait pas. Il savait qu'il fallait qu'il en fût ainsi. Avant un concert un travail quotidien de six ou sept heures était tout à fait naturel.

Le troisième jour son père apporta une affiche. Celle-ci sortait tout juste de l'imprimerie, l'encre n'était même pas sèche. C'était une affiche en langue hongroise, il n'en comprenait pas le moindre mot. Son père traduisit : "Honorable noblesse ! Vénérable armée impériale et royale ! Public respectable ! Je suis hongrois et ne connais pas de plus grand bonheur que d'offrir respectueusement à ma chère patrie, en gage de ma reconnaissance brûlante et de mon attachement, les premiers fruits de mon éducation et de mes études, avant de partir pour la France et l'Angleterre. La maturité qui me manque encore, j'espère l'acquérir grâce à une application assidue pour amener mon art à la perfection, afin de pouvoir un jour être l'une des gloires de ma chère patrie." Au bas de l'affiche son nom en grandes lettres : Liszt Ferenc.

— Nous allons aussi en Angleterre ? demanda-t-il, curieux.

— Bien sûr que nous y allons, si Moscheles y est allé. Mais c'est tout ce que tu as à dire de cette affiche ? C'est toute la reconnaissance pour toute la peine que je me suis donnée ?

— C'est magnifique, vraiment, c'est très beau, je vous remercie…

— Eh bien ? Qu'as-tu à hésiter ? Quelque chose ne te plaît pas ?

— Mais si, cela me plaît beaucoup, c'est vraiment magnifique, seulement…

— Seulement ?

— Seulement pourquoi dire que je manque encore de maturité ? Puisque Czerny lui-même a dit que je ne pouvais plus rien apprendre de lui. Et lui, il manque de maturité ? Celui qui a été le maître de Schubert manque de maturité ?

Le père se mit en colère :

— Arrête de faire le raisonneur. Tu veux continuellement savoir plus que tout le monde. La gloire t'est vraiment montée à la tête. Comment un enfant de onze ans ose-t-il affirmer qu'il est mûr ? On croit rêver. Et voilà. Maintenant tu pleurniches. C'est le plus beau. Monsieur l'artiste mûr s'est mis à pleurnicher. En avant, au piano ! Tu joueras une heure et demie, je viendrai ensuite te chercher et nous irons au théâtre allemand.

Entre ses larmes qui séchaient lentement l'artiste travailla le *Concerto pour piano* de Moscheles et l'*Ouverture* de Schneider. Son père vint le chercher, le gronda encore une fois et l'emmena au théâtre allemand. Ils montèrent sur la scène par l'entrée de derrière. On répétait un opéra de Gluck. Le père, qui, visiblement, était déjà venu ici, chercha les deux artistes conviés à participer au concert, M. Babnigg et Mlle Teyler, afin de leur présenter son fils. Ceux-ci se mirent à bavarder gentiment avec lui et plaisantèrent comme c'est l'habitude avec les petits enfants. Il détestait cela de tout son cœur. Il se sentait profondément offensé dans son amour-propre qui lui faisait aspirer à être adulte. Karolin lui vint à l'esprit, l'inoubliable douce Karolin. Son cœur se serra et dans le ronflement grave des bois de la musique de Gluck, il se sentit orphelin, incompris et triste, au delà de toute expression.

Le concert tombait le 1er mai, un jeudi. Il avait lieu dans la grande salle de leur auberge, les *Sept Electeurs*. Le succès fut immédiat et après les variations de Moscheles il y eut plus d'applaudissements qu'à Vienne. Le public lui faisait une impression tout à fait différente. Ici une sorte de tension passionnée s'était emparée de la salle, l'émotion était plus fraîche, spontanée, les visages aperçus de l'estrade flamboyaient. Déjà, en jouant, il avait senti que les notes de son piano touchaient à vif. Cette unité secrète avec le public qu'il lui fallait acquérir à Vienne au prix d'un dur travail, il sentait qu'ici elle naissait en un instant. Son propre feu atteignait tout de suite l'auditoire. Dans le tonnerre d'applaudissements s'élevaient également des vivats claironnants. "*Eljen !*" Il connaissait ce mot. Et tandis qu'il s'inclinait, heureux, devant ceux qui l'acclamaient il songea à l'atmosphère de désir sans nom qu'il avait ressentie le soir de son arrivée. Il lui semblait à présent que ce à quoi il aspirait alors, il venait de le recevoir.

Le lendemain l'extraordinaire succès se confirma. Au cours de la matinée on vint trouver le père à propos de trois autres concerts. A midi Adam Liszt avait décidé qu'ils resteraient encore quinze jours à Pest. L'après-midi il fallut encore prolonger de quinze jours : l'enfant était demandé pour un nouveau concert. Les invitations à des goûters et déjeuners se succédèrent. Des familles inconnues lui envoyaient des gâteaux, des jouets, des mouchoirs brodés et autres cadeaux. Une dame exaltée surgit chez eux, enlaça et embrassa fougueusement l'enfant et ce n'est qu'une fois retournée à la porte qu'elle cria vers eux :

— C'est tout ce que je voulais !

Alors qu'ils descendaient l'escalier une dame en deuil s'approcha d'eux, s'excusa modestement de les déranger et tendit à Adam Liszt un chapelet.

— Remettez ceci à votre femme, monsieur, et dites-lui qu'une mère malheureuse l'envoie à une mère heureuse. Qu'elle prie pour l'âme d'un petit garçon disparu.

Elle fondit en larmes et partit en hâte. En bas près de la loge du portier un jeune homme se présenta. Il s'offrait de voyager avec eux à Paris et à Londres. Il supporterait naturellement ses frais, il voulait être témoin du succès de son petit compatriote. A tout instant il arrivait ce genre de choses. L'enfant, étonné, demanda à son père pourquoi les habitants de Pest étaient comme cela.

— C'est une ville beaucoup plus petite que Vienne, mon enfant. Les nouvelles s'y répandent beaucoup plus vite, les gens sont beaucoup plus proches les uns des autres. Et puis ici, ce sont des Hongrois qui vivent. Nous autres, Hongrois, nous sommes ainsi faits.

— Maintenant, où allons-nous ? demanda l'enfant quand ils se retrouvèrent dans la rue.

— Je t'emmène au cloître franciscain où je voulais être religieux. Je veux que tu y pries saint François ton saint patron.

Après le brouhaha de la rue un silence frais et bienfaisant les accueillit dans les couloirs à dalles de pierre. Des images saintes sur les murs d'un blanc immaculé, un crucifix, un bénitier. Liszt s'avança en familier du lieu vers la pièce du prieur en tenant l'enfant par la main.

— Mais ma parole, c'est Adam Liszt ! dit gaiement un vieux moine jovial qui parlait allemand avec un fort accent hongrois.

— C'est moi, mon père. J'ai amené mon fils pour que vous le bénissiez.

— Allons, mais tu n'es pas si pressé, je suppose. Je ne te laisserai pas partir sans t'avoir offert un petit verre de prune, mon fils. Et ceux des anciens qui sont toujours ici se réjouiront également de te voir. Prends place. Et toi, approche-toi un peu, mon bonhomme !

Le prieur tira sur le ruban brodé de la sonnette puis il s'assit et tira l'enfant entre ses genoux.

— C'est un beau petit garçon, il aurait vraiment été dommage que tu restes prêtre. D'ailleurs seul le bon

Dieu sait si quelqu'un est né pour la joie ou pour la souffrance.

Adam Liszt répondit quelque chose à propos des voies insondables du Seigneur, l'enfant était déjà sorti de la conversation. Il se retira modestement sur le côté. Le prieur apporta un tamis à tabac, une chibouk et des verres à eau-de-vie. Il donna des ordres à un jeune moine qui était entré au coup de sonnette et peu après, l'un après l'autre, des moines arrivèrent dans la pièce, manifestant une grande joie à la vue d'Adam Liszt. L'enfant se présenta et baisa la main à chacun. Une conversation enjouée commença pendant que l'enfant, retiré dans l'embrasure de la fenêtre, les observait. Il s'imaginait leur vie, prière et orgue, les deux plus belles choses au monde. Les couloirs aux murs blancs étaient si beaux, le crucifix était si poignant, un jeune prêtre aurait pu jouer avec une telle ferveur le Tantum Ergo dans des senteurs d'encens si prenantes... Ne faudrait-il pas dire tout de suite qu'il serait prêtre, lui aussi ? Mais il pensa à Paris qui l'attendait avec ses secrets, à Moscheles, à Londres et aux sonates, aux symphonies, à la lecture de partitions, au Cherubini légendaire qui n'attendait que lui et aux variations de Diabelli qui seraient déjà publiées à leur retour à Vienne. Non, il ne pouvait pas être moine.

Les moines firent des adieux très chaleureux à Adam Liszt et lui firent promettre qu'il viendrait avec son fils dîner à la maison conventuelle. Le prieur jovial donna une petite tape sur la tête de l'enfant et lui remit une pièce d'argent brillante de vingt kreutzers.

Ils allèrent encore prier à l'église. Quand ils en sortirent une jeune dame habillée avec élégance les fixa du regard et s'arrêta en hésitant.

— Ce n'est pas le petit pianiste ?

— Mais si, répondit Adam Liszt, c'est mon fils, Ferenc Liszt.

La dame, saisissant avec fougue les deux épaules de l'enfant, le tint devant elle. Elle le regarda dans les yeux et lui dit, en extase :

— Sais-tu que tu es un très beau garçon ? Je n'ai jamais vu un petit garçon blond aussi beau…

Le garçon rougit de bonheur, quant à son père, il interrompit la femme sur un ton agacé :

— Veuillez m'excuser, mais ce genre de remarques ne sont peut-être pas très utiles à l'enfant.

La dame se redressa et d'une voix fervente de tourterelle elle poursuivit en regardant le garçon dans les yeux :

— Il n'en reste pas moins que tu es un très beau garçon…

Elle sourit et, faisant peu de cas d'Adam Liszt, partit en vitesse, comme celui qui a réussi une espièglerie. Le père saisit son fils par la main, furieux, et ils se mirent en route sans dire un mot.

VII

Ils passèrent plus de deux semaines à Pest. Quand ils rentrèrent à Vienne une lettre cachetée d'allure sévère attendait Adam Liszt dans le courrier qui s'était accumulé. La direction du domaine Esterházy le sommait de rejoindre immédiatement son poste de régisseur à Doborján. Il avait passé suffisamment de temps en congé et son travail des derniers temps n'avait de toute façon pas été très efficace, il ne s'était guère préoccupé des affaires du domaine, mais plutôt de la façon dont il pourrait se procurer de l'argent. S'il ne reprenait pas son service sur-le-champ il pouvait se considérer comme congédié.

Adam Liszt ne prit pas la chose au tragique. Il adressa une nouvelle requête à Son Altesse sérénissime, suppliant qu'on lui accordât un nouveau congé, sur le ton soumis et implorant qui convenait. Puis, sans tenir compte du sort qu'aurait sa demande, il organisa le déménagement à Paris. Il projetait d'organiser des concerts dans les grandes villes qui se trouveraient sur leur route. Ils gagneraient de l'argent et accroîtraient le renom de son fils avant l'arrivée en France. Il écrivit à mille adresses, courut à mille endroits, s'informa. Les cours de français continuaient assidûment.

De Pest il avait apporté un grand nombre de lettres de recommandation. Il avait sollicité des magnats hongrois qui s'intéressaient à son fils des recommandations auprès de leurs connaissances parisiennes. Le comte Amadé et le comte Szapary l'avaient pourvu d'une montagne de lettres de ce genre. A Vienne c'était à présent le but principal de ses allées et venues. Il savait profiter de la plus petite rencontre. Graduellement il se faisait recommander de plus en plus haut. Un jour il reçut une audience de Metternich en personne, lequel se souvenait très bien du petit pianiste au talent prodigieux. Metternich lui écrivit sur-le-champ trois lettres, une à l'attention de l'ambassadeur à Paris, une à Cherubini, et la troisième à Paer, le célèbre musicien, qui avait une grande influence dans la vie musicale française. Mais ils avaient également des lettres d'autres personnalités éminentes. Le père les amassait avec une véritable passion de collectionneur. Un tiroir en était déjà rempli. Dans ce même tiroir étaient conservés précieusement plusieurs exemplaires richement reliés d'une œuvre musicale : les variations sur la valse de Diabelli, de la plume des vingt-cinq compositeurs les plus célèbres, et parmi eux l'enfant prodige : Franz Liszt.

Le domaine rejeta la requête. Adam Liszt n'avait plus d'emploi. Avec désinvolture il mit la lettre de côté.

Il avait déjà ses contrats pour les concerts de Munich, Augsbourg, Stuttgart et Strasbourg. Ils n'avaient plus besoin non plus du logement gratuit. Ils vendirent leurs meubles, firent leurs adieux à tout le monde et un jour de septembre partirent pour le grand voyage.

— A quoi penses-tu, mon petit ? demanda la mère lorsque la chaise de poste se fut ébranlée et que le garçon regarda, pensivement, devant lui.

— Je pensais que le mois prochain j'aurais douze ans.

Mais il se tut au coup d'œil réprobateur de son père. Celui-ci ne voulait pas en parler devant les autres voyageurs : il avait écrit dans chacune de ses lettres que l'enfant avait onze ans et lui avait enjoint de s'y tenir.

Ils arrivèrent à Munich après un voyage fatigant qui avait duré six jours. Le père avait choisi la date de leur séjour avec une grande hardiesse. Il savait que Moscheles allait donner un concert au début du mois d'octobre. C'est intentionnellement qu'il avait fait fixer le concert de son fils juste après celui de Moscheles. Dès leur arrivée on leur annonça que le grand pianiste avait reporté son concert. Aussitôt le père fit reculer celui de son fils également.

Ils assistèrent naturellement au concert de Moscheles. Un public somptueux emplissait la salle, le roi en personne était là. Lorsque le jeune homme de trente ans apparut sur l'estrade Adam Liszt dans son émotion serra si fortement la main de son fils assis à côté de lui que celui-ci en cria presque de douleur. L'artiste que le monde entier vénérait s'assit au piano et se mit à jouer. Ils l'écoutèrent pendant cinq minutes sans bouger. Puis le garçon fit signe à son père qu'il voulait lui dire quelque chose. Le père pencha la tête sur le côté.

— Ça va, papa, chuchota l'enfant, je peux en faire autant.

Après le morceau, quand les applaudissements éclatèrent, ils applaudirent eux aussi de façon ostentatoire.

Pourtant cette ostentation n'avait pas beaucoup de sens, à Munich personne encore ne les connaissait. Pendant l'entracte Adam Liszt se rendit avec son fils à la loge de l'artiste. Le grand Moscheles était assis et essuyait en haletant son front ruisselant de transpiration. Le père se présenta et poussa le garçon devant lui :

— Nous vous apportons les salutations de votre maître de jadis, Salieri.

Il lui remit la lettre de recommandation. Moscheles la parcourut.

— Oh, le petit Liszt. J'ai déjà entendu parler de lui. C'est toi, mon garçon ? Je serais très content de t'entendre. Vous ne voulez pas dîner avec moi après le concert ?

Ils convinrent de se retrouver à la sortie et après le concert, alors qu'ils attendaient le grand artiste, l'enfant dit calmement, avec un certain soulagement :

— Ce qu'il sait, moi aussi je le sais.

Le père était rassuré. Le jeu au piano de Moscheles et celui de son fils se situaient à une telle hauteur qu'il était désormais incapable d'un jugement sûr. Mais l'assurance de son fils le rendit confiant.

Au dîner la famille Liszt n'était pas seule avec Moscheles. Une compagnie de quinze personnes s'était rassemblée dans le restaurant. Les éminences de la vie musicale munichoise, des couples, des messieurs inconnus. Adam Liszt s'enquit de l'identité de son voisin de gauche auprès de celui de droite, et vice versa. Tout le monde parlait poliment avec eux mais c'était bien sûr le grand Moscheles que l'on fêtait. C'était lui qui dirigeait la conversation d'ailleurs. Il racontait des anecdotes sur la vie à Londres, sur les coutumes étranges des Anglais au milieu desquels il vivait, il rapportait des potins sur le divorce scandaleux du roi George et sur lady Conyngham, la belle amie du roi, puis on parla de lord Byron, le célèbre poète, qui à l'époque avait enfiévré le monde entier en se rendant en Grèce pour aider les Grecs dans leurs luttes pour la liberté. Le petit Liszt écoutait fiévreusement chaque mot, le monde s'ouvrait devant lui et il se sentait un appétit énorme. Il voulait le voir, le dévorer, le vivre le plus vite possible, ce monde géant, coloré, et incroyablement passionnant.

Le petit et le grand pianiste ne purent pas se parler beaucoup ce soir-là. En se quittant ils se fixèrent un rendez-vous pour le lendemain matin dans un magasin d'œuvres musicales. Moscheles tout de suite fit asseoir l'enfant au piano et lui fit jouer Hummel.

— C'est stupéfiant, dit Moscheles, si quelqu'un me disait qu'une telle chose est possible, je ne le croirais pas.

Un peu plus loin, les employés du magasin et les clients se tenaient, ébahis, et échangeaient des regards de stupéfaction. Moscheles se mit à harceler l'enfant de questions. Il voulait tout savoir. Il lui fit répéter quelques doigtés remarquables, puis ils revinrent sur certaines difficultés, citant des détails de tel ou tel auteur. Le père était debout à côté d'eux, au début il s'était efforcé de prendre part à la conversation lui aussi mais bien vite il ne fut plus capable de les suivre.

Ils déjeunèrent ensemble. Ils parlèrent de Paris, où Moscheles avait passé une année. Il leur donna de nombreux conseils, des adresses, des noms de restaurants, de personnes influentes, de rédactions.

— Il faut aller chez le vieil Erard dès le premier jour.

— Qui est-ce ? demanda le père.

— Erard, le facteur de pianos.

— Ah oui, je n'y avais pas pensé sur le coup.

— C'est un grand homme. Vous n'avez pas entendu parler de la mécanique à répétition qu'il vient d'inventer ?

— Non. Qu'est-ce que c'est ?

— C'est une révolution, monsieur, une révolution. Tous nous pouvons réapprendre à jouer du piano. On appelle sa découverte le “double échappement”. Si je frappe sur la touche, le petit marteau à l’intérieur frappe sur la corde, n’est-ce pas ? Et il reste là, tant que je tiens enfoncée la touche avec mon doigt, n’est-ce pas ? Eh bien, Erard a inventé un piano où il ne reste pas. Le marteau frappe la corde et il retombe immédiatement. Je ne relâche pas encore la touche, vous me suivez ? Je maintiens la pression sur la touche et la note retentit encore une fois, monsieur ! C’est une chose incroyable ! Mais c’est plutôt à l’enfant que je devrais l’expliquer ! Tu comprends ce que j’ai dit ?

— Je comprends, oui, dit l’enfant à voix basse et tout ému. Attendez un petit peu, s’il vous plaît.

Il ferma les yeux. Il imagina le travail de ses doigts sur les touches, le son qui retentissait encore une fois sans qu’il ait eu à relâcher la touche. Il posa ses doigts sur la nappe et encore une fois s’imagina le tout. Et il bondit de la table.

— Monsieur Moscheles, s’écria-t-il d’une voix stridente, c’est… c’est… mais c’est un nouvel instrument ! Mais alors le piano ne fait que commencer ! Mais alors…

Le père voulut reprendre l’enfant, lui dire de cesser de sauter et de crier dans un lieu public et de s’asseoir. Mais il ne put dire le moindre mot car les deux pianistes parlaient en même temps, déchaînés l’un et l’autre. L’enfant secouait la tête, regardait en l’air. Il était excité comme jamais encore il ne l’avait été.

Moscheles leur écrivit une lettre de recommandation à l’attention du vieil Erard qu’il décrivit comme un vieux monsieur d’une gentillesse et d’une bonté extraordinaires. Papa Liszt rangea soigneusement la lettre dans la poche destinée à cet usage. Car il régnait un grand ordre dans ses poches, selon un véritable système qu’il avait mis au point. Il avait une poche dans laquelle il ne mettait que les écrits relatifs aux concerts. Une autre poche servait de bureau à la correspondance privée. Sa troisième poche contenait le nom et l'adresse des gens à aller trouver, des bonnes auberges dites bon marché, des maisons d'éditions musicales et autres. Et la poche des concerts elle-même était encore subdivisée : il y conservait quatre grandes enveloppes sur lesquelles il avait inscrit en majuscules rouges : Munich, Augsbourg, Stuttgart, Strasbourg.

Ils ne rencontrèrent plus Moscheles. Celui-ci devait continuer son voyage, entre-temps il avait reçu une invitation à une audience du roi Maximilien et il lui fallait faire d'autres visites. Il leur avait donné son adresse en Angleterre et fait promettre que leurs premiers pas à Londres les mèneraient chez lui.

Le concert que l'enfant osa jouer tout juste après le sien devait évidemment soutenir la comparaison. L'auditoire était assez faible mais le public lui fit un tel succès que tout de suite il fut possible d'annoncer le second concert. Le projet hardi d'Adam Liszt s'avéra une idée géniale. La veille presque tous les billets avaient déjà été vendus. Au premier rang était assis le roi de Bavière avec les princesses. L'enfant joua avec aisance. Il s'était à présent tellement habitué à faire son entrée, à s'incliner sous les applaudissements, qu'il lui restait le temps de regarder avec curiosité le visage des gens alignés en bas. Même la vue du roi ne l'avait pas ému spécialement, le premier roi devant lequel il jouait. Il fut seulement un peu dépité à la pensée que Mozart n'avait que sept ans, lui, quand il était parvenu à cet honneur.

A l'entracte un vieil officier en uniforme d'apparat se présenta. C'était l'aide de camp du roi. Il transmit le message de Son Altesse royale : Son Altesse royale recevrait le lendemain matin à dix heures moins le quart le petit artiste avec son père.

Cette nuit-là Adam Liszt dormit peu. L'enfant également. C'était la merveilleuse découverte d'Erard qui ne lui sortait pas de la tête. Et ce n'est qu'accessoirement qu'il remarqua l'agitation de son père. Il savait ce qui perturbait celui-ci : l'audience royale. Il aurait aimé le voir hautain, magnifique, bravant le monde entier. Avec une rancune profonde il se détourna de lui et se réfugia dans le miracle du piano d'Erard.

Ce n'est pas le grand artiste mais le petit enfant qui resta bouche bée devant la magnificence du palais royal. Il aurait aimé que le temps se ralentisse, il y avait tellement de choses à voir ! Les panaches des gardes du corps, le costume somptueux des laquais se glissant sans un bruit sur de lourds tapis, le cérémonial fastueux de la cour, tout le fascinait.

Quand il entra dans le cabinet de travail du vieux roi il se sentit de nouveau comme pétrifié. Sur l'estrade de la salle de concert, même en présence du roi, il était sûr de sa force, mais ici il n'était plus dans son élément, il était entré dans l'univers du vieux monsieur, un monde étranger entouré de révérences, de somptuosité et du discours chuchotant des salles extérieures, celui d'une puissance véritablement supraterrestre.

Son père récita en bredouillant ses phrases de gratitude. Le vieil homme qui respirait difficilement ne fit que hocher la tête, sans même regarder le père. C'est à l'enfant qu'il s'adressa, jovialement :

— Eh bien, bout de chou, tu as donc eu le courage de monter sur scène après Moscheles ?

L'enfant ne sut que répondre. Le roi l'observa un moment en souriant puis il se tourna vers le père.

— D'où venez-vous ?

— Nous venons de Hongrie, Votre Majesté.

— Ah bon. Oui. Hum. Ah oui…

Le roi lui aussi réfléchit un instant, ne sachant que dire. Il demanda ensuite depuis quand l'enfant apprenait le piano et quel âge il avait. La langue bégayante d'Adam Liszt se délia. Ils échangèrent quelques phrases.

Un petit silence suivit de nouveau. Puis le roi fit un signe de la tête et ils sortirent à reculons sur le parquet luisant comme un miroir, terrifiés par l'idée de la chute. Quand ils furent de l'autre côté de la porte Adam Liszt poussa un grand soupir de soulagement.

La mère les attendait à l'auberge avec une impatience fébrile. Le père lui raconta pendant toute une heure l'audience qui avait duré trois minutes, ce qui s'était passé avant, pendant, et après. Ils avaient prévu de partir le lendemain mais le directeur des théâtres royaux vint les trouver en les priant de laisser l'enfant participer au concert de violon des frères Ebner. Le père accepta sur-le-champ et refusa tout cachet. Ceci leur valut aussitôt une nouvelle audience auprès du roi. Cette fois ils se rendirent au palais comme de vieux habitués. Et Adam Liszt osa se présenter devant Sa Majesté avec un sourire respectueux. Le vieux roi leur dit en hochant la tête :

— C'est vraiment un beau geste de votre part d'avoir apporté votre soutien à ces deux artistes de valeur.

Après quelques phrases saccadées le roi s'adressa tout à coup à l'enfant avec bonhomie :

— Allons, viens ici, mon petit, il faut que je t'embrasse !

Le garçon avança timidement vers le souverain. Celui-ci se pencha vers lui, l'embrassa sur les deux joues et tapota son visage. Ce n'était plus un roi à cet instant, mais un vieux monsieur qui aimait les enfants.

— J'espère que tu es heureux maintenant, dit le père lorsqu'ils furent sortis du palais.

— Oh oui, répondit l'enfant avec désinvolture, mais j'aurais été vraiment content si maman avait été là elle aussi.

Il le répéta à la maison. Les yeux de sa mère se mouillèrent de larmes. Elle serra contre elle le garçon et le berça entre ses bras en pleurnichant comme s'il était le petit nourrisson d'autrefois.

Le lendemain ils partirent enfin pour Augsbourg. Ils y restèrent une semaine. Ils y firent de nouvelles connaissances, le père recommença à courir en mille endroits et le même scénario se produisit : un public clairsemé au premier concert, une salle comble au second. Les grands seigneurs, les invitations, les gens ébahis dans le magasin de musique, les cours de français, sans interruption. Puis ce fut Stuttgart. Un autre dialecte, de vieilles maisons romantiques, de nouveaux visages, deux concerts, des cours de français. Puis Strasbourg. Des hommes différents, beaucoup de conversations en français autour d'eux. Deux concerts, l'un dans la salle des concerts, l'autre au théâtre.

Ils étaient assis dans la chaise de poste, emmitouflés de la tête aux pieds. Les voyageurs réchauffaient la température de la voiture mais dès que la porte s'ouvrait à une halte le vent glacial pénétrait en chassant sur eux des flocons de neige. Ils ne parlaient guère, la fatigue accumulée pendant ces longues semaines de concerts avait affecté leurs nerfs. Le manque de sommeil et les tracasseries avaient dessiné de grands cernes sous leurs yeux. Ils n'arrivaient même plus à se réjouir du succès incomparable, de la grande quantité de pièces d'or que le père gardait sous sa chemise dans un petit sac de toile, ni des articles extatiques des journaux. Le *Allgemeine Zeitung* d'Augsbourg écrivait entre autres : "Nous avons entendu Hummel et Moscheles et déclarons sans la moindre hésitation que cet enfant ne se trouve absolument pas derrière eux pour ce qui est de l'interprétation. Il ne faut donc pas s'étonner si le public ensorcelé a eu beaucoup de mal à limiter les manifestations de sa satisfaction." Le *Schwäbischer Merkur* écrivait à propos du concert de Stuttgart : "Ce petit garçon se tient à présent entre les tout premiers pianistes d'Europe – s'il ne les surpasse pas." Toute une liasse d'articles de ce genre se trouvait dans leurs bagages. Mais celui qui voulait être le tout premier pianiste d'Europe était mort de fatigue, il tombait sur l'épaule de son père ou de sa mère et le jour comme la nuit il somnolait dans les cahots de la voiture.

Un jour de décembre, après un long voyage qui avait duré deux mois, ils arrivèrent à Paris. Depuis Strasbourg déjà tout le monde parlait français autour d'eux. Le cocher ouvrit d'un geste brusque la porte de la chaise de poste :

— Tout le monde descend, mesdames et messieurs, c'est Paris !

Cette indication était d'ailleurs tout à fait superflue, depuis une demi-heure tout le monde à l'intérieur de la voiture s'affairait et se préparait. L'émotion de l'arrivée rafraîchit d'un seul coup l'enfant engourdi. Quand il posa le pied sur la grande route gelée, il regarda autour de lui avec curiosité. Il vit une place animée, de grandes maisons, des gens qui allaient et venaient.

— Paris, dit la mère, profondément troublée, mon enfant, nous sommes à Paris. O mon Dieu, que nous apportera ce Paris...

Le père s'occupait des bagages à l'arrière. La mère et le fils attendaient, désœuvrés, dans la neige.

— Je meurs d'envie de le voir, dit l'enfant avec impatience.

— Quoi donc, mon chéri ? Paris ? Mais tu le vois déjà ici...

— Non, non. Ce nouveau piano.

VIII

C'est au milieu de leurs bagages non défaits qu'ils dormirent cette nuit-là dans le petit hôtel dont le père avait lu l'adresse sur un bout de papier lorsqu'ils s'étaient installés dans le fiacre. Il avait dû répéter trois fois :

— Dix, rue du Mail, hôtel d'Angleterre.

Le cocher ne le comprenait d'aucune façon, leur premier contact pratique avec la langue française s'avérait assez bredouillant. Apparemment, ces Parisiens parlaient un français tout à fait spécial, précipité et étrange. Le dîner qu'ils prirent dans la salle du rez-de-chaussée de l'auberge était également inhabituel. Le pain et les plats au goût de beurre ne les mirent décidément pas en appétit.

— Je crois que nous aurons du mal à nous y faire, soupira la mère.

Le père et le fils ne répondirent pas, ils étaient bien trop fatigués. Ils montèrent par un escalier de bois étroit et grinçant à leurs chambres qui donnaient sur un couloir sombre et s'écroulèrent dans leur lit comme des masses. Le lendemain matin, lorsque son père le réveilla et le fit s'habiller à la hâte, l'enfant était encore mort de fatigue.

— Allons, allons, nous n'avons pas une seconde à perdre. C'est pour travailler que nous sommes venus à Paris.

Confiant à sa femme le soin des bagages, il partit avec l'enfant à neuf heures et demie pour se rendre au Conservatoire. Celui-ci devait se trouver tout près. C'est pour cette raison qu'ils avaient choisi le petit hôtel d'Angleterre. Le patron leur expliqua le chemin à suivre mais ils ne comprirent pas grand-chose à son discours. Comme ils avaient honte de l'avouer, ils se lancèrent à l'aveuglette dans la direction indiquée. Après avoir traversé le boulevard et s'être maintes fois renseignés auprès des passants ils parvinrent enfin au faubourg Poissonnière, puis, alors qu'ils croyaient s'être définitivement perdus, ils constatèrent qu'ils se tenaient juste devant le Conservatoire.

L'enfant regarda tout ému l'entrée qui n'avait vraiment rien de solennel. Il s'était imaginé un somptueux palais de marbre avec des colonnes blanches et de grands escaliers. On lui avait en effet dit mille fois que le Conservatoire de Paris était le centre musical du monde et que ce Cherubini qui y faisait la loi depuis un an était une autorité suprême en matière de musique. En se rendant chez le roi de Bavière l'enfant ne se sentait pas intimidé, mais à présent une grande nervosité lui nouait l'estomac et lui desséchait la gorge.

Ils entrèrent. Le père alla trouver le portier et en des phrases lentes et bien articulées, qu'il avait à l'avance composées mot après mot, il lui fit savoir qu'il apportait au maître Cherubini une lettre de Son Altesse le prince de Metternich et qu'il aimerait la lui remettre. Tandis que son père discutait longuement avec le portier, l'enfant regardait tout autour de lui, le cœur battant. Des jeunes gens, garçons et filles, allaient et venaient, de certaines salles lui parvenait un son de musique qui s'amplifiait soudainement quand une porte s'ouvrait, pour aussitôt s'affaiblir de nouveau.

On les envoya dans une sorte de bureau. Un monsieur portant lunettes et dont les longues mèches s'étiraient de la nuque au sommet du crâne chauve prit la lettre, la porta dans la pièce contiguë, puis, peu après, il en ressortit et leur indiqua de la main la porte ouverte.

Le grand et puissant Cherubini était devant eux. C'était un vieil homme élégant, à l'aspect glacial. Il avait un visage allongé et glabre, aux traits fins, sévère comme celui d'un chef d'Etat. Un frac noir étirait encore sa silhouette grande et sèche, et les deux extrémités de son col montaient jusqu'au milieu de son visage. Il se tenait raide, immobile, il ne tendit pas la main. L'enfant aussitôt se hâta vers lui et lui baisa la main avec ardeur. Cherubini, étonné, essaya de la retirer et regarda l'enfant d'un air contrarié. Celui-ci fut traversé par la pensée que le baisemain ne se pratiquait assurément pas ici comme à Vienne, et qu'il commençait bien mal, avec un impair d'une telle gravité. Il devint blanc comme un linge et ses yeux se mouillèrent.

Entre-temps le père avait commencé à réciter le texte qu'il avait appris à l'avance. Le maestro était sûrement déjà informé du talent de son fils et de la vive impression qu'avait produite chacun de ses concerts, la critique des journaux était unanime et comparait son art à celui de Moscheles et de Hummel. Le glorieux Conservatoire était l'unique endroit où l'enfant pouvait parfaire son savoir, c'est pourquoi lui, le père, avait l'immense honneur de confier celui-ci aux soins de l'illustre maître, en qui il plaçait toute sa confiance. L'enfant brûlait du désir de se mettre au travail sur-le-champ même, si c'était possible.

— Quelle est votre nationalité ? demanda Cherubini, le visage figé.

— Je suis hongrois.

— Alors à mon plus grand regret je ne peux pas admettre votre fils au Conservatoire. Conformément au règlement, il n'est permis de recevoir dans cet institut que des ressortissants français.

Un silence se fit. Le silence de la stupéfaction. Ces paroles qui venaient d'être prononcées, on ne pouvait pas les croire. Le Conservatoire ne voulait pas de cet enfant qui était sans doute le meilleur pianiste du monde entier ? Adam Liszt, bafouillant, un sourire forcé sur les lèvres, essayait de dire quelque chose. Il avait du mal à trouver ses mots parce qu'il ne s'attendait vraiment pas à cette réponse.

— Veuillez m'excuser, maître, mais l'enfant, selon Beethoven aussi…

— Je vous en prie, l'interrompit le vieil élégant au visage de marbre, il ne s'agit pas ici des capacités de l'enfant. Notre règlement interdit l'admission de ressortissants étrangers.

— Je vous demande pardon, mais peut-être que pour un talent comme le sien… la critique est là… l'enfant peut jouer immédiatement quelque chose et le maestro sera surpris qu'à son âge…

— Je vous en prie, je vous en prie, entendons-nous bien, Mozart lui-même, je ne pourrais pas le faire entrer. Le Conservatoire ne m'appartient pas. Le règlement est le règlement et moi je suis ici pour veiller à ce qu'il soit respecté.

L'enfant pleurait. Il leva les yeux sur le vieux au visage austère et la bouche tremblante, implorant, il dit :

— Je vous en prie... je vous en supplie...

Cherubini secoua la tête.

— C'est impossible. Ce n'est pas la peine d'en parler plus longtemps.

L'enfant avait éclaté en sanglots. Il fut gagné par une terreur irraisonnée.

— Je veux jouer... je vous prie d'écouter qui je suis... moi je veux jouer...

— Je suis désolé, mais c'est tout à fait superflu.

L'enfant s'était jeté à genoux, il avait joint les mains et implorait en sanglotant, dans un français maladroit :

— Je vous le demande de tout mon cœur, acceptez-moi au Conservatoire... J'ai besoin d'étudier ici à Paris... à cause du piano d'Erard... je mourrai si je ne peux pas rester ici... je vous en prie, je vous en prie...

Cherubini se pencha vers l'enfant pour l'aider à se relever. Il était un peu étonné, il ne le comprenait pas tout à fait.

— Vous êtes trop sensible, mon enfant. Il faut que vous vous en fassiez une raison, ce que vous me demandez est impossible. N'attendez pas de moi que j'abuse de ma position. J'écrirai au prince, il comprendra. Je pense qu'il est à présent inutile de nous faire perdre mutuellement notre temps.

Adam Liszt haussa les épaules, impuissant, et prit son fils par la main.

— Allons-nous-en, mon enfant. Monsieur, veuillez nous excuser de vous avoir dérangé.

— Ce n'est rien. Adieu.

L'enfant sortit en pleurant bruyamment. Son père essaya de le calmer, mais en vain. Sur leur passage tout le monde s'arrêtait pour les regarder. Craignant un attroupement, le père fut contraint de prendre un fiacre. Les sanglots de l'enfant l'inquiétaient, ils avaient à présent l'air de spasmes tout à fait anormaux. Quand ils furent rentrés chez eux la crise de larmes ne voulait toujours pas cesser. Epouvantée, la mère demanda ce qui était arrivé. Elle déshabilla et coucha le garçon qui continua à pleurer dans son lit, la poitrine haletante ; il était impossible de lui tirer le moindre mot intelligible, de la main il faisait signe qu'on le laissât en paix. Le père s'assit et l'observa, accablé.

Une bonne heure plus tard l'enfant se tut. Lui-même commençait seulement à réfléchir et il était incapable d'exprimer clairement la cause de cette douleur extrême. Le père s'approcha de lui et posa sa main sur son front.

— Tu n'as pas de fièvre. T'es-tu un peu calmé ?

— Oui, répondit-il en reniflant, d'une voix faible.

— Enfin, il ne faut pas se désespérer comme cela tout de suite. Tout au plus n'étudieras-tu pas au Conservatoire. Nous allons leur montrer qui nous sommes. Nous ne manquons pas de lettres de recommandation, nous allons organiser un concert. Ils vont s'en mordre les doigts, n'aie pas peur. Tu peux me croire, tout ira bien. Je ne comprends même pas ce qui a pu te mettre dans cet état. Tu sais jouer du piano ou non ? C'est la seule chose qui compte.

— Mais ce piano d'Erard…

— Le piano d'Erard, c'est Erard en personne qui va nous le présenter. Si tu t'en sens la force, après le repas nous irons le trouver. Encore une fois, tant que tu m'auras, tu ne dois avoir peur de personne.

Allongé dans son lit, l'enfant songeait en regardant le mur. Qu'allait-il devenir ? Que ferait-il ici, à Paris, quand son premier pas s'était déjà soldé par un échec ? Il était à bout, oppressé par la présence autour de lui de cette grande ville étrangère, il avait l'impression d'avancer à tâtons, mort de peur, dans l'obscurité la plus totale. Le nouveau piano, cette découverte passionnante, l'avait lui aussi complètement bouleversé et désorienté. Il sentait vaciller son assurance jusque-là inébranlable. Il commençait à perdre la foi superbe qu'il avait en lui-même. C'était peut-être ce qui l'avait à ce point désaxé ? Il ne le savait plus, partout, où qu'il regardât, il ne voyait qu'indécision, incertitude et confusion.

En lui apportant son déjeuner au lit, sa mère suggéra anxieusement :

— Ne vaudrait-il pas mieux remettre à demain cette visite chez Erard ?

— Non, protesta-t-il avec véhémence, allons-y maintenant, tout de suite. Papa, n'est-ce pas que nous y allons tout de suite ?

Le père décida qu'ils iraient. Tandis que le garçon s'habillait, il descendit se renseigner sur le chemin à suivre. Il revint avec l'heureuse nouvelle qu'Erard demeurait dans le voisinage immédiat, presque en face. Il habitait une maison magnifique, l'hôtel de la Muette, un édifice historique illustre qu'il avait pu acheter, parce qu'il était très riche. Le père s'était déjà rendu là-bas et lui avait fait passer la lettre de Moscheles. Erard était chez lui et les attendait.

Quelques minutes plus tard le père et le fils se trouvaient devant l'hôtel de la Muette. L'enfant s'arrêta car il se sentait trop nerveux et voulait se calmer avant d'entrer. L'hôtel était un joli petit bâtiment à un étage divisé en trois parties. De l'autre côté de la grille de fer les monticules de neige indiquaient l'emplacement de parterres de fleurs.

— Allons-y, dit-il enfin à son père.

Ils durent encore contourner la maison, l'entrée principale, à laquelle on accédait par un grand escalier, était vide et silencieuse. Le père connaissait déjà le chemin. Un valet en culotte les conduisit à travers un couloir jonché de copeaux et rempli de planches et de lattes de bois appuyées contre le mur. Enfin ils entrèrent dans une pièce spacieuse qu'un feu de bois crépitant réchauffait joyeusement. Chaque meuble était couvert de plans et c'est à peine si l'on pouvait se déplacer entre les innombrables tabourets de piano, cadres de harpe, pédales cassées et couvercles. Un petit vieillard au mouvement alerte et aux cheveux de neige qui était assis à une longue table se leva à leur entrée. Les yeux scintillants, il tendit ses mains vers eux en souriant et en serrant l'enfant contre lui. Celui-ci éclata en sanglots.

— Qu'y a-t-il, pour l'amour de Dieu ?

— Vous êtes si bon, monsieur, renifla le petit prodige.

— Mon fils est un peu nerveux, expliqua le père, ce long voyage, les concerts et un tas d'autres choses l'ont épuisé. Ce matin il a été pris d'une crise de larmes, à cause de Cherubini, mais à présent il s'est calmé.

Il se mit à raconter ce qui s'était passé au Conservatoire. Le vieil Erard l'interrompit :

— S'il vous est plus facile de parler en allemand, parlons en allemand. Je suis de Strasbourg.

Ce fut un flot de paroles. Erard écouta jusqu'au bout puis il posa sa main sur la tête de l'enfant.

— Il ne faut pas prendre ces choses à cœur comme tu le fais. Ce Cherubini n'est pas un mauvais homme, mais il est épouvantablement prétentieux. Un mot inscrit sur un papier est pour lui parole d'évangile. Moi aussi j'ai eu bien des problèmes avec lui. Mes pianos le rendent très nerveux.

L'enfant sursauta, le regard étincelant de convoitise.

— Tu as hâte de voir le nouveau piano, n'est-ce pas ? Et moi, j'ai hâte de t'entendre. Viens donc par ici.

Il le conduisit à un piano énorme. Le garçon tremblait d'émotion. Il s'assit en toute hâte. Il frappa un *si*, avec une extrême précaution, comme s'il attrapait un papillon. Il ne lâcha pas la touche, l'appuya encore plus profondément.

Le *si* retentit encore une fois.

— C'est incroyable, dit-il.

Il refit la même chose avec deux accords à cinq notes. Il n'en revenait pas. Il essaya quelques doigtés.

— Attends un peu, mon enfant, lui dit le vieux, maintenant joue comme d'habitude. J'aimerais t'entendre.

Le garçon obéit. Il joua les *Variations en mi bémol majeur* de Czerny. De celles-ci il passa capricieusement à une sonate de Beethoven. Il la joua entièrement et à la perfection, en faisant un peu gambader ses doigts à travers les passages modulés, et il attaqua un concerto de Hummel. Il trouvait ce piano excellent. Jamais, sur aucun instrument il n'avait eu autant de plaisir à jouer. Abandonnant Hummel il entama ses propres variations de Diabelli.

— Diabelli, dit le vieux, je connais déjà.

Le garçon le regarda, très étonné.

— Mais oui, je les ai reçues de Vienne. Je dois me tenir au courant des choses. Que dis-tu de ce piano ?

— C'est le piano dont j'ai toujours rêvé.

— J'en suis bien content. Tu en auras un. Oui, oui, je vais t'en faire apporter un. Pour l'instant il y en a trois, le quatrième, c'est toi qui l'auras. Je serai heureux que ce soit toi qui en joues. Parce que, crois-moi, tu n'as vraiment pas à te préoccuper du Conservatoire. Là tu ne pourrais guère apprendre quoi que ce soit que tu ne saches déjà. Tout au plus la théorie. Et pour cela tu n'as pas besoin du Conservatoire. Tu trouveras à Paris suffisamment de maîtres excellents. Cet après-midi Paer viendra me voir…

— J'ai pour lui une lettre de Metternich, s'empressa de dire le père.

— Elle ne sera même pas nécessaire. Il lui suffira d'entendre l'enfant. Paer sera content de pouvoir s'occuper d'un tel talent. Quel âge as-tu ?

— Douze ans, répondit l'enfant.
— Onze ans, dit en même temps le père
Erard les regarda et éclata de rire.
— Vous pouvez me le dire sans crainte, moi aussi je suis commerçant, je ne livre pas les secrets d'affaires. A cet âge-là cela tient en tout cas du miracle. Mozart ne pouvait pas être aussi mûr. Je l'ai entendu ici, à Paris, mais il avait déjà vingt-deux ans. Je doute fort qu'à l'âge de douze ans il ait su ce que toi tu sais. Paris t'appartient, c'est sûr. Je te serai dévoué corps et âme. Mon influence est loin d'être négligeable. Je peux déjà te promettre que d'ici peu tu joueras au Palais-Royal, devant le duc d'Orléans.

L'enfant sauta fougueusement au cou du vieillard et l'embrassa. Il sentait qu'il allait adorer cet homme.

— Oh, je vous aime beaucoup, monsieur…

— Moi aussi je t'aime beaucoup, mon petit. J'espère que ton père te permettra de venir me voir le plus souvent possible. Tu feras la connaissance de mon frère Pierre qui dirige mon magasin de Londres et se trouve actuellement à Paris, et de mes sœurs qui s'occupent de la boutique en ville. Ils sont tous très gentils et t'aimeront beaucoup. Considère cette maison comme la tienne. Dites-moi, monsieur Liszt, êtes-vous libres ce soir ?

— Oui, nous n'avons rien de prévu.

— Alors venez déjeuner chez moi. Nous mangeons à six heures. Pourquoi ris-tu donc, petit ?

— Déjeuner ? Nous, nous déjeunons à midi ou midi et demi !

— Oui, les coutumes hongroises sont bien sûr différentes. Ici, tu mangeras à six heures. Amène ta maman, ma famille en sera très heureuse. Et je demanderai à Paer de rester, ainsi vous pourrez lui parler sans retard. Maintenant, joue-moi encore quelque chose. Connais-tu un morceau de Spontini ? C'est mon gendre.

— Mais oui, je le connais bien.

L'enfant s'assit et joua. Le vieux écoutait, les yeux clos. Et lorsque l'enfant eut terminé il lui caressa la tête en disant :

— Tu es un petit garçon, mais tu es aussi un grand homme.

Ils se séparèrent. Il commençait à faire nuit. A la maison, à peine eurent-ils raconté en détail le merveilleux après-midi qu'ils durent déjà commencer à s'habiller. Maman Liszt avait le trac, elle aurait aimé se dérober. Mais il n'en était pas question. A six heures précises la famille pomponnée se présentait au grand complet chez le voisin. Ils y trouvèrent effectivement Pierre, le frère de Londres, qui avait plutôt l'air d'un homme du monde que d'un marchand de pianos, ainsi que les deux sœurs, des dames d'humeur joyeuse, charmantes et toujours disposées à rire. Et enfin il y avait là un monsieur corpulent qui approchait de la cinquantaine : Ferdinando Paer, le grand compositeur d'opéras italien.

La gêne qu'éprouvait maman Liszt se dissipa au premier instant. Quand ils prirent place autour de la table étincelante d'argenterie et décorée de bougies, table comme elle n'en avait jamais vu, elle discutait déjà avec ardeur des prix parisiens avec les demoiselles Erard. Les spécialités culinaires du dîner leur plurent énormément à tous trois. On servit un épais velouté ainsi qu'un hors-d'œuvre fait d'un légume qu'ils ne connaissaient pas, du sanglier et des petits fours succulents, le tout arrosé de quatre sortes de vins, entre autres un sauternes dont papa Liszt fit le plus grand éloge.

Après le repas on fit asseoir l'enfant au piano. Celui-ci mourait d'envie de pianoter à sa guise. Mais ce n'était pas possible : il lui fallut jouer. Paer prit place à côté de lui et cinq minutes plus tard se mit à l'assaillir de questions. A onze heures la compagnie prit congé. Paer et papa Liszt s'étaient déjà mis d'accord sur les cours.

— Toi, tu voudrais demander quelque chose, petit, dit le vieil Erard, je le lis sur le bout de ton nez, mais tu n'oses pas. Allez, courage.

L'enfant rougit.

— Je voudrais savoir quand... j'aurai... le piano.

— Cela, c'est Pierre qui pourrait te le dire. Pierre, quand le piano sera-t-il là ?

— Dans deux ou trois mois.

Dehors, dans la neige craquante, ils discutèrent encore avec Paer qui les accompagna jusqu'à l'auberge. Ou plutôt c'était l'enfant qui parlait avec lui. Les parents n'intéressaient pas Paer, l'enfant par contre le passionnait.

Quand ils arrivèrent à leurs chambres, le père, que le bon vin avait mis d'excellente humeur, dit tout heureux :

— C'était notre premier jour à Paris. S'il a commencé de façon épouvantable avec ce Cherubini, on peut dire qu'il s'est terminé de façon divine ! Mais regardez, qu'est-ce que c'est donc ?

Il y avait dix bouteilles de sauternes sur la table. C'était le vieil Erard qui les avait fait apporter pendant qu'ils étaient chez lui.

— C'est un homme en or ! s'exclama la mère.

— Ne t'en fais pas, lui repartit le père, il sait très bien ce qu'il fait.

L'enfant entendit cette réflexion mais il ne dit rien, ravalant son indignation. Il avait le sentiment qu'il n'avait encore jamais aimé personne comme ce gentil vieillard aux cheveux blancs.

IX

Le père interrogeait l'enfant tandis que sa mère l'habillait.

— Alors, dis-moi : où allons-nous maintenant ?

— Chez Son Altesse la duchesse de Berry.

— C'est juste. Et de qui la duchesse est-elle la fille ?

— De l'héritier des Deux-Siciles.

— Et qui était son mari, qui a été tué il y a quatre ans à l'Opéra ?

— Le duc de Berry. Son fils est le comte d'Artois. Le comte d'Artois lui aussi sera présent au concert.

— Parfait. Qui sera donc présent au concert ? Le roi de France, le futur roi de France, et celui qui lui succédera sur le trône. Quant à celle chez qui nous allons, elle est la fille du futur roi des Deux-Siciles. Alors rassemble toutes tes forces.

L'enfant n'était pas très ému, mais la main de sa mère tremblait quand elle lui peigna les cheveux. Le père toussotait en jetant des coups d'œil sévères, comme il en avait l'habitude à ses moments de grande nervosité et de trac. Dans la voiture il regarda anxieusement s'il avait bien toutes les partitions et il fit encore une fois la leçon à son fils : il ne fallait dire "Sire" qu'au vieux roi. A tous les autres il fallait donner le titre de "Votre Altesse".

Dans le palais tout se déroula sans problème. A l'entrée un soldat les remit entre les mains d'un laquais, lequel les conduisit à travers des escaliers et des couloirs, puis les laissa à un officier d'ordonnance. Après être ainsi passés de main en main ils se retrouvèrent dans une petite pièce au mobilier rococo où ils durent attendre un long moment. Enfin entra un militaire de grade élevé. Après les avoir toisés des pieds à la tête et examiné leur toilette, il se mit à parler.

— C'est vous le père ?

— Oui, c'est moi, pour vous servir.

— Vous entrerez par cette porte. Dès que vous serez dans la salle vous vous inclinerez profondément vers Sa Majesté le roi et sa compagnie qui seront assis à gauche. Puis, en veillant à garder toujours le visage tourné vers Sa Majesté, vous vous avancerez vers le piano qui sera placé à droite. Après avoir effectué dix pas, vous devrez encore une fois vous incliner profondément. Vous irez alors prendre place au piano. Tant que l'enfant jouera, vous pourrez rester assis pour tourner les pages de la partition. Quand il aura terminé de jouer vous vous lèverez tout de suite et ne bougerez plus de votre place près du piano. Eventuellement l'enfant aura l'immense honneur de se voir adresser la parole. Mais vous, vous resterez debout près du piano. Vous m'avez bien compris ?

L'officier les toisa encore une fois, puis, leur faisant signe d'attendre, il disparut par une autre porte. Ils attendirent. Un laquais se trouvait avec eux dans la pièce, debout telle une statue muette, immobile et hautaine. Soudain l'officier réapparut et leur dit :

— Maintenant, vite !

Au même moment la porte s'ouvrit toute grande. Ils s'avancèrent sur le parquet lisse et brillant comme un miroir, exécutèrent la double révérence prescrite et allèrent au piano. Le père disposa les partitions sur le pupitre. L'enfant regarda furtivement l'auditoire. Ces gens ne portaient ni couronne, ni manteau. Il y avait deux vieux militaires assis sur des sièges dorés, une très jeune femme et deux petits enfants. L'un d'eux tenait un immense pantin. Grand, mais grand ! L'artiste n'en avait jamais vu de pareil. Les enfants avaient l'air gentils, ils le regardaient bouche bée. Quant à leur jeune et jolie mère, elle lui sourit tendrement pour l'encourager. Il lui rendit son sourire. Ensuite il se frotta les mains, comme il en avait pris l'habitude, les tint un instant au-dessus des touches, puis attaqua. Il joua, sans regarder une seule fois la partition, il n'en avait pas besoin. Son père qui tremblait tournait les pages avec une telle maladresse qu'elles se mirent à glisser et, pris de panique, le pauvre homme les saisit, pétrifié. L'enfant ne le remarqua même pas. Il jetait de temps à autre un regard sur la feuille. De nouveau il rencontra le sourire gentil et réconfortant de la duchesse de Berry et encore une fois il lui rendit son sourire, avec grâce. Le plus vieux militaire, qui était Louis XVIII en personne, fermait les yeux continuellement. Tantôt sommeillant, tantôt écoutant la musique, il donnait l'impression d'un vieillard décrépit et malade. L'autre vieux militaire hochait la tête d'un air d'approbation. Les petits enfants se mettaient parfois à parler à haute voix mais leur mère les faisait taire.

Le premier morceau prit fin. Le comte d'Artois gratifia l'enfant d'un hochement de tête et dit :

— Bravo ! C'est prodigieux.

Le roi ouvrit les yeux et paresseusement, d'un air contraint, il esquissa lui aussi un hochement de tête. La duchesse de Berry regarda l'artiste en riant et applaudit. Cela plut aux deux petits enfants qui se mirent à imiter leur mère de leurs petites mains dodues. Vint le second morceau. Puis le troisième. C'était le programme qui avait été prévu. Adam Liszt bondit immédiatement de son siège, le dernier accord retentissait encore. Il se plaça près du piano comme un piquet. L'artiste se leva lui aussi. Le comte d'Artois et la duchesse de Berry échangèrent quelques phrases à voix basse.

— Viens ici, petit, dit cette dernière. Le comte d'Artois désire te parler.

L'enfant se dirigea vers eux. Le comte d'Artois était un homme mince au visage glabre et aux cheveux blancs. Il attira l'enfant entre ses genoux.

— Eh bien, ce que tu viens de faire est tout simplement inouï. Je m'y connais bien en musique, mais je n'ai encore jamais entendu quelqu'un jouer comme toi au piano. J'aimerais te faire plaisir. Qu'aimerais-tu recevoir, dis-moi ?

L'artiste jeta tout de suite les yeux sur le pantin que le petit garçon de quatre ans tenait sur ses genoux.

— J'aimerais bien ce… ce…

— Ce polichinelle ?

Le comte d'Artois et la duchesse de Berry rirent de bon cœur. Louis XVIII lui aussi esquissa un sourire. Le duc de Bordeaux, comte de Chambord quant à lui serra, épouvanté, la poupée dans ses bras et se colla contre les jupes de sa mère. La petite duchesse de cinq ans jeta un coup d'œil ennemi à ce garçon étranger qui voulait leur prendre leur jouet.

— Cela ne sera pas facile, lui dit en riant le comte d'Artois, tu peux constater à quel point le comte de Bordeaux a eu peur que nous ne le lui prenions. Rentre donc chez toi, nous t'en ferons envoyer un pareil.

Mais retenant encore l'enfant qui s'apprêtait à partir, il se tourna vers son frère :

— Que dites-vous de ce phénomène, Sire ?

Le vieux roi, le visage immobile, répondit :

— Oui, c'est vraiment inouï. Je suis très fatigué.

La duchesse de Berry, qui épiait chacun des gestes des deux vieux militaires, fit immédiatement signe. L'arrière-plan s'anima et deux laquais jusqu'alors invisibles s'avancèrent. Le comte d'Artois se leva vivement, avec respect, la duchesse de Berry également, encore plus respectueusement. Les laquais saisirent le fauteuil du roi et lui firent faire demi-tour. Le roi fut sorti de la pièce, la famille l'accompagna. Mais de la porte la duchesse de Berry fit encore un gentil signe d'adieu à l'enfant prodige. Pendant un instant ne restèrent avec eux dans la pièce que la petite fille de cinq ans et le petit garçon de quatre ans. Le petit garçon serrait fortement sa poupée et se cramponnait à sa grande sœur.

Adam Liszt avança et prit son fils par la main. Il s'arrêta et s'inclina profondément devant les enfants princiers. Puis ils sortirent. Dès qu'ils furent de l'autre côté de la porte le père apostropha vivement son fils :

— Tu as perdu la tête ? Pourquoi ne t'es-tu pas incliné devant Leurs Majestés ? Tu es d'une légèreté épouvantable.

L'officier qui les avait dirigés auparavant s'avança vers eux et tendit à Adam Liszt une bourse de soie rouge.

— De la part de Son Altesse la duchesse.

Là-dessus il fit signe à un laquais et s'en fut. Le laquais les fit sortir et les remit entre les mains d'un autre. Après être plusieurs fois passés de main en main ils arrivèrent à la porte du palais. Ils n'y trouvèrent plus leur fiacre. A la place de celui-ci une calèche de la cour les attendait. La porte s'ouvrit toute grande. Un laquais leur demanda leur adresse. Et aussitôt l'attelage somptueux les emporta en cliquetant dans le paysage d'hiver.

Le soir même deux employés de la cour vinrent frapper à leur porte. Ils apportaient deux polichinelles géants de la part du comte d'Artois. Erard, chez qui ils allaient tous les jours, plusieurs fois même, leur dit :

— Avec le duc d'Orléans tout ira pour le mieux. Mais il faut parler de tout ceci en détail. Et il serait bon que mon petit ami entende lui aussi ce que nous disons. Il faut que vous connaissiez la politique parisienne afin que vous puissiez vous orienter dans les invitations que vous recevrez.

Il leur donna une longue explication sur les ultras et les libéraux. Les ultras étaient les royalistes d'extrême droite, les libéraux voyaient leur chef en la personne du duc d'Orléans et ils exigeaient un peu plus de liberté à la place des vieilles traditions rigides des ordres. Celui qui était prévoyant réfléchissait bien à la position qu'il prendrait. Car sans politique il n'était pas de carrière publique à Paris.

— Et vous, de quelle appartenance politique êtes-vous ? demanda Adam Liszt en réfléchissant profondément.

— Mon Dieu, c'était la malheureuse Marie-Antoinette qui était ma bienfaitrice. Elle aimait chanter, la pauvre, mais elle avait une voix sans étendue, elle n'atteignait même pas le registre du mezzo. Alors je lui ai fait un piano dont tout le clavier pouvait être transposé vers le bas d'un demi-ton, d'un ton ou d'un ton et demi. Ainsi la reine chantait dans la tonalité d'origine, mais quand même beaucoup plus gravement. Elle m'en récompensa. Mes ennemis voulurent m'écraser. A cette époque les artisans devaient appartenir à une corporation. Comme les facteurs de pianos et de harpes faisaient aussi des incrustations de nacre dans leurs instruments, ils se retrouvèrent dans la corporation des fabricants d'éventails, ceux-ci travaillant également avec de la nacre. Ils y entrèrent tous. Moi pas. Aussi lorsque mon premier piano-forte les assomma tous, ils m'intentèrent un procès. D'après la loi ils avaient raison, j'aurais dû entrer dans la corporation. Le procès monta jusqu'au roi. Et Marie-Antoinette m'apporta son aide. Louis XVI, le pauvre, prit sa décision en ma faveur. Il avait sauvé ma carrière, mon travail, ma fortune. Moi à présent je ne reste plus attaché qu'à cette famille.

— Je suis content d'entendre ces paroles. Moi aussi je penche de ce côté. Quand nous aurons parcouru Paris et Londres nous retournerons de toute façon à Vienne ; là comme à Pest, c'est l'aristocratie qui tient le pays. C'est dans l'intérêt de mon fils que je ne perde pas les bonnes grâces de l'aristocratie.

— Comment ? Vous voulez retourner à Vienne ?

— Oui, à Vienne et à Pest. La capitale de l'Empire est Vienne, mais l'aristocratie hongroise aime que Pest ne soit pas oublié. Nous sommes de là-bas, ma femme est incapable de vivre à l'étranger, moi non plus je n'aimerais pas être longtemps à l'étranger. Au début je croyais qu'à cause du Conservatoire il nous faudrait rester des années ici. Je vois à présent que, même si c'était possible, cela ne serait pas utile. Mon intention est que nous fassions le plus de concerts possible, ici et en Angleterre, puis que nous rentrions. Si Vienne est bonne pour Beethoven, elle le sera bien aussi pour nous.

L'enfant ouvrait toutes grandes ses oreilles. C'était toujours ainsi qu'il apprenait les desseins de son père, celui-ci ne discutait guère avec lui des affaires importantes.

— Je ne veux pas m'en mêler, dit Erard, tout le monde habite là où il se sent bien. Dis-moi donc, mon enfant, comment vont les leçons avec ton maître Paer ?

Les yeux de l'enfant étincelèrent.

— J'ai une nouvelle fantastique à vous apprendre, monsieur Erard. Paer est tellement content de moi qu'il aimerait que je compose un opéra.

— Comment ?

— Oui. Il l'a dit à papa aussi. Il a dit qu'à en juger par mes improvisations je peux le tenter sans problème. Il va me trouver un livret, il me l'a promis. C'est à un certain… un certain… comment s'appelle-t-il donc, papa, je ne m'en souviens plus.

— Théaulon.

— Oui. C'est à un écrivain du nom de Théaulon qu'il va demander un livret pour moi. J'ai déjà pensé à plusieurs choses. Je peux les jouer ?

Il courut au piano dont il avait étudié à fond tous les secrets au cours des dernières journées. Il s'était rassuré en constatant que sur ce piano aussi il fallait jouer tout simplement comme sur les anciens, mais que dans le toucher il était possible d'en extraire des choses nouvelles et de toute beauté. Ces nouveautés s'adaptaient parfaitement à son jeu antérieur et comme le piano d'Erard n'avait pas renversé les connaissances acquises jusque-là, il jouait à présent avec encore plus d'assurance et de plaisir, profitant de toutes les occasions pour s'y asseoir. Chaque jour il progressait et parfois il songeait avec stupéfaction à toutes les possibilités qui lui restaient encore, même si désormais plus personne ne pouvait jouer mieux que lui. Et son nouveau maître, Paer, était lui aussi stupéfait du talent de l'enfant. Il ne lui apprenait pas le piano, c'est plutôt à lui que l'enfant aurait pu donner des leçons. Plus expert que Salieri, Paer lui enseignait la composition. L'enfant était passionné, sa tête était remplie de formules contrapuntiques, il dévorait littéralement la nouvelle matière et composait sans arrêt. Dans son âme une voix humaine fredonnait avec un accompagnement d'orchestre. Chacune de ses pensées n'était plus désormais exprimable que d'une seule façon : par le chant et l'orchestre. Maintenant aussi il essayait de souffler, de sa petite voix d'enfant faible, une grande aria et il était dépité d'étouffer sa propre voix par son propre piano. Mais ils le félicitèrent, le firent rejouer, l'encouragèrent.

— Que dites-vous de votre fils, monsieur Liszt ? demanda l'une des demoiselles Erard, fascinée.

— Cela me cause beaucoup de souci, voyez-vous. Je passe mon temps à étudier les possibilités d'édition de partitions ici, à Paris. Je crois qu'elles sont meilleures à Londres. Je ne ferai rien publier ici pour l'instant, je m'en tirerai beaucoup mieux à Londres. L'enfant a déjà écrit plusieurs arias de ce genre. Ce métier cause bien du souci ! J'ai déjà porté chez les aristocrates les lettres de recommandation que nous avons reçues des magnats autrichiens et hongrois. Les invitations vont bientôt arriver. Nous n'aurons même plus le temps de dormir !

Les inquiétudes du père se vérifièrent très rapidement. Les premières invitations arrivèrent : le comte Charette et son épouse, le comte de Lucinge-Faucigny et son épouse. Puis un homme de la cour leur apporta tout spécialement la grande invitation : le jour du Nouvel An à midi le duc d'Orléans et son épouse désiraient entendre jouer l'enfant prodige.

1er janvier 1824. Une journée d'hiver brumeuse. Adam Liszt et son fils filèrent en carrosse au Palais-Royal où habitait le couple princier. Pendant le trajet le père vérifia de nouveau les connaissances de son fils sur la grande famille. Le garçon devait savoir que ceux chez qui ils se rendaient constituaient la branche cadette de la maison de Bourbon car les ducs d'Orléans descendaient du second fils de Louis XIII, la branche royale étant issue du premier fils, Louis XIV. Le père du duc actuel était le célèbre Philippe-Egalité qui avait été guillotiné pendant la Révolution.

— As-tu compris maintenant ?

— Oui, je comprends très bien, répondit l'enfant, même s'il ne saisissait plus vraiment ces dernières subtilités. Mais il n'avait aucune crainte à se faire, son père exagérait les possibilités de conversation.

On les reçut dans ce palais tout autrement que chez la duchesse de Berry. On ne fit pas autant de cérémonies et le père ne reçut pas de leçon de bonne tenue. Ils trouvèrent rassemblée une grande compagnie. La famille princière était présente, au grand complet : le duc lui-même, un homme corpulent au visage gras et au comportement bourgeois, la duchesse, son épouse replète, puis la duchesse Adélaïde, sœur aînée du maître de maison, et six enfants dont le plus âgé était un garçon de quatorze ans. Il y avait également d'autres dames et messieurs, tous en habits bourgeois. Et parmi les dames, une connaissance qui les surprit : la duchesse de Berry.

Le concert se déroula également de façon beaucoup plus agréable que chez la famille royale. L'assistance applaudit avec fougue. Un monsieur cria à l'enfant après le troisième morceau :

— Nous voulons quelque chose de Gluck.

Il avait prononcé Glück. L'enfant jeta un coup d'œil interrogateur au duc d'Orléans, lequel opina de la tête.

— Si M. Guizot désire entendre Gluck, eh bien joue quelque chose de Gluck.

L'enfant s'exécuta. Les applaudissements retentirent encore une fois et le duc d'Orléans s'approcha du piano, d'autres le suivirent, sans façon, et parmi les dames, la duchesse de Berry. Le père donna un léger coup de coude à son fils et celui-ci s'inclina poliment :

— Je remercie infiniment Sa Majesté pour les beaux muets.

— Ils t'ont fait plaisir ?

Et elle se tourna vers le duc d'Orléans :

— Imagine un peu, oncle Louis, que lorsqu'il a joué chez nous il a demandé le polichinelle de mon fils. Mon beau-père lui en a fait envoyer deux autres.

— Moi aussi je t'en enverrai, dit le duc.

Un petit cercle s'était formé autour d'eux. On se penchait vers l'enfant, la duchesse d'Orléans l'embrassa, la duchesse Adélaïde également. Ils bavardèrent. Au bout d'un moment le duc se tourna vers Adam Liszt et lui parla en allemand :

— Vous êtes autrichiens, à ce que j'entends.

— Oui, Majesté, bafouilla le père, nous sommes hongrois.

— Vous vous étonnez que je parle si bien l'allemand. Que voulez-vous : pendant mon exil j'étais professeur à l'académie de Reichenau, puis pendant longtemps j'ai habité à Hambourg. Quand êtes-vous arrivés de Vienne ? L'enfant y a étudié ?

Le duc d'Orléans et Adam Liszt se mirent à bavarder. La duchesse d'Orléans et la duchesse de Berry conduisirent l'enfant auprès des enfants de la maison.

— Incline-toi gentiment devant le duc de Chartres et devant les duchesses.

Il s'inclina. Il regarda tout intimidé le garçon de quatorze ans. Celui-ci de même. Il aurait aimé adresser la parole au petit duc et lui poser tout un tas de questions concernant les ducs. Celui-ci aurait également aimé lui parler. Mais tous deux restèrent muets, gênés. Les petites duchesses pouffaient en cachette.

Ici Adam Liszt reçut cent francs. La duchesse de Berry leur avait donné cent cinquante francs. Le père était très content. Et même si ce ne fut pas un attelage de la cour qui les raccompagna, le père se montra pendant le trajet du retour d'une gaieté extraordinaire, et presque volubile.

— Ce sont des hommes différents, dit-il dans la voiture, le duc est extrêmement gentil. Ce n'est quand même pas une plaisanterie que d'avoir pu parler avec l'arrière-arrière-petit-fils de Louis XIII. Il est du même sang.

Il y avait dans la voix du père quelque chose qui fit frissonner l'enfant. Cette joie vaniteuse et mesquine qui emplissait son père lui était pénible. En lui-même il songea que c'était tout à fait puéril. Mais il ne dit rien.

— Nous ne manquerons pas d'invitations, dit le père, quand le bruit de ces deux-ci se sera répandu. C'est la même chose dans tous les pays : la grande noblesse se donne toutes les peines du monde à imiter la dynastie. Pourtant ce n'est vraiment pas le travail qui nous manque. Et nous apprendrons l'anglais également.

— L'anglais aussi ?

— Naturellement. Si nous voulons aller en Angleterre il faut que nous sachions l'anglais. Mais ce duc, quel homme charmant. J'ai hâte de le raconter à ta mère.

Si c'étaient des aristocrates qu'il fallait à Adam Liszt, il en eut son content à partir du lendemain. La première semaine ils reçurent trois invitations, la deuxième semaine cinq, à partir de la troisième semaine ils n'eurent plus jamais une journée libre. La renommée de l'enfant croissait de jour en jour, et ce, sous le nom de "Litz". Pourquoi le public parisien déforma-t-il ce nom facile à prononcer par ailleurs, et que la langue française connaissait très bien sous sa forme "liste", c'était incompréhensible. Pendant un moment ils se battirent contre cette habitude, corrigeant à tout bout de champ : Liszt. Mais l'usage courant se montra plus fort qu'eux. L'enfant resta "le petit Litz", à jamais.

Le petit Litz revit très vite Rossini. Le célèbre Italien venait de quitter Londres pour reprendre la direction du Théâtre-Italien. L'opéra italien était très à la mode à Paris et les maisons distinguées s'adressaient à cette institution si elles avaient besoin d'un programme musical pour leurs grandes soirées. Il leur suffisait de faire savoir à Rossini quelle somme elles consacraient au programme et quel genre de morceaux elles désiraient. Il s'occupait du reste. Il se mettait d'accord avec les chanteurs, se présentait avec eux chez la famille, prenait place au piano et accompagnait, dirigeait, organisait la musique et le chant. Puis il recevait la somme d'argent convenue, les artistes s'en allaient, ou, si la maîtresse de céans était généreuse, ils pouvaient rester à dîner, mais à une table qui leur était dressée à part. Car il n'était pas possible de faire asseoir des musiciens à la table des seigneurs.

C'est chez la duchesse de Montmorency-Matignon que l'enfant vit cela pour la première fois. Rossini était également présent. Celui-ci serra l'enfant dans ses bras, heureux de le revoir. Il lui demanda ce qui s'était passé depuis son concert à Vienne. Le père, quant à lui, posa cent questions à l'Italien concernant la vie londonienne. Puis le spectacle commença et la conversation dut prendre fin. Quand le spectacle fut terminé on mena les artistes à une table qui avait été dressée à leur intention, mais la duchesse conduisit le petit Litz à la table des seigneurs. L'enfant chercha son père des yeux. Celui-ci se dirigeait déjà avec Rossini et les autres vers la table des artistes. Il ne lui serait même pas venu à l'idée d'accompagner son fils.

A la maison l'enfant évoqua la chose. Il trouvait humiliant que son père n'ait pas été invité à la table des hôtes. Adam Liszt se moqua de lui.

— Tu n'es encore qu'un enfant, tu ne peux le comprendre. Cela doit être ainsi, c'est l'ordre du monde.

— Mais nous ne sommes pas des hommes comme eux ?

— Bien sûr que non. L'artiste se trouve en dehors de la société. Ni dans le bas, ni au sommet, seulement à l'extérieur.

— Mais alors pourquoi m'ont-ils fait asseoir avec eux ? La duchesse de Montmorency m'a même félicité de manger si bien.

— Petit nigaud, mais c'est pour te gâter et s'amuser avec toi, ce qui ne me plaît guère d'ailleurs, qu'ils t'ont assis à leur table. Quand tu auras quelques années de plus et que tu ne seras plus un petit garçon, toi aussi, tu te retrouveras à la petite table.

L'enfant secoua vivement la tête :

— Non, moi je ne m'y assoirai jamais. Si l'on ne me fait pas prendre place parmi eux, je m'en irai plutôt. Jamais je ne m'assoirai à la petite table. Vous verrez, papa, qu'ils m'admettront parmi eux. Moi, tout le monde m'aime.

— Tu recommences à faire le prétentieux. Combien de fois t'ai-je dit pourtant d'être modeste ? Toutes ces gâteries te sont vraiment montées à la tête.

Le garçon se tut. Mais en lui-même il pensait que son père pouvait bien dire tout ce qu'il voulait, tout le monde l'aimait. Le vieil Erard le considérait vraiment comme son propre fils. La duchesse de Berry voulait l'inviter pour la deuxième fois. Et puis il y avait le vieux marquis de Noailles. Tout le monde disait de lui qu'il était un sombre misanthrope qui n'adressait la parole à personne. Et pourtant comme il s'était pris d'affection pour lui ! Il bavardait longuement avec lui, lui expliquait toutes sortes de choses passionnantes concernant les arts et les sciences, et même, la semaine suivante il l'emmènerait au Louvre pour lui montrer et lui expliquer les peintures les plus célèbres. Et il y avait Roehn, le peintre : il était venu exprès à l'hôtel d'Angleterre pour faire son portrait et répétait sans cesse qu'il avait un visage aux traits très raffinés. Il avait dit qu'il ferait reproduire le tableau pour l'exposer dans les vitrines. Ou bien Théaulon, l'auteur dramatique. Il l'avait entendu jouer et avait déclaré aussitôt qu'il lui écrirait un texte d'opéra. Le lendemain il était revenu avec un collègue du nom de Rancé, afin que celui-ci l'écoutât également. Ils écrivaient le livret à deux, ils travaillaient déjà. Ou bien il y avait le professeur d'anglais, Carruthers. N'avait-il pas dit que dans toute sa carrière il avait rarement rencontré des élèves ayant un tel don pour les langues ? Pourquoi ne pouvait-il pas dire que tout le monde l'aimait, si c'était vrai ? Il ne discuta pourtant pas avec son père. Il ressentait une certaine irritation à son égard.

"Mon père n'a aucune fierté, pensait-il, mais moi, je suis fier." Et quoiqu'il ne manquât jamais de respect envers son père, c'est vers sa mère que son cœur le portait, vers cette femme douce et silencieuse, qui ne se souciait ni des ducs, ni des soirées, seulement de son fils, qui le choyait, le gâtait, le baignait de ses propres mains chaque samedi dans une eau bien chaude et lui peignait les cheveux chaque jour. Entre la mère et le fils s'était tissée la complicité secrète d'une tendre affection. Et la voix du père tonnait de plus en plus fréquemment contre leurs "sensibleries".

— Toi au moins, tu pourrais avoir assez d'esprit pour ne pas le gâter comme tu le fais, disait-il furieux à sa femme. C'est épouvantable de voir ce que les dames du grand monde font avec lui. Elles le prennent dans leurs bras, le caressent, le lèchent comme les vieilles filles les petits chiens. Elles le pourrissent complètement. Et par-dessus le marché à la maison tu t'y mets toi aussi. Un beau jour j'en aurai assez et cela finira mal.

On aurait presque dit que le père était mécontent du succès de son propre fils. Chacun des nouveaux lauriers de celui-ci le rendait plus maussade. Le tableau de Roehn avait été gravé sur cuivre et un beau jour le portrait de l'enfant avait inondé les vitrines. Sous toutes sortes de prétextes la mère descendait dans la rue pour s'arrêter devant chaque vitrine et y admirer chaque fois son enfant. Pendant son absence deux ou trois nouveaux paquets étaient arrivés : les dames couvraient l'enfant de jouets et de friandises. Il n'y avait déjà plus de place pour tous ces cadeaux. Le pianiste défaisait les paquets, jouait pendant un moment avec certains objets, puis les laissait tomber. Il préférait s'asseoir au piano et composer.

Le père organisait toujours lui-même les récitals et les concerts de son fils et ce n'est qu'à la dernière minute, quasiment sous forme de diktat, qu'il lui communiquait ses décisions. Il lui annonça ainsi que son premier concert public aurait lieu le 7 mars à l'Opéra italien. Cela ne s'était jamais produit, jamais on n'avait prêté l'illustre théâtre de la cour pour ce genre de manifestation, et particulièrement à un artiste d'origine étrangère. Et maintenant le garçon hongrois l'obtenait pour son concert. C'était le roi lui-même qui en avait décidé ainsi.

— Tu dois être brillant, mon fils, car la cabale est déjà organisée. Beaucoup sont montés contre nous. Si tu te laisses aller, ne serait-ce qu'un tout petit peu, tu te feras exécuter. Les journaux libéraux seraient bien contents de t'éreinter. Ils ne guettent que l'occasion.

Le garçon laissait parler son père. Poliment il répondit tout juste qu'il ferait de son mieux, mais il était au fond de lui-même très las de ces sombres prophéties. Il connaissait très bien ses capacités de pianiste et affrontait toute responsabilité avec calme, presque avec ennui.

Lorsque le jour du concert arriva tout Paris était informé. Il n'avait même pas été nécessaire de demander aux journaux qu'ils mentionnent le concert, ils le firent d'eux-mêmes, car le "petit Litz" était un thème passionnant. L'Opéra était plein à craquer. Avant l'enfant prodige ne figurait au programme qu'un petit opéra intitulé *Paisiello Nina*.

Le petit Litz écouta l'opéra dans les coulisses. Le rôle principal était chanté par Giuditta Pasta qui aimait beaucoup le garçon et avait accepté de chanter ce soir-là pour lui faire plaisir.

— Ecoute cette voix, lui expliquait Paer qui se tenait avec lui dans les coulisses et là aussi lui donnait des cours, c'est de nos jours la voix la plus magnifique du monde. Elle a une étendue inouïe. Elle est capable d'aller du petit *la* au *ré* de la troisième ligne supplémentaire. Fais un peu attention... tu entends ces liaisons ? C'est ce dont je t'ai parlé hier...

L'attention de l'enfant était constamment en éveil et il apprenait à composer. Il y avait ici mille choses à apprendre. Chacun des instruments de l'orchestre lui parlait avec une couleur et une expression différentes, la multiplicité de leurs combinaisons lui dévoilait des nuances toujours nouvelles. Le fier violon, l'alto rêveur et mélancolique, le violoncelle ondulant, la harpe amoureuse, la flûte langoureuse, la contrebasse passionnée, la timbale étincelante se tenaient tous devant lui comme autant de personnages qui lui auraient été présentés. L'intéressant travail de Granet, le chef d'orchestre, était un enseignement à lui tout seul. La façon qu'il avait de contenir l'orchestre tout entier et, le prenant entre ses deux mains, de le lancer en avant ou de le retenir selon son propre tempo, la façon qu'il avait de faire signe à l'instant voulu à chacun des instruments, de colorer, assourdir, exciter ou calmer par ses mouvements, fascinaient véritablement l'enfant. Le rapport entre le chant et l'orchestre le passionnait également. Il observait tout. Il dévorait tout. Son passage imminent sur la scène le laissait tout à fait indifférent. Son père faisait les cent pas non loin de lui.

La seconde arriva. Le rideau se leva. Le piano se trouvait dos au public pour que lui puisse s'asseoir face à celui-ci. Il fut accueilli par une explosion d'applaudissements : il était une célébrité en vogue.

Il interpréta un concerto pour piano de Hummel. C'est lui qui jouissait encore le plus pleinement de son assurance et de l'immensité de son talent. Mais à peine avait-il joué vingt mesures qu'un bruit confus se fit entendre dans l'assistance. Il jeta un coup d'œil au chef d'orchestre et vit que lui aussi avait entendu quelque chose. Plusieurs spectateurs criaient dans la salle. Granet frappa sur le pupitre pour arrêter l'orchestre et il se retourna pour voir ce qui se passait. Plusieurs personnes parlaient en même temps. Finalement au milieu du parterre un jeune homme se leva et dit à haute voix :

— Retournez le piano car nous ne voyons que la tête de l'enfant, et ce sont ses mains que nous voudrions voir.

Une rumeur d'approbation se leva. Le chef d'orchestre regardait la scène, embarrassé. Le rideau se baissa subitement. Adam Liszt courut au piano avec deux ouvriers de scène.

— Lève-toi vite, nous allons tourner le piano.

Ils s'exécutèrent. L'enfant était assis dos au public, et même au chef d'orchestre. Comment ferait-il s'il ne voyait pas le chef d'orchestre ? Mais il était trop tard pour y songer. Le rideau se leva de nouveau. Tonnerre d'applaudissements. Le garçon se retourna sur son tabouret et inclina la tête. Et le concerto pour piano commença une seconde fois. Quoiqu'il ne vît pas le chef d'orchestre tout se passa à merveille. Ce fut enfin le tour du grand solo de piano, sans accompagnement d'orchestre. Le garçon s'y plongea corps et âme. Jamais il ne l'avait joué deux fois de la même façon. Il se délectait du plaisir sans bornes de son jeu, il s'ébattait dans les notes comme un jeune dauphin dans les flots. Il sentait dans son dos le silence de la salle. Le grand solo prit fin. A la ritournelle l'orchestre devait attaquer.

Mais il resta seul avec les sons de son piano, l'orchestre ne rentra pas. Il continua de jouer et se retourna, curieux de voir ce qui pouvait bien être arrivé à l'orchestre.

Il le vit tout de suite : les musiciens, qui n'avaient pas entendu le solo à la répétition, s'étaient tous levés et contemplaient bouche bée le prodige inouï, à tel point qu'ils avaient oublié d'attaquer à leur tour. L'un après l'autre les instruments se joignirent hâtivement et honteusement à la ligne mélodique. L'enfant prodige regarda encore une fois en arrière et pouffa de rire. L'assistance elle aussi était traversée d'une rumeur de gaieté. Tout le monde avait remarqué et compris ce qui s'était passé.

Il fut applaudi comme jamais encore. Pendant de longues minutes il ne fit que s'incliner devant le trou du souffleur. Il aurait aimé commencer le morceau suivant mais ce n'était pas possible. La puissance du tonnerre d'applaudissements ne faiblissait pas. Il continua ses courbettes en souriant au public. Il découvrait ici et là quelques visages d'aristocrates connus et adressait à ceux-ci un sourire, un geste de la tête. Plus de dix minutes se passèrent avant qu'il pût de nouveau s'asseoir au piano.

Pour la fantaisie il choisit l'aria *"Non piu andrai"* de l'opéra de Mozart. Il ne procédait plus de la même façon qu'auparavant, il composait véritablement au piano. Il était tellement pénétré de la mélodie qu'en jouant il la fredonnait aussi de sa voix d'enfant fluette. Il décomposait la mélodie, la reconstruisait, en mélangeait les parties, faisait surgir tantôt celle-ci, tantôt celle-là, travaillait en contrepoint, enfin il se mit à construire la conclusion pour l'élever, l'élargir de plus en plus. Il avançait vers son but d'une main sûre de constructeur, accentuant de façon uniforme la puissance de sa frappe et quand son numéro prit fin le grondement du piano se confondit dans l'immensité des acclamations qui secouèrent la salle tout entière.

Ce n'était pas tout. Il lui fallait à présent "faire le tour des loges". C'était la coutume à Paris : les notabilités assises dans les loges pouvaient faire appeler l'artiste qui les avait pleinement satisfaites. Et l'artiste devait aller les remercier d'avoir reçu ce grand honneur.

Il s'y rendit avec son père qui le tenait toujours par la main en public. Ils frappèrent aux loges où l'enfant avait été demandé. Celui-ci entrait, son père restait dehors, car on lui avait expliqué que ce n'était pas conforme à l'étiquette qu'il accompagnât son fils. A l'intérieur, dans la loge, tout le monde l'enlaçait, l'embrassait, en poussant des cris d'admiration.

— Mon petit chou, viens ici !

— Tu étais divin, tu sais !

Ils bourraient ses poches de sucreries et d'argent et après être entré dans trois ou quatre loges l'enfant ne savait plus où mettre ces cadeaux. Les poches de son père étaient remplies à craquer, leurs mains étaient toutes poisseuses du chocolat qui fondait et les louis d'or amassés collaient eux aussi. Il se laissait adorer, tendait avec indifférence son visage aux baisers. Merci bien, comtesse. Merci bien, marquise. Merci bien, duchesse. Ou s'il ne savait pas qui était celle qui l'embrassait Merci bien, madame. Et il continuait sa tournée.

Entre deux loges un homme à l'allure pleine de dignité l'aborda.

— Arrête-toi, mon garçon. Je suis Talma. As-tu déjà entendu mon nom ?

— Naturellement.

C'était lui, le grand Talma, autrefois l'ami de Napoléon, l'acteur le plus fêté du monde. Il se tenait là dans le rayonnement conscient de sa gloire, dans le charme de sa grande beauté masculine à peine effleurée par les ans. Sa voix avait un élan fier, même ses conjonctions avaient une résonance olympienne, on pouvait comprendre chacune des lettres qu'il prononçait. Et ses gestes étaient semblables, travaillés, nets, héroïques, habitués à la rampe.

— Regarde-moi dans les yeux, mon enfant, je veux voir ton regard. Ah, oui, oui, c'est le génie !

Le grand artiste de soixante ans leva un bras vers le ciel. Sa voix retentit dans un nouveau registre :

— Je prédis que tu seras un grand homme. Et maintenant, continue !

Il déposa un baiser sur son front puis se retira, majestueusement, comme un César classique. L'enfant le regarda qui s'éloignait, puis il se tourna vers son père :

— Pourquoi a-t-il dit que je serai ? Je ne le suis pas encore ? J'ai mal joué peut-être ?

— Tu as bien joué mais tu es très impertinent. Allons, allons, nous n'avons pas de temps à perdre.

Ils continuèrent leur tour des loges. Deux valets les suivaient pour porter les cadeaux. Ils retournèrent épuisés sur la scène. Tout un groupe les y attendait. Des critiques, des admirateurs, des compositeurs inconnus implorant qu'on les présentât. Et quelques connaissances. Le marquis de Noailles prit l'enfant par la main pour le préserver de l'assaut. De l'autre main il fit venir un petit vieux tout chauve dont le visage était empli de verrues. Adam Liszt s'avança également vers eux.

— Regarde un peu, mon petit, dit le marquis, je t'ai expliqué l'autre jour ce qu'est la phrénologie. Eh bien, ce monsieur c'est Gall, le grand savant. Il veut à tout prix voir ton crâne pour en examiner les protubérances.

L'enfant éclata de rire. Le vieillard, lui, garda son air grave et se jeta avec avidité sur la tête de l'enfant. Il la tapota, l'observa, la tourna. Puis il se tourna vers le père et lui dit en allemand :

— Monsieur, je ne peux rien voir ainsi. Pourtant il me faut absolument examiner à fond ce crâne, car je m'occupe des protubérances du génie. Permettez-moi de faire un moulage en plâtre de la tête de votre fils.

— Cela ne fait pas mal ? demanda, épouvanté, le premier pianiste du monde.

— Non, pas du tout.

Ils se mirent d'accord pour un rendez-vous. Gall se présenta le lendemain à l'hôtel d'Angleterre avec ses instruments et un aide. Il préleva trois longues heures sur l'étude de l'enfant. En faisant ses adieux il exprima ses remerciements, au nom de la science, aux parents du génie et leur annonça qu'il allait écrire une étude sur les protubérances du garçon.

Les journaux, ultras comme libéraux, commentèrent le concert sur un ton d'émerveillement. "C'est vraiment un artiste, le grand, le véritable artiste, l'Artiste !" écrivait l'un. "Un jeu plein de fierté virile, une élégance fascinante, des détails parfaits", écrivait *l'Etoile*. "On ne parvient pas à comprendre, écrivait un troisième, comment dix doigts qui recouvrent à peine la gamme sont capables de se multiplier de cette façon. Dans l'assistance beaucoup crièrent au miracle et vraiment, certains croyaient qu'il s'agissait d'un tour de magie." C'était *le Drapeau blanc*, journal royaliste extrémiste, qui écrivait sur le ton le plus enthousiaste. Son critique, Martainville, faisant allusion à des données occultes, soutenait que l'âme du défunt Mozart avait transmigré dans le corps du garçon.

Le lendemain Adam Liszt fit envoyer par la poste mille forints à l'adresse de la direction centrale du domaine du prince Esterházy. C'était le montant des avances et aides qu'il avait reçues jusqu'alors du grand seigneur. Il remboursait ses dettes et il lui restait beaucoup d'argent. Il pouvait songer à l'avenir sans le moindre souci.

Mais s'il n'avait désormais plus de soucis matériels, le père en avait beaucoup en ce qui concernait le développement moral de son fils. Tandis que les dames de la haute société dorlotaient et bichonnaient le garçon avec un enthousiasme devenu contagieux, il devint de plus en plus sévère et à la maison passait son temps à le gronder et à le harceler. Puis un jour il prit une grande décision. Après avoir discuté pendant des heures avec la mère il annonça à son fils :

— Ecoute-moi un peu. Je veux te communiquer une décision importante. Puisque des maux funestes menacent ton développement moral nous allons procéder à des changements. La proximité de ta mère a une influence amollissante sur toi. Elle aussi s'en rend compte, en outre elle est tout à fait incapable de vivre à l'étranger. C'est pourquoi j'ai décidé que nous partirons dès le mois de mai en Angleterre, d'autant plus que le jeune Erard s'y rend lui aussi à cette date et que nous voyagerons avec lui. Ta mère ira s'installer pour cette période chez sa sœur en Styrie. Non, non je ne veux pas entendre le moindre mot, c'est décidé ainsi et je n'y changerai rien. Il faut que tu t'y habitues, je veux faire de toi un homme, et non une vieille fille sensible et pleurnicharde. Ta mère elle aussi estime que c'est la bonne solution. Et j'ajouterai que je ne veux plus entendre le nom de Putzi. On ne donne pas le nom de Putzi à un garçon sérieux. Dorénavant tu t'appelleras Franci, j'espère que je me suis bien fait comprendre.

— Maman, dit l'enfant au bord des larmes, vous rentrez à la maison ? C'est vrai ?

— C'est vrai, oui, mon petit garçon, répondit la mère en larmes, ton père a entièrement raison, c'est ce qu'il faut faire.

Il pleura pendant deux jours. Mais les larmes s'épuisent. Théaulon, l'auteur dramatique, lui apporta au même moment le livret définitif de son opéra. Il portait un titre très beau : *Don Sanche ou le Château de l'Amour*. Cette passion apaisa un peu son chagrin. Il se mit à la lecture avec fièvre. Et tandis qu'il lisait, les vers se mettaient pour ainsi dire à faire de la musique dans sa tête.

L'histoire était la suivante. Il y avait un château enchanté, le Château de l'Amour, où ne pouvaient entrer que ceux dont l'amour était partagé. Pour cette raison don Sanche ne peut entrer dans le château car son amour pour la princesse Elzire est sans espoir. Le maître du château, le magicien Alidor, veut venir en aide au malheureux don Sanche. Lorsque Elzire se met en route pour la Navarre afin de devenir l'épouse du prince des lieux, le magicien déchaîne sur elle une tempête en pleine nuit. La princesse est contrainte de s'arrêter près du château. Elle attend sous une charmille que la tempête soit passée et don Sanche apparaît. Il l'assiège de déclarations brûlantes, mais en vain, la princesse est tout à fait indifférente à lui. Alidor se transforme en monstre et fait semblant de vouloir enlever Elzire. Le courageux don Sanche se bat en duel avec lui et il est blessé. A ce moment-là la princesse réalise qu'en fait elle aime don Sanche et qu'elle ne supporterait pas sa perte. Elle renonce donc à la couronne de Navarre pour être la femme de don Sanche. A présent tous deux peuvent entrer dans le Château de l'Amour.

Dès qu'il eut terminé sa lecture il se précipita au piano. Il se mit à composer corps et âme. Mais à tout moment une douleur meurtrissait son âme : il devait se séparer de sa mère.

Les parents décidèrent d'éviter la scène des adieux : ils trompèrent l'enfant. Un soir, avec des caresses et de tendres baisers, la mère fit coucher l'enfant. Elle devait partir deux jours plus tard. Mais le lendemain matin, quand il se leva, le garçon ne trouva plus sa mère. Elle était partie tôt le matin. Le garçon se recoucha et éclata en sanglots si violents qu'il s'évanouit. Il resta couché pendant deux jours. Les Erard venaient le voir pour le consoler. Pendant des jours il se traîna sans dire un mot. Comme il avait un concert chaque jour il lui fallait se rendre, même à contrecœur, dans les maisons où il était invité, mais dès qu'il le pouvait il se retirait avec sa peine, dégoûté de tout, même du piano. Puis, lentement, il se calma.

Mais lorsque, à la fin du mois de mai, ils partirent pour Londres avec Pierre Erard et que la distance entre le bateau qui avait quitté le port et la rive se mit à augmenter, l'enfant prodige pensa à sa mère et il se cacha dans un coin pour pleurer.

X

On avait beau appeler Paris le centre du monde musical, Londres fourmillait de musiciens célèbres venus de tous les coins d'Europe.

Ils y trouvèrent Cramer, le savant du piano, dont l'enfant avait si souvent joué les études à Vienne. Il y avait Ries dont l'une des sonates lui avait révélé à Doborján le sens du piano ; et il avait joué cette sonate au tout premier concert de sa vie. Il y avait Kalkbrenner, le célèbre professeur de piano spécialiste de la formation de la main gauche et qui avait fondé à Londres une espèce de firme pour l'exploitation d'un appareil de régulation du port de main. Neste, Griffin, Potter, Latour, tous pianistes de grand renom, séjournaient également à Londres. Et c'est dans un village anglais, Evesham, que vivait paisiblement le très vieil Italien, Muzio Clementi, dont les exercices de doigtés l'avaient tant fait souffrir jadis, aux cours de Czerny.

Outre ces célébrités l'enfant avait encore deux jeunes rivaux à Londres. Le premier était une fille, Delphine Schauroth, qui venait de Munich. Le second était l'enfant prodige des Anglais : un jeune garçon de Manchester qui s'appelait Aspull et que les journaux londoniens aimaient glorifier du nom de "Mozart britannicus". Les premiers jours Adam Liszt regretta d'avoir amené son fils à cet endroit. Il s'avéra que la période d'activité artistique n'était pas ici la même qu'à Paris. Alors que les Français considéraient le mois de mai comme la pleine saison, chez les Anglais, qui aimaient se retirer le plus tôt possible dans leurs châteaux à la campagne, la fin du mois du mai était déjà la morte-saison. Les invitations furent donc clairsemées. Erard leur fit bien obtenir une ou deux invitations auprès de familles riches, mais l'aristocratie anglaise se révéla tout à fait différente de la française. La porte de ces maisons était fermée par mille cadenas et il s'avéra que rien n'était plus difficile que de pénétrer dans la grande société anglaise. Le père, en plus de ses allées et venues incessantes et de son travail d'organisation, avait à faire face à un obstacle particulièrement pénible : les collègues ne se pressaient vraiment pas pour leur apporter de l'aide. Moscheles, de l'amitié duquel ils auraient pu espérer quelque soutien, n'était pas à Londres. Quant à ceux qui s'y trouvaient, ils répondaient avec une indifférence glaciale aux questions du père. Aucun d'entre eux ne voulut leur donner un conseil utile. Et même, Kalkbrenner ne cacha pas sa contrariété de voir apparaître l'enfant à Londres. Ries fut le seul à les aider. C'était un homme gentil, brave et généreux. Il aimait se rappeler ses années d'étude passées aux côtés de Beethoven et en souvenir de sa propre jeunesse il s'efforça d'aider le garçon hongrois, venu de Vienne et sur le front duquel rayonnait le souvenir du baiser de Beethoven.

Au milieu de bien des soucis Adam Liszt se lança dans l'organisation du concert de Londres. En raison de la saison estivale il ne pouvait en effet être question d'en prévoir plusieurs. Il réussit à grand-peine à louer la salle Argyll, trouva un orchestre, un chef d'orchestre, fit imprimer des affiches et se présenta à tous les journaux. Le concert était fixé au 24 juin. Quelques jours avant la date prévue deux nouvelles le démoralisèrent totalement : Giuditta Pasta donnait ce jour-là un récital de chant et le frère du roi, le duc de Clarence, organisait au même moment une grande réception à laquelle il avait convié toute la haute noblesse.

Le concert remporta néanmoins un succès énorme. Quand l'enfant eut joué les morceaux fixés dans le programme, le chef d'orchestre sir George Smart, musicien anobli, se tourna vers l'assistance en demandant quels étaient les thèmes sur lesquels celle-ci désirait entendre improviser "master Liszt". Après un long silence une dame proposa "Zitti, Zitti" du troisième acte du *Barbier* de Rossini. L'enfant joua le thème puis, comme s'il avait fait un devoir de composition pour Paer, il enchaîna en fugue. Il joua longtemps. Les applaudissements retentirent avec puissance. Le vieux Clementi était venu de son village pour assister au concert, et tous les jaloux, Kalkbrenner et les autres, étaient aussi présents. Sans oublier le seul ami, Ries. Le public fêta le jeune garçon au sujet duquel les journaux avaient déjà écrit que la presse parisienne lui donnait le nom de huitième merveille du monde. L'assistance observait d'un œil les célébrités du piano et celles-ci furent contraintes de rendre hommage au talent de l'enfant. Le vieux Clementi déclara qu'à cet instant personne ne jouait mieux au piano que le jeune Hongrois puis il repartit pour Evesham.

Adam Liszt ne rentra pas dans ses frais, le déficit du concert s'éleva à plus de cent vingt livres. Mais il savait que cette perte serait copieusement compensée. Et il avait vu juste : les invitations arrivèrent, les unes après les autres, et bientôt il ne resta guère de jour libre à l'enfant et son père. Les aristocrates ne donnaient jamais moins de cinq livres à celui-ci, l'ambassadeur de France lui en offrit même vingt. Adam Liszt n'avait plus de soucis à se faire pour les mois suivants, l'enfant était devenu tout comme à Paris un article à la mode.

Le comportement des grands était néanmoins tout à fait différent : ici les dames ne poussaient pas des cris d'émerveillement en bourrant l'enfant de chocolat, les vieilles ne l'étouffaient pas sous leurs baisers. Le "petit Litz" était devenu "master Liszt". Le père en était ravi. Mais pas l'enfant. Les gâteries dont il avait été comblé à Paris lui manquaient et il ne pouvait même plus les compenser avec l'affection de sa mère. Il ne pouvait plus que correspondre avec celle-ci mais les réponses étaient bien longues à venir.

Il se donna tout entier au travail de composition. Celui-ci était devenu pour son âme qui aspirait à la plus totale abnégation un foyer, une Eglise, une religion. A Londres il cherchait en vain le mystère au parfum d'encens de son catholicisme. Ces cathédrales lui étaient étrangères. Autant il avait aimé à Paris aller à l'église, y entrer cinq minutes, y baigner mystérieusement son âme et poursuivre son chemin, rafraîchi, autant il ne ressentait aucune envie de fréquenter les églises de Londres. Il disait régulièrement ses prières, et tout spécialement pour sa mère, avec une profonde ferveur et le sentiment de se blottir contre le sein de celle-ci, en déjouant son père.

Il travailla comme Paer le lui avait conseillé : il lui fallait tout d'abord composer l'opéra entier sans l'orchestration. Il notait la mélodie des arias, duos, quatuors et tutti en fixant l'harmonisation pour lui-même au moyen de signes d'accords posés à la hâte et en même temps il indiquait les couleurs principales de l'orchestration imaginée. Ce qu'il écrivait, personne d'autre que lui n'aurait été capable de le déchiffrer. Il composa l'un après l'autre le chœur et la danse des paysans qui devaient servir d'introduction. Puis la marche lente des chevaliers et des dames qui défilent. Il ne s'occupa pas tout de suite des parties récitatives afin de terminer tout d'abord les morceaux formant un tout. Il arriva à l'aria amoureuse de Sanche. Sa tête était pleine des arias de Rossini, Gluck et d'autres encore.

C'est le poème de Théaulon qui lui fournit le canevas, il ne lui était pas difficile de forger sur ses vers aux rimes agréables une mélodie plaisante et à la courbe gracieuse.

Mais lorsqu'il se coucha ce soir-là et voulut dormir après ses prières, il ne parvint pas à chasser de son esprit certains passages du poème. "Mes lèvres qui te cherchent..." Puis : "Ce désir enivrant..." Il se mit à y réfléchir profondément, se demandant quelle pouvait bien être l'essence de cet amour dont les adultes parlaient si souvent. Parmi les souvenirs de sa vie de douze ans il ne trouva pas de solution. Depuis toujours l'éducation qu'il avait reçue de ses parents l'emplissait de dégoût envers tout ce qui n'était pas propre et pur, envers tout ce qui pouvait faire naître en lui le soupçon d'indécence et de laideur. Pendant ses années d'enfance au village il avait vu bien des choses inévitables que tout le monde trouvait naturelles dans la vie des animaux. Mais lorsque ses pensées l'amenaient à établir un parallèle entre les secrets de la vie des hommes et des animaux, sa docilité sincère et son instinct religieux les refoulaient violemment. Il avait décidé en lui-même que ce que les grands appelaient amour avait des parties voilées, et qu'il n'avait pas le droit de toucher à ce voile, car cela aurait été un péché envers le bon Dieu qu'il adorait. Mais il y avait un aspect sur lequel il était permis de méditer, et ce ne pouvait être que le désir ardent de la présence d'un être. Dans ses réflexions poursuivies à la frontière du rêve il fut alors frappé au cœur. Il découvrit qu'il était amoureux de Karolin Unger. Avec un sourire d'une douce tristesse il évoqua en lui-même le souvenir de la belle fille parfumée. Pendant longtemps il ne parvint pas à s'endormir. Le lendemain il revit tout de suite l'aria amoureuse de don Sanche. Il secoua la tête : cela n'allait pas. Il jeta ses feuilles. Il pensa à Karolin et récita en lui-même les vers. Il rougit de honte. Par quelque enchantement maléfique Karolin lui était apparue complètement nue. Il tenta de chasser la vision fautive, mais en vain. Il courut à la fenêtre et regarda dans la rue. C'était une petite ruelle, de rares passants faisaient résonner le pavé dans la lumière radieuse du matin d'été. De l'autre côté, la fenêtre d'une maison aux briques rouges était ouverte. Une jeune mère était assise et elle allaitait son bébé. Le garçon retourna au piano, affolé. Mais il avait beau faire courir ses doigts sur le clavier, son cœur battait étrangement et de nouveau apparut devant lui le charmant visage de Karolin sur un corps dénudé. Il se fâcha. Il ramassa les feuilles de l'aria et les remit avec les autres, ayant décidé de les garder quand même. Puis il se mit au morceau suivant.

Il s'agissait du duo du magicien et de Sanche : le magicien apprend à celui-ci qu'Elzire veut épouser le prince de Navarre et Sanche est effroyablement jaloux. Il relut le texte, trois fois, mais aucune musique ne vint. Il mit de côté le tout et se mit à faire des exercices, avec une application impitoyable, comme le moine qui punit son corps coupable de péché en se fouettant.

Lorsque son père rentra il lui demanda conseil pour composer ce duo de la jalousie. Il ne comprenait pas ce que cela signifiait vraiment, il ne sentait pas ce qu'il lui fallait exprimer. Le père réfléchit un instant.

— Imagine donc, dit-il ensuite, ce que tu sentirais si le magicien Alidor venait te dire que ta mère préfère le jeu de ce prodige londonien, Aspull, au tien. C'est ce sentiment qu'il faut que tu composes.

— Oui.

Il s'assit immédiatement au piano et ferma les yeux. Aussitôt apparut devant lui le visage plein de bonté de sa mère. Mais au même instant il sentit avec effroi qu'il lui fallait tout de suite penser à autre chose sinon une horrible pensée surgirait en lui. Il couvrit son visage de ses mains.

— Papa, dit-il en gémissant, je ne sais pas ce que j'ai, mais je n'arrive pas à travailler.

— Arrête donc et fais des exercices. Si tu restes bloqué à un endroit dans la composition, passe à un autre morceau. Tu pourras y revenir plus tard. A la place de la jalousie compose le passage de la tempête qui approche. Ce n'est pas difficile.

Il retourna au piano et se mit à jouer sur le piano d'Erard. Il jouait les tourbillons informes qui le tourmentaient au plus profond de lui-même. Son père cessa d'écrire les adresses et s'approcha de lui. Lui il jouait. Sur son piano la tempête avait éclaté. L'instrument tout entier tremblait et l'enfant avec lui. Il jouait, jouait, pâle, le visage terrorisé, comme s'il fuyait des démons.

— Cela sera parfait, dit le père.

Mais lui n'écouta pas. Il continuait de tonner, de gronder, de faire sillonner les éclairs. Il se faisait flageller encore plus et toujours plus par l'ouragan jusqu'à ce que finalement ses doigts glissent du piano sans conclure. Il alla en chancelant vers le divan et s'y étendit mort de fatigue.

— Quelque chose ne va pas ?

— Je n'ai rien, papa, ne vous faites pas de souci.

— Comment ne me ferais-je pas de souci si tu es à ce point fatigué dès le matin ? Une petite promenade te fera le plus grand bien, ne te laisse pas aller. Je vais au bureau du surintendant de la cour, viens avec moi.

Le garçon obéit sans un mot. Un cab les conduisit à l'office royal. Là on les dirigea vers un autre bureau. L'affaire n'alla pas sans mal car ils avaient beau parler déjà assez correctement l'anglais, ils ne comprenaient guère les Londoniens. Finalement ils apprirent que Sa Majesté le roi George IV écouterait l'enfant le 7 juillet à sept heures du soir à Windsor où il passait l'été.

Ce fut un grand jour pour eux. Dès le matin ils partirent pour Windsor en bateau. Ils avaient emporté dans leurs bagages leurs habits de gala. Il faisait une chaleur torride et la Tamise était couverte d'un voile de vapeur. Deux fois ils achetèrent des glaces au marchand qui circulait sur le pont. Le père bavarda longtemps avec celui-ci, pour améliorer son anglais. Ils prirent une chambre dans le village, puis allèrent se baigner à la piscine publique. Ensuite ils se promenèrent et aperçurent de l'extérieur le célèbre château. C'était un énorme édifice avec ses bastions d'angle cylindriques, des tours, des remparts d'allure moyenâgeuse.

Ils prirent le lunch dans une petite auberge. Là encore le père gronda son fils. Celui-ci se plaignait constamment de la nourriture, il trouvait que chaque plat avait un goût de suif. Son père le rabroua. Ce qui était bon pour les autres devait l'être pour lui également. Les sucres d'orge étaient bien sûr meilleurs. Mais rien n'était pis pour les dents.

Ils se changèrent et se présentèrent bien avant l'heure fixée à l'entrée qui leur avait été indiquée. Après plusieurs vérifications et un long parcours ils arrivèrent dans une salle. Il était déjà sept heures passées mais His Royal Majesty devait se sentir bien à table. Enfin on le fit entrer dans une salle de musique. Ils durent prendre place au piano. Ils attendirent encore un bon moment. Soudain la porte à plusieurs battants s'ouvrit et le roi entra avec sa suite. C'était un homme corpulent, mais son visage portait encore les traces de son ancienne beauté. A ses côtés prirent place des dames et des messieurs, sept ou huit. Un homme de la cour en habit somptueux leur fit signe qu'ils pouvaient commencer.

Le garçon joua les *Variations* de Czerny. Quand il eut terminé personne n'applaudit. Le roi hocha la tête à l'intention de la dame assise à ses côtés, puis il dit en allemand à l'enfant :

— Bravo, mon enfant, je n'ai encore jamais rien entendu de pareil.

Puis il se tourna vers son entourage et poursuivit en anglais :

— *He is better than Moscheles, Kalkbrenner, Cramer or any other.*

Enfin il se tourna vers un vieux monsieur aux traits fins :

— Vous n'êtes pas de mon avis ?

— Mais certainement, Sire, répondit celui-ci.

Ils firent signe à l'enfant de continuer à jouer. Il joua Hummel, Ries, Mozart, Rossini, Beethoven. Le roi n'avait toujours pas son content. Il fit jouer le garçon pendant deux longues heures. Entre-temps des laquais offraient du champagne à la société et le roi vidait les coupes les unes après les autres. Enfin il lui demanda s'il connaissait le menuet de *Don Juan.* Oui ? Alors qu'il improvise sur cette mélodie. L'enfant en fit des variations pendant un quart d'heure. Le roi lui dit en allemand tandis que tous se levaient :

— Viens ici que je te voie.

Le garçon s'avança vers le roi.

— J'ai entendu dire que vous venez de Vienne ?

— Oui, Sire, nous sommes hongrois.

— Ah bon. Mes félicitations, prince.

Le seigneur vers lequel il s'était tourné s'inclina et sourit. L'enfant comprit aussitôt que ce ne pouvait être que l'ambassadeur à Vienne du royaume de l'empereur François le prince Pál Esterházy.

— C'est bien. Je suis très satisfait. *And what about your opinion, milady ?*

La question s'adressait à la dame assise à côté de lui, qui ne pouvait être que la maîtresse du roi, lady Conyngham.

— *Very nice indeed, Sire.*

Adam Liszt faisait tapisserie. Puis, tout à coup, c'est à lui que s'adressa le prince Pál Esterházy :

— De quelle région de Hongrie venez-vous ?

— J'étais l'employé du père de Votre Altesse à Doborján.

— Comment ? Voilà qui est intéressant. Avez-vous entendu ceci, Sire ? Notre patrie favorise la musique. Haydn est venu de chez nous, de même que Hummel. Beethoven y a séjourné. Et Cherubini. Dans quel village serviez-vous ?

— A Doborján, Votre Majesté.

— Oui, bien sûr. A Doborján, c'est vrai.

Puis le prince hongrois se tourna vers le roi et il se mit à lui parler de Haydn. Une conversation sur la musique prit forme à laquelle Adam Liszt participa également. Le roi se montra un fin connaisseur en la matière. C'était un homme aimable, jovial et direct. Mais les plus beaux rêves ont une fin. Le roi étouffa un bâillement.

— Vous dormirez ici cette nuit, il est trop tard à présent pour rentrer à Londres.

Puis il fit un signe de la tête. On les conduisit à travers de longs couloirs et des cours à leur chambre et l'on envoya chercher leurs bagages à l'auberge. Adam Liszt n'avait jamais connu un tel bonheur. Il tâta les meubles de la chambre, l'étoffe des draps, montra à son fils les objets frappés de la couronne royale. Pendant très longtemps il ne parvint pas à s'endormir. Le lendemain on leur demanda ce qu'ils désiraient pour le petit déjeuner. C'est un véritable banquet qui leur fut apporté sur une table ronde. Il y avait aussi dans la chambre du papier à lettres à l'en-tête du "Windsor Castle". Aussitôt Adam Liszt écrivit deux longues lettres, l'une à Czerny, l'autre à sa femme. A celle-ci l'enfant ajouta quelques lignes nostalgiques.

Quelques jours plus tard ils eurent la visite d'un hôte intéressant : Aspull, le Mozart britannique.

Ils avaient assisté à un concert où le garçon anglais avait joué un concerto pour piano de Czerny. Dès les premières minutes ils avaient pu constater qu'ils n'avaient rien à craindre de cet Aspull. Il jouait de façon excellente mais ses rythmes s'estompaient et son toucher manquait de couleur. Pendant l'entracte les deux enfants prodiges firent connaissance. Ils avaient invité Aspull à venir leur rendre visite à leur hôtel de Frithstreet, dans le quartier de Soho.

Cet Aspull était un garçon malingre, timide et très bien élevé, manifestement plus âgé que son collègue. Les Liszt lui offrirent du thé et la conversation s'engagea, monotone, sur la musique et le piano. Aspull s'assit pour jouer, il interpréta des variations, observant timidement son succès auprès de ses hôtes. Ceux-ci le louèrent amicalement. Puis le père alla dans l'autre pièce pour s'occuper de ses papiers et de ses comptes, laissant les enfants bavarder à leur aise. Tous deux étaient gênés et maladroits. La langue d'ailleurs limitait la conversation.

— As-tu déjà joué devant votre roi ? demanda enfin master Liszt.

— Oui, répondit master Aspull.

— Aimes-tu jouer en public ?

— Non. J'ai toujours peur quand il faut monter sur la scène. Je n'aime jouer qu'à la maison.

Un long silence suivit. Puis master Liszt se décida subitement à poser la question audacieuse qui lui brûlait le bout de la langue :

— As-tu déjà été amoureux ?

Le garçon anglais fut saisi de stupeur. Il devint rouge comme un coquelicot.

— Je ne sais pas, bégaya-t-il tout bas, non... je ne sais pas...

Quand l'invité fut parti, ou plutôt se fut sauvé, le père déclara à son fils :

— Nous partirons pour Manchester ces jours-ci. Je viens de signer le contrat. Et en août nous rentrerons à Paris.

XI

Quand ils rentrèrent à Paris, Louis XVIII était mort. Une agitation fiévreuse s'était emparée de la capitale. Le comte d'Artois était monté sur le trône, il avait été couronné à Reims avec un faste inouï, les journaux en donnaient des descriptions somptueuses, Rossini avait composé un opéra à cette occasion. Le changement de règne avait balayé tout autre intérêt, il n'était plus question à Paris que de Charles X. Le "petit Litz" cessa d'être à la mode pour un moment. Il reçut beaucoup moins d'invitations, les familles aristocrates n'écoutant plus de musique en raison du deuil de la cour.

Il eut ainsi plus de temps à consacrer à son opéra. En automne il en avait terminé la transcription. Paer se pencha sur le travail et lui fit un bon nombre de remarques instructives.

Pour son treizième anniversaire l'enfant travaillait à l'orchestration. Entre-temps il profitait de toutes les occasions pour entendre un orchestre. Son père et Paer l'accompagnaient régulièrement. Le garçon observait le rôle mystérieux des instruments et s'émerveillait de celui qu'il jugeait le plus grand : l'orchestre dont les possibilités d'éloquence étaient prodigieuses. Il observait la différence de couleur produite par le jeu de deux violons interprétant la même mélodie, mais l'un une octave plus bas. Il observait le charme poignant de l'ensemble de la flûte et du violon, la décoration sentimentale du violoncelle, les possibilités dramatiques des battements des timbales, la puissance fondamentale, créatrice de système, de la contrebasse, les fioritures de violon serpentant autour de la mélodie des cors. Tout ceci l'emplissait d'émotion et de délices, et jusque dans ses rêves agités les contrepoints des instruments luttaient ensemble.

Parfois, pour se reposer, il composait autre chose. Il jouait fréquemment les nouveaux opéras de Rossini et Spontini, il avait étudié de près quelques mélodies plaisantes jusqu'à en faire un impromptu qu'il présenta à son père après avoir été vivement félicité par Paer. Adam Liszt avait beaucoup de soucis avec l'édition. A Londres non plus il n'avait pas trouvé le marché approprié et à présent à Paris il ne pouvait s'y décider. Pourtant il avait conclu des contrats avantageux à l'intention de Czerny avec des éditeurs parisiens. Bonnemaison lui avait payé cinquante louis d'or le *Rondo di bravura* de Czerny et très fier il avait envoyé l'argent à Vienne. Il hésitait cependant à faire publier les œuvres de son fils. Le garçon composa également une sonate pour piano pour se reposer de son travail d'orchestration. Finalement il lui vint à l'esprit d'écrire lui aussi, comme Clementi, Cramer, Czerny et tant d'autres, des études : des petits morceaux d'exécution servant à exercer l'habileté des doigts. Un jour son père lui tendit une partition qui le fit bondir de joie. On pouvait lire sur la couverture : *Impromptu sur des thèmes de Rossini et Spontini. Par F. Liszt.*

C'était cette fois bien autre chose que les variations de Diabelli. Il ne se lassait pas de la relire. Il admirait sans cesse la page de titre. Puis il la joua, comme si c'était pour la première fois. Il la trouva bonne, très bonne. Son père lui tendit ensuite un petit texte qu'il devrait recopier sur deux exemplaires en guise de dédicace. Il fallait en envoyer un pour l'Opéra italien, à Rossini, un autre pour Berlin, à Spontini. Avec une grande fierté il recopia les mots de son écriture enfantine la plus soignée. Napoléon n'avait pas pu signer un document d'Etat avec plus d'orgueil que lui n'inscrivit son nom sur les deux partitions : F. Liszt.

Des mois se passèrent en dur labeur. Le vieil Erard écoutait chaque nouveau morceau et se faisait expliquer l'orchestration. Les représentants du monde musical se renseignaient régulièrement sur l'opéra et quelques journaux en parlèrent également. Le journal de l'opposition *le Corsaire*, qui critiquait continuellement la direction officielle de l'Opéra, écrivit un jour : "Le jeune Liszt travaille, aux dernières nouvelles, à la mise en musique d'un livret d'opéra de Théaulon. Si cette pièce traîne aussi longtemps que les autres sur le bureau de la direction, l'enfant de onze ans aura atteint sa majorité le jour de la première." Cette phrase causa un grand remous chez les Liszt. L'enfant se mit à pleurer et il éclata :

— Je n'ai pas onze ans ! J'ai passé treize ans, moi ! J'ai horreur qu'on me traite comme un bébé. Quand j'entends dire "le petit Litz" j'ai envie de mordre.

— Toi tu n'as qu'à te taire. C'est moi qui décide quels sont tes intérêts. Tu as onze ans, un point c'est tout. Et si tu oses dire le contraire devant des étrangers, gare à toi.

L'enfant se mordit les lèvres et se réfugia dans le travail avec une profonde amertume. Il avait encore plus à faire qu'à l'habitude car son père lui avait organisé une tournée dans les villes du sud de la France et il lui fallait s'y préparer durement. Ils partirent au mois de mars pour le grand voyage. Ils commencèrent à Bordeaux pour continuer avec Toulouse, Lyon et Marseille.

Ce furent des semaines fatigantes et monotones en dépit du changement de villes. C'était toujours la même arrivée en chaise de poste dont le plancher était recouvert d'une couche de paille grouillante de puces. Le voyage était toujours le même : démangeaisons constantes, cahots à vous désarticuler, nuage de fumée de cigare puante et manque de sommeil. Partout l'auberge était la même, ils faisaient chaque fois apporter un piano et une demi-heure après le couloir résonnait de la voix grondante d'Adam Liszt qui se disputait avec les voisins dérangés par la musique. Le tour de la ville était toujours le même, comme la visite à la rédaction du journal local, chez le professeur de piano du lieu, chez les célébrités connues pour leur mécénat. Et chaque fois aussi le concert était le même : les mêmes applaudissements, le même émerveillement après les morceaux qu'il avait joués, la même bousculade désagréable à la fin du spectacle, vingt personnes qui lui posaient toutes en même temps les mêmes questions, et voulaient le prendre toutes en même temps dans leurs bras. Le dîner après le concert était le même : célébrités musicales locales, rédacteurs, dames enthousiastes dont il ne pouvait se débarrasser, talents enterrés au fond de la province qui maudissaient la petite ville et posaient des questions avides sur les secrets de coulisses de la vie musicale parisienne. L'enfant prodige ne vit que bien peu de choses de ces villes. De Bordeaux il se souvenait du pont de la Garonne et du château, ainsi que du nom des "Bordelais". A Toulouse son père l'avait emmené à l'église Saint-Sernin dont l'intérieur l'avait émerveillé jusqu'aux larmes. Quelqu'un y jouait de l'orgue, la douceur entêtante de l'encens avait grisé son âme, il aurait aimé rester à jamais dans cette église. A Lyon il avait vu un cheval s'effondrer en pleine rue, la jambe cassée. Il avait vu sa langue pendante et ce spectacle avait troublé son sommeil pendant deux jours. Mais dans aucune de ces villes il ne put vagabonder au gré de sa fantaisie. Il devait travailler toute la journée, il lui restait encore beaucoup à faire pour son orchestration qu'il avait également emportée dans ses bagages.

Ce n'est que de Bordeaux qu'il emporta le souvenir d'un épisode qu'il devait conserver avec une petite joie maligne pendant toute sa vie. Dans cette ville ils firent la connaissance du célèbre violoniste Pierre Rode, lequel, enrichi après une brillante carrière, était retourné dans sa ville natale. Il avait invité chez lui les Liszt ainsi que d'autres musiciens en l'honneur du petit prodige hongrois. Le vieillard était visiblement jaloux des succès de l'enfant et essayait de prendre le dessus à tout prix. Si l'enfant prodige avait déjà joué devant trois rois, il n'en comptait lui pas moins de treize à son propre palmarès. Si on avait appelé l'enfant "le petit Mozart", lui, un journal allemand l'avait gratifié du nom d'Apollon. Et dans cette surenchère orchestrée par le père, quand il fut question du baiser que l'enfant avait reçu en public de Beethoven, le violoniste fit un geste de dédain :

— Beethoven ? C'est mon meilleur ami. Il a écrit pour moi tout spécialement il y a onze ans la *Romance pour violon*. Opus 50. J'ose affirmer que personne au monde ne peut connaître et comprendre mieux que moi mon ami Beethoven.

L'enfant était assis au piano et il joua distraitement un thème. Rode hocha la tête comme transfiguré.

— L'allegretto de la *Symphonie en la majeur*. Monumental.

Aussitôt l'enfant joua d'autres thèmes et Rode les nomma immédiatement. Après quatre ou cinq thèmes l'enfant eut une idée incroyable et audacieuse. Il joua le début de sa propre sonate pour piano. Rode fut bloqué pendant un instant puis il opina :

— Mais oui, mais oui. Je connais. C'est également divin.

Adam Liszt avait reconnu immédiatement l'œuvre de son fils et il regarda celui-ci avec ahurissement. L'enfant poursuivit sa sonate avec un sourire narquois et Rode se tourna vers les autres avec arrogance :

— N'est-ce pas d'une beauté inouïe ? Il n'y a qu'un Beethoven au monde.

Les autres approuvèrent, aucun n'osa avouer qu'il ne connaissait pas l'œuvre que l'enfant jouait.

Quand ils se retrouvèrent seuls, le père dit à son fils :

— N'essaie pas de me refaire ce genre d'effronterie, entends-tu ? C'est inouï ! Cela aurait pu se terminer très mal et nous nous serions fait à Bordeaux un ennemi acharné. Je t'interdis formellement de le raconter à qui que ce soit.

— Je vous le promets, papa. Mais avouez qu'il l'a bien mérité. Pourquoi un vieux monsieur comme celui-là veut-il me rabaisser, moi qui ne suis qu'un enfant ?

C'est donc ce qu'il rapporta de sa tournée dans le sud de la France. Ainsi qu'une très grande partie de son travail d'orchestration. Quant au père, il en retira beaucoup d'argent. L'enfant en revanche ne put se reposer : ils durent repartir pour l'Angleterre, à cause des contrats qu'ils avaient signés l'année précédente.

C'était le mois de juillet, il faisait une chaleur accablante. Le concert de Londres remporta à nouveau un énorme succès et le roi George les invita de nouveau à Windsor où ils passèrent encore la nuit. Ils se rendirent de nouveau à Manchester. Cette fois la monotonie du succès fut illuminée pour l'enfant par un grand événement : au second concert, auquel participait un petit virtuose du violon, un enfant nommé Banks âgé, soi-disant, de neuf ans, l'orchestre joua en première partie l'ouverture de *Don Sanche.*

Adam Liszt ne désira pas dévoiler qu'il s'agissait de l'ouverture d'un opéra dont l'ambition était d'être représenté par la suite à Paris. Il avait fait imprimer simplement sur le programme : "*A new grand overture composed by the celebrated Master Liszt*", en précisant qu'il s'agissait de la première audition publique. Le père ne pouvait plus maîtriser son impatience, il voulait à tout prix entendre quel effet produirait la musique de l'opéra de son fils avec un orchestre. Il avait jugé la ville de province anglaise appropriée à l'expérience.

Mais l'auteur lui-même était cent fois plus agité. Un chef d'orchestre local nommé Cudmore dirigeait l'orchestre. Sur les pupitres devant les musiciens l'enfant voyait les partitions de son œuvre que son père avait fait recopier à Londres à prix d'or. Il n'avait pas entendu la répétition car il avait eu de la fièvre et son père ne lui avait pas permis de se lever. Maintenant il était assis au premier rang, comme n'importe quel autre spectateur. Le gargouillement des instruments que les musiciens accordaient l'emplissait d'une émotion à peine supportable. Enfin Cudmore se présenta dans son frac marron, le visage rubicond entre les pointes blanches de son col évasé, et il frappa de sa baguette sur le pupitre. L'instant suivant il leva les bras et les abattit. L'orchestre se mit à jouer la musique que bien des mois auparavant le garçon avait entendu chanter tout au fond de son âme dans le silence de sa chambre.

C'était une sensation merveilleuse, incomparable. Aux sons de cet opéra parlant d'un magicien il se sentait lui-même magicien. Il était là, assis sur une chaise, la gorge en feu, et pourtant c'était lui qui chantait là-haut sur l'estrade à travers la voix des quarante instruments. C'était son soupir, son lyrisme, son désir, ses sentiments à lui. Ce qui résonne, chante, vibre, tremble et fredonne, c'est lui ; tout ce public, c'est lui qu'il écoute, lui, le vrai chef dont les ordres tout-puissants sont exécutés à la note près par les instruments. Des adultes sont assis là-haut dans l'orchestre, ils ont pour la plupart une famille, des enfants comme lui. Mais chacun d'entre eux exécute avec la soumission des esclaves ce qu'il leur a prescrit. Mon Dieu, il en oublie d'écouter la composition. Oh, comme elle est magnifique. Ses épaules bougeaient au rythme de la musique, il était tout entier abandonné à sa délectation. Il poussa un profond soupir lorsque la baguette du chef d'orchestre coupa dans les airs les notes du dernier accord. L'ouragan d'applaudissements n'y fit rien, au premier instant il ne ressentit qu'une douleur vive de devoir quitter les cieux pour retomber sur terre.

A ce concert il joua encore mieux que jamais. Puis il se replongea dans son travail d'orchestration avec une passion renouvelée. C'est à Londres qu'il termina la dernière page. Mais le lendemain matin il fut incapable de se lever. Il était fiévreux, sa tête bourdonnait, il ressentait en lui un grand vide. Il laissa son petit déjeuner, il ne voulait que rester au lit sans bouger et sans penser à rien. Son père fit venir un médecin. Après avoir ausculté et interrogé l'enfant, celui-ci prononça la sentence : l'enfant n'avait aucun mal spécial, il était simplement épuisé. Il serait bon de faire attention. L'air de la mer et un repos absolu pendant une quinzaine de jours feraient de toute façon le plus grand bien à son tempérament hypersensible.

Adam Liszt réfléchit un instant, puis il demanda :

— L'enfant pourrait-il jouer rien qu'une fois pendant ces deux semaines ?

Le médecin haussa les épaules :

— Pour moi il peut jouer dix fois si ce n'est qu'il a à tout prix besoin de repos.

— Oui, bien sûr. Mais si pendant ces quinze jours il ne joue qu'une seule fois, cela sera mauvais pour lui ?

— Mon Dieu, il n'en tombera pas malade. Pourquoi ?

— Parce que j'ai une proposition pour un concert à Boulogne. Si je l'accepte il remboursera le coût de ces deux semaines de bains.

Le médecin voulut encore dire quelque chose mais il se contenta de caresser les cheveux de l'enfant. Il s'en alla. Quatre jours plus tard le père et le fils retraversèrent la Manche. A Boulogne le père prit une chambre sur le bord de la mer et tout de suite il se mit en route pour la ville pour régler la question des affiches, des billets, de l'orchestre, du programme et de la critique.

Ils y passèrent deux semaines et à part le concert où il remporta un énorme succès, l'enfant jouit d'un repos complet. Son père le dispensa même des gammes avec le métronome, exercice qu'il ne devait pourtant jamais négliger. Dès le premier jour ils descendirent se baigner.

Des enfants se poursuivaient en poussant des cris, d'autres construisaient des châteaux de sable.

— Va faire leur connaissance, dit le père, et joue toi aussi autant que tu le voudras. Mais tu n'as pas le droit d'aller dans l'eau plus loin que la corde. Va !

Le garçon se tenait sur le sable en maillot de bain. Son corps était blanc, ses jambes maigres et droites. On le remarquait vraiment parmi les autres enfants grassouillets et bronzés. Finalement un enfant français lui demanda s'il ne voulait pas aider à vider l'eau du canot pour s'y asseoir après. Il se joignit à eux, il fit ce qu'on lui disait. S'ils riaient, lui aussi riait aimablement. Comme eux il sauta dans le canot. Il joua pendant une demi-heure. Puis il alla trouver son père qui lisait le journal allongé sur le sable.

— Que se passe-t-il ? Tu en as déjà assez de jouer ?

Le garçon haussa les épaules.

— Je ne sais pas de quoi parler avec eux.

Il s'assit à côté de son père qui continua sa lecture. Il attendit poliment qu'il ait terminé, puis il demanda :

— Dites-moi, papa, combien de temps resterons-nous ici ?

XII

Le père décida qu'ils ne préviendraient personne de leur arrivée à Paris. Il voyait que l'enfant était encore épuisé et qu'après le repos pris à Boulogne il lui faudrait encore se ménager. Il n'écrivit donc à personne.

— Nous passerons deux semaines incognito, dit-il avec la gravité de circonstance. Nous n'irons nulle part, nous ne nous montrerons à personne. Tu n'auras qu'à bien manger, bien dormir et te reposer.

Ils arrivèrent un jour brûlant de juillet. La chambre était noyée dans la pénombre derrière les rideaux de toile orange, le garçon se prélassa tout le jour, le premier jour il ne se leva même pas, pendant trois ou quatre jours il traîna en maillot de bain ; dehors la capitale tout entière somnolait sous la chaleur torride. Parfois il faisait courir distraitement ses doigts sur le clavier puis retournait s'étendre sur le divan et en rêvant il repassait dans sa tête ses souvenirs de Londres. Il en était un qui revenait sans cesse, celui d'un concert de chœur d'enfants qu'il avait entendu à la cathédrale Saint-Paul. Six mille enfants défilaient ici à chacune des fêtes de l'Eglise anglicane. Ces enfants recevaient dès les premières classes de l'école primaire un enseignement approfondi du chant religieux. Ce qu'ils interprétaient à six mille était d'une beauté hallucinante. Maintenant qu'il repensait à ce moment bienheureux où tout son corps avait vibré de la douce douleur de la beauté parfaite au son d'une harmonie de Haydn, il lui prenait le désir ardent de retourner se réfugier parmi les voix de chérubins dans l'océan d'argent enchanteur des six mille soprani.

Le cinquième jour ils reçurent une lettre. Adam Liszt la lut tout agité à son fils : le ministère des Beaux-Arts conviait le compositeur mineur François Liszt à présenter son opéra devant le jury compétent dans les huit jours.

— Ce n'est pas possible, dit le père, ahuri, nous n'avons pas encore fait la distribution, il n'y a pas un chanteur qui connaisse son aria. Et maintenant, qu'est-ce que je vais faire, au nom du ciel ? De toute façon je cours au ministère.

A midi il revint en annonçant qu'il avait demandé que le délai soit prolongé de quinze jours, mais on lui avait dit qu'il ne devait pas espérer que sa requête soit acceptée. La chose était urgente pour la direction de l'Opéra car on était en train de composer le plan des programmes. Il leur fallait donc se mettre au travail.

Le père avait la vitalité de dix hommes lorsqu'il s'agissait de régler ce genre de problèmes. Le soir même il avait déjà trouvé des copieurs de partitions. Il avait fait le tour des chanteurs qu'il avait en vue et alerté les auteurs du livret. Il discutait, insistait, organisait. Levé dès l'aube, il était sans cesse en route, mobilisait toute une foule de gens, les intéressait dans l'affaire. Et cette véritable gageure fut tenue : deux semaines plus tard l'opéra pouvait être présenté devant le jury. Celui-ci était installé dans la salle de conseil de l'Académie royale. Près de la table verte, le fauteuil de président était occupé par l'élégant et austère Cherubini. A ses côtés se tenaient les membres de la commission : Berton, le professeur d'harmonie, lui-même compositeur d'opéras ; Catel, l'académicien, auteur d'opéras lui aussi ; Le Sueur, professeur de composition musicale, chef d'orchestre d'opéra et également auteur d'opéras, tout comme Boieldieu, l'autre professeur de composition musicale. Il y avait cinq jeunes chanteurs, pour la plupart des élèves de l'Académie de musique, qui avaient accepté de collaborer à la présentation de l'œuvre pour un maigre cachet, deux jeunes hommes et trois jeunes filles. Etaient présents également les deux auteurs du livret, Théaulon et Rancé. Le père était là, pâle et nerveux. Et enfin, au piano, l'enfant qui approchait de son quatorzième anniversaire.

Cherubini posa la partition devant lui. L'auteur n'en avait pas besoin.

— Nous pouvons commencer. Nous pourrions peut-être entendre l'ouverture.

L'auteur joua l'ouverture, comme le premier pianiste du monde peut jouer une ouverture. Quand il eut terminé Cherubini regarda ses quatre collègues, tout d'abord les deux assis à sa gauche, puis les deux assis à sa droite. Tous quatre hochèrent la tête, puis Cherubini également.

— Nous pourrions peut-être laisser de côté les parties récitatives. Ecoutons… comment s'appelle-t-il donc ? Sanche. Oui. L'aria de Sanche.

L'un des jeunes hommes chanta l'aria, comme il put. Le compositeur l'accompagnait au piano. Cette fois Boieldieu intervint :

— C'est très joli. Si le reste est aussi réussi, je serai très content.

Ils parcoururent tous les morceaux. Vers la fin ils ne les écoutèrent même plus en entier. La jeune chanteuse qui aurait dû chanter le rôle du page était venue pour rien, ils n'écoutèrent même pas ses airs. De nombreuses remarques élogieuses furent prononcées. Après la dernière mesure Cherubini se leva.

— Nous vous remercions. L'auteur recevra la décision par écrit.

Ensuite il hocha la tête et se retira, suivi des quatre grands hommes. Ils sortirent comme la cour qui se retire pour délibérer. Le vieux Boieldieu fit cependant de la porte un gentil petit signe d'encouragement à l'intention de l'enfant. Ils ramassèrent leurs partitions et rentrèrent chez eux. L'après-midi le père traîna dans les environs de l'Académie royale jusqu'à ce qu'il ait réussi à connaître la décision : le jury recommandait la pièce. L'enfant ne le sut que le lendemain matin. Adam Liszt avait fait le tour des chanteurs, il avait discuté avec eux toute la soirée, puis s'était encore entretenu longuement avec les librettistes, jusqu'à l'aube. Quand il était rentré son fils dormait déjà.

Ce qui en général durait des années pour d'autres pièces ne dura ici que dix jours : le 14 août ils recevaient la notification de l'Opéra. Ils acceptaient de représenter la pièce. Et comme ils désiraient déjà la donner au courant de l'automne ils demandaient à l'auteur de bien vouloir se présenter auprès de la direction afin de procéder à la distribution.

Le lendemain l'auteur se rendit en compagnie de son père dans le fier édifice de la rue le Peletier. Ils voulurent se faire annoncer auprès de M. le directeur Duplantys, mais le domestique leur répondit aussitôt :

— Veuillez entrer. M. le chef d'orchestre est chez M. le directeur, ils attendent ces messieurs.

"Ces messieurs". Le cœur du compositeur de quatorze ans se mit à battre très fort et son visage rougit légèrement. Ils entrèrent. Le directeur et le chef d'orchestre les reçurent très aimablement. Duplantys s'amusait beaucoup à appeler constamment l'enfant "monsieur l'auteur" et il lui demandait sur un ton facétieusement respectueux son avis sur le choix de tel ou tel chanteur. Mais il dut rapidement abandonner ce jeu car le garçon prenait la chose très au sérieux et faisait preuve d'une dignité qui ne pouvait faire sourire. Ils eurent réglé la distribution en quelques minutes, l'interprète de chaque personnage s'imposait immédiatement, et le père de l'auteur s'était mis d'accord avec chacun d'entre eux. L'essentiel était à la vérité que le ténor fût le jeune Nourrit qui avait récemment pris la succession de son illustre père au théâtre, et dont le nom à lui seul était déjà synonyme de succès. Pour le rôle de baryton du magicien, Prévost convenait parfaitement. Celui d'Elzire avait été accepté par la cantatrice italienne Grassari, celui de mezzo était destiné à Mlle Frémont, pour le page Adam Liszt tenait à la très jolie chanteuse tchèque Mlle Jowurek et la direction n'y trouva aucun inconvénient. Le rôle principal du ballet revint à Mlle Montessu.

Mais on vint à parler d'autre chose qui fit pâlir instantanément l'auteur. Le chef d'orchestre dit en effet :

— Il nous faudrait ensuite nous mettre d'accord sur les coupures.

— Quelles coupures ? demanda l'enfant, épouvanté.

— Il y a dans la pièce des parties beaucoup trop longues, il faudrait les raccourcir. Ne sois pas terrifié, petit, cela se fait partout dans le monde avec tous les auteurs. Aux pièces de Rossini aussi il faut procéder à des coupures, et il en convient toujours. Tu devras toi aussi le reconnaître. Nous repasserons toute la pièce, j'ai déjà pour ma part noté les parties concernées. Il ne faut pas s'en occuper à l'instant, cela peut attendre un ou deux jours. Mais il faut le faire, nous épargnerons beaucoup de travail à la distribution et en ce qui concerne la matière orchestrale. Tu pourrais peut-être revenir demain à la même heure.

Ils descendaient l'escalier quand l'enfant se mit à pleurer. Il s'arrêta et cria entre ses larmes :

— Je ne permettrai pas que l'on fasse des coupures ! C'est épouvantable que ce qui m'a demandé tant de travail soit maintenant coupé ! Je ne le permettrai pas ! Pourquoi Théaulon n'était-il pas là ? Et Rancé, pourquoi n'était-il pas là ? Et vous, papa, pourquoi le permettez-vous ?

— Ils ont dit qu'ils ne viendraient pas car c'est inutile. Et arrête de gémir comme cela dans l'escalier, tu n'as pas honte ? Tu crois qu'il y a déjà eu un auteur qui pleurait comme ça dans l'escalier ?

— Je m'en moque, je ne les laisserai pas faire de coupures.

Il ne fut pas possible de le calmer. A la maison il continua à pleurer. L'après-midi ils se rendirent chez les Erard à l'hôtel de la Muette. Là tout le monde trouva naturel que l'on fît des coupures dans un opéra. Les deux librettistes, qui étaient présents, de même. Ils n'en étaient pas à leur premier livret, et pas une seule de leurs pièces n'était représentée sans avoir auparavant été coupée. L'enfant resta seul avec sa douleur. Le lendemain les deux autres se présentèrent eux aussi chez le chef d'orchestre, car ils en avaient été instamment priés par l'enfant. Chaque mesure condamnée à mort nécessita de longues négociations. L'enfant suppliait véritablement les adultes pour sauver cette mesure-ci, celle-là, et s'il ne parvenait pas à ses fins il suppliait son père de supplier lui aussi. Il ne parvint à sauver que bien peu de passages condamnés, en définitive il perdit la bataille. Il se mit à détester le chef d'orchestre. A la maison on ne pouvait pas lui adresser la parole. Quand son père le gronda pour sa susceptibilité insupportable, il dit sur un ton lugubre en haussant les épaules :

— Je n'ai plus de cœur à rien maintenant. Permettez-moi, papa, de ne pas aller à la première.

Le père lui répondit sèchement d'arrêter sa comédie. C'est seulement à sa mère que l'enfant aurait pu confier sa douleur. Mais même dans ses lettres il ne pouvait pas se plaindre. Celles-ci étaient toujours soumises à la censure paternelle avant d'être expédiées.

Chez les Erard un grand invité arriva : le gendre du vieux monsieur, Spontini. Il venait de Berlin et les Erard lui firent fête. Ils invitèrent l'enfant pour le présenter au grand compositeur. Au bout de dix minutes le garçon se plaignait déjà amèrement des coupures que l'on avait faites à sa pièce. Mais Spontini ne l'écouta qu'avec indifférence, il pensait que jamais aucune pièce n'avait été représentée sans avoir été coupée. L'enfant dut s'asseoir au piano pour jouer son impromptu dans lequel figuraient aussi des mélodies de Spontini. On ne reparla plus de coupures.

Lentement ses plaies se cicatrisèrent. Le temps passa, et un beau jour fut fixée la première répétition avec piano de *Don Sanche.* A neuf heures du matin Nourrit répéta des arias dans la salle de piano. Au grand désespoir du chef d'orchestre l'enfant fut présent aux répétitions, du début à la fin. A la maison il se complaisait théâtralement dans son rôle d'auteur ployant sous les soucis. Ce n'est pas à son père mais à lui-même qu'il jouait cette comédie. Il poussait de profonds soupirs au dîner et disait le front plissé :

— J'ai encore une répétition demain matin très tôt. Ce duo est toujours aussi médiocre. Je ne sais plus quoi faire avec eux.

Il aimait se plaindre aux gens qu'il connaissait de tout le travail qu'exigeait de lui chaque répétition. Il aimait utiliser ce genre d'expressions au cours des conversations : "Une fois, alors que j'étais en train de composer le finale de mon opéra..." Ou bien : "Mlle Grassari, la prima donna de ma pièce, m'a dit..." Il aimait parler de Mozart et mentionner que, dans la pièce intitulée *la Finta semplice* qu'il avait composée enfant, on trouvait des parties tout à fait agréables. Il aimait insister sur sa grande fatigue.

Pourtant il ne se sentait plus du tout fatigué maintenant. Il observait la lente évolution de la représentation et son attention était tout entière captée par les mille détails passionnants de l'organisation théâtrale. Il vit la répétition "descendre" de la salle de piano à la scène. Il vit le travail du metteur en scène. Il observa la répétition de "correction musicale". Il regarda les champs de couleur incompréhensibles des décors et vit, émerveillé, prendre forme l'image de son château enchanté. Il restait dans les coulisses avec le chœur qui attendait d'entrer sur scène, il écoutait leurs conversations espiègles et libertines. La colle forte, la peinture fraîche des décors, la poussière de la scène, les lampes à gaz produisaient ensemble l'odeur particulière du théâtre et bientôt ce ne fut plus seulement pour sa pièce qu'il se rendit là-bas, mais parce qu'il était devenu prisonnier du charme puissant des coulisses.

Il y avait dans le chœur une fille blonde qui riait sans cesse, une certaine Mlle Noir, surnommée Coco au théâtre. Tout le monde savait que la petite Coco était l'amie de Nourrit, le ténor. Des allusions grivoises lancées devant l'enfant avaient fait comprendre à celui-ci qu'il existait entre Nourrit, la coqueluche des femmes, et Coco une relation qu'il lui était interdit de connaître. En honnête garçon qu'il était, il chassait de son esprit ces pensées coupables mais celles-ci se représentaient d'autant plus obstinément. Il luttait héroïquement. Il ne se passait pas un jour où il n'entrât dans une église. Là, il priait avec ferveur et chaque fois il se jurait de ne plus avoir de telles pensées. Mais à peine avait-il posé le pied sur la scène que résonnait le rire aigu de Coco dans le groupe du chœur qui bavardait. Aussitôt il allait saluer. Et à partir de cet instant il ne prêtait plus la moindre attention à la pièce. Il observait le ténor, curieux de voir quand et comment celui-ci regardait la fille.

C'était déjà le début du mois d'octobre. Le théâtre avait fixé les dates définitives : la répétition générale aurait lieu le 15, la première le 17. La pièce se colorait, prenait forme. Et tandis que le grand jour approchait, un changement visible se réalisa dans le rang qu'il occupait à l'intérieur du théâtre. A la première répétition il était l'enfant prodige célèbre de par le monde, tout le monde l'admirait avec froideur, comme un animal rare. Plus tard tous se lièrent d'amitié avec lui, ils le faisaient s'asseoir parmi eux, lui faisaient raconter ses séjours à Londres, l'initiaient aux farces des coulisses. Il était devenu une sorte d'enfant de théâtre que les grands acceptaient parce qu'il était là. Mais maintenant tout le monde sembla se souvenir que c'était lui l'auteur.

— Cela sera un grand succès, lui dit gentiment le souffleur.

— Tu as peur ? lui demanda Prévost, le baryton.

— Je regarderai comment tu t'inclineras devant le public, disait Nourrit en plaisantant.

Son importance grandissait de jour en jour. Il écouta et regarda les dernières répétitions de l'orchestre, entouré des acteurs et choristes qui n'avaient pas à être sur la scène. Le plus souvent c'était à côté de Coco, sa camarade, qu'il était assis. Quand sur le tableau des répétitions apparut le grand mot : répétition générale, le garçon prit place au premier rang près de son père, à côté de lui était assise une éminence du ministère des Beaux-Arts et la salle était pleine de gens de l'Académie de musique et de la presse. Cela ressemblait déjà à la grande première. L'enfant tenait dans ses mains le livret imprimé. Il y avait une préface des auteurs à son sujet. Les journaux le disaient âgé de douze ans. Dans la salle tout le monde attendait un prodige.

A cette répétition générale un scandale éclata. L'enfant entendit seulement, lorsqu'il monta sur la scène après le rideau, la voix impatiente du chef d'orchestre qui discutait avec son père :

— Monsieur, laissez-moi tranquille, arrêtez de vous mêler continuellement de ce qui ne vous regarde pas. Et d'ailleurs, ce n'est pas vous qui avez écrit cette pièce !

— Ce n'est pas moi qui l'ai écrite, hurla furieusement le père, mais c'est moi qui représente celui qui l'a écrite !

L'enfant prit peur. Il saisit la main de Coco et se mit à tirer celle-ci derrière un décor tandis que résonnait la voix conciliatrice de Nourrit.

— Que veux-tu ? demanda la fille.

— Cachons-nous. Le chef d'orchestre a raison. S'ils me voient je devrai parler. Et cela, je ne peux pas le faire.

Coco le regarda tout étonnée :

— C'est du joli. Quel petit héros tu fais !

Elle le regarda et ajouta d'une voix étrange :

— Et quel beau petit garçon.

Subitement elle prit la tête de l'enfant et l'embrassa. Celui-ci, sans se rendre compte de ce qu'il faisait, prit la fille par la taille et la serra contre lui avec passion, maladroitement. Aussitôt la fille se dégagea mais elle le dévisagea les yeux étincelants :

— Voyez-vous cela ! Tu enlaces comme un homme. C'est que tu es déjà un homme en secret. Ton père dit que tu as douze ans ? Dorénavant je prendrai garde à toi.

Sur la scène le chef d'orchestre et papa Liszt hurlaient à qui mieux mieux. Dans les coulisses le garçon riait joyeusement. La fille ne fit qu'un tour et disparut. On le cherchait déjà partout. On voulait le féliciter, le voir, l'admirer, en un instant cent personnes étaient sur la scène pour l'assaillir de leurs questions.

Le soir de la première le théâtre s'emplit d'un public somptueux. La haute noblesse était venue au grand complet pour applaudir son petit favori qui était redevenu à la mode. Nourrit chanta merveilleusement, il dut même répéter son aria et son duo. L'enfant écouta la représentation de la scène, il était très ému et au comble du bonheur mais il s'efforçait de garder l'air calme. Quand le rideau descendit, les acteurs, et tout spécialement Nourrit, se présentèrent plusieurs fois sous les applaudissements. Puis son père le poussa du coude :

— Vas-y, c'est toi qu'ils appellent.

Au même instant une main prit la sienne, celle de Nourrit. Il alla se présenter au public avec le ténor. Il voulait s'incliner comme il l'avait prévu déjà, plein de dignité, comme un grand, lorsque Nourrit le saisit, le leva et l'embrassa. Quand l'enfant eut réussi à se libérer, furieux, le rideau était déjà retombé. Il hurla avec une fureur passionnée au ténor :

— Qu'est-ce qui vous a pris ? Pourquoi voulez-vous me rendre ridicule ? Qu'avez-vous à me prendre dans vos bras comme un enfant ?

— Allons, mais parce que tu es un enfant.

— Je suis un enfant ? hurla le garçon les yeux étincelants. Demandez donc à Mlle Noir si je suis un homme ou non.

Le ténor regarda l'enfant, consterné. Il n'en croyait pas ses oreilles. Puis tout à coup il poussa un cri rauque :

— Où est cette gredine ?

Et il s'enfuit dans la direction des vestiaires. Sur la scène on se mit à chuchoter dans tous les coins mais bientôt tout le monde sortit. On vint chercher l'enfant : on l'appelait dans les loges. Le père partit avec lui en lui tenant la main, mais sous prétexte de rectifier son costume il dégagea sa main.

— Qu'as-tu raconté à propos de cette fille ?

— Rien. Elle m'a dit que j'étais déjà un homme.

— Pourquoi t'a-t-elle dit cela ? S'est-il passé quelque chose ?

— Mais non. Elle l'a dit seulement comme cela.

Ils allèrent faire des courbettes dans quelques loges mais peu après le domestique de la direction vint les prévenir qu'ils devaient descendre tout de suite sur la scène. Le directeur s'y tenait, tout agité, car Nourrit avait déclaré qu'il ne chanterait plus dans cette pièce et qu'il voulait gifler l'auteur, mais il n'était pas disposé à dire pourquoi. Adam Liszt régla la chose immédiatement : l'auteur n'avait qu'à rentrer à la maison, il irait dans la loge de Nourrit et rétablirait l'ordre.

L'enfant dormait depuis longtemps quand son père rentra. Il s'était couché sans dîner le soir de sa grande première. Le père le réveilla.

— J'ai arrangé la chose. C'était un malentendu. Nourrit et cette fille sont partis dîner ensemble. Tu vois ce que tu as fait ?

— Moi je n'ai rien fait du tout.

— Tu as seulement presque réussi à compromettre les représentations. Nourrit croyait que tu avais séduit la fille.

L'enfant s'assit exultant dans son lit.

— Il a cru cela ? Il l'a cru ?

— On dirait. Maintenant continue de dormir. Tu n'as rien à craindre tant que je serai là.

L'enfant se retourna vers le mur, débordant de joie. Il pensait que quatre jours plus tard, le 22 octobre, un changement immense se produirait dans le monde. Ce jour-là il aurait quatorze ans. Et si ce jour-là on lui demandait quel âge il avait, il pourrait répondre à juste titre :

— Je vais avoir quinze ans.

Il toussota dans son lit. Et il essaya de donner à sa toux un accent plus profond, plus viril, comme il l'avait entendu chez son père.

XIII

L'opéra de l'enfant prodige fut joué en tout quatre fois à l'Opéra de Paris. Dix jours après la première une autre pièce figurait déjà au programme et *Don Sanche* ne devait plus jamais revenir à l'affiche. Les critiques, qu'ils avaient attendues le cœur battant, étaient très partagées au sujet de la pièce, mais elles étaient plutôt mauvaises que bonnes. A la générale le fait que la pièce de l'enfant hongrois soit jouée sur l'une des premières scènes du monde avait constitué un succès inouï. L'enfant rayonnait tout en haut du trône de la gloire mondiale. Et après la grande première il avait fallu prononcer ce mot horrible qui apparaissait pour la première fois dans sa carrière : l'échec. Cela ne faisait aucun doute, la pièce avait été un four. *La Gazette de France* faisait encore un petit éloge du garçon et l'appelait "notre petit Mozart en herbe", mais dans ces louanges la bienveillance évidente était douloureuse, tout comme l'indulgence à l'égard de l'enfant. Un autre journal, qui jugeait l'affaire avec calme et bon sens, écrivait que la représentation à l'Opéra avait été une erreur monumentale et que la pièce aurait dû être représentée à l'Académie de musique comme examen de fin d'études, en tant que tel elle était en effet excellente. Il y eut cependant des journaux qui sabrèrent tout simplement l'auteur. Le critique des *Débats*, le sévère Castil-Blaze, déclarait que cet enfant avait beau être le meilleur pianiste du monde, il n'avait pas le moindre talent pour la composition musicale. Et cet échec ne fut pas qu'un échec parisien. Des envoyés représentaient à Paris tous les grands journaux d'Europe. Le *Leipziger Allgemeine Musikzeitung*, le journal musical le plus important, déclarait que ce jeune prodige pouvait bien être Mozart mais que "ce Mozart était certes incapable d'écrire une partition d'opéra".

L'enfant était tombé de son trône. Il en éprouvait une honte affreuse. Il avait l'impression que dans toute l'Europe personne ne parlait d'autre chose que de l'échec ridicule de son opéra. Il s'imaginait constamment le roi de Bavière, le roi d'Angleterre, le roi de France, le duc d'Orléans, la duchesse de Berry, le vieux prince Esterházy, le jeune prince Esterházy, Czerny, Salieri, Ries, Karolin Unger, Rossini, le jeune Erard de Londres, tous ceux qui avaient été bons avec lui, en train de lire les articles relatant son échec. Quant à ceux qui avaient été malveillants, Cherubini, Kalkbrenner, Saint-Lubin, Cramer et les milliers de pianistes du monde qu'il avait dépassés, il les voyait ricanant triomphalement en apprenant la nouvelle et se demandant avec une joie maligne lorsqu'ils se rencontraient : Tu as lu les critiques ? Et sa mère, là-bas, en Styrie, quand elle lirait... C'était la pensée qui le torturait le plus douloureusement.

Il aurait aimé mourir. Il n'avait plus envie d'aller nulle part. Il se détournait du piano. Il prenait un livre et le laissait tomber cinq minutes plus tard. Tout ce qu'on pouvait lui dire le faisait souffrir. Si son père le forçait à aller chez les Erard et que là le vieux monsieur ou l'une des demoiselles Erard essayât de le consoler, il avait envie de s'enfuir. Pourtant le vieil Erard lui disait des choses très sages :

— Tu as été victime d'une erreur, mon enfant. On te compare sans cesse à Mozart, ce qui est normal. Quand tu joues on attend de toi que tu joues comme Mozart, et cette attente n'est pas déçue. Maintenant que tu as écrit un opéra, c'est un opéra de la qualité de ceux de Mozart que l'on exige de toi. Et cela ne poserait aucun problème si c'était *Lucio Silla* qu'on avait attendu. Cet opéra, Mozart l'avait écrit à l'âge de seize ans et le tien le vaut bien. Mais de toi ils attendaient au moins *Don Giovanni*, œuvre que tu ne leur avais absolument pas promise. Ils ont été déçus et t'en veulent de les avoir déçus. Tu es victime d'une grande injustice.

Ces paroles auraient pu être un doux baume sur son cœur meurtri. Mais lui en souffrait profondément, il se mordait les lèvres, ses yeux étaient cernés, son visage livide, il tordait convulsivement ses mains moites et pendant des heures n'ouvrait pas la bouche. Sa seule consolation était la prière. Il n'avait jamais autant fréquenté l'église, trois ou quatre fois par jour il allait s'y réfugier quand il ne pouvait plus supporter la honte qui le rongeait. Il allait s'agenouiller près d'un petit autel latéral et là, tombant en extase, il se blottissait, transfiguré, contre le sein de Dieu. Il sentait contre ses tempes la caresse d'une main céleste et pressait son visage contre la pensée de Dieu lui-même comme entre les plis d'un voile saint.

Dans sa grande douleur il avait quand même fait une découverte qui l'aidait, à côté de sa ferveur religieuse, à supporter son supplice : il avait réalisé que son père l'aimait.

Son père avait toujours été dur avec lui, il le grondait sans cesse, jamais entre eux ne s'était instaurée la douce intimité qui manquait à l'enfant. Depuis des années déjà ils vivaient dans un climat de froideur et d'antipathie. En outre au fond de son âme le garçon ne respectait plus son père. Il lui fallait bien reconnaître que le père était toujours en train de courir pour régler ses affaires à lui et qu'il travaillait énormément, pourtant il ne pouvait chasser de son esprit l'idée épouvantable que son père vivait de lui. S'il lui voyait un nouvel habit ou une nouvelle boîte de cigares, l'enfant se disait immédiatement que cet argent, c'était lui qui l'avait gagné. Sa délicatesse et sa générosité native le rendaient immédiatement honteux de pensées aussi mesquines mais ce combat intérieur dont il n'avait jamais soufflé mot à personne avait cependant engendré un certain mépris à l'égard de son père. Les derniers restes du respect filial avaient reçu le coup de grâce à Londres, d'une façon très singulière. Il avait entendu un jour mentionner le terme *snobism*. Il avait demandé qu'on lui expliquât précisément le sens du mot et il avait dû s'avouer amèrement que son propre père était un rare exemple de snobisme. Adam Liszt était le snob parfait. La proximité de chaque aristocrate l'emplissait de bonheur et son adoration de la haute noblesse le rendait parfois ridicule. L'enfant ravalait sa consternation douloureuse. A présent il méprisait de façon indéniable son père qui n'avait pas la moindre fierté. Instinctivement il songeait à sa mère, cette femme simple, douce et modeste, dont l'humilité recelait une fierté mille fois plus grande que celle de n'importe quel roi. Lui aussi avait cette fierté et refusait de s'abaisser devant quiconque. Cela ne signifiait pourtant pas qu'il manquât de respect envers qui que ce fût et l'on ne pouvait pas imaginer enfant plus obéissant que lui. Mais au fond de son âme il méprisait et considérait comme un étranger cet adulte qui lui avait donné la vie et avec lequel il devait vivre.

Et maintenant, à l'époque de ces dures épreuves, il avait découvert que son père cachait en lui une profonde tendresse à son égard. Quoique l'homme rigide et autoritaire ne se laissât pas aller aux sentiments, il avait quand même parfois un regard angoissé, un geste derrière lequel apparaissait en un éclair le secret d'une affection paternelle brûlante. Soudain l'enfant sentit que cet homme l'avait toujours beaucoup aimé à sa façon, et plus que quiconque au monde. Il lui pardonna tout et se sentit plus proche de lui. Et lorsqu'il remarqua que son père passait des nuits sans sommeil à trembler pour lui et à souffrir avec lui, il fut pris du désir de le consoler.

Le père avait remarqué en revanche que dans son grand combat intérieur l'unique refuge de l'enfant était la religion. Il s'empressa donc, comme il le faisait pour toute possibilité qui surgissait devant lui, d'organiser celle-ci également. Jusque-là il n'avait pas fait se confesser l'enfant, il décida qu'il serait temps de lui faire faire sa première communion. Il le mena à la paroisse la plus proche et le présenta au père Bardin, un prêtre très gentil au visage grêlé et à la voix chevrotante.

Les quarts d'heure dispersés de dévotion à l'église devinrent la raison de vivre de l'enfant. Il travaillait toujours le piano six heures par jour, sous le sévère tic-tac du métronome, mais le reste de son temps était désormais entièrement consacré à sa foi. Il étudia avec ferveur le catéchisme, lut des ouvrages religieux et dès le premier jour rencontra une phrase qui le combla de bonheur : "*Credo, quia absurdum.*" Cette phrase, qu'il aimait plus que tout, il lui semblait qu'elle avait été écrite à son intention. Car depuis toujours cela avait été son vœu le plus cher : sentir en lui l'abnégation la plus absolue. Dans sa religion catholique dont il commençait à entrevoir obscurément l'essence, il avait découvert l'abnégation totale de son être, l'absorption dans la dévotion qui ressemblait au bonheur de l'anéantissement. Avec la plus grande application il apprit le texte des leçons : les connaissances fondamentales de la Bible, le mystère de la Trinité, les commandements, les sacrements, les diverses sortes de péchés. Il trouvait tout ceci fort intéressant mais c'était quand même le jour de la grande cérémonie qu'il attendait avec impatience. Lorsqu'il se confessa pour la première fois il se livra à un examen de conscience très précis. Il écrivit une liste extraordinairement longue de ses péchés. Il mentionna consciencieusement les plus petits aussi, mais il savait bien que ses deux vrais péchés étaient d'une part le manque d'humilité, la vanité, le désir avide de plaire, et d'autre part le penchant aux pensées luxurieuses. Après avoir fait pénitence de ces péchés la veille de la communion, comme cela était prescrit, il rentra chez lui, s'enferma, et, lorsqu'il fut sûr que personne ne le voyait, il s'organisa une petite cérémonie à lui tout seul. Il s'agenouilla et se frappa la poitrine. Avec le poing, violemment, pour avoir mal. Puis il tomba face contre terre et frappa son front contre le plancher. En pleurant amèrement il implora le pardon dans des phrases balbutiantes et décousues. Il était couché sur le ventre, le bois du parquet était tout humide de ses pleurs. Et dans le torrent des larmes de son repentir il se demanda soudain ce qui se passerait si quelqu'un le surprenait à l'instant dans cette pose ascétique. Cette pensée ne lui déplut pas mais l'instant suivant il se releva d'un bond.

— Quel comédien je suis, se dit-il avec un sourire compatissant.

Il pria encore longtemps et se coucha sans manger dans sa chambre fermée à clef de l'intérieur. Le lendemain il se rendit avec son père à l'église. Il y avait là une vingtaine d'enfants venus pour recevoir le saint sacrement. Ils étaient tous d'une sagesse exemplaire et attendaient fébrilement, avec un sourire gêné, dans leurs habits de fête. Le petit Liszt se sentait léger et presque sans connaissance. Il n'aurait pas du tout été étonné de se voir emporté vers les cieux par des anges ailés. Lorsqu'il reçut l'hostie il faillit s'évanouir. Et à cet instant il se dit qu'aucun tonnerre d'applaudissements n'avait pu lui procurer ce bonheur. L'orgue résonnait de son chant magnifique et il était tout imprégné de l'odeur adorée de l'encens.

Il resta à jamais marqué par ce jour, la religion le prit tout entier. Il adorait l'obscurité des églises, les petites flammes des veilleuses rouges, les vieilles femmes se traînant dans le silence du saint lieu, les pas qui résonnaient sur les dalles de pierre, le visage doux de la Vierge avec dans ses bras le nourrisson divin, le son de l'orgue. Religion et musique, se disait-il, il n'y a rien d'autre, rien. Les pensées tentatrices qui le poursuivaient sans cesse sous la forme d'apparitions féminines nues, il les méprisait à présent. Chaque matin il allait à la messe et se confessait au moins une fois par semaine. Sur le conseil de son confesseur il avait placé dans sa chambre une cuvette d'eau froide et fréquemment, lorsqu'il ne parvenait pas à s'endormir, il sautait du lit bien chaud pour rafraîchir son corps indocile. En secret il avait fait le serment de rester pur toute sa vie.

Les études pour piano que le garçon avait composées étaient à présent au nombre de neuf. Un jour il les réunit pour former un système. Il remarqua qu'en mettant l'une d'entre elles de côté et en en composant quatre nouvelles il obtiendrait un ensemble complet de douze études. Il accomplit cette tâche avec ferveur et les acheva au moment où son père lui fit savoir qu'ils devaient désormais se préoccuper également de leur subsistance : ils partiraient pour une longue tournée de concerts. Le garçon accueillit la nouvelle avec un profond soupir. Jamais il n'avait éprouvé autant de peine à devoir se séparer de Paris, de ses autels préférés, de son confesseur. Il pensait avec répulsion à l'estrade sur laquelle il devrait de nouveau se présenter et s'incliner. Il aspirait à un calme de recueillement et à la place il lui fallait partir dans le tapage des applaudissements et dans les lumières aveuglantes. Sa dernière joie avant leur départ, c'est le vieil Erard qui la lui procura ; après avoir écouté les études l'une après l'autre, il examina les partitions et déclara finalement :

— C'est un travail de première qualité. J'ose les mettre au niveau de celles de Cramer. Et peut-être même sont-elles meilleures. Oui, elles ont leur place dans l'histoire de la musique.

Ils se rendirent dans le sud de la France. Le succès fut particulièrement immense à Marseille. Adam Liszt décida qu'ils y resteraient un certain temps. Comme l'éditeur Boisselot leur avait fait des propositions plus intéressantes que les maisons parisiennes pour l'édition des études, le recueil lui fut aussitôt confié. Le garçon vit avec bonheur le chiffre indiquant qu'il s'agissait de sa sixième œuvre. Après le Tantum Ergo, la sonate pour piano, l'impromptu, un *allegro di bravura* et un concerto pour piano en *la* mineur, c'était en effet l'opus six. La tournée de concerts ne lui procura guère d'autres joies. Il était devenu indifférent au succès. Partout il allait se réfugier dans les églises et sur l'estrade il ne remplissait que son devoir. Si par hasard il se laissait emporter par la joie du succès il se hâtait de faire pénitence. Le "monde" était devenu pour lui objet de mépris. Un jour son père qui venait d'ouvrir une lettre lui demanda :

— Te souviens-tu de ta tante Nenning ? Elle est venue une fois chez nous à Doborján.

— Non, je ne m'en souviens pas.

— Mais si, elle t'avait même fait sauter sur ses genoux. Elle vient d'avoir un petit garçon. Il s'appelle Alajos. C'est ton cousin.

— Je n'ai pas de famille, répondit le garçon, je n'ai que la religion et la musique.

— Comment ? Tu n'as personne d'autre, rien d'autre ?

— Naturellement, mes parents aussi, corrigea vite le garçon avec obligeance, je n'ai même pas besoin de le dire.

— Dis un peu, Franci, dit le père gravement, j'ai bien l'impression que tu exagères avec toutes ces choses. Tu ferais bien de faire attention. Il y a des limites et je n'accepterai pas que tu les dépasses.

Le garçon ne répondit pas, il sourit douloureusement, se complaisant dans son nouveau rôle de martyr. Après des mois de concerts ils retournèrent à Paris. Le travail attendait le garçon. Il lui fallait continuer à étudier. L'échec de l'opéra avait désappointé Paer, il ne prenait plus le même plaisir à donner des leçons à l'enfant, et lorsqu'ils partirent pour la province, comme par un accord tacite, les cours furent définitivement supprimés. Adam Liszt trouva un nouveau maître pour son fils en la personne du professeur Reicha.

Ce Reicha était un homme très étrange. Sur un corps dépenaillé aux jambes arquées et vêtu constamment d'un habit taché et couvert de cendres de cigare, il avait une tête d'une grosseur inhabituelle. Ce phénomène qui faisait songer à un gnome était, en dépit de sa myopie très prononcée, un homme très actif. Il se penchait toujours si près des partitions qu'il les frôlait presque de son nez. Il parlait d'une voix grondante, s'il parlait. Car en général il préférait se taire. Pourtant il avait vu bien des choses pendant ses soixante années de vie. Il était tchèque de naissance mais c'est à Vienne qu'il était vraiment devenu musicien. Il y vivait à l'époque où Beethoven et Haydn étaient encore des hommes dans la force de l'âge. Il connaissait aussi très bien Salieri.

Il habitait sur la place du Château-d'Eau, au numéro dix-sept. Il avait fait tapisser son cabinet de travail de papier à musique. Tout autour de la pièce, à hauteur d'épaule, une corniche était surchargée d'une collection d'objets les plus hétéroclites : statues, tasses, montres, boîtes, baguettes de chef d'orchestre, chapeaux, mais principalement des souvenirs d'hommes célèbres, Cimarosa, Gluck, Mozart, Haydn, Salieri, Beethoven et beaucoup d'autres. Près de la fenêtre se tenait son énorme piano d'Erard sur lequel traînaient dans un désordre inouï des milliers de partitions.

Le garçon venait ici prendre des leçons trois fois par semaine. Il s'était vite pris d'affection pour Reicha. C'était un homme à l'âme noble et gentil qui ne disait jamais de mal de personne. Il trouvait des excuses à tout le monde et il aimait défendre jusqu'aux objets contre les jugements défavorables. Il connaissait à merveille son métier et dès la deuxième leçon le maître et l'élève s'entendirent très bien.

A côté de ses leçons et des six heures ou plus de travail à la maison, le garçon consacrait toujours le reste de son temps à la religion. Il grandissait rapidement et les pensées qu'il appelait "tentations de la chair" le tourmentaient de plus en plus atrocement. Quand il eut quinze ans son père voulut s'entretenir avec lui en tête à tête. Il était très embarrassé et ne savait comment aborder le sujet délicat. Le fils était gêné lui aussi et écoutait son père les yeux baissés.

— Tu as maintenant un âge où l'on n'est pas encore un homme mais déjà plus un enfant. Il y a des choses que… au sujet desquelles…

Le fils, atteint dans sa pudeur et troublé, l'interrompit tout de suite :

— Papa, ne parlons pas de cela. Je ne veux pas entendre parler de ces choses ni les connaître. J'ai offert ma vie à Dieu et à la Bienheureuse Vierge… n'ayez pas peur pour moi, papa… laissons tomber tout cela, je vous en prie…

— C'est comme tu voudras, répondit le père, soulagé, mais il nous faut parler d'autre chose encore. Maintenant que tu es un jeune homme j'aimerais t'habituer à manier l'argent. Chaque lundi je te donnerai une petite somme confortable et tu régleras toi-même tes menues dépenses, transport, crayons, que sais-je ?… De combien aurais-tu besoin, à ton avis ?

— Cela m'est égal, papa, décidez-le vous-même.

Il était las de parler de ce genre de choses viles, indignes de l'exaltation noble qui l'emplissait et le faisait marcher dans des nuages d'encens. Quand il reçut son premier argent de poche il prit quand même la somme en considération. Il en mit tout de suite la moitié de côté. Cet argent, il le destinait à sa mère.

En automne ils repartirent pour une tournée. Cette fois ils commencèrent à Dijon et se rendirent tour à tour dans les villes de Suisse, Genève, Berne, Lucerne, Bâle et beaucoup d'autres encore. Partout il obtenait un succès foudroyant mais lui avait complètement changé. Il était déçu de ce genre de musique dont les aspects extérieurs brillants avaient beaucoup plus d'importance que le contenu profond, il était déçu par le public qui venait admirer bouche bée l'enfant comme un petit chien dressé, et non l'artiste.

Au cours de leurs voyages il dévorait certains livres qu'il avait emportés dans ses bagages. Il revenait constamment à trois d'entre eux. Le premier était la Bible, le deuxième la vie de son saint patron, saint François, et le troisième un ouvrage de Thomas Kempis sur Jésus-Christ. C'était ce dernier qu'il préférait, il le connaissait presque par cœur, en avait souligné de nombreux passages et noté certaines phrases dans un petit carnet.

Quand ils rentrèrent à Paris il alla trouver tout de suite son confesseur. Il discuta longuement avec lui et le soir, après le dîner, il dit à son père :

— Papa, j'aimerais vous dire quelque chose d'important.

Adam Liszt posa d'un air méfiant le *Débats* qu'il lisait. Il regarda son fils, l'invitant à parler.

— J'ai examiné ma conscience. Je ne peux pas rester dans le monde. Permettez-moi d'embrasser la carrière de prêtre.

— Comment ? Tu as perdu la tête ?

— Mais non, sourit douloureusement le martyr, je l'ai retrouvée. Je serais désolé que vous ne me compreniez pas, papa. Je n'ai d'autre bonheur que la religion. Quoi que soit ma vie, je serai malheureux. Laissez-moi entrer dans l'Eglise.

— Ah bon. Et ta carrière de pianiste ?

— Je veux m'occuper de musique religieuse. Dieu m'a donné mon talent dans cet unique but, pour qu'ainsi je me mette au service de sa gloire. Thomas Kempis dit lui aussi que...

— Ecoute un peu, mon garçon, je n'ai pas besoin de tes prédications. J'ai toujours été bon catholique et je me suis toujours efforcé d'obéir à Dieu. Mais j'ai aussi du bon sens. Et cela, le bon Dieu me l'a donné pour que je l'utilise. Il n'est pas question que tu te fasses prêtre. Tu n'es d'ailleurs pas fait pour cela. La musique d'orgue t'a un peu monté à la tête. Je connais ce genre d'exaltations de l'adolescence, moi aussi je suis passé par là. Mais j'ai compris à temps que ce que l'on tarabiscote avec un esprit d'enfant ce n'est qu'une chimère saugrenue. Tu ne seras pas prêtre, ôte-toi bien cette idée de la tête.

— Mais enfin, papa...

— Il n'y a pas d'enfin. Ces lectures t'ont tourné la tête. J'ai eu tort de ne pas m'en mêler plus tôt. Je vais ramasser tous ces livres et les jeter par la fenêtre.

— Papa, s'écria le garçon horrifié, les yeux pleins de larmes, ne péchez pas ! Notre Père qui êtes aux cieux, pardonnez-lui, car il ne sait pas ce qu'il fait...

— Dis un peu, mon garçon, tu vas recevoir une gifle si tu continues, même si tu n'es plus un bébé. Je te prierais de ne pas vouloir faire mon éducation. C'est moi qui vais faire la tienne. Tu es un petit morveux et c'est moi qui suis responsable de toi.

XIV

Au printemps Beethoven mourut. Le garçon en fut bouleversé et il porta longtemps son deuil. Il acheta tous les journaux dans lesquels il pouvait trouver quelque chose à son sujet. A partir des biographies il constata qu'au moment où avait eu lieu son inoubliable concert à Vienne, Beethoven composait sa *Neuvième Symphonie*. Il s'était rendu à son concert à lui entre les notes de la *Neuvième*, il l'avait embrassé dans l'atmosphère de la *Neuvième*, il était retourné à sa *Neuvième Symphonie* après son concert.

La pensée de la mort préoccupait beaucoup le garçon à présent. Ses lectures religieuses la lui avaient présentée à tout propos et ses nerfs fatigués ne repoussaient pas cette notion apaisante de la mort. La pensée du suicide lui était venue à plusieurs reprises mais comme il savait que c'était un péché il la chassait de son esprit. Il aimait le deuil, il se donnait avec une délectation maladive à la musique des messes funèbres et s'il croisait un enterrement il s'en sentait proche et familier. Il évitait les hommes. Il se rendait seulement de temps en temps chez les Erard à l'hôtel de la Muette, suivait régulièrement ses cours de théorie chez Reicha et chaque semaine il rendait de longues visites à son confesseur. Il adressait à peine la parole à son père. Il n'osait plus reparler de son désir de devenir prêtre. Son père lui non plus n'abordait pas la question. Ils vivaient l'un à côté de l'autre comme les ennemis pendant le cessez-le-feu.

Au mois de mai ils repartirent pour Londres. C'était leur troisième voyage en Angleterre. Ils logèrent au même endroit, rencontrèrent les vieilles connaissances et tout se déroula comme d'habitude : concert à Londres, critiques, voyage à Manchester, six heures de travail quotidien. Les églises parisiennes lui manquaient beaucoup, son confesseur également. Sur le conseil de son père spirituel il alla trouver bien sûr un prêtre catholique mais ce n'était pas la même chose. L'abbé parisien connaissait son âme à fond, à celui-là il avait fallu expliquer longuement ses problèmes. Il s'était confessé, car sa religion le lui commandait et il était assoiffé de repentir mais dans cette confession londonienne il se sentait mal à l'aise, comme s'il avait revêtu l'habit d'un autre.

Ils passèrent trois mois à Londres. Pendant ces trois mois il se sentit chaque jour plus faible et épuisé.

Comme son père lui avait interdit de trop s'adonner à la religion, c'est la nuit qu'il se livrait à la prière. Pendant des heures, dans le noir, quand son père s'était endormi, il chuchotait les prières adorées, s'effondrait dans son lit pour se battre dans son sommeil contre les tentations de la chair qui l'assaillaient avec violence. Le matin, quand il essayait de se mettre debout, il était pris de vertige. Le jour également. Son visage et ses mains étaient sans cesse brûlants, il avait d'affreuses migraines et maigrissait à vue d'œil. Il ne lui restait plus que la peau sur les os. Ses yeux étaient cernés, ses nerfs ne lui obéissaient plus et il éclatait en sanglots pour la moindre chose. Son père fit venir plusieurs fois un médecin mais celui-ci répétait chaque fois que l'enfant devait seulement se reposer, ne pas se faire de souci et si possible passer une ou deux semaines au bord de la mer.

Ils retournèrent à Boulogne. A Londres déjà le père se plaignait de certains maux, mais on ne pouvait pas en faire grand cas, car Adam Liszt s'occupait sans cesse de sa santé et il se trouvait les symptômes les plus divers, qui s'avéraient régulièrement de fausses alertes. A présent cependant il était visiblement malade. C'était pour la santé du fils qu'ils s'étaient rendus à Boulogne, ce fut le père qui dut s'aliter. Il semblait s'agir d'une grosse indigestion et l'on pouvait espérer qu'en quelques jours il se remettrait.

Mais il ne se remit pas. Chaque jour il avait de la fièvre, une fièvre qui se mit à monter obstinément. Le médecin de Boulogne qu'ils avaient fait venir dès le premier jour commença à hocher la tête. Le ventre du malade était fortement gonflé, sur son corps des taches rouges étaient apparues, il toussait beaucoup. Sa tête le faisait constamment souffrir et sa fièvre ne descendit plus au-dessous de quarante degrés. Il n'avait cependant pas perdu conscience et ne délirait pas. Il voulait toujours avoir son fils à ses côtés et quoiqu'il eût des difficultés à parler, il lui racontait sans cesse ses souvenirs de sa naissance et de sa petite enfance.

— Lorsque tu es né c'était l'année de la comète. La comète était venue en 1811. Ta mère et moi nous l'avons vue. C'était une belle étoile, avec une longue chevelure brillante. Comme une sorte de voile. Les villageois avaient commencé à raconter que c'était la fin du monde. Tu te souviens de la vieille mère Hottmeyer ?

— Non.

— Bien sûr, tu ne peux pas t'en souvenir, tu avais un an et demi quand elle est morte. La mère Hottmeyer avait cru ferme que c'était la fin du monde, elle s'était couchée et avait cousu ses économies dans sa chemise. Mais la comète vint et ce ne fut pas la fin du monde. Elle s'endormit normalement et quand elle se réveilla le lendemain matin elle crut qu'elle était au paradis. Nous avons bien ri. Oh, comme j'ai faim, j'aimerais manger un bout de pain, j'en ai vraiment assez de ce lait...

— Vous n'avez pas le droit, papa, le médecin l'a interdit. Seulement du lait. Vous voulez que je vous en apporte ?

— Non. J'en suis dégoûté. Tu te souviens du puits dans notre cour à Doborján ?

— Oui.

— Quatre mois avant ta naissance ta mère est tombée dans le puits. Une planche pourrie s'était effondrée sous elle. Elle était tombée dans l'eau. Par chance il y avait des gens sur place à ce moment-là et l'eau ne lui montait que jusqu'à la poitrine. Ils l'ont fait sortir avec une échelle. Elle était trempée mais elle n'a eu aucun mal, elle n'a même pas pris froid, parce que cela s'était passé au mois de juin. Après cet accident aussi nous avons dit que cet enfant serait vraiment l'enfant de la chance. Donne-moi quand même un verre de lait.

Il but puis se reposa en haletant pendant un quart d'heure et se remit à raconter ses vieux souvenirs. Pourtant le médecin lui-même avait à présent conseillé qu'il parlât le moins possible, car cela épuisait ses forces et son état était inquiétant. Sa fièvre ne voulait pas baisser, il maigrissait à vue d'œil, son visage était d'une minceur effrayante. Il était subitement devenu celui d'un vieillard.

Ils étaient arrivés vers le 10 août à Boulogne. Le 24 au matin le père ne pouvait plus parler que d'une voix à peine audible.

— Je sens, mon petit garçon, que je suis gravement malade. Je pense qu'il faudrait écrire à ta mère, elle devrait peut-être venir me soigner. Par contre il ne faudrait pas l'alarmer pour rien. Attendons ce que dira le médecin.

Le médecin vint le matin, comme les autres jours. Il examina le malade et lui dit quelques paroles de réconfort. Mais lorsqu'il s'en alla il fit signe en cachette à l'enfant.

— C'est bien ce que je craignais, dit-il dans le couloir, la maladie de votre papa est d'après tous les symptômes la fièvre typhoïde. Sa guérison n'est pas exclue mais nous pouvons également craindre une aggravation.

— Que pensez-vous, docteur, dois-je écrire à ma mère ?

— Oui, de toute façon. Son état est assez grave. Je reviendrai cet après-midi.

Le garçon retourna dans la chambre. Tout de suite il vit sur le visage de son père le désir de savoir.

— Tu as parlé dehors avec le médecin ?

— Quelques mots seulement. Il a dit que votre maladie était sérieuse mais que vous alliez guérir si vous faites attention à vous.

— Oui. Alors tu devrais quand même écrire à ta mère.

— Oui, papa. De toute façon je vais à la pharmacie, j'écrirai la lettre à la poste.

— Non. Ecris-la ici. Maintenant. Je veux la lire.

Le garçon s'assit docilement pour écrire. En allemand. Avec son père il ne parlait plus depuis longtemps qu'en français, même à la maison. Il réfléchit profondément à la manière dont il rédigerait cette lettre. Il ne voulait pas effrayer sa mère ni inquiéter son père, mais il lui fallait quand même faire connaître à sa mère la gravité de la situation. "Boulogne, le 24 août 1827. Ma chère mère ! Tandis que j'écris ces lignes je suis très inquiet pour papa. Quand nous sommes arrivés ici il ne se sentait pas bien et aujourd'hui le docteur m'a dit..."

Il regarda son père. Celui-ci s'était endormi entretemps.

"... que cela pourrait devenir très grave. Mon père vous demande de ne pas perdre courage. Il se sent très malade et s'il me fait écrire cette lettre c'est qu'éventuellement il faudrait que vous veniez en France. Mais il croit que nous pourrions attendre encore quelques jours et il m'a dit que j'écrirais une nouvelle lettre dès que nous saurions quelque chose de sûr. Je n'y manquerai pas. Votre lettre m'a causé la plus grande joie. Je vous remercie de tout mon cœur. J'écrirai sans faute d'ici à trois ou quatre jours. Soyez heureuse, nous vous embrassons tendrement. Maintenant je dois me dépêcher. F. Liszt."

Il écrivit en vitesse l'adresse et appela Lucienne, la petite bonne de l'hôtel, pour qu'elle restât à côté du malade, puis il courut à la pharmacie et à la poste. Quand il fut de retour son père dormait encore. Il ne se réveilla que l'après-midi, lorsque le médecin vint le voir. De nouveau il se mit à parler.

— Si j'allais très mal, au point que ta mère doive venir, tu trouveras l'argent dans le petit sac de cuir. La clef se trouve dans la poche arrière de mon manteau. Cet argent suffirait largement si j'étais malade très longtemps. Toi aussi tu as mis régulièrement de côté de l'argent pour ta mère, comme j'ai pu le voir. C'est très bien. Ta mère mérite toute ta bonté, car c'est vraiment une bonne mère. Lorsque tu étais tout petit tu avais des spasmes très étranges. A plusieurs reprises nous avons même cru que tu allais mourir. Une fois j'avais même commandé un cercueil. Ta mère était comme folle. Elle hurlait et s'arrachait les cheveux. A l'époque nous habitions encore à Pomogy.

— A Pomogy. Je suis donc né à Pomogy ?

— Non, tu es né à Doborján, mais quand tu étais encore tout petit on m'a muté pour une brève période à Pomogy. Après nous sommes revenus à Doborján. Nous avons même habité pendant un moment à Boldogasszony, mais tu ne peux pas t'en souvenir.

— Non, je ne me souviens que de Doborján.

— Bien sûr. Dans toutes ces allées et venues tu as attrapé aussi la fièvre des marais. Le lac de Fertö était tout près de là. Doux Jésus, comme ta mère a souffert avec toi. Tu étais beaucoup plus souvent malade qu'en bonne santé. Tu avais également attrapé un méchant refroidissement quand je t'avais emmené à Kismarton et que la princesse t'avait donné l'album de Haydn.

— Quel album de Haydn ? Je ne m'en souviens pas. De la princesse non plus.

— Mais si. A l'âge de quatre ans tu as joué du piano devant la princesse et elle t'a fait cadeau de ce cahier dans lequel Haydn avait fait écrire tous ceux qu'il connaissait. Cet album aurait une grande valeur, si nous l'avions. Il a été égaré je ne sais comment, nous ne l'avons jamais retrouvé.

Il avait à présent d'énormes difficultés à parler, il s'arrêtait entre chaque mot et haletait. Ses yeux étaient à moitié fermés. Il somnola dix minutes puis se réveilla en sursaut. Personne ne l'aurait à présent reconnu, tant il avait maigri. Lorsqu'on changea ses draps le garçon vit, épouvanté, que ses cuisses n'étaient pas plus grosses que ses bras à lui.

Le lendemain il était encore plus mal. Le médecin fit savoir à l'enfant qu'il fallait s'attendre au pire. Le malade ne parlait presque plus. Il n'ouvrait plus que très rarement les yeux. Sa main était si faible qu'il ne pouvait plus tenir son verre de lait et il fallait le faire boire. Sa fièvre était montée au-dessus de quarante et un degrés.

Le garçon savait à présent que son père allait mourir. Il sentait qu'il fallait l'écrire à sa mère mais il trouvait cette tâche si épouvantable qu'il ne pouvait s'y décider. Il restait assis auprès du malade et le regardait. Il méditait sur le secret impénétrable de la vie et de la mort. Et il priait. Il pouvait à présent prier tout son soûl, son père qui vivait ses dernières heures ne pouvait plus l'en empêcher. Quand il s'était épuisé dans la prière il regardait de nouveau le malade au visage mangé de barbe, convulsé, son corps desséché. Ses pensées hésitantes scrutaient l'avenir : comment vivrait-il désormais avec sa mère ?... Mais immédiatement il regrettait et se sentait coupable de s'être déjà résigné à la mort de son père.

Le dernier jour, le 28 août, Adam Liszt ne prononça plus que quelques mots intelligibles. On aurait pu croire qu'il n'était plus conscient. Mais d'un faible mouvement de la main il signala qu'il voulait parler. Le garçon se pencha vers lui.

— Vous voulez dire quelque chose, papa ?

Le moribond murmura d'une voix à peine audible :

— Franci, j'ai très peur des femmes pour toi.

Le garçon le regarda horrifié, son cœur cessa de battre. Cet homme connaissait donc les horribles combats intérieurs qui le déchiraient ? Mais il était resté pur et son père devait le savoir. Pourquoi avait-il donc dit qu'il fallait avoir peur pour lui ? Il regarda son père pour lequel si longtemps il ne s'était cru qu'un étranger. Il se rendait compte à présent qu'il avait vu très clair dans ses secrets solitaires.

Ce furent les dernières paroles intelligibles du père. Parfois, son visage s'éclairait d'un étrange sourire. Le médecin vint et il prit le pouls de l'homme à présent inanimé. Puis il dit :

— Il n'a plus qu'une ou deux heures à vivre.

Il se racla la gorge et finit par demander au garçon :

— Quand pourrions-nous régler ma note ?

— Quand vous le désirerez, dit le garçon les yeux pleins de larmes ; je pourrais peut-être venir vous trouver demain.

Le médecin s'en alla. Le garçon se rassit sur la chaise près du lit. Il regardait le mourant et priait. De l'extérieur parvenait la rumeur gaie de la vie estivale. Le soleil resplendissait. Il se leva et tomba à genoux près du lit. Il appuya son front contre le bord du lit, les sanglots secouaient sa poitrine. Il pria longtemps, longtemps.

Il regarda son père et se leva précipitamment, saisi d'épouvante. Son père, les yeux grands ouverts, fixait le néant, sa bouche était comme dilatée par un hurlement qui n'aurait pu s'échapper. A la vue de ce spectacle horrible le garçon recula en tremblant jusqu'à la porte et il sortit de la chambre comme s'il fuyait. Il claqua la porte et hurla d'une voix rauque :

— Lucienne !

La fille brune arriva et tout de suite elle comprit.

— Il est mort ! Oh, pauvre garçon, comme cela me fait de la peine.

Elle entoura de son bras les épaules du garçon qui pleurait et le serra contre elle avec tendresse pour le consoler. Puis elle entra dans la chambre du mort. Dans le couloir le garçon se mit à frapper de ses poings sa pauvre tête, avec une rage sauvage, impitoyablement.

— Misérable, misérable, se disait-il en lui-même, infâme ! Tu es capable à un tel moment de sentir l'enlacement d'une femme ? Misérable, infâme, infâme…

Il pleurait et se frappait la tête dans le couloir. Puis il s'appuya contre le mur et gémit amèrement :

— Papa, papa... cher papa...

XV

Au milieu de caisses non ouvertes et d'une multitude d'affaires entassées dans tous les coins la mère et le fils discutaient de leur avenir. Ils ne s'étaient pas vus depuis deux ans et demi et malgré la tristesse de l'événement qui les avait réunis la joie des retrouvailles était immense. Quand Anna Liszt arriva à Paris, son fils, qui avait habité provisoirement à l'hôtel de la Muette chez les Erard, avait déjà loué un nouvel appartement. Il avait passé tellement de temps dans l'autre avec son père qu'il aurait été incapable d'y rester. C'étaient les demoiselles Erard qui avaient trouvé le logement, trois pièces dans le quartier de Montmartre, rue Coquenard.

— Je ne ferai plus de tournées, maman. J'ai décidé d'arrêter ces séries de concerts car je les déteste. Elles m'ont tant fait souffrir qu'à la fin j'aurais aimé pleurer. Je ne ferai plus mon numéro de singe savant. Vous croyez peut-être que ceux qui viennent assister à ce genre de concerts ont envie d'écouter de l'art ? Pas du tout. Ils sont curieux de voir un petit prodige. Et moi je ne suis plus un petit prodige. Pauvre papa, lors de notre dernière tournée il me faisait encore passer pour un enfant de quatorze ans. Pourtant j'en ai seize. C'est fini tout cela.

— Mais de quoi allons-nous vivre, mon garçon ?

— Je vais donner des leçons. Czerny en vit tout à fait bien et moi je suis cent fois plus célèbre que lui. Jusqu'à ce que l'on apprenne partout que je donne des leçons nous aurons assez d'argent. Je n'ai pas peur du reste.

— L'enterrement a coûté cher ?

— Une fortune. Le médecin, la pharmacie, l'hôtel… je préfère ne plus y penser.

— Et tu avais assez d'argent ?

— Non. Je me suis débrouillé.

— Tu en as demandé aux Erard, n'est-ce pas ?

— Demander de l'argent ? Non, jamais. Je ne pourrais pas supporter d'emprunter à quelqu'un. Là-bas, à Boulogne, j'ai contracté des obligations et ici j'ai vendu mon piano d'Erard. Il me reste l'autre. Hélas, j'ai dû le vendre au-dessous de son prix, mais je n'avais pas le choix. J'ai payé toutes mes dettes de Boulogne et il m'est resté une petite somme qui nous permettra de vivre pour l'instant. Vous approuvez mes projets, maman ?

— Mon cher enfant, je ne veux pas m'en mêler. Tu es à présent un grand garçon et tu sais mieux que moi ce qu'il faut faire. Je suis très heureuse que nous puissions de nouveau être ensemble et je ne me soucie de rien d'autre. Où allons-nous installer ton piano ? Parce que je voudrais ensuite arranger le reste des meubles.

— Cela m'est égal. Comme vous voudrez.

— Mais mon chéri, c'est à toi de le décider. C'est toi qui vas jouer, pas moi.

— Cela m'est vraiment égal. Maintenant je vais chez Reicha.

Il baisa la main de sa mère et s'en alla. Il était heureux de se retrouver dans la rue. Il éprouvait une profonde aversion pour tous les détails pratiques. De son vivant son père s'en était toujours occupé à sa place. Il commençait à sentir obscurément que celui-ci lui manquerait beaucoup et pendant longtemps.

Petit à petit l'appartement fut installé et leur vie s'organisa. Il ne fut pas déçu dans ses espérances. Tant d'élèves se présentèrent en quelques jours qu'ils n'eurent plus à se faire le moindre souci pour leur avenir. La première fut la comtesse Montesquiou Fezensac qui voulait faire apprendre le piano à sa fille. Le même jour l'ambassadeur d'Angleterre, Earl of Granville, lui fit savoir qu'il aimerait discuter avec lui au sujet des cours qu'il voudrait faire donner à ses filles. Se présentèrent ensuite un jeune homme genevois nommé Pierre Wolff et un Belge, Louis Messmeckers. D'autres ne tardèrent pas à se présenter. Une semaine plus tard il ne pouvait plus satisfaire les demandes. Il y en eut une cependant qu'il ne put se permettre d'éconduire : la comtesse de Saint-Cricq, l'épouse du ministre du Commerce et des Manufactures qui désirait également faire donner des leçons de piano à sa fille.

Il partait de chez lui à huit heures et demie, se rendait à l'église où il assistait à la messe basse, puis il commençait à donner ses leçons. Il se rendait de l'une à l'autre à pied, la location d'un fiacre lui aurait coûté trop cher. Après la troisième leçon il rentrait en vitesse déjeuner. La dernière bouchée à peine avalée il devait repartir. Souvent il était dix heures lorsqu'il rentrait le soir. Il était alors tellement épuisé qu'il mangeait à peine et se plongeait tout de suite dans ses livres. A présent il lisait les Pères du désert, mais ses livres de chevet étaient restés la Bible et l'ouvrage de Thomas Kempis.

Ses élèves l'intéressaient et il trouvait l'enseignement amusant. Il éprouvait un grand plaisir à découvrir immédiatement les fautes de base de chacun d'eux et il voyait tout de suite quels exercices il fallait leur faire faire pour que leur jeu s'améliorât rapidement. Ce qui bien sûr n'était pas toujours le cas. Pour certains élèves aucun espoir de progrès n'était permis et au bout de quinze jours il avertissait les parents qu'il ne trouvait pas honnête de recevoir de l'argent pour un travail qui ne produirait aucun fruit. Tout le monde ne pouvait pas être pianiste.

Il y avait parmi ses élèves une jeune fille qui dès la première leçon lui fit battre le cœur : c'était la fille de la comtesse de Saint-Cricq. La première fois qu'il se présenta dans cette maison ce fut le chef de famille en personne qui le reçut. Ministre du Commerce et des Manufactures du gouvernement Martignac, Saint-Cricq était un aristocrate austère et grave d'une politesse extrême. Il demanda combien le jeune artiste désirait recevoir par leçon, hocha rapidement la tête quand celui-ci proposa trente francs et tout de suite le remit entre les mains d'un laquais qui le conduisit auprès des dames. Selon les règles du savoir-vivre du grand monde parisien il était en effet tout à fait naturel que la mère assistât aux leçons de piano de sa fille.

Cette mère était une dame d'une gentillesse extraordinaire. Franci la connaissait déjà, il l'avait déjà rencontrée dans des salons où il avait joué, il s'était même rendu dans sa loge. Mais il voyait sa fille pour la première fois.

— Venez, mon cher Litz, que je vous présente à ma fille Caroline.

C'était une fille de taille élancée et très mince. Elle devait avoir le même âge que lui. Le garçon fut tout de suite émerveillé par la blancheur éblouissante de sa peau. Elle avait un teint de porcelaine et ses joues étaient colorées d'un rose léger. Ses cheveux étaient blonds comme l'or et ses yeux d'un bleu profond. Dans sa robe mauve pâle elle semblait sortir d'un conte de fées et le garçon, sous le charme de l'apparition, en oublia de la saluer. Tout confus, il revint bien vite à lui et s'inclina profondément.

— Je suis très heureux, comtesse, de faire votre connaissance.

Ils prirent tout de suite place au piano. La mère mena la conversation avec bonne humeur et vivacité pour vaincre la timidité des jeunes gens. Sa fille serait une élève très agréable pour le professeur, car elle était très appliquée et sérieuse, trop peut-être. Après avoir indiqué au jeune homme ce que celle-ci avait déjà appris, elle la pria de jouer quelque chose. La demoiselle s'exécuta docilement et se mit à jouer avec grâce la petite chanson *Il pleut, il pleut, bergère...* Quand elle eut terminé elle baissa sagement les yeux sur le clavier.

— Eh bien ? demanda la mère.

— Je peux affirmer que la comtesse a beaucoup de talent. En l'espace de quelques mois mademoiselle peut devenir une excellente pianiste, si elle travaille consciencieusement, je peux vous l'assurer. Mais il faudrait travailler au moins quatre heures par jour.

— Combien d'heures monsieur travaille-t-il chaque jour ? demanda la jeune fille.

"Monsieur". Le jeune homme fut doucement frappé par ce mot. C'était la première fois qu'on l'appelait ainsi sans ironie. Traversé par une vague de bonheur et profondément reconnaissant à la jeune fille d'une blancheur de neige, il se redressa sur son tabouret.

— Depuis que j'ai quatre ans je travaille au moins six heures chaque jour. Mais il m'est également arrivé de jouer dix heures.

— C'est inouï, s'écria la comtesse, avec toutes les autres études en plus ! Pauvre garçon.

Franci rougit. Son honnêteté l'aurait incité à avouer qu'il ne suivait aucune étude scolaire. Mais il avait honte de le confesser devant les deux grandes dames. La comtesse poursuivit :

— Il serait peut-être utile que vous montriez à ma fille comment vous joueriez vous-même cette petite chanson.

Il se mit à jouer, avec beaucoup de ferveur. Il voulait à tout prix plaire aux deux dames. Après le jeu raffiné et agréable de la petite comtesse le sien sembla un rugissement de lion à côté d'un gazouillement d'oiseau. Il ne regardait pas sur le côté, où était assise la jeune fille, mais sentait que le regard de celle-ci était fixé sur lui, émerveillé.

— Les mots me manquent, dit à voix basse la fille, je ne savais pas qu'il était possible de jouer au piano de la sorte. Monsieur est vraiment un grand artiste.

— Mais bien sûr, ma chérie. C'est le meilleur pianiste du monde. Je te l'ai déjà dit.

— Le meilleur du monde..., balbutia la jeune fille. Cela doit être une sensation très douce. C'est comme si l'on était roi. Il n'y a qu'un Charles X au monde. Et un seul pape Léon.

Le jeune homme fut amèrement touché par la remarque et il ajouta avec arrogance :

— C'est comme le mouton à cinq pattes. Etre un animal rare de ce genre est plutôt désagréable.

La mère et sa fille le regardèrent avec stupéfaction mais elles ne répondirent rien. Ils en revinrent aux études de la fille et le jeune maître se mit tout de suite à corriger les fautes les plus évidentes de celle-ci.

— Veuillez tenir vos coudes plus près de votre corps, comtesse. Encore plus près. Et vous devez vous tenir plus droite. Oui. Regardez le piano de plus haut. Non, non, pas le clavier. Vous n'avez pas le droit de le voir, jamais. C'est la partition que vous devez regarder. Maintenant relevez un peu les poignets. C'est trop haut. Non, maintenant vous les tenez trop bas...

Instinctivement il voulut saisir la main de la jeune fille pour rectifier sa position, mais au même instant celle-ci eut elle aussi un mouvement instinctif : comme si elle avait voulu fuir le contact du jeune homme, ses poignets frémirent. Le garçon n'avait même pas achevé son mouvement : il n'avait pas le droit d'effleurer cette jeune fille. Cette apparition de rêve aux teintes si pures lui semblait planer au-dessus du monde de la réalité. C'était l'incarnation même de la pureté et de la spiritualité que pendant de longs mois il avait cherchée, dans ses prières et dans ses lectures religieuses.

Le soir il aurait aimé raconter à sa mère quelle impression avait faite sur lui la jeune fille à la beauté de marbre. Mais il avait peur de ne pas savoir s'exprimer, il craignait que sa mère ne comprît pas sa ferveur. Il se contenta de dire :

— Les leçons se passent très bien, maman. J'ai des élèves très gentils, c'est une grande joie pour moi de m'en occuper.

— Dieu soit loué. Moi aussi je suis très contente, mon petit. Aujourd'hui j'ai trouvé un autre épicier, il se trouve un petit peu plus loin, c'est vrai, mais il est beaucoup moins cher. J'ai dit au boucher qui j'étais, sur quoi il a déclaré qu'il choisirait toujours pour nous les viandes les plus belles. Il t'a entendu jouer une fois. C'est une bonne chose. Dorénavant je le dirai toujours où je ferai les courses.

Le garçon voulut protester, cela ne lui plaisait pas, mais il ne dit rien. Il se sentait léger et gai, il ne voulait pas gâcher le plaisir de sa mère non plus. Il se mit à ses lectures religieuses mais les abandonna bien vite. La silhouette de rêve de la jeune fille au teint de lait flottait constamment entre ses pensées et les lignes. Il préféra s'asseoir au piano. En ce moment il aimait jouer sa dernière composition, le scherzo en *sol* mineur qu'il avait écrit quand son père vivait encore. Sur le vœu de son père il avait dédié cette œuvre au comte Amadé Tadé, le magnat hongrois qui à Pozsony s'était intéressé le plus chaleureusement au sort du jeune pianiste qu'il était encore. Par la suite également il s'était continuellement informé de l'évolution de la carrière du garçon.

La deuxième leçon fut encore plus agréable que la première. Il y avait dans la gentillesse de la comtesse une sincérité, une intimité et un naturel qui le captivaient. Il était impossible de ne pas l'aimer. Et la réserve de la fille semblait s'être un peu adoucie. Elle restait aussi silencieuse, il était pour ainsi dire impossible de capter son regard car, selon les règles du savoir-vivre, ses yeux étaient toujours baissés. Mais dans l'atmosphère se percevait la chaude proximité de leur contact.

Lorsqu'il prit congé, la comtesse qui était en train de broder près de la table du salon lui dit :

— Vous devez déjà partir ? J'aurais aimé vous entendre jouer un peu.

Il se tourna immédiatement vers le piano pour rester, mais la comtesse dit en souriant :

— Non, non, nous n'avons pas le droit de vous le demander. Il ne convient pas que nous abusions de votre présence. Nous irons vous écouter lorsque vous donnerez un concert.

Le jeune homme rougit puis il répliqua :

— C'est avec bonheur que je joue pour ceux que j'aime, comtesse. Mais ma leçon est terminée, je n'ai pas le droit de rester davantage.

La comtesse regarda le jeune homme. Des phrases non prononcées planaient entre eux et elle était une femme à l'esprit très fin. Elle s'avança vers le cordon de la sonnette et le tira. Ce faisant, elle dit au garçon :

— Au professeur de piano je ne demande même pas de rester, ce serait de l'indiscrétion. Mais je suis heureuse de recevoir chez moi la charmante connaissance que vous êtes.

Puis elle se tourna vers le laquais qui était entré :

— Georges, apportez du porto et des friandises. Quant à vous, veuillez prendre place si vous avez le temps, et ne jouez que si vous en avez le goût. Sinon, nous pouvons bavarder.

En un instant l'atmosphère du salon se métamorphosa. Jusqu'alors il était un employé qui faisait son travail auprès de deux grandes dames, à un rang à peine plus élevé que le coiffeur venu avant la soirée. A présent il était un jeune homme qui bavardait avec deux dames. Un jeune homme qui songeait avec une joie impétueuse que dans les grandes familles même Rossini n'était pas invité à prendre place à la table des maîtres.

— Je vous remercie infiniment de votre cordiale invitation, comtesse. Je serai très heureux de pouvoir bavarder un peu avec vous.

Et ce n'est pas vers le piano qu'il se dirigea mais vers la fenêtre où des meubles de soie gorge-de-pigeon aux motifs brodés et aux pieds dorés formaient un coin de pièce d'une profonde intimité. Il posa sa main sur le bras de l'une des chaises et attendit le geste de la comtesse. Les deux dames s'assirent et la mère lui indiqua qu'il pouvait à présent prendre place. Il s'assit avec aisance. Depuis dix ans il s'était trouvé d'innombrables fois dans une société où, à l'exception de lui et de son père planté à ses côtés, il n'y avait que des aristocrates, et tandis que d'autres garçons souffraient à seize ans de ne pas savoir que faire de leurs mains, il avait déjà acquis le comportement désinvolte et gracieux du mondain.

On apporta le vin de Porto et les friandises. La conversation se poursuivait de façon superficielle, tous trois attendaient le piano. Mais la comtesse ne trouvait pas délicat de reparler de la chose, quant au jeune artiste il était pris dans son propre filet : il ne trouvait pas de prétexte assez poli pour aller prendre place au piano. Les phrases devinrent saccadées. Alors la fille demanda en souriant :

— Vous ne jouez pas quelque chose ?

— Mais enfin, Liline ! lui dit aussitôt sa mère sur un ton où l'affection l'emportait sur la réprobation.

Franci bondit vers le piano et se mit à jouer. La mère et la fille se mirent de chaque côté.

— Oh ! gazouilla la jeune comtesse, la *Sonate au clair de lune*...

Lorsqu'il eut terminé l'élève dit gravement :

— Je vous envie le bonheur de savoir jouer ainsi ce morceau.

— Ne l'envie pas, dit la mère, mais étudie assidûment pour être capable toi aussi de le jouer.

L'artiste secoua la tête.

— La comtesse aurait tort de s'atteler à pareille besogne. Le résultat ne pourra jamais être parfait. Il y a des morceaux qui ne sont pas faits pour les dames. Celui-ci en est un. Il n'y a vraiment que nous, les hommes, qui soyons capables de le jouer.

La mère éclata de rire :

— Vous, les hommes ? Oh, vous êtes un charmant enfant, Litz. Vraiment charmant !

Le jeune homme rougit jusqu'aux oreilles. La comtesse avait touché son point le plus sensible. Mais avec une telle gentillesse qu'il ne pouvait lui en vouloir. Il éprouva seulement un sentiment de gêne et sourit dans son embarras. Puis il se leva pour prendre congé.

— J'espère, lui dit la comtesse en lui tendant la main, que je ne vous ai pas blessé. N'ayez crainte, nous ne vous considérons pas pour autant comme un enfant. Nous disions justement, Liline et moi, que vous n'étiez d'ailleurs pas un être d'aujourd'hui, mais un vrai chevalier de la Renaissance. C'est la seule époque où naquirent des hommes qui dès l'enfance parlaient dix langues, jouaient de la musique à merveille et avaient en outre très belle apparence. Il vous faudrait à vous aussi un pourpoint de velours, un espadon au côté et des cheveux blonds tombant jusqu'aux épaules.

Le jeune homme s'éloigna au milieu de révérences gracieuses. Lorsqu'il eut franchi la porte de l'hôtel particulier il pensa à son père. Il aurait aimé lui dire : Tu vois, il ne faut pas tomber à plat ventre devant ceux-là non plus, car si l'on est quelqu'un on arrive partout à se faire respecter.

A la maison, après le déjeuner, tandis que sa mère portait la vaisselle du repas à la cuisine, il alla devant le miroir. Il inspecta attentivement son visage, fixant son propre regard. Il sourit. Puis il prit un air affligé. Ensuite il se tourna de profil et s'examina encore. La tête légèrement inclinée il se regarda en méditant. Mais soudain il tressaillit. Sa mère était entrée dans la pièce.

— Tu te regardes, mon garçon ? Il serait vraiment temps de te faire couper les cheveux.

— Je ne les ferai pas couper, maman. Je vais me laisser pousser les cheveux, jusqu'aux épaules. Comme les chevaliers de la Renaissance.

— Des cheveux longs ? Tu ne vas pas te faire passer pour un polichinelle ?

Le garçon ne répondit pas. Il s'assit au piano et ferma les yeux. Il joua la sonate de Beethoven.

XVI

La jeune comtesse Liline avait été au Louvre et le lendemain elle raconta avec exaltation à son bien-aimé qu'elle avait vu un vase représentant Orphée.

— Il faut à tout prix que vous voyiez cet Orphée. Il porte une couronne royale, le voile qui le couvre est parsemé d'étoiles, sa bouche est ouverte. Il joue du luth en chantant. Cet Orphée, c'est vous. A tel point que j'en ai frissonné. Quand aurez-vous le temps de venir le voir avec moi ?

Ils convinrent d'un rendez-vous. Mais tard dans la soirée une lettre lui vint de l'hôtel Saint-Cricq : "Ma mère est très malade, nous ne pouvons pas continuer les leçons pour l'instant, ne venez pas. Priez pour ma mère qui vous salue chaleureusement. A jamais vôtre, C. S."

L'attente angoissante dura trois jours. Il se rendait deux fois par jour à l'hôtel Saint-Cricq pour s'informer de la santé de la comtesse. Baptiste ne répondait que ceci : "L'état de la comtesse est très grave." Le quatrième jour il dit : "La comtesse est morte." Le jeune homme resta immobile près de la loge du portier, comme foudroyé. Mais des inconnus arrivaient, sûrement des gens venus présenter leurs condoléances, une calèche s'arrêta devant la grande porte, on pouvait lire sur le visage du portier que le jeune professeur de piano était à présent très gênant. Il se retourna et se glissa dans la rue, la tête baissée. Que se passerait-il maintenant ? Le soutien de son amour, son espoir, le salut de son bonheur futur avait quitté ce monde.

Pendant ces journées il négligea toutes ses leçons. Il passa des matinées et des après-midi entiers dans les églises. Où qu'il allât il se retrouvait toujours dans la direction de l'hôtel Saint-Cricq. Pourtant il n'avait rien à y faire. Il flânait aux environs de la maison, regardait les fenêtres muettes. Puis il retournait prier.

Il n'assista pas à l'enterrement. Longtemps il lutta intérieurement mais finalement il n'y alla pas. L'idée de voir la jeune fille derrière le cercueil et de ne pas pouvoir se tenir à ses côtés lui était insupportable. Il s'imaginait la scène de l'enterrement, l'apparition de Martignac, le chef du gouvernement, dans la chapelle ardente, ses condoléances aux membres de la famille, puis, représentant le roi, Vibraye, ou Damas. Rien que des comtes, des marquis et des ducs, vingt, trente, cinquante, seul lui ne peut être là, lui qui était plus proche de la défunte que n'importe lequel d'entre eux et dont l'âme, la vie, l'univers ne font qu'un avec l'âme, la vie et l'univers de la jeune fille en deuil près du catafalque.

Pendant dix jours il ne reçut que quelques brefs messages. Des mots écrits à la hâte : "Mon cœur est auprès de vous et il saigne. C." "Je vous adore. C." Mais le dixième jour il reçut du secrétaire du comte une lettre : le comte tenait à ce que les études musicales de la comtesse fussent poursuivies et monsieur était prié de bien vouloir reprendre à partir du lendemain les leçons selon l'ancien horaire.

Il monta au salon. La fille vint à ses devants en habit de deuil. Elle ne lui tendit même pas la main et il lui en fut reconnaissant : la poignée de main rapide dictée par la bienséance aurait été plutôt douleur s'ils ne pouvaient pas se tenir la main en la serrant fort longtemps, longtemps. Parce qu'à la place désertée de la mère une vieille dame fortement poudrée était assise.

— Permettez, ma tante, que je vous présente mon maître, M. Liszt.

La vieille dame hocha la tête avec la gravité qui convenait à la maison en deuil. Elle avait de toute évidence à remplir les fonctions de duègne, indispensable pendant les leçons. Elle tenait un livre sur ses genoux. Après avoir observé le maître de piano à travers son face-à-main elle retourna à sa lecture, indiquant qu'elle n'avait rien à voir avec le jeune homme, elle était assise ici tout à fait officiellement.

Ils s'assirent au piano. La jeune fille se mit à jouer.

— C'est épouvantable, chuchota le jeune homme, nous ne pouvons pas parler ?

— Mais si. Elle est dure d'oreille.

— Vous m'aimez ?

— Je vous adore.

— Avez-vous beaucoup souffert ?

— Maintenant encore je souffre. Si vous n'existiez pas je serais peut-être morte.

— Que deviendrons-nous ?

— Ayons confiance et prions. Ma pauvre maman même à sa dernière heure a pensé à notre bonheur. Il s'est produit quelque chose de merveilleux.

— Quoi donc ?

La fille jouait toujours. Ils ne se regardaient pas, la vieille dame ne pouvait pas entendre leurs chuchotements.

— Maman a tout raconté à papa.

— Que lui a-t-elle raconté ?

— Je vais te le dire mot pour mot. J'étais présente à ce moment-là. Nous savions que c'était fini, maman elle aussi le savait. Elle n'était déjà presque plus capable de bouger la main mais elle eut encore la force de parler. Elle a fait signe à mes frères de sortir. Ses yeux disaient qu'elle ne voulait voir auprès d'elle que papa et moi. Quand les garçons sont sortis je lui ai pris la main. Elle a dit à papa : "Mon cher époux, j'ai une dernière prière à t'adresser. Liline et Liszt s'aiment. Permets qu'ils soient heureux." Mais déjà l'on comprenait à peine ses paroles. Papa lui a répondu : "Mais oui, ma chérie, bien sûr, seulement tu ne devrais pas parler à présent, cela t'épuise." Maman a fermé les yeux pour ne jamais plus les rouvrir. Ensuite les garçons sont entrés. Jusqu'à la fin j'ai tenu sa main. Elle est morte une heure après.

La voix du jeune homme tremblait d'émotion.

— Le comte a donc donné son accord ?

— Je ne le sais pas moi-même. Il ne m'en a jamais reparlé, il n'a rien demandé. Hier j'ai décidé d'aborder la chose. J'ai été le trouver et lui ai demandé qu'il me permette de continuer mes leçons de piano. Il a simplement hoché la tête et a fait appeler son secrétaire pour qu'il vous écrive. Il ne s'est rien passé d'autre.

— A quoi faut-il nous en tenir à présent ?

— Je ne sais pas. Peut-être que papa est d'accord mais qu'il ne veut pas encore en parler. Mais il est également possible qu'il n'ait pas compris le dernier vœu de maman, ou qu'il ne l'ait pas entendu… Nous verrons. La seule chose que nous pouvons faire c'est attendre.

Ils attendirent. Un grand changement se produisit dans l'horaire des leçons. La comtesse avait persuadé sa tante de déplacer les cours après le dîner. Le repas du soir était servi à six heures, la tante et la fille mangeaient séparément et la leçon pouvait commencer à six heures et demie. La tante avait tout de suite accepté, cela lui était indifférent. Mais pas à eux. Franci n'avait pas de cours à donner le soir et il pouvait rester tant qu'il le voulait. Ils jouaient donc du piano de six heures et demie à sept heures et demie pour ensuite bavarder quelquefois jusqu'à neuf heures. Dès le troisième jour vers huit heures la tante se mit à somnoler.

— Pourquoi n'allez-vous pas vous coucher, lui cria à l'oreille la jeune comtesse, pourquoi restez-vous dans ce fauteuil inconfortable ? Liszt reste encore un quart d'heure, ensuite j'irai moi aussi me coucher.

La tante hésita. Elle avait pris en affection le jeune homme et elle adorait se coucher tôt.

— Je ne sais pas ce que dirait ton père…

— Je me charge de papa. Allez donc vous coucher tranquillement.

Le sommeil l'emporta sur les hésitations de la vieille dame. Elle s'en alla. Ils restèrent à deux. Ils bavardèrent jusqu'à neuf heures. Chaque soir ensuite leur rêve se réalisa. La tante restait un petit moment au début des leçons de piano pour la forme, puis elle ramassait son livre, son face-à-main, sa tabatière et son chapelet et disparaissait sans faire de bruit.

Ils connurent un bonheur indicible pendant de longues, très longues semaines. Durant ces soirées d'intimité ils se livraient les secrets les plus profonds de leur âme, se racontaient les dix-sept années de leur vie d'avant, scrutant tous les recoins de leur mémoire. Le jeune homme se cultivait avec une assiduité passionnée. S'il dépassait la jeune fille dans le domaine de la musique, celle-ci avait beaucoup plus lu que lui. Elle lui fit connaître de façon systématique l'histoire, l'histoire de l'art et de la littérature. Chaque jour ils discutaient longuement de leurs lectures.

Et ils parlaient de l'amour, du monde, de Dieu, de l'âme. Comme deux anges sérieux ils cherchaient dans tout le plus beau, le plus grand, le plus pur. Seuls leurs doigts s'effleuraient parfois. Un désir doux et brûlant s'emparait quelquefois du jeune homme, il aurait aimé que son visage s'approchât, ne fût-ce qu'en un souffle, du visage de la jeune fille, mais lorsqu'il regardait cet être aérien que leurs conversations passionnées transfiguraient et immatérialisaient presque, il regrettait immédiatement son désir et décidait qu'il confesserait la pensée même de ce désir.

Les heures passées ensemble commencèrent à s'allonger. Le jeune homme resta jusqu'à dix heures, jusqu'à dix heures et demie. Un soir en rentrant il ne trouva pas sa mère éveillée. Quoiqu'elle eût l'habitude de l'attendre, celle-ci n'avait pu résister au sommeil, épuisée par une journée d'activité incessante. Or, pour aller dans sa chambre, le jeune homme devait traverser celle de sa mère. Il était tout honteux d'aller déranger dans son sommeil celle qui avait travaillé tout le jour pour lui. Il décrocha donc tous les manteaux qui se trouvaient dans l'entrée, les étendit devant le seuil de la porte et s'endormit en priant, comblé de bonheur. Le lendemain il rit de bon cœur lorsque sa mère le gronda tendrement de pousser trop loin l'attention filiale, au point de se meurtrir les os sur le parquet.

Un soir il resta jusqu'à onze heures avec sa bien-aimée. Ils discutaient du catholicisme de Chateaubriand de façon si passionnée qu'ils en oublièrent l'heure. La loge du portier n'était plus éclairée et le jeune homme fut contraint de réveiller Baptiste. Après un long moment celui-ci arriva en soufflant, une bougie à la main. Il était furieux d'avoir été arraché à son sommeil. Le jeune homme lui souhaita une bonne nuit mais il ne répondit pas. Il claqua bruyamment la grande porte après lui. Le jeune homme haussa les épaules et se plongea dans la nuit d'été. Il nageait dans le bonheur. Mais le lendemain, Baptiste sortit et se planta devant lui :

— Le comte vous demande d'avoir l'obligeance de vous rendre directement à son cabinet de travail.

Il s'engagea dans l'escalier, ému par une seule pensée : c'était peut-être l'occasion pour lui de demander la main de sa bien-aimée. Il n'était pas impossible qu'une discussion décisive ait eu lieu entre Liline et son père. Et tout le portait à croire qu'il obtiendrait une réponse favorable.

Le comte le reçut debout au milieu de son cabinet de travail. Il hocha sèchement la tête en réponse à son salut, ne lui tendit pas la main, ne le fit pas asseoir.

— On m'a fait savoir que vous restez tard dans la nuit en compagnie de ma fille. Est-ce vrai ?

— Oui, c'est vrai.

— Et vous trouvez cela admissible ?

— Si j'ai péché contre les formes, je vous en demande pardon. Mais tôt ou tard il me fallait de toute façon vous dire que la comtesse et moi nous nous aimons. Et si…

— J'en ai déjà parlé avec ma fille. Je lui ai fait savoir qu'elle devrait renoncer à cette absurdité. Je vous le fais savoir à vous aussi.

— Mais pourquoi est-ce une absurdité, je vous prie ?

— Je ne comprends pas comment vous pouvez poser cette question. Vous êtes un pianiste excellent mais enfin, permettez, ma fille n'a vraiment que faire d'un artiste ou d'un je ne sais quoi. Ma fille se mariera selon son rang et sa fortune. Vous vous trouverez vous aussi une… d'ailleurs cela ne me regarde pas. Je mets naturellement fin aux leçons.

Le jeune homme pâlit. Il cherchait ses mots, bouleversé.

— Mais… je vous demande pardon… la comtesse défunte… sur son lit de mort… c'était son dernier désir…

— Oui, ma fille me l'a dit elle aussi. Il est possible que ma défunte épouse ait dit ce genre de choses mais je ne peux lui accorder aucune importance. Sa fièvre était telle qu'elle ne pouvait guère savoir ce qu'elle disait, la pauvre. Et d'ailleurs ici, dans cette maison…

Il s'arrêta subitement. Sur le visage livide du jeune homme deux larmes coulaient.

— Je regrette que vous vous soyez bercé d'une pensée aussi absurde. J'ai peut-être moi aussi été fautif, j'aurais dû penser qu'à votre âge c'était une imprudence de vous laisser aux côtés d'une jeune fille. Mais je suis très occupé. Bref, si l'on vous doit quelque chose je vous le ferai envoyer, vous ne pourrez plus voir ma fille.

— Jamais plus ? s'écria le jeune homme déchiré.

— Naturellement jamais plus, que pensez-vous ? Je suis désolé de devoir vous parler sur ce ton, mais vous ne pourrez plus mettre les pieds dans cette maison. Vous auriez tort d'essayer, le portier connaît ses obligations.

— C'était superflu, monsieur. Il aurait suffi que vous me le disiez à moi, il n'était pas nécessaire de m'humilier ainsi devant un portier. Je ne m'approcherai plus de votre fille, dussé-je en mourir. Vous pouvez être tranquille à ce sujet. Je suis un homme d'honneur et je tiendrai ma parole. Vous, en revanche, m'obligez à passer sous les ricanements de ce domestique. Monsieur, vous n'êtes pas un homme d'honneur !

Sur ces mots il se retourna avec fougue et se hâta de sortir, le visage baigné de larmes. Ses genoux tremblaient. Il bouillait d'une rage indicible. Il emportait avec lui le dernier regard du comte de Saint-Cricq. C'était le regard narquois et indifférent d'un comte, d'un ministre, d'un pair de France, qu'un musicien querelleur ne pouvait blesser.

Et il lui fallut encore passer devant le portier. Il dévala l'escalier en se mordant les lèvres et passa près de la loge en tournant la tête, le visage inondé de ses larmes. Dans la rue aussi il courut. Avec une colère impitoyable il avait décidé qu'il ne se retournerait pas vers les fenêtres. Il ne ralentit sa fuite que lorsqu'il eut tourné le coin de la rue. Il se mit alors à la recherche de l'église la plus proche. Il ne fallait pas penser tant qu'il n'y serait pas, non, il fallait étouffer avec violence le chagrin, les pensées de son humiliation. Quand il serait dans l'église ce serait plus facile.

Les gens se retournaient sur son passage, il s'en moquait. Il courait en pleurant, haletant, ses longs cheveux au vent. Enfin il se précipita dans une église et comme la bête sauvage traquée qui est parvenue à atteindre sa tanière il se jeta à genoux, soulagé, près de la grille du premier autel latéral. Il posa ses deux bras sur la grille, y laissa tomber sa tête et silencieusement, les épaules secouées de convulsions, il se mit à sangloter.

— Seigneur, dit-il sur un ton de reproche douloureux, tout est perdu. Tu ne m'aimes donc pas ? Moi je croyais que tu m'aimais…

XVII

"*La mort de Liszt.* Le jeune Liszt est mort à Paris…"

Ce communiqué, suivi d'un long article nécrologique, était paru dans *l'Etoile.* Tout Paris avait lu, le monde entier avait lu que le jeune Franz Liszt était mort. Il l'avait lu lui aussi, alors qu'il était cloué au lit. Depuis le scandale chez les Saint-Cricq ses nerfs avaient craqué. Il avait abandonné toutes ses leçons, sans se soucier des difficultés matérielles qui devaient bientôt contraindre sa mère à entamer les petites économies du ménage. Il ne s'occupait plus de rien, restait étendu sur son lit sans un mot pendant des jours, il ne lisait plus, ne faisait plus que prier. Parfois il se levait et se traînait jusqu'à son église préférée pour écouter l'orgue d'Urhan. Selon un ancien contrat il lui fallut participer à un concert, il joua le *Concerto en mi bémol majeur* de Beethoven. Il ne regarda même pas l'assistance : il savait que l'unique personne qu'il aurait voulu voir ne pouvait être là. Il joua le morceau comme s'il était assis au milieu d'un groupe d'ennemis, il ne répondit aux applaudissements que d'un bref mouvement de la tête puis quitta l'estrade. Il rentra directement chez lui.

Il aurait également dû participer à un autre concert où devaient être présents les membres de la famille royale. Les affiches d'un jaune criard tapissaient chaque coin de rue. Mais deux jours avant le concert il fut pris d'une forte poussée de fièvre. On dut faire venir un médecin. Celui-ci l'examina et donna tout de suite son diagnostic :

— C'est la scarlatine.

— Je dois jouer après-demain.

— C'est possible, c'est avec votre vie que vous jouerez. Votre organisme est tellement affaibli que, si vous ne faites pas attention à vous, je ne réponds de rien.

— Je n'ai en aucun cas le droit de me lever ?

— Je vous dis tout simplement que vous pourriez en mourir.

— Tant mieux. Ce concert me dégoûtait, m'en voilà libéré.

Il accueillit sa maladie avec le sourire. Il éprouvait une certaine joie à souffrir, il aimait l'état de torpeur bienfaisante que lui procurait la fièvre et éprouvait un plaisir amer à sentir la douleur cuisante de sa gorge lorsqu'il avalait. Et il priait. Il avait un chapelet entre les mains, sur la couverture ; la plupart du temps sa mère le trouvait couché les yeux clos, ses longs cheveux encadrant son visage amaigri, ses lèvres marmonnant des prières en silence. Il ne pouvait recevoir aucune visite, seul le médecin venait le voir. C'est ainsi que d'une source inconnue, la nouvelle de sa mort s'était répandue dans Paris. *L'Etoile* l'avait même écrit, la fausse alerte n'était pas encore parvenue aux autres journaux.

— Tu vivras longtemps, lui dit sa mère en se réjouissant, celui dont on fait courir le bruit de la mort vit toujours très longtemps.

Le malade haussa les épaules.

— Vous croyez, maman, que c'est une consolation pour moi ? Vous pouvez lire dans cet article ce qui m'attend. On va me dénigrer, on va me haïr, m'écraser, m'attaquer. C'est pour cela que je reste en vie, cette vie qui n'a plus aucun sens ?

— Mon enfant, n'offense pas le bon Dieu…

— Vous avez raison, c'était une pensée coupable. Si au moins je pouvais aller à l'église à présent…

La mère ne dit rien, mais elle était très inquiète pour son fils. Elle était elle-même très pieuse, il ne se passait pas de jour qu'elle ne lût son livre préféré, *Stunden der Andacht*, vieux livre déchiré qui datait de Doborján. Mais si elle aimait prier, la piété excessive de son fils l'effrayait. Et en général tout son comportement. On aurait pu croire parfois que ce garçon n'était pas tout à fait normal.

Lorsqu'il fut remis de la scarlatine ses premiers pas le menèrent à la petite église. Il y pria pendant trois heures et demie. Il s'était tellement identifié avec les pensées et expressions de sa religion qu'il avait dans son âme transformé son amour perdu en un sacrifice religieux. Il se voyait transfiguré offrant au Seigneur la jeune fille qu'il portait dans ses bras. Obscurément le sacrifice d'Abraham se confondait avec son amour perdu à jamais et pendant ses longues prières peu à peu sa douleur se transforma en une délicieuse comédie de l'affliction : chaque jour il revivait dans le parfum adoré de l'encens, dans l'ambiance colorée des vitraux, au son enchanteur de l'orgue, le mystère du délice sanglant de la souffrance et du martyre.

Le piano n'appartenait plus qu'au monde extérieur que son âme exaltée ne supportait qu'à la manière d'un vêtement inévitable. La musique ne l'intéressait plus guère. Il avait trouvé dans une nouvelle pièce d'Auber une petite tyrolienne mélodieuse qui lui avait plu et il en avait fait des variations, par jeu, distraitement, mais ce n'est que sur les longues supplications de sa mère qu'il nota la fantaisie ainsi composée. Un jour un Russe nommé Lenz vint le trouver. Il n'était pas musicien de profession, il était venu à l'université de Paris pour y suivre des études de droit, mais il aimait le piano à la folie. Il voulait à tout prix faire la connaissance du plus grand pianiste du monde. Il eut de la chance : le plus grand pianiste du monde n'était pas à l'église, il était étendu sur son divan et fumait la pipe, entouré de ses trois pianos. En effet, à la place du piano d'Erard qu'il avait dû vendre à la mort de son père, il avait acheté un piano court, le vieil Erard lui avait fait la surprise d'un nouvel Erard, et un autre fabricant de pianos, Pleyel, lui avait également offert un instrument de grande qualité. On pouvait à peine se déplacer à présent dans la chambre et l'on y voyait mal à cause de l'épaisse fumée de la pipe. Le Russe se présenta, accabla l'artiste de révérences polies, puis il lui demanda s'il pouvait jouer quelque chose, pour montrer ce qu'il savait, par exemple la sonate de Kalkbrenner pour la main gauche.

— Non, dit avec un empressement inattendu le jeune homme jusqu'alors muet, ce n'est pas de l'art. Je n'ai jamais écouté cette sonate, et je ne veux même pas la connaître. Ne peut parvenir jusqu'à moi que ce qui est pur et saint.

L'étudiant russe le regarda bouche bée. Puis il demanda d'un ton embarrassé à son hôte s'il avait le droit de jouer du Weber. Celui-ci secoua la tête sans dire un mot. Il connaissait à peine Weber, Frau Kozeluch avait joué jadis quelques-uns de ses morceaux à Vienne, mais il s'en souvenait à peine.

— Alors je vais jouer *l'Invitation à la valse.*

Il se mit à jouer. Il fut stupéfait : les touches étaient très dures. Le jeune maître aimait ce genre d'instrument pour pouvoir sans discontinuer exercer ses doigts. Lenz joua pourtant sans rien dire. Franci se prélassait sur le divan. Mais dès les premières mesures il s'assit.

— Attendez un peu, je vous prie. Comment est-ce donc ?

— C'est un dialogue, expliqua le Russe avec entrain. Le danseur invite la dame, la dame lui répond, ils bavardent. Puis ils vont danser. A la fin il y aura de nouveau un dialogue. Veuillez l'écouter en entier, je vous prie.

Le Russe joua. Il était bon pianiste, quoiqu'un peu barbare dans sa dynamique et dans la violence des tempos. Mais l'originalité et le charme gracieux de la composition ravirent celui qui l'écoutait.

— Je vous en prie, jouez-le encore une fois.

L'hôte obéit. Liszt se leva et s'assit au Pleyel. Il se mit à jouer ce qu'il avait entendu trois fois. L'étudiant fut consterné. La mémoire et le jeu diabolique de l'artiste tenaient du prodige. Celui-ci avait pourtant par endroits quelque difficulté à poursuivre et l'étudiant l'aidait au piano d'Erard.

— C'est très spirituel, dit-il en se levant, cela me plaît beaucoup. La forme dialoguée est particulièrement captivante. Je ferai dorénavant plus attention à ce Weber. Que savez-vous encore de lui ?

Le Russe connaissait d'autres morceaux et longtemps ils jouèrent ensemble. Lorsque son invité s'en fut allé il écrivit sur une fiche le nom de “Carl Maria Weber” et pria sa mère de lui acheter le lendemain tout ce qu'elle pourrait trouver de ce compositeur au magasin de musique. Puis il se recoucha sur le divan. Il se mit à songer à ce Weber dont il venait de faire la connaissance et qu'il regarderait de plus près le lendemain. C'était un auteur vraiment plein de finesse et d'esprit, mélodieux. Cette valse était excellente. Il était possible d'y imaginer la fille se balançant au bras du danseur, sa silhouette élancée, ses yeux d'un bleu profond et son front blanc comme la neige. Le souvenir douloureux réapparut. Weber n'était plus nulle part. Seul l'amour perdu à jamais emplissait de nouveau tout ce qui existait autour de lui.

Les soucis de la vie quotidienne commencèrent bientôt à déranger ses sombres réflexions mystiques. Les petites économies diminuaient rapidement. Il lui fallut reprendre les leçons. La plupart des anciens élèves se réjouirent. De nouveaux se présentèrent à la place de ceux qu'il avait perdus, et ce pour un prix plus élevé qu'auparavant. Pour vingt francs par leçon il pouvait avoir autant d'élèves qu'il le voulait. Mais les élèves avaient à présent un maître tout à fait différent du précédent. Ce nouveau Liszt était taciturne, il ne souriait plus jamais, ne parlait de rien d'autre que de la musique. Son regard était absent, sa voix éteinte. Et si parfois il lui arrivait de faire une remarque au sujet de choses extérieures à la musique son interlocuteur sursautait : à la place de la bonne humeur séraphique d'autrefois c'est une amertume au vitriol qui émanait de ses mots, le dédain orgueilleux et courroucé de toutes les choses du monde.

Il ne fréquentait plus personne. Parfois il passait en vitesse chez les Erard, c'était tout. Urhan, premier violon à l'Opéra, était son unique ami. Il était souvent avec lui. C'était le seul homme dont le mysticisme étrange ne venait pas troubler sa douleur sublime aux parfums d'encens et aux résonances d'orgue. Urhan avait chaque nuit des visions, des créatures célestes hantaient la solitude de sa chambre et jouaient des musiques merveilleuses. Il notait le lendemain ces musiques et les réunissait sous le titre d'*Auditions*. Il les jouait toutes à son jeune ami qui admirait en lui le musicien de talent. Ils bavardaient beaucoup, essentiellement sur les questions métaphysiques du péché et de la pureté. Urhan était capable de défendre ses principes délirants avec une force stupéfiante : assis chaque soir dans l'orchestre de l'Opéra il ne levait jamais la tête vers la scène, de peur que ses pensées ne soient souillées, et s'ils jouaient un ballet il se tournait de façon à ne voir que le chef d'orchestre.

Quand revint la saison des invitations il ne fut guère sollicité. Par-ci par-là il reçut les papiers armoriés des hôtels d'autrefois. Depuis son enfance il les connaissait bien, il savait avec précision quelle était la famille noble que représentaient ces figures, griffons, écus, aigles et heaumes. Il ne se rendit qu'à deux soirées de l'ambassade d'Autriche. L'ambassadeur, le comte Antal Apponyi, était bon et attentionné envers lui, la comtesse aimait beaucoup la musique et elle était pleine d'égards pour le très célèbre jeune Hongrois. Le comte Apponyi avait à Paris, au nom de son empereur, la position légitimiste la plus sévère. Tout Paris fut en émoi lorsque lors de la première soirée donnée par l'ambassade le comte appela les princes créés par Napoléon par leurs anciens noms. Au vieux soldat qui portait le titre somptueux de duc de Dalmatie il dit par exemple :

— Comment allez-vous, général Soult ?

Il agit de même avec les autres. Cela plaisait beaucoup au jeune Hongrois.

A la première soirée il flâna, solitaire, dans les salles somptueuses. Les uniformes des généraux et prélats, les fracs des gens de haute naissance, par-ci par-là quelques hauts-de-chausses, les bijoux étincelants des dames formaient un tableau d'une telle splendeur qu'il s'y promena un temps, distraitement, comme s'il avait traversé les pages d'un livre animé. Mais à tout bout de champ il tombait sur une dame de l'aristocratie qui le connaissait et lui adressait la parole. Il lui répondait, tout alarmé, et dès que cela était possible coupait court, tremblant à la pensée que celle avec qui il parlait connaissait très précisément l'histoire de son humiliation à l'hôtel du comte. Il souffrit tant qu'il décida de ne plus y retourner.

Mais il dut y retourner. La comtesse le fit demander avant la seconde soirée, qui devait être beaucoup moins importante. Elle avait forgé le projet de donner aux Parisiens un petit échantillon du chant hongrois. Son fils, le petit comte Rudi, avait pour précepteur un Hongrois nommé Fekete qui était grand connaisseur et amateur de chant hongrois. Franci ne s'occupa pas de l'organisation du programme, à cette époque il était de nouveau souffrant et restait souvent alité. Il accepta cependant de jouer sa composition écrite sur des thèmes de chants hongrois.

La soirée fut très réussie. Fekete chanta quelques chants en hongrois. Selon le programme il s'agissait de chants paysans de la région de Veszprém. Ils furent très applaudis. Ensuite le jeune Liszt joua et obtint lui aussi un grand succès. Pour terminer, six couples distingués, pour la plupart des magnats hongrois résidant à Paris, présentèrent des danses hongroises sur une musique originale. L'émerveillement ne connut pas de limites.

Franci eut l'impression ce soir-là de renaître à la vie. La musique hongroise l'avait empli d'une émotion pétillante, comme chaque fois qu'il l'entendait. La gamme étrange, le caractère excessif de la forme, la puissance inouïe du rythme tonitruant de la danse évoquaient dans son âme Doborján et les Tziganes, de nouveau il sentit jaillir en lui le sentiment brûlant qu'il avait une patrie à laquelle il appartenait par des liens ancestraux.

Dans le tourbillon parfumé qui suivit le programme la comtesse alla le trouver pour le remercier de sa participation. Tout de suite elle lui demanda d'ailleurs combien elle lui devait.

— C'est moi qui vous suis redevable de ce plaisir artistique, répondit-il galamment, et ce que la comtesse destinait à ma modeste intervention j'ai le grand honneur de l'offrir à l'œuvre de charité que la comtesse choisira. Il serait malséant que je tire profit de ma patrie.

La comtesse le regarda avec étonnement. Elle lui tendit la main sans un mot, en signe de reconnaissance et aussi pour prendre congé. Mais elle se retourna pour lui adresser encore quelques mots en allemand :

— Que voulais-je dire… oui, je vous ai parlé d'un petit après-midi musical que je voulais organiser mardi prochain. Il me faut, hélas, l'annuler. La plupart de ceux que j'inviterais seront pris par le mariage.

— Quel mariage ?

— Vous n'en avez pas entendu parler ? La petite Saint-Cricq épouse le comte d'Artigaux. Mais je vous informerai de la nouvelle date.

Sur ces mots elle s'en alla. Elle laissait dans le tourbillon scintillant des invités le jeune homme littéralement assommé. Pendant un moment il resta sur place sans bouger, souriant stupidement dans son désarroi. Sa bouche se convulsait, ses doigts tremblaient. Puis il sentit que s'il ne partait pas ses genoux allaient se dérober sous lui. Il prit son manteau au vestiaire. Dehors il pleuvait, mais il ne s'en rendit pas compte. Il rentra chez lui sous la pluie battante avec le sentiment que son esprit s'était arrêté de fonctionner. Le coup avait été si fort et brutal qu'il ne pouvait pas le réaliser tout de suite.

Mais à la maison, dans son lit, il se mit lentement à pleurer puis à sangloter. Sa mère se leva, effrayée. Elle essaya de lui poser des questions mais il ne pouvait lui répondre, suffoquant dans ses larmes. Cela dura une heure et demie. Mme Liszt s'habilla pour aller chercher un médecin mais son fils la pria d'une voix entrecoupée de sanglots de ne pas partir. Vers l'aube il fut capable de parler.

— La comtesse Liline se marie mardi. Avec le comte d'Artigaux. Je sais qui c'est. Un grand propriétaire de province, un homme très riche. Un vieux.

De nouveau il se mit à sangloter. Sa mère était assise au bord de son lit, elle lui prit la main.

— Maman, je ne peux rien faire d'autre. Je serai prêtre.

— Non ! s'écria sa mère épouvantée.

— Il le faut, comprenez donc qu'il le faut. Je ne peux pas vivre dans ce monde. J'en mourrai. Vous préférez me voir mourir ? Je donnerai des leçons. Et j'écrirai de la musique religieuse. Je n'en peux plus, je n'en peux plus.

— Mon petit garçon, tu te remettras. On se remet toujours de ce genre de choses. Tu en trouveras une autre et…

— Jamais, jamais ! Ne dites pas cela ! Jamais personne d'autre, seulement elle ! Dites que vous êtes d'accord, maman. Vous verrez comme nous serons bien, vous resterez quand même à côté de moi… Je n'en peux plus comme cela… Et je veux être religieux depuis longtemps déjà…

Ils discutèrent ainsi très longtemps. La mère avait pris sur ses genoux la tête aux longs cheveux blonds, mouillée de larmes. Elle le cajola, le choya, comme jadis. Dehors le matin d'hiver commençait à grisailler, ils parlaient toujours. Epuisés tous deux, ils ne prononçaient les phrases qu'avec de longues pauses.

— Tu me promets que tu ne le feras pas, n'est-ce pas ? Franci, dis-moi que non. Pour me faire plaisir. Tu ne le promets pas ?

Le garçon s'endormit blotti contre sa mère.

XVIII

“Un instinct secret me tourmente...”

Cette phrase ne lui était jamais sortie de la tête. Il l’avait lue dans le livre de Chateaubriand. René était torturé par un désir qu’il ne parvenait pas à nommer. Il se reconnaissait dans René et ce livre était devenu pour lui comme un remède à ses maux, il y revenait sans cesse comme celui qui est assoiffé va à la source. Il relisait souvent le passage où Louise prenait le voile de religieuse. Il se berçait de la vision chimérique qui lui présentait la comtesse Liline entrant au couvent. Cette scène imaginaire couvrait comme un voile cette réalité qui sans cela l’aurait fait hurler de douleur. Il voyait son bel amour immaculé les yeux clos, à moitié morte, entre les bras avides d’un vieux paillard.

Sa mère l’observait d’un œil, inquiète. Elle parlait fréquemment de Luigina, la petite Italienne, une nouvelle élève de Franci. Mais celui-ci ne la voyait pas. Elle ne l’intéressait pas. Rien ne l’intéressait. Ce qui, à de rares moments, avait pu retenir son attention, il s’en fatiguait bien vite. La musique de Weber, il l’avait délaissée après deux semaines. Un jour de novembre le hasard l’avait conduit à un concert du Conservatoire. Sans même un regard sur le programme il avait écouté, blasé, et tout à coup s’était penché en avant pour demander le programme à son voisin. Ce morceau hardi et étrangement orchestré s’intitulait *Concert des sylphes* et avait pour auteur un dénommé Hector Berlioz dont il n’avait entendu que très vaguement parler. Il écouta avec attention, trouvant cette musique de plus en plus intéressante et courageuse. A la fin il applaudit très fort. Se tournant vers son voisin, un élève du Conservatoire, il demanda :

— C’est une très bonne musique. Qui est ce Berlioz ?

— Je ne le connais pas personnellement. C'est cet homme bizarre aux cheveux roux qui est là-bas debout, au troisième rang. J'ai entendu dire que ce morceau n'est qu'un extrait d'une œuvre plus importante.

On joua d'autres morceaux encore mais ceux-ci l'agacèrent. Il s'en alla. Ces harmonies originales et puissantes résonnèrent longtemps dans sa tête. Il éprouvait le désir de faire la connaissance de cet homme. Quelques jours plus tard il apprit chez les Erard que Berlioz était le fils d'un médecin de campagne, qu'il donnait des leçons de guitare à la pension d'Aubrée. Il avait composé une musique d'accompagnement en huit mouvements pour le *Faust* de Goethe et le morceau qu'il avait entendu en était extrait. Franci décida qu'il irait chez les Pleyel auxquels il devait de toute façon rendre visite depuis longtemps. Il y ferait la connaissance de cet homme à la musique si troublante. Il remit sa visite de jour en jour. Une fois il se mit en route mais ne put résister à la porte ouverte d'une église qui se trouvait sur son chemin, il entra et s'y oublia. Et le souvenir de la musique pâlit peu à peu. Il avait bien commencé à feuilleter le *Faust* mais entre-temps le volume de *Werther* lui était tombé entre les mains. Il en fut prisonnier. Il avait de nouveau l'impression de revoir ses propres douleurs, ses propres tortures. Le livre eut un effet si fort sur lui qu'à la fin il fut pris du désir de se suicider. Le lendemain il se hâta d'aller confesser ce désir coupable. Mais René et Werther l'accompagnaient comme des êtres vivants, dans l'état d'ébranlement profond de ses nerfs il ne se serait même pas étonné de voir s'ouvrir une nuit sa porte et s'avancer vers lui l'un de ces deux héros. Il s'attendait à avoir des visions : peut-être aurait-il lui aussi des apparitions comme Urhan.

Il ressemblait lui aussi à une vision. Son corps déjà mince de nature s'était amaigri au point qu'il ne lui restait plus que la peau sur les os. Sa tête était étrange sur ce grand corps osseux, un visage blanc comme la craie, au nez puissant, aux yeux fiévreux, tourmentés, en attente d'un miracle, et ce visage de moine médiéval était encadré par la crinière de ses épais cheveux blonds et raides qui tombait jusqu'aux épaules. Dans les rues de Paris tout le monde le connaissait, pourtant celui qui le croisait était troublé à sa vue : dans son regard agité, perplexe mais ardent, dans son allure hésitante, dans ses mouvements désordonnés il y avait quelque chose qui aurait pu le faire croire saint ou fou.

Il aurait aimé être un saint, sa mère craignait la folie. Quand le jeune homme fêta son dix-huitième anniversaire son projet religieux n'était devenu que plus opiniâtre. Pendant des semaines, afin de ne pas désespérer sa mère, il n'en parla pas, puis un jour il lança une remarque qui la fit pleurer pendant deux jours. Peu après, alors qu'il était allé se confesser, le père Bardin le retint après lui avoir donné l'absolution.

— Attendez-moi, mon cher fils. Il faut que je vous parle. Votre mère est venue me voir.

Il regarda son confesseur, le visage parcouru d'une légère rougeur.

— Pour que vous me fassiez renoncer à la carrière ecclésiastique ? C'est un complot ?

— Ecoutez-moi au moins, mon cher fils. Dieu vous a ordonné également de respecter votre mère…

— Mais le Christ a dit lui-même que celui qui veut le suivre doit quitter ses parents. Lui aussi a quitté sa mère.

Ils se mirent à discuter. Cette discussion resta stérile. Franci promit simplement qu'il attendrait encore. Et il attendit patiemment. Il lisait la vie de sainte Thérèse. Son visage était transfiguré, si sa mère s'adressait à lui il ne l'entendait pas. Quand il avait fini de donner ses leçons il passait le reste de son temps à l'église. Il se rendait tout au plus chez la comtesse Apponyi, après avoir demandé qui se trouverait chez elle. Il avait peur de tomber sur le comte de Saint-Cricq ou sur une connaissance de celui-ci. A l'hôtel de l'ambassade il rencontrait régulièrement des gens qu'il connaissait, les aristocrates du faubourg Saint-Germain, avec lesquels il pouvait bavarder, connaissant depuis de longues années leurs familles, les détails de leurs parentés, les légendes du monde fleurdelisé et hautain de la restauration des Bourbons. Il ne comprenait rien à la politique, ne s'occupait pas des changements intervenus dans la vie publique, ne lisait pas les journaux. Il savait seulement que le roi Charles avait nommé président du Conseil son propre fils naturel, et qu'avec la chute du cabinet de Martignac le comte de Saint-Cricq avait cessé d'être ministre. Quant à la signification du changement, il ne s'y intéressait pas le moins du monde.

Pourtant depuis un certain temps tous ceux qu'il rencontrait s'occupaient fébrilement de politique. L'air était chargé d'une forte tension. Avec le printemps celle-ci ne fit que croître. Aux tables sorties devant les cafés des groupes bruyants se réunissaient. Sa mère revenait chaque jour des halles avec des nouvelles déroutantes et contradictoires : tantôt on racontait qu'une révolte se préparait et qu'il y aurait une république, tantôt que le roi confiait le pays au duc d'Orléans et se rendait à l'étranger, tantôt même que le fils de Napoléon s'était enfui de Vienne, qu'il était déjà arrivé en secret à Paris et se ferait couronner empereur la semaine suivante. Le jeune homme écoutait poliment sa mère mais n'y prêtait pas attention. Ses forces physiques comme ses forces morales commençaient à s'épuiser. Pendant des nuits il ne parvenait pas à dormir, deux fois il s'était évanoui près de la grille de l'autel de la petite église, il avait constamment de la fièvre. Le médecin que sa mère avait fait venir ne savait que faire. Le jeune homme était dans le même état de dépendance par rapport à la prière que l'alcoolique avec le vin. Seule l'ivresse pouvait adoucir ses souffrances mais il lui en fallait de plus en plus. Il commençait à négliger ses leçons. Parfois il retombait dans son lit, pris de vertige, lorsqu'il voulait se lever le matin. Il y restait alors, indifférent, et se mettait à prier, sans manger ni boire de toute la journée. Dehors la ville suffoquait sous la canicule.

Un après-midi de juillet, alors qu'il était couché depuis deux jours dans un état de totale résignation, sans savoir très bien lui-même s'il était éveillé ou s'il dormait, il entendit tout à coup une rumeur lointaine, une sorte de grondement souterrain. Il s'assit dans le lit. De la rue lui parvenait un brouhaha qui s'amplifiait, il entendit des bruits de course, des claquements de portes, des cris qu'il ne comprenait pas.

— Franci, Franci, cria sa mère en entrant précipitamment dans sa chambre, pleurant et épouvantée, on tire dans la rue, c'est la révolution !

— Quelle révolution ?

— Le roi fait tirer sur le peuple. Les gens arrachent les pavés. Qu'allons-nous devenir, qu'allons-nous devenir ?

Il bondit de son lit, s'habilla à la hâte. Sa mère se mit à pousser des cris perçants.

— Je ne te laisserai pas sortir ! Je ne te laisserai pas sortir dans la rue !

Il caressa le visage de sa mère, l'embrassa et courut à la porte. La rue grouillait de monde. Tout le monde se rassemblait sous les porches et bavardait avec agitation. Un groupe de quatre hommes courait avec un drapeau fleurdelisé des Bourbons. D'autres se joignirent à eux et le drapeau tombé à terre fut lacéré sous les hurlements de triomphe. A la lucarne de la maison d'en face, rue Montholon, apparut alors un drapeau tricolore, bleu, blanc, rouge. On entendait bien à présent les détonations lointaines : c'était le crépitement d'armes à feu. Une autre maison arborait maintenant deux drapeaux tricolores.

— Aux barricades ! hurla un gros homme inondé de sueur.

Il se mit à courir et aussitôt ils furent quinze à le suivre. Au même instant on entendit un grand fracas venant de l'autre direction et un peloton de soldats d'infanterie se précipita au pas de course entre les maisons. On pouvait les reconnaître à leur uniforme : c'étaient les soldats de la ligne. Une partie de ceux qui étaient dans la rue se réfugièrent dans l'entrée des maisons, mais d'autres restèrent à l'extérieur, en criant avec une rage fébrile :

— A bas le roi !

— Vive la liberté !

— Vive la Charte !

Sans se soucier des acclamations injurieuses, les soldats continuèrent leur course cliquetante vers un but inconnu. En un instant la rue se repeupla. On entendait toujours les coups de feu. La mère en pleurs suppliait son fils de rentrer. Celui-ci la prit par le bras pour la calmer mais il continua d'observer au loin. De nouveau des gens accoururent de la rue transversale.

— Les boulevards sont occupés !

— Ils ont tiré aux Tuileries, il y a beaucoup de morts.

Il était impossible de savoir ce qui s'était vraiment passé. Peut-être Paris tout entier était-il noyé dans le sang, peut-être ne s'agissait-il que d'une petite escarmouche. La cohue ne faisait que grandir dans la rue et soudain tout le monde se mit à hurler, à pousser des cris d'épouvante, à s'enfuir : une troupe de cavalerie venait de surgir de la même direction que les soldats de la ligne. Sans savoir comment, Franci se retrouva tout à coup de l'autre côté de la grande porte qui avait été claquée. On entendit deux coups de pistolet. Il était entouré de gens qu'il n'avait jamais vus. Quelqu'un cria juste à côté de lui :

— Ils sont partis ! Celui qui a un insigne de vétéran, qu'il le mette !

La porte s'ouvrit. Quelques hommes se mirent à courir après la cavalerie. Devant eux un homme en bras de chemise, ensanglanté, se releva. Maman Liszt poussa un cri d'horreur et tira avec violence son fils en direction de leur appartement. L'homme blessé les suivit. Ils le reconnurent. C'était Verrier, le sellier dont la boutique se trouvait à deux pas de chez eux.

— Ils ont tiré, les canailles, j'ai été touché au bras ! Vous ne pourriez pas me faire un pansement ?

La grande porte fut de nouveau claquée, de nouveau des cavaliers s'approchaient au galop. La mère et le fils firent entrer le sellier chez eux. Sa blessure n'était pas grave, une simple égratignure. Maman Liszt apporta de l'eau et de la toile.

— Que se passe-t-il, lui demanda Franci sur un ton passionné, que se passe-t-il donc ?

— Un soldat de la garde à cheval m'a tiré dessus parce que je ne suis pas rentré à temps sous le porche ! Pourtant je n'avais rien fait.

— Oui, mais dehors, que se passe-t-il ? Dans la ville ? Dans le pays ?

— Il se passe, monsieur, que vos amis les aristocrates vont avoir chaud maintenant. Ils ont fait suffisamment de cochonneries. C'est fini maintenant. Nous allons donner une bonne leçon aux princes. Ce qu'ils ont fait ces derniers temps, on ne pouvait vraiment plus le supporter.

— Qu'ont-ils fait ?

— Ce qu'ils ont fait ? Mais vous ne lisez pas le journal ? Vous ne connaissez pas les ordonnances ? Monsieur, où vivez-vous donc ? Quelle sorte de Français êtes-vous donc ?

— Je ne suis pas français, je suis hongrois.

— Mais vous avez quand même des yeux et des oreilles ! Le roi a craché sur la Charte, monsieur, sur laquelle il avait prêté serment. Il a interdit les journaux, cela fait deux jours qu'on ne les reçoit pas. Il a dissous la Chambre et supprimé le droit de vote. C'est pour cela que nous avons fait revenir les Bourbons ? Je ne donnerais pas un clou du trône de Charles, monsieur ! Maintenant la liberté est là. Savez-vous, monsieur, ce qu'est la liberté ? Moi je le sais ! J'ai vu la guillotine fonctionner sur la place de Grève quand j'étais enfant ! Maintenant ces messieurs les aristocrates sont dans leurs petits souliers ! Merci, madame !

Ces derniers mots s'adressaient à Mme Liszt qui, entre-temps, avait pansé le bras du sellier. Puis celui-ci se précipita dehors. Franci voulut le suivre mais sa mère le retint.

— Je ne te laisserai pas ! Je préfère encore mourir, je ne te laisserai pas sortir dans la rue !

Mais elle le lâcha quand même, frappée d'étonnement : un chant retentissait dans la rue, mêlé à une rumeur de bonheur. L'instant suivant Franci se rua vers la grande porte, suivi par sa mère. La porte était de nouveau ouverte. La rue était pleine des soldats de la ligne. Une foule épaisse les entourait. Beaucoup chantaient *la Marseillaise* et portaient une cocarde tricolore à leur chapeau. On ne pouvait s'expliquer d'où venaient tant de drapeaux et de cocardes. Le peuple embrassait et ovationnait les soldats. Un enthousiasme indescriptible secouait, emportait, faisait chanter ces hommes et ces femmes, *la Marseillaise* recouvrait le bruit des armes crépitant au loin. Mais soudain un grondement fantastique fit trembler les murs et cesser le chant.

— Le canon ! s'écrièrent plusieurs hommes.

Mme Liszt regarda son fils, épouvantée.

— Franci, pour l'amour de Dieu, qu'est-ce que tu as ? Rentre tout de suite !

Elle s'agrippa à son bras, le tira, le traîna vers l'intérieur. Le jeune homme était métamorphosé. Son visage flamboyait, ses yeux scintillaient, ses bras, ses épaules tremblaient. Sa mère angoissée le supplia :

— Franci, si tu ne restes pas à la maison, si tu fais un seul pas dehors, je jure que je me tuerai. Vas-y maintenant si tu le peux.

Le garçon sourit. Il sourit comme un enfant, avec bonne humeur, avec humour, il s'étendit sur le divan et alluma une pipe. De l'extérieur le bruit du canon ne parvenait que très faiblement. Il regardait le plafond et son imagination travaillait. Il voyait continuellement devant lui le comte de Saint-Cricq emmené sur un chariot et humilié par la foule. Derrière lui dans un autre chariot il voyait le comte d'Artigaux se tordant les mains en sanglotant. Lui il se tenait sur une sorte de tribune et arrivés à lui les deux hommes se prosternaient à ses pieds. Alors, magnanime, il faisait un geste dédaigneux : que l'on relâche ces deux misérables vers de terre. Son profil noble se retournait, ses cheveux blonds flottaient au vent.

— Maman, même si c'est la révolution, j'ai faim et soif.

La mère apporta le vin, à la fois stupéfaite et angoissée. Il se versa un verre qu'il vida aussitôt. Il était extraordinairement gai et excité. Il se promena dans sa chambre, regarda chaque objet comme s'il le découvrait, puis s'assit au piano. Il y fit courir ses doigts puis plaqua de puissants accords. *La Marseillaise* se forma peu à peu, il la joua trois fois. Il se mit alors à improviser et joua le chant hussite qu'Urhan lui avait chanté deux semaines auparavant, le chant de la révolution vieille de quatre siècles. C'était un chant protestant ? Tant pis. Il était beau et le bon Dieu ne pouvait que l'aimer. Puis il entama le choral allemand : *Dieu est notre forteresse !* Il le joua également trois fois puis revint à *la Marseillaise.* Il improvisa toutes sortes de progressions à partir des figures des trois chants. Il mélangeait les trois motifs, les rangeait, les élargissait.

Le piano tonnait sous ses mains, les murs, les maisons, les rues, les pays grondaient avec lui. Il joua jusqu'à minuit. Sa mère posa sans un mot quelques victuailles sur le piano, mais il secoua la tête et n'y toucha pas. A minuit il prit un crayon et du papier à musique. D'une main il jouait de façon saccadée, de l'autre il notait.

— Que fais-tu, mon garçon ? demanda sa mère avec un étonnement heureux mais timide.

— Une symphonie révolutionnaire ! s'écria-t-il avec passion.

Il travailla jusqu'à quatre heures du matin. Il s'endormit tout habillé et se réveilla à neuf heures. Il ouvrit les yeux, malheureux et tourmenté comme d'habitude, mais en quelques instants son visage fut inondé de joie. Sa mère lui donna les nouvelles : la révolution avait triomphé. Seule une zone entre le Louvre et les Champs-Elysées se trouvait encore aux mains des troupes restées fidèles au roi. Il y avait là-bas des barricades et l'on se battait. Mais les soldats n'avaient ni vivres ni poudre.

Après une prière rapide Franci s'assit au piano. Il travailla jusqu'au soir en prenant à peine le temps de manger. Le troisième jour il continua et l'après-midi il terminait sa composition. Il se mit aussitôt à la recopier au net.

Le matin du quatrième jour ils apprirent que les dernières troupes étaient tombées, le peuple des barricades avait remporté une victoire complète. La ville appartenait à la révolution, le règne des aristocrates était terminé. Le vieux Lafayette avait pris l'organisation en main.

La transcription pour piano de sa symphonie révolutionnaire était achevée. Il recopiait les dernières mesures lorsqu'il entendit qu'un voisin parlait avec sa mère : il venait s'informer si les Liszt allaient bien.

— Comment va Franci ?

Franci sourit au piano et écouta avec curiosité ce que répondrait sa mère.

— On ne pourrait le reconnaître. Depuis trois jours il est d'une bonne humeur incroyable. Il compose jour et nuit.

— Non ! Que s'est-il donc passé ?

— Je ne le comprends pas moi-même. Le canon l'a guéri.

XIX

Sa guérison par le canon avait été miraculeuse. C'est comme s'il lui avait grondé à l'oreille : Lève-toi et marche. Et lui s'était levé et avait marché. Aussi grande avait été son indifférence pendant ces deux longues dernières années à tout ce qui échappait à sa ferveur religieuse, aussi grand était à présent son appétit de vivre. Il ne semblait que maintenant se rendre compte qu'il y avait un ciel au-dessus de sa tête et des feuilles vertes aux arbres. Il lui fallait regarder de nouveau chaque objet. Il sortait d'une vision qui avait duré deux ans. Il regardait autour de lui et constatait avec émerveillement qu'il vivait, qu'il avait dix-neuf ans et que le monde était plein de millions de choses passionnantes. Il voulait dévorer la vie à pleines dents.

Il réorganisa ses leçons de piano. Il n'avait plus peur de se présenter dans les maisons d'aristocrates. La comtesse Liline avait déménagé en province après son mariage et le comte de Saint-Cricq ne fréquentait personne. D'ailleurs il aurait à présent été capable de le revoir. La nouvelle se répandit immédiatement dans le faubourg Saint-Germain : Liszt avait été métamorphosé du jour au lendemain. L'une après l'autre arrivèrent les lettres lui demandant des leçons de piano. Il se faisait maintenant payer vingt-cinq francs de l'heure, somme que les grandes familles donnaient volontiers. C'était à présent tout autre chose de donner des leçons. Deux ans auparavant des voitures nommées omnibus et capables de recevoir un grand nombre de voyageurs avaient fait leur apparition dans les rues de Paris. A l'époque des Bourbons elles n'avaient guère été populaires mais maintenant, avec la glorification du monde bourgeois, de nouvelles compagnies avaient été créées et l'omnibus avait envahi la capitale. Le maître de piano pouvait désormais les emprunter six ou huit fois par jour.

Tout était passionnant. A nouveau il fit la connaissance de centaines de gens. Il se mit à fréquenter la haute société. Il n'eut pas un soir sans invitation. En société on parlait de livres, les livres l'attirèrent et il se mit à lire. La lecture le mena aux écrivains et il commença à faire la connaissance de ceux-ci. Les auteurs parlaient de tableaux et de statues. Il se mit à regarder les tableaux et les statues, à s'enthousiasmer pour les peintres et les sculpteurs. Partout il entendait parler de politique, de nouveaux mouvements naissaient, de nouvelles tendances sociales engendraient les discussions. Il s'y intéressa. Il ne savait plus où donner de la tête, il regardait, questionnait, lisait, admirait les yeux grands ouverts les mille merveilles du monde.

Les murs du salon de la duchesse Belgiojoso étaient tendus de velours noir orné d'étoiles d'argent. La maîtresse de maison avait la beauté des femmes du Sud, son visage d'une pâleur byzantine, au nez aquilin, était encadré d'une chevelure noire aux reflets bleutés. Une fois par semaine les jeunes héros des nouvelles tendances de la littérature et de l'art s'asseyaient sur les chaises à pieds d'argent. Le salon de la duchesse Rauzan était orné d'immenses gobelins, celle-ci était une dame rondelette d'une infinie gentillesse, pas très intelligente mais qui adorait la compagnie des écrivains et des artistes. Ces deux dames osèrent les premières introduire dans leurs salons les jeunes célébrités du monde de la culture. Les maisons sévères du faubourg Saint-Germain furent profondément choquées par cette hardiesse mais peu à peu le nouveau monde ouvrit une brèche dans l'austérité cérémonieuse de leur forme de vie. Jusqu'alors le "petit Litz" avait été le seul artiste à s'être assis à la table des grands de l'aristocratie. A présent certaines bonnes familles accueillaient des douzaines d'artistes. Avec mesure, naturellement. Victor Hugo était le fils d'un général et il pouvait porter le titre de comte, même si celui-ci était d'origine napoléonienne. Alfred de Musset était noble, son père était haut fonctionnaire au ministère de la Guerre. Lamartine lui aussi était issu d'une bonne famille et en tant que diplomate avait représenté des Bourbons à Florence. Cependant Delacroix n'était ni noble, ni diplomate, rien qu'un jeune peintre qui faisait beaucoup parler de lui. Et François Mignet, l'un des hôtes de la duchesse Belgiojoso, avait attaqué pendant des années les Bourbons dans son journal *le National*, ce qui lui avait valu de devenir après Juillet archiviste général du ministère des Affaires étrangères.

Le jeune homme ressuscité fit la connaissance de tous ces gens. Dans chaque compagnie c'était lui le plus jeune, mais le plus fêté. Chacune de ses nouvelles connaissances lui demandait où il était donc passé, mais lui ne faisait que hausser les épaules et écoutait attentivement chaque mot afin de ne perdre aucune révélation, aucun point de vue, aucun potin. Il voulait tout savoir, avec un appétit rabelaisien il harcela de questions le jeune Musset de vingt ans. Puis il voulut faire la connaissance de Victor Hugo. Il voulait savoir ce qu'était cette école romantique que poursuivaient d'une haine si violente les vieux classiques. Lorsqu'il fit la connaissance de cet homme à l'allure solennelle, au front haut, au discours embrasé, il acheta immédiatement toutes ses œuvres et les lut d'une seule traite. Il apprit alors qu'un autre écrivain, Sainte-Beuve, était douloureusement amoureux de la belle Adèle aux yeux noirs, la femme du poète. Sainte-Beuve lui expliqua longuement les nouvelles questions littéraires et mentionna entre autres le nom de Lamartine. Il acheta toutes les œuvres de Lamartine et, par l'intermédiaire de Mignet, qui était un parent du célèbre poète-diplomate, il fit sa connaissance. Chez Hugo il rencontra Achille Devéria, le grand dessinateur, et Delacroix, "l'inventeur du drame des couleurs". Il les questionna avidement sur le sens des nouvelles tendances et le lendemain il se lança à la découverte du Louvre. Il achetait des livres sans arrêt. La nuit il lisait *l'Encyclopédie*, la dévorait comme un roman passionnant. Dans l'omnibus il feuilletait des manuels scolaires d'histoire naturelle. Il engloutissait toutes ces connaissances en désordre et s'étonnait lui-même de l'acuité de sa mémoire. Ce qu'il avait lu une fois restait à jamais gravé dans son esprit.

— Pourquoi t'abîmes-tu les yeux ? lui demandait sa mère lorsque, se réveillant la nuit, elle trouvait son fils encore en train de lire.

— Je vais à l'école, mère. Je n'ai jamais été à l'école, j'ai de longues années à rattraper.

Il se mit également à fréquenter les théâtres. Il avait fait la connaissance d'une certaine Mme Goussard qui aimait chanter et adorait l'opéra italien. La loge de Mme Goussard lui était toujours ouverte et c'est avec joie qu'il l'utilisa. Mais les écrivains le firent s'intéresser aussi au théâtre en prose. Les représentations de la Comédie-Française et de la Porte Saint-Martin lui firent connaître le véritable envoûtement du théâtre. Il était à présent capable de discuter de la dernière création de Mlle Mars ou de Mme Dorval.

Pourtant ses deux domaines de prédilection restèrent la musique et la religion. Il s'était lié d'amitié avec Habeneck, le directeur de la Société des concerts du Conservatoire dont le but était de gagner Paris à la musique de Beethoven. L'entreprise n'était pas aisée. Kreutzer lui-même, le premier violon, à qui Beethoven avait dédié sa célèbre sonate, s'écria furieusement lors d'une répétition :

— Laissez-nous tranquilles avec cette musique barbare !

Et le souverain tout-puissant du Conservatoire, Cherubini, parla en ces termes de cette même symphonie :

— Cette musique me donne constamment envie d'éternuer. Elle m'entre dans le nez et pas dans l'oreille.

Cependant Habeneck ne se laissa pas décourager. Opiniâtrement il mit au programme de ses concerts des œuvres de Beethoven, l'une après l'autre. Le pianiste hongrois l'avait toujours aidé mais à présent il était devenu son collaborateur zélé. Ils passaient des heures ensemble à étudier les symphonies, plongés dans la richesse inépuisable des partitions d'orchestre. Alors qu'ils se penchaient sur une œuvre de Beethoven, Habeneck dit à son jeune ami :

— Le 5 je vais présenter la symphonie d'un jeune compositeur nommé Berlioz. Ne la manquez pas. C'est un travail extrêmement intéressant.

— Berlioz ? Il n'avait pas l'an dernier quelque chose au programme ? Je me souviens vaguement que cela m'avait beaucoup plu.

— Effectivement. C'était un extrait d'une suite de Goethe. Ceci est encore bien meilleur. Si vous le désirez vous pouvez jeter un coup d'œil à la partition.

Franci l'étudia pendant deux jours chez lui. Quand il eut terminé il alla au Conservatoire demander l'adresse du compositeur et se rendit sur-le-champ chez celui-ci.

A l'adresse indiquée il trouva une pauvre chambre louée au mois. L'homme roux qui lui ouvrit la porte était celui qu'il avait déjà aperçu dans la salle de concert. Une très forte odeur d'oignon grillé emplissait la chambre. Le visiteur dit son nom.

— Oh ! répondit vivement l'autre, j'aurais dû vous reconnaître. Entrez donc. Que puis-je pour votre service ?

— Je suis venu vous féliciter. Habeneck m'a donné à lire votre symphonie de demain. J'en suis tombé en extase. Il fallait à tout prix que je fasse votre connaissance. Il y a dans l'œuvre quelque chose qui m'a fortement touché.

— Quoi donc ? demanda Berlioz, encore un peu gêné.

Franci chercha des yeux le piano. Il s'y rendit et joua un thème musical.

— Ceci. Je ne peux m'en libérer. Habeneck m'a également donné votre explication. Je l'ai lue. C'est génial.

— Qu'est-ce qui est génial ? Oh, je vous demande pardon, asseyez-vous donc. L'odeur d'oignon ne vous dérange pas ? Moi j'adore l'oignon grillé. Mais mes amis ne peuvent le supporter.

— Cela ne me dérange absolument pas, continuez donc. Si j'ai bien compris, l'image de la femme adorée ne paraît dans l'âme du jeune artiste que liée à une pensée musicale. A celle que je viens de jouer à l'instant. Cette pensée est donc quasiment le portrait musical de cette femme. Comme vous le dites : "Passionnée, mais de haute naissance et sans courage."

— C'est bien cela.

— Eh bien, ce portrait musical est déjà génial en lui-même. Il a en vérité évoqué en moi le portrait d'une femme "passionnée, mais de haute naissance et sans courage". Cela m'a ouvert un horizon immense et je vous en remercie infiniment. Vous êtes le premier dans l'histoire de la musique à avoir fait cette découverte. Vous offrez ainsi à la musique une possibilité que ne possédait jusqu'à présent que la littérature. L'autre chose, qui est aussi à mon avis une trouvaille géniale, est que vous reprenez cette petite phrase musicale à travers toute la symphonie. Et chaque fois sous un nouvel éclairage. Le premier mouvement est la rêverie. Le deuxième le bal. Au troisième l'artiste pense au destin de son amour, en espérant et en tremblant à la fois. Puis vient la marche funèbre, avec la mort de la femme. Et finalement cette danse macabre où la femme apparaît dans la danse des sorcières, c'est tout simplement inouï, monsieur. La parodie du Dies irae de cette danse des sorcières m'a touché au point que je n'en suis toujours pas remis.

Le jeune homme aux cheveux roux, aux épaules larges et au nez proéminent écouta sans dire un mot. On voyait à son expression qu'il était lui aussi ému. Il finit par ouvrir la bouche :

— Vous comprenez tout ceci ? Je croyais que personne ne comprendrait.

— Bien sûr que je comprends. Comment appelez-vous donc ce motif qui surgit constamment jusqu'à la fin ?

— Idée fixe.

— Ah oui, bien sûr. Cher monsieur Berlioz, j'aimerais vous dire que cette "idée fixe" est un pas dans l'histoire de la musique tel que personne n'en a fait depuis longtemps.

Berlioz regarda attentivement Liszt :

— Quel âge avez-vous, mon cher ami ?

— Dix-neuf ans, répondit celui-ci en rougissant un peu.

— C'est stupéfiant. J'ai l'impression que vous êtes plus mûr et plus âgé que moi qui ai pourtant vingt-sept ans. D'où vous vient cette maturité incroyable ?

— Mon Dieu, c'est facile à expliquer. J'ai commencé à gagner mon pain à l'âge de dix ans comme d'autres le font à vingt ans. Je peux donc estimer que j'approche de la trentaine.

— C'est étrange. Quelle est votre nationalité ? Russe ou polonais n'est-ce pas, j'ai entendu quelque chose comme cela...

— Non, je suis hongrois. Je suis né en Hongrie. Mais parlons plutôt de vous. Comment avez-vous commencé la musique, qui vous l'a enseignée ?

Ils se mirent à se poser mutuellement des questions de plus en plus profondes, de plus en plus intimes. Les heures passèrent mais ils ne s'en souciaient pas. Franci raconta tout de lui et il apprit de son nouvel ami que son père le destinait à être médecin et qu'il était venu dans ce but à Paris, qu'il s'était inscrit à l'université. Mais il détestait la dissection et l'odeur des cadavres. Après un âpre combat il était parvenu à se faire inscrire au Conservatoire. Pendant huit ans il était passé à travers les épreuves les plus pénibles de la misère mais maintenant il avait au moins de quoi manger car il avait reçu une bourse. Il allait faire un voyage en Italie et dès son retour épouser une jeune femme professeur de piano, Camilla Moke, car son premier grand amour, pour Harriet Smithson, l'actrice anglaise séjournant à Paris, s'était terminé par une rupture.

Il leur fallut se quitter. En rentrant chez lui Franci se dit que cet homme excessif, anarchique et au talent extraordinaire était toujours amoureux de l'actrice. Cela était écrit dans son œuvre qu'il appelait *Symphonie fantastique.* Cet amour le rongeait et le faisait blasphémer dans la danse des sorcières. Comme c'était étrange. Lui, lorsqu'il avait lutté avec la douleur de son amour perdu, c'est auprès des anges qu'il s'était réfugié. Cet homme tourmenté avait fui vers Satan et dans son supplice il avait découvert cette "idée fixe" inouïe qui bouleversait totalement la forme de la symphonie. C'était magnifique.

Le lendemain il assista au concert. Conduite par Habeneck, la symphonie l'empoigna encore plus. Comme de vieilles connaissances l'auteur et lui tombèrent dans les bras l'un de l'autre. Le succès de l'œuvre était indubitable.

— Quand je serai rentré d'Italie, dit Berlioz, débordant de bonheur, je viendrai vous voir et nous deviendrons amis, n'est-ce pas ?

— Nous le sommes déjà, répondit Franci en souriant.

Rentré chez lui il se mit à la lecture de Goethe. La veille, Berlioz lui avait beaucoup parlé de la musique de *Faust* et il lui avait fallu avouer de mauvaise grâce qu'il connaissait à peine Goethe.

A partir de ce moment-là il se mit à proclamer partout où il le pouvait le grand talent de Berlioz en expliquant au piano les beautés de son œuvre. Il le faisait d'autant plus volontiers qu'il éprouvait une joie immense à exprimer dans la langue du piano ce qu'il pensait dans celle de la partition d'orchestre. Quoiqu'il travaillât moins pendant cette période, son jeu ne connaissait aucune limite. Ses doigts disparaissaient pour ainsi dire, il donnait l'impression que c'étaient ses pensées qui jouaient. Il jouait comme l'on parle sa langue maternelle. Partout où il passait, le nom de Berlioz restait gravé dans les mémoires. D'autres encore s'appliquaient à le défendre. Victor Hugo connaissait déjà depuis longtemps Berlioz. L'impétueux compositeur avait participé aux manifestations révolutionnaires du groupe des écrivains romantiques. Mais il avait fallu Liszt pour expliquer à Hugo et aux autres que Berlioz faisait en musique la même chose qu'eux en littérature.

De la même façon que de nouvelles grandes impressions avaient fait bouillonner et fermenter son imagination musicale, de nouvelles portes s'ouvrirent à sa ferveur religieuse. Jusqu'alors sa foi avait été un couvent de pierre mystique dans la pénombre opaque duquel il s'était réfugié, fuyant ses tourments. Il ne négligeait pas la messe quotidienne mais s'efforçait de donner à sa religion un nouveau contenu. Il s'était pris à aimer la vie et recherchait la voie qui lui ferait trouver cette double harmonie : il voulait croire et être bon, mais aussi vivre pleinement.

Depuis longtemps déjà il entendait parler des saint-simoniens. On colportait toutes sortes de choses à leur sujet mais personne ne pouvait dire précisément ce qu'ils croyaient et ce qu'ils voulaient vraiment. Les amis de Franci ne s'intéressaient guère à la doctrine qu'ils considéraient comme une inoffensive sottise de fanatiques. Mais il ne les écouta pas. Partout où il le put il se renseigna donc sur les saint-simoniens. Il apprit que, cinq ans auparavant, était mort un certain comte de Saint-Simon qui avait écrit de nombreux livres, entre autres *le Nouveau Christianisme*, et qu'à présent quelques-uns de ses disciples avaient fondé une secte qui voulait réformer selon ses principes l'organisation entière de la société, de la vie intellectuelle, de l'industrie et du commerce. Mais personne ne put lui dire quels étaient ces principes.

Finalement il fit la connaissance d'un dénommé Barrault. Celui-ci était venu de province avant la révolution de Juillet et avait retenu l'attention avec une de ses pièces de théâtre. Il s'avéra qu'il était également l'un des dirigeants de la secte.

— Ne pourriez-vous avoir l'obligeance de venir vous asseoir avec moi dans un café pour m'expliquer l'essentiel de tout ceci ?

— Mais bien volontiers.

Dans un café du grand boulevard ils prirent place devant une bouteille de vin.

— Alors ? demanda Franci, débordant de curiosité, en se tournant vers l'apôtre.

— Eh bien, je suis infiniment heureux de pouvoir vous présenter, à vous justement, notre conception, car l'un des points cardinaux de notre doctrine est que l'art représente le premier des instruments avec lesquels nous pourrons construire et maintenir la nouvelle société de la paix et de l'amour. Les arts sont selon nous les expressions humaines du sentiment religieux.

— C'est-à-dire qu'art et religion ne font qu'un ?

— Inévitablement. Je parle bien entendu du vrai art et de la vraie religion.

— Voilà qui me plaît déjà beaucoup. Parlez-m'en plus en détail…

— Bien. Commençons par le début. Nous voulons construire le monde sur la base du christianisme. Nous voulons atteindre sur terre le règne de Dieu. Celui-ci ne peut être autre que le règne de l'amour. Tout ceci est fondamentalement simple : nous devons nous aimer les uns les autres comme Dieu nous aime. C'est l'unique base sur laquelle il est permis de fonder ce nouveau monde, et non sur la base de la puissance ou celle des droits et préjugés historiques.

— Et ce but peut être atteint ?

— Si nous sommes chrétiens, naturellement. Tous les hommes peuvent être unis par un Dieu unique, par une foi unique. Notre force à tous est celle de l'individu, la force de l'individu est la nôtre.

— Bien, je comprends et trouve cela très beau. Mais cela me semble un peu supraterrestre. Comment est-il possible de réaliser pratiquement cette idée ?

— Nous la réaliserons. Notre système est d'ailleurs quasiment au point. Pour m'en tenir aux principes essentiels : nous pouvons régir chaque phénomène du monde réel selon trois points de vue : est-il beau, est-il vrai, est-il utile ? La sagesse divine de la religion chrétienne ne nous enseigne pas en vain la Sainte-Trinité. Celle-ci recèle une pensée philosophique d'une profondeur merveilleuse et pourtant facile à concevoir : la trinité du Père, du Fils et du Saint-Esprit est la trinité de la force, de la vérité et de la beauté. Me suivez-vous ?

— Mais oui. C'est très intéressant.

— Donc il nous faut également construire la vie sur la base de cette trinité. Qu'est-ce que le beau ? La religion et l'art. Qu'est-ce que le vrai ? Le dogme et la science. Qu'est-ce que l'utile ? L'éducation publique et l'économie. On peut même trouver dans chacun de ces groupes la triple pensée. Quant à vous ce sont les arts qui vous intéressent le plus. Eh bien, ceux-ci peuvent se diviser en trois parties : dogme, religion et éducation publique.

— Comment donc ? Ce n'est pas très clair pour moi.

— C'est pourtant très simple. Les Beaux-Arts servent l'éducation, ils sont utiles. La musique par exemple représente le beau car la vraie musique parvient à la notion de l'éternité et de l'infini, elle fait donc pénétrer dans l'âme humaine un rayon de l'harmonie du monde. Vous comprenez ?

— A peu près.

— Nous, nous considérons l'artiste comme un prêtre. Même s'il n'est pas revêtu d'une soutane il est pour nous un prêtre…

— Comment ? interrompit Franci avec fougue. Vous pourriez m'expliquer ceci plus en détail ?

— Volontiers. Dans l'Etat parfait de l'avenir nous répartissons les hommes dans différentes classes. La première classe sera celle des prêtres. Chaque artiste sera membre de cette classe. Son devoir sera d'éveiller les hommes au beau et au sublime, d'alimenter et de développer ce sentiment. Cela vous intéresse ?

— Beaucoup. Avez-vous connu Saint-Simon ?

— Non, mais je sais beaucoup de choses à son sujet.

— Quel homme était-il ?

— Il était divin. Pour ne vous citer qu'un exemple, chaque matin son valet venait le réveiller avec cette phrase : "N'oubliez pas, monsieur le comte, que vous avez de grandes tâches à accomplir." N'est-ce pas prodigieux ? Par ailleurs il était le descendant direct de Charlemagne et il avait hérité de lui sa force d'âme. Il aurait préféré être jeté en prison plutôt que se faire confirmer, car cela ne s'accordait pas avec ses convictions.

Franci resta sidéré.

— Comment ? Vous niez donc la religion catholique ?

— Nous ne nions rien du tout. Ce qui est bon et pur a sa place parmi nous. Cela me ferait un plaisir infini que vous fassiez connaissance avec nos réunions. Venez donc y assister, soyez convaincu par notre doctrine et si vous le voulez, rejoignez-nous.

Franci hésita un peu. Il n'avait pas reçu de réponse satisfaisante en ce qui concernait le catholicisme et cela ne lui plaisait pas. Mais sa curiosité fut plus forte.

— C'est d'accord, je viendrai ; où et quand ?

Et il se rendit à la réunion suivante, dans la maison située au coin de la rue Monsigny et du passage Choiseul. Il y avait là l'appartement d'un certain M. Enfantin. Il hésita un peu dans l'entrée mais se rendit compte tout de suite qu'il ne s'était pas trompé. Des gens arrivaient les uns après les autres, tous portaient un nœud papillon, l'insigne des saint-simoniens. Il était le seul à ne pas en avoir.

Il entra avec d'autres. Barrault était déjà là, il l'aperçut tout de suite.

— Venez, venez, je vais vous présenter aux pères.

L'un des "pères" était M. Enfantin, un bel homme, grand, à la barbe soyeuse. L'autre père était une espèce de professeur très myope qui s'appelait Bazard. Il y avait également une "mère" : la femme de Bazard. C'était la seule femme qui participât à l'assemblée. Tous les autres étaient les "enfants". Car, selon l'un des principes de la secte, l'humanité tout entière formait une unique grande famille. Enfantin était le père du sentiment, Bazard le père de l'esprit. Le local ressemblait bien davantage à un salon qu'à une salle de réunion. Les membres se saluèrent avec une joie débordante, leur visage était illuminé d'une chaleur profonde. Il fut lui aussi entouré avec affection, plusieurs l'embrassèrent, lui serrèrent la main, lui offrirent une place. Tout le monde se tutoyait. Il n'avait encore vu personne qu'il connût dans cette compagnie d'une quarantaine de personnes, lorsque subitement il s'écria, fortement étonné :

— Adolphe, c'est vous ? Pardon, c'est toi ?

Nourrit était devant lui, le célèbre ténor qui avait jadis chanté dans son opéra et il le prit dans ses bras.

— Oui, c'est bien moi. Et je suis content, de tout mon cœur, de te revoir ici. Tu verras comme tu seras heureux parmi nous. Moi j'ai ressuscité ici entre mes frères. Assieds-toi à côté de moi, on commence.

Trois sièges se tenaient dans l'un des coins du salon. Les pères et la mère y prirent place. La rumeur se tut, le père Enfantin se leva pour parler. Il parlait directement, comme un père s'adressant à ses enfants. Sa voix d'un charme irrésistible rendait très attrayant ce qu'il disait, quoiqu'il ne parlât guère d'autre chose que de la grande beauté de l'amour des hommes. Mais il était capable de varier cette idée de mille façons, de l'exprimer, de l'expliquer à l'infini, et il s'enivrait à tel point de son propre discours qu'à la fin il fondit en larmes. Tout autour de lui beaucoup pleuraient également. Quand il se rassit on alla le trouver, l'embrasser, le cajoler.

Alors le père Bazard se leva pour que, après le sentiment, l'esprit lui aussi fît entendre sa parole. Ce père parlait d'une façon tout à fait différente, avec monotonie, sur un ton professoral. Mais son argumentation était extraordinairement claire et concise. Il expliquait à son auditoire quelle serait la législation du nouveau monde idéal. Le Parlement serait constitué de trois chambres. La première serait la chambre des projets. Dans celle-ci des artistes et d'autres frères choisis pour leur grande faculté d'imagination forgeraient des plans pour l'avenir. La seconde serait la chambre de l'appréciation. Les esprits sages et mûrs se distinguant par leurs grandes aptitudes pratiques y examineraient les projets et détermineraient ceux pouvant être réalisés. Et la troisième serait la chambre exécutive où les détails de la réalisation seraient mis au point par des industriels, des commerçants, des spécialistes des finances et des juristes.

— Mes enfants bien-aimés, dit finalement le père Bazard, j'ai terminé pour aujourd'hui. En conclusion je citerai les paroles de Saint-Simon pour votre édification : "La poire est mûre, vous pouvez d'ores et déjà la cueillir. Mais n'oubliez pas que les grandes choses ne peuvent être menées à bien que par des hommes passionnés."

Il prononça cette dernière phrase avec le même calme et s'assit. Tous se portèrent en masse vers lui et se mirent à l'embrasser, à le fêter et le choyer, comme s'ils n'étaient pas des adultes mais des enfants d'école maternelle. Il y avait dans la situation quelque chose de burlesque : les "pères" étaient des hommes encore jeunes et parmi les "enfants" on trouvait même des vieillards aux barbes blanches.

— Qui veut prendre la parole ? demanda le père Enfantin.

Un homme aux cheveux roux et au visage grêlé se leva. Il était très enrhumé.

— Mes frères, dit-il en bégayant, je… je… voulais dire que… que je vous aime au delà de toute expression…

Sur ce, il fondit en larmes. Il s'assit tout de suite et ses voisins lui caressèrent les mains en lui parlant gentiment. Mais la voix du père Enfantin se fit de nouveau entendre :

— Et maintenant demandons au jeune prêtre qui est parmi nous de nous élever à Dieu. Mon cher enfant, Litz, bénis-nous dans l'amour des délices de la musique.

Franci se leva avec empressement et se dirigea vers le piano.

— Que voulez-vous que je joue ? Quelque chose de religieux ?

— Oh non. Notre Eglise est l'art et l'amour mêmes. Joue n'importe quoi, c'est de l'art, donc cela vient de Dieu.

Il s'assit, réfléchit un peu. Puis il improvisa sur l'idée fixe de la *Symphonie fantastique* de Berlioz. Il joua avec le feu qui enflammait maintenant constamment son âme. Il sentait qu'il captivait tous ceux qui l'écoutaient. A la fin de son improvisation il passa à la danse des sorcières de la symphonie et frappa les touches dans le rythme sauvage et grimaçant de celle-ci. Puis il se ravisa : ces hommes doux et bons méritaient le son de leur amour. Il revint pour conclure à une partie de l'atmosphère amoureuse. Lorsqu'il se retourna vers l'assistance il eut l'impression de voir un groupe d'hommes atteints de démence : les saint-simoniens s'étaient levés et tombaient au cou l'un de l'autre en pleurant et en riant, poussant des cris d'extase. Ils se précipitèrent ensuite vers lui et l'assaillirent de leurs caresses. Un grand échalas, comme en état d'ivresse, embrassait le piano avec fièvre. Lorsqu'il prit congé Barrault lui demanda :

— Alors, avec quelles impressions nous quittez-vous ?

— Je reviendrai bien vite. J'ai l'impression que les premiers chrétiens devaient être comme vous. Je vous aime…

Il lui sourit avec finesse et s'inclina. Puis il descendit les marches quatre à quatre car il était déjà en retard à la soirée de la duchesse Belgiojoso.

XX

C'était le sort de maman Liszt de toujours pleurer. Jusqu'au son du canon de la révolution de Juillet elle pleurait de voir son fils se détruire dans la ferveur religieuse et une fièvre qui le consumait intérieurement. Après la révolution qui l'avait guéri elle pleurait maintenant de le voir profiter si démesurément de la vie.

Franci était à présent tombé dans l'excès contraire. Il courait tout le jour, mangeait irrégulièrement, négligeait ses leçons, passait ses nuits dehors et dormait à peine. Et il buvait un peu trop. A la sortie des soirées mondaines il se retrouvait régulièrement dans un restaurant avec quelques écrivains ou peintres. Il ne manquait jamais de compagnons de fête. Victor Hugo était un homme travailleur et se hâtait toujours de rentrer chez lui car il devait se lever tôt le lendemain. Il n'était guère possible de débaucher Balzac car il écrivait la nuit et après ce genre de soirées son manuscrit l'attendait chez lui. Mais Musset était toujours disposé à prendre un verre de cognac. Le verre devenait deux verres, puis dix. Franci rentrait à l'aube, il trébuchait entre les meubles, jetait ses vêtements à travers la chambre et le lendemain il n'était guère capable de dire comment il s'était retrouvé dans son lit. Après un certain temps sa mère se décida à lui parler.

— Mon garçon, cette nuit tu as cassé la nouvelle cruche. Je ne dis pas cela parce qu'il faut en acheter une nouvelle mais parce que je ne supporte plus de te voir te détruire ainsi. Tu as bu encore une fois.

— Allons, cela ne vaut même pas la peine d'en parler. J'ai bu trois cognacs.

— Cela devait sûrement être plus que trois. Tu t'es couché avec tes chaussures…

Le coupable se taisait. Il avait dormi à peine trois heures, il avait épouvantablement mal à la tête, dans sa bouche sa langue était tout engourdie et ses yeux lui brûlaient. Mais il fallait se lever car le père Erard l'attendait pour discuter d'un concert. Il trempa sa figure dans l'eau froide pour revenir un peu à lui. Sa mère cependant n'en avait pas terminé avec ses reproches :

— Tes vêtements aussi sont couverts de taches, ce frac marron magnifique est complètement abîmé. Et tu as brûlé ton nouveau pantalon gris gorge-de-pigeon.

— Où l'ai-je brûlé ?

— Au genou.

Sa mère étala devant lui le pantalon. Il était vraiment bien brûlé. Franci le regarda, désolé. Les beaux vêtements étaient son faible.

— *Goddam !* dit-il, furieux.

Quand il était en colère il jurait en anglais, pour que sa mère ne le comprît pas. Il continua sa toilette, l'eau froide faisait beaucoup de bien à son front et à sa nuque. Mais sa mère tournait autour de lui avec entêtement.

— A quelle heure rentres-tu déjeuner ?

— Je ne déjeune pas à la maison. Je mange en ville avec Edgar Quinet et Sainte-Beuve. Après le déjeuner j'ai à faire chez Habeneck, puis j'ai deux leçons à donner et je dois faire un tour chez les saint-simoniens. Je n'aurai même pas le temps de rentrer.

— Mais Franci ! Cette jeune fille viendra déjeuner ! C'est toi qui as choisi aujourd'hui !

— Ah oui ? J'avais complètement oublié. Je suis vraiment désolé. Trouve quelque chose et décommande-la.

La mère se tut pendant un moment. Son silence était pire que n'importe quelle scène. Elle finit par sortir en claquant la porte. Franci s'habilla, mal à l'aise et furieux lui aussi. "Cette jeune fille" n'était autre que Mlle Delarue ; Mme la générale Delarue habitait la maison et elle était devenue la grande amie de Mme Liszt. Comme la petite Biagioli avait quitté les lieux, maman Liszt aurait aimé faire épouser la fille Delarue à son fils.

Après s'être habillé en hâte il sortit sans saluer sa mère et en claquant la porte lui aussi pour montrer sa colère. Il le regretta aussitôt et hésita un instant à retourner calmer sa mère qui avait sans nul doute fondu en larmes. Mais il devait se dépêcher. L'air frais de cette fin de février effaça rapidement ses maux de tête. En consultant sa montre il constata qu'il lui faudrait négliger la messe. Il s'imposa pour ce motif une pénitence de quelques prières. Il les avait terminées lorsqu'il arriva à l'hôtel de la Muette. En quelques mots il régla avec Erard le concert de bienfaisance donné par la comtesse Plater, ils remplaceraient le Pleyel par un piano d'Erard et feraient imprimer sur le programme la marque Erard.

— Dites-moi, monsieur Erard, demanda-t-il ensuite, que savez-vous de ce Paganini ?

Le vieil homme sourit.

— Paganini, bien sûr. Que peut-on en savoir ? J'imagine à quel point il t'intéresse toi aussi. Je sais de lui ce que tout le monde sait : il pactise avec le diable.

— Bien, je l'ai déjà entendu. Mais je demandais sérieusement ce que vous savez à son sujet.

— Je disais sérieusement que je ne sais rien. Seulement qu'il joue d'une façon diabolique. J'ai lu les critiques de Vienne et de Berlin. C'est sidérant.

— Je les ai lues moi aussi. Mais quel genre d'homme est-ce ? Est-il jeune ou vieux ? A-t-il une famille ? Quel air a-t-il ?

— Je le répète, mon petit garçon, je ne peux pas te répondre. Cela ne fait aucun doute, il est génial. Et pas seulement dans sa façon de jouer, aussi dans celle de jouer la comédie, de faire marcher les gens crédules, de créer une ombre de mystère autour de sa personne et de son savoir. Si cela t'intéresse tellement, va trouver Rossini. Ils sont très bons amis. Ou bien Paer. A ma connaissance Paer et Paganini ont étudié l'harmonie chez le même maître, à Parme. De toute façon tu le verras et l'entendras. Et maintenant prends ton chapeau car je suis débordé de travail. Ta mère va bien ?

— Oui, merci.

Il avait une leçon de piano. Il s'empressa de la donner puis hésita un instant avant de décider par qui il commencerait. Il alla d'abord chez Paer mais le vieux n'était pas chez lui. Il prit un fiacre et se hâta chez Rossini. Celui-ci, grand gourmet, était en train de prendre son petit déjeuner, de la volaille froide avec de la marmelade, le tout arrosé de vin d'Espagne

— Asseyez-vous, cher Listz. Quel bon vent vous amène ?

— Je venais voir comment vous alliez, cher maestro, et j'aimerais aussi que vous me parliez de Paganini.

— *Ad primum* : je me porte comme un charme. *Ad secundum* : pourquoi Paganini vous préoccupe-t-il autant ? Mais j'ai tort de poser cette question. Naturellement une grande célébrité ne peut qu'en intéresser une autre. Que désirez-vous savoir de lui ?

— Je voudrais savoir qui il est, quel genre d'homme, ce qu'il sait, ce qui est vrai de toutes ces inepties que l'on entend à son sujet.

— Oui. Eh bien, sachez que je suis son ami mais que je ne suis pas capable de vous répondre. On ne peut rien savoir à son sujet. Il a la cinquantaine. Il vient de Genève, son père était boutiquier. Il a grandi à Parme et pendant longtemps il a été l'amant de la sœur de Napoléon à Lucques. Il a eu des aventures avec une foule de femmes mais à ma connaissance il n'en a aimé vraiment qu'une, une chanteuse du nom d'Antonia Bianchi, une petite femme toute simple, très gentille, douce, que j'ai connue moi aussi. Il l'a épousée d'ailleurs. Il a un fils, Achille. C'est tout ce que je sais de lui. Et aussi qu'il est *jettatore*.

— *Jettatore ?* Qu'est-ce que c'est ?

— Vous ne savez pas ce qu'est un *jettatore* ? Nous, Italiens, nous nommons ainsi celui qui peut jeter un sort avec ses yeux... Il faut se méfier de lui. Si vous allez à son concert, faites ce geste avec votre main. C'est le meilleur antidote.

Il tendit vers l'avant sa main droite en la fermant de sorte que ne dépassent, comme les cornes, que l'index et le petit doigt.

— Vous croyez sérieusement à cette superstition, maestro ?

— Une superstition ? Ce n'est pas une superstition, mon cher ami, c'est une chose connue de tous. Je ne suis pas superstitieux. Je dis qu'il y a des *jettatore* et ce depuis que le monde existe. Mon ami Niccolo est le plus grand d'entre eux, vous pouvez me croire.

— En un mot, c'est donc bien vrai qu'il pactise avec le diable ?

— Ne souriez pas aussi légèrement. Nous autres, les Italiens, cela ne nous fait pas sourire. L'homme le plus intelligent sait lui aussi qu'il existe des forces naturelles que nous ne connaissons pas. Que nous leur donnions le nom de diable ou un autre, cela n'a aucune importance. Paganini est un homme très mystérieux. Chez moi, en Italie, j'ai entendu dire qu'il avait tué un homme par jalousie et qu'il avait ensuite passé vingt ans aux galères. Selon d'autres il a été en prison et c'est là qu'il a appris à jouer du violon sur un instrument délabré qui n'avait qu'une seule corde. C'est peut-être vrai, peut-être faux. De lui-même on ne peut rien savoir. Si on lui pose des questions il se contente de ricaner diaboliquement et ne répond pas. On ne peut pas non plus percer le secret de son art car il joue ses propres compositions et ne les publie pas. Et il fait attention au point de ne jamais jouer le même morceau deux fois dans une ville. Il ne fait aucun doute que depuis que le monde existe personne n'a encore jamais su jouer comme lui. Et ne le saura vraisemblablement jamais.

Franci hésita un instant puis jeta sa question :

— Il sait mieux jouer du violon que moi du piano ?

— Oui, mon cher ami, oui. Quoique cette question ne soit pas aussi simple. Comment le dire ?... Vous jouez du piano comme personne ne peut le faire aujourd'hui. Mais lui sur son violon il ne joue pas seulement du violon. En l'espace de cinq minutes on peut entendre cinquante de ses trouvailles. Son violon à lui ne produit pas seulement le son du violon, mais il sait rendre un son métallique, gazouiller, donner un son de flûte, sonner, et même, s'il le veut, aboyer. Mais comment l'expliquer ? il faut l'entendre.

A présent jouez-moi quelque chose, je ne vous ai pas entendu depuis longtemps.

Franci s'assit docilement au piano. Il avait une fantaisie toute prête sur des mélodies de *Guillaume Tell*, le nouvel opéra de Rossini. Quand il eut terminé, Rossini l'embrassa.

— C'était splendide. C'est vraiment la limite de ce qui est possible au piano. La façon dont vous avez su rendre les flûtes est renversante. On ne peut pas aller plus loin. Quel âge avez-vous ?

— Je vais avoir vingt ans.

— C'est une grande chose. Les meilleurs pianistes ne sont pas parvenus à ce degré de perfection, même à l'apogée de leur gloire.

— C'est justement cela qui est épouvantable.

— Pardon ? Epouvantable ? Qu'y a-t-il là-dedans d'épouvantable ?

— Le fait qu'on ne puisse pas aller plus loin. J'ai vingt ans. Que vais-je faire de ma vie ? Quel sens peut avoir la vie si l'on ne peut pas aller plus loin ? Dois-je me répéter pendant quarante ans encore ?

— Mais vous pouvez composer. Là il y a un progrès possible, illimité.

— Là non plus cela ne va pas. J'avais commencé à composer et Berlioz est arrivé, il m'a complètement retourné. Vous ne l'avez pas entendu, maestro ?

— Non. Mais je ne crois pas à ce nouvel engouement. Ce sont des choses qui passeront. Celui qui a suffisamment le sens de la mélodie et connaît honnêtement le contrepoint saura écrire de la bonne musique. Celui qui n'a pas de mélodie et n'a pas appris son métier, celui-là trouvera peut-être toutes sortes de choses singulières mais il n'en sera pas pour autant un bon compositeur. Vous savez, mon cher ami, ce genre de musicien ressemble à l'homme qui pendant la nuit de noces amuse sa femme jusqu'au matin avec des anecdotes et des histoires drôles…

Rossini rit à gorge déployée de sa propre plaisanterie. Franci devint rouge comme un coquelicot. Sa chasteté se trahissait immédiatement devant ce genre de plaisanterie et ceci amusa encore plus Rossini. Ils se quittèrent. Le jeune homme qui s'éloignait ne pouvait chasser de sa tête le violoniste sorcier qui jouait mieux que lui, le plus grand pianiste du monde entier.

Ce soir-là il y avait une réception chez la duchesse Rauzan. Une compagnie bigarrée se trouvait réunie, introduite de façon spectaculaire par l'intrépide femme qui défiait par ce geste le faubourg Saint-Germain tout entier. D'autres dames de l'aristocratie avaient invité le duc Hardenberg, celui-ci avait invité le docteur juif Koreff. Sainte-Beuve était là lui aussi, ainsi que des peintres, des comédiens, des politiciens, des avocats, et parmi eux quelques dames de la haute société que n'avait pas effarouchées l'audace de la duchesse Clara.

— Venez, Litz, je dois vous présenter à une dame qui meurt de faire votre connaissance depuis longtemps.

Une femme blonde aux formes pleines était assise dans le fauteuil. Franci s'inclina, baisa la main tendue et d'un geste plein d'aisance approcha une chaise. Il savait qui était cette femme, une aristocrate de province passionnée de musique, et qui ne venait que rarement à Paris. La comtesse Laprunarède était jeune, son mari avait plusieurs dizaines d'années de plus qu'elle.

— Je fais enfin votre connaissance, merveille du monde.

— Les merveilles se rencontrent tôt ou tard, comtesse.

— Serais-je donc l'autre merveille ?

— Naturellement. La beauté est une merveille tout autant que l'art. Les saint-simoniens chez qui je me trouvais justement cet après-midi enseignent que la beauté, comme l'art, est semblable à la religion. Si c'est vrai nous sommes donc des collègues. La comtesse est une prêtresse, moi un prêtre.

— Prêtresse ? Non, je ne désire pas l'être. Même chez les saint-simoniens. Ce sont des hommes gentils au moins ?

Les yeux de la belle comtesse étincelaient.

— Ils sont très gentils. Ils portent un nœud papillon bleu à la place de la cravate et s'aiment de tout leur cœur.

— C'est bien. C'est une secte très intelligente. Parlez-moi encore d'eux.

La conversation s'engagea. C'était une conversation inégale dans laquelle ce n'était pas l'homme mais la femme qui attaquait avec une ardeur brutale. Ils parlèrent de saint-simonisme, d'école romantique, d'opéra italien, de piano, mais toujours superficiellement. En fait ils poursuivaient deux conversations, l'une avec les phrases qu'ils prononçaient, l'autre avec le jeu des pensées cachées surgissant entre les mots. Plus tard ils allèrent au piano et la comtesse s'assit pour jouer. Elle avait un jeu habile et recherchait les effets par le toucher et le maniement des pédales. Il l'écoutait et songeait aux limites du savoir et à ce que pouvait bien savoir de plus que lui cet Italien diabolique.

— A quoi pensez-vous ? demanda la comtesse quand elle eut terminé le menuet de Boccherini.

— Je pensais à Paganini, répondit-il en sursautant.

— Allons, petit flatteur, dit la dame en rougissant de joie, je sais que je joue bien, mais quand même pas à ce point. Et maintenant asseyez-vous à ma place.

Il ne se fit pas prier. Comme le jeune lion s'élançant sur la balle qui roule dans sa cage il joua ce même menuet. Telle une pluie d'étoiles filantes transformées en notes de musique, le morceau jetait des étincelles sous ses doigts. Toute la compagnie forma un cercle autour de lui. La maîtresse de maison observait fièrement le succès de son salon et dirigeait des yeux les laquais en culotte. Mais elle se retourna, stupéfaite. Le jeu merveilleux avait cessé. Liszt s'était levé avec impétuosité.

— Il n'y a rien à faire, dit-il avec passion, il n'y a rien à faire, cela ne va plus. Qu'est-ce qui peut encore venir après ?

Tout le monde le regarda bouche bée. Certains s'approchèrent de lui, peut-être se sentait-il mal.

— Non, ne vous occupez pas de moi, dit-il en haussant les épaules, avec un sourire fatigué, parfois je lutte avec moi-même. L'artiste a parfois des instants de déchirement. Sainte-Beuve, je vous en prie, racontez quelque chose d'intéressant à ces dames.

De nouveaux groupes se formèrent et au bout de dix minutes il se trouva à nouveau près de la comtesse Laprunarède. Il resta à ses côtés pendant toute la soirée. Il trouvait cette femme très gentille, directe, gaie, parfois très spirituelle. Lorsque la société se sépara ils se firent d'aimables adieux.

— Quand vous reverrai-je ? demanda Franci.

— Je ne donne pas de rendez-vous, répondit-elle vivement.

– Je vous prie de m'excuser, je ne l'entendais pas ainsi, repartit le jeune homme, glacial. Je n'oublie jamais les différences sociales, vous pouvez être tranquille, comtesse.

— Non, non, dit soudain la belle femme avec humilité, vous vous méprenez sur mes paroles. J'aurais répondu exactement la même chose à quelqu'un de ma caste. Au revoir.

Mais déjà il se retournait pour faire ses adieux à quelqu'un d'autre. Il désirait être seul pour pouvoir penser à Paganini. Le lendemain il alla de nouveau chez Erard. Il lui demanda les revues musicales, le vieux monsieur les recevait toutes et les conservait soigneusement. Il voulait connaître les jugements portés sur Paganini. Dans la *Berliner Konversationsblatt* il lut : “Si une nouvelle école philosophique désignait l'ironie tragique comme théorème principal de la poésie, c'est en Paganini qu'elle trouverait son vrai représentant ; lui qui ne semble que plaisanter avec l'œuvre la plus grande lorsqu'il l'a créée, tout en la détruisant est capable de faire surgir de cette destruction une nouvelle création." Rellstab, le célèbre critique musical, écrivait : "Paganini a atteint les plus hauts sommets. Ce ne sont cependant des sommets que pour les autres, pour lui ce n'est qu'une plaine. C'est là qu'il habite, c'est là qu'il vit, et c'est de là qu'il s'élance vers des régions encore plus élevées." Un autre critique : "Ce qu'il fait, d'autres peuvent l'apprendre, mais il restera quand même incomparable." Il glana ce genre de critiques pendant une heure, mais plus il méditait sur celles-ci, moins il comprenait cet homme.

Le soir il était invité chez la comtesse Plater. Il vit avec étonnement que la comtesse Laprunarède était également présente.

— Je ne m'attendais pas à ce plaisir, dit-il un peu froidement.

— Mais moi, si. Il ne m'a pas été très difficile de savoir par mes amies où vous seriez ce soir. Et maintenant demandez-moi pardon pour votre remarque d'hier soir.

— Je vous en demande pardon, et avec la plus profonde sincérité.

— Je vous pardonne. Venez faire la connaissance de mon mari.

Un petit homme grassouillet aux cheveux blancs était assis dans un coin. On avait peine à croire que cette femme superbe pouvait avoir pour mari ce vieillard décrépit. Ils se serrèrent la main. Tout de suite le comte Laprunarède invita le jeune homme à s'asseoir près de lui et avec amabilité le pria de lui pardonner sa totale incompétence en matière de musique, il ne pouvait admirer l'art de M. Liszt qu'en se fiant à l'avis des connaisseurs. Ils se mirent à bavarder et en l'espace de dix minutes Franci fut véritablement charmé par le vieil aristocrate. Il n'avait pas rencontré depuis longtemps d'homme plus gentil, plus aimable et plus sage. Lorsque les groupes se refirent il ne voulut à aucun prix le quitter. Plus tard il se retrouva avec sa femme dans l'embrasure d'une fenêtre. Il était impossible de ne pas remarquer que la comtesse faisait la coquette avec lui. Ils parlaient de futilités mais les yeux de la comtesse disaient bien autre chose. Cette fois un rendez-vous fut donné : ils convinrent d'aller ensemble au Louvre le lendemain.

Il se présenta au Louvre à l'heure précise. La comtesse le surprit. Le matin elle était tout à fait différente. Elle semblait plus jeune, plus fraîche, plus simple, plus naturelle que le soir. Ils ne regardèrent que très superficiellement les tableaux dont il avait été question la veille. Ils bavardèrent. La femme lui posa mille questions sur sa jeunesse, sa patrie sauvage, sur la Puszta où des cavaliers semblables à des Indiens tirent sur les étrangers détestés. Il sourit, décrivit Doborján, Pozsony et Pest.

— Dites quelque chose en hongrois, j'aimerais entendre à quoi ressemble cette langue.

— Je suis désolé, je ne connais pas le hongrois. Cette langue n'est parlée chez nous que par le peuple.

— Bien sûr, c'est une sorte de dialecte, comme le provençal chez nous.

Il la laissa dire. Il n'avait pas la moindre idée de l'origine de la langue hongroise. La femme l'intéressait davantage. Il l'examina de côté et se demanda quel âge elle pouvait avoir. Vingt-cinq ou vingt-six ans, estima-t-il. Puis tout à coup il lui demanda avec audace :

— Vous aimez votre mari, comtesse ?

— Je l'aime beaucoup, répondit la femme sans le moindre étonnement, c'est l'homme le meilleur et le plus gentil qui puisse exister sur terre. Mais… il est si éloigné de tout ce qui est musique. Et moi je ne vis que dans la musique.

— Je comprends, répondit le jeune homme en regardant ailleurs, nous n'avons pas le droit de nous rencontrer davantage, comtesse.

— Pourquoi ?

— Comme cela. Nous n'en avons pas le droit. Je me suis tellement pris d'affection pour le comte.

— Moi aussi je l'aime. Et alors ?

— L'ennui c'est que mon affection s'étend également à vous. Le comte est si bon, si gentil avec moi que je ressens comme une indignité cette… cette ardeur avec laquelle je pense à vous.

La femme resta longtemps silencieuse devant le mur couvert de tableaux. Puis elle lui tendit subitement la main.

— Merci. Oubliez-moi. Moi je ne vous oublierai jamais, jamais. Et maintenant partez, je reste encore un peu.

Franci s'en alla. Il se sentait léger, fier, un héros. Et à travers cet héroïsme la chaleur avec laquelle il conservait au fond de lui l'image du doux visage de la femme devint encore plus forte. Ils ne se rencontrèrent pas en société les jours suivants. Et le 9 mars arriva le grand jour, le concert de Paganini.

Dans les rues le grand Italien était annoncé par des affiches beaucoup plus grandes que d'ordinaire et qui sans indication ni de temps ni de lieu proclamaient seulement : *"Niccolo Paganini fara suonare il suo violino."*

Il se rendit au concert dans un état d'agitation indicible. Il ne prit place que lorsque l'artiste fut annoncé, il n'écouta même pas le numéro orchestral qui précédait. Il observa la salle par la fente de la porte. Tout Paris était là, il découvrit d'innombrables visages connus dans les rangées de sièges, y compris, le cœur battant, celui de la comtesse Laprunarède. Mais à présent il n'avait pas le temps de s'en préoccuper. L'orchestre joua une ligne de Beethoven comme pour annoncer la suite.

Du groupe des musiciens se dégagea une silhouette noire étonnante. A pas rapides et silencieux, le personnage se glissa sur l'estrade. La première impression qu'il faisait était celle d'un homme d'une extrême maigreur. Il portait un pantalon noir miteux, misérablement plissé aux chevilles, qui lui donnait l'air d'un sans-abri qui dort tout habillé là où il peut. Son corps tout entier donnait l'impression d'être décharné. Il tenait sa tête penchée, comme celui qui est habitué depuis l'enfance à tenir un violon sous son menton. Ce port de tête rendait encore plus proéminent son front particulièrement haut qui luisait à la lueur des lampes. Il portait une crinière désordonnée, d'un noir aile de corbeau et un nez de vautour crochu digne d'une caricature. Les queues de son méchant habit étaient très minces et très longues. Ses souliers auraient pu être les chaussures d'un compagnon ambulant. Mais plus que tout ce furent ses mains que Franci remarqua lorsqu'il leva son violon pour le placer sous son menton. C'étaient des mains aux doigts d'une longueur inimaginable qui faisaient peur. La silhouette tout entière se confondait avec le violon dans l'obscurité de l'arrière-plan, seule la blancheur de craie du front bombé et des deux mains se détachait sur la scène. Ce front et ces mains étaient tellement épouvantables – on ne pouvait en expliquer la raison – que Franci frissonna et, instinctivement, il répéta le mouvement de main que Rossini lui avait appris.

Le personnage effrayant, démoniaque, se comportait sur l'estrade comme un simple d'esprit. Il trébuchait, s'emmêlait les pieds, s'inclinait maladroitement. De sa main qui tenait l'archet il traça une croix et visiblement il avait peur, comme celui qui va être exécuté. Puis il leva son archet. Le programme indiquait un concerto pour violon en *ré* majeur. La première note retentit. Franci tressaillit sur sa chaise. *Ré* majeur ? C'était impossible. La main gauche qui dansait sur le violon avait bel et bien pincé un *ré*, autant qu'il avait pu le voir, mais son oreille ne pouvait le tromper. Ce n'était pas un *ré*, c'était un *mi* bémol. Indubitablement l'artiste avait accordé son violon un demi-ton plus haut. Il regarda tous les instruments. Il put constater à la position des doigts qu'ils jouaient tous *mi* bémol. Qu'était-ce donc ? Pourquoi cette supercherie ? Pourquoi n'appelait-il pas cette composition concerto en *mi* bémol ?

Mais il n'eut pas le temps d'y songer davantage. Il écoutait le son du violon. Dès les vingt premières mesures il montra un savoir satanique, mais tout de même un savoir de violon. L'instant suivant la composition décrivait sans ambiguïté une tempête. Sur le violon se fit entendre le hurlement du vent, mais pas uniquement avec un simple port de voix. C'était la couleur du son qui renfermait le prodige. Il était totalement inconcevable que ce son fût produit par la corde frottée par l'archet, seul un instrument à vent pouvait l'avoir donné, mais un instrument jusque-là inconnu de la science orchestrale. Au même instant la pluie se mit à tomber, on entendait clairement les pizzicati des gouttes de pluie. Tout à coup le bois de l'archet frappa un grand coup sur le côté du violon et Franci jubila : il avait entendu le claquement de la fenêtre dans l'orage qui éclatait. Maintenant la pluie et le vent étaient apparus en même temps sur le violon. Consterné, la gorge sèche, Franci regardait ce que faisait cet homme diabolique : un de ses doigts caressait jusqu'à une distance inimaginable la corde de *sol*, c'est-à-dire celle du *la* bémol, pour que l'archet pût en extraire le hurlement miaulant du vent, mais en même temps deux autres doigts pinçaient dans un rythme régulier les pizzicati. Les éclairs suivirent : des passages d'une fulgurance infernale dessinaient avec une précision phénoménale la ligne lumineuse de l'horizon. Puis les cieux tonnèrent. Comment faisait-il, et avec quelle sorte de corde ? Ou plutôt quel genre de supplice faisait-il subir aux deux cordes à la fois ? Le prodige se poursuivit de la sorte pendant de longues minutes. La tempête était passée, les gouttes de pluie tombaient clairsemées dans la lumière du soleil qui resplendissait de nouveau. Après un unique pizzicato léger comme un souffle tout fut fini.

Des applaudissements d'une force effrayante suivirent. Franci avait oublié d'applaudir, il n'en était pas capable, ses mains étaient paralysées par la stupeur. Il avait peur de celui qui jouait là-bas.

Le deuxième morceau commença : *Fandango spagnuolo.* Sans orchestre. Il présentait un couple d'amoureux espagnols qui se mettaient à danser dans la basse-cour. Le violon évoquait très précisément chaque animal. Cet instrument savait bêler, hennir, aboyer, pousser un cocorico, glousser, grogner. Sous le vacarme des animaux apparaissait parfois la mélodie gracieuse de la danse. Parfois deux animaux faisaient entendre leurs cris en même temps. Puis tous se taisaient, seule la danse résonnait avec une douceur indescriptible, longtemps, jusqu'à ce qu'elle fût troublée par un miaulement aigu et les sifflements de deux matous en train de se battre. L'humour était coloré, effrayant et sidérant à la fois.

Toute la soirée se passa de la sorte. De nombreux capriccios figuraient au programme. C'étaient des morceaux courts présentant en un flash des sentiments humains ou un bruit connu. Le violon savait s'esclaffer narquoisement pendant tout un morceau, ou bien il montrait un valet de ferme poussant en sifflant sa brouette aux grincements épouvantables. Au beau milieu d'un morceau l'interprète avait subitement tourné une cheville d'un geste rapide comme l'éclair et Franci ne put retenir un léger sifflement d'étonnement lorsqu'il vit ce qui s'était passé : Paganini avait monté la corde d'une tierce diminuée mais continuait à jouer dans la même tonalité, de sorte qu'en raison de la nouvelle tension de la corde cette tonalité avait pris une coloration tout à fait différente. Ensuite suivirent les harmoniques. Ce tour de force mystérieux faisait littéralement frissonner. Il savait en extraire toute la gamme des couleurs. Le violon savait rendre un son flûté, mais il savait également siffler et siffloter. Enfin il joua un orchestre militaire. Cette fois l'auditoire avait peine à en croire ses oreilles : des cuivres résonnaient et même la harpe fit entendre sa voix.

Oppressé, tout près de l'évanouissement, Franci se leva de son siège lorsque résonnèrent les variations des mélodies *Mose in Egitto* de Rossini. Il était accablé, humilié, enflammé et indigné à la fois. On comprenait la croyance selon laquelle cet homme avait fait de l'intestin de sa bien-aimée défunte la corde de *sol* et avait reçu son savoir du diable en personne, car il possédait non seulement un talent démoniaque, mais aussi une férocité infernale et grimaçante, la jouissance sauvage de la joie maligne, le sacrilège ricanant de l'imitation ignoblement merveilleuse des cris d'animaux et de la fanfare militaire. Devant cet homme on pouvait tout aussi bien se prosterner qu'être pris d'un désir furieux de l'étrangler de ses mains nues.

Brisé, complètement bouleversé, Franci descendit les marches de l'Opéra presque en fuyant car il ne voulait parler avec personne. Mais il ne put éviter d'échanger quelques mots avec la comtesse Laprunarède qu'il rencontra dans la foule qui se bousculait à la sortie.

— Que dites-vous de cela ? demanda la femme.

— C'est stupéfiant.

— C'est bien cela, stupéfiant. Mais est-ce qu'il ne serait pas possible d'en faire autant au piano ?

— Je ne sais pas. Si c'est possible, je saurai en faire autant.

La femme regarda intensément le jeune homme dans les yeux.

— Oui, vous le ferez. Je crois en vous. Au revoir.

La foule les sépara. Il se pressa de rentrer, s'assit au piano. Il frappa une note et observa comment elle résonnait. Il la frappa différemment et l'observa de nouveau. Il essaya de cent façons son port de mains, son jeu de pédales, la force de son toucher, la tête tournée de côté il écoutait avec une attention extrême les différentes vibrations du même *la* bémol. Il frappait et refrappait la touche, serrant les dents opiniâtrement. Puis il frappa des tierces. Il exécuta des trilles. Il frappa de haut puis en posant son doigt sur la touche. Il fit cela pendant des heures. Il savait que cela ne dérangeait pas sa mère, elle avait l'habitude qu'il joue la nuit.

Tout à coup il tressaillit, sa mère s'était levée. Dehors il commençait déjà à faire clair. Il continua à analyser les notes.

— Tu es encore debout, mon garçon ? lui demanda sa mère en entrant, une coiffe blanche sur la tête.

— Laissez-moi maintenant, maman, c'est terriblement important.

XXI

C'est par un travail inhumain qu'il lui fallut conquérir le mystérieux piano qui se tenait là avec ses dents ricanantes, s'étalant immobile sur ses trois pieds, de l'air de dire : Voyons un peu comment tu sauras me tirer mes secrets. Et Franci se jeta sur ces secrets avec une folle détermination qui frisait l'obsession du malade mental. Il lui arriva une fois de travailler d'une seule traite pendant vingt-huit heures, un jour entier et encore quatre heures.

Il donnait ses leçons pour vivre et parfois, lorsque ses doigts ne supportaient plus les efforts violents et cruels, il lisait pour se reposer. Tout, à tort et à travers. De nouveau il avait cessé de fréquenter la société, il rencontrait à peine ses amis. Balzac lui aussi était très occupé. Victor Hugo travaillait à un grand roman qui avait pour cadre l'église Notre-Dame. Berlioz n'était pas à Paris, Musset courait constamment le jupon. Et lui, il restait assis pendant des heures interminables au piano et luttait avec lui comme avec un démon. Ce fut un combat effroyable.

— Ou je vais devenir fou, dit-il chez les Erard, ou je parviendrai à faire sur le piano ce que Paganini fait sur un violon.

Une autre fois il dit :

— J'affirme que jusqu'à présent personne n'a joué au piano. Moi non plus. Ce que nous avons fait jusqu'à présent, c'était actionner une pendule à musique. C'était le piano qui jouait lui-même, pas l'artiste. Je serai le premier à jouer du piano.

Il était sur une piste d'explorateur, dans une forêt vierge inconnue. Il lui fallait tout découvrir. Le toucher, le jeu des pédales, la dynamique, les différentes couleurs et puissances des notes frappées ensemble multipliaient par cent les possibilités qui attendaient toutes d'être essayées. Et si surgissait quelque chose qu'il avait enfin saisi après un combat de jours et de semaines, il fallait s'y attaquer et le mettre au point. Il commençait maintenant à bénir Czerny qui avec ses exercices d'une monotonie détestable et la discipline sans pitié du métronome avait jeté en lui les bases d'un système d'apprentissage. Il pouvait jouer les mêmes lignes mille fois de suite. Sans Czerny il n'en aurait pas été capable à présent. Il était même à présent capable de plus encore : quand par son nouveau travail de recherche il avait découvert trois nouvelles couleurs de son, il exerçait de trois façons différentes pendant des heures ce qu'auparavant il n'exerçait que d'une seule façon.

Le désir brûlant et délirant d'avancer lui permit de passer les premières difficiles semaines. Par la suite une nouvelle force s'ajouta à ce désir : le succès qu'il rencontrait. Il constatait avec stupéfaction qu'il apprenait énormément. Chaque jour il pouvait vérifier que sa technique progressait à vue d'œil. Il s'étonnait lui-même. Il commençait lui aussi à devenir aussi diabolique que Paganini. Parfois il aurait aimé pousser des cris de joie sauvages : le piano qui jusqu'alors n'obéissait qu'à ses doigts commençait à capituler devant son esprit. Jusque-là le piano était un but, maintenant il commençait à n'être plus qu'un instrument. Devant lui s'ouvrait somptueuse la voie de ses propres aspirations qu'auparavant il ne faisait que soupçonner : il fallait arriver à ce que l'auditoire entendît non pas le piano mais l'artiste.

Durant l'été il tomba malade. Le médecin répéta la même chose qu'à l'époque de ses séjours londoniens : l'organisme du jeune homme était en parfaite santé mais celui-ci abusait à ce point de ses forces spirituelles que s'il ne prenait pas quelque repos il sombrerait dans une dépression nerveuse. Il était vraiment aux limites de la folie. Il n'était pas disposé à se séparer de son piano, pas plus que l'amoureux de sa bien-aimée quand il commence à découvrir par bribes minuscules le secret de son âme ; il accepta seulement d'aller à la campagne pour y trouver le soleil, l'air pur et peut-être l'appétit. Par l'intermédiaire de l'un de ses élèves il se rendit à Carentonne où il fut l'hôte de la famille d'Hainville. Au début, il resta couché quelques jours mais très vite il reprit des forces et passa de nouveau ses jours et ses nuits au piano. Il se remit, le soleil dora sa peau, il grossit même un peu et rentra à Paris pour recommencer sa vie de tous les jours.

A cette vie de tous les jours appartenait la lutte constante avec les machinations de sa mère. Mme Liszt le pressait de se marier, de plus en plus opiniâtrement.

A présent elle ne travaillait plus avec des moyens détournés mais elle évoquait la chose ouvertement et, en dépit de toutes les protestations de son fils qui s'y opposait impatiemment, elle ne cessait de le harceler.

Lentement, lentement, comme l'eau s'infiltrant entre les pierres, le travail opiniâtre et résolu de la mère commença quand même à creuser des brèches dans la résistance du jeune homme. Ses forces et son opiniâtreté lui étaient nécessaires à autre chose, c'est le piano qui les absorbait. Avec le temps il se mit à ne plus trouver absurde l'idée de mariage. Il aimait beaucoup sa mère et voyait douloureusement que les soucis la vieillissaient à vue d'œil. Mme Liszt attrapa une affection biliaire. Quand elle s'énervait trop, elle avait une crise et souffrait atrocement. Son fils se tenait près de son lit et assistait, impuissant, à son supplice. A ces moments-là il était pris de remords et pour faire plaisir à sa mère il s'efforçait d'être gentil avec la fille Delarue. Il allait se promener avec elle, lui donnait des livres à lire. A l'automne il en était déjà à se soumettre. S'il se mariait il aurait une vie calme, retirée, il se consacrerait entièrement au piano et les splendeurs des salons des aristocrates se transformeraient en un lointain souvenir coloré. Il s'était résolu en lui-même à épouser la fille Delarue, s'il le fallait. Il rendrait au moins sa mère heureuse s'il avait, lui, perdu le bonheur à jamais. Mais il ne s'était pas encore laissé entraîner à une déclaration irrévocable. Il attendait encore, lui-même ne savait d'ailleurs pas quoi.

En octobre il reçut une lettre de la comtesse Laprunarède. En quelques lignes d'une politesse sèche celle-ci lui faisait savoir qu'elle était à Paris pour une ou deux semaines et qu'elle se réjouirait de revoir l'excellent artiste. Elle lui transmettait l'invitation de la duchesse Rauzan pour le vendredi soir.

Il s'y rendit. Il n'avait pas été depuis longtemps dans le salon de la duchesse. Il fut salué par de grands cris, les vieilles connaissances étaient toutes là. La comtesse était encore plus belle qu'au printemps. Elle semblait avoir apporté avec elle la fraîcheur bienfaisante de son château des Alpes, dans le monde vacillant des bougies de cire. Le cœur du jeune homme s'arrêta de battre. Il ressentit le désir brutal de serrer contre lui cette femme scintillante. Mais le cher comte lui revint à l'esprit et il refoula son désir avec sévérité.

— Le comte n'est pas à Paris ? demanda-t-il lorsqu'ils se saluèrent.

— Non. Mais il vous salue très chaleureusement. Comment avance votre travail au piano ? Vous souvenez-vous de ce que nous avons dit après le concert de Paganini ?

— Comment ne m'en souviendrais-je pas ? Pendant six mois je n'ai songé à rien d'autre.

— Vous allez jouer pour moi ce soir ?

— Avec le plus grand plaisir.

Il prit place au piano. Les nerfs un peu tendus et mal à l'aise. C'était la première occasion de présenter à un public d'une certaine importance ce qu'il avait pu atteindre dans ses âpres combats des mois précédents. Il se lança avec hardiesse dans l'un des capriccios pour violon de Paganini.

— Qu'est-ce que c'est ? demanda la duchesse qui s'appuyait au piano à côté de la comtesse.

— C'est un morceau pour violon de Paganini, mais moi je veux le jouer au piano. Je l'ai traduit. Comme s'il s'était agi d'une langue étrangère.

Il recommença. C'était le capriccio décrivant la fanfare militaire. Les cuivres retentirent sur le piano avec le son strident des flûtes et le cliquetis des cymbales. Il jouait avec une sorte de délectation maligne et il se disait que son expression devait ressembler en ce moment à celle du visage de Paganini. Et en même temps à la danse des sorcières de Berlioz. Et aussi au mot que Rossini aimait utiliser nouvellement pour qualifier Paganini : *“la terribiltà”*.

— C’est inouï, dit la duchesse la première lorsqu’il eut terminé. Sa voix chuchotait presque sous le coup de l’étonnement.

— Ce n’est pas le Litz habituel que nous avions entendu jusqu’à présent, dit une grande dame, c’est un Litz foncièrement nouveau. Cela m’a fait froid dans le dos.

D’autres s’extasièrent aussi, une grande rumeur s’éleva, plusieurs jetaient les bras au ciel. Il regardait tout autour de lui, les yeux resplendissant de bonheur. Lui aussi voyait de nouveaux visages, jamais au cours de sa carrière antérieure il n’avait vu une telle expression d’émerveillement. Il ressentit subitement une fatigue extrême, comme celui qui après un long voyage atteint enfin son but, mais en même temps une voix fébrile se mit tout de suite à protester contre le repos. Il lui restait beaucoup à faire, un travail de semaines, de mois et d’années. Plus loin, toujours plus loin, au delà des étoiles.

— Vous vous sentez mal ? lui demanda de très loin la voix affolée de la comtesse.

— Non, ce n’est rien, merci, en ce moment j’ai parfois des vertiges et je deviens *dizzy*, comme on dit à Londres. Je ne jouerai plus ce soir.

Ils s’en firent une raison, la conversation se porta sur la littérature. On mentionna le nom d’un poète allemand, un certain Heine qui s’était installé à Paris. Quelqu’un l’avait rencontré à Boulogne-sur-Mer pendant l’été. Il le décrivait comme un jeune juif d’un esprit sans pareil mais acerbe et médisant. Puis on se mit à parler de la révolution polonaise et de la noblesse polonaise qui commençait à arriver dans la capitale française depuis que les Russes, le mois précédent, avaient pris Varsovie. Franci et la comtesse se cherchaient des yeux et bien vite ils s’assirent dans un coin tous les deux.

Ils parlèrent de musique puis en vinrent à évoquer leurs souvenirs du printemps. La comtesse, les yeux baissés, lui demanda en chuchotant :

— Vous avez pensé à moi depuis ?

— Non, car je n'ai pas le droit.

— Qui l'interdit ? Vous avez une bien-aimée ? Je peux imaginer combien de femmes vous avez rendues folles depuis. Moi j'ai beaucoup pensé à vous mais à contrecœur. Je vous voyais sans cesse devant moi tenant quelqu'un dans vos bras. Et peut-être qu'il en était bien ainsi. N'ai-je pas raison, monsieur Barbe-Bleue ?

Dans sa gêne, Franci ne fit que hausser les épaules. Sa vanité et sa réserve ne lui permettaient pas de confesser sa virginité à cette femme. Il se tut et se sentit rougir.

— Oh comme vous êtes adorable, voilà que vous rougissez. Pourtant je peux m'imaginer à quel point les femmes vous gâtent. Mais laissons cela, je ne veux pas vous rendre encore plus présomptueux. Voulez-vous venir encore au Louvre demain ?

— Avec joie.

Il regretta tout de suite d'avoir accepté mais il était trop tard. Le lendemain ils se retrouvèrent donc. L'après-midi ils se promenèrent une heure au Bois. Par la suite ils se rencontrèrent tous les jours. Franci était grisé par la présence continuelle d'une femme aussi désirable. Il se sentait glisser dans un gouffre, mais cette chute était douce et il ferma les yeux. Ils bavardaient pendant des heures. Il lui racontait son enfance, ses combats, ses souvenirs et sa lutte effarante qu'il menait maintenant avec le piano. Il parla de Caroline de Saint-Cricq également et lorsque la comtesse montra à son égard une compassion profonde et chaleureuse il sentit son cœur s'emplir d'une reconnaissance délicieuse.

Il vivait dans une sorte de songe et ne voulait plus réfléchir. Chez lui il fermait les yeux et laissait son visage se baigner dans la lumière d'un soleil invisible. Ses nuits se transformèrent en rêves de plus en plus déchaînés. Il ne se défendait plus, il ne le pouvait plus. Depuis un an il ne s'était pas confessé, depuis la révolution de Juillet il n'avait pas revu le père Bardin. Il avait l'impression d'avancer les yeux fermés vers son destin, trouble mais désirable, d'une façon à la fois douce et démoniaque.

Le dixième jour la comtesse lui dit :

— J'ai emprunté pour tout un après-midi l'attelage des Montesquiou. Voulez-vous faire une grande promenade avec moi ? C'est bien. Venez donc me chercher chez moi.

Franci savait déjà où habitait la comtesse, il l'avait suffisamment raccompagnée chez elle. Elle vivait dans le logement vide d'une cousine partie à Bordeaux pour une affaire d'héritage.

— Oui, je vous attendrai en bas.

— Vous pouvez monter. Je voudrais en effet vous montrer le portrait que l'on a peint de moi l'an dernier et que je viens de recevoir. Ecoutez bien. Vous montez au premier étage et là vous tournez à gauche. Tout de suite à gauche vous verrez l'entrée de l'appartement. Les fenêtres donnent sur la rue.

— Je monterai, répondit-il, le cœur battant.

Le lendemain pendant le déjeuner sa mère lui dit qu'il aurait vingt ans dans quelques jours et qu'il lui faudrait décider de son destin ce jour-là. Il hocha la tête, oui, il prendrait sa décision. Puis il se changea, se rasa de frais et partit. Il était comme inconscient, par deux fois il faillit se faire renverser par des voitures. Au premier étage de la maison il vit avec étonnement que la porte de l'appartement était ouverte. Il entra en hésitant. Il s'avança dans une entrée sombre. Il ouvrit une porte. Ni laquais ni valet. Il traversa une salle à manger et vit sur la droite une porte ouverte. Il entra. C'était un boudoir. Dans la splendeur de soie bleue et de dentelle jaune d'un lit à baldaquin il vit la comtesse. Intimidé, il resta sur le seuil de la porte et salua.

— Figurez-vous que notre promenade ne peut avoir lieu. J'ai pris froid. Eh bien, vous ne voulez pas me saluer ?

Il s'approcha d'elle, lui baisa la main. La manche de dentelle de la robe de chambre glissa jusqu'à l'épaule.

— J'ai envoyé mon valet prévenir les Montesquiou que je ne pourrai, hélas, pas utiliser la voiture. Vous avez trouvé la porte ouverte ?

— Oui.

— Et vous l'avez fermée derrière vous ?

— Oui.

— C'est parfait. Je suis désolée d'avoir gâché votre après-midi mais je n'y peux rien. En tout cas vous devez me promettre de ne parler à personne de cette... réception inhabituelle. Je préfère ne pas songer à tous les ragots qui courent dans le faubourg. Hier j'ai entendu...

Elle s'arrêta. Le jeune homme était tombé à genoux près du lit et pressait son front contre le bord du lit. Sa main serrait toujours la main de la comtesse.

— Que se passe-t-il, mon chéri ? dit une voix d'une tendresse indescriptible.

De son autre main la comtesse prit le menton du jeune homme et tourna vers elle sa tête pâle. Celui-ci ferma les yeux, incapable de regarder la femme. Ils restèrent ainsi pendant un moment. Puis, sans qu'il comprît lui-même comment, son visage s'avança et ses yeux s'ouvrirent. Tout près de lui se trouvait la bouche de la comtesse. Il tomba sur cette bouche et l'embrassa maladroitement, rapidement, fougueusement. Puis il rougit et attendit que le monde s'effondrât.

— Vous ne savez pas embrasser, mon chéri, roucoula la douce voix de la comtesse, vous appelez cela un baiser ?

— Je... je..., bégaya-t-il, mort de honte, je n'avais encore jamais embrassé aucune femme dans ma vie.

La comtesse poussa un cri d'étonnement et de bonheur. Il y avait dans ce cri de l'adoration, de la stupeur, de l'allégresse, de la tendresse maternelle et de l'humeur.

— Oh, comme tu es adorable !

Et ses deux bras enlacèrent sauvagement le jeune homme qui succomba, à moitié inconscient, à la force de l'étreinte.

DEUXIÈME PARTIE

I

Paris s'était rempli de réfugiés polonais. Depuis que les Russes avaient occupé Varsovie on entendait de plus en plus fréquemment sur les boulevards la douce langue slave. Dans les salons apparaissaient des aristocrates polonais, il fallait apprendre de nouveaux noms. Dans la rue, des mutilés polonais erraient, la douleur de leur patrie perdue se heurtait à l'indifférence de la foule.

Il ne s'y intéressait pas tellement lui non plus. Il y avait mille autres choses qui l'occupaient, deux surtout : Dieu et le piano. La comtesse Adèle était repartie près de son vieux mari dans leur château alpin. La veille de son départ ils avaient fui à Grenelle, loin de la ville, et étaient allés se blottir dans une petite auberge au bord de la Seine pour se faire leurs adieux. La comtesse avait déclaré :

— Pendant longtemps je ne pourrai pas venir à Paris et toute autre femme à ma place te ferait promettre de ne pas la tromper. Moi je ne te ferai rien promettre, car tu vas me tromper. Non, ne dis rien. Tu vas me tromper. Tu es beaucoup trop beau et beaucoup trop célèbre pour que les femmes te laissent en paix. Je préfère m'en faire une raison, c'est moins douloureux. Quand je reviendrai à Paris je ne te demanderai pas ce que tu as fait, et toi, ne m'en parle pas. C'est d'accord ? Bien. Maintenant embrasse-moi.

Ce furent des adieux déchirants. Le lendemain la comtesse partit. Il resta seul avec son désir et se réfugia auprès de son piano et des saint-simoniens.

Le piano livrait ses secrets plus difficilement que la femme. Mais désormais c'était lui le maître et en songeant qu'il apprenait à jouer pour la seconde fois, et sur un instrument qu'il ne connaissait pas jusqu'alors, il sentait qu'il avait subjugué le démon mystérieux qui s'y cachait. Chaque jour lui apportait une nouvelle découverte et un nouveau triomphe. Jadis il désirait rattraper Paganini, à présent ce n'était plus cette compétition qui le stimulait, mais la sensation merveilleuse d'être parvenu sur son piano à des domaines de l'expression que personne encore n'avait atteints avant lui. Autrefois tout son être avait été ébranlé par la fantaisie intitulée *Clochette* qu'il avait entendu jouer par l'Italien diabolique, maintenant il avait transcrit sur papier dans la propre langue de son piano ce même jeu de cloches stupéfiant. Mais il le méprisait déjà. Il voulait beaucoup plus. La distance avait épuré ses impressions au sujet de l'incroyable violoniste et il voyait à présent très clairement que dans ce génie un charlatan vulgaire imitateur des cris d'animaux se mêlait à un prophète possédé par l'infini. Et lui, c'est ce dernier qu'il voulait chercher en lui-même, l'infini, l'éternel, le Dieu.

Pendant un temps il mit tous ses espoirs dans les réunions pieuses et étranges des saint-simoniens ; peut-être qu'en poursuivant ce chemin qui identifiait l'art à Dieu il trouverait l'harmonie recherchée avec ferveur. Il se rendait souvent chez eux et rencontra l'écrivain allemand dont il avait entendu parler plusieurs fois déjà. Ce Heine était issu d'une famille juive de Düsseldorf et son visage aux traits sémites était illuminé d'une finesse ironique et d'un esprit rare. Ils se mirent à converser, les propos amusants, vifs et aigres-doux de Heine attiraient fortement le jeune homme. Ce n'était pas la recherche avide de l'harmonie spirituelle qui avait amené le poète allemand aux réunions des saint-simoniens, mais la curiosité sagace du journaliste.

Un beau jour, lorsque le père Enfantin se mit à expliquer qu'il n'y aurait d'ordre dans le monde qu'au moment où on leur confierait la formation du gouvernement, le pianiste hongrois et le poète allemand se regardèrent, et s'en allèrent sans faire de bruit. Peu après ils lurent dans les journaux que la police commençait à inquiéter la nouvelle secte et lorsqu'ils louèrent un nouveau local de réunion dans la salle Taitbout elle arrêta tous les dirigeants, y compris Barrault qui était justement en train de prêcher. Une procédure fut engagée contre eux pour agitation militante et proclamation de thèses communistes.

— Jésus Marie, s'écria Mme Liszt en l'apprenant, si on t'avait arrêté toi aussi ! Je t'ai toujours dit de ne pas fréquenter ces toqués. Mais tu ne m'écoutes jamais.

Elle n'avait pu s'empêcher de lui faire cette remarque en passant. Mais elle était à présent gaie et contente. Même s'ils n'en parlaient jamais, la mère voyait clairement qu'un grand changement s'était produit en son fils. Elle en fut très soulagée et se résigna sans faire de scène lorsque Franci lui annonça qu'il avait bien réfléchi et n'épouserait en aucun cas la fille Delarue.

Encore une fois il alla voir les saint-simoniens. Par simple curiosité maintenant. Il les trouva dans une maison avec jardin de la rue Ménilmontant. C'est ici que s'était retiré le père Enfantin avec quarante de ses adeptes parmi lesquels se trouvaient à présent des femmes. Ils habitaient tous dans cette maison. Ils avaient aboli la domesticité et s'étaient réparti entre eux les divers travaux de ménage et de service. Ils portaient tous un vêtement bleu, le père Enfantin était le seul à avoir son propre uniforme : pantalon blanc, gilet rouge et veste tuniquée bleu lilas. Onctueusement il expliqua que la couleur blanche symbolisait l'amour, le rouge le travail et le bleu la foi. Le gilet rouge se boutonnait par-derrière afin que jamais il ne pût le mettre tout seul et pour que l'expression de la fraternité apparût dès l'habillement.

Par centaines on venait chaque mercredi et chaque samedi à leurs repas communs auxquels le public était admis. Les débuts enthousiastes de rédemption du monde s'étaient transformés en une misérable pitrerie.

Franci n'en fut pas affecté. Sa soif de Dieu et sa recherche d'une vision du monde avaient depuis trouvé une source nouvelle. Il avait fait la connaissance du père Lamennais.

Depuis longtemps déjà on parlait et discutait à Paris du célèbre prêtre. Après la révolution de Juillet un mémorial adressé à la papauté avait fait beaucoup de bruit dans le faubourg Saint-Germain. Lui et quelques autorités ecclésiastiques voulaient restaurer le règne véritable de la papauté, la gloire du christianisme. Ils avaient fondé un journal, *l'Avenir*, qui jouissait déjà d'une grande vogue et partout dans le pays on organisait des associations se prévalant des idées de Lamennais.

Les amis écrivains de Franci l'amenèrent à la rédaction de *l'Avenir.* Dans une petite pièce étroite, devant une montagne de papiers, l'abbé subversif, terreur du gouvernement, écrivait à une table tachée d'encre. Il devait avoir soixante ans environ et donnait l'impression d'un homme impulsif et opiniâtre.

— Je suis venu vous trouver, mon père, car j'aimerais connaître votre conception de l'art.

L'abbé le scruta d'un regard perçant.

— Vous êtes bon catholique, mon fils ?

— J'ai bien peur, répondit en souriant le jeune homme, que personne n'ait le droit de se dire bon catholique. En tout cas j'aimerais l'être. Et je suis un artiste. Comment est-il possible d'allier les deux, j'aimerais que vous me l'appreniez, mon père.

— Qu'avez-vous lu de moi ?

— *Paroles d'un croyant.* Cet ouvrage m'a fasciné. La nécessité de la religion, et même la nécessité du règne de la religion, c'est ma conviction la plus profonde. Mais l'art est...

L'abbé l'interrompit. Son esprit pénétrant avait déjà perçu ce que le jeune homme voulait dire.

— L'art le plus grand est Dieu lui-même. Avez-vous lu Platon ? Il faut le lire. C'était un grand poète et, à mon avis, chrétien sans le savoir. Platon appelle Dieu le géomètre éternel. Dans le monde Dieu se donne comme chaque artiste dans sa propre création. Mais la beauté infinie du monde ne pourrait être entièrement comprise que par celui qui pourrait en voir en même temps tous les aspects, en embrasser en une seule fois toutes les connexions. L'artiste mortel n'est naturellement pas capable d'une telle chose. Il ne peut voir que quelques détails de cet infini et de cette beauté infinie, mais ces détails sont des détails de Dieu. Vous me suivez, mon garçon ?

— Oui. C'est merveilleux.

— Bien. Il en découle que les lois de l'art sont semblables à celles de la création. Scruter et connaître le monde en tant qu'œuvre de Dieu : c'est l'objet de la science. Le reproduire dans ses détails en tant qu'œuvre de Dieu : c'est la tâche de l'art.

— Je comprends. Il faut donc exercer l'art pour lui-même, car il est divin. Le but de l'art est l'art lui-même.

— Il n'en est pas question, mon jeune ami, c'est là une grave erreur. Croyez-vous que le but de l'architecte soit l'architecture ? Non. L'homme a besoin de logements ou de lieux de réunion mais il veut également que ceux-ci soient beaux : c'est cela l'architecture. La rencontre de l'utile et du beau est déjà une lueur du million de connexions existant entre les aspects du monde. Si le but de l'art était l'art cela signifierait que nous supposons dans celui-ci quelque chose de définitif et d'achevé qui trouve son objectif en lui-même et ne peut jamais se surpasser. C'est une ânerie. Le monde se perfectionne constamment, s'approche continuellement de l'infini mais sans jamais pouvoir l'atteindre. L'art est de la même façon son reflet divin : il sera de plus en plus beau pour ressembler de plus en plus à Dieu, mais jamais il ne pourra se transformer en Dieu. Avez-vous compris ce que je voulais dire ?

— Parfaitement. Et cela me passionne à un tel point que j'aimerais en parler encore plus en détail.

— Très volontiers. Posez-moi donc vos questions.

— Qu'est-ce que le beau ?

L'abbé sourit.

— Vous commencez par une question bien ardue. Personne encore n'est parvenu à y donner une réponse.

— Pourtant je le sais. Justement à partir de ce que vous venez d'exposer si merveilleusement, mon père, le beau est ce qui exprime le mieux la relation divine existant entre les aspects du monde. En d'autres termes : plus profondément une œuvre d'art présente l'infinité du monde de Dieu, plus elle est belle.

Le père Lamennais tressaillit et regarda fixement le pianiste.

— Vous êtes d'une intelligence peu commune, mon cher enfant. Voyons un peu cette définition…

A cet instant un jeune prêtre frappa à la porte.

— M. le comte Montalembert est ici…

L'abbé se leva aussitôt et lui tendit la main.

— Excusez-moi, j'ai un entretien important. Mais j'aimerais poursuivre cette conversation, et même dès demain. Etes-vous libre à cette heure-ci ? Nous irons nous promener quelque part. C'est d'accord ?

Ils se quittèrent. Franci avant de partir jeta un coup d'œil curieux à celui à qui il cédait la place et il vit avec étonnement que le fameux comte Montalembert, le célèbre chef du catholicisme militant, était un jeune homme de vingt ans comme lui.

Le lendemain ils passèrent trois heures ensemble et à partir de ce jour une profonde amitié se noua entre le prêtre de soixante ans et le pianiste de vingt ans. Ce dernier ne pensait plus au saint-simonisme. Il se sentait corps et âme un fervent adepte de *l'Avenir*. Comme il le faisait avec toute chose, il se donna tout entier à son enthousiasme pour Lamennais. Lorsque au piano il découvrait que les notes avaient une âme, qu'en frappant deux notes à la fois il pouvait représenter l'amitié, puis, avec un toucher différent, l'amour, que l'octave est l'union de deux âmes semblables, la tierce celle de deux âmes différentes et pourtant plus douce, que le *si* bémol de tonalité mineure était semblable à la tête de l'homme affligé inclinée sur le côté, que l'accord de septième diminuée était une question à laquelle il n'y avait qu'une réponse, tout comme l'ordre établi du monde à la question du croyant – chaque fois il découvrait avec ravissement cette nouvelle esthétique catholique dans les beautés de laquelle il vivait et dont il s'efforçait avidement de pénétrer la joie.

Un jour il alla rendre visite à Victor Hugo. Celui-ci était en train de discuter de poésie avec Sainte-Beuve. On entendait les enfants jouer dans l'autre chambre et la douce voix de la belle Mme Hugo leur demandant de faire moins de bruit. On lisait sur le visage de Sainte-Beuve les tourments de l'amour malheureux, sur celui de Hugo la satiété paisible du jeune mari et du père de famille heureux. Sur la table il y avait deux figues, le maximum que le ménage économe avait coutume d'offrir à ses hôtes.

— Qu'y aura-t-il dans votre nouveau recueil, Victor ? demanda le nouveau venu.

— Je l'ai intitulé *les Feuilles d'automne*. Il contient quarante poèmes.

— Vous ne pourriez pas nous en lire un ?

— Volontiers. Voyons un peu lequel…

Le poète alla à son bureau et se mit à feuilleter son manuscrit.

— Voilà. Vous êtes musicien, cela vous intéressera. Son titre : “Ce qu’on entend sur la montagne.” L’épigraphe : *O altitudo !*

Il se mit à lire. D’une voix vibrante, en scandant solennellement, allongeant mélodieusement les sonorités en *eux*, se délectant de la beauté de son œuvre :

Avez-vous quelquefois, calme et silencieux,
Monté sur la montagne, en présence des cieux ?...

Sainte-Beuve écoutait avec nervosité la voix de la femme dans l’autre pièce. Franci écoutait le poème. Celui-ci ne l’intéressait pas spécialement mais il le trouvait beau. Il attendait de savoir ce que l’on entend sur la montagne. Quelques lignes plus loin il dressa l’oreille :

Ce fut d’abord un bruit large, immense, confus,
Plus vague que le vent dans les arbres touffus,
Plein d’accords éclatants, de suaves murmures,
Doux comme un chant du soir, fort comme un choc d’armures...

Cela l’intéressait maintenant. Dans un rythme retentissant la poésie décrivait telle une symphonie le grondement de l’océan se brisant sur les rocs. Puis dans la rumeur profonde deux voix se distinguaient nettement. L’une était le chant de gloire, l’hymne heureux, la voix des flots, l’autre était le murmure continu des pleurs des millions d’hommes.

Frère ! de ces deux voix étranges, inouïes,
Sans cesse renaissant, sans cesse évanouies
Qu’écoute l’Eternel durant l’éternité.
L’une disait : NATURE ! et l’autre : HUMANITÉ !

Le pianiste fut traversé d’un frisson, toute sa discussion avec Lamennais lui revenait à l’esprit. Le poète termina avec un élan formidable :

Que fait l’âme, lequel vaut mieux d’être ou de vivre,
Et pourquoi le Seigneur, qui seul lit à son livre,

Mêle éternellement dans un fatal hymen
Le chant de la nature au cri du genre humain ?

Le poète posa son manuscrit, sans regarder ses auditeurs, sa fierté lui interdisait de leur demander leur avis, même d'un regard. Sainte-Beuve se contenta de hocher la tête, il connaissait déjà le poème. Mais Franci s'écria avec fougue :

— Donnez-le-moi, Victor ! Je vais en faire une symphonie !

— Volontiers. Prenez-le, j'en ai une copie.

— Ce sera gigantesque. Je l'entends déjà. Maintenant je vous prie de m'excuser, j'ai besoin d'être seul. Au revoir.

Il s'envola, un peu théâtralement. Mais il ne faisait que revêtir d'une pose ce qu'il ressentait. Car il le ressentait vraiment. Le cri de l'humanité et l'harmonie universelle de la nature, c'était une musique toute prête. Il cherchait déjà l'expression des impressions qui bourdonnaient dans sa tête. Il fredonnait, s'arrêtait, secouait la tête, recommençait, sentant déjà qu'il réussirait.

Le poème l'avait bouleversé. Il n'arrêtait pas de l'expliquer à l'abbé Lamennais ainsi qu'à Hiller, le pianiste allemand, avec lequel il s'était lié d'amitié. C'était un garçon d'une bonne famille de Francfort et depuis qu'ils avaient découvert qu'ils avaient presque le même âge, à deux jours d'écart, Franci s'amusait à l'appeler tonton Hiller, ce qui faisait bien rire le jeune Allemand. Il n'était pas un pianiste de grand talent, mais un excellent musicien, et un jeune homme très spirituel, cultivé et d'humeur enjouée. Ils se rencontraient de plus en plus souvent. A eux s'étaient joints le musicien irlandais Osborne, taciturne et fumant constamment la pipe, ainsi que Mendelssohn, le petit-fils du célèbre philosophe juif, dont on pouvait jadis entendre la renommée d'enfant prodige.

Les quatre jeunes gens se rencontraient tantôt à une répétition du Conservatoire, tantôt à l'Opéra, tantôt aux concerts. Ils parlaient des grands événements du monde de la musique et de ses petits potins, discutaient les nocturnes ensorcelants de Field, maugréaient contre la vanité et la prétention stupide de Kalkbrenner qui s'était installé à Paris. Parfois ils allaient s'asseoir dans un café et riaient à gorge déployée de tout et de rien avec la bonne humeur de leurs vingt ans.

Un jour Hiller leur apprit qu'un Polonais très intéressant venait d'arriver à Paris.

— On n'en manque pas, dit Franci, la ville en est pleine à craquer.

— Oui, mais ce n'est pas n'importe qui. Il a passé un contrat avec le jeune Pleyel pour ne jouer que sur un piano Pleyel. C'est mauvais pour nous et pour les pianos d'Erard. Pleyel dit qu'il nous mettra tous dans sa poche dès qu'il se produira.

— *Vidi iam alios ventos*, répondit Mendelssohn, qui adorait se délecter de sa connaissance rare du latin et du grec. D'ailleurs j'en sais plus sur ce Polonais. Il a étudié à Varsovie avec Elsner…

— Ce n'est pas ce Chopin qui a fait des concerts récemment à Munich et à Stuttgart ? l'interrompit Franci. J'ai lu des articles à son sujet.

— Mais oui, c'est bien lui. Bref, quand il est arrivé il a été trouver Kalkbrenner. Ce vieil âne l'a écouté et lui a dit qu'il ne serait quelqu'un qu'après avoir étudié trois ans avec lui. Ce à quoi le Polonais a répondu qu'il n'avait aucune intention d'être une copie de Kalkbrenner mais simplement lui-même.

— Bravo, dit Osborne, intervenant dans toute la conversation avec cet unique mot.

— Bref, je propose que nous allions à son concert et que nous lui fassions un grand succès pour que Kalkbrenner en ait une attaque.

Ils se rendirent donc au concert du jeune Polonais, le 26 février. La salle Pleyel était à moitié vide, le public étant d'ailleurs constitué en majorité d'émigrés polonais. Il y avait également le comte Plater et son épouse qui était déjà fort appréciée dans la haute société et que l'on surnommait "pani Kasztelanova", c'est-à-dire la maîtresse du château. Etaient aussi présents les membres des familles Czartoryski et Potocki et d'autres Polonais dont on pouvait deviner, à leur aspect misérable, qu'ils n'avaient guère pu rapporter de chez eux autre chose que leurs douleurs nationales. Le jeune Pleyel s'agitait, parfois il allait trouver sa jeune épouse et lui baisait la main avec la tendresse des jeunes mariés. Franci songeait à Berlioz. En effet la jeune femme n'était autre que Camilla Moke, le professeur de piano, l'ancienne fiancée de Berlioz. A peine l'amoureux avait-il mis le pied hors de Paris pour se rendre en Italie avec sa bourse que la belle Camilla avait accepté les avances du facteur de pianos et quelques semaines plus tard elle écrivait à Berlioz une lettre de rupture. Franci observa la jeune femme qui était assise au premier rang. Elle avait une tête fine et charmante, ses cheveux séparés au milieu étaient roulés en deux petits chignons nattés avec grâce. Ses épaules étaient d'une grande beauté, d'un dessin parfait, et l'imagination assoiffée suivait au delà du profond décolleté la blancheur ravissante de la peau. "Pauvre Hector", pensa Franci, puis il se mit à observer les autres femmes. Il ferma les yeux, il pensait à l'étreinte de la comtesse Adèle et aux autres conquêtes rapides et faciles qu'il avait remportées depuis parmi les dames de la bourgeoisie. Puis, comme toujours, le sourire du cher vieux comte Laprunarède vint troubler ces images et encore une fois il fut empli de honte et de remords.

Le pianiste apparut. Frédéric Chopin. Les Polonais lui firent ovation, ce n'était pas l'artiste qu'ils applaudissaient, mais leur race qu'ils rencontraient dans l'exil.

C'était un jeune homme blond d'une vingtaine d'années, il portait son épaisse chevelure séparée sur le côté. Les mouvements de sa silhouette mince donnaient tout de suite une impression de noblesse et de bonne éducation. Ni ostentation théâtrale, ni humilité exagérée dans sa démarche, mais on devinait un trac épouvantable que trahissaient les mouvements nerveux de son visage et sa respiration saccadée.

Il poussa un profond soupir et se mit à jouer. Les quatre pianistes l'écoutaient avec intérêt et après trois mesures ils se regardèrent. Leur hochement de tête voulait dire que ce Chopin avait raison de vouloir être lui-même. Ce toucher parfait, raffiné, individuel, c'était le sien, rien que le sien. A ces spécialistes trois mesures avaient suffi pour s'en persuader. Mais cent mesures suivirent et au bout de cinq minutes Franci sut qu'il avait devant lui un talent d'une grandeur exceptionnelle. La perfection du travail des doigts était incontestable et révélait la technique magistrale d'un Cramer. Mais c'est la personnalité qui émanait de cette musique, la sensibilité et l'émotivité les plus vives qui se dissimulaient sous la virtuosité, qui bouleversaient Franci. Un dialogue rapide et impétueux se déroulait dans son âme. Joue-t-il mieux que moi ? Non, il y a des points où il me rattrape mais moi je sais plus de choses que lui. La différence est capitale : lui il fait parler le piano, moi j'ai vaincu le piano, c'est moi-même qui parle quand je joue.

Il continua d'écouter le concert le visage rayonnant. Il ne lui fallait plus avoir honte de lui-même. Il éprouvait une reconnaissance profonde envers Chopin qui lui avait donné l'occasion de cet examen intérieur et sa sympathie envers le jeune Polonais en fut immédiatement accrue. Il ressentait le profond désir de se lier d'amitié avec celui-ci. Lorsque le premier morceau prit fin les applaudissements éclatèrent mais Mendelssohn couvrit même ceux du public polonais. Il s'était levé et tapait dans ses mains, voulant à tout prix attirer l'attention de Kalkbrenner qui était assis au premier rang à côté de la belle Mme Pleyel et applaudissait du bout des doigts avec l'air de celui à qui l'on arrache une dent. Il était blanc de rage.

Chopin se remit au piano. Le programme indiquait un concerto pour piano en *mi* mineur, œuvre de l'interprète. Il fut encore plus applaudi. Par la suite, pour varier, Kalkbrenner joua lui aussi ainsi que le violoniste Baillot, mais ce fut au jeune Polonais que s'adressa la rumeur brûlante des applaudissements. Il joua toute une série de petites compositions qui laissèrent Franci bouche bée. Il trouvait le pianiste magnifique, et le compositeur passionnant. Sa musique ne ressemblait à celle d'aucun autre. Dans l'enchantement des phrases au roulement de diamants une âme de chérubin se dessinait, souriant avec une douce tristesse entre ses larmes. C'était un chagrin exquis, une douleur d'une grâce irrésistible, non pas le supplice, seulement le parfum de la souffrance. Et il habillait tout ceci du costume somptueux de sa patrie comme s'il avait envoyé les pensées resplendissantes de sa mélancolie, telles des princesses de contes de fées à un bal costumé de rêve au clair de lune.

Après le concert ils eurent bien du mal à approcher Chopin. Les grandes dames polonaises formaient un cercle autour de lui, les roturiers polonais un second. Pleyel se trémoussait de bonheur, le succès était assuré pour sa marque de pianos. Les quatre pianistes attendirent patiemment leur tour. Franci et Mme Pleyel se regardèrent par hasard. Son regard à lui disait : "Je suis curieux de te connaître." Celui de la femme : "Tu es beau et célèbre, mais en vain, tu ne m'intéresses pas, j'appartiens à un autre."

Enfin ils parvinrent jusqu'à lui. L'un après l'autre ils se présentèrent : Mendelssohn, Osborne, Hiller, Liszt.

II

Dès le lendemain ils se revirent et à partir de cet instant ils se rencontrèrent tous les jours. Le nouvel ami était bien tel qu'il était apparu au piano. Il n'aimait et ne supportait rien de ce qui était cru, bruyant et violent. Il était incapable de lire Shakespeare et même chez Mozart qu'il adorait il trouvait des passages qu'il aurait volontiers sautés. Il ne participait pas aux discussions ; pendant les virulentes joutes verbales de Franci et Hiller il gardait obstinément le silence et il était alors impossible de deviner son opinion. Il possédait un mélange étrange de traits masculins et féminins. Il avait la fumée de tabac en horreur, comme dans leurs boudoirs musqués les belles dames, et dans son modeste appartement chaque table et chaque étagère était ornée d'un vase de fleurs toujours fraîches. Son esprit d'économie tournait parfois à l'avarice et à la pingrerie. Mais sa fierté et sa sincérité, tout comme sa volonté, étaient bien celles d'un homme. Très vite apparurent des qualités que ne révélait pas sa musique : celle-ci faisait soupçonner un homme douloureusement rêveur, enclin aux larmes ; alors qu'il était gai, savait se montrer de bonne humeur et parfois faisait preuve d'un esprit étonnant. Son talent prodigieux de comédien se révéla bien vite. Il était capable d'imiter à merveille les gens, dans leur comportement, leurs manières, mais tout spécialement ses amis au piano. Il les faisait souvent se plier de rire.

C'était à Franci qu'il se confiait le plus. Les deux nouveaux amis passaient des heures ensemble. Leurs conversations ne tarissaient jamais. Chopin aimait parler de son enfance. Ils évoquaient aussi leur patrie lointaine. L'un, dont le père était né français, mentionnait avec un chagrin brûlant la belle Pologne ; l'autre, qui ne connaissait pas le hongrois, racontait ses souvenirs inoubliables de la musique tzigane de Pest et des rives du Danube.

S'ils se rapprochaient sans cesse dans leur intimité, au piano ils ressentaient de plus en plus nettement les différences entre leurs conceptions, leur foi, leur avenir. Les fortissimo passionnés de Franci affolaient Chopin, ses investigations mystérieuses dans les secrets du piano lui étaient étrangères. Quand ils discutaient, au piano à tout moment surgissait entre eux la musique sauvage et audacieuse de Berlioz. Chopin écoutait le jeu emporté de Franci et disait :

— Il est intéressant et a du talent, mais il ressemble à la tempête : il est confus et incohérent.

Lorsque le Belge Fétis donna une série de conférences sur ses nouvelles théories, ils s'y rendirent tous deux, ainsi que Hiller et Osborne. Mendelssohn était déjà rentré en Allemagne. Ce Fétis, qui passait dans le monde de la musique pour un critique querelleur, en rébellion constante, avait trouvé une nouvelle devise musicale qu'il appelait omnitonie. Il disséquait de façon abstraite la notion de son et celle d'harmonie et en concluait que dans la musique de l'avenir verraient le jour de nombreuses combinaisons jusqu'alors inconnues de sons et d'harmonies et que dans l'harmonie auraient droit de cité des harmonisations que personne encore n'avait osé utiliser. A la sortie des conférences Chopin secouait la tête.

— C'est embrouillé. Je ne sais pas ce qu'il veut dire.

— C'est embrouillé, cela ? s'écria Franci. Dans ma tête c'est aussi clair que le soleil. Ecoutez un peu ce que j'ai appris du père Lamennais. Vous aussi vous êtes un bon catholique, comme moi, Frédéric. Vous devez absolument le comprendre.

Et il lui exposa les idées de l'abbé sur l'art et sur la beauté. Puis il poursuivit :

— Voyez-vous, j'ai déjà formulé en moi la grande et sainte thèse. La voici. Si un sentiment se meut entre les frontières du beau et du sublime, l'expression fidèle de ce sentiment est légitime dans l'art, quelle que soit sa forme d'expression. C'est vrai ou non ?

— Cela peut être vrai. Mais lorsque votre Berlioz a senti cette danse de sorcières, est-ce que son sentiment se mouvait entre les frontières du beau et du sublime ? Non, cher Franci. Ce n'était ni beau, ni sublime. C'est justement pour cette raison que ce sentiment a reçu cette forme d'expression si crue et si sauvage que je n'aime pas.

Franci à trois reprises tenta de répondre mais il abandonna.

— C'est épouvantable. Je sens que j'ai raison et je ne parviens pas à m'exprimer. C'est la même chose qu'avec un poème de Hugo dont je veux faire une composition pour orchestre. Je sens ce que je veux dire, le tout flotte devant moi, mais je suis incapable de le saisir…

Chopin se tut, ils cessèrent de discuter. Ils ne pouvaient se comprendre. Mais la tendresse de leur amitié n'en était aucunement affectée. Ils s'aimaient beaucoup. Le Polonais aimait la flamme, l'élan, la passion du Hongrois. Le Hongrois aimait la noblesse native du Polonais, sa finesse de sentiments, sa malice charmante, sa chaleur slave. Le monde coloré et berceur de ses mazurkas l'enchantait. Le jeune Polonais signait les lettres qu'il envoyait dans son pays du nom de Frederyk Szopen. Cette langue tendre, mélodieuse faisait le délice de Franci et parfois il priait son ami ou un des nombreux Polonais qui fréquentaient l'appartement de celui-ci de lui réciter des poèmes en leur langue. Fièrement ils se mettaient alors à déclamer les vers de leur grand poète, Mickiewicz. Mais lorsqu'ils lui demandaient de dire à son tour un poème hongrois il devait avouer, désolé, qu'il ne connaissait pas cette langue.

— Savez-vous, lui dit-on un jour, que l'un de nos rois était hongrois ?

— Non, je ne le savais pas, répondit-il en secouant la tête. Qui donc ?

— Báthory. Nous, en revanche, nous avons donné au trône hongrois les Jagellon. Vous ne le saviez pas ?

— Non, je ne l'ai pas lu. Mais je sais autre chose.

Il s'assit au piano et leur joua les souvenirs de la musique tzigane qui vibraient en lui depuis son enfance.

Tout comme dans le domaine musical, les deux amis étaient totalement différents en matière de religion. Franci aurait aimé rapprocher son ami de l'abbé Lamennais mais celui-ci s'y refusait. Son catholicisme était tout à fait différent. Il acceptait sa piété polonaise puissante qui remontait à sa plus petite enfance et s'y sentait heureux sans y toucher, sans y réfléchir, de la même façon que l'on ne songe pas à l'air que l'on respire. Lorsque le haut clergé s'éleva violemment contre le journal de l'abbé, *l'Avenir*, qui exigeait de l'Eglise qu'elle retournât à la pauvreté idéale de l'évangile, Chopin dit à Franci :

— Pourquoi irais-je donc m'occuper de votre abbé, Franci ? La déclaration a été signée par l'archevêque de Toulouse en premier. Et moi je me fie absolument à ce que l'archevêque dit. Que Lamennais me laisse ma foi qui m'est si chère et qu'il n'y touche pas.

Mais Franci courut, tout ému, à la rédaction du journal.

— Ils ne vont quand même pas vous barrer la route, mon père ?

— Mais non, bien au contraire. Je commence à gagner. Ces prêtres insatiables m'aident à faire connaître mes enseignements à Sa Sainteté le pape. Je veux aller moi-même trouver le pape Grégoire. Je réussirai à convaincre le Saint-Père qui est noble et bon, cela ne fait aucun doute. Réjouissez-vous avec moi, mon cher fils. Le monde pour lequel vous jouez de la musique sera plus beau et meilleur.

Et un beau jour l'abbé partit effectivement pour Rome en compagnie de ses principaux collaborateurs.

Il avait été avisé par la cour papale que le Saint-Père les recevrait. Franci était là au départ de la chaise de poste. Il serra l'abbé dans ses bras et lui baisa la main. Maintenant, avec Berlioz qui était parti depuis si longtemps, ils étaient deux à se trouver sur le sol italien.

Mais il n'eut guère le temps de sentir ce manque. Si les maisons élégantes du quartier aristocratique le recevaient volontiers auparavant, on se l'arrachait à présent. Partout on l'invitait en compagnie de Chopin, tels les Dioscures. Ils étaient assis à deux dans le salon noir aux étoiles d'argent de la duchesse Belgiojoso, comme entre les gobelins de la duchesse Duras. Les deux filles de Mme Rauzan, la duchesse Rauzan et la margravine de Laroche-Foucault, les invitaient à chaque réception. On les voyait souvent chez le comte Apponyi à l'ambassade d'Autriche, chez le comte polonais Plater, à l'hôtel De la Grange, à l'hôtel De Bourdonnaye. Unissant leurs efforts ils étaient parvenus à faire introduire Hiller à certains endroits. Ils se relayaient au piano et étaient applaudis avec la même force. Autour d'eux s'entrelaçaient les conversations, on racontait les potins littéraires extraits des combats entre les romantiques et les vieux austères, on évoquait à mi-mot les amours qui se faisaient et se défaisaient dans la belle société et surtout on parlait de politique avec fougue. Dans les faubourgs le choléra sévissait, dans la rue les républicains avaient inopinément fait éclater l'épisode des barricades sanglantes et l'on se répétait de bouche à oreille que la duchesse de Berry se trouvait sur le sol français, que les légitimistes s'agitaient beaucoup et que le fils de la duchesse, le comte de Chambord, ne tarderait pas à chasser du trône des Bourbons Louis-Philippe d'Orléans. Les deux pianistes d'Europe de l'Est que les flots de la vie musicale avaient poussés sur les rives de la Seine vivaient dans ce monde somptueux de ducs et de comtes, en connaissaient les relations familiales et amoureuses, participaient aux altercations, aux racontars comme aux amitiés qui se nouaient, écoutaient d'une oreille les secrets d'Etat et flottaient à la surface de la société la plus distinguée d'Europe.

Chacun des pas de Franci était jalonné de sourires de femmes. Il était devenu au cours de cette dernière année d'une telle beauté que celle-ci rivalisait avec son renom d'artiste. Les journaux le mentionnaient déjà comme l'une des plus célèbres beautés masculines de Paris et telle une épithète homérique le "profil d'ivoire" revenait sans cesse sous les plumes dès qu'il s'agissait de parler de "Litz". Le dessinateur le plus en vogue, Devéria, qui était d'ailleurs devenu par l'intermédiaire des Hugo un bon camarade, avait dessiné de lui un portrait d'une facture byronienne. Lui-même ne se lassait pas de l'admirer.

— Regardez, maman, dit-il en lui montrant le dessin, comme je suis beau !

Il clamait cette phrase avec bonheur et enthousiasme comme s'il s'était agi de la beauté d'un autre. Cette beauté avait toujours occupé ses pensées secrètes mais à présent les remarques, les compliments, les allusions la lui rappelaient à tout instant. Il observait, analysait et comparait sa beauté à celle des autres hommes et avec la jubilation de l'enfant qu'il était encore il constatait qu'il ne connaissait pas d'homme plus beau que lui. Le célèbre peintre Ary Scheffer lui demanda de poser pour lui. Il accepta comme un roi daigne autoriser des étrangers à contempler son royaume. Et dans l'atelier du peintre il s'assit sur l'estrade comme si la pièce était emplie d'un public de concert.

— Ne faites pas cette tête de transfiguré, dit le peintre en plissant le front, je ne peux pas travailler ainsi.

— Vous avez raison, dit-il en sursautant, dans un sourire, mais l'on n'est pas impunément enfant prodige pendant dix ans.

Le sculpteur Foyatier fit une statue de Spartacus pour les Tuileries et il demanda à Franci de poser pour lui. Le "profil d'ivoire" se retrouva ainsi immortalisé parmi les trésors des Tuileries. Le jeune homme était devenu l'une des personnalités les plus connues de la capitale. Dans la rue, dans les magasins, partout le même sourire l'accueillait. Il lui était devenu naturel et indifférent, il s'étonnait même lorsqu'on ne le reconnaissait pas.

Il eut plus d'aventures qu'il n'en avait envie. Des laquais lui apportant des lettres se suivaient. La vanité de sa mère en était très flattée mais elle continuait à le gronder :

— Si tu pars encore cet après-midi, encore une fois tu ne vas pas travailler, mon garçon. Je te le dis seulement parce que tu m'as demandé de t'en avertir.

— Je sais, je sais, mais que puis-je faire ? Je n'y peux rien. Je ne fais d'avances à personne.

Mais ce n'était pas vrai. Il faisait des avances à tout le monde. En toutes les femmes, il voyait toujours et seulement la femme. Il se demandait quel démon l'habitait puis se jetait sur chaque être féminin sans qu'il en fût conscient et sans qu'il le désirât. Ce n'était pas lui qui regardait les femmes dans les yeux mais bien ce démon. La petite mendiante de huit ans comme la duchesse de quatre-vingts étaient pour lui des femmes qui restaient troublées par son regard. En société ces yeux étincelants et brûlants plongeaient dans les yeux de cinq dames en même temps. Dans quel but ? Les petites actrices, les jeunes bourgeoises, les célèbres demi-mondaines le comblaient à ce point de leurs grâces qu'il aurait dû plutôt fuir de nouveaux succès. Mais à cette question qu'il se posait il ne pouvait que répondre : il n'était pas capable de regarder autrement une femme. L'oiseau lui non plus ne peut pas ne pas gazouiller. Dieu l'a créé ainsi. Existe-t-il une souris que le chat puisse apercevoir d'un œil indifférent, même s'il est repu ? Le jeune homme de vingt et un ans vivait sa vie mondaine à travers ses yeux, des yeux d'un bleu profond aux reflets parfois verts.

Si on le regardait il le sentait aussitôt et son regard rencontrait comme une flèche le regard qui le cherchait.

Il y trouvait parfois une résistance alarmée, une retenue lâchement affolée, la colère rougissante de la surprise, mais de l'indifférence, jamais.

Les trois pianistes étaient les hôtes les plus assidus de la maison de la comtesse Plater. Le bon Hiller, avec son caractère d'Allemand honnête et fruste, était celui qui convenait le mieux à ce milieu qui ne connaissait pas de tension et débordait de chaleur. Quant à Chopin il s'y rendait comme chez lui : le maître de maison était polonais, de même que son épouse, la comtesse née Brzostowska. Mais ni l'un ni l'autre n'était lié affectivement à cette société. Hiller était las des femmes, Chopin était le soupirant romanesque de la fille adoptive de Pixis, le professeur de musique bossu. La belle petite Francilla rougissait en tout cas jusqu'aux oreilles à la vue de Chopin, et Pixis, qui était amoureux fou de sa belle-fille, traitait le Polonais avec une haine sauvage et aveugle. Les deux pianistes confiaient leurs soucis à la comtesse Plater qui était une femme gentille, intelligente et bonne. Ce n'était pas par ostentation qu'elle invitait chez elle les célébrités mais parce qu'elle les aimait vraiment.

— Que dites-vous de mes amis ? lui demanda Franci alors qu'ils étaient assis dans le coin du salon et que les deux jeunes hommes cherchaient des partitions à côté du piano.

— Ce sont deux hommes tout à fait différents. Si j'étais libre je prendrais Chopin pour époux et Hiller pour ami de la maison.

— Et moi ?

La rencontre de leurs regards produisit comme un éclair. La comtesse répondit :

— Vous, pour amant.

Mais elle s'était déjà levée et s'avançait vers le piano. A mi-chemin elle se retourna, un sourire étincelant sur les lèvres :

— Naturellement, si j'étais libre.

Une semaine plus tard ils s'embrassaient. Et la nuit chez lui, lorsqu'il ne parvenait pas à s'endormir, se délectant de cette nouvelle victoire, Franci répétait en lui-même avec une affectation vaniteuse : la comtesse Laprunarède, née comtesse Chelard, et la comtesse Plater, née comtesse Brzostowska. Mais aussitôt il s'en voulut, honteux de ce snobisme que jadis il avait tant méprisé chez son père. Puis comme une vision blanche dans la forêt du souvenir apparut devant lui la figure inoubliable et encore si douloureuse de la comtesse Liline. Les années avaient beau passer, c'était toujours ce blanc visage d'ange qu'il aimait. Et avec amertume il sentait que la blessure sanglante de son humiliation n'était pas encore complètement guérie. Il repensait au visage du comte de Saint-Cricq, serrait les dents et dans cet instant il pouvait même secouer d'un haussement d'épaules les remords que lui causait le cher vieux comte Laprunarède.

La comtesse Adèle, avec laquelle il correspondait constamment pendant les longs mois de son absence, lui apprit dans une lettre débordante de bonheur qu'elle serait bientôt à Paris avec son mari. La vie de Franci allait être marquée par trois retours presque simultanés : le comte et la comtesse Laprunarède arrivaient des Alpes, Lamennais revenait de chez le pape, et Berlioz rentrait d'Italie. Les trois événements le troublèrent profondément dans ses sentiments, dans sa foi et dans ses conceptions.

D'abord il se trouvait lié en même temps à deux femmes qui évoluaient dans le même milieu social. Il ne voulait à aucun prix causer de douleur à aucune des deux, mais en revanche il voulait les garder toutes les deux, comme l'avare ses pièces d'or, il n'avait envie de renoncer ni à l'une ni à l'autre Alors commença une dure période de mensonges, d'explications et de dérobades.

Lamennais rentrait à Paris non seulement bredouille mais encore condamné par une encyclique papale. Quand

Franci revit pour la première fois l'abbé il fut consterné de voir à quel point celui-ci était brisé et vieilli.

— Que s'est-il passé, mon père ? demanda-t-il avec gravité.

— Il s'est passé, mon cher fils, que j'ai dû gentiment me soumettre. Sa Sainteté nous a bien reçus mais avant l'audience on nous a strictement interdit de mentionner la moindre chose concernant *l'Avenir.* Nous avons quitté Rome sans avoir reçu la moindre décision mais nous pressentions que les choses allaient mal. C'est à Munich que j'ai eu connaissance de l'encyclique. La liberté de la presse et la liberté du culte sont selon le Saint-Père de la vraie folie et ne peuvent être des idées catholiques.

Il se tut, le regard fixe et sombre. Franci osa à peine lui demander :

— Et maintenant qu'allez-vous faire ?

— Maintenant je ne vais plus vous voir pendant longtemps, mon cher fils, car je vais m'installer à la campagne. Mais auparavant je vais envoyer à Sa Sainteté les hommages les plus humbles de *l'Avenir*, puisque c'est moi qui ai insisté le plus vivement sur la nécessité de l'autorité du pape. Ensuite je ferai cesser *l'Avenir.* Puis je dissoudrai toute l'organisation nationale que nous avions créée. Maintenant, allez. Je vous écrirai peut-être plus tard.

Franci quitta l'abbé, bouleversé. Ce coup énorme avait atteint la ferveur proche de la prière qu'il ressentait depuis l'enfance à l'égard du Vicaire du Christ. Le pape disait que l'idée de la liberté de la presse était de la folie et non une pensée catholique ? Qu'adviendrait-il maintenant de l'enthousiasme avec lequel il accompagnait le combat des Hugo contre la censure ? Tout ce qu'il avait édifié en lui-même après tant de réflexions sur la nouvelle littérature, sur l'art, sur la beauté parfaite, allait-il s'effondrer ? Ou bien serait-ce son catholicisme qui s'effondrerait ?

Dès son retour Berlioz fit prévenir Franci. Il avait loué au coin de la rue Neuve-Saint-Marc un modeste petit appartement. Franci alla l'y trouver. Berlioz, qui était encore en train de faire cuire de l'oignon, l'accueillit avec un flot de paroles. Il avait mille choses à raconter. Il avait été à Rome avec Mendelssohn et s'était en outre lié d'amitié avec un musicien russe nommé Glinka.

— Pauvre Hector, lui dit son jeune ami, j'ai beaucoup pensé à vous en voyant les Pleyel...

— Qui ? Ah, oui. Non, Camilla ne m'intéresse plus, je l'ai arrachée de mon cœur. Je l'ai d'ailleurs composé. Imaginez donc, j'ai totalement réécrit *la Symphonie fantastique* et j'y ai mis une nouvelle fin.

— Vous l'avez réécrite ?

— N'ayez pas peur ! Je n'ai en rien cédé à mes principes, j'ai seulement retouché là où il le fallait. J'ai encore un peu souligné cette idée fixe qui vous a tant plu. Mais l'essentiel est qu'après la danse des sorcières j'ai composé une fin. Son titre : "Lélio, ou le retour à la vie." Dans l'ancienne forme de la symphonie on ne pouvait pas savoir ce que devient l'artiste qui aperçoit son amour parmi les sorcières. Maintenant on le peut ! Il retourne à la vie ! Que cette gredine crève parmi les sorcières, l'artiste s'en moque, il en est guéri et se replonge dans la vie. Vaut-il la peine de se détruire pour une telle charogne ? Elle va voir qui je suis, cette petite saleté !

Berlioz frappa du poing sur la table. Puis il revint à lui.

— Tout ceci n'a rien à voir là-dedans. Bref, l'artiste retourne à la vie, un point c'est tout.

— Qui est ce Lélio ?

— George Sand est une très chère amie à moi et elle travaille en ce moment à un roman intitulé *Lélia*. Elle m'en a parlé dans ses lettres. Le nom de Lélio fait pendant à celui de son héroïne. Vous ne connaissez pas George ?

— Nous ne nous sommes pas encore rencontrés.

— Cela viendra. Je regrette de ne pas pouvoir vous montrer les transformations intervenues dans ma symphonie, mais je n'ai pas encore de piano et le manuscrit est chez le copiste. J'espère que vous viendrez ? L'essentiel c'est que l'artiste retourne à la vie, vous comprenez ? Le diable emporte cette charogne, non ?

Berlioz semblait rentré de Rome avec l'esprit dérangé. Tous les signes portaient à croire qu'il était plus que jamais amoureux de l'actrice anglaise.

Elle aussi était présente à la première de la symphonie remaniée, elle, Harriet Smithson. Berlioz avait demandé à l'acteur Bocage de lire le texte explicatif pendant le concert. C'était un écrit étonnant : sous le prétexte d'un programme il s'agissait d'une attaque éperdue contre l'infâme qui avait tant bouleversé l'artiste, ainsi que contre un certain critique qui avait blessé celui-ci. Harriet Smithson et Fétis quittèrent la salle de concert livides.

Franci fut empoigné de façon encore plus violente que deux ans auparavant, lorsqu'il avait entendu la symphonie pour la première fois. Ce n'étaient pas les changements dus à la réécriture qui le touchaient plus fort, mais l'œuvre elle-même, tout entière, qu'il était capable de mieux sentir. Les deux années passées près du piano l'avaient mené à des sommets qui lui permettaient de voir plus loin, les enseignements de l'abbé Lamennais et les conférences de Fétis lui avaient ouvert les yeux. La grandeur de Berlioz le sidéra et il lui emprunta sur-le-champ la partition d'orchestre.

Rentré chez lui il se mit tout de suite au piano et la joua. Puis, sous prétexte d'écrire une fantaisie, il entreprit de transcrire au piano la langue de l'orchestre. C'était pour la première fois mettre véritablement à l'épreuve tout ce temps qu'il avait passé au piano depuis qu'il avait entendu Paganini. Pendant le travail plus d'une fois il aurait aimé bondir de joie. Il pouvait affirmer tranquillement qu'il savait faire dire au piano des choses que personne au monde en dehors de lui n'était capable d'exprimer.

Pendant toute cette période de travail acharné il annula ses leçons et ne se reposa que quelques heures. Tantôt avec la comtesse Plater, tantôt avec la comtesse Laprunarède. Quand il eut terminé la fantaisie il écrivit à Berlioz de venir chez lui immédiatement. Celui-ci écouta la fantaisie et des larmes lui vinrent aux yeux.

— Que dites-vous de Fétis ? demanda-t-il enfin.

— Que voulez-vous que j'en dise ? Pourquoi ?

— Vous n'avez donc pas lu les journaux ? Fétis a effroyablement sabré ma symphonie.

— Fétis ? C'est impossible, Hector. Toute sa série de conférences semblait tenue pour vous glorifier.

— Ah oui ? Eh bien, écoutez, j'ai apporté l'article. "Avant de vouloir composer de la musique, il vaudrait mieux être musicien..."

Franci consola son ami mais sans conviction. Et quand ils se quittèrent Berlioz était beaucoup plus calme que lui. La confusion le harcelait de nouveau. Que se passait-il ? Etait-ce de la bonne musique ou non ?

Il était profondément troublé et son jeu de cache-cache entre les deux femmes devenait insupportable. C'est alors que chez la duchesse Duras le vieux comte Laprunarède lui dit :

— Cher Litz, la comtesse m'a chargé de vous faire la prière suivante. A mon avis ma prière à moi est plus faible que la sienne, à son avis plus forte. Toujours est-il que nous retournons à la campagne lundi. Venez avec nous à Marlioz, passez chez nous les fêtes de Noël et du Nouvel An. Ce n'est pas seulement l'invitation de la comtesse mais aussi la mienne. Acceptez pour me faire plaisir.

— Je vous remercie beaucoup, balbutia Franci, gêné, je viendrai.

Il écrivit une lettre à la comtesse Plater, il était incapable de l'informer personnellement de son départ.

Il lui annonçait que, vu son moral fortement ébranlé, il avait accepté avec reconnaissance une invitation à la campagne. La comtesse Plater répondit seulement : “Je sais et je comprends tout. Je ne vous en veux pas. Passez de bonnes fêtes. Pensez à moi le soir de la Saint-Sylvestre.” La signature manquait.

Après un long voyage ils atteignirent la Haute-Savoie et de là un traîneau les mena au château perdu dans les montagnes. C’est une vieille tante qui vivait constamment chez le comte et son épouse qui les accueillit. Tout autour régnaient une blancheur et un silence inouïs. Dans le château il découvrit des meubles très vieux, des portraits d’ancêtres, une cheminée amicale et un piano d’Erard flambant neuf qui était arrivé trois jours auparavant. Franci s’y assit aussitôt.

— Qu’est-ce que c’est ? demanda Adèle.

— Schubert : *Die Winterreise.* C’est la comtesse Apponyi qui me l’a fait connaître.

Le soir ils allèrent se coucher dès neuf heures. Franci lut encore une bonne heure. Ou plutôt il essayait de lire *Faust.* Le grand poète allemand était mort depuis un an à peine et l’on parlait alors beaucoup de lui. Il ne parvenait pas à concentrer son attention. A dix heures la porte de la chambre d’hôte s’ouvrit sans bruit. Adèle entra. Elle avait enfilé un manteau de fourrure sur sa chemise de nuit.

— Pour l’amour du ciel, que fais-tu ? souffla Franci, terrorisé. Le comte…

— Il dort depuis longtemps. Jamais encore il ne s’est réveillé une fois endormi. Comment te plais-tu chez nous ? C’est beau ?

— C’est magnifique. Et ce silence incroyable…

— Cela te fera du bien. Ne compte pas partir avant février. Même comme cela je te lâcherai difficilement. Tu m’aimes ?

III

La blancheur des montagnes environnantes, le scintillement aveuglant de la neige des Alpes, la chaude intimité du château et le piano : ce repos promettait d'être paradisiaque.

Il le fut d'ailleurs pendant deux jours. C'est alors que l'orage survint. Alors qu'ils étaient assis le troisième jour pour le souper, dans une ambiance agréable et gaie, la vieille tante qui, par ailleurs, passait son temps près de la cheminée à priser et à lire, fit remarquer que le comte Miramont avait toujours froid au château.

— Qui est Miramont ? demanda Franci.

— Un ami, répondit rapidement la comtesse ; l'année dernière, en hiver, il nous a rendu visite.

— Et cet été aussi, ajouta le vieux comte, le comte Miramont est un homme très agréable.

Puis ils se mirent à parler d'autre chose. Mais lorsqu'il se retrouva en tête à tête avec la comtesse, Franci revint sur ce Miramont. Au début elle répondit patiemment : Miramont était un Parisien très distingué et un très galant homme, ami du comte. C'est à lui qu'il était venu rendre visite l'hiver précédent et une fois au cours de l'été. Mais à chaque réponse Franci posait de nouvelles questions. Quel âge avait ce Miramont ? Il s'avéra avoir trente et un ans. S'il avait trente et un ans, comment pouvait-il être ami du comte ? Et s'il n'était pour Adèle qu'une connaissance indifférente, pourquoi savait-elle si précisément son âge ? Adèle s'impatienta. Elle mit un point final au questionnement, un peu sèchement, et Franci se vexa.

Le soir même, dans le silence mystérieux de la chambre d'hôte il reprit ses questions.

— Mon chéri, chuchota la femme, arrête de me tourmenter avec cette ânerie. Je ne suis pas venue te trouver pour que nous parlions de ce Miramont. Pourquoi ne parlons-nous pas de nous deux ?

Franci poursuivait son enquête avec opiniâtreté et le troisième jour, fatiguée, Adèle avoua : elle avait été la maîtresse de ce Miramont.

La découverte le mit dans tous ses états. Leurs nuits furent des nuits de sauvages mortifications, de harcèlements, d'aveux larmoyants et de réconciliations délirantes. Franci retournait le poignard dans sa plaie et exigeait d'Adèle les détails de leur liaison. Puis il continua l'interrogatoire. Peu à peu il lui arracha un nom, puis un autre. Avec un triomphe malin il récapitulait les faits : il y avait une période où Adèle n'avait pas encore rompu avec l'un mais avait déjà commencé avec l'autre. Il pouvait donc supposer qu'il en était de même à présent. Elle n'avait pas encore rompu avec Miramont. Il exigea la confession, supplia, insista, fit du chantage. Et il finit par l'obtenir : oui, Miramont était encore son amant. Franci songea cette nuit-là au suicide. Pourtant il savait qu'au fond de son âme il n'était pas amoureux de cette femme. Et il la prenait violemment entre ses bras en la haïssant car seuls les baisers de cette femme pouvaient apaiser ses tourments. Ils étaient devenus complètement fous tous les deux, chaque nuit ils se déchiraient pendant des heures, se tourmentaient, s'humiliaient et s'enlaçaient, le jour ils se traînaient, épuisés et nerveux, dans les pièces du château. Ils n'en pouvaient plus, frôlaient la démence, lorsqu'un jour Adèle lui annonça, livide : Miramont arriverait la semaine suivante. Il était en route et il n'était plus possible de lui faire savoir que son arrivée était superflue. Franci ne dit pas un mot, se mordit les lèvres et s'assit au piano. Il attendit la nuit. Il annonça alors à sa bien-aimée qu'il partirait le lendemain : il irait en traîneau à Genève et attendrait à l'endroit le plus proche la chaise de poste. Il en avait décidé ainsi et il en serait ainsi. La femme pleura à chaudes larmes mais elle ne le retint pas.

Le lendemain, prétextant une vive douleur au poumon, il demanda un traîneau au comte. Il partit. Et il arriva à Paris épuisé, physiquement et moralement.

Avant tout il lui fallut se préoccuper de ses leçons de piano car son excursion dans les Alpes l'avait fortement endetté. Il se disputa même avec sa mère qui constata épouvantée son état nerveux et le gronda sévèrement d'avoir négligé ses leçons. Pendant des jours ils ne s'adressèrent pas la parole.

Il ne sortait pas. Il s'était chargé de beaucoup plus de leçons qu'auparavant et partageait le peu de temps qui lui restait avec ses trois amis. Ceux-ci avaient également bien des ennuis. Chopin était le seul à travailler tranquillement, harmonieusement, il avait récemment publié trois œuvres et travaillait à présent à une sonate en *sol* mineur. Franci aurait aimé lui raconter tout mais l'honnêteté lui imposait le silence, même si tout le monde savait parfaitement où il avait été. Il se contenta de dire qu'il avait été fortement ébranlé moralement. Chopin lui donna une tape amicale dans le dos mais il ne put s'empêcher une petite remarque piquante.

— La femme polonaise n'a pas son égale, dit-il en polonais.

Franci comprit l'allusion à la comtesse Plater. Il se tut. Il enviait son ami polonais, calme, équilibré, qui ne vivait que pour sa musique. Ses deux autres amis allaient beaucoup moins bien. L'abbé Lamennais le reçut d'un air sombre et accablé, à peine capable de se réjouir de le revoir. Le pape ne se contentait pas du suicide de *l'Avenir* et de la soumission docile du parti de l'abbé, il exigeait une humiliation plus profonde. Quant à Berlioz il vivait les journées les plus orageuses de son amour désespéré pour l'actrice anglaise, il semblait vraiment avoir perdu la tête, chez Franci il sanglotait la tête appuyée contre la table et maudissait l'instant où il avait vu Harriet Smithson pour la première fois. Le lendemain il annonça que Harriet, cet ange descendu sur terre, s'était cassé la jambe et qu'elle était tellement endettée qu'elle n'avait pas le moyen de voir un médecin, il fallait organiser un concert en sa faveur, et vite, tous les amis sur le pont !

Franci l'aida volontiers. Le pianiste Henri Herz, Chopin et lui firent un concert en faveur de l'actrice. Ils obtinrent un succès immense mais lui il écouta insensible la tempête d'applaudissements. Il se sentait incroyablement vide. Pendant ses nuits sans sommeil il se demandait à quoi bon continuer à vivre.

Un soir il lui fallut se rendre dans l'une des maisons du Faubourg pour une leçon. La dame de céans, la marquise La Valette, avait formé avec ses petites filles une chorale et avait demandé à Liszt de leur apprendre un chant choral de Weber. C'étaient de charmantes petites créatures gazouillantes et raffinées, des anges parés de la couronne des grands seigneurs. Derrière son dos elles pouffaient, devant lui elles baissaient les yeux avec la décence des jeunes filles bien élevées, mais sous leurs cils étincelait l'espièglerie des fillettes. Lui s'en tenait à son humeur tourmentée à laquelle, à son habitude, il avait prêté une forme littéraire : il vivait la période de pessimisme du beau lord Byron. Il savait que son comportement était de la pose, mais il savait aussi que ce qu'il habillait d'une pose artistique était sincère.

L'une des petites comtesses avait perdu sa partition. Il alla dans le petit salon voisin recopier la partie de chant. Quand il retourna dans la salle de musique il y trouva une dame qui était arrivée entre-temps.

— Permettez-moi, ma chère, de vous présenter Litz. Permettez-moi, cher Litz, de vous présenter à la comtesse d'Agoult.

La dame lui tendit la main. Franci connaissait son nom, cette femme venait du milieu le plus fermé du Faubourg, celui qui, contrairement à la mode de certaines duchesses et comtesses, se refusait catégoriquement à inviter toute personne non noble. Il adopta immédiatement cette attitude morale faite d'un mélange de susceptibilité, d'arrogance, de crainte, d'humiliation et d'une violente crise de fierté qu'il ressentait lorsqu'il rencontrait des personnages d'un si haut rang. Il s'assit près de la comtesse pour ne pas avoir l'air trop soumis mais immédiatement aussi il rechercha par une phrase à souligner la différence sociale.

— Je suis très content d'avoir l'occasion de faire votre connaissance, comtesse. Pour un bourgeois de mon espèce c'est un privilège rare et j'apprécie cet instant à sa juste valeur. La musique vous intéresse ?

— Oh, beaucoup. Dans l'institution où j'ai été élevée c'est moi qui dirigeais la chorale, et qui jouais à l'orgue dans la chapelle. Je chantais aussi des morceaux en solo. Je joue encore beaucoup au piano, si toutefois j'ose parler de mon jeu en présence d'un artiste aussi célèbre que vous. Je vois que vous étudiez un morceau de Weber.

— Oui, et avec joie. Les demoiselles l'apprécient elles aussi. Je trouve que c'est un compositeur spirituel. Qui la comtesse préfère-t-elle ?

— Votre prédécesseur, Mozart. Je joue souvent *Idoménée* et *Don Juan*.

Tandis qu'ils parlaient de musique il observait la comtesse d'Agoult. C'était une beauté remarquable. Ses cheveux étaient splendides, épais, d'un blond doré scintillant, partagés au milieu et tirés sur les oreilles pour former un magnifique chignon derrière la tête. Ses yeux avaient la couleur de l'outremer le plus pur, ses lèvres fines et merveilleusement dessinées étaient d'un rouge vif. Son décolleté profond montrait une peau d'une blancheur de lait, sa silhouette, sa taille très mince et sa poitrine bien modelée étaient dignes de Rubens. C'était une beauté exceptionnelle, supérieure à toutes les femmes qu'il connaissait. La seule peut-être qui aurait pu lui être comparée était la comtesse Delphina Potocka, l'objet de l'adoration toute platonique de Chopin.

— La musique est la vraie consolation de l'homme, dit cette femme magnifique de sa voix mélodieuse, peut-être même ne nous serait-il pas possible de vivre sans musique. Moi, la musique me rapproche constamment... me rapproche constamment de...

— De Dieu, intervint Franci qui sentit sur lui et sur sa célèbre beauté masculine le regard rapide de la femme. Chaque artiste est conduit à Dieu. Celui qui aime vraiment le beau ne peut qu'être vrai croyant. Je crois que j'ai le droit de voir en la comtesse la même vraie foi profonde et puissante qui m'emplit.

— Oh, oui, je suis très croyante. A mon avis...

La maîtresse de maison s'avança vers eux.

— Nous pourrions peut-être...

Franci bondit aussitôt et se rendit au piano. Ils commencèrent la répétition. Tout de suite il entendit derrière son dos la nouvelle voix de mezzo se détachant parmi les voix fluettes des fillettes. A la dernière mesure il regarda vers l'arrière et rencontra les yeux de la comtesse. Sous le regard du musicien passa celui de l'homme, audacieux, brûlant, agressif et rapide comme l'éclair. Et le visage de la femme fut traversé d'une légère rougeur, comme à travers une porcelaine.

Ils ne bavardèrent plus. Franci joua encore deux morceaux de sa transcription de Berlioz. Puis ils se saluèrent. Sur le visage de la comtesse d'Agoult on pouvait lire l'émerveillement produit par le jeu du virtuose.

— Bonne nuit, monsieur Litz.

Ce fut tout. Franci quitta l'hôtel, déçu. A ces moments-là on le priait en général poliment de faire rendre une visite. La comtesse resplendissante ne l'avait pas fait.

Il haussa les épaules et rentra chez lui. Mais il avait beau hausser les épaules, cette femme désirable à rendre fou ne lui sortait pas de la tête. Il était très fâché contre lui-même. Il venait juste de se brûler à une comtesse, qu'avait-il à recommencer à se tourmenter pour une nouvelle comtesse, et qui plus est sans le moindre espoir ? Il résolut durement de ne plus penser à cette dame hautaine qui ne l'avait même pas invité, comme c'était l'habitude. C'est abattu et triste qu'il s'endormit.

Le lendemain il se rendit de très mauvaise humeur à ses leçons, les expédia et, sombre, rentra chez lui. A son appartement une lettre l'attendait. Sur l'enveloppe une couronne à neuf fleurons. La lettre contenait simplement : “Monsieur, votre visite ferait une joie immense à votre sincère admiratrice, la comtesse d'Agoult.”

Franci pria tout ému sa mère qui se trouvait dans la cuisine :

— Mère, à six heures et demie Chopin viendra ici. Dites-lui que j'ai dû partir pour une affaire urgente. Qu'il aille en avant chez Franchomme, le violoncelliste, je l'y rejoindrai plus tard. Vite, mon nouvel habit.

IV

Le cabriolet s'arrêta devant un hôtel particulier du quai Malaquais. Le pianiste tendit d'une main gantée de blanc sa carte au portier. Il s'efforça de se comporter avec aisance devant celui-ci mais n'y parvint guère. Le portier de l'hôtel Saint-Cricq lui revenait sans cesse à l'esprit.

Il n'eut pas à attendre longtemps. Un laquais en culotte l'accompagna à travers des salles somptueuses où portraits d'ancêtres en armure et ameublement fastueux montraient le rang et la fortune. Le cœur battant il pénétra dans un petit salon. La comtesse d'Agoult s'y trouvait en compagnie d'une dame et d'un monsieur.

La comtesse se leva, s'avança vers lui et lui tendit la main avec une grande amabilité.

— Je suis très contente que vous soyez venu. Le comte va regretter de n'avoir pas été à la maison. Permettez que je vous présente.

L'autre dame accueillit l'artiste avec beaucoup de gentillesse, le monsieur avec une froideur compassée. Il s'assit. La conversation démarra avec difficulté, malgré les efforts de la maîtresse de maison. La dame était l'épouse du marquis Gabriac, ancien ambassadeur de France à Stockholm, l'homme était un noble russe, le baron Meyendorff. Quand celui-ci eut répondu à trois reprises avec un certain dédain aux remarques de Franci, le jeune homme se retourna brusquement vers lui :

— Monsieur le baron est parent du baron Meyendorff qui a participé à la répression polonaise ?

— Mais oui. C'est mon frère. Il est devenu commandant de Varsovie. Où avez-vous entendu parler de lui ?

— C'est mon meilleur ami, Chopin, qui m'en a parlé.

Le baron fut surpris et ne sut que dire sur le coup. La marquise Gabriac échangea un bref coup d'œil avec la maîtresse de maison. Celle-ci sourit de façon énigmatique puis posa une question destinée à détendre l'atmosphère :

— Mais vous, vous n'êtes pas polonais, n'est-ce pas ?

— Non, comtesse, je suis hongrois.

— Oh, comme c'est intéressant, dit la marquise, ce doit être un beau pays. Le comte Apponyi m'en a parlé. Racontez quelque chose de votre patrie.

— Je ne pourrais guère satisfaire votre désir, marquise, car j'ai quitté mon pays à l'âge de dix ans. Il ne me reste que de pâles souvenirs d'enfance, mais un jour je les noterai. Mickiewicz, le grand poète polonais, dont j'ai fait récemment la connaissance, a dit au cours d'une conversation que la patrie ne vit pas sur une carte mais dans les cœurs.

Le baron Meyendorff eut un mouvement de nervosité mais il ne répondit rien. La maîtresse de maison esquissa de nouveau un petit sourire puis avec beaucoup de présence d'esprit fit dévier la conversation.

— Ne parlons donc pas de politique, celle-ci m'ennuie mortellement. Parlez-nous des nouveautés de la vie musicale. J'ai entendu dire que Spontini était à Paris. Cela m'intéresse beaucoup car je joue quelques-uns de ses morceaux. Vous ne l'avez pas rencontré ?

— Mais si, nous avons dîné ensemble chez les Erard. Il a en effet épousé la fille du vieil Erard. Du vivant du vieux monsieur, mon second père et mon bienfaiteur, il savait encore se contenir à l'occasion des visites de famille. Mais depuis la mort du vieil Erard il se comporte en véritable tyran, comme à Berlin. Et ceci n'est pas de mon goût car nos vues sur la musique ne s'accordent pas spécialement.

Le baron voulut de nouveau reprendre le dessus.

— Allons, ce Spontini est un musicien excellent.

Franci se tourna aussitôt vers lui :

— Je ne le conteste certes pas. Mais il appartient au passé. Une nouvelle sorte de musique est née. A mon avis, dans la musique comme dans tous les aspects de la vie c'est l'époque de la liberté qui vient. La force brutale peut opprimer pendant un certain temps la pensée libre mais elle ne changera rien dans la nouvelle voie du monde.

Le baron remua de nouveau nerveusement mais encore une fois il ne sut que dire. Franci se tournant vers les dames poursuivit :

— J'avais fait inviter Berlioz chez les Erard pensant que Spontini s'intéresserait à lui. J'ai totalement échoué. Spontini m'a dit en tête à tête que Berlioz était un musicien incohérent, incompétent et barbare dont il ne voulait pas s'occuper. Quelques jours plus tard Berlioz a fait l'éloge dans un article de la musique de Spontini. Je me suis empressé d'aller le trouver chez les Erard et de lui montrer l'article en question. Il l'a lu et s'est contenté de dire froidement : “En tant que critique il est excellent, mais sa musique est exécrable.”

Les dames sourirent. La comtesse d’Agoult s’intéressa à la personne de Berlioz et Franci parla longuement de son ami, avec enthousiasme. Lorsqu’il remarqua que le baron Meyendorff qui s’ennuyait s’apprêtait à prendre congé, il poursuivit en effectuant un habile revirement :

— Par ailleurs il m’a rendu très curieux de faire la connaissance d’un compositeur russe nommé Glinka qu’il a rencontré à Rome. Il dit que c’est un talent extraordinaire, que la force primitive, la profondeur lyrique immense que recèle le grand peuple russe jaillissent comme d’une source de cet auteur génial.

Le baron Meyendorff commença en effet à prendre congé, mais, chose incroyable, il fut d’une extrême gentillesse avec le jeune artiste. Il semblait vouloir dire quelque chose, mais ne le dit pourtant pas. Il lui serra deux fois la main puis s’en alla. Franci remarqua les coups d’œil complices des deux dames. Il était évident qu’elles reconnaissaient sa victoire sur le Russe. Il voulut lui aussi entrer dans le jeu des coups d’œil narquois et attendait que les femmes l’y acceptent mais celles-ci, lorsqu’elles le regardèrent, redevinrent dignes et poliment distantes. Il en fut douloureusement meurtri. L’expression de confiance et de spontanéité qu’avait prise son visage se figea. Et en regardant la comtesse d’Agoult il eut le sentiment que cette femme désirable qu’il aurait pu toucher en étendant la main se retirait à présent dans un lointain inaccessible.

— J’aimerais connaître la musique de votre ami Berlioz. Je n’ai entendu que son nom et les disputes musicales à son sujet.

Franci regarda autour de lui. Le piano se trouvait derrière la comtesse. Il s’y assit mais ne joua pas tout de suite. Il demanda en hésitant :

— Connaissez-vous, mesdames, le poème de Victor Hugo “la Captive” ?

— Bien sûr, répondirent-elles aussitôt toutes les deux, il fait partie du recueil des *Orientales.*

— Berlioz l'a mis en musique. Si vous ne vous souvenez pas exactement du texte, je le dirai en jouant.

En faisant chanter le piano *ben marcato* il récita les vers.

Si je n'étais captive,
J'aimerais ce pays,
Et cette mer plaintive,
Et ces champs de maïs...

Dans le fiacre déjà il avait prévu de parler de ce chant de Berlioz. Depuis qu'il s'était répandu dans Paris celui-ci avait contribué à pousser aux aveux les femmes incomprises qui vivaient prisonnières d'un mariage austère. Il ne savait rien du mariage, de la vie de cette femme et pensait en apprendre plus grâce à ce chant. Il lui lança un coup d'œil rapide en jouant. Le visage de la belle femme était rigide et fermé comme celui d'une statue. Il poursuivit la poésie.

Mais surtout, quand la brise
Me touche en voltigeant,
La nuit j'aime être assise,
Etre assise en songeant...

Les deux femmes se regardèrent furtivement, émues et sérieuses, comme deux personnes qui connaissaient mutuellement les secrets de leur vie. Mais lorsque Franci se tourna vers elles, elles redevinrent d'une froideur inexpressive et polie.

— Avez-vous la partition ? demanda la comtesse d'Agoult, d'une voix neutre, et un peu sèche.

— Je serais très heureux de... vous la faire apporter.

— Je serais contente que vous me l'apportiez personnellement. Je n'ai encore jamais entendu jouer au piano de façon aussi éblouissante. Je m'y connais un tout petit peu. C'est la perfection même. Je pense que l'on ne peut pas jouer mieux.

— Hélas, moi aussi je le croyais, répondit-il avec aisance, pourtant j'aimerais pouvoir aller encore plus loin et de la sorte... trouver un sens, un contenu à tout ceci... il règne un tel silence sur ces hauteurs où je me suis hissé douloureusement...

Il avait prononcé ces mots les yeux dans le vague, tout bas, afin de permettre aux deux femmes de commencer de s'exclamer : comment, sa vie n'avait donc pas de but ? Mais il se produisit autre chose. La comtesse d'Agoult répondit par une citation allemande :

— *Uber allen Gipfeln ist Ruh...*

— Madame la comtesse connaît l'allemand ?

— Mais oui. Comme le français. Je suis à moitié allemande, du côté de ma mère. Je peux donc compter sur cette partition ? J'aimerais la chanter.

— Quand me permettez-vous de vous l'apporter, comtesse ?

— Le plus vite possible, c'est un très beau chant. A cette heure-ci de la journée je suis toujours à la maison. Si vous passiez par hasard dans les environs demain, vous pourriez la déposer. Je serais même très heureuse que vous me la remettiez personnellement. Je ne suis pas trop exigeante de vouloir cette partition dès demain ?

Ces paroles signifiaient un congé. Franci se leva et s'inclina.

— La partition sera ici.

Elles ne le retinrent pas. Il baisa la main des deux dames. Dehors il s'empressa de tourner le coin de la rue pour pouvoir s'arrêter sans être remarqué. Il avait besoin d'un instant de solitude et de calme pour retrouver la sensation qu'il avait éprouvée en touchant la main de la comtesse d'Agoult. C'était une main d'une blancheur de neige, soignée et douce comme le velours, son souvenir était encore présent dans sa paume.

Le lendemain il alla donc porter la partition. Cette fois il ne trouva pas de visiteurs chez la comtesse. Ils se mirent à parler de littérature. La comtesse d'Agoult témoigna d'une culture étonnante. Elle connaissait jusque dans ses moindres détails la littérature moderne, avait une opinion sur chaque œuvre et sur chaque auteur. Franci avait l'habitude en société de mener la conversation quand on parlait littérature, mais cette fois il dut concentrer toute son attention car il s'avéra très vite que la comtesse avait lu davantage et de façon plus systématique que lui. D'ailleurs, ses connaissances ne se limitaient pas à la littérature française, elle avait beaucoup lu en anglais et en allemand. Elle avait même un souvenir personnel de Goethe.

— Quand j'étais petite fille nous séjournions parfois à Francfort. Nous y avions un château d'été, en dehors de la ville, une demeure ancienne et charmante, par ailleurs historiquement célèbre car Napoléon y avait dormi après la bataille de Leipzig. Le château avait un grand jardin, avec de belles promenades sous des arbres immenses. J'y courais un jour avec mes petits compagnons de jeu quand nous avons aperçu dans la grande allée un vieillard entouré des adultes de notre famille. Nous, les enfants, nous nous échappâmes comme un vol d'oiseaux. Moi aussi je voulus m'en aller mais j'entendis que l'on m'appelait. Je me retournai et avançai timidement vers le groupe des grands. Mon oncle me prit la main et dit au vieux monsieur : "C'est ma petite nièce, Marie de Flavigny." Goethe, car c'était lui, prit ma main et me dit quelque chose que dans ma frayeur je ne compris pas. Puis il se retourna pour parler à mon oncle, en gardant ma main dans la sienne, et nous allâmes ainsi nous asseoir sur un banc voisin. Il me fit prendre place à ses côtés. J'osais à peine le regarder mais je me souviens comme si c'était hier de ses grands yeux flamboyants et de son front immense. Je restai ainsi à côté de lui pendant un bon moment après quoi tout le monde se leva. Alors il posa sa main sur ma tête comme s'il voulait me bénir et caressa mes cheveux. Je ne me souviens plus du reste.

— Le souvenir de deux grands hommes nous domine, dit Franci, Goethe a donné sa bénédiction à la comtesse et Beethoven m'a embrassé.

— Vraiment ? Comment cela s'est-il passé ? Racontez !

Franci raconta. La comtesse l'écouta avec attention, véritablement émue. Ils parlèrent longtemps. Franci fut très surpris en constatant que plus d'une heure et demie s'était écoulée. Il bondit de sa chaise et s'excusa.

— Quand vous reverrai-je ? demanda la comtesse.

— Mon Dieu, si cela ne dépendait que de moi, j'aimerais revenir dans une heure. Je serai ici dès que la comtesse me le permettra.

— Venez demain rattraper ce que nous avons négligé aujourd'hui : j'aimerais voir avec vous ce chant de Berlioz. Il faut d'ailleurs que vous soyez mon hôte régulier, puisque nous avons découvert notre parenté.

— Notre parenté ? demanda le jeune homme, le cœur battant.

La comtesse hocha la tête avec le sourire condescendant d'une reine :

— Mais oui, notre parenté spirituelle. A travers Goethe et Beethoven. Au revoir, monsieur.

Ce soir-là il dîna chez Chopin. Il parla de sa nouvelle connaissance à son ami polonais. Du baron Meyendorff également et des remarques de celui-ci concernant les Polonais. Chopin opina de la tête mais on voyait bien sur son visage qu'il était préoccupé. Et lorsque Franci eut terminé sa description enthousiaste de la belle comtesse il se mit à parler de ses affaires.

— J'ai beaucoup de soucis. Ce voleur de Slézinger veut m'écorcher vif mais je ne me laisserai pas faire.

Franci éclata de rire.

— Vous ne parvenez pas à vous mettre d'accord ?

— Non. C'est une véritable sangsue.

— Pourtant ce malheureux Slézinger, quand il est question de vous, a coutume de dire : "Chopin est pire que cent juifs."

La conversation se poursuivit et Franci déclara :

— Je sais, moi, quelle horrible douleur cause le sentiment d'être rabaissé et méprisé.

Chopin posa sa main sur celle de son ami.

— C'est cette vieille blessure dont vous m'avez parlé. Vous ne pouvez à ce point l'oublier ?

— Je ne l'oublierai jamais. A cause de cette blessure je ne pourrai jamais être heureux. Jamais je ne saurai aimer personne comme j'ai aimé cette fille...

— Est-ce bien sûr ? demanda Chopin affectueusement et avec une pointe de malice.

— Naturellement, c'est sûr. Pourquoi me posez-vous cette question, qu'insinuez-vous ?

— Je pense à cette belle comtesse d'Agoult. Je ne vous ai encore jamais entendu parler ainsi d'une femme.

— Allons, qu'allez-vous vous imaginer ? Dans cette société médiévale et servile, une distance atroce me sépare d'une telle femme. Je connais un seul cas dans l'histoire universelle : celui de Van Dyck qui a épousé une dame de la cour de la reine d'Angleterre, lady Mary Ruthven, dont le père était baron et le grand-père *earl*. Mais cet exemple effroyable, le fait qu'un misérable crève-la-faim d'artiste épouse une dame de la haute aristocratie, ne s'est jamais reproduit.

— Mais qui parle ici de mariage ? Et quand il est question des faveurs accordées par les dames de la noblesse, vous n'avez vraiment pas à vous plaindre, Franci.

— Vous me consolez en vain, *amico*. Il vaudrait mieux que je chasse cette pensée de mon esprit. Parlons d'autre chose. A quoi travaillez-vous en ce moment ?

Chopin répondit en s'asseyant au piano et il joua sa fantaisie intitulée *Je vends mes scapulaires*. Ils se plongèrent dans la musique et ne parlèrent plus de femmes.

Le lendemain Franci alla rendre visite aux Erard. Les demoiselles Erard étaient au courant de tous les ragots colportés par les clients des magasins de pianos. Il amena donc la conversation sur la comtesse d'Agoult. Il parla avec une indifférence feinte de ses visites chez celle-ci afin de permettre aux demoiselles d'en dire éventuellement du mal aussi. Mais elles ne savaient pas grand-chose de la comtesse. Elles lui apprirent seulement qu'elle avait épousé six ans auparavant le comte d'Agoult, qui était beaucoup plus âgé qu'elle, et qu'elle vivait assez retirée, qu'elle appartenait à l'aile droite légitimiste de l'aristocratie et qu'elle avait un frère diplomate, un certain Flavigny.

— Elle semble très pieuse, mentionna Franci.

— Oh oui, c'est toujours ce qui se passe dans les familles converties, elles veulent toujours être plus royalistes que le roi.

Franci demeura bouche bée.

— Une famille convertie ?

— Mais bien sûr. La mère de la comtesse est de sang mêlé. Un émigrant français du nom de Flavigny, noble mais appauvri, avait épousé la fille de Bethmann, le célèbre banquier juif de Francfort. C'est de là que vient d'ailleurs leur grande fortune. Les d'Agoult sont effroyablement riches.

Franci ne prêta plus guère attention à la suite de la conversation. Il était empli d'une joie profonde, se sentait soulagé. La belle comtesse lui semblait moins lointaine, moins inaccessible. Ses origines n'étaient pas irréprochables du point de vue de sa propre caste et il la sentait plus proche.

Le jour même il alla donner une leçon chez la marquise La Valette. Il en profita pour poursuivre sa discrète enquête. C'est la marquise qui aborda le sujet la première.

— Dites-moi, cher Litz, si vous n'estimez pas trop curieuse ma question : avez-vous reçu une invitation de ma très belle amie, Marie d'Agoult ?

— Oui, la comtesse m'a accordé cet honneur immense, et je me suis déjà rendu chez elle.

— Alors sachez que j'y suis un petit peu pour quelque chose. Lorsque vous avez fait connaissance ici l'autre jour il m'a déplu qu'elle ne vous ait pas invité, comme il est d'usage. Le lendemain je lui ai rendu visite et j'ai parlé de vous. Vous savez le reste.

Franci baisa la main de la vieille marquise avec empressement.

— Vous avez fait une très forte impression sur la comtesse. Et c'est une bonne chose dans votre carrière car la maison des d'Agoult est l'une des premières maisons de France. L'oncle du comte, le vicomte d'Agoult, était le grand écuyer du roi. Savez-vous qui a signé le contrat de mariage de mon amie Marie ? Charles X en personne, le dauphin, la duchesse de Berry et Louis-Philippe. En un mot, toute la dynastie des Bourbons et des Orléans, tous. Entretenez cette relation, elle vous ouvrira toutes les portes. Je suis infiniment contente d'avoir pu vous aider à avancer.

L'image de la femme blonde s'éloigna de nouveau douloureusement. Le rêve s'effaçait. Franci se rendit à l'hôtel d'Agoult pendant les heures de réception habituelles. Le comte cette fois était là. C'était un homme vieillissant, de haute taille, au teint bronzé, au discours rude, un colonel de cavalerie, rien de plus. Il ne s'attarda que quelques minutes parmi les hôtes de sa femme et prit congé cavalièrement. Il prit acte de la présence du pianiste aux longs cheveux avec la bienveillance chevaleresque du mari qui ferme les yeux sur les petits caprices de sa femme. Une compagnie assez nombreuse se trouvait réunie dans le salon, la duchesse de La Trémoille, la duchesse Montmorency-Matignon, la marquise Gabriac et quatre ou cinq messieurs.

Franci les connaissait pour la plupart. Il fut question de musique et la comtesse, profitant de la présence du célèbre artiste, transforma la réception en un petit concert improvisé. Franci joua pendant une heure et demie.

— Dommage, dit la vieille duchesse Montmorency, que je ne puisse plus vous embrasser comme quand vous aviez dix ans. Vous ne vous en souvenez pas, bien sûr. Une chose est certaine, personne à Paris n'a été embrassé par autant de jolies femmes, enviable jeune homme.

— Et par Beethoven, ajouta fièrement la maîtresse de maison. Mais sa remarque n'eut guère de succès. La majorité des personnes présentes ne faisait pas partie du fervent public des concerts d'Habeneck.

Il ne se passait désormais plus un jour qu'il ne se rendît chez la comtesse. Ils étaient souvent à deux ou à trois avec la marquise Gabriac. Ils avaient de longues et profondes conversations, toujours sur des sujets théoriques, jamais sur des questions personnelles. Il brûlait du désir de parler de lui-même. La comtesse écoutait volontiers ses souvenirs mais dès qu'il abordait le sujet de sa vie sentimentale l'expression austère que prenait son visage figeait en lui la lave prête à jaillir. Pourtant à tout instant c'est bien de cela qu'il était question car ils parlaient beaucoup de religion, de foi et de pureté spirituelle, et la discussion leur faisait sans cesse frôler le problème du heurt entre la vie amoureuse et la piété. Mais cela était impossible. Et Franci, en proie à l'insomnie, songeait le soir aux longues conversations sur l'amour qu'il avait eues jadis avec la blanche Liline, et à ces longues heures d'une pureté filiale, alors qu'avec cette femme, même s'ils ne parlaient jamais d'amour, derrière la tension austère de leurs rencontres, les langues de feu ardent de la sensualité flamboyaient constamment.

Un jour ils parlèrent de Meyerbeer et de son nouvel opéra *Robert le Diable.* Franci joua une fantaisie sur les mélodies principales avec un talent éblouissant. La comtesse, qui s'avéra avoir été l'élève de Hummel pendant son enfance, ne parvenait en aucune façon à venir à bout de ce morceau.

— Une femme est-elle déjà parvenue à bien jouer ce morceau ? demanda-t-elle à son hôte.

— Oui, il y en a une qui a presque réussi à le jouer. La comtesse Laprunarède.

Le visage de la femme blonde se glaça. Elle lança, d'un ton qui excluait d'avance toute discussion :

— Ah, Adèle ? C'est une très bonne amie à moi.

Il était évident que, comme tout le monde dans la bonne société parisienne, elle aussi avait entendu parler de son aventure. Mais elle n'était pas disposée à le faire sentir, car cela aurait permis de faire s'insinuer entre Franci et elle une pensée, la pensée d'une possibilité, la possibilité de la pensée d'une possibilité. Dans tous les autres domaines, par contre, elle était extrêmement courtoise, gentille et aimable. Dans la deuxième semaine de leur connaissance ils échangeaient déjà des petits mots pour accompagner une partition, un livre prêté.

Le livre, c'était maman Liszt qui allait le porter à l'hôtel d'Agoult tandis que son fils donnait ses leçons. Franci avait eu beau insister, sa mère n'avait jamais accepté de prendre un domestique. Encore moins une bonne : elle avait déclaré sur un ton belliqueux qu'aucune femme ne mettrait le pied dans sa cuisine. C'était elle qui faisait le ménage, la vaisselle et menait à bien toutes les tâches de la maison. Elle invoquait l'exiguïté de l'appartement, des raisons d'économie et d'autres arguments pratiques mais il était facile de deviner qu'elle apportait de Doborján la passion de tenir la maison, son domaine. Elle ne permettait pas non plus à un autre de porter les lettres, par économie également mais aussi parce qu'elle voulait voir cette dame chez qui, maintenant, son fils passait toutes ses heures libres. C'était elle qui recevait les lettres de la comtesse, apportées le matin par un laquais somptueusement vêtu. L'enveloppe armoriée attendait sur le bureau le jeune homme qui rentrait à midi.

Franci parlait fréquemment de ses amis et de ses connaissances et bientôt, après maintes hésitations il est vrai, la comtesse permit qu'il les lui présentât. Il amena Berlioz, Chopin, et par la suite aussi Heine. Berlioz ne prit guère racine dans la maison d'Agoult, la noblesse l'ennuyait et par ailleurs il n'avait toujours que son actrice anglaise en tête. Chopin en revanche devint un hôte assidu. La marquise Gabriac lui avait beaucoup plu, et réciproquement. Heine lui aussi se rendait régulièrement chez la comtesse. En moins d'un mois celle-ci se rendit compte qu'un nouveau salon littéraire était né à Paris, chez elle. Victor Hugo et Alfred de Vigny lisaient des poèmes, Chopin et Liszt jouaient au piano, les femmes de l'aristocratie et les diplomates se mêlaient aux célébrités de la vie artistique. La maîtresse de maison se mit à resplendir, elle devint plus gaie et une expression nouvelle apparut dans ses yeux d'un bleu céleste.

Dans leurs entretiens en tête à tête elle ne permettait toujours pas à Franci de faire dévier la conversation vers le domaine des sentiments, mais elle commença néanmoins à s'intéresser à l'emploi du temps du pianiste, à son travail et surtout à sa santé. Elle parlait longuement avec sa mère lorsque celle-ci apportait une lettre à l'hôtel. Elle lui recommandait de dissuader son fils de fumer autant, lui conseillait une recette de thé bretonne quand il toussait. Parfois elle envoyait une lettre pour que M. Liszt n'oublie pas d'apporter son manteau pour le soir.

La femme désirable se transforma peu à peu en une muse qui se disait déjà son amie, mais plus elle lui montrait d'intérêt, plus il semblait abattu et le moment de prendre avec passion la main de cette femme lui paraissait de plus en plus lointain et impossible. Mais un jour ce fut elle qui lui prit la main.

Ils étaient assis, en tête à tête, dans le petit salon.

— J'ai une triste nouvelle, dit enfin la comtesse après un long silence. C'est le printemps. Je dois quitter Paris. Tous les ans nous allons nous installer à Croissy et nous y restons tant que le temps le permet. Cela fait beaucoup de bien aux enfants. Je dois avouer que cela m'attriste profondément de devoir vous quitter. Vous êtes pour moi comme un fils.

— Votre fils ? C'est un peu exagéré.

— Oh, mon Dieu, comme je suis plus âgée que vous ! Savez-vous quel âge j'aurai cet été ?

— Oui, je le sais. Vingt-huit ans. Et moi vingt-deux. Il vous serait difficile de m'imaginer votre fils.

— Il en est pourtant ainsi. Je vous considère comme mon fils avec le plus grand sérieux. Je suis heureuse de pouvoir me faire du souci pour vous, je suis fière de vous voir si beau et avec un tel talent. En dehors de votre mère personne ne peut vous aimer avec autant de sentiment maternel que moi. Je peux en parler avec la plus grande sincérité, car ma vie est au-dessus de tout soupçon. Et vous êtes une âme pure, vous ne sauriez vous méprendre, n'est-ce pas ?

— Oui, répondit Franci d'une voix sans timbre.

C'est alors que la comtesse prit la main de Franci.

— Mon cher petit garçon, lui dit-elle avec tendresse.

— Votre bonté me touche vraiment, comtesse, dit-il d'une bouche tremblante.

Ses yeux se voilèrent. Ses espoirs s'étaient évanouis. La main blanche et douce qui touchait la sienne le rendit nerveux et il se hâta de trouver un prétexte pour la retirer. Peu après il prit congé et rentra, furieux cette fois.

Au début du mois de mai la comtesse eut à peine le temps de recevoir son hôte le plus familier. Elle préparait les bagages, allait et venait entre Paris et Croissy. Ils se firent leurs adieux rapidement en se promettant de s'écrire. Et encore une fois la comtesse lui assura la sincérité de son affection maternelle.

Le lendemain, Paris sembla vide au jeune homme. Il erra dans la ville sans but et le soir alla à l'hôtel d'Agoult contempler les fenêtres closes et muettes. A la maison il essaya de travailler mais en vain. Il jeta sa plume et repartit marcher dans la ville.

Sur le grand boulevard il rencontra Heinrich Heine. Ils poursuivirent leur promenade à deux.

— Comment va la belle comtesse d'Agoult ? demanda Heine.

— Elle est partie pour la campagne hier.

— Dommage. Je voulais justement aller chez elle ce soir. C'est une femme très gentille, et très belle.

Franci s'efforça de jouer à l'indifférent. Du bout des lèvres il lança :

— Oui, elle est belle, mais un peu froide à mon goût.

Heine s'étonna, rit et dit en regardant son ami :

— Froide ? Savez-vous ce qu'est cette femme ? Six doigts de neige au-dessus de six pieds de lave. Attention à celui qui parviendra à faire fondre la neige !

Tout le corps de Franci frémit de désir mais il tenta de continuer sur le même ton d'indifférence :

— Vous pensez ? C'est possible.

V

La comtesse était à Croissy et ils s'écrivaient très souvent. Les lettres de Franci comme celles qu'il recevait de la comtesse avaient quelque chose d'artificiel, d'emprunté, de théâtral. Il y jouait un rôle qu'il avait dû endosser malgré lui, elle s'y donnait des allures affectées de bas-bleu.

Il se mit enfin à écrire sa fantaisie de Berlioz. Lentement le travail reprit. Et quand le souvenir affolant de la comtesse ne venait pas le troubler il trouvait une joie immense dans cette merveilleuse maîtrise qui lui permettait de tout exprimer dans la langue du piano. Depuis longtemps Paganini ne le tourmentait plus, il se sentait aussi grand que lui.

C'est alors qu'Adèle surgit à Paris. Elle lui écrivit une lettre lui demandant d'aller la trouver chez son amie, Mme Laborie. A la seule vue de l'écriture bien connue, le souvenir des supplices passés, des étreintes fougueuses, des nuits de déchirement se réveilla en lui. L'odeur de la chambre du château, celle des sarments brûlant dans la cheminée, celle des draps aux légères senteurs de lavande lui revinrent d'un coup.

Il trouva Adèle belle et désirable. Il la désirait et la haïssait à la fois. Après quelques phrases polies Mme Laborie les laissa en tête à tête. Ils étaient gênés tous les deux. Ils se regardaient sans savoir que faire et finalement Adèle eut recours à l'arme ancestrale : elle éclata en sanglots.

— Franci, je suis si malheureuse…

— Que se passe-t-il, demanda-t-il narquoisement, quelque petit problème avec M. Miramont ?

— Ne parlez plus de lui. J'ai maudit la minute où je l'ai connu. Je souffre tant, j'ai tellement besoin d'une parole de réconfort… Pourrais-tu me pardonner, Franci ?

— Non, répondit celui-ci en secouant la tête, jamais.

Franci se rendit pourtant à moitié. Ils convinrent d'un rendez-vous pour le lendemain après-midi. Il le regretta aussitôt. Le désir qu'il ressentait pour Adèle avait resurgi aux premiers mots de cette voix de colombe. Il savait que cet après-midi allait le reconduire entre les bras d'Adèle. Il savait aussi qu'il s'agissait là d'un grand enjeu. Peut-être cette rencontre amoureuse allait-elle définitivement l'enchaîner à cette femme, le précipitant, moralement et nerveusement, dans un avenir menaçant. Il ne savait pas où la rencontrer. Le lendemain à midi il décida de la faire venir dans l'appartement de Chopin. Celui-ci était parti à la campagne pour trois jours. Il alla trouver le logeur de son ami et demanda la clef. L'homme hésita puis la lui remit, il savait que ce monsieur était le meilleur ami de Chopin.

Quand ils se retrouvèrent dans l'appartement Franci fut pris de remords et d'angoisse. Il aurait aimé se sauver et tout recommencer de zéro, mais il était trop tard. Adèle l'enlaça avec fougue et le serra contre elle pour recevoir enfin le baiser des retrouvailles. Et tout de suite elle se mit à pleurer.

— Ne pleure pas, assieds-toi.

La comtesse Laprunarède sécha ses larmes, s'assit et regarda tout autour d'elle. La curiosité féminine la fit bientôt se lever. Elle demanda qui représentaient les tableaux accrochés au mur, se mit à feuilleter les partitions rangées méticuleusement sur le piano. Elle fouilla dans les affaires, lettres, livres, papiers divers empilés avec un ordre de vieille fille sur la table de travail. Franci lui demanda, nerveux :

— Tu es l'invitée de Chopin ou la mienne ?

Cela avait suffi. Ils s'étreignirent sauvagement. Un fiacre les reconduisit à l'appartement de Mme Laborie. Adèle pleura en descendant. Elle ne le salua même pas, ne regarda pas en arrière, et se glissa dans la maison. Franci sentit qu'il était complètement guéri de cette femme. Chez lui une lettre l'attendait : la comtesse d'Agoult l'invitait à Croissy et lui donnait tous les détails concernant le voyage.

Croissy n'était qu'à six lieues de Paris. Il se mit en route au début de l'après-midi et arriva à la tombée du jour. La voiture s'arrêta devant un château immense, un édifice somptueux et hautain entouré de quatre tours et des anciens fossés de fortification à présent vides. C'est un majordome cérémonieux qui accueillit l'invité. Il fit prendre les bagages par un laquais puis le jeune homme le suivit dans un immense escalier. Après une longue marche entre des portraits d'ancêtres, des armures, des gobelins et des statues de marbre ils arrivèrent à la chambre d'hôte. Le laquais qui s'occupait des bagages se mit à les déballer et le majordome s'inclina en disant :

— La comtesse attend monsieur.

Il refit le même chemin en sens inverse. Au rez-de-chaussée une porte s'ouvrit toute grande. Franci entra et il vit la comtesse en compagnie de deux petites filles d'une beauté angélique.

— Soyez le bienvenu, monsieur. Permettez-moi de vous présenter à mes filles. Voici la plus grande, Louise, c'est une très gentille petite fille mais aujourd'hui elle n'a pas voulu manger sa soupe. Et voilà la plus petite, Claire, elle est également très sage mais parfois elle met son doigt dans la bouche.

Les toutes petites comtesses firent une révérence impeccable devant l'invité.

— Avez-vous fait bon voyage ? Comment allez-vous ? Ces petites fièvres ? Grâce à Dieu ! Nous pourrions peut-être visiter la maison. Mais auparavant nous allons confier les enfants à mademoiselle.

Mal à l'aise, il suivit la comtesse qui le conduisit à travers des couloirs et des salles en lui donnant une foule d'explications. Elle raconta que la maison avait été construite jadis par Colbert, et l'on pouvait voir partout son animal héraldique, le serpent, sculpté dans la pierre ou moulé dans le fer. La comtesse avait acheté récemment le domaine tout entier au duc de La Trémoille. Voici la salle de billard, les peintures sont d'Oudry. Dans le grand salon, le lustre a été offert à Colbert par Louis XVI en personne, les consoles sont d'albâtre d'Orient, les vases de porphyre. Partout un parquet de marqueterie, des statues, des tableaux, de l'or, du cristal, des objets antiques, du luxe.

— Non, par là se trouvent mes appartements. Je voudrais vous montrer la bibliothèque.

Franci sentit son cœur se serrer subitement. C'était la première fois qu'il voyait les enfants de la comtesse. Pour la première fois depuis qu'il la connaissait il pensa que la comtesse n'était pas seulement un bel esprit abstrait bavardant de littérature et de musique et discutant de problèmes de religion, mais une femme qui avait une vie privée ressemblant à celle de toute autre femme. Il était depuis dix minutes à peine dans le château de Croissy qu'il renonçait déjà désespérément à cette beauté blonde. Et à la suite de cette décision de renonciation il fut empli d'une hostilité furieuse et agressive.

— Qu'ai-je à voir avec tout ceci, pensait-il en lui-même sans regarder la femme qui poursuivait ses explications, si tu ne peux pas être à moi, car tu n'es qu'une étrangère, une parmi les cent grandes dames de ton espèce qui nous piétinent avec arrogance de leur rang et de leur fortune.

Puis arrivèrent d'autres invités qui revenaient de promenade. La marquise Gabriac, le baron Meyendorff et d'autres. Franci les connaissait déjà tous. Une conversation joyeuse s'engagea, lui seul resta nerveux et d'humeur hargneuse. Il lançait à droite et à gauche des remarques arrogantes et désagréables, décidé au moindre éclat à repartir pour Paris. Mais cela ne se produisit pas. Il s'assit alors au piano et y fit gronder et tonner sa fureur. Il joua la danse des sorcières de la *Symphonie fantastique* de Berlioz. Mais son auteur l'aurait à peine reconnue dans les dissonances pleines de méchanceté que Franci y faisait danser à travers des rythmes absurdes.

— C'est beau, n'est-ce pas ? demanda-t-il, en se retournant.

Les auditeurs sourirent gênés, personne n'osa donner son avis. Le dîner se passa dans la même ambiance. C'était lui qui menait la conversation en parlant de tout sur un ton ironique.

— Qu'est-ce qui vous prend ? demanda la comtesse. Je ne vous reconnais pas.

— Moi non plus je ne me reconnais pas, dit-il avec la plus grande sincérité.

Mais il poursuivit quand même cette comédie insensée qui le torturait lui-même. Après le dîner, il surprit un regard du baron Meyendorff. On ne pouvait s'y tromper ; le baron russe regardait avec les yeux de l'adoration la maîtresse de maison. Un seul doute subsistait : cette adoration avait-elle été entendue ou l'attendait-elle ? C'était donc cela ? Alors en avant ! Comme le joueur obstiné qui veut se venger de la malchance en jetant inconsidérément le reste de sa fortune dans la perte certaine, il s'efforça de se faire passer pour un être sans âme, sans foi, pour une forte tête. Et quand chacun alla rejoindre sa chambre pour la nuit il salua la comtesse avec une légèreté presque impolie. Mais dans l'obscurité de sa chambre il se maudit et se méprisa amèrement.

Le lendemain son arrogance cessa mais son amertume subsista. Le matin ils allèrent voir le parc et l'attelage des enfants. Au déjeuner il déclara que l'unique forme d'Etat honnête était la république. Meyendorff, tsariste, en laissa tomber sa fourchette sur son assiette. Mais dix minutes plus tard le pianiste aux longs cheveux assis parmi les aristocrates assurait qu'il n'y avait rien de plus méprisable que la foule et que seul le chef de cabinet qui faisait tirer immédiatement méritait son poste.

La comtesse d'Agoult accepta tout d'abord avec l'indulgence bienveillante de la maîtresse de maison le comportement singulier de son hôte. Puis, peu à peu, elle fut prise d'une inquiétude croissante. A la fin elle resta assise sans dire un mot parmi ses invités, pâle et les doigts tremblants.

Le troisième jour, dans la matinée, ils se rencontrèrent par hasard dans le parc. La conversation s'engagea, difficile. Ils étaient loin du château, pas une âme ne se promenait dans ce coin, le banc sur lequel ils s'assirent était caché dans la verdure. Le soleil resplendissait, les rayons s'infiltrant dans le feuillage dessinaient sur le chemin de graviers de petits cercles de lumière.

— Il me faudra bientôt songer au retour, dit tout à coup Franci.

— Pourquoi voulez-vous rentrer à Paris ? Vous ne vous sentez pas bien ?

— Je me sens comme partout ailleurs. Seul.

— Seul ? N'y a-t-il donc ici personne que vous sentiez proche de vous ?

— Non.

Il regarda avec une joie méchante la fière comtesse. Celle-ci essaya de sourire mais subitement elle éclata en sanglots. Elle cacha son visage dans ses mains. Franci tomba en larmes au même instant. Il voulut saisir la main de la femme mais n'osa pas. Il tomba à genoux.

— Comtesse, pardonnez-moi. Je suis fou, je ne sais pas ce que je dis.

La comtesse continuait à pleurer. Honteuse de ses larmes elle se tourna de côté.

— Dites-moi que vous me pardonnez, sinon… sinon… je me tue.

La femme tendit sa main, il la prit et sentit l'humidité des larmes. Il serra cette main et elle lui rendit son étreinte. Alors, d'une voix basse, lâche, étranglée, il demanda :

— Vous m'aimez ?

La comtesse hocha la tête et continua à pleurer. Le bonheur explosa en lui. Il se rassit aux côtés de la femme, de sa main droite il lui prit l'épaule et de la gauche tenta de tourner sa tête vers lui. Mais la femme se leva d'un bond et regarda tout autour, terrorisée.

— Pour l'amour de Dieu, que faites-vous ? Si quelqu'un nous voit, je suis perdue.

Il se leva lui aussi et se tint tout près d'elle. Il sentait le parfum des cheveux dorés.

— Personne ne vient par ici. Vous m'aimez ? Dites-moi que vous m'aimez.

Les magnifiques yeux bleus le regardèrent.

— Oui, je vous aime. Mais vous, vous ne m'aimez pas. Vous ne savez que me faire du mal. J'aspire à autre chose. En vain.

— A quoi aspirez-vous ? Et pourquoi en vain ?

— A quoi j'aspire ? A ce grand sentiment que j'appelle en moi amour. Coquetterie, petite liaison secrète, aventure à la mode, je n'en ai que faire, cela me dégoûte. Moi je cherche le grand sentiment, l'unique, pour la vie. Je ne le trouverai jamais. Dieu fasse que je ne le trouve jamais.

— Mais pourquoi ? Puisque moi aussi c'est ce que je cherche. Moi aussi c'est ainsi que je veux aimer. Parmi des millions d'hommes il n'en est que deux qui le comprennent. C'est l'unique bonheur sublime que l'homme reçoive de Dieu. Vous ne voulez pas le trouver ?

— Comme vous êtes nigaud. Qu'en ferai-je si je le trouve ? Je suis une femme honnête jusqu'au fond de l'âme, et religieuse. Je sais que notre discussion actuelle est un péché grave. Et je sais quel est à présent mon devoir. Vous voir le plus rarement possible. De plus en plus rarement. Si vous m'étiez indifférent cela n'aurait aucune importance. Mais il faut que je vous fuie tant qu'il n'est pas trop tard.

— Et vous pensez qu'il n'est pas encore trop tard ? Pour moi il est déjà trop tard. Je mourrais sans vous.

— Je ne sais pas. Il faut que j'essaie. Cette minute a été merveilleuse, je vivrai de son souvenir pendant des années. Mais nous n'avons plus le droit de rester en tête à tête. J'ai des devoirs. Promettez-moi que vous m'aiderez. Vous le promettez ?

Franci regarda la femme. Il la trouvait cent fois plus belle encore. Dans son silence ce n'était pas la réponse qu'il préparait mais l'attaque. Il étreignit la comtesse et avec fougue étouffa dans un baiser les gémissements de protestation de celle-ci.

— Que faites-vous ? gémit la comtesse. Je n'aurais pas dû vous inviter à Croissy.

— Mais maintenant j'y suis. Admettez qu'il est trop tard pour fuir ce que nous ressentons. C'était écrit. En anglais on dit *"it is to be"*. Il faut qu'il en soit ainsi. Et vous serez à moi.

— Non, s'écria la comtesse effarée, non ! Plutôt mourir ! Attention, quelqu'un vient.

Des pas se rapprochaient. Une servante passa devant la tonnelle. Elle les salua bien bas et disparut.

— Si elle était passée deux minutes plus tôt... c'est horrible... allons-nous-en.

— Bien, mais dites-moi auparavant quand nous pourrons poursuivre cette conversation. J'ai encore des millions et des millions de choses à vous dire. Et autant à vous demander. Je pourrais déjà vous poser une question. Qu'y a-t-il entre vous et Meyendorff ?

La comtesse éclata de rire.

— Oh, le brave baron ! Vous avez remarqué les coups d'œil qu'il me lance ? Il a demandé ma main. Il dit qu'il a suffisamment d'influence à Rome pour obtenir un divorce religieux si je le veux. Pauvre garçon, il est vraiment très gentil, mais quel nigaud. Savez-vous comment nous l'appelons entre nous avec la marquise ? Thoughtless.

— Alors moi il faut que vous m'appeliez Thoughtful. Donc, quand pourrai-je parler avec vous cet après-midi ?

— Attendez un peu. Après le déjeuner tout le monde fait la sieste. A deux heures soyez près du petit pont là où commence la rangée d'arbres. Vous savez de quelle rangée d'arbres je veux parler ?

— Oui, je sais. Et maintenant vite un dernier baiser.

— C'est tout à fait hors de question. Au revoir.

La silhouette blonde s'envola. Il se leva et se mit à marcher entre les arbres et se demanda s'il était amoureux ou non de cette femme. Mais il fut incapable de décider.

Ils se rencontrèrent à deux heures précises à l'endroit convenu. La femme l'emmena loin à travers les champs, ce qui le déçut un peu : il pensait que la comtesse le conduirait dans une habile petite cachette où ils pourraient s'embrasser. Mais la longue promenade fut agréable. Comme l'eau d'une écluse levée les aveux intimes jaillirent de leur bouche. Ils parlèrent de la naissance de leur amour, évoquèrent les plus petits détails de leur première rencontre et Franci apprit au comble de la joie que la comtesse pensait déjà à lui avec amour lorsqu'elle lui montrait le visage austère et digne de la grande dame. Puis ils se posèrent des questions sur leur enfance. La comtesse semblait être devenue une autre ; elle raconta ses souvenirs avec vivacité, esprit et un fin talent d'observation. Franci l'aurait écoutée pendant des jours.

— Etes-vous jamais allé à Mortier ? C'est un petit village dans la région de Tours. Mes parents y avaient un château. Quand je suis seule j'aime repenser à ces années. J'avais une cage géante où j'avais rassemblé toutes les espèces d'oiseaux des environs. Tarin, merle, chardonneret, alouette, pic, j'avais de tout dans ma grande cage. Je me souviens aujourd'hui encore de la décision opiniâtre que je prenais chaque printemps d'élever avec des œufs de fourmi les perdreaux que les faucheurs apportaient dans la cour. Je n'y suis jamais parvenue. Puis j'ai eu un couple de lapins angoras, un blanc et un noir. Ils se reproduisaient de façon incroyable et chacun des petits avait un pelage différent. J'avais aussi une chèvre, elle se mettait à bêler du plus loin qu'elle me voyait arriver. Et un faon qui allait paître avec les agneaux. On m'avait également offert un petit attelage tiré par un âne. Par la suite j'ai fait l'élevage des vers à soie ; j'épiais tout émue l'instant où le papillon sortirait de sa chrysalide. Et mes plantes, mon Dieu ! Je plantais sans arrêt, j'arrosais, je greffais, je faisais des expériences. La moisson, la vendange, le battage, les semailles, la tonte des moutons... quels grands événements c'était pour moi ! Jamais plus je ne serai aussi heureuse qu'en ce temps-là, jamais.

— Pourquoi en décider ainsi ? Dites-vous plutôt que vous connaîtrez un bonheur qu'aucune femme, jamais, n'a pu entrevoir.

— Vous savez vous aussi que c'est impossible.

Le soleil resplendissait sur la contrée, au loin des paysans travaillaient aux travaux des champs. Eux marchaient côte à côte. C'était plutôt la comtesse qui parlait, le jeune homme l'écoutait. Mais son attention n'était qu'apparente. Il contemplait discrètement la silhouette svelte aux formes pleines de la belle comtesse blonde, son profil magnifique et célèbre dans tout Paris. Il épiait l'endroit où, entre les arbres, près d'un sentier, sous une tonnelle, il pourrait prendre sa bouche.

Mais la longue promenade se termina sans baiser. En approchant du château ils se séparèrent pour ne pas attirer l'attention. Le jeune homme resta seul. Après avoir erré songeur à travers les sentiers du jardin il rentra lui aussi au château. Il prit place immédiatement au piano. Il débordait tellement de désir, de triomphe, de désespoir, que seul le piano pouvait l'aider. Il joua de façon désordonnée, mélangea Beethoven et Berlioz puis, lorsqu'il se fut un peu calmé, il se mit à exercer une technique étrange qui datait de l'époque de ses mois de folie qui avaient suivi sa découverte de Paganini. Il avait remarqué qu'avec son coude maigre et pointu il était capable, avec une extrême habileté, de frapper des notes, principalement le *do* dièse et le *fa* dièse, car celles-ci étaient précédées de deux touches blanches. Il joua des tonalités dans lesquelles il pouvait les utiliser. Ses deux mains travaillaient en bas dans les registres inférieurs et ce faisant il employait à la vitesse de l'éclair son coude en tordant son corps.

— Que faites-vous ? demanda la comtesse entrée furtivement.

Il leva la tête, regarda derrière lui et arrêta de jouer.

— Je ne sais pas. Je ne trouve pas ma place dans le monde. Je souffre et je me bats avec moi-même. Aidez-moi, comtesse, aidez-moi !

Il prononça ces derniers mots en criant et la réponse de la comtesse fut également un peu théâtrale.

— En tant que femme je suis à jamais à un autre. En tant qu'âme je suis à jamais à vous.

Mais le même soir, lorsque, au magnifique clair de lune, la compagnie tout entière alla se promener dans le parc, le jeune homme attira à lui la tête de la femme avec une fougue brutale, après quelques mots de protestation celle-ci se laissa faire, ce fut même elle qui l'embrassa. Avec une telle avidité, dans l'impudeur brûlante du don de soi, que Franci en resta surpris de bonheur.

— Tu seras à moi ? chuchota-t-il, ses lèvres tout contre celles de la femme.

— Jamais ! lui répondirent les lèvres brûlantes.

VI

A Paris un grand désagrément l'attendait : il se brouilla avec Chopin. Dès son arrivée il était allé le trouver et lui avait tendu la main avec un sourire repentant. Il se disait qu'il allait demander pardon à son ami et que tout s'arrangerait. Mais Chopin fut si glacial qu'il ne le reconnut pas. Il le regarda consterné.

— Que se passe-t-il, *amico* ? J'ai commis une erreur, mais nous sommes quand même des amis, que diable !

— Ce n'était pas une erreur, c'était beaucoup plus que cela. Au mur sont suspendus le portrait de ma mère et celui de ma sœur. Ce lieu sur lequel tombe leur regard est saint.

Franci ne sut que répondre. Il venait seulement de réaliser l'inconscience de son acte. Il connaissait Chopin, il connaissait la délicatesse de vieille fille avec laquelle il veillait à son appartement, à ses affaires, il savait que cet homme, avec le portrait de ses parents et de sa sœur, avec ses petites habitudes, ses affaires privées, ses lettres, vivait dans une tour d'ivoire et qu'il était extrêmement sensible à l'inviolabilité de celle-ci. Il aurait dû en tenir compte. Chopin se tenait à présent devant lui, regardant d'un air glacial par la fenêtre et pianotant de ses doigts sur le bord du piano, indiquant suffisamment de la sorte que la conversation était terminée. Franci tenta tout pour faire la paix avec son ami qu'il avait blessé. Mais celui-ci resta muet et dur comme un roc.

— Vous ne pouvez donc pas me pardonner un tel enfantillage, *amico* ?

— Oui, je peux vous pardonner. Mais oublier, cela, jamais.

Franci haussa les épaules, impuissant. Puis il dit adieu sans tendre la main car il savait que la poignée de main serait contrainte et tiède.

Il fut consolé par la joie de son autre bon ami : Berlioz lui sauta au cou et pleura de bonheur en lui apprenant que Harriet Smithson avait fini par accepter de devenir sa femme. Il fallait seulement retarder le mariage jusqu'à l'automne car sa jambe cassée lui faisait encore très mal.

— Et financièrement, quelle est la situation ? demanda Franci.

— Je m'en sortirai d'une façon ou d'une autre. Il est impossible de vivre de musique, tout au moins d'une musique comme la mienne. Reste le journalisme. Quatre journaux publient mes articles, et même s'ils paient mal je parviendrai à m'en sortir. L'ennui c'est qu'il ne me restera pas de temps pour composer. Pourtant j'aimerais écrire un opéra, je pourrais peut-être gagner quelque argent ainsi. Et j'ai en moi une nouvelle symphonie, l'idée m'est venue en lisant Byron. Mais ce ne serait plus du travail, seulement du plaisir, je n'ose même pas y penser, surtout si je me marie. Cela ne fait rien, l'essentiel, mon vieux, c'est que je suis le plus heureux des hommes.

Dans le cercle de ses autres amis il ne trouva également que joie et bonne humeur. Victor Hugo travaillait assidûment, son renom grandissait au détriment des classiques. Musset passait en ce moment tout son temps libre avec une femme écrivain étrange. C'était une jeune femme divorcée qui signait du nom masculin de George Sand des romans très intéressants et qui connaissaient un succès énorme. Un personnage bizarre : parfois elle portait un pantalon comme un homme et fumait de gros cigares. Franci n'avait pas encore fait sa connaissance, il ne fréquentait pas le même milieu. Musset était en tout cas en adoration devant sa nouvelle idole et racontait qu'il savait enfin ce qu'était l'amour. Ils avaient l'intention de partir ensemble pour l'Italie. Il n'y avait pas de plus grand bonheur, de joie plus douce que de voyager avec quelqu'un que l'on aime.

Il revit également Hiller, Habeneck, tout le monde. Il fut partout reçu avec chaleur. Balzac l'accueillit même avec un cadeau rare : il lui dédia sa nouvelle œuvre qu'il avait intitulée *la Duchesse de Langeais*. Tout le monde l'aimait, tout le monde avait le visage illuminé à sa vue, seule la vexation de Chopin le blessait comme une écharde. Par la suite encore ils se rencontrèrent fréquemment ; ils jouèrent beaucoup ensemble, bavardèrent cordialement, mais il savait que leur profonde amitié était morte à tout jamais, que leur ancienne fraternité ne reviendrait plus. Il en éprouvait du chagrin, y songeait très souvent et à ces moments-là, pour se consoler, il pensait à la comtesse d'Agoult.

Ils s'écrivaient très fréquemment. C'étaient des lettres hypocrites. Elles contenaient les mêmes poses sentimentales que celles qu'ils prenaient avec complaisance à Croissy. Et si leur pessimisme revêtu des atours littéraires à la mode n'était pas tout à fait un mensonge, la sincérité y faisait défaut. Le jeune homme derrière ces mots disait en fait : "Je te veux et je suis très impatient." Dans ses phrases surchargées de culture la femme criait : "Ne me tourmente pas, je suis de plus en plus faible."

Franci prépara son plan comme un commandant sa tactique de combat. Il commença par se plaindre à sa mère pendant plusieurs jours : il avait besoin de tranquillité pour pouvoir travailler mais pour cent raisons ne pouvait pas se rendre à la campagne, et à son logement on le dérangeait constamment. Il annonça alors à toutes ses connaissances qu'il partait en voyage et alla s'installer chez les Erard où il travaillerait paisiblement à sa fantaisie de Berlioz, sa mère étant la seule à le savoir. Quelques jours plus tard il déclara qu'il ne pouvait pas rester plus longtemps aux crochets des Erard et qu'il lui fallait chercher une petite chambre bon marché où il pourrait se cacher. Comme il s'y attendait, il eut du mal à convaincre sa mère qui tenait les cordons de la bourse. Mais il gagna. Il loua une chambre au mois dans la rue des Erard, au numéro vingt-quatre, au deuxième étage, non loin de la maison où ils étaient descendus lors de leur arrivée à Paris.

Peu après, la comtesse vint à Paris pour y faire quelques achats et aller chez son dentiste. Pour une journée seulement. Ils passèrent la journée ensemble et Franci guetta sans cesse l'occasion qui lui permettrait de mentionner le petit nid secret qu'il avait aménagé pour leur amour. Mais il n'osa pas en parler.

— A midi j'irai chez mon confesseur, dit la comtesse, vous pouvez m'accompagner jusque-là et m'attendre dehors sans vous faire remarquer.

Séduire cette femme d'une grande piété juste avant la confession était impensable. De même juste après. Le jeune homme dut donc se contenter de parler avec la belle comtesse de musique et de littérature, de son travail et de sa santé. Et lorsqu'elle repartit à la tombée du jour pour Croissy il lui baisa la main et alla à sa chambre cachée dans la rue du Mail pour donner libre cours à son imagination.

Au cours de l'été Franci fit une nouvelle visite à Croissy. Ils brûlaient tous deux du désir de se revoir et cette nouvelle invitation ne pouvait guère passer pour trop hâtive. Cette fois Franci ne resta que peu de temps. Ils eurent l'occasion de passer en tête à tête trois heures pleines dans une cabane de paysan. Ils avaient l'intention d'aller voir une métayère dont le petit enfant était malade mais ils ne trouvèrent personne dans la misérable demeure. Ils tombèrent dans les bras l'un de l'autre et leurs baisers fougueux leur firent tout à fait oublier l'heure.

Le lendemain Franci repartit pour Paris. Avec la poste suivante il reçut une lettre. La comtesse ne revenait pas sur la promesse tacite faite dans l'ivresse de leur étreinte mais elle adressait de longs reproches à son adorateur qui ne voyait en elle que la proie féminine, et non l'âme. Qui la désirait mais ne l'aimait pas. Il répondit aussitôt, en allemand, au cas où sa lettre parviendrait entre les mains d'une tierce personne. "Votre explication est dure, mais je l'ai peut-être méritée. Toute la journée je vous attendrai ici, au numéro vingt-quatre de la rue des Erard, au deuxième étage, porte de droite ; je serai seul."

Dans la seconde moitié de l'après-midi il commença à renoncer à voir son rêve se réaliser. Depuis le matin il attendait avec une émotion indicible et sursautait à chaque bruit. Il maudissait ceux qui montaient l'escalier grinçant.

Epuisé par cette attente il était pourtant incapable de rester étendu sur le divan, bondissant à chaque instant de la porte à la fenêtre. A cinq heures la porte s'ouvrit sans bruit. La comtesse d'Agoult entra. Elle était voilée. Il la prit aussitôt dans ses bras. La femme rejeta son voile en arrière.

— Je ne peux rester que quelques minutes, je dois partir. Mais je suis venue car je l'avais promis. Promettez-moi que vous n'essaierez pas de m'embrasser.

— Comme vous le voudrez, répondit Franci, très pâle, en reculant de deux pas. Prenez place au moins. Il prit lui aussi une chaise et s'assit à une distance respectable. Il se taisait. La comtesse s'efforça de paraître à l'aise et naturelle mais ses mains tremblaient.

— Eh bien ? C'est ainsi que vous distrayez votre hôte ?

Franci se leva. Sa voix était dure, méconnaissable :

— Voyez-vous, je vous suis très reconnaissant d'être venue, mais maintenant il vaudrait mieux que... que...

— Que je m'en aille ? compléta la femme, stupéfaite.

— Oui. C'est pour moi un supplice plus grand que vous soyez ici plutôt qu'absente.

— Très bien, dit la comtesse en se levant, excusez-moi de vous avoir dérangé. A ce qu'il semble, nous ne nous comprenons pas.

— Oui, cela doit être vrai. Au revoir.

La femme haussa les épaules et s'approcha lentement de la porte. Lorsqu'elle se retourna elle vit que Franci s'était jeté sur le lit et s'était mis à sangloter. La comtesse se précipita à ses côtés, se pencha au-dessus de lui et le prit par les épaules. Elle pressa son visage tout contre le visage baigné de larmes.

— Pour l'amour de Dieu, Franci, soyez raisonnable...

— Allez-vous-en, murmura brutalement Franci, allez-vous-en, vous ne m'aimez pas. Vous voulez seulement me tourmenter. Vous jouez avec moi... une si noble dame… et parce que vous êtes comtesse vous croyez que vous avez le droit de jouer avec moi… partez…

Cette fois la femme elle aussi se mit à pleurer.

— Franci, comment pouvez-vous dire des choses aussi horribles ? A moi qui vous aime tellement…

Le jeune homme se redressa sur un coude et saisit avec fougue l'épaule de la femme.

— Tu m'aimes et je t'aime. J'ai envie de toi et tu as envie de moi. Tout le reste n'est que prêche et littérature. Tu restes ici maintenant ou non, réponds !

La femme inclina la tête avec soumission.

— Je suis perdue, dit-elle tout bas.

VII

Il avait une liaison avec la comtesse d'Agoult, la beauté célèbre, la grande dame du quartier aristocratique. Le bonheur troublé du premier rendez-vous fut suivi d'un deuxième, puis d'un troisième et des autres. La femme avoua qu'elle ne savait pas auparavant ce que c'était que l'amour. C'est dans les bras de Franci qu'elle avait découvert l'ivresse du don de soi.

— Mais puisque vous êtes une femme mariée, dit Franci, je ne comprends pas.

— Mon mariage ne m'a donné que des enfants, pas de joie.

Franci ne comprenait quand même pas. Il savait bien peu de choses sur les femmes, celles-ci lui étaient tombées si vite entre les bras jusqu'alors qu'il n'avait pas eu le temps d'étudier leurs secrets. Maintenant il observait, scrutait, étudiait cette femme d'une beauté éblouissante avec une avidité insatiable. De la même façon la femme l'étudiait, lui, et ensemble ils apprirent à être amoureux.

Quelques ombres vinrent rapidement troubler le rayonnement de leur passion. La comtesse était devenue jalouse du passé de Franci. Il lui fallait rendre compte de toutes les femmes qui étaient jadis entrées dans sa vie et Mme d'Agoult faisait pour chacune une scène épouvantable, souffrant visiblement d'aventures qui n'avaient pourtant pas laissé la moindre trace dans le cœur de Franci. Par contre elle écouta avec un certain respect l'histoire de son amour pour la fille Saint-Cricq. Pourtant cet amour vivait toujours comme un souvenir délicieux et douloureux à la fois, dans un recoin secret de l'âme du jeune homme.

Quand il essayait de voir clair en lui-même, Franci était obligé de constater qu'il aimait beaucoup plus ce souvenir que la bien-aimée qu'il tenait entre ses bras. Depuis que la comtesse s'était donnée à lui il semblait s'y intéresser avec un peu moins de passion et de fougue. Il était à présent capable de travailler. Il avait terminé avec soin la fantaisie composée sur la symphonie de Berlioz et, ne trouvant pas d'éditeur qui lui convînt, ceux-ci se méfiant un peu de ce genre de nouvelle musique, il la fit publier à ses propres frais. Ce fut son cadeau de noces à son cher ami Berlioz. Le mariage eut lieu au début du mois d'octobre. Franci était l'un des témoins. Un concert fut décidé pour aider le jeune ménage. Alors que le début avait été annoncé pour sept heures ils ne purent commencer qu'à huit heures, en raison du manque d'organisation. Le public rassemblé dans la salle du Théâtre-Italien commença à s'impatienter dès sept heures et demie. Il applaudit puis tapa du pied. Quelqu'un se mit à chanter et bientôt l'assistance entama le *Ça ira*, puis *la Marseillaise* et d'autres chants. Franci se rendit à trois reprises dans la loge où il avait invité le couple d'Agoult et il les pria de l'excuser pour le retard. La jeune Mme Berlioz joua en anglais des passages de *Hamlet.* Mais comme sa jambe cassée n'était toujours pas complètement remise elle boitait maladroitement sur la scène, prise de trac, et elle se fit presque siffler. Franci joua le *Konzertstück* de Weber. C'est pour cette loge là-bas qu'il avait joué et en s'inclinant sous les applaudissements il observa furtivement la femme. Sur le visage de celle-ci il pouvait lire son triomphe. Mais ce fut le seul moment du concert sans chahut. Le programme maladroitement construit traînait épouvantablement. A une heure du matin la moitié du public avait déjà quitté la salle, alors que devait suivre encore *la Symphonie fantastique*. Dans les coulisses c'était le désarroi et la dispute : les musiciens n'étaient obligés de jouer que jusqu'à minuit et ils commençaient à en avoir assez de cette plaisanterie. Berlioz fut contraint de se présenter devant le rideau pour demander pardon au public qui le sifflait et le huait.

Les gens s'en allèrent. Le scandale était complet mais le jeune couple d'artistes empocha deux mille francs de bénéfice net. Franci les raccompagna chez eux. Ils habitaient dans la chambre de célibataire de Berlioz. Il les consola et pensa à l'étreinte dans laquelle les jeunes mariés allaient maintenant se consoler.

— *The countess was very handsome indeed*, dit Mme Berlioz en guise d'adieux. *I congratulate you.*

La grande porte se referma. Il ne put rien répondre. Il resta là un instant, frappé d'étonnement. C'était donc aussi évident ? On l'avait déjà étiqueté comme amant de la comtesse ? Contrarié, il claqua des doigts. En même temps il découvrit tout honteux qu'il ressentait une joie indubitable de savoir que la chose était sue. Sur le chemin du retour il rappela à l'ordre sa vanité. Si les racontars continuaient à se répandre, la position sociale de la comtesse pouvait se trouver sérieusement compromise. Il lui faudrait faire davantage attention à l'avenir.

La chambre secrète où ils avaient l'habitude de se rencontrer avait été baptisée par Franci du nom allemand de *Ratzenloch* qui signifiait nid à rats. Quand ils se retrouvèrent dans le *Ratzenloch* Franci montra à son amie une revue allemande, *Neue Zeitschrift für Musik*, éditée à Leipzig par de jeunes musiciens allemands, avec un dénommé Schumann à leur tête.

— Qui est ce Schumann ? demanda Marie.

— Un pianiste. J'ai entendu dire qu'il composait également mais je ne connais rien de lui. Regardez un peu la critique qu'ils ont faite à Hector.

La comtesse était peu intéressée par le long article.

— Et à ton sujet, il n'écrit rien ce Schumann ?

— Mais si. Voilà. "Le mouvement pour piano de Liszt mérite une longue présentation. Nous la réservons à plus tard, de même que nos vues sur le traitement symphonique du piano. Liszt a travaillé avec une telle assiduité et un tel enthousiasme qu'il nous faut considérer son œuvre comme une œuvre originale, comme la somme d'études poussées, comme l'école pratique de l'exécution de la partition d'orchestre au piano..." Comprends-tu cela ?

— Bien sûr, répondit la femme. Mais on pouvait lire sur son visage qu'elle n'avait même pas écouté. Ses lèvres s'offrirent au baiser, la revue allemande tomba sur le sol.

Malgré la déconfiture précédente, *la Symphonie fantastique* fut représentée quelques semaines plus tard. Elle eut un invité de choix : Paganini. Le violoniste diabolique était assis au milieu de l'assistance. Après le dernier mouvement Paganini alla trouver l'auteur.

— Que je vous serre la main, mon jeune ami, dit-il avec enthousiasme, vous avez un talent immense. Je suis tout simplement charmé par votre musique. Elle est extraordinaire, magnifique, grandiose ! Vous ne voudriez pas composer une symphonie avec un solo pour moi ? J'ai toujours désiré jouer de l'alto. Vous comprenez ? Composez quelque chose pour l'alto.

Il serra encore longuement la main de l'heureux compositeur et s'en alla. Franci n'était pas très loin d'eux mais il n'eut pas envie d'aller faire la connaissance de l'homme stupéfiant. Il pensa à son propre jeu au piano et se dit que tout ce qu'il avait appris depuis, il le devait à ce fils de Satan. Que pouvait bien penser cet homme diabolique de Dieu et de l'Eglise ? Avait-il une religion ?

Le catholicisme n'avait jamais cessé d'être pour lui une question de la même importance que la musique. Il avait de nombreux contacts avec les gens d'Eglise, correspondait avec l'abbé Lamennais, et lorsque le Parlement vota une loi qui prescrivait que, dorénavant, l'enseignement de la musique serait obligatoire dans les écoles élémentaires, il se mit à rédiger un petit rapport sur l'importance à accorder à la musique sacrée. Il envoya son article à *la Gazette musicale* mais celle-ci ne le fit pas paraître. Le rédacteur sourit poliment en lui disant :

— Je suis désolé, monsieur Liszt, votre nom parmi les écrivains de mon journal déchaînerait la censure. Vous êtes trop lié aux romantiques, et ceux-ci sont bien mal vus officiellement.

Il haussa les épaules, à la fois fâché et fier. Il se sentit encore plus proche du cercle d'amis des Hugo. Au même moment il avait reçu une invitation à un concert à la cour, pour jouer devant Louis-Philippe. Après le concert le souverain lui adressa gracieusement la parole. Visiblement il s'efforça d'être gentil avec le jeune artiste :

— Je suis consterné de voir à quel point vous avez changé depuis la dernière fois que je vous ai vu.

Franci n'eut pas le temps de réfléchir à sa réponse, celle-ci jaillit :

— Depuis, hélas, bien d'autres choses ont également changé, Sire.

Le roi-citoyen le regarda, sidéré. Il avait vu pour la dernière fois le pianiste en tant que duc d'Orléans, à l'époque des Bourbons. La réponse était d'une hardiesse périlleuse, on aurait même pu dire insolente. Les messieurs de la cour qui se tenaient derrière le roi se figèrent et pâlirent. Louis-Philippe esquissa un signe de tête glacial et poursuivit son chemin.

Cette phrase se répandit bien vite à travers tout Paris. Les salons légitimistes la mentionnaient comme un acte d'héroïsme. Mais certains auraient préféré plus de calme et de modestie de la part du jeune artiste. Et la comtesse était au nombre de ceux-ci.

— Qu'est-ce qui t'a pris de t'emporter de la sorte ? Je me soucie peu de Louis-Philippe, ma famille est légitimiste. Mais cela peut nuire à ta carrière. A quoi bon ?

Et le jeune homme qui en société avait endossé avec plaisir le rôle de la forte tête parla alors avec sincérité :

— Je n'y peux rien. Mais quand je parle avec des grands de ce monde un instinct étrange me pousse toujours à lancer une pointe... comment dire... non pas grossière... non, plutôt, oui c'est cela, fière. Par ailleurs je ne suis pas non plus légitimiste. Tu l'es, toi ?

— Naturellement.

— Encore maintenant ? Alors que votre reine vient de mettre au monde un enfant illégitime ? Toi qui te moquais toujours de cette femme, de ses manières napolitaines...

La comtesse fronça les sourcils.

— J'en ai le droit, moi. Nous en avons le droit.

Son visage était hautain et froid. La main de Franci qui caressait la chevelure d'or glissa. Après un long silence il dit :

— Nous sommes encore très loin l'un de l'autre, Marie. Tu appartiens à une caste, pas à moi.

— Je n'ai pas le droit de t'appartenir. C'est un grand péché que je commets. Mon confesseur, la dernière fois, a presque refusé de me donner l'absolution. C'est facile pour toi, tu ne te confesses pas.

— C'est facile pour moi ? Pendant des nuits je n'ai songé à rien d'autre qu'à ce péché. Mais je commence à retrouver la paix. Un amour, quand il est pur, ne peut que plaire à Dieu. C'est lui qui a créé l'amour. Notre amour lui plaît à coup sûr davantage que ton mariage.

— Tu dis : "Un amour, quand il est pur." Mais notre amour est-il pur ? Es-tu corps et âme à moi ? Ne penses-tu pas à d'autres femmes ? Et oserais-tu me jurer que tu ne me trompes pas ?

— Mais oui, dit Franci, gêné.

— C'est parfait. Jure-le. Sur la tête de ta mère.

— Allons, c'est de très mauvais goût. Je ne jurerai pas. Parlons d'autre chose.

Mais la comtesse ne voulut pas parler d'autre chose. Elle exigea de lui qu'il jurât. Une grande scène s'ensuivit. Ils se disputèrent. Ils se quittèrent en colère et la comtesse estima qu'ils avaient rompu. Franci maudit Louis-Philippe. Il attendit quelques jours, peut-être recevrait-il un message de pardon. Il ne reçut rien de pareil. Il alla donc s'annoncer chez la comtesse. Celle-ci le reçut et revint à l'attaque en lui demandant de jurer encore une fois. Franci avoua alors qu'il ne pouvait pas jurer. Il avait eu une aventure passagère avec une petite chanteuse d'opéra contre les avances de laquelle il n'était pas parvenu à se défendre. Il avoua encore, puisqu'il avait commencé, que la comtesse Laprunarède continuait de lui envoyer des messages par l'intermédiaire de Mme Laborie, et qu'il ne refusait pas ces messages. Il confessa encore quelques baisers sans intérêt. Il s'ensuivit une scène épouvantable, la comtesse pleura et lui annonça que c'était fini entre eux. Elle irait à Croissy. C'était l'hiver mais son époux aimait la campagne à tout moment de l'année.

La famille alla donc s'installer à Croissy. Aucune lettre, aucun message ne lui parvint. Une semaine s'écoula, puis deux. Finalement il reçut un paquet. La comtesse lui renvoyait quelques livres et partitions. Une lettre brève était jointe à l'envoi : "Adieu à jamais, c'est ma décision la plus ferme. Si je pèche, que mes excuses au moins soient pures. Mais vous, vous les avez salies."

Franci écrivit immédiatement : "Je sais que je n'ai plus le droit de vous demander quoi que ce soit désormais. Mon être, c'est-à-dire ce que je fais et ce que je pense, outre le souvenir que vous gardez encore de moi, vous est devenu tout à fait indifférent. Mais si un jour (demain ou pendant l'hiver, ou quand vous le voudrez, cela n'a guère d'importance), par pitié ou peut-être par curiosité, vous m'accordiez une conversation de quelques minutes, je vous bénirais et vous en serais reconnaissant devant Dieu..."

La comtesse, par pitié, par curiosité, ou peut-être par amour, exauça sa prière. Elle vint à Paris pour bavarder quelques minutes. Les quelques minutes se prolongèrent pendant deux heures et demie, la colère devint réconciliation, serments, baisers effrénés. Et le bonheur délicieux de la lune de miel qui suivit le pardon dura jusqu'au jour où la comtesse trouva dans un vieil album une lettre d'amour vieille de deux ans écrite par une femme dont Franci avait omis de lui mentionner l'existence. A nouveau scène et réconciliation passionnée. La comtesse quitta Croissy afin qu'ils pussent être davantage ensemble. A présent leur liaison n'était plus un secret pour personne.

L'été les sépara. Si la présence du jeune homme à l'hôtel parisien n'était pas trop choquante, celui-ci ne pouvait pas se rendre à Croissy à tout instant. Parfois, prétextant des courses, la comtesse venait le retrouver à Paris. Elle le rencontra également pour de tendres adieux la veille du départ de Liszt pour La Chênaie, un petit village près de Dinan où s'était installé l'abbé Lamennais. A la poste de Rennes déjà il lui écrivit une lettre.

"Mon cœur est occupé d'une pensée unique et constante : mourir, mourir. Dans mon âme une image unique et constante : mourir, mourir. Un unique souvenir, un unique espoir, un unique désir : mourir, mourir, mourir. Oh comme il est encore là sur mes lèvres, brûlant, ton dernier baiser ! Comme il était divin, comme il était céleste ton soupir entre mes bras… Je ferais tout avec toi, tout pour toi, mon amour."

Pendant le long voyage fastidieux dans la chaise de poste cahotante il ne pensa qu'à sa bien-aimée. C'était plus la fierté et le désir qu'un sentiment vrai qui l'avaient mené à elle. Mais depuis un an qu'ils s'appartenaient il était sérieusement tombé amoureux de sa maîtresse et il sentait qu'il ne pourrait plus la quitter.

Après bien des changements de voiture il arriva enfin à La Chênaie. Il pensait trouver un village et fut déçu. Entre le feuillage paré des somptueuses teintes de septembre il ne découvrit que quelques petites maisons paysannes dispersées sans la moindre unité. Le chariot le déposa devant une maison à un étage. L'abbé le reçut sur le seuil, le visage resplendissant de bonheur. Il portait une redingote grise dont les pans usés battaient ses genoux, ses jambes étaient couvertes de bas comme en portaient les paysans, à ses pieds on voyait de gros souliers de paysans et sur sa tête un chapeau de paille au large bord, son visage était mal rasé. Le vieux prêtre embrassa le jeune pianiste avec une tendresse toute paternelle.

On lui donna une chambre à l'étage, près de celle de l'abbé. Il fit la connaissance d'un autre hôte. C'était un jeune homme taciturne et modeste, M. Boré, orientaliste et spécialiste de la langue arménienne. Ils s'installèrent à trois pour le dîner.

— Racontez-nous donc ce qu'il y a de nouveau à Paris, mon fils.

— Bien des choses. Berlioz a eu un fils. Il nage dans le bonheur.

— Et les autres, que font-ils ?

— Imaginez un peu : Paganini a enlevé une fille. Il avait fait la connaissance à Londres de la fille d'un

New-Yorkais du nom de Watson. Ils vinrent s'installer à Paris. Mais le père prit le premier bateau, se rendit à Paris et alla cueillir la belle Betty. Elle eut beau supplier, il la ramena à New York. Paganini est brisé, il était passionnément amoureux de la jeune fille. Je ne l'ai pas vue mais il paraît qu'elle est d'une grande beauté.

— Diable. Quel âge a donc ce Paganini ?

— Cinquante-trois ans.

— Voyez-vous ça... Et que savez-vous encore ? Avez-vous rencontré d'anciens hommes de *l'Avenir* ?

Si le père Lamennais n'était guère intéressé par les ragots du monde de la musique, il était curieux de l'effet qu'avait produit à Paris l'encyclique toute récente qui s'opposait vivement à lui et avait mis ses œuvres à l'index.

— Je n'en ai pour ainsi dire parlé avec personne. Mais j'aimerais le faire avec vous, mon père.

— Nous n'y manquerons pas. Nous aurons le temps car je ne compte pas vous lâcher avant longtemps.

L'après-midi ils allèrent se promener dans la forêt voisine. L'abbé en avait même planté une partie. Ils s'installèrent sur le bord d'un petit lac idyllique dans une lumière mélancolique.

— C'est ici que sera ma tombe, dit l'abbé en montrant l'un des rochers, on m'enterrera au pied de la pierre.

Ils se turent pendant un moment. Puis Franci demanda :

— Dites-moi, mon père, quel est cet instinct étrange dans l'âme qui attire l'homme vers la mort ? Comment se fait-il par exemple que quelqu'un, qui est amoureux et aimé en retour, connaisse dans son bonheur cette pensée instinctive : mourir. Pourquoi ?

— C'est parce que la mort est l'élément essentiel de la vie. C'est une illusion d'optique que de croire que nous nous efforçons de vivre. Inconsciemment, tous nous nous acheminons vers la mort. Avez-vous déjà vu un suaire noir sur lequel sont tombées des larmes ? C'est le vrai symbole de la vie.

Après une petite pause il regarda son jeune ami et lui demanda :

— Depuis quand avez-vous vu la comtesse d'Agoult ?

Le visage de Franci se raidit. Il répondit d'une voix sans timbre :

— Cet été j'ai eu la chance d'être invité par M. le comte et Mme la comtesse pour quelques jours à Croissy. J'ai passé quelques heures très agréables avec la comtesse, c'est une dame d'une culture extraordinaire et très pieuse.

Et il se dit en lui-même : Lui aussi est déjà au courant ? Tout le monde le sait donc ?

Quand, tard dans la soirée, il eut pris congé de son hôte, il s'assit au piano. De ses doigts naquit presque parfaite l'ébauche d'une nouvelle œuvre. Aussitôt il la nota et lui donna même un titre : *Pensée des morts*.

Puis il se coucha et pressa son visage très fort contre l'oreiller en pensant à Marie.

VIII

Il rentra à Paris brûlant de révolte contre l'Eglise officielle. Les longues heures qu'il avait passées sur les sentiers de promenade forestiers avec l'abbé, et le soir, après le dîner, avaient raffermi ses opinions. Il se sentait très catholique, plus catholique que l'Eglise. Et parfois il se disait avec étonnement qu'il était bien proche des vues de Luther et de Calvin, pour lesquels, depuis toujours, il éprouvait une profonde aversion. Il était en outre tout empli des idées de démocratie de Lamennais et attendait avec impatience de revoir son amie pour en discuter.

Il en eut largement l'occasion. Après l'ardeur des retrouvailles ils se disputèrent dès les premières phrases.

Franci se déclara de sentiment républicain et il critiqua ouvertement la direction officielle de l'Eglise. Puis il se mit à pester contre les préjugés sociaux, contre l'aristocratie et l'isolement des classes. La comtesse ne cessa de le contredire. La discussion n'était guère facile avec elle, ses arguments étaient très intelligents. Elle lui dit un jour :

— Tu es une sorte de Coriolan. Tu attaques ton propre monde, parce que tu t'en sens exclu.

— Mon monde ?

— Naturellement. Tu m'as toi-même raconté que selon la tradition tu descends d'une famille hongroise noble. Mais même si tu ne l'avais pas dit, il suffit de te regarder. Je le répète : tu es un Coriolan qui part en guerre contre une offense qui n'existe pas.

Le visage du comte de Saint-Cricq passa en un éclair dans la tête de Franci. Mais il n'en parla pas. Ils discutaient pendant des heures, même dans leurs lettres le débat se poursuivait. Puis un jour un événement tragique y mit fin. L'une des petites filles de la comtesse était tombée malade. Les médecins avaient conclu à une méningite. La comtesse ne put plus recevoir Franci ni lui écrire. Nuit et jour elle était au chevet de l'enfant. Franci se rendait à l'hôtel d'Agoult deux fois par jour pour s'informer personnellement de l'état de la petite. Chaque fois la réponse était la même, inquiétante, puis un matin il apprit que la fillette était morte.

Il écrivit sa lettre de condoléances officielles et se rendit à l'enterrement. Il put serrer la main de la femme en grand deuil, la main gantée de noir ne lui rendit pas son étreinte. Il rentra chez lui et attendit. Le jour même il reçut une lettre. "Dans cette horrible douleur qui vient de m'anéantir – écrivait-elle – je cherche une main. C'est la vôtre. Que cette enfant qui est à présent auprès de Dieu intervienne pour que me soit pardonné le péché que je commets en vous aimant de toute mon âme. Je vous demande de penser à moi et de partager ma souffrance."

Ils ne purent pas se rencontrer, les longues veilles auprès de l'enfant agonisante, les angoisses puis la mort avaient beaucoup éprouvé la comtesse et les médecins avaient conseillé un repos à Croissy. Pendant longtemps ils purent à peine s'écrire. Noël passa. Après de longues semaines la comtesse rentra enfin à Paris et de nouveau ils purent se revoir.

Marie était plus belle que jamais. Le noir allait à merveille à la couleur de ses cheveux et au teint de son visage. Les épreuves épouvantables qu'elle avait subies n'avaient laissé sur elle aucune trace. Sans un mot ils tombèrent dans les bras l'un de l'autre. Il n'exista plus rien au monde que leur désir assoiffé.

Marie s'ouvrit à lui de son chagrin. Son ménage était à la dérive. Elle s'était mise à haïr Claire, sa petite fille de quatre ans, elle ne pouvait plus la supporter, tout en sachant que la pauvre petite était innocente de la mort de sa sœur. Finalement son mari et sa mère prirent la décision de la mettre au couvent. La petite s'y sentait parfaitement bien et ne voulait plus rentrer à la maison. A présent elle en souffrait. Avec son mari, depuis le décès de Louise la vie était également devenue intolérable.

Franci soupira et posa sa main sur celle de la femme.

— Je devrais maintenant vous consoler, vous dire : Courage et patience ! Mais je ne le peux pas, car je suis tout à fait comme vous. Depuis des années je répète sans cesse que je ne trouve pas ma place dans le monde, mais à présent je sens que si je dois continuer de vivre dans ces conditions je vais étouffer. Je suis incapable de travailler et à la maison je dois supporter les jérémiades continuelles de ma mère à cause des problèmes matériels ; moi aussi, tout comme vous, j'ai du mal à vivre.

— Vous ? Vous qui êtes libre ? Oh, si moi j'étais libre... Combien de fois y ai-je déjà songé... Je ne suis pas méchante mais j'ai déjà eu l'horrible pensée que mon époux pourrait être rappelé à Dieu. Quel épouvantable moment ce fut, pendant une semaine j'ai jeûné pour pénitence. Seul Guéry, mon confesseur, est parvenu à me consoler. Je suis dans la plus profonde détresse morale. Que puis-je faire ? Divorcer et m'exclure moi-même de la société ? Si j'étais une femme divorcée je ne serais même pas reçue par les gens qui à présent ne peuvent venir chez moi. C'est un esclavage épouvantable, je n'en peux plus, je n'en peux plus...

— Moi non plus, je n'en peux plus. Chaque minute que je passe sans travailler est un péché contre Dieu qui m'a donné du talent.

— Sans travailler ? Mais vous vous tuez à donner des leçons.

Franci bondit.

— Donner des leçons ? C'est donc cela mon travail ?

— Oh, mon cher ange, ce n'est pas ce que je voulais dire. Mais pourquoi ne pouvez-vous pas travailler ?

— Qu'en sais-je ?... Le milieu, la toile de fond de ma vie... Je sais une chose, c'est qu'il me faudrait m'arracher d'ici. Mais il y a ma mère, mes leçons, toutes sortes de devoirs et d'obligations... Vraiment j'étouffe.

Leurs rencontres suivantes furent emplies de conversations de ce genre. La femme était la plus plaintive et la plus amère, son deuil la coupait de la vie en société et la monotonie était pour elle un véritable enfer. Franci au moins était occupé par son travail et distrait par ses amis.

Il fit la connaissance de George Sand dont il avait si souvent entendu parler. C'est Musset qui l'amena chez elle. Après le bonheur radieux de leur voyage à l'étranger l'écrivain et le poète étaient rentrés fâchés. Ils avaient rompu mais continuaient quand même à se voir comme des "amis". La célèbre femme habitait sur le quai Malaquais. Son bureau où les souvenirs de Venise frappaient la vue était empli d'une épaisse fumée. George Sand fumait le cigare. Elle reçut son nouvel hôte sans façon, avec une camaraderie bohème. Musset se sentait de trop et déambulait dans la pièce avec la familiarité douloureuse des amants déchus. Tout en bavardant Franci observait la femme. Elle portait même chez elle un pantalon d'épais drap noir, mais une blouse féminine. Son teint était foncé, son nez fort et masculin, on n'aurait pas pu la dire belle ni jolie mais il n'y avait rien à redire à sa silhouette. Avec la supériorité de ses trente ans elle regardait le célèbre et beau jeune homme de vingt-trois ans.

Ils bavardèrent longtemps. L'écrivain expliqua l'origine de son pseudonyme et parla de la lutte qu'elle menait dans ses œuvres pour conquérir l'égalité de la femme.

— C'est un combat pour la liberté. Le combat des esclaves contre les oppresseurs. Contre vous, cher Litz.

— Contre moi vous n'avez guère besoin de vous battre. Je ne suis pas marié et n'en ai guère l'intention. Et puis je suis un démocrate enragé. J'ai commencé mon éducation avec les saint-simoniens et l'ai poursuivie auprès de Lamennais.

— Je sais tout cela. Alfred m'a beaucoup parlé de vous. Mon Dieu, les saint-simoniens... comme ils m'ont passionnée jadis moi aussi !

George Sand lui fit un long exposé sur les droits naturels des femmes opprimées. Ils échangèrent leurs idées, pour la plupart concordantes. Ils se quittèrent comme des gens qui allaient encore se rencontrer très fréquemment.

En bas, dans la rue, l'amoureux malheureux avança muet à côté de son ami. Puis il plongea dans sa poche et chercha parmi de nombreux papiers un poème qu'il tendit à Franci. Celui-ci le parcourut :

Porte ta vie ailleurs, ô toi qui fus ma vie ;
Verse ailleurs ce trésor que j'avais pour tout bien.

Va chercher d'autres lieux, toi qui fus ma patrie,
Va fleurir, ô soleil, ô ma belle chérie,
Fais riche un autre amour et souviens-toi du mien.

Franci hocha la tête d'un air approbateur et compatissant. Musset remit le poème dans sa poche et, pour cacher ses larmes, quitta son ami sans le saluer ni lui serrer la main. Il le laissa avec ses pensées. Celles-ci restaient accrochées aux phrases de George Sand. Esclavage... société... oppression... révolte... Chacun de ces mots faisait vibrer en lui des cordes qui l'inquiétaient. Depuis longtemps déjà il se disait qu'il lui faudrait aborder d'une façon ou d'une autre la situation ambiguë de l'artiste dans la société. Ce dessein vague lui devenait clair maintenant et il n'attendit même pas d'être rentré chez lui, il s'installa dans un café et se mit à écrire à la hâte des notes pour l'ébauche de son étude.

A partir de ce moment-là cette sorte de mémoire devint son souci primordial. Il consulta des ouvrages spécialisés et réfléchissait sans cesse aux différents chapitres. Il avait l'intention de diviser l'étude en six parties. Dans le premier chapitre qui devait être tout simplement l'introduction il écrivait : “Je n'écris pas pour faire la leçon aux autres. Je souffre et je me pose des questions.”

Dans le deuxième chapitre, illustré de nombreux exemples, il éclairait l'importance passée de la musique et posait la question : “Comment a-t-il pu advenir que la situation sociale des artistes soit presque nulle, alors qu'ils créaient des œuvres admirables, fruits de leurs souffrances ?”

Dans le troisième il revenait sur sa propre blessure. Celle qui était à l'origine de tout ceci. Il admettait que depuis quelque temps l'aristocratie de naissance et celle d'argent respectaient les musiciens. Mais pouvait-on oublier les chanteurs d'opéra que l'Eglise officielle excommuniait toujours ? Et que dire de l'escalier de service qu'avaient été contraints d'utiliser chez des nobles anglais des artistes tels que Moscheles, Rubini et Malibran ? On annonçait bien sûr à grand fracas que Louis-Philippe et la reine avaient reçu Donizetti. "Mais tout n'est pas perdu. Certains combattent, d'autres saisissent les armes, d'autres encore s'apprêtent à rejoindre la sainte légion. Courage ! Espoir ! Une nouvelle génération suit. Place à ses envoyés ! Ecoutez leurs paroles, écoutez la prophétie de leurs œuvres…"

Lorsqu'il eut terminé les trois articles il entra en relation avec son ami d'Ortigue, le seul qu'il respectât parmi les critiques musicaux, avec Fétis. Moins d'une semaine plus tard d'Ortigue lui fit savoir que *la Gazette* acceptait ses articles, il faudrait seulement attendre jusqu'à la fin du mois d'avril pour la publication, la revue étant surchargée d'écrits en attente de parution. Ce retard ne plut guère à Franci mais il était profondément heureux du résultat. Il voulut tout de suite se mettre à écrire les autres.

Il n'en eut guère l'occasion. Un jour de fin d'hiver la comtesse déclara en entrant dans leur gîte secret :

— Franci, je veux quitter mon mari. Oui, oui, vous avez bien compris.

— Et… et après que se passera-t-il ?

— Rien. J'ai ma fortune. Je vous aime. Un point c'est tout.

— Et votre situation dans la société ? Comment supporterez-vous de vous voir exclure comme une lépreuse ? Et vous ne pensez pas à votre fille ?

La comtesse se tut puis éclata en sanglots.

— C'est vous qui êtes la cause de tout, pourquoi m'avez-vous appris l'amour s'il faut se cacher ? Pourquoi m'avez-vous fait rencontrer des êtres intelligents, de talent, si je dois rester à jamais en dehors de votre monde ? Vous m'avez empoisonnée d'amour et de vie humaine et à présent je souffre misérablement.

Franci eut du mal à la consoler. Lors des rencontres suivantes la belle femme se plaignait de plus en plus passionnément et orageusement de sa situation intenable. Un jour elle déclara à Franci qu'elle désirait faire la connaissance de George Sand. Personne ne devait le savoir dans la société. Franci hésita un moment, la chose ne lui plaisait pas beaucoup, mais il lui fallut se faire une raison et il accompagna la comtesse d'Agoult un soir, après être convenu d'un rendez-vous avec l'écrivain.

Les deux femmes se comprirent très vite. Cinq minutes plus tard elles discutaient de l'esclavage des femmes et elles se quittèrent grandes amies. Elles se virent par la suite sans Franci. Il était impensable d'inviter à l'hôtel d'Agoult la femme divorcée vêtue de pantalons, c'était donc la comtesse qui allait chez elle, se faufilant toute voilée comme si elle se rendait à un rendez-vous amoureux. Franci constata très rapidement l'influence de George Sand sur Marie. En un clin d'œil les opinions de celle-ci sur le mariage et la société étaient devenues plus libres et à présent elle déclarait avec détermination qu'elle était décidée à quitter son mari. Elle avait déjà informé son confesseur de son dessein, celui-ci naturellement s'était efforcé, horrifié, de l'en dissuader, mais sa décision était prise.

Jusqu'alors les serments de la comtesse ne l'inquiétaient pas outre mesure. Celui qui ne cesse de répéter qu'il va se suicider ne se suicide généralement pas. Et cette décision à Paris et dans le milieu de la comtesse signifiait bien un suicide social. On pouvait estimer que le caractère foncièrement romanesque de la comtesse se délectait en imagination d'actes décisifs qu'elle n'accomplirait de toute façon pas. Mais cette nouvelle Marie était bien différente. Elle avait jeté ses opinions sociales comme une robe dont on s'est lassé. De cette Marie-là on pouvait craindre qu'elle ne laissât tomber un beau jour son mari, son hôtel, tout le faubourg Saint-Germain, sans retour.

Franci passa de nombreuses nuits à méditer sur leur sort. Il voyait très clairement que le sien était étroitement lié à celui de cette femme. Si Marie abandonnait sa famille et quittait la société il lui faudrait suivre sa bien-aimée. S'il ne le faisait pas par honnêteté il y serait d'ailleurs contraint par le monde : les salons ne le recevraient plus, lui non plus, le responsable évident du scandale. Il était donc clair que si la comtesse mettait à exécution sa décision fatale, ni l'un ni l'autre ne pourrait rester à Paris. Mais où irait-il ? Il pensa tout d'abord à Londres mais réfuta immédiatement cette possibilité : la société y était encore plus rigide. D'ailleurs il avait besoin d'un endroit calme pour composer. Il ne pensait à tout cela qu'en théorie, ne croyant toujours pas qu'ils en arriveraient là. Il savait seulement qu'il lui faudrait partager le destin de sa maîtresse. Sans Marie à présent il n'aurait plus été capable de vivre.

Aux forces insondables qui les poussaient avec une puissance fatale vers leur sort inconnu vinrent s'ajouter les ragots. La mère de Marie et même son frère, le diplomate, l'avaient avertie qu'il serait temps de faire attention. Il semblait impossible que le comte d'Agoult n'eût pas encore eu vent de la chose, et il lui faudrait tôt ou tard intervenir, non par jalousie mais pour l'honneur de sa famille et pour leur fille.

Lentement Franci se faisait à l'idée de quitter Paris. Il lui fallut en parler à sa mère. Celle-ci, dont toute la vie avait été consacrée à son fils, ne répondit rien, figée de douleur.

Franci savait à présent où il voulait aller : en Suisse. Il était attiré par la beauté et la liberté du pays dont il conservait un souvenir merveilleux. Il y avait également d'agréables connaissances, à Genève vivaient plusieurs de ses anciens élèves et il pouvait espérer trouver par leur intermédiaire les leçons indispensables. Il travaillerait dans le calme sur la rive féerique du lac

Léman et verrait très souvent la comtesse. Sur le plan matériel le projet semblait plus difficile à réaliser mais en discutant avec sa mère, Franci apprit que celle-ci avait fait assez d'économies pour vivre en attendant que son fils pût lui envoyer régulièrement de l'argent de l'étranger. Après tout, il parviendrait sûrement à en gagner. Jamais il ne s'était soucié du lendemain.

Franci vivait à présent dans une ivresse étrange. Avec Marie, qu'il rencontrait de plus en plus souvent, ils parlaient constamment avec fièvre et émotion de leur avenir. Au mois d'avril il organisa un concert, pour assurer matériellement l'éventuel grand départ. Depuis très longtemps il n'avait pas donné de concert. C'était la première occasion pour lui de montrer ses progrès au piano. L'événement fut attendu avec autant d'impatience par le monde musical que par le grand monde curieux de contempler le profil d'ivoire du célèbre bel artiste et de la belle comtesse.

Amour, insomnies et les mille épreuves de l'incertitude avaient littéralement détruit ses nerfs et c'est livide et pris de nausée qu'il monta sur l'estrade. Les applaudissements qui l'accueillirent étaient plutôt polis et curieux qu'enthousiastes. Dès les premières notes il se sentit mieux, il savait lui aussi que ce qu'il faisait là au piano était inouï, que jamais personne avant lui n'en avait été capable et que dans les rangs de l'assistance il ne pouvait y avoir que bien peu de gens pour soupçonner seulement l'importance de ce moment dans l'histoire du piano. Son premier morceau fut applaudi avec une véritable frénésie, celle du succès. Il se donna encore plus à son jeu, traitant avec l'arrogance du triomphe le piano, cette bête sauvage métamorphosée en doux agneau qui, depuis que le monde existait, révélait pour la première fois aux hommes ses secrets. Il interpréta sa fantaisie qu'il avait composée sur la symphonie de Berlioz mais soudain ses mains glissèrent du clavier, la salle s'assombrit devant lui et il perdit connaissance. Il revint à lui dans sa loge. On lui frottait les tempes et le front avec de l'eau, des visages affolés se penchaient au-dessus de lui. Une foule de gens se poussait dans la petite pièce pour avoir de ses nouvelles. Sa mère gémissait à ses côtés en se tordant les mains.

Rapidement il fut sur pied, s'étira, remit son habit en ordre et sortit pour reprendre sa place au piano. Jamais encore il n'avait été autant applaudi.

— Ils m'aiment, se dit-il en lui-même avec la joie naturelle de l'enfant gâté.

Il ne s'épargna pas, cette fois encore il fut en proie à une tension épouvantable. Mais il la vainquit. Son triomphe devant le public était total, digne du premier pianiste du monde qui avait surpassé de beaucoup l'artiste qu'il était auparavant.

Puis vinrent les critiques. A l'exception d'une, toutes s'exprimaient à son sujet sur un ton de stupéfaction, d'affolement, presque offensant. Quelle nouvelle manière de jouer au piano était-ce donc ? Où étaient les traditions classiques que cet artiste venait bafouer avec ses astuces nouvelles et arbitraires ? L'un l'accusait de rechercher la sensation, l'autre de jouer la comédie. Généralement, si les critiques reconnaissaient son savoir incomparable, on sentait dans les comptes rendus une certaine perplexité, même chez ceux qui glorifiaient certaines parties de son jeu. Le seul qui comprenait que ce concert était un événement dans l'histoire de l'interprétation fut d'Ortigue, l'ami compréhensif. Sans la moindre réserve il salua dans son article le génie qui élevait le jeu de reproduction mécanique au rang d'un art indépendant et créateur.

Cet hymne ne lui procura pas autant de joie que les attaques des autres lui causèrent de douleur. A la lecture des journaux il fut pris d'un désir décuplé de quitter cette ville avec ses salons, ses concerts, ses critiques, sa vie mouvementée, tous les souvenirs de sa jeunesse.

Il y avait parmi ses élèves un garçon qu'il avait pris en affection plus que les autres. Non seulement parce que celui-ci était le seul à avoir du talent mais parce qu'il appréciait beaucoup l'attachement que l'enfant lui portait. C'était un jeune juif de Hambourg du nom de Hermann Cohen mais Franci l'appelait Putzi. Après le concert, lorsqu'il lui donna une leçon, il lui fit observer une erreur :

— Fais-y bien attention car un autre ne t'y fera guère prendre garde. Et moi je ne pourrai bientôt plus te donner de leçons.

Le gamin de quatorze ans le regarda, blême :

— Pourquoi ? Je vous ai fâché ?

— Mais non, nigaud. Je t'aime beaucoup. Mais il se peut que je quitte Paris.

— Et vous ne pouvez pas m'emmener avec vous ? demanda le garçon, craignant la réponse, les yeux mouillés.

— Tu as raison. Pourquoi pas ? Je n'y avais pas pensé. C'est d'accord, tu viens avec moi, Putzi.

L'enfant fondit en larmes, mais cette fois de joie. Il sauta au cou de son maître, l'embrassa comme un petit chien faisant fête à son maître de retour à la maison, puis il se mit à danser comme un fou dans la pièce.

— Calme-toi, lui dit Franci en riant, allez, au piano, nous devons travailler maintenant.

Lorsqu'il annonça sa décision à Marie, celle-ci lui dit :

— Cela ne me dérange pas. Il faudra en tenir compte dans la répartition du logement.

Franci pâlit d'étonnement. Il demanda en bégayant :

— Le logement ?... Mais comment... je ne comprends pas très bien.

— Qu'y a-t-il donc à ne pas comprendre ? Je suis étonnée de vous voir étonné. Nous nous sommes bien mis d'accord : si je quitte mon mari, nous irons ensemble à l'étranger, non ? Alors, comment imaginez-vous ce séjour à l'étranger ?

— Habiter ensemble ?... Vous seriez capable... sans être mariés... ?

— Naturellement. Comment pourrais-je l'imaginer autrement ? Deux personnes libres s'aiment. C'est on ne peut plus simple, non ? Nous vivrons notre vie à nous, comme nous en avons parlé tant de fois. A deux.

— Marie, comprenez-vous la gravité de ces paroles ? Si vous commencez à vivre avec moi, il n'y a plus de retour, j'espère que vous le savez. Ce serait pour moi un bonheur indicible, mais à présent je sens peser sur mes épaules une responsabilité horrible. C'est votre vie tout entière que vous mettez en jeu et si j'accepte ce sacrifice j'en suis responsable. Nous ne pouvons nous engager que si nous sommes sûrs de nous-mêmes. Moi, je suis sûr de moi, vous êtes mon destin jusqu'à la mort. Mais vous, êtes-vous sûre de vous ? Ne répondez rien maintenant, non. Que se passera-t-il si dans un an, dans deux ans, vos sentiments deviennent plus tièdes et si le monde que vous avez rejeté commence à vous manquer ? Il sera trop tard. Non, ne dites rien. J'ai fait mon examen de conscience et maintenant je peux avouer tranquillement que si auparavant je vous ai menti, trompée, humiliée, à présent je vous aime totalement. Faites en vous-même cet examen et ce n'est qu'ensuite que vous pourrez répondre. Mais qu'il soit d'une sévérité impitoyable. Vous me le promettez ?

Ils n'en parlèrent plus. Le lendemain Franci envoya une lettre : “Marie ! Le jour où vous pourrez me dire de toute votre âme, de tout votre cœur, de tout votre être : Franz, effaçons, oublions, pardonnons à jamais tout ce qui a pu être dans le passé imparfait, douloureux et misérable, soyons l'un à l'autre car en cette heure je vous comprends autant que je vous aime, ce jour-là (et qu'il vienne le plus vite possible) nous nous enfuirons loin du monde, nous allons vivre, nous aimer et mourir à deux.”

Le jour même il reçut la réponse. La comtesse avait recopié mot à mot la phrase et signé : Marie.

Leur sort en était jeté. Ils mirent au point les détails de leur fuite comme de joyeux complices une farce amusante. Franci partirait le premier en Suisse. Marie, prétextant une visite à Bâle, s'y rendrait avec sa mère, là elle lui apprendrait qu'elle n'était plus disposée à rentrer chez elle et elle volerait entre les bras de son amour pour y rester à jamais. Le comte serait informé par la mère.

Franci se produisit encore une fois à un concert de Berlioz. Puis il alla trouver chacun de ses amis pour faire ses adieux. Il leur dit au revoir avec légèreté, comme s'il partait en vacances. Chopin fut le seul qu'il eut du mal à quitter et le seul également à qui il révéla que son départ était définitif. Il aurait aimé l'embrasser mais une sorte de pudeur l'en empêchait, il le regarda seulement avec émotion. Ce fut alors Chopin qui tomba dans ses bras et ils s'étreignirent avec toute la tendresse de leur ancienne amitié retrouvée, les yeux brillants de larmes.

— Les deux génies pleurent, dit Franci, pour cacher sa honte avec une plaisanterie.

— Et pourtant ils n'ont pas encore lu les critiques du jour, lança Chopin.

Ils se quittèrent. Mais le plus douloureux restait à faire : il devait dire adieu à sa mère. Celle-ci n'avait pas pris au sérieux la décision de son fils, à présent elle était bouleversée. Franci ne parvint à la calmer qu'avec un mensonge. Il lui fit croire que le tout n'était que provisoire. Elle le crut à moitié.

Ils s'embrassèrent sur le marchepied de la chaise de poste. La voiture s'ébranla. La silhouette chérie de la grosse femme vêtue de noir disparut. Franci sécha ses larmes et regarda par la fenêtre. Lentement Paris s'effaça. C'était un merveilleux matin de mai et il sourit au sourire du paysage. Un petit visage de nourrisson surgit en lui et il fut empli d'un bonheur indicible.

Marie lui avait appris peu de temps avant qu'ils seraient trois en Suisse. Le bébé était attendu pour la nouvelle année.

IX

Le bonheur de ce jeune couple ne différait en rien de celui de n'importe quels jeunes mariés. Ils s'installèrent à Genève. Ils louèrent un appartement à un coin de la rue Tabazan et l'aménagèrent à leur goût. Ils n'avaient pas de soucis d'argent : la comtesse avait un revenu annuel de vingt mille francs et Franci avait reçu de son concert et des maisons d'édition une somme qui lui permettait de commencer sa nouvelle existence. Lorsque dans la chambre à coucher de leur nouvel appartement ils se réveillèrent côte à côte pour la première fois et qu'ils se regardèrent, Franci sentit que son bonheur était total. Ils bondirent ensemble du lit et se précipitèrent à la fenêtre. Dans la lumière radieuse de ce matin d'août le sommet majestueux du mont Blanc resplendissait pour eux.

Après l'appartement ce fut la découverte de la ville qui occupa la plus grande partie de leur temps. La marche faisait du bien à Marie malgré les fréquents malaises dus à son état, quant à Franci il voulait tout voir, tout connaître. Ils remontèrent les petites rues accrochées au flanc de la montagne, cherchèrent la maison de Rousseau, se promenèrent sur la rive du lac, s'amusèrent à nourrir les cygnes. Les passants se retournaient sur leur passage car la beauté de l'inconnue ne restait pas inaperçue dans cette petite ville même si les nombreuses tracasseries des derniers mois l'avaient fatiguée et vieillie. Mais Franci la voyait plus belle que jamais, incomparable, unique. Il l'entourait de tendresse, guettait chacun de ses mouvements, chacun de ses souhaits. Depuis qu'ils vivaient ensemble il la découvrait vraiment. Il se rendait compte à présent des soins, de l'argent et du temps que nécessitait l'élégance de Marie. S'ils voulaient aller quelque part elle avait besoin d'au moins une heure et demie. Le soir, avant le coucher, les divers soins qu'elle apportait à ses cheveux blonds constituaient une véritable cérémonie et lui prenaient au moins une heure. Elle mangeait peu mais il lui fallait des plats très variés. La cuisine ne l'intéressait pas le moins du monde. Elle s'avéra d'une indolence extraordinaire. Toute sa vie elle avait été habituée à avoir autour d'elle une foule de domestiques empressés et quand elle avait besoin d'un objet situé à deux pas, elle n'avait pas le courage de se lever et elle cherchait machinalement la sonnette de table de son hôtel particulier, ce n'est qu'ensuite qu'elle réalisait sa nouvelle situation et tous deux éclataient de rire.

Lentement leur nouvelle vie prit forme. Ils avaient appris par des lettres d'amis et des visites le grand retentissement qu'avait dans la société leur acte audacieux. On colportait à leur sujet des ragots effarants. Selon l'une des versions, Franci avait été réveiller à minuit le sacristain de Notre-Dame et avait exigé qu'il lui remît les clefs pour jouer quelque chose à l'orgue à l'intention de l'homme qui l'accompagnait. Cet homme n'était autre que la comtesse déguisée avec laquelle il s'était ensuite enfui. Selon un autre ragot Franci avait enlevé sa bien-aimée en la cachant à l'intérieur d'un immense piano. Ils s'amusèrent longtemps avec ces histoires, mais d'autres nouvelles vinrent à leurs oreilles, moins gaies celles-là. La mère de Marie rapporta dans une de ses lettres comment elle avait appris la chose au comte. Celui-ci, bouleversé, avait écouté sans un mot, puis avait simplement dit :

— J'essaierai de le supporter.

Il n'avait pas été disposé à en parler davantage. La petite Claire se sentait très bien au couvent où elle était élevée, elle n'avait pas eu la moindre larme pour sa mère. Les liens qui attachaient Marie au souvenir de son foyer étaient tout à fait brisés.

— Il ne me reste que vous, Franz, lui dit-elle en l'enlaçant, vous êtes ma vie et si je devais être déçue par vous j'en mourrais.

Franci rit et répondit par un baiser. Il était de très bonne humeur, il se sentait libéré et léger comme un oiseau. La nouvelle vie s'annonçait merveilleuse. Dès les premiers jours il avait trouvé des leçons. Et sa première élève ne fut autre que la femme du comte Miramont, l'homme à cause de qui il avait tant souffert dans le château de la belle Adèle. Il fit également la connaissance du comte et les deux hommes se serrèrent la main avec une amabilité ostentatoire. L'autre élève qui se présenta était la comtesse Maria Potocka, qu'il connaissait depuis longtemps par l'intermédiaire de Chopin.

— J'ai une très bonne nouvelle à t'annoncer, dit-il joyeusement à Marie, demain je donne sa première leçon à la comtesse Potocka.

— Quand vient-elle ?

— Ce n'est pas elle qui vient. J'irai chez elle. A la comtesse Miramont non plus je ne peux pas donner de leçons ici.

Ils se turent tous deux, ne voulant pas aborder la question délicate. Ils savaient bien qu'il n'était pas conseillé, pour l'instant, à Marie de rencontrer des dames de la haute société, des indiscrétions pourraient se produire. Il valait mieux attendre et laisser les choses se tasser. S'il n'en parlait pas, Franci était pourtant très préoccupé par ce problème et il tenta de trouver de la compagnie à Marie. Il avait de nombreuses connaissances à Genève, en premier lieu deux anciens élèves, Pierre Wolff et Mlle Boissier. Il alla leur rendre visite et fut chaleureusement accueilli. Avec une extrême prudence il s'efforça de mener la conversation de façon à permettre à ses hôtes de parler de Marie, s'ils le voulaient. Wolff, célibataire, profita immédiatement de l'occasion pour demander la permission de faire une visite à la comtesse. Mais les parents de Valérie Boissier n'abordèrent pas le sujet. Franci ne se découragea pas. Quoiqu'il fût contraint de constater de jour en jour qu'il avait bien mal choisi cette ville de Genève, aux mœurs austères, et petite-bourgeoise, il espérait quand même pouvoir bientôt assurer à Marie une vie plus attrayante que celle de l'oiseau en cage. Ce fut l'échec. On l'invitait partout, lui, mais dès qu'il laissa soupçonner par ses hésitations qu'il aimerait faire partager ces invitations à Marie, celles-ci devinrent rares. Il lui restait un dernier espoir : le couple Belgiojoso. Le comte Belgiojoso, parent de l'amie parisienne de Franci, habitait à Genève en compagnie de son épouse comme réfugié italien. C'était un homme d'une beauté admirable et dont la voix de ténor aurait pu être enviée par bien des chanteurs de métier. Sa femme s'occupait de politique plus que lui, elle organisait sans cesse des mouvements de libération italienne et écrivait des pamphlets contre les oppresseurs autrichiens. Un instant Franci fut persuadé de réussir cette fois dans sa tentative, mais il s'était trompé. La comtesse, si démocrate dans ses vues politiques, dès qu'il fut question de son salon, prit ses distances, polie et froide.

Peu à peu un cercle se forma cependant, exclusivement constitué d'hommes. Pierre Wolff fut le tout premier hôte et le plus assidu. Ils recevaient également souvent la visite du docteur Coindet, médecin célèbre qui avait soigné Marie quelques années auparavant lors d'un de ses voyages à Genève. Il y avait un vieux monsieur très gentil, Sismonde de Sismondi, historien et linguiste. L'orientaliste Alphonse Denis. James Fazy, un homme très influent dans la politique de la Suisse. Edmond Boissier, le frère de Valérie. Et le comte Belgiojoso. Sans sa femme. Ils étaient tous des hommes cultivés, intéressants et distrayants. Et Marie qui avec la hardiesse des femmes à l'esprit vif s'était rapidement mise à discuter d'histoire avec l'historien, de l'Orient avec l'orientaliste, de littérature avec l'écrivain, commença à faire des réflexions sur les femmes de Genève. Elle dénigrait leur habillement, ironisait sur leurs manières de petites-bourgeoises. Elle se disait heureuse de ne pas avoir à se mêler à elles. Mais Franci savait bien que la pauvre Marie sans amies se serait empressée d'ouvrir sa porte à n'importe laquelle. Putzi était le seul à égayer un peu sa solitude. Lui aussi à présent portait les cheveux longs. C'était un garçon amusant, vif et très joli, qui faisait souvent rire Marie par ses bavardages et ses farces de gamin. Mais il ne pouvait pas combler le vide que représentait pour la jeune femme la mise au ban de la société.

Dans le calme genevois Franci continua la rédaction de sa série d'articles commencée pour *la Gazette musicale*. La revue avait publié, au printemps, comme promis, les trois premiers articles. Il envoya l'un après l'autre les trois suivants. Dans le quatrième chapitre, il partait en guerre contre ceux qui avaient attaqué ses écrits précédents en l'accusant d'exagération, d'ergotage, de tapage ridicule propre aux innovateurs sans talent. Les phrases coulèrent de sa plume comme de celle d'un journaliste-né. Dire que l'art véritable n'était pas suffisamment respecté était une exagération ? Il suffisait de voir Berlioz, le génie de la musique. Il avait terminé son opéra *les Francs-Juges* et ne trouvait pas un théâtre à Paris qui osât en donner la représentation. Franci dénonça un à un en les nommant les directeurs parisiens qui ne "désiraient pas procéder à des expériences". Dans la cinquième partie qu'il destinait à être le noyau de l'étude tout entière, il exprima point par point les maux essentiels de la vie musicale parisienne. Il commença par le Conservatoire et raconta sa propre expérience de jadis, avec Cherubini. Il éclaira les erreurs du système d'enseignement, la totale absurdité du travail poursuivi dans cette institution où les élèves n'avaient pas les moyens d'apprendre l'histoire de la musique et l'esthétique musicale. Il passa aux théâtres musicaux qui, du fait de leur direction centrée sur des intérêts purement commerciaux, ne proposaient à l'auditoire que des "œuvres" de dernière catégorie. Les sociétés philharmoniques de Paris et de la province française étaient rudimentaires, brouillonnes et impuissantes, nulle part dans le pays on ne pouvait trouver d'orchestre complet. A Paris il y avait une seule salle propre à l'organisation de concerts et elle était entre les mains d'une seule entreprise, si bien que pendant des mois une autre ne pouvait y avoir accès, ne fût-ce que pour une soirée. L'enseignement musical était lamentable, des personnes d'une incompétence inouïe osaient s'en occuper, et il en était de même pour la critique. Enfin, dans son dernier article, il présentait les exigences d'une vie musicale, vraie, vivante et féconde.

Slézinger, le directeur de *la Gazette*, avait publié les articles tels quels, pourtant l'auteur s'y exprimait sur un ton extraordinairement incisif. Il avait aimé ce travail comme s'il s'était agi de composition. Et entretemps il avait d'ailleurs également composé. Ce qu'il attendait du changement de milieu s'était accompli : l'inspiration lui était venue, abondante. En ce moment il aimait composer de petites pièces lyriques, des peintures de la nature. Le spectacle d'une chapelle, le souvenir d'une promenade en barque la nuit, un orage se mettaient à jouer une musique en lui. Quand il pouvait s'asseoir à son piano d'Erard aux touches d'ivoire il éprouvait le bonheur incomparable du poisson jouissant de l'océan infini.

A la fin de l'automne la comtesse Belgiojoso organisa un concert dont le profit était destiné à des bonnes œuvres. Franci fut prié d'y apporter son concours. Marie, enceinte de six mois, avait pris place dans l'une des meilleures loges, vêtue d'une robe de soirée d'un blanc éblouissant et parée de tous ses bijoux. Elle aurait été l'attraction principale de la soirée s'il n'y avait eu un hôte encore plus intéressant : Jérôme Bonaparte, ancien roi de Westphalie, accompagné de sa fille Mathilde. Franci, qui jouait pour la première fois à Genève, obtint un immense succès. Beaucoup se levèrent pour applaudir le prodige. Ce public genevois à la morale protestante sévère lui pardonnait à lui, l'homme, cet amour illégal qu'il n'acceptait pas de Marie.

Dès qu'il le put il s'empressa de rejoindre Marie dans sa loge. Sous le sourire aimable de celle-ci il devina une extrême nervosité.

— On vous a présenté à Bonaparte ?

— Oui, avant le concert c'est lui qui m'a fait appeler. Ils ont été très gentils avec moi, lui et sa fille.

— Je veux bien le croire. Mais je suis contente de ne pas avoir à passer par là. Si j'étais ici avec mon mari, cet usurpateur se précipiterait ici pour faire ma connaissance et ce serait très pénible. Grâce à Dieu, ce n'est pas le cas.

Quand ils se levèrent le lendemain il remarqua à l'humidité du petit oreiller que Marie avait pleuré pendant la nuit. Il ne dit rien, espérant que le temps guérirait cette blessure. Il ressentait un certain remords en constatant que son sort était plus facile que celui de Marie. Il avait un métier, une passion qui l'occupait. Et il était un homme à qui tout était permis. Marie était souvent seule et le monde l'évitait.

Une école de musique venait d'être fondée à Genève. Un homme riche et grand amateur de musique nommé Bartholini s'était tellement démené que celle-ci avait été ouverte au casino Saint-Pierre. A la séance précédant l'ouverture, le comité fondateur discuta la proposition généreuse de Ferenc Liszt, habitant de Genève, qui s'engageait à diriger gratuitement dans la section de piano quelques élèves d'un niveau avancé, il avait même envie d'écrire un manuel d'enseignement du piano qu'il ferait éditer à ses frais et dédierait à l'école de musique. Le comité accepta la proposition avec un enthousiasme délirant. Une certaine Mme Henri qui avait été choisie pour le cours supérieur démissionna immédiatement, n'étant pas disposée à être éclipsée par la célébrité du nouveau venu. En revanche l'autre professeur de piano était enchanté : c'était Pierre Wolff. La section de piano accueillit même un troisième professeur : "M. Liszt propose – indiquait le procès-verbal de la séance – que l'enseignement de dix élèves soit assuré gratuitement par son élève, le jeune Hermann Cohen, dont il se porte garant en ce qui concerne ses qualités artistiques et morales."

C'était très amusant : Franci et Putzi se rendaient ensemble à l'école de musique pour y enseigner le piano. L'adulte et l'adolescent, tous deux les cheveux jusqu'aux épaules, entraient chacun dans leur salle. Franci avait reçu dix élèves. Parmi eux il y en avait plusieurs avec qui c'était peine perdue de vouloir arriver à quelque chose. Il les écoutait jouer avec bienveillance en hochant la tête et sans faire de remarques. Mais il s'occupait sérieusement de ceux qui avaient du talent.

— Ne remuez pas les épaules, mademoiselle. Les bras non plus. Ne jouez pas avec les épaules, je vous l'ai déjà demandé.

— Ce n'est pas ainsi que l'on doit jouer l'arpège, mademoiselle. Détachez la dernière note subitement et avec force tout comme si c'était de la harpe. Vous voyez ?

— Ce n'est pas bon, mademoiselle. Sans même regarder je devine que vous avez frappé cette note avec le pouce. Je ne dois pas pouvoir le deviner. Il faut que chaque doigt frappe uniformément. Le quatrième ne doit pas être plus faible que le troisième. Laissez-moi donc la place un instant.

Il s'asseyait régulièrement au piano et avait ensuite du mal à se lever. Il aimait jouer pour ces jeunes filles qui formaient cercle autour de lui. Il expliquait tout en jouant.

— Observez bien ce morceau de Bach. Vous savez sûrement ce qu'est le gothique en architecture. La fugue de Bach est la même chose en musique. De la même façon les motifs s'entrelacent…

Il levait les yeux. Et le visage qu'il surprenait alors révélait par sa rougeur tout autre chose que l'attention musicale. Ces filles, grandes et petites, étaient amoureuses de lui. Parfois il les surprenait à voler de menus objets qui lui appartenaient, un crayon, un bout de cigare coupé. Il faisait semblant de ne rien voir. A la maison il amusait Marie avec ces petites anecdotes.

Marie avait à présent des difficultés pour marcher, elle se plaignait constamment de maux de jambes, était capricieuse et très émotive. Franci s'occupait d'elle avec une patience d'ange. Le bébé qui était attendu pour le Nouvel An naquit avant. Le 18 décembre la domestique courut prévenir Franci qui partait justement à l'école. La sage-femme et le médecin arrivèrent peu après. Après avoir tendrement baisé la main de Marie, Franci dut quitter la maison sur les ordres du médecin. Il attendit deux heures dans un restaurant tout proche. Le médecin vint alors le prévenir :

— Vous pouvez rentrer chez vous, monsieur Liszt. C'est une petite fille. Tout s'est passé à merveille, grâce à Dieu. Je reviendrai demain.

Il grimpa l'escalier comme un chamois. Marie était couchée, pâle mais souriant de bonheur, dans le berceau placé à côté d'elle le nourrisson recevait les premiers soins de sa nourrice.

— Blandine ! cria pour la première fois de sa vie le père, au comble du bonheur.

Depuis longtemps déjà ils avaient décidé que ce serait Daniel ou Blandine. Ce prénom, Franci l'avait apporté de Lyon où il était très courant, sainte Blandine, esclave chrétienne, étant morte martyre dans cette ville. La petite Blandine encore païenne n'écouta guère son père et se mit à hurler. Le père s'approcha du lit et s'agenouilla devant la mère. Il lui baisa la main. Il sentait en lui une telle reconnaissance qu'il était incapable de parler.

— Vous n'avez encore jamais vu de nouveau-né, dit Marie d'une voix faible, vous ne pouvez pas savoir quelle belle enfant c'est. Les nourrissons sont généralement rouges et laids, regardez comme elle est blanche et belle.

Le père dut se contenter de la regarder, la mère et la nounou lui ayant formellement interdit de la prendre dans ses bras. Tout l'émerveillait, du bain jusqu'aux repas de la petite gloutonne. Et ce fut même une joie la nuit d'être réveillé par ses pleurs. Fatigué, la tête douloureuse, le jeune père plaça le berceau de l'enfant d'un jour près du piano et joua pour elle. Ses propres œuvres. Mais l'effet fut peu probant, le bébé hurla de plus belle.

— Si vous saviez, Franz, quel père adorable vous êtes !

Ils se regardèrent dans les yeux, heureux, amoureux, comme deux jeunes parents comblés. Puis ils se mirent à détailler la petite pour savoir à qui elle ressemblait le plus. Après une longue discussion sur les plus petits détails du visage du nourrisson ils conclurent qu'elle ressemblait extraordinairement à tous deux.

Le troisième jour il fallut aller déclarer la naissance au bureau de l'état civil. Ils se concertèrent longuement et convinrent d'un faux nom pour la mère. Lorsque Franci se mit en route, Marie lui dit au dernier moment :

— Il y a encore quelque chose… J'ai vingt-quatre ans.

Le père hocha la tête en souriant. Les témoins l'attendaient en bas. Une heure plus tard il revint avec l'extrait de naissance. “Le vendredi 18 décembre 1835 à dix heures du matin est née à Genève Blandine, Rachel. Enfant naturel. Père : Liszt Ferenc, professeur de musique, vingt-quatre ans et un mois, né à Raiding, Hongrie. Mère : Catherine-Adélaïde Méran, sans profession, vingt-quatre ans, née à Paris. Ni l'un ni l'autre ne sont mariés. Domiciliés à Genève. Liszt a reconnu de son plein gré et spontanément être le père de l'enfant sus-nommée. Témoins de la déclaration : Pierre-Etienne Wolff, professeur de musique, vingt-cinq ans, et Jean-James Fazy, propriétaire terrien, trente-six ans, domiciliés à Genève. Fait à Genève, le 21 décembre 1835 à deux heures de l'après-midi. Golay, officier de l'état civil, F. Liszt. J.-J. Fazy. P.-E. Wolff."

— Montre-moi ce papier un instant, dit Marie en tendant la main.

Elle n'y jeta qu'un coup d'œil rapide et le rendit aussitôt :

— Vingt-quatre ans. C'est parfait.

X

Quand et où avait-il entendu pour la première fois le nom de Thalberg, il ne s'en souvenait plus. Et maintenant, subitement, ce nom réapparaissait de plus en plus souvent avec une puissance menaçante : Sigismund Thalberg, pianiste viennois, talent gigantesque qui éclipserait tous ceux qui l'avaient précédé. Tout d'abord Franci avait souri, pleinement conscient de son savoir titanesque. Mais peu à peu les journaux avaient commencé à en parler comme de l'apparition d'une comète. Il haussa encore les épaules. Le prodige norvégien Ole Bull avait bien eu le même succès, mais bientôt la sensation était tombée et Paganini était resté loin devant tous, dans les hauteurs de son génie inégalable.

Mais par la suite Thalberg surgit à Paris. Les journaux parisiens ne tarissaient pas de louanges sur le nouveau prodige et presque tous affirmaient, allusivement ou expressément, que le trône de l'actuel roi du piano était bien vacillant. Toute une légion de petits journaleux sans nom pouvaient enfin se venger. Le demi-dieu qu'il avait été constatait à Genève, sidéré, la puissance de ce chœur ennemi qui s'élevait tout à coup contre lui. Il ne put guère longtemps embellir ses sentiments, il lui fallut s'avouer qu'il était profondément meurtri. Du matin au soir son esprit était occupé de ce Thalberg. Il tenta d'obtenir des renseignements. Il n'osa pourtant pas poser de questions à ce sujet dans les lettres à Chopin ou à Berlioz. Quant au comte Apponyi, il lui apprit seulement que Thalberg était le fils naturel du comte Dietrichstein et d'une aristocrate, qu'il disposait de relations incomparables et qu'il faisait vraiment beaucoup parler de lui à Paris. Quant au secret de ce nouveau phénomène, il était incapable de le communiquer, n'étant pas spécialiste.

Un beau jour, à bout, Franci éclata :

— J'irai à Paris ! Après Lyon, j'irai à Paris !

Marie leva les yeux, elle ne protesta pas mais ses pensées se lisaient sur son visage. Elle, elle ne pouvait pas aller à Paris. Ici, à Genève, elle n'avait personne, personne d'autre que Franci. Et cet unique compagnon de son exil allait l'abandonner ? Elle avait été déjà fort attristée par le projet de concert à Lyon, mais elle s'en était fait une raison, il s'agissait d'une forte somme d'argent, et chez eux l'argent fondait vite. Mais à Paris aussi, alors que ce n'était pas une obligation ?

— Ce n'était qu'un vague projet, dit Franci avec lâcheté, j'aimerais voir ce Thalberg... ce serait l'affaire de quatre ou cinq jours... mais ce n'est pas obligatoire...

Après ce recul rapide il se remit le lendemain à parler de ce voyage en essayant de convaincre Marie de la nécessité d'une rencontre avec son frère à elle, à présent en fonction à Paris. Marie répondit, indécise. Franci aurait aimé qu'elle devinât l'ardeur de son désir et qu'elle lui dît d'aller à Paris, mais elle ne le fit pas et il fut finalement contraint de renoncer à cette idée.

De Lyon encore il lui écrivit dans ses nombreuses lettres qu'il haïssait Paris, que plus rien ne l'y attachait et qu'il n'avait pas la moindre envie de s'y rendre, qu'il était impatient de rentrer à Genève. Pourtant, au milieu de ses grands succès il était incapable de chasser Thalberg de son esprit. Il eut même entre les mains quelques œuvres de celui-ci, qu'il trouva médiocres. Et il apprit par les journaux que le Viennois avait quitté la capitale.

Pourtant il alla quand même à Paris. S'il ne pouvait pas trouver sur place l'adversaire qu'il pourchassait, il voulait au moins chercher sa trace, examiner le succès qu'il avait laissé derrière lui, poser des questions, mesurer sa valeur. Sa mère devait venir leur rendre visite pour quelques semaines à Genève dès son retour de Lyon. Il lui avait écrit de ne pas bouger de Paris et de l'attendre. Et un beau jour de mai, après un an d'absence, le fils chéri fut de retour.

Il alla trouver immédiatement Chopin. L'ami le reçut avec une chaleur et une joie immenses. Bien vite Franci vint au fait :

— Et ce Thalberg, qu'en dites-vous ?

— C'est un excellent pianiste. Je l'ai entendu jouer plusieurs fois et j'ai même fait sa connaissance. C'est un homme qui a de l'éducation, il est un peu distant, peu bavard, très poli.

— Ne parlons pas de cela. Il est meilleur pianiste que moi ?

— Oh non. Il n'en est pas question. Il joue tout avec précision et à la perfection mais n'atteint pas vos sphères. Il ne fait que jouer du piano. Vous savez cent fois plus que cela, Franci. Qu'est-ce qui vous prend, vous êtes fou ?

L'extrême tension qui le faisait souffrir depuis si longtemps se libéra dans les larmes et les rires. Franci donnait vraiment l'impression de quelqu'un qui aurait perdu la raison. S'il y avait quelqu'un qui était capable de mesurer les talents et de dire la vérité, c'était bien Frédéric. Sa réponse l'avait soulagé d'un terrible poids.

— Mais les critiques parlent d'un nouveau style ? Que fait-il ? Que sait-il donc de si incroyable ?

— Il sait tout ce que l'on peut apprendre. Sa manière de jouer est assez naïve : d'une main il soutient des passages serrés, de l'autre il marque puissamment la mélodie. Attendez, je vais vous montrer.

Franci écouta avec attention. Puis il dit pensivement :

— Ce genre de méthode est destinée à s'acquérir une popularité immense.

— C'est bien cela. Il l'a d'ailleurs. Il existe déjà un clan des thalbergistes fanatiques. Ceux auxquels il s'adresse. Et pour qui nous sommes trop bons. Si nous voulons nous mesurer avec lui il nous fera retrousser nos manches. Il sera peut-être ici en automne, sûrement au printemps prochain. J'espère, Franci, que vous ne vous laisserez pas faire ?

Après avoir parlé longuement avec Chopin de sa nouvelle vie, de leurs nouvelles compositions qu'ils jouèrent même, soulagé, métamorphosé, Franci rentra chez lui. Une lettre du frère de Marie, Maurice de Flavigny, l'attendait. Celui-ci lui proposait un rendez-vous pour le lendemain soir.

Franci attendit avec fermeté cette rencontre. Il s'imaginait déjà le frère nerveux et embarrassé et lui, digne et calme. Mais lorsqu'il fut en face du diplomate poliment distant il se rendit compte de la situation épouvantablement délicate dans laquelle il avait placé ce monsieur. Sa fermeté fondit d'un coup. Maurice de Flavigny resta calme et glacial.

— La comtesse aimerait avoir la certitude… de pouvoir… au cas où elle viendrait à Paris…

— Je vous en prie, Marie ne doit pas venir à Paris pour le moment. Ce n'est ni son intérêt, ni celui de la famille.

— Oh naturellement, pas maintenant… mais si plus tard… elle voudrait être sûre de pouvoir rendre visite à la comtesse Claire.

— Connaissant la noblesse d'âme du comte d'Agoult je peux le promettre. J'intercéderai volontiers en sa faveur. Puis-je faire autre chose ?

Marie désirait recevoir une foule de choses de son ancien foyer, des lettres qu'elle avait conservées, des livres, de menus souvenirs. Maurice de Flavigny en fit la liste avec précision et se chargea de les lui faire parvenir.

— J'aimerais encore, dit enfin Franci, vous donner quelques explications… concernant la responsabilité qui m'incombe et que j'assumerai avec bonheur pendant toute ma vie…

— Je vous demande pardon, coupa le frère, je n'ai pas à vous demander raison de quoi que ce soit. C'est mon beau-frère que cela concerne. Quant à lui il ne souhaite pas non plus vous prendre à partie. Ne parlons pas de ceci. Moi, c'est Marie qui m'intéresse, comment va-t-elle ? Sa situation matérielle ?

Franci répondit en détail à toutes les questions. Puis Flavigny se leva, s'inclina poliment et dit :

— Merci, adieu, monsieur.

— Adieu, monsieur.

C'était terminé, il était soulagé. Mais pendant des jours il s'en voulut d'avoir été aussi gauche et confus. Heureusement ses nombreuses connaissances l'aidèrent à occuper ses pensées. Il collecta toute une masse de ragots pour pouvoir les raconter à Marie à son retour. Chez les Erard il fut reçu avec une joie débordante, il joua pour eux, ils parlèrent de Thalberg, du matin au soir chacune de ses journées fut passionnante.

Il ne voulait pas rester plus de quatre ou cinq jours. Il comptait avoir suffisamment de temps pour traiter ses affaires avec les éditeurs, pour se procurer la matière nécessaire à ses concerts et rencontrer quelques connaissances : Berlioz, la comtesse Belgiojoso et Musset. Mais, dans la rue, il rencontra Meyerbeer qui fut ravi de le revoir et lui fit promettre d'aller voir *les Huguenots*. La représentation fut cependant reportée, la prima donna étant tombée malade. Il écrivit donc à Marie qu'il devait encore rester quelques jours de plus. *Les Huguenots* furent encore une fois reportés. De nouveau il écrivit à Marie. Puis il convint dans une lettre au père Lamennais que celui-ci viendrait le voir à Paris. Le jour était fixé mais l'abbé dut différer son arrivée d'une semaine. Nouvelle lettre à Marie.

Des excuses, il en avait donc plus d'une, mais il cacha la vérité. La vérité, c'était que la comtesse Belgiojoso le retenait. Celle de Paris. Lorsqu'il était allé lui rendre visite la première fois dans le salon brillant d'étoiles, le beau visage de Christine avait été illuminé d'un éclair qui ne pouvait prêter à confusion. Au bout de dix minutes de conversation la comtesse lui dit :

— Savez-vous que depuis des années c'est la première fois que je parle seule avec vous ? Chaque fois que vous êtes venu chez moi il y avait quelqu'un. Ou bien Adèle, ou bien Marie, ou quelqu'un d'autre. C'est la première fois que vous êtes assis avec moi sans être contrôlé par une femme. Vous voyez, il a fallu pour cela que vous partiez pendant un an à Genève. Depuis quand êtes-vous à Paris ?

— Depuis plusieurs semaines. Je dois d'ailleurs me presser de rentrer.

— Comment ? Vous avez été capable de vous passer de Marie pendant des semaines ? Mais je n'ai pas peur pour vous. Vous n'êtes qu'un homme comme les autres. Je ne vous juge pas, non. J'ai mes idées sur la question. Les petites aventures où quelqu'un s'engage sans âme ne comptent pas. C'est la fidélité de l'âme qui importe.

Franci regarda la comtesse, étonné. Il la connaissait depuis longtemps, avait beaucoup bavardé avec elle, mais il ne l'avait encore jamais entendue parler de la sorte. Que voulait cette femme ?

— Donc, selon vous, duchesse, on peut être profondément amoureux, si des lèvres s'offrent à vous, on peut les prendre sans un mot ?

— Pourquoi pas, si ces lèvres ne vous font pas mal ?

— C'est étrange. Je ne l'ai pas encore essayé. Je suis amoureux de Marie et depuis que nous sommes ensemble je ne l'ai encore jamais trompée. Je ne sais pas quel est le goût du péché.

Il regarda la duchesse. Celle-ci lui souriait étrangement. Il poursuivit :

— Je ne sais pas quel est le goût du péché. Il faut que je le sache.

Il se pencha vers le visage de la duchesse et celle-ci ne protesta pas un instant. Leur baiser fut brûlant et passionné. Les remords le martelaient mais il avait vingt-quatre ans. Il prit subitement le beau visage italien entre ses mains et dit :

— J'espère que vous ne vous méprenez pas, je ne suis pas amoureux de vous.

— Moi non plus, répondit la duchesse en roucoulant.

Ils continuèrent à s'embrasser.

Il fut incapable de résister, il trompa Marie. Il avait honte mais attendit quand même la représentation des *Huguenots*. Puis il attendit encore l'arrivée de l'abbé. Les jours passèrent, les semaines. Lamennais écrivit une nouvelle lettre dans laquelle il lui annonçait qu'il ne pourrait venir à Paris qu'au début du mois de juin. Franci se persuada qu'il voulait à tout prix attendre l'abbé. Et il l'attendit. Il voulait rester quatre jours à Paris, il y resta un mois et demi.

Il s'efforça de réparer sa faute avec une ferveur et une tendresse plus grandes que jamais. Il avait demandé à

Marie qu'elle cachât aux connaissances de Genève son retour, afin qu'ils pussent passer deux jours rien qu'à deux. Franci arriva en secret et s'enferma avec Marie. Pendant deux jours il ne mit pas le pied hors de la maison. Ce fut le moment le plus brûlant de leur amour. Ils parlèrent d'infini, de mort, d'union parfaite. Jamais plus ils ne pourraient se séparer pour une période aussi longue, non, jamais plus.

C'était l'été. Ils confièrent la petite Blandine à une bonne nourrice et partirent en voyage. Ils avaient prévu de se rendre à Chamonix en septembre. George Sand voulant passer quelques semaines en Suisse avec ses deux enfants, ils étaient convenus par lettre de faire ensemble l'excursion à Chamonix. Adolphe Pictet s'était également associé à leur projet. Ce M. Pictet était écrivain, linguiste et officier dans l'armée suisse. George Sand était en retard, ils ne l'attendirent pas et partirent en avant avec l'inévitable Putzi, laissant Pictet pour servir de guide à l'écrivain.

Ils arrivèrent dans le monde de la neige aveuglante par un temps magnifique et la beauté magique du paysage les émut profondément. Sur le livre de l'hôtel de l'Union où ils louèrent la chambre numéro treize les deux amants donnèrent un signalement plein de poésie et d'humour qui reflétait bien leur joie insouciante. Nom des voyageurs : famille Piffoëls. Franci avait inscrit comme profession : sage musicien. Lieu de naissance : le Parnasse. D'où il vient : du Doute. But du voyage : la Vérité. Marie avait renchéri. Domicile habituel : la Nature. D'où elle vient : de Dieu. But du voyage : le Ciel. Lieu de naissance : Europe. Date des titres : toujours. Délivré par qui : l'opinion publique.

La clientèle de *l'Union* était composée en majeure partie de familles anglaises et de dames américaines qui regardaient avec des yeux tout ronds cette curieuse famille. Marie commença le premier jour par habiller

Putzi le matin en garçon et l'après-midi en fille et les honorables étrangers ne savaient plus que penser.

Mais l'étonnement fut à son comble avec l'arrivée de George Sand et de sa famille. De cet être adulte fumant le cigare et portant un pantalon on ne pouvait savoir s'il était le père ou la mère des deux enfants, un garçon d'une dizaine d'années et une fillette un peu plus jeune portant tous deux des cheveux longs. Un officier suisse en uniforme les accompagnait. Marie entendit une dame anglaise dire à une autre :

— Vous avez déjà vu les forains ?

Epater le bourgeois ! Ils s'en donnaient à cœur joie et s'il venait à Franci l'envie subite de jouer à deux heures du matin il ne se gênait pas pour le faire. Les clients de l'hôtel se plaignaient au propriétaire mais celui-ci traitait avec précaution l'étrange compagnie, car ceux-ci dépensaient sans compter et après le dîner commandaient les bouteilles de champagne français l'une après l'autre. Maurice et Solange, les enfants de George, se couchaient à une heure raisonnable mais il était impossible d'envoyer Putzi au lit, avec ses seize ans il se comptait déjà parmi les adultes, buvait du champagne et s'était sérieusement mis au cigare. Ces soirées arrosées au champagne s'écoulaient en d'interminables discussions littéraires et métaphysiques. Pictet, quand il avait un peu bu, devenait très loquace et d'humeur à argumenter, il était pour Marie le partenaire idéal. Ces échanges d'idées, au fil des heures et des bouteilles vidées, dérivaient vers l'univers du fantastique et devenaient aussi nébuleux que le nuage de fumée de cigare qui les entourait.

Leurs journées étaient consacrées aux excursions. La bande turbulente des quatre adultes et des trois enfants partait jusqu'au soir en emportant des provisions. Mais ces vacances folles n'eurent qu'un temps. Une semaine après il leur fallut retrouver Genève et le train-train quotidien. Marie était triste et amère, elle ne supportait plus Genève. Franci, dont la situation matérielle était assez bonne, trouva une solution qui ne lui déplaisait pas :

— Nous allons voyager, Mouzy, dit-il à Marie, sa Muse, nous allons faire de grands voyages. Nous irons d'abord à Vienne en traversant le merveilleux Tyrol. A Vienne je te montrerai les lieux de tous mes souvenirs de jeunesse, de là nous nous rendrons dans mon village natal puis à Pest, et ensuite nous partirons vers l'Orient. Notre brave ami orientaliste Denis m'a tellement parlé de la Terre sainte et de la Turquie qu'il faut absolument que j'y aille !

— Non, non, protesta Marie, je t'en supplie, Franci, allons en Italie. Quand George racontait ses souvenirs des villes italiennes, des lacs et de Venise, mon cœur battait de désir. Allons en Italie ! Si vous m'aimez il faut que vous m'y emmeniez.

— Alors je n'ai plus à discuter, dit Franci en souriant, allons en Italie. L'Orient attendra.

— Oh, c'est magnifique, c'est merveilleux ! Quand partons-nous ? Partons demain !

— Oh mais ce serait un peu précipité ! J'ai plusieurs choses à régler auparavant. J'ai promis à Berlioz de jouer à son concert. Il aura lieu en décembre. Nous sommes en octobre. Est-ce qu'il vaut la peine d'aller en Italie pour une aussi courte période ? Nous irons plutôt après Paris. Et il nous faut également attendre de savoir quand Thalberg sera de nouveau à Paris.

— Mais Franci, pourquoi attendre ici, à Genève, le concert de Berlioz et Thalberg ? Justement ici, dans cet endroit si ennuyeux ?

— Où attendre alors ?

— A Paris.

Franci la regarda, réfléchit puis haussa les épaules.

— Vous avez raison. Allons à Paris.

Marie sauta au cou de son amant, folle de bonheur. Sans attendre une seconde elle se mit à organiser le départ.

Avant toute chose il fallait trouver une personne sûre à qui confier la petite Blandine qui n'avait que neuf mois et qu'ils ne pouvaient pas encore emmener en voyage. Son choix se fixa sur une certaine Mme Churet, recommandée par bien des gens. Mais Franci fut d'avis qu'il leur faudrait encore trouver quelqu'un qui ferait en quelque sorte office de tuteur et enverrait régulièrement un rapport aux parents.

— L'idéal serait un homme d'Eglise, pensa Marie.

— C'est très délicat. L'enfant est née hors du mariage. Je n'aimerais pas que l'on me fasse des remarques à ce sujet.

Pictet leur donna un conseil. Il vint chez eux avec Demelleyer, pasteur calviniste, qu'ils connaissaient déjà un peu. L'idée les étonna d'abord mais ils confièrent leur fille à cet homme qui leur inspirait confiance.

— Moi, le grand catholique, j'ai confié le sort de mon enfant à un pasteur protestant, dit Franci en joignant les mains. Si je me confessais encore c'est un péché que j'aurais à confesser. Je crois qu'il ne me serait pas pardonné.

Leur départ était encore lointain mais Marie confia tout de suite la petite à la nourrice. L'enfant la gênerait dans ses préparatifs. Franci s'étonna de la voir se débarrasser si facilement de sa fille, mais il n'intervint pas. Tandis que Marie cherchait des acheteurs pour les différents meubles de leur appartement, il s'occupa de faire éditer à Genève ses dernières compositions.

C'étaient les productions des derniers dix-huit mois. Il avait travaillé énormément pendant cette période. Ses petites œuvres lyriques emplissaient trois volumes. Le premier s'intitulait *Impressions et poésies*, le deuxième *Fleurs chantantes des Alpes* et le troisième contenait trois paraphrases composées à partir de motifs populaires suisses. Il y avait encore deux grandes fantaisies sur des motifs de Rossini, une sur ceux de Pacini, des réminiscences de *la Juive* de Halévy, de *Lucia di*

Lammermoor de Donizetti, des *Puritains*, œuvres dont une grande partie était déjà parue. Enfin, parmi les manuscrits écrits à la main, il y avait la *Grande Valse di Bravura*.

Tandis qu'il effectuait le classement de ces quelque trente œuvres il revoyait le moment et le lieu de leur conception. Il se souvenait de la chapelle de Guillaume Tell, de la matinée ensoleillée, du troupeau de chèvres qui paissait non loin d'eux. Il rêvait au lac de Wallenstadt sur la rive duquel il s'était assis avec Marie. Mais le souvenir le plus puissant était celui de la promenade en barque qu'ils avaient faite le soir sur les eaux du lac Léman. Il avait ramé très loin puis la barque s'était immobilisée. La tête de Marie reposait sur ses genoux. Comme à travers un voile leur parvenait la rumeur lointaine de la ville. Tout à coup les cloches de Genève avaient retenti et pendant longtemps elles avaient empli l'air autour d'eux.

— A quoi pensez-vous, Marie ?

— Au petit qui sera bientôt là.

— C'est étrange, moi aussi je pensais à lui.

Devant sa table de travail Franci sourit à ce souvenir si doux. Il trempa sa plume et écrivit "*Les Cloches de Genève*", puis sur la première page la dédicace "A Blandine".

XI

Ils étaient à Paris depuis plusieurs semaines et leurs projets avaient changé. Marie s'était tellement liée d'amitié avec George Sand qu'elle n'avait pu refuser son invitation à Nohant. Ils avaient donc décidé de se rendre d'abord à la campagne et de ne partir en Italie qu'ensuite.

Mais Franci avait beau être pressé par George Sand, il ne voulait pas quitter Paris. Derrière chacun de ses mots et de ses gestes on pouvait découvrir l'ombre de Thalberg.

Thalberg le préoccupait mille fois plus encore que jadis. Lorsqu'il était monté sur la scène au concert de Berlioz, pour la première fois de sa vie il n'avait pas été applaudi. Ce public parisien qui l'avait pendant dix ans gâté et déifié attendait à présent, hostile. Par son jeu il était bien sûr parvenu à le dérider et dès les premiers morceaux le succès tonitruant d'autrefois avait éclaté, mais Paris ne lui appartenait plus. C'était celui de Thalberg. Chaque jeune fille qui apprenait le piano jouait des œuvres de Thalberg, chaque journal musical mentionnait le nom de Thalberg, la légion des critiques lui lançait sans cesse ce nom à la tête. A chaque instant il entendait qu'il appartenait désormais au passé. Thalberg, tant dans l'interprétation que dans la composition, était le nouveau, l'avenir.

Il n'en dormait plus. Il faisait les cent pas pendant des heures dans les chambres de l'hôtel de France. La puissance de l'apaisement que Chopin lui avait procuré pendant l'été s'était complètement évaporée. Sur son piano il n'y avait que des œuvres de ce Thalberg et il les étudiait constamment. Et il ne comprenait pas. Il avait perdu la raison ou bien c'était le monde entier ? Ces sirops musicaux mignards et plaisants représentaient-ils vraiment la nouvelle musique, ou bien la puissance hardie et sauvage de Berlioz et ses flâneries à lui, Franz Liszt, à travers les expressions et leurs secrets ?

Il n'en pouvait plus, il prit la plume et écrivit des articles. Il voulait que le monde entier ouvrît enfin les yeux, mais il ne put écarter sa susceptibilité personnelle et il se mit à critiquer les compositions de Thalberg. Il les qualifiait de puériles, naïves et vides. “Avec la meilleure volonté nous sommes incapables de découvrir à travers les vingt et une pages de partition de cette fantaisie quelque chose qui ressemblerait à ce que l'on appelle en art idée, couleur, originalité, élan et inspiration." "Absence totale de talent et monotonie : c'est en dernière analyse ce que nous trouvons dans ces œuvres." Et même lorsqu'il désirait écrire quelque chose de positif, sa plume se faisait désobligeante : "Deux autres œuvres, les meilleures, révèlent un talent d'interprétation indéniable, et également que leur auteur connaît à merveille celles de Hummel, Moscheles, Kalkbrenner, Hertz et Chopin."

Le malin Slézinger, éditeur de *la Gazette musicale*, accepta les articles, mais il les publia avec la mention suivante : le Journal n'est pas d'accord avec les opinions que ces écrits contiennent. Une rébellion épouvantable éclata dans tout le monde de la musique. Même ses meilleurs amis trouvèrent l'attaque injustifiée. Quant à ses ennemis ils furent ravis de constater que c'était bien là la preuve flagrante de l'impuissance du génie déchu. Puis un jour Franci apprit l'arrivée de Thalberg à Paris. Son calendrier était rempli de dates de concerts, il avait organisé quatre soirées de trio, il voulait paraître en public le plus possible. Son récital était prévu un jeudi matin. Thalberg fixa le sien pour le soir de ce même jour. Aussitôt il recula la date d'une semaine.

Enfin il put voir et entendre Thalberg. C'était un homme du même âge que lui, d'apparence typiquement viennoise. Il avança sur l'estrade à pas silencieux, presque prudents, puis prit place au piano. Un tonnerre d'applaudissements l'accueillit. Le pianiste inclina modestement la tête en direction du public. Puis il joua. Franci l'observa comme jamais encore il n'avait observé un pianiste. Très vite il comprit en quoi consistait le style propre à son célèbre adversaire. Thalberg travaillait avec ses deux pouces, ceux-ci jouaient la mélodie tour à tour en s'abattant à la résolution des passages et du fait de la force de chute plus haute ils pouvaient conférer à la mélodie un caractère chantant, celle-ci semblant être accompagnée d'un orchestre. Cette manière de jouer produisait un effet extraordinaire, il aurait pu lui-même l'employer si, parmi les cent autres idées techniques, celle-là aussi lui était venue à l'esprit. En outre Thalberg jouait bel et bien à la perfection, c'était indéniable. Lorsque le morceau fut terminé l'assistance se mit à applaudir avec hystérie. Thalberg resta assis, le visage immobile, puis il inclina légèrement la tête en se tournant vers l'auditoire. Sa grande émotion n'était trahie que par la rougeur de ses oreilles, de sa nuque et de son front.

Une semaine plus tard ce fut Thalberg qui vint l'écouter. A ce concert il rassembla toutes ses forces pour jouer comme jamais encore il ne l'avait fait. Ils ne se connaissaient toujours pas. Mais autour d'eux Paris bourdonnait comme une ruche. Le grand duel préoccupait la capitale. Pendant ce temps Marie séjournait chez George Sand dans une tranquillité idyllique.

Pourtant, si elle avait su qu'il n'y avait pas que Thalberg à se soucier de Franci elle n'aurait pas été si calme. L'ancienne fiancée de Berlioz qui avait épousé le facteur de pianos Pleyel était présente à chaque concert. Franci également, et lorsqu'il eut l'occasion de bavarder dix minutes en tête à tête avec la belle Camilla, il sut qu'il ne pourrait pas résister à la tentation.

Il succomba en effet. Camilla se plaignait de la vie qu'elle menait avec son mari. Ce dernier était un homme d'affaires trop intéressé par l'argent, quant à elle, elle ne vivait que pour la musique. Naturellement la question Thalberg se posa aussi entre eux, et la femme magnifique, sans aucun doute l'une des dix plus belles femmes de Paris, s'avoua, sans retenue, du parti de Franci. Les conversations intimes devinrent de longues promenades à deux, les promenades se prolongèrent dans des baisers et un beau jour Camilla Pleyel, la femme incomprise dont le rêve était la gloire de l'artiste, tomba dans ses bras. Ils pouvaient se rencontrer facilement sous prétexte de leçons,

Franci en donnait en effet à plusieurs personnes pendant ce séjour à Paris. Les remords ne le meurtrissaient plus autant que pour la duchesse Belgiojoso. Avec une certaine déception il constata que la conscience elle aussi pouvait s'user. Et en même temps s'usait son grand sentiment pour Marie, ce grand amour qu'il avait cru éternel.

La duchesse Belgiojoso organisa un concert où elle invita les deux adversaires. Enfin. Enfin ils pourraient se mesurer, enfin on pourrait les comparer, face à face. L'événement fit sensation, quoique la duchesse fût la seule à assister au moment le plus intéressant : ce fut elle qui présenta les deux artistes l'un à l'autre.

Thalberg fit un signe de tête très poli et tendit la main. Les deux précieuses mains se serrèrent. Puis les deux hommes se dévisagèrent. Chacun attendait que l'autre parlât. Comme cela se produit d'ordinaire ils se mirent à parler ensemble puis s'arrêtèrent court. Une conversation vide suivit, quelques phrases à travers lesquelles planait l'attaque des articles de Franci, mais il n'en fut pas question. C'étaient deux hommes bien élevés qui bavardaient. Et à la porte ils se firent mille politesses avant d'entrer dans la salle où chacun des deux voulait exécuter l'autre.

L'assistance n'attendait pas un divertissement musical mais un véritable duel en armes. Les deux artistes se relayèrent au piano. Mais le duel fut sans résultat. Ni l'un ni l'autre n'avait été applaudi plus fortement. Si quelqu'un avait mesuré avec une extrême précision il aurait trouvé que les applaudissements reçus par Franci dépassaient légèrement ceux de Thalberg. La belle Camilla était si émue qu'elle se trouva presque mal. Avant de partir elle alla trouver la maîtresse de maison et lui posa directement la question :

— Quelle est votre opinion, duchesse, sur le résultat de la rencontre ?

— Thalberg est le premier pianiste du monde, répondit immédiatement celle-ci.

— Et Liszt ? demanda Camilla, stupéfaite de cette réponse.

La duchesse sourit, leva les yeux vers le ciel, le visage resplendissant, et mit la main sur son cœur en disant :

— Liszt est le seul !

Mais tout le monde n'était pas aussi enthousiaste. Dans *la Gazette musicale* parut une réponse aux attaques portées contre les œuvres de Thalberg. L'auteur en était Fétis, ce même Fétis qui jadis avait tenu des conférences si passionnées sur la venue inévitable de nouvelles harmonies et de la nouvelle musique. A présent il blâmait durement le pianiste qui était devenu l'ennemi de l'autre au lieu de rester seulement son adversaire. Et il terminait en ces termes son long article : "Vous êtes l'homme d'une école qui est finie. L'homme de la nouvelle école est Thalberg, c'est la différence qu'il y a entre vous." Franci était hors de lui, il écrivit un long article lui aussi dans lequel il attaquait Fétis en personne. Ce dernier répondit et Franci de nouveau. Cette guerre par voie de presse fit résonner tout Paris. Et Franci recherchait avidement le baume sur ses blessures : dans les baisers de Camilla, dans l'encouragement affectueux des Apponyi, dans l'amitié inébranlable de Chopin et de Berlioz, enfin dans des retrouvailles bienfaisantes : au beau milieu des hostilités musicales Czerny était arrivé à Paris. Il avait un peu vieilli, un peu grossi, mais reçut son célèbre élève avec la même tendresse ; c'était un petit garçon qui l'avait quitté à Vienne, c'était un père qu'il retrouvait.

La duchesse Belgiojoso sut encore une fois tirer profit de la situation. Elle organisa un nouveau concert de charité. Ce serait un grand événement : six pianos seraient installés sur l'estrade, à côté de ceux-ci on verrait Liszt, Thalberg, Chopin, Pixis, Czerny et Hertz. Chaque artiste jouerait une fantaisie sur la marche des *Puritains* de Bellini. La salle fut comble. Cette fois, de toute évidence, ce fut Franci qui l'emporta. La presse elle-même, bon gré mal gré, plaça son nom en tête de liste, quant à la maison d'édition musicale qui publia les six fantaisies sous le titre d'*Hexaméron*, c'est à lui qu'elle demanda d'écrire une ouverture et un finale.

Il avait atteint la victoire, mais au prix de telles blessures... La blessure la plus douloureuse c'est lui-même qui se l'était faite. Quand les hostilités furent calmées il commença à sentir que la critique qu'il avait écrite au sujet de Thalberg avait été une erreur impardonnable. Musicalement parlant elle était juste, les compositions de Thalberg étaient véritablement insignifiantes et creuses. Mais il aurait dû se taire et garder sa dignité. C'était la première fois de sa vie qu'il se surprenait à bafouer par ambition démesurée les lois de noblesse et de fierté qu'il s'était données. Après un supplice de près de cinq mois il pouvait quitter Paris l'âme en paix : il avait terrassé Thalberg. Mais au plus profond de son âme il se sentait quand même battu : pendant tout le duel Thalberg avait su rester calme et distant.

Se reposer, se reposer ! C'était son unique désir quand il partit enfin pour Nohant. Son manteau était encore mouillé des larmes d'adieu de Camilla. Mais dès que Paris eut disparu il les oublia.

A Nohant, un printemps magnifique et le silence de la campagne furent un merveilleux remède. La demeure de George Sand était un édifice ancien très agréable, avec des meubles antiques charmants, beaucoup d'animaux, des chevaux, des repas de roi. Marie s'y sentait tout à fait comme chez elle. La constante bonne humeur de George et son esprit gouailleur avaient fortement influencé son caractère et à présent elle participait même à des chahuts dont jusqu'alors elle était restée spectatrice. Un grand changement s'était aussi produit en elle depuis qu'elle s'était mise à écrire. C'est Franci qui l'y avait encouragée, en constatant la qualité et l'esprit de ses lettres. George la stimula de son côté et elle se lança. Elle commençait maintenant à se prendre pour un écrivain. Et si ces œuvres pour l'instant n'étaient encore que des impressions de dilettante où la ponctuation était presque plus abondante que les mots, elle avait enfin quelque chose qui l'occupait et lui faisait oublier son ennui.

Le mode de vie des hôtes se conforma à celui de la maîtresse de maison. George Sand aimait travailler la nuit. Parfois elle écrivait ses romans et ses lettres jusqu'au matin, puis se couchait et dormait jusqu'à midi. Franci et Marie s'habituèrent donc aux longues veilles. Lorsque le temps devint plus chaud ils purent s'asseoir après le dîner sur la terrasse donnant sur le parc. Des amis de George venaient fréquemment de Paris. C'était le cas par exemple du célèbre acteur Bocage qui voulait convaincre George d'écrire une pièce. Celle-ci était tentée par l'idée. Après quelques jours de réflexion elle apprit à Franci et à Marie qu'elle avait trouvé un thème intéressant mais qu'il lui manquait encore le nom de l'héroïne. Celui-ci était pourtant très important pour elle, des noms évocateurs et colorés tels Indiana ou Lélia lui apportaient l'inspiration tandis qu'elle façonnait le caractère de son personnage.

— Ça y est, annonça-t-elle plus tard, elle s'appellera Cosima !

— Cosima, Cosima, répétèrent-ils, c'est un beau prénom. La forme féminine de Cosimo. Splendide. Qu'en dites-vous Marie ? Si c'est une fille ?

Marie hocha la tête et sourit. Eux aussi, ils avaient besoin d'un nouveau prénom. Marie attendait encore un enfant, et à nouveau pour la fin de décembre. En fait ni l'un ni l'autre ne s'étaient réjouis spécialement de cette nouvelle bénédiction qui signifiait pour eux la nécessité de différer leurs projets de voyage. Mais Dieu l'avait voulu ainsi et ils étaient bien trop catholiques pour protester.

Au fil des jours Marie devint de plus en plus impatiente. Elle n'avait qu'un désir : aller en Italie. Mais George voulait à tout prix les retenir et Franci ne semblait pas très pressé de partir. Enfin, à la fin du mois de juin ils plièrent bagage, mais ils ne quittèrent pas Nohant ensemble. Marie voulut d'abord aller rendre visite à sa mère qu'elle n'avait pas vue depuis longtemps. Franci resta donc chez George. Marie et lui se retrouveraient à Paris.

L'écrivain et le compositeur restèrent donc seuls. Ils travaillaient dans la même pièce. Franci jouait ou rédigeait une étude sur la musique de Schumann, George écrivait son nouveau roman. Le piano ne la gênait pas, au contraire, il l'aidait à trouver l'inspiration. Parfois ils abandonnaient leur travail pour une demi-heure et se mettaient à bavarder. Ils étaient devenus des amis très intimes : George parlait librement de Musset et de leur rupture, Franci parlait de Marie. Ils parlaient aussi de l'amour en général. Et s'ils ne le disaient pas, ils sentaient bien que ce tête à tête répété dans l'atmosphère étouffante des nuits d'été n'était pas sans danger. Un soir George fit ouvrir une bouteille de champagne, puis deux. Franci savait déjà comment la chose se terminerait. Il n'était pas du tout amoureux de cette femme, elle ne lui plaisait même pas, mais c'était une femme, le clair de lune filtrait dans la pièce et ils avaient soufflé la lampe pour que l'ambiance soit plus intime encore.

Avant d'enlacer George, Franci hésita pourtant un instant. Ce n'était pas beau de tromper Marie justement avec sa meilleure amie. Puis il se dit que ce que l'on ne sait pas n'existe pas et que Marie n'apprendrait jamais la chose. Et pourquoi les avait-elle d'ailleurs laissés seuls, lui et cette femme ? Avec une logique assombrie par le champagne il rejeta toute la responsabilité sur Marie et serra contre lui George assise à ses côtés.

— Vous êtes fou, chuchota celle-ci, que faites-vous ?

Mais seuls ses mots protestèrent, pas ses bras. Le lendemain, lorsqu'il se réveilla, il lui revint lentement ce qui s'était passé. Il se demanda tandis qu'il s'habillait quel comportement avoir vis-à-vis de George. Ils se revirent au déjeuner. Le visage de la femme était indifférent et calme.

— Qu'avons-nous fait cette nuit, dit-elle avec désinvolture, moi je me souviens seulement que j'ai apporté une nouvelle bouteille de champagne dans la grande salle, mais à partir de là je ne me souviens plus de rien, tellement j'étais ivre.

— C'est exactement ce qui s'est passé pour moi, répondit Franci rassuré, moi non plus je ne me souviens plus. Nous avons sûrement rejoint en titubant nos chambres et nous nous sommes couchés.

Ce soir-là ils travaillèrent de nouveau l'un à côté de l'autre dans la grande salle. Vers minuit George se leva pour aller faire réchauffer du café. Ils se mirent à bavarder et Franci dit :

— L'amour est la chose la plus mystérieuse et la plus incompréhensible qui soit au monde. Je suis dans la vie à tout égard honnête, fiable et moral. Mais en amour je suis totalement nihiliste.

— C'est tout à fait pareil pour moi, dit George en hochant la tête.

— Mais pour vous c'est beaucoup plus facile. Vous savez être cruelle et dure. Moi je ne sais pas.

George Sand aspira une grande bouffée de son cigare.

— C'est la raison pour laquelle moi je suis l'homme et vous, la femme.

XII

Le rêve de Marie se réalisa : ils partirent pour l'Italie. Ravenne, Sesto Calende, Varèse – elle prononçait ces noms avec un délice particulier. Tout lui plaisait, les costumes régionaux, la route, les églises des villages. Partant un peu à l'aventure, ils avaient décidé de s'arrêter aux endroits qu'ils trouveraient les plus beaux. Ils furent à tel point ravis par la magnificence du lac de Côme qu'ils y firent halte. Le petit village enchanteur de Bellagio, duquel ils pouvaient admirer dans les trois directions le lac ramifié, était également admirablement bien situé d'un point de vue pratique : Franci pouvait atteindre relativement vite la ville de Milan où il devait donner des concerts. Au départ celui-ci avait fait le projet de passer ses jours incognito auprès de Marie. Mais il fallait qu'il vît Milan. Et une fois qu'il y fut il se rendit au magasin de la firme Ricordi. Il ne dit rien, s'assit à un piano et se mit à jouer. L'instant suivant Ricordi en personne se tenait à côté de lui et il dit :

— Ou bien c'est le diable, ou bien Liszt.

Franci sourit, se leva et tendit la main. Le lendemain un journal de Milan annonçait déjà : "Bienheureuse Italie qui peut saluer sur son sol le premier pianiste du monde." C'en était fini de la retraite et du silence. Il lui fallut se rendre à Milan à tout bout de champ, d'autant plus qu'il y avait rencontré par hasard une foule de connaissances. Rossini à présent y résidait. Nourrit chantait à la Scala, chez les Ricordi il rencontra Pixis, et en pleine rue il tomba sur Hiller ! Tout ceci suscita de nouveaux voyages à Milan et de nouveaux concerts. Si ses succès le satisfirent pleinement, la composition des programmes lui causa quelques contrariétés : il était ici impossible de mettre à l'affiche Beethoven ou Weber.

Le jour de Noël naquit le deuxième enfant. Ce fut encore une petite fille. Elle avait vu le jour à Côme, ils la baptisèrent Cosima. Dans le registre de l'état civil Marie figurait sous le nom de Marie de Flavigny, alors qu'à l'hôtel Angelo c'est celui de comtesse d'Agoult qu'elle avait fait inscrire, détail qui ne plut guère au prêtre chargé de l'inscription de la petite Cosima.

Marie décida que dorénavant ce serait elle qui s'occuperait de ses deux enfants. En allant en Italie ils s'étaient arrêtés à Genève et avaient rendu visite à Blandine. Le bout de chou commençait à marcher et elle était si mignonne que Marie aurait voulu sur-le-champ l'emmener avec elle. Mais la petite était enrhumée et il fut décidé qu'elle resterait chez Mme Churet jusqu'à sa guérison. Maintenant, juste après la naissance de Cosima, ils avaient reçu des nouvelles inquiétantes, son état ne s'améliorait pas. Marie était très inquiète et elle jurait qu'elle ne voulait pas se séparer de son enfant.

Lorsque Marie fut sur pied et en état de voyager ils décidèrent d'aller à Venise. Ils étaient rassasiés de Milan et des lacs, Brescia, Vicence, Padoue et d'autres villes s'ouvrirent devant eux comme de magnifiques livres d'images. Franci avait les yeux et l'âme éblouis. Comme un enfant, il s'émerveillait de la beauté des villes qu'ils découvraient et s'efforçait de communiquer son ravissement à Marie. Mais celle-ci restait la dame glaciale qu'elle avait en fait toujours été. Mille fois il arriva qu'au moment où il débordait d'enthousiasme elle demeurait très loin de lui, étrangère. L'indifférence de cette femme qui s'ennuyait toujours et partout le faisait retomber lui aussi du haut de ses nuages. Il criait dans le désert.

A Venise ils descendirent à l'auberge de Marseille. Franci y était déjà attendu après ses succès milanais : les directeurs de théâtre, éditeurs de partitions et bien d'autres vinrent le trouver en masse dès le lendemain de son arrivée avec toutes sortes de propositions. Mais il ne les écouta que d'une oreille, ne songeant qu'aux merveilles de la ville magique qu'il voulait découvrir. La promenade en gondole lui plut comme s'il avait dix ans. Puis le palais des Doges, la tour de l'Horloge, les mosaïques de la place Saint-Marc, Véronèse, Michel-Ange, rien que des merveilles, une véritable montée aux cieux… Et à ses côtés, Marie. Marie qui avait froid sur la gondole, ou bien qui avait oublié son manchon à l'hôtel et se plaignait de l'odeur de l'eau.

Parfois il la regardait furtivement et se demandait comment il s'était retrouvé avec une femme qui lui était si étrangère. Il observait son visage qui se fanait avant l'âge. Elle avait trente-cinq ans mais en paraissait déjà quarante. Puis il était pris de honte. C'était lui qui était intervenu dans le destin de cette femme. S'il ne pouvait plus lui donner l'amour de jadis, il lui devait au moins l'apparence de cet amour, la patience, la tendresse et l'attention.

A la lecture du programme du théâtre de la Fenice son cœur bondit dans sa poitrine : Carlotta Unger était à Venise. Et quand la prima donna avança sur la scène il reconnut immédiatement la Karolin de jadis, la jeune fille de Székesfehérvár, la partenaire de son premier concert viennois, l'objet de son premier amour d'enfant. Rapidement il compta qu'elle devait avoir trente-cinq ans. Le même âge que Marie. Il avait déjà entendu mentionner le nom de Unger à Milan mais ne l'avait pas relevé. Jamais il ne se serait imaginé que la célèbre cantatrice italienne était la Karolin d'autrefois. Bercé par sa voix merveilleuse il revit son enfance à Vienne. O Vienne, Stephansturm, ô les leçons de Salieri, les vieux porches et le pavé des rues… Mais un bruit le fit sursauter, Marie avait laissé tomber son éventail. Il s'empressa de le ramasser.

Par la suite il rencontra Karolin, à l'occasion d'un concert privé. La chanteuse était tout aussi émue que lui. Ils ravivèrent le souvenir de leur rencontre à Vienne. Mais Franci devait se hâter de retourner auprès de Marie. Dans un dernier regard ils devinèrent pourtant l'un et l'autre qu'ils avaient encore bien des choses à se dire.

Franci s'installa pour un séjour prolongé. Il loua une gondole et pour s'entraîner à la langue italienne il bavardait longuement avec Cornelio, le gondolier, qui portait une boucle d'oreille en or et des bagues ornées de camées aux doigts. Puis il chercha des livres dans les boutiques, Marie se plaignant constamment de n'avoir rien à lire.

Dans l'un des magasins il tomba sur un journal viennois. La réapparition de Karolin avait à tel point ravivé ses souvenirs qu'il acheta le journal. Et le premier article qu'il y lut fut le reportage sur les inondations catastrophiques de Hongrie. C'était un drame épouvantable, on ne pouvait même pas donner un chiffre approximatif du nombre des victimes, des milliers de familles restaient sans abri. Buda et Pest avaient été affreusement détruites, des rangées entières de maisons à étages s'étaient effondrées, la misère était indescriptible.

Il ne rentra pas chez lui. Il erra dans le carré de la Piazza et dans les étroites ruelles de la Merceria. Depuis des jours son âme se délectait de ses souvenirs d'enfance et à présent la nouvelle de la catastrophe hongroise... Il était hongrois. Tout ce qui lui était resté de sa terre natale lui revint. Les années passées à Doborján, le concert à Pozsony, le concert de Bihari, et cette affiche dont il se rappelait encore le contenu précis : avec son talent naissant il aimerait un jour récolter la gloire pour sa patrie... Il s'arrêta dans la rue, regarda les passants, les sujets de l'empereur Ferdinand. Qui étaient-ils ? Des Italiens. Quelle était leur patrie ? Comme la sienne, c'était une petite parcelle de la grande Autriche. Mais ils étaient vénitiens, et où qu'ils fussent ils adoreraient Venise à jamais. Qu'est-ce qui pouvait donc lier les hommes avec une force si grande à une terre ? Il ne put répondre. Il sentait seulement qu'il était hongrois.

Il se hâta de rentrer. Marie était assise à la fenêtre et regardait dans la rue, oisive et maussade.

— Marie, lisez ce journal. Je dois partir immédiatement. Je vais organiser un concert à Venise en faveur des sinistrés.

— Allons, ce n'est pas sérieux, dit-elle avec sécheresse après avoir parcouru le reportage. C'est pour cela que vous voulez me laisser seule ici ?

— Je dois y aller. Je compte sur votre compréhension. Vous ne serez pas seule, il y a la comtesse Polcastro… En outre je demanderai au petit comte Malazonni, que vous trouvez si gentil, de se tenir à votre disposition, de vous emmener en gondole, de vous accompagner au théâtre… Comprenez-le, Marie, il faut absolument que je parte là-bas. C'est ma patrie qui est dans le malheur, ils ont le droit d'attendre de moi que je les aide.

— Comment ? Vous venez subitement de découvrir que vous êtes hongrois ?

— C'est tout à fait cela. Je viens subitement de découvrir que je suis hongrois.

Ils discutèrent longtemps. Franci ne céda pas. Il partit. Déjà dans la chaise de poste il se sentit libre et heureux. Il dormit sur le siège dur comme dans le meilleur des lits et s'éveilla au lac Wörthi.

Il descendit à Vienne à l'hôtel *Zur Stadt Frankfurt*. Tout de suite il se rendit chez le comte Amadé. Celui-ci le reçut comme son propre fils et lorsque Franci lui apprit qu'il était venu pour apporter son aide aux sinistrés des inondations du Danube, il l'embrassa.

Sa deuxième visite fut pour Czerny, la troisième chez l'éditeur Haslinger. En l'espace de quelques heures toute la ville sut qu'il était là. Et lorsque les journaux firent savoir que le célèbre Liszt organisait un concert au profit de ses compatriotes, la sensation fut encore plus grande. Journalistes, éditeurs, jeunes auteurs, jeunes artistes se relayèrent chez lui. On dessina son portrait, on en tira des épreuves qui furent exposées dans les vitrines et en deux jours cinquante furent achetées. L'un après l'autre les nobles hongrois résidant à Vienne lui rendirent visite, entre autres un magnat de Transylvanie, le baron Josika Samuel, chancelier à la cour, qui lui recommanda de se rendre sur les lieux du sinistre puis d'organiser également en Transylvanie un concert de bienfaisance. Franci lui promit de faire de son mieux.

A peine arrivé il reçut des invitations de toutes parts. Il jugea nécessaire de présenter ses respects à la famille Metternich afin de les remercier pour les lettres de recommandation reçues jadis. Il fut en effet invité à dîner. La princesse lui demanda sur un ton légèrement hautain :

— Vous avez fait de bonnes affaires en Italie ?

Avec la vivacité arrogante qu'il ne pouvait s'empêcher de contenir à l'égard des grands, il répondit :

— Je ne suis pas un commerçant, princesse, mais un artiste.

La princesse ne sut que répondre mais il était évident que l'artiste était pour la dernière fois l'invité de la table princière. En général ceux qui le rencontraient le trouvaient un peu infatué de lui-même et comédien. Mais lorsqu'ils l'entendirent jouer ils fondirent, et peu à peu il s'avéra que cette sorte d'affectation n'était absolument pas artificielle, qu'elle était l'expression naturelle d'un tempérament bouillant et effervescent vivant constamment dans la fascination de la musique.

Le vieux duc Dietrichstein, le père naturel de Thalberg, se prit d'affection pour lui. Il le fit appeler et il annonça une chose étonnante :

— Mon cher jeune ami, votre confrère Thalberg – vous savez peut-être qu'il m'est très proche – m'a écrit de l'étranger qu'il mettait à votre disposition son piano si vous pouvez l'utiliser pour vos concerts.

Il n'accepta pas le piano mais fut très touché par le geste de son adversaire. Le succès de son concert dépassa tous ceux qu'il avait connus au cours de sa carrière. Seize fois il fut rappelé sur l'estrade et celle-ci fut couverte de fleurs. Lorsqu'il quitta l'édifice un groupe l'attendait dehors. Des jeunes gens enthousiastes ne le laissèrent pas monter dans sa voiture, ils le portèrent sur leurs épaules en criant :

— *Eljen Liszt Ferenc !*

C'étaient des Hongrois. Des jeunes gens bouillants, passionnés. Le cœur battant il se reconnut dans cette foule. Il se sentait encore plus hongrois que jamais.

Après le concert les Metternich l'invitèrent de nouveau. Mais quelle différence entre cette réception et la précédente ! Franci reçut à table la place d'honneur, la princesse le traita cette fois avec une extrême gentillesse, le prince montra à son égard un respect évident. Ils en vinrent même à évoquer la possibilité d'une invitation à la cour impériale.

Franci attendit l'événement avec enthousiasme. Entre-temps il passa beaucoup de temps avec une jeune fille allemande très brillante qui n'était autre que Clara Wieck, la fiancée de Schumann. Clara donnait un concert à Vienne et elle resta encore quelques jours pour Franci, désirant discuter avec lui des œuvres de son fiancé. Elle lui présenta ses nouvelles compositions afin que le célèbre Liszt les mît à son programme. La jeune fille de dix-neuf ans parlait avec un tel enthousiasme de son fiancé que Franci en fut presque jaloux. Sur-le-champ il écrivit une lettre très amicale à Schumann sans omettre de mentionner la ferveur de son admiratrice la plus passionnée.

Il donna un second concert au profit des sinistrés hongrois. Puis il commença à être harcelé de propositions. Il lui fallait à présent penser à sa propre bourse. Il lui suffisait de se pencher pour ramasser l'argent. Jamais personne encore n'avait remporté un tel succès, pas même Paganini. Franci accepta et donna toute une série de concerts.

Au milieu de ce succès gigantesque Thalberg arriva à Vienne. Le vieux duc Dietrichstein les invita tous les deux à déjeuner. Les souvenirs amers du duel parisien s'évaporèrent et le miracle se produisit : Liszt et Thalberg commencèrent à devenir des amis. Mais le temps manquait pour approfondir cette amitié. Franci n'avait plus une minute à lui, écartelé entre les invitations dans la haute société et les rendez-vous d'affaires qui déversaient l'argent à flots. Et chaque jour il recevait des propositions galantes si évidentes qu'il n'avait qu'à tendre la main. Et il la tendait. Il était enivré par le succès, dévorant à pleines dents sa liberté sans bornes. Si le domestique trouvait dans sa chambre un mouchoir de dentelle il y voyait une couronne à neuf fleurons.

Après bien des difficultés l'invitation à la cour arriva. La curiosité de l'impératrice était évidemment plus forte que sa sévérité en matière de mœurs. L'amant de la comtesse d'Agoult et l'ami de George Sand pouvait comparaître devant les altesses royales impériales et apostoliques. L'immense édifice du Burg qui l'avait tant impressionné lorsqu'il était petit garçon s'ouvrit devant lui. Et lorsque les employés de la cour inspectèrent jusqu'à ses bas pour s'assurer de la correction de son habillement et de sa conformité aux prescriptions protocolaires, lorsque le maître d'hôtel lui expliqua en chuchotant le chemin à suivre à travers les pièces, lorsqu'il attendit entre les laquais se déplaçant à pas feutrés et les gardes du corps raides comme des statues, son cœur républicain s'emplit d'un respect profond à l'égard de la puissance colossale des Habsbourg. Il s'efforçait de reprendre ses esprits et de chasser cette émotion contrariante lorsque la cour entra. Il pensait observer du mieux qu'il pourrait chaque détail pour pouvoir raconter à Marie qui adorait les événements de la cour. Mais il ne vit rien, le groupe solennel formé par Ferdinand V, l'impératrice Anne-Caroline, l'archiduc Louis et leur suite scintillante en uniforme l'éblouit à tel point qu'il ne revint vraiment à lui qu'au piano. Il joua le *Stänchen* de Schubert dans sa propre transposition, puis la *Grande Valse di Bravura* née à Genève. Quand le dernier accord eut retenti la cour se leva et, comme elle était entrée, elle disparut dans le cliquetis des éperons et le bruissement des étoffes. Il n'y eut ni présentation, ni parole bienveillante, rien du tout.

Il en fit peu de cas, il avait joué à la cour. La somme qu'il avait envoyée à Pest à la suite de ses concerts dépassait vingt-cinq mille forints. Sa popularité était immense, il avait définitivement battu Thalberg dans sa propre ville. Il aurait aimé écrire à George Sand qu'ici, à Vienne, on ne le trouvait pas féminin.

Sa joie la plus grande, c'était dans l'adoration effrénée de ses compatriotes qu'il la trouvait. Il recevait un très grand nombre de lettres et c'étaient ses meilleurs amis viennois, principalement le comte Leo Festetics, qui lui traduisaient ces documents naïfs de la véritable idolâtrie dont il était l'objet. Presque chaque lettre le suppliait de venir une fois "au pays". Ces mots l'émouvaient, il aurait aimé partir immédiatement pour Pozsony et pour Pest, mais à l'arrière-plan de chacun de ses succès, de chacune de ses joies, de chacun de ses projets, se tenait la figure pleine de reproches de Marie qu'il avait laissée à Venise. Il pensa trouver la solution à ces problèmes en proposant à Marie de venir le rejoindre à Vienne. Il lui écrivit donc de venir. Puis il se ravisa et la pria de ne pas venir. Le lendemain, dans une lettre interminable il la pressa encore une fois de venir. Pendant plusieurs jours aucune réponse ne lui parvint, puis une nouvelle brève et alarmante : Marie était très malade.

Il renonça en soupirant à son voyage en Hongrie. Il quitta Vienne comme chassé du paradis par des épées flamboyantes. Sur le chemin du retour il évoqua en lui-même, les yeux fermés, les souvenirs des journées merveilleuses, le tapage de ses succès, l'ivresse des amours secrètes. Quand la maladie de Marie lui revenait à l'esprit, il en chassait impitoyablement la pensée. Jusqu'à la dernière seconde il voulait être libre, jusqu'au moment où se refermerait derrière lui la porte de la prison qu'était devenue son existence avec Marie.

Celle-ci se portait comme un charme. Il était facile de deviner que les fièvres épouvantables, les syncopes, les atroces douleurs physiques dont Marie lui parla sur un ton de reproche étaient inventées de toutes pièces. Tout au plus avait-elle souffert d'un léger refroidissement qui lui avait fait garder le lit pendant un ou deux jours. Ils se disputèrent. C'était la première fois depuis qu'ils vivaient ensemble et l'orage n'en fut que plus violent. Franci lui avoua que son amour était mort, que Marie n'était plus pour lui l'unique femme qu'elle avait été et qu'il l'avait trompée à Vienne.

— Elles devaient être de fameuses gueuses ces petites dames avec qui vous avez eu affaire !

— Vous vous trompez lourdement, éclata-t-il, blessé dans sa vanité, elles étaient tout aussi nobles que vous.

La comtesse d'Agoult toisa son amant et lui lança avec mépris :

— Parvenu !

Cette tempête dura pendant des jours. Tous deux étalèrent au grand jour chacune des offenses qu'ils avaient tues jusqu'alors. Ils constatèrent épouvantés que depuis longtemps ils vivaient dans le mensonge le plus sombre. Cet éclat les apaisa pourtant un peu. Ils étaient incapables de prendre la moindre décision ; impuissants, ils confiaient leur destin au hasard et au futur.

L'errance recommença. Marie en avait assez de Venise, ils allèrent à Lugano. Là aussi elle s'ennuya, ils partirent pour Côme, puis pour Milan. Lorsqu'elle tomba gravement malade le médecin les envoya à Lucques. Ils allaient et venaient constamment comme deux aveugles enfermés qui auraient aimé se libérer l'un de l'autre mais se heurtaient partout aux grilles de leur prison. Une affaire désagréable lui laissa un mauvais souvenir : il avait écrit un article extrêmement vif sur le niveau musical de la Scala et sur l'orientation rigide de toute la vie musicale italienne et l'avait adressé à *la Gazette musicale* de Paris. La critique milanaise s'était aussitôt dressée contre lui, l'accusant de la pire des ingratitudes et il avait reçu quantité de lettres anonymes qui contenaient des menaces. Il avait alors répondu dans les journaux que ses desseins étaient honnêtes, qu'il n'avait jamais eu l'intention d'outrager la société milanaise et qu'il n'avait pas peur des menaces : il se fit ostensiblement promener dans une voiture ouverte à travers les rues de Milan et attendit les réactions. Elles ne vinrent pas. Mais le public milanais, pour qui la Scala était une chose à laquelle il ne fallait pas toucher, se détourna de lui.

Après un échange de lettres qui avait duré une année Marie parvint enfin à reprendre Blandine. La petite était guérie depuis bien longtemps et il s'était avéré que cette maladie n'était qu'un prétexte et qu'en fait c'était le pasteur Demelleyer qui ne voulait pas se séparer de l'enfant, estimant que l'existence désordonnée des parents ne serait guère profitable à son éducation. Adolphe Pictet intervint à la demande de Marie, Mme Churet amena l'enfant à Florence où Marie lui avait donné rendez-vous. Maintenant les deux petites filles étaient réunies auprès de leur mère. C'est alors que la nouvelle de la prochaine venue d'un troisième enfant vint frapper Franci. Le destin, pour la troisième fois, venait donner un tour de clef à la prison de sa vie.

Le démon de l'errance les mena à Rome. Franci fut enchanté, depuis son enfance Rome n'était pas simplement pour lui une ville parmi les autres, mais la sainte couronne de la terre, le siège glorieux du Vicaire du Christ où le nomade pouvait prolonger sa rêverie au son éternel de l'orgue du catholicisme, parmi les chefs-d'œuvre de la peinture et de la sculpture.

Ils trouvèrent un logement dans une vieille maison de la via Purificazione. Avec deux enfants, bientôt un troisième, et une nourrice, ils ne pouvaient plus vivre à l'hôtel. Ils s'installèrent, l'argent ne leur manquait pas. Ce fut Marie qui s'occupa de l'appartement, Franci se précipitait dès le matin à la découverte de la ville. Il eut la chance incomparable d'avoir dès les premiers jours le meilleur guide qui fût : il fit en effet la connaissance d'Ingres, le célèbre peintre français qui, en conflit avec les milieux artistiques parisiens, était venu à Rome en tant que directeur de l'Académie de France.

C'était un homme qui approchait de la soixantaine, raffiné et charmant et, comme Franci put le constater tout au début de leur liaison, un admirable violoniste. Dans sa jeunesse il avait été membre de l'orchestre de sa ville natale, Montauban, et s'il avait choisi la peinture comme carrière principale, il n'avait jamais cessé de jouer. Les nouveaux amis se complétaient à merveille. Le soir ils jouaient des duos au piano et au violon et poursuivaient des échanges d'idées très approfondies sur la musique, le jour Ingres guidait son jeune ami entre les tableaux et les statues, lui expliquant dans le détail l'histoire de l'art, les tendances classiques, les problèmes d'esthétique.

Franci allait et venait dans Rome comme en visionnaire. Il fit une découverte capitale pour lui. Il comprit que chaque art parlait de la même chose, qu'il n'y avait que leurs langages qui différaient. En fait cette pensée avait toujours vécu en lui, il l'avait déjà formulée avec les saint-simoniens, lors des longues conversations avec l'abbé Lamennais, mais c'était ici, à côté d'Ingres, qu'elle avait reçu une forme nette et précise. A la vue des tableaux de Raphaël la musique de Mozart chantait en lui, ceux de Michel-Ange faisaient résonner les œuvres de Beethoven. Ingres habitait à la villa Médicis. Ils y passèrent ensemble des heures inoubliables. S'ils se mettaient à jouer de la musique ou à bavarder, aussitôt ils prenaient leur essor vers les hauteurs de l'inspiration, le quotidien s'évaporait, ils planaient dans le beau, le grand et l'éternel.

Il se fit encore un autre ami. C'était un jeune religieux, d'origine allemande, du nom de Theiner. A cause de ses connaissances linguistiques très étendues et de son extraordinaire savoir dans le domaine de l'histoire, celui-ci avait été envoyé à Rome par son ordre pour qu'il apportât son aide précieuse à la bibliothèque du Vatican. Franci devint un habitué du Vatican, il découvrit les trésors inouïs du siège de la papauté, étudia le musée étrusque récemment ouvert, consulta des documents précieux dans la bibliothèque et comme un enfant écoutant des contes de fées il suivait les conférences de Theiner sur des gobelins, des bustes de marbre, des fresques, des chapelles auxquels étaient rattachées les traditions de l'Eglise immense et éternelle. Il vit des cardinaux, il vit des prêtres à la peau noire arrivant d'Asie étrangement accoutrés. Il vit une parade à l'église Saint-Pierre, il demeura bouche bée devant la beauté de la chapelle Sixtine. Dans son âme se mêlaient de manière indissociable deux passions : celle pour la religion et celle pour l'art.

La nouvelle de sa présence dans la ville se propagea très vite. Des invitations arrivèrent. De nouveau il trouva Pixis sur sa route : le pianiste bossu avait accompagné à Rome sa fille adoptive, la petite Francilla au nez mutin qui jadis avait tellement plu à Chopin. Franci se produisit volontiers au premier concert romain de la jeune fille. Personne ne parla de Francilla, tout le monde n'eut d'yeux que pour le fascinant Liszt.

— Que savez-vous de Chopin ? demanda Franci. Nous ne nous sommes pas écrit depuis longtemps.

— Je ne sais pas. Il n'est pas à Paris en ce moment. Vous savez sûrement qu'il vit à présent avec George Sand ?

— Mais oui. C'est un grand amour ?

— Immense. La dernière chose que j'aie entendue à leur sujet c'est la maladie du fils de George et leur départ pour l'île Majorque.

Chopin, George, Paris, le vieux monde… cela lui semblait irréel.

Puis il donna un concert chez le duc Galiczin. Ensuite un magnat russe, le comte Wielhorsky, lui demanda d'en organiser un autre. Dans la composition du programme il rencontra tant de problèmes avec les artistes éventuels et le choix des morceaux qu'il décida de se produire seul.

— Vous, tout seul ? lui dit le comte, sidéré. On n'a encore jamais vu une telle chose. J'ai bien peur que vous n'ayez pas de public.

— La salle sera comble, je peux vous le garantir.

— Mais que dira le public ? C'est une nouveauté un peu hardie. Un homme unique et tout un programme… vous osez vraiment vous en charger ?

— Ayez confiance en moi, comte, le concert c'est moi. La nouveauté est hardie, c'est certain. Mais toute nouveauté est hardie, il faut que quelqu'un commence.

L'étrange innovation plut beaucoup. Il avait composé à son goût le programme tout entier, il n'y eut pas de faille entre le style des différents morceaux, l'ambiance du concert ne fit que s'accroître jusqu'à la fin. Le public ne savait pas pourquoi la musique le fascinait encore plus que d'habitude. Franci le savait. Il fut très heureux de la réussite de sa tentative et décida qu'à l'avenir il jouerait seul, à moins qu'il ne se produisît pour faire plaisir à quelqu'un. L'attraction qu'il exerçait, son physique, son répertoire immense que ne menaçait jamais la monotonie lui permettaient de se lancer dans une entreprise à laquelle jamais personne n'avait encore osé songer.

Un grand événement venait d'enrichir son répertoire : depuis quelque temps il travaillait à l'interprétation au piano des symphonies de Beethoven. Ingres fut véritablement bouleversé lorsqu'il lui joua pour la première fois la *Cinquième Symphonie*.

— Je n'aurais jamais cru qu'une telle chose fût possible. Vous pouvez dire : "L'orchestre, c'est moi." Je vous admire, vous et votre travail. Je n'ai encore jamais senti une musique comme celle-ci.

— C'est pour cette raison que je veux vous dédier la transcription de cette *Cinquième Symphonie*.

En guise de réponse Ingres serra son jeune ami dans ses bras. Ils jouèrent jusqu'à l'aube, insatiables. Un nouvel instrument commençait aussi à les intéresser : l'orgue. Franci s'était déjà exercé à l'harmonium, mais grâce à Theiner il avait à présent facilement accès à l'orgue d'église. A l'occasion d'une messe solennelle organisée par l'ambassade de France à la Chiesa San Luigi, il joua quelques fugues de Bach. Il ne fut pas applaudi mais sa délectation artistique n'en fut pas moindre.

Marie ne participait pas à cet enthousiasme. Il est vrai que la naissance du bébé était proche mais la communion spirituelle si forte au début de leur relation avait presque entièrement disparu. Le savoir musical de Marie était rudimentaire, elle ne comprenait ni aspirations ni combats que menait Franci. Elle écrivait, de son côté, un journal. Ou bien elle traduisait en français le texte d'*Erlkönig*. Un ou deux petits textes avaient déjà paru dans la presse parisienne, grâce à des amis, et elle s'était déjà choisi un pseudonyme, un nom masculin, sur le modèle de George Sand : Daniel Stern. Le mot signifiait étoile en allemand et sévère en anglais, c'est bien ce qu'elle voulait être, une étoile froide et noble scintillant dans les hauteurs. Ils étaient rarement en tête à tête, les enfants remplissaient la maison de leurs cris. C'en était vraiment fini de leurs conversations intimes de jadis, et quand parfois ils se mettaient à bavarder cela tournait immédiatement à la plainte et au reproche. Franci jouait plutôt avec ses enfants lorsqu'il était à la maison. Sa préférée était Blandine, l'aînée. Il lui avait même écrit une chanson. Il avait trouvé un petit poème italien qui commençait ainsi : *"Angiolin' dal biondo crin."* Petit ange aux boucles blondes. La petite fille s'avéra avoir l'oreille étonnamment musicale ; après avoir entendu plusieurs fois le chant elle reprit de sa voix fluette, avec une grande justesse, la mélodie qui s'adressait à elle.

Le 5 mai naquit le troisième enfant, un garçon. Sa mère tenait absolument à ce qu'il s'appelât Daniel. Il regarda pensif le petit nourrisson dont seul le prénom était certain.

La mère se rétablit très vite mais elle était très nerveuse. Les querelles se succédaient. Pourtant Franci était capable d'une patience extraordinaire, jusqu'à une certaine limite. Quand il pouvait revenir à ses préoccupations il voyait surgir dans sa tête des projets de plus en plus gigantesques. Il avait déjà imaginé les contours d'une grande symphonie de Dante. Il voulait y consacrer trois ans. Puis il voulait composer une symphonie de Faust. Un retable d'Orcagna l'avait à tel point marqué qu'il désirait en faire la description orchestrale. Son titre serait *le Triomphe de la mort*. Puis il prévoyait le pendant, composé à la manière de Holbein, dont le titre serait *la Comédie de la mort*. A côté de ces œuvres maîtresses une foule de thèmes musicaux emplissaient sa tête. Mais quand il voulait travailler, la maison ne s'y prêtait guère, pleurs d'enfants, claquements de portes, allées et venues incessantes... Et Marie n'avait vraiment pas le moindre talent pour être Muse, même si elle estimait que ce rôle lui revenait. Un jour, après une scène épouvantable, alors qu'un jeune poète du nom de Ronchaud, visiblement amoureux de Marie, venait de dire que les Dante ne seraient en effet rien sans leurs inspiratrices, les Béatrice, Franci éclata :

— Et que seraient devenues toutes les Béatrice du monde sans les Dante ? Les Béatrice n'existent que par les Dante, et les vraies Béatrice meurent à dix-huit ans.

XIII

Le ménage exigeait des sommes fabuleuses. Ils partageaient les dépenses mais Marie dépensait bien plus qu'elle n'aurait pu se le permettre. Elle s'habillait somptueusement, faisait cadeau par caprice de robes portées une ou deux fois, achetait constamment de nouvelles toilettes, souliers, bas, chapeaux, et se plaignait sans cesse de n'avoir rien à se mettre. En outre, comme elle ne connaissait rien à la tenue d'un ménage, on la volait de tout côté, l'argent coulait entre ses mains.

Au cours des disputes de plus en plus fréquentes c'était pourtant l'unique sujet que Franci n'abordait jamais. Jamais il ne parlait d'argent avec Marie. Il n'avait guère à se faire de soucis, à ses concerts la salle était toujours pleine même à des prix très élevés, les maisons d'édition l'assiégeaient littéralement pour obtenir ses fantaisies sur des thèmes d'opéras et la firme de Leipzig, Breitkopf et Härtel, avec laquelle il avait récemment signé un contrat, se tenait largement à sa disposition. Mais il fallait toujours et toujours plus d'argent.

Pendant un temps il eut le projet de briguer la place de maître de chapelle à Weimar, laissée libre par la mort de Hummel. Il était attiré par la petite ville classique de Goethe et de Schiller. Mais il fallait prendre en considération les besoins matériels sans cesse croissants. Marie, voyant que c'était possible, dépensait à tort et à travers, et lui, bien qu'il eût peu d'exigences, n'avait aucun don pour l'économie. Il n'aurait guère été possible de continuer ce train de vie à Weimar. Plus que tout, il était épouvantablement tourmenté par son désir de liberté et de solitude.

Ils passèrent encore l'été ensemble, ils allèrent à Lucques, restèrent quelques semaines à San Rossore, près de Pise, mais cela ne pouvait plus continuer ainsi.

Leurs disputes étaient à présent insupportables. Franci prit sa décision. Il ne rompit pas avec Marie mais trouva une solution qui lui assurerait une liberté relative. Marie était lasse des voyages et désirait retourner à Paris. Ils décidèrent donc qu'elle s'y installerait avec les enfants, la maman de Franci s'occuperait des petits, Franci partirait en tournée et lorsqu'il aurait du temps libre il viendrait le passer en compagnie des siens. Dès qu'ils furent convenus des détails Franci redevint immédiatement gai et insouciant. Marie savait que c'en était fini pour toujours de leur amour. Ils se quittèrent à Florence, Marie partit en direction de Gênes avec les enfants. Les adieux les réconcilièrent, leurs baisers rappelaient les baisers de leur amour depuis longtemps mort.

Franci avait décidé que Vienne serait le centre de ses déplacements, mais il avait le temps. Il s'arrêta quelques jours à Venise puis séjourna à Trieste. Carlotta Unger, c'est-à-dire Karolin Unger, s'y trouvait justement.

La belle Karolin était l'amie de l'oncle de Thalberg. Le père de Thalberg, le duc Dietrichstein, avait en effet un frère qui courtisait depuis longtemps Karolin et avait accepté un poste en Italie afin d'être près de la jeune femme. Franci avait fait la connaissance du duc à l'époque de son concert donné en faveur des sinistrés hongrois. Ils passèrent ensemble pour ainsi dire toutes leurs journées. Chaque soir ils étaient au théâtre, où Karolin chantait. Après le spectacle ils se rendaient à trois chez Karolin et y bavardaient jusque tard dans la nuit. Le lendemain ils se rencontraient de nouveau pour le déjeuner. Le vieux duc appréciait beaucoup la présence de Franci.

Mais ils n'étaient pas toujours à trois : Franci et Karolin se retrouvaient également en tête à tête. La chanteuse était éperdument amoureuse de Franci, et elle ne le cachait pas. Franci se pencha pour cueillir la fleur qui s'offrait à lui. Il voulait poursuivre dans l'accomplissement ce désir éprouvé lorsqu'il n'était encore qu'un petit garçon. Mais l'étreinte de Karolin ne lui donna pas le bonheur merveilleux qu'il attendait d'elle. Celle qu'il tenait dans ses bras était une étrangère, elle ne ressemblait même pas à la vision qui était restée gravée dans son âme d'enfant. C'était une autre Karolin, pas la vraie. Celle-ci ne sut pas contenter la soif délicieuse que celle de jadis avait fait naître en lui. Un goût amer lui resta après l'aventure, ainsi qu'un enseignement : l'adulte doit savoir que les idéaux de l'enfance ne subsistent qu'aux yeux de la vie, pour l'âme ils meurent en même temps que la jeunesse.

C'est à Trieste qu'il eut entre les mains le journal qui rapportait le résultat des souscriptions organisées pour le monument de Beethoven à Bonn. En France la somme rassemblée était de quatre cent vingt francs. Franci entra dans une colère épouvantable mais justifiée. C'était donc là le fruit du combat qu'il avait mené pendant des années à Paris avec Habeneck pour faire comprendre Beethoven ? Il écrivit sur-le-champ à Bonn pour annoncer qu'il se chargeait du reste de la somme. Il demandait seulement que fût pris en considération un unique vœu : que le monument de marbre fût commandé au célèbre sculpteur florentin Bartolini. Il reçut la réponse de la commission à Vienne. Les signataires débordaient de reconnaissance et faisaient remarquer seulement qu'ils ne désiraient pas un monument de marbre mais de bronze. Il ne lui restait donc qu'à tenir sa parole. Et il la tint. Il n'eut pas grand mal : aux six concerts qu'il donna en l'espace de quinze jours la salle fut chaque fois comble. Il gagna autant d'argent qu'il voulait, ses records dépassèrent ceux de Paganini. Il joua *l'Erlkönig* dans sa propre version, puis la *Cinquième Symphonie* de Beethoven. Il se donna tant à sa musique au cours de ses concerts qu'il tomba malade.

Il était encore souffrant quand la magnifique Camilla arriva à Vienne et descendit à l'hôtel où il logeait.

Cinq minutes plus tard elle était assise au bord de son lit. Elle venait de Russie où elle avait gagné cinquante mille roubles avec ses concerts. Elle rayonnait de beauté et de bonheur.

— Attention, j'ai de la fièvre, vous allez l'attraper, dit Franci lorsque la belle tête blonde se pencha vers lui.

— Je me moque bien de ta fièvre, chuchota la belle Mme Pleyel.

Quelques jours plus tard Franci était sur pied. Camilla avait horriblement peur de paraître devant le public de Vienne après toute la série de concerts qu'avait donnés Liszt et elle demanda à celui-ci de l'accompagner sur l'estrade en la tenant par le bras. Franci accepta et l'intelligente Camilla eut raison : un tonnerre d'applaudissements l'accueillit, l'ambiance de la salle fut tout de suite chaleureuse et elle remporta un succès éblouissant. Ils jouirent encore pendant quelques jours de la joie de ces retrouvailles imprévues, puis ils partirent chacun de leur côté.

Franci ne partit pas tout seul, le comte Leo Festetics était venu le chercher à Vienne. Pendant le voyage ils parlèrent longuement.

— Je ne crois pas, dit le comte, que l'on ait jamais attendu chez nous un artiste avec un tel enthousiasme.

— Je suis heureux de l'entendre, mais je ne l'ai peut-être pas encore mérité.

— Mais si. Il a suffi d'insérer dans les journaux la lettre que vous m'avez écrite. Vos concerts en faveur des sinistrés des inondations avaient déjà suscité chez nous une joie indescriptible. Si je peux me permettre d'utiliser cette expression, aujourd'hui c'est comme le retour de l'enfant prodigue.

— Moi je suis toujours resté un bon Hongrois au fond de mon cœur. Je donne à tous ceux qui demandent. Je crois que c'est justement un trait de caractère hongrois… Savez-vous, cher comte, que j'ai le trac ?

Le comte éclata de rire et le rassura. La chaise de poste arriva un matin de décembre à Pozsony. Franci dormit un peu puis il partit à travers la ville accompagné du comte. Pozsony était méconnaissable. C'était devenu une grande ville.

— C'est la Diète qui est à l'origine de la transformation, expliqua Festetics, les membres des deux chambres viennent s'installer à Pozsony avec toute leur famille pendant la période des débats politiques. A cette époque la vie est ici plus animée qu'à Pest même. Les soirées se suivent. Spécialement lorsque le palatin est présent, comme c'est le cas maintenant. A ce propos, il me vient à l'esprit que vous avez déjà remporté ici un succès inégalé. Depuis longtemps le palatin avait convoqué une réunion politique importante pour demain matin justement, au même moment que votre concert. Hier tant de magnats se sont excusés de leur absence à cette réunion que le palatin l'a différée. Que regardez-vous, maître ?

— Les maisons... elles me semblent plus petites que lors de mon dernier passage, il y a vingt ans...

La journée se passa avec les préparatifs du concert. Il fit la connaissance d'une foule de gens et déjeuna chez le comte Lajos Batthyány, le chef de l'opposition à la Diète, puis toute la compagnie alla à la grande soirée du gouverneur de Fiume, Pál Nemeskéri Kiss.

Chez Batthyány il n'y avait que des hommes, mais tous l'intéressaient beaucoup. Le maître de maison avait tout d'abord attiré son attention. C'était un homme d'une bonne trentaine d'années qui portait la barbe à la mode hongroise, et les traits réguliers de son beau visage, sa noblesse native, son amour du faste et sa douceur lui donnaient l'aspect d'un souverain plein de bonté. Un monsieur dit à son sujet au cours de la conversation :

— Mon ami Lajos a quelque chose de Sardanapale...

Celui qui avait fait cette remarque était un homme qui approchait de la cinquantaine. Il avait une personnalité à la fois captivante et effrayante et l'on sentait tout de suite qu'il ne pouvait être qu'un grand homme. Sur des épaules d'une puissance extraordinaire sa tête à la barbe épaisse et aux sourcils qui se rejoignaient avait une expression étrangement marquante. Il parlait avec vivacité et chacune de ses paroles était étonnante et judicieuse. Franci apprit de son voisin de table qu'il s'agissait du comte István Széchenyi. On lui expliqua plus tard que ce comte était l'esprit créateur du pays, un homme d'action infatigable qui avait entièrement transformé l'image de Pest. Il avait déjà fondé l'Académie des sciences, des courses hippiques, la production de la soie, le Casino national et encore bien d'autres choses ; à présent, avec les plans d'ingénieurs anglais, il allait construire un pont suspendu entre Pest et Buda, le contrat venait d'être signé.

Après le repas Széchenyi et Franci se retrouvèrent côte à côte. Au cours de leur conversation il fut vite question du sang hongrois du jeune compositeur.

— C'est pour moi une infirmité épouvantable, dit-il au comte, que de ne pas savoir le hongrois. Je reçois énormément de lettres en hongrois et suis incapable de les lire.

— Vous l'apprendrez. Moi aussi j'ai reçu une éducation en langue allemande et n'ai appris le hongrois que plus tard. Maintenant encore je pense en allemand. Mais il faut connaître la langue. La vie d'une nation c'est la vie de sa langue. Existe-t-il une nation suisse ? Et même une nation autrichienne distincte ? Non. Mais il y a une nation française et une espagnole. C'est une grande chance dans notre histoire que la paysannerie ait conservé notre langue. Oui, l'élément vital de la nation a été sauvé par ceux que la nation opprimait et tenait en esclavage.

Franci regarda le grand seigneur, bouche bée. Quelle sorte de grand seigneur féodal était-ce donc qui, dans ce décor somptueux, parlait de paysans opprimés ? Au cours du souper il apprit également que Batthyány et Széchenyi étaient en fait des adversaires politiques, même s'ils étaient de bons amis.

A Vienne il croyait que le succès de ses concerts ne pourrait plus être dépassé. Il s'était trompé, ici, à Pozsony, ce fut du délire, toute la salle était debout à l'applaudir frénétiquement et lui se tenait sur l'estrade comme une incarnation du triomphe, comme le génie couronné par la patrie reconnaissante.

Le lendemain matin il joua au théâtre au profit des pauvres de Pozsony. Les organisateurs avaient composé un programme varié et lui ne devait interpréter qu'un seul morceau. Le tonnerre d'applaudissements impérieux le fit revenir sur la scène, il frappa les premières mesures de la marche de Rákóczi. C'était à Vienne qu'il avait fait la transcription de cette marche et il la conservait pour Pest. Dès les premiers sons l'assistance se mit à applaudir et à pousser des vivats qui retentirent pendant de longues minutes. Il reprit. Ce qui suivit ce morceau éclatant, ce ne fut même plus le succès mais une véritable manifestation. Lorsqu'il put enfin quitter la scène il monta rendre visite à la loge de Lajos Batthyány. A son entrée les dames qui y étaient assises se mirent à l'applaudir, le comte lui fit prendre place à ses côtés, le public qui les observait reprit les applaudissements. Sur la scène la représentation s'arrêta, tous criaient : *"Eljen Liszt Ferenc !"* Et lui se délectait de la douce résonance de ces mots qu'il répétait en lui-même.

Le palatin le reçut pour une audience spéciale. Ils bavardèrent très longtemps et dans la calèche qui l'emmenait vers Pest, Franci semblait encore entendre cet accueil qui lui avait réchauffé le cœur. L'attelage somptueux appartenait au vieux comte Kazmér Esterházy, l'un des membres les plus acharnés de l'opposition à

Pozsony. Toute une caravane de magnats s'était jointe à celui-ci : le baron Wenckheim, deux comtes Zichy, Leo Festetics et d'autres. Ils étaient partis à quatre heures de l'après-midi, ils arrivèrent à la même heure le lendemain à Pest. On ne laissa pas Franci descendre à l'auberge, les Festetics le prièrent d'être leur hôte.

C'était le 24 décembre et les voyageurs furent accueillis dans une chaleureuse ambiance de Noël. Des visiteurs arrivèrent pour le thé, le chevalier Schober, le comte Ferenc Brunswick et d'autres. De la pièce voisine filtraient des bruits d'allées et venues, Franci crut qu'il s'agissait de quelque préparatif de Noël. Mais soudain la porte s'ouvrit, les membres d'une chorale apparurent et se mirent à chanter au signe que fit celui qui les dirigeait.

C'était lui que le chœur saluait. La compagnie qui prenait le thé se leva et se tourna vers les chanteurs, Franci au milieu de tous. Bien qu'il eût, de Marseille à Padoue, prononcé mille fois "quelques mots" au cours des dîners de gala qui suivaient ses concerts, l'émotion lui serra cette fois la gorge. Il eut à peine le temps d'improviser quelques phrases avec ceux-ci, déjà une nouvelle musique retentissait. Après avoir revêtu les chauds manteaux de fourrure apportés par les valets, la compagnie s'avança sur le balcon. En bas, à la lueur des flambeaux, retentissaient des chants hongrois. Les musiciens jouèrent un long programme puis les hôtes retournèrent auprès de la cheminée, quelques minutes plus tard on ouvrait de nouveau la porte de la pièce voisine. Celle-ci s'était transformée en salle de concert, sept messieurs avaient déjà pris place avec leurs instruments, parmi eux, au violoncelle, le comte Brunswick. La compagnie entra et s'assit. Les musiciens jouèrent le *Septuor* de Beethoven. Lorsqu'ils eurent terminé, des portes s'ouvrirent de nouveau et une table somptueuse apparut, toute de cristal et d'argent scintillant à la flamme des chandelles. Quelque part un orchestre tzigane fit entendre son chant.

Franci sentit son âme s'envoler. Il eut du mal à ne pas éclater en sanglots dans l'ivresse de son bonheur. La musique tzigane faisait vibrer dans son cœur des cordes secrètes depuis si longtemps muettes. Il vida d'un trait sa coupe de champagne. Une ivresse céleste le berça à travers les rubatos et les harmonies de cette musique étrange et fougueuse.

Une ivresse, ce n'était pas l'ivresse du champagne, mais celle de Pest, de ses compatriotes, de son sang hongrois. Chaque heure des journées passées dans la ville ensorcelante lui donnait l'impression de vivre dans *les Mille et Une Nuits.* Lorsque sa compagnie de magnats l'emmena au Théâtre national pour la première de *Fidelio*, ils arrivèrent pendant l'ouverture. Le public reconnut immédiatement le jeune homme aux cheveux longs et un tel tonnerre d'applaudissements et de vivats retentit que le chef d'orchestre Ferenc Erkel fut contraint d'interrompre l'ouverture. Son concert remporta un succès indescriptible. Le public transforma la soirée en une véritable fête nationale, quant à la presse, elle ne tarissait pas de louanges sur le génie. Une joie exultante accueillait certaines de ses prévenances : il avait fait imprimer en langue hongroise les billets d'entrée de son concert, aux bouquets envoyés aux grandes dames il avait fait nouer des rubans aux couleurs nationales, il acceptait de se produire pour des bonnes œuvres, s'était fait faire un habit de gala hongrois, il faisait écrire en hongrois ses lettres officielles et les recopiait ensuite. Il ne fallut pas trois jours pour que sa popularité déjà grande à son arrivée se transformât en une adoration générale. Il était à présent incapable de lire les lettres qui lui parvenaient par centaines. Les journaux publiaient des poèmes écrits à sa gloire. On parlait de fervents admirateurs qui avaient dépensé leur dernier sou pour pouvoir l'entendre. La ville de Pest l'avait fait citoyen d'honneur, le comité avait rédigé une adresse au palatin József pour qu'il intervînt en tant que préfet du comitat auprès du souverain en faveur de l'anoblissement de Liszt. Le Casino national organisa un dîner de gala et un bal en son honneur. Les franciscains l'invitèrent à déjeuner au cloître pour rendre hommage au fils de leur ami Adam Liszt.

Le 4 janvier il donna au Théâtre national un concert au profit de la fondation. On lui avait annoncé qu'il devait s'attendre à cette occasion à une grande surprise. Il revêtit son habit hongrois flambant neuf : un dolman à la Zrinyi, incarnat, un pantalon bleu collant, des bottes en cuir de Cordoue avec des éperons. Il ne ceignit pas de sabre car on lui avait expliqué qu'en Hongrie, à part les militaires, seuls les nobles en avaient le privilège.

Le théâtre était comble à tel point qu'il fallut installer quatre rangées de chaises sur la scène. Quand il apparut il fut applaudi pendant un quart d'heure. Au nom de la communauté hongroise six messieurs en habit de gala hongrois s'avancèrent alors vers lui : le comte Leo Festetics, le baron Pál Bánnfy, le baron Antal Augusz, le comte Domokos Teleki, le directeur du Théâtre national Pál Nyári et le juge d'arrondissement du comitat de Pest, Eckstein. Ce dernier tenait sur un coussin de velours écarlate le sabre d'honneur incrusté de pierres précieuses qui avait jadis appartenu à István Báthory.

Leo Festetics prononça un bref discours en hongrois puis le juge, au milieu d'un ouragan de vivats, s'avança vers Liszt et lui attacha le sabre à la taille. Ce dernier en saisit la poignée, comme s'il avait toujours porté un sabre. Mais cette main droite tremblait un peu à présent, tout comme sa voix, lorsque, pâle comme un mort, il commença son allocution.

— Mes chers compatriotes – car il m'est impossible de ne voir en vous qu'un simple public –, ce sabre qui vient de m'être remis par les représentants d'une nation admirée à travers le monde pour son courage et son sens de l'honneur, je le garderai toute ma vie comme l'objet le plus cher à mon cœur…

… Ce sabre qui a jadis servi si vaillamment la défense de notre patrie se retrouve aujourd'hui entre des mains faibles et pacifiques. N'est-ce pas un symbole ? Cela ne signifie-t-il pas que la Hongrie, après avoir remporté sur tant de champs de bataille la gloire, demande aujourd'hui une nouvelle gloire à l'art, à la littérature, à la science, aux amis de la paix ? Cela ne signifie-t-il pas que les hommes de l'esprit et du travail doivent aujourd'hui accomplir parmi vous une tâche noble, une mission élevée ?… Suivons par des moyens pacifiques et légaux le chemin où chacun rivalise avec le travail des autres selon sa force et ses possibilités. Et si quelqu'un osait nous gêner dans l'accomplissement de cette tâche, injustement et par la violence, oui, les sabres sortiraient de leur fourreau. Nos sabres ne sont pas rouillés encore et leur puissance est toujours la même. Et que notre sang coule jusqu'à la dernière goutte pour notre vérité, pour notre roi, pour notre patrie !

Des applaudissements clairsemés se firent entendre, la majorité de l'assistance n'avait pas compris le discours. Quelques personnes intervinrent timidement : "En hongrois !" Le baron Augusz s'approcha avec le texte en français et il le traduisit avec une aisance étonnante. Cette fois l'effet fut retentissant, un vrai délire. Lorsque le concert eut pris fin, l'artiste qui sortait de l'édifice vit devant lui une foule immense où luisaient çà et là des flambeaux. Un orchestre jouait une marche couverte par le son des vivats. Franci monta en voiture puis il se ravisa :

— Non, cria-t-il en allemand, je ne veux pas être différent de mes compatriotes. J'irai à pied, comme vous !

Il descendit de la voiture. Les messieurs en habit de gala hongrois suivirent son exemple et le cortège avança dans le froid pénétrant. La rue où habitait Festetics était très éloignée du Théâtre national. La foule grossissait sans cesse, à tel point que les orchestres avançant aux deux extrémités du cortège pouvaient jouer sans se gêner l'un l'autre. Les acclamations ne faiblissaient pas et à deux reprises Franci dut s'adresser à ses admirateurs délirants. Lorsqu'ils arrivèrent enfin près du large escalier de marbre de la maison Festetics deux groupes d'hommes portant des flambeaux se postèrent de chaque côté, et Franci, comme dans un rêve, monta les marches, encadré par les seigneurs hongrois. Mais ce n'était pas terminé. La foule enivrée ne se lassait pas de l'entendre et il dut encore faire un discours.

A la demande de la comtesse Keglevich il donna également un concert au profit de l'Institut des aveugles situé à Buda. La comtesse ne s'attendait pourtant pas à ce qu'il acceptât : il n'y avait pas de pont entre Pest et Buda. Le pont de bateaux était démonté chaque hiver et traverser avec des canots le Danube en crue n'était pas une entreprise des plus agréables. Mais Franci accepta. Lorsque la nouvelle se répandit quelques embarcations se joignirent à la sienne. Une compagnie de seigneurs et de dames intrépides descendit la berge jusqu'à la glace où les attendaient des canots. Ils prirent place, emmitouflés dans des fourrures. Des hommes halèrent au moyen de cordages les canots cahotant sur le sol inégal. Le milieu du fleuve n'était pas gelé. Lorsque les embarcations atteignirent le bord de la glace il fallut les pousser dans l'eau. C'était une tâche longue et délicate, les femmes poussaient des cris. Tout à coup les canots qui glissaient comme des traîneaux sur la glace furent emportés par le courant et les rameurs se mirent à l'œuvre. Ils gagnèrent en oblique la partie gelée de la rive de Buda et recommencèrent les mêmes opérations de halage. Enfin la compagnie put mettre le pied sur la terre ferme et monter dans les calèches fermées qui les attendaient.

Franci fut tout simplement émerveillé par ce périple. Il pensa aux nombreux ponts de la Seine. Il demanda même à ceux qui l'accompagnaient comment il était possible qu'en mille ans aucun pont n'ait été construit sur le Danube. Le baron Augusz lui répondit :

— Ce n'est là qu'un millième de notre retard de mille ans. Mais cela va changer à présent. Un travail gigantesque est en cours, le pays s'est réveillé. Ce Széchenyi est un homme extraordinaire et c'est à lui seul que l'on devra le pont suspendu qui reliera les deux rives, une merveille comme il n'en existe encore nulle part au monde. Savez-vous ce que signifie un tel pont ? A l'époque de l'invasion des Mongols c'est l'absence de ce pont qui a été à l'origine de la disparition de presque toute la nation. S'il y avait eu un pont les Hongrois auraient pu s'enfuir en Transdanubie et brûler le pont derrière eux. Mais ils ont tous péri sur l'autre rive.

Franci écoutait avec intérêt tout ce qui avait trait à l'histoire de son pays mais il se rendait compte que, s'il connaissait dans les moindres détails l'histoire de France, il avait d'énormes lacunes en ce qui concernait celle de la Hongrie. Il se promit d'étudier à fond l'histoire et la géographie de sa patrie.

Il ne se passait guère d'heure qu'il ne reçût une marque de l'idolâtrie dont il était l'objet. Un jour il fut même couronné de lauriers. Il donna encore un concert au profit d'une future académie de musique, puis un autre pour venir en aide à un violoniste du nom de Taborsky, enfin fut organisé le concert d'adieux et il retraversa le fleuve en débâcle pour rejoindre Pozsony. Il s'arrêta à Györ pour un concert, de là il se rendit à Pozsony avec le comte Esterházy qui était venu le chercher et dont il était l'hôte. Chaque jour il reporta son départ. La compagnie quotidienne d'István Széchenyi, Lajos Bátthyany, István Bezerédi et d'autres, leur gentillesse, leur amitié le ravissaient à tel point que s'il avait pu il se serait à jamais installé dans cette ambiance enchanteresse de la Diète. Mais il lui fallut partir, il avait des contrats.

Vienne fut de nouveau son quartier général. Il y donna des concerts et se rendit pour une journée à Brünn. Il répondit également à l'invitation de la ville de Sopron, la petite ville de son premier concert. Il se rendit aussi dans son village natal, Doborján. Le petit village en habits de fête attendait son enfant qui était de retour, des seigneurs hongrois avaient bien organisé à l'avance la réception afin qu'elle fût le plus solennelle possible. Le comte Leo Festetics et le baron Antal Augusz accompagnèrent Franci. A mi-chemin déjà une escorte de gars de Doborján vint à cheval à leur rencontre, ils entourèrent la voiture et l'accompagnèrent jusqu'au village où une délégation l'attendait. Au milieu de ce groupe, piaffant d'impatience se trouvait le vicaire Rohrer, son précepteur d'autrefois, devenu curé de la paroisse. Il avait grossi, ses cheveux grisonnaient, mais au premier regard Franci le reconnut. Franci sortit de la calèche en habit hongrois, le sabre au côté. Il n'hésita pas un instant et alla se jeter dans les bras de Rohrer. Ils s'embrassèrent affectueusement puis le vicaire prononça un bref discours auquel il répondit. Derrière la délégation se pressaient des centaines de gens, hommes, femmes, jeunes, vieux, le village tout entier. Après les discours le cortège se dirigea vers l'église où une messe devait être dite. La foule ne put trouver de place dans l'édifice qui sembla à Franci avoir incroyablement rétréci en vingt ans. Puis ils allèrent à la maison communale. Franci donna de l'argent à profusion et invita tout le village à une fête. Les braves villageois vinrent le saluer ; ils lui disaient leur nom qu'il avait depuis bien longtemps oublié, caressaient son habit, touchaient les pierres précieuses de son sabre. Il se tenait au milieu des paysans qui dansaient et avec une mélancolie indicible il pensait à l'immense chemin qu'il avait parcouru depuis le jour où il était parti d'ici en chariot. Il alla voir aussi sa maison natale.

— Il faudrait l'acheter, dit Augusz, afin qu'elle devienne la propriété de la nation.

— C'est une excellente idée, estima Festetics, il faudrait en discuter avec les Esterházy.

Mais il n'y prêta pas attention. Il ne voyait pas la maison. Il avait fermé les yeux et évoquait en lui le contour de la chambre sur le mur de laquelle était suspendu le portrait de Beethoven. Un jour, quand il était un petit garçon, il avait dit qu'il aimerait être "comme lui" lorsqu'il serait grand. A présent il n'était pas loin de la trentaine. Mais il était bien loin de Beethoven. Est-ce qu'il le rejoindrait jamais ?

A Vienne il apprit que la censure avait interdit la parution de sa transcription de la marche de Rákóczi. Il n'était pas très informé sur ces courants politiques de l'époque, il comprit néanmoins l'essentiel de cette décision. Les dynasties considéraient d'un mauvais œil la liberté exagérée de leurs sujets. Celles des pays à population mixte n'aimaient pas tellement voir se renforcer chez leurs peuples la conscience de leur identité nationale. Sa marche de Rákóczi, même si elle n'était soutenue par aucun texte, signifiait justement liberté et nation hongroise. A cet acte de censure, comme à toute pression venue du haut, il réagit violemment et la conscience de son origine hongroise se fit encore plus puissante. Un autre épisode ne fit qu'enflammer encore plus sa fougue patriotique. Lors de son dernier concert à Pest, sur l'une des fiches qui lui avaient été remises par le public pour l'improvisation, quelqu'un s'était permis une petite plaisanterie. Franci avait souri à la lecture de celle-ci puis il avait présenté le papier au-dessus de la flamme de la bougie éclairant le piano. A présent les journaux tchèques et même allemands propageaient une nouvelle stupéfiante : “Dans son fanatisme patriotique hongrois, Liszt a brûlé ostentatoirement toutes les fiches sur lesquelles l'assistance avait indiqué des motifs allemands ou slaves.”

Dans l'énorme quantité de lettres qui lui parvenaient il trouvait fréquemment celles de Marie. Elle lui parlait de la vie à Paris, sans donner beaucoup de nouvelles des enfants : c'était la grand-mère qui s'occupait d'eux et elle ne les voyait que rarement. Elle lui parlait beaucoup de leurs anciennes connaissances, et surtout de George Sand avec laquelle elle ne s'entendait plus du tout. Sainte-Beuve lui faisait une cour assidue, ainsi qu'un diplomate anglais nommé Bulwer. Et un beau jour Franci sut que Marie avait une liaison avec cet homme. Cette nouvelle le laissa indifférent. Plus de six ans s'étaient écoulés depuis leur premier baiser dans le parc de Croissy. Franci repensa un instant à ce moment puis il haussa les épaules. Il était occupé à composer la liste des invités au dîner qu'il allait donner en l'honneur de ses amis viennois : le comte István Széchenyi, le duc Hermann Pückler-Muskau, le duc Frigyes Schwarzenberg, le jeune comte Rudolf Apponyi, le comte György Apponyi, le comte Ferenc Hartig, le baron Károly Reisach, le comte Miklós Esterházy, le comte Pál Esterházy…

Ce dernier nom le laissa pensif un instant. Il revit son père incliné, tête nue, à la sortie du village de Doborján, dans le nuage de poussière du carrosse des Esterházy.

XIV

Les bonnes choses se produisent généralement par séries. Les mauvaises aussi. Après avoir été fêté, adoré, déifié de façon ininterrompue, il lui sembla tout à coup vivre le plus noir des cauchemars. A Dresde, où il se rendit de Vienne, tout alla bien encore. Il y rencontra Schumann et tous deux parlèrent longuement des nouvelles voies de la musique. Il s'agissait en fait plutôt d'un monologue. Franci expliquait son point de vue avec sa fougue habituelle, et Schumann, obstinément muet, l'écoutait. Le musicien allemand lui sembla assez étrange. Dans le regard gêné de son visage d'enfant, dans ses mouvements gauches il y avait une sorte d'égarement et de confusion, une rêverie telle qu'on en constate chez les malades mentaux. Pourtant ce n'était pas un malade mental mais un homme très intelligent et d'un talent indubitablement hors du commun.

Son concert de Dresde remporta un succès resplendissant. Le public comme les critiques le fêtèrent avec enthousiasme. Schumann lui-même écrivit à son sujet : "La force avec laquelle il empoigne le public, le soulève, le maintient dans les hauteurs et le lâche, seul Paganini la possède en dehors de lui. En quelques instants tendresse, hardiesse, parfum et passion se relaient dans son jeu, le piano est chauffé à blanc et tremble sous les mains du maître. Il ne s'agit plus de tel ou tel jeu mais de la révélation d'une personnalité courageuse à qui le destin a donné, pour atteindre la victoire, non pas les armes du massacre mais l'art pacifique."

Puis à Leipzig tout changea. A présent Franci avait pris un impresario, un dénommé Belloni. En dépit de toute son habileté ce Belloni commit plusieurs impairs dans l'organisation du concert. Dans le communiqué destiné à la presse il avait écrit que la ville de Leipzig devrait se sentir très honorée de recevoir Liszt. En outre il avait doublé le prix habituel des billets d'entrée. Le mécontentement général avait été encore envenimé par un ennemi furieux, le père de Clara Wieck, vieux professeur de musique, qui haïssait Schumann et tout ce qui pouvait glorifier celui-ci. Enfin, Belloni avait poussé l'avarice jusqu'à refuser les billets d'invitation à la presse.

Ce fut l'insuccès, brutal et douloureux. Liszt fut accueilli avec une indifférence glaciale, à peine applaudi. Les réflexions malveillantes et ironiques ne cessèrent pas. Franci ne supporta pas cet échec. Il tomba malade et fit différer son concert suivant. Schumann ne parvint pas à le consoler. Ses deux bons vieux amis, Hiller et Mendelssohn, qui avaient surgi à Leipzig, passèrent des heures au chevet de son lit. Quelques jours plus tard il se décida à remonter sur l'estrade et parvint à dégeler le public revêche. Mais les applaudissements ne guérirent pas la blessure du jeune lion. Le venin de la flèche resta en lui et pendant longtemps il ne put se remettre de la pensée douloureuse que lui aussi pouvait rencontrer l'échec.

A Paris ce furent de nouveaux désagréments. L'espoir secret qu'il avait de donner sa bénédiction à l'amour de Marie et de Bulwer s'en alla en fumée dès le premier jour. Laissant de côté sa douzaine de prétendants Marie n'hésita pas une seconde et se jeta avec fougue dans les bras de son ancien amant.

Les journaux français étaient remplis d'allusions moqueuses. On publiait des caricatures où il était représenté avec son sabre. On écrivait des épigrammes en ironisant sur ce sabre. Au début il voulut aller dans chaque rédaction pour expliquer ce que les Français ne comprenaient pas, la signification symbolique du sabre chez les Hongrois. Mais il y renonça, il y aurait passé ses journées. Puis un journal annonça que quelques musiciens célèbres, dont lui, avaient demandé au gouvernement que leur fût décernée la Légion d'honneur. Révolté, il déclara qu'il se réjouissait d'être honoré, mais préférerait mourir plutôt que demander ce genre de chose. Au même moment il apprit de Hongrie que son anoblissement avait été refusé par l'empereur, ou plutôt par l'entourage de celui-ci. Ne pouvaient être anoblis que ceux qui faisaient preuve de mérites militaires ou publics. La musique ne figurait pas parmi les mérites publics.

Il était accablé, incapable de travailler. S'il l'avait pu il aurait aimé se retirer du monde. Mais une nouvelle série de joies vinrent lui faire oublier sa peine. On lui présenta un petit garçon juif de Russie, un enfant prodige nommé Rubinstein. Comme cela s'était produit pour lui avec Czerny, il fut émerveillé par le talent de l'enfant et proposa sur-le-champ de lui donner gratuitement des leçons.

Ses concerts parisiens remportèrent un succès gigantesque. A l'un d'entre eux une femme s'évanouit sous le coup de l'émotion. Des admirateurs déchaînés dérobèrent ses gants qu'il avait posés sur le piano et ils les déchirèrent en menus morceaux pour se les partager en souvenir de lui. L'article qu'il avait écrit à l'occasion de la mort de Paganini eut un grand retentissement dans les milieux littéraires. Il y dissertait sur les obligations du savoir du virtuose et exposait les commandements du goût que la technique n'avait pas le droit d'enfreindre. Sa dernière phrase devint un proverbe à Paris : *Génie oblige.* Personne ne pouvait se douter que cette phrase avait été dictée par sa fierté qui cherchait un refuge dans le talent après l'échec de sa tentative d'anoblissement. Il avait remodelé à son image la formule *Noblesse oblige.*

Les trois enfants Liszt habitaient chez leur grand-mère. Cette dernière les adorait, elle pouvait raconter à leur père mille petites histoires à leur sujet. Tous trois étaient de beaux enfants gentils, en parfaite santé et gais. La grand-mère était tout pour eux, ils ne voyaient pas leur mère pendant des semaines, leur père pendant des mois.

— Pauvres petits orphelins, laissa échapper maman Liszt lors d'une visite de son fils.

— Oui, ils sont orphelins, dit-il, sans se sentir blessé, c'est sûr, je ne leur ai pas donné de mère. Mais ils vous ont, maman. Considérez-les comme vos propres enfants.

— Jusqu'à quand restes-tu ?

— Je repars en voyage. J'irai à Londres, puis à Bruxelles, Baden-Baden, Wiesbaden, Ems, Francfort.

— Quelle vie est-ce donc ? Tu te tues au travail.

— Mais que puis-je faire ? J'ai besoin d'argent. Marie en dépense tellement.

La mère se tut mais Franci savait bien ce qu'elle avait envie de lui lancer : "Il te fallait une comtesse ?" Il avait honte. Il vivait avec Marie dans un hôtel très cher, celle-ci dépensait des sommes monstrueuses pour ses toilettes, ses parfums et mille futilités. Pendant que la vieille femme élevait les petits-enfants des millionnaires de Francfort dans un petit appartement étroit, était capable de marchander pour deux sous pendant une demi-heure avec le boucher, fatiguait ses vieilles jambes pour économiser l'argent de l'omnibus et, avec les trois petits, vivait un mois avec la somme que Marie gaspillait en une journée pour ses caprices. C'était de cela que Franci avait honte. Mais il ne dit rien. Il embrassa sa mère et les enfants, puis partit pour de longs mois.

Son existence errante lui fit nouer de nouvelles amitiés. A Bruxelles il fit la connaissance d'un jeune homme d'une grande beauté, le prince Félix Lichnovsky. Ils devinrent des amis inséparables et lorsque Franci retourna à Paris il emmena avec lui le jeune homme qui fit la conquête de toute la capitale. Puis Franci dut partir pour Londres et le prince prit la direction de l'Espagne.

A Londres, Franci était attendu par le salon de lady Blessington et par celui de la comtesse d'Orsay. La première était la George Sand de Londres, avec cette différence que son talent était bien inférieur, mais son salon beaucoup plus important. Quoique l'aristocratie anglaise se tînt à l'écart de ce lieu, quelques-uns, *earls*, *viscounts*, lords et baronnets, voire ladies, ne pouvaient s'empêcher de venir goûter à ces fruits défendus : toutes les figures intéressantes de la vie artistique s'y retrouvaient. Le salon de la comtesse d'Orsay, s'il était d'un intérêt un peu plus pâle, avait un niveau légèrement supérieur. Franci devint rapidement le dandy de ces deux salons, il fut même surnommé *"the piano-lion"*. Il fut reçu par la noblesse, joua devant la jeune et belle reine Victoria qui lui accorda même une audience. Les maisons les plus austères s'ouvrirent à lui. On l'invitait en fin de semaine dans les châteaux à la campagne. Il nageait dans la gloire.

Par la suite il eut toujours la nostalgie de ce lieu. A Ems il joua devant la tsarine qui lui offrit des diamants et l'invita en Russie. A Hambourg il donna six concerts. L'argent coulait à flots. Partout c'était le succès, auprès du public, auprès de la presse. Et auprès des femmes. Pourtant il ne pensait qu'à Londres. Il aurait voulu que Lichnovsky vînt avec lui mais ce fut Marie qui l'accompagna pour son second voyage. Il tenta de l'en dissuader, mais en vain. Pourtant il savait que rien de bon n'en sortirait.

Marie avait des plans bien précis. Tous ses espoirs étaient fondés sur lady Blessington. Elle lui apportait une lettre de recommandation de Bulwer, fière de ne pas dépendre du prestige de Liszt. Elle était sûre de son succès. Franci et elle logeaient dans deux hôtels différents et après tout elle restait toujours la comtesse d'Agoult. Les potins parisiens lui semblaient bien éloignés de Londres…

Le troisième jour Franci trouva Marie en larmes dans le hall de l'hôtel. Lady Blessington n'avait pas répondu à sa lettre de recommandation. Pensant qu'il ne pouvait s'agir que d'un malentendu, Marie s'était fait annoncer chez la dame. Celle-ci lui avait tout simplement fait dire qu'elle était vraiment désolée de ne pas pouvoir la recevoir, mais elle était souffrante.

— Cette rien du tout, cette nullité, elle a osé me faire cela à moi…

Franci ne dit rien, il sortit une lettre de sa poche et la posa devant Marie. C'était une invitation. Lady Blessington priait M. Francis Liszt de bien vouloir dîner chez elle le lendemain à six heures.

La présence de Marie à Londres lui nuisait visiblement. Les portes des maisons les meilleures et les plus influentes se fermèrent parce qu'il avait osé amener sa maîtresse à Londres. L'invitation à la cour tarda à venir, bientôt il fut évident qu'elle n'arriverait pas.

De nouveau il tenta de réparer les choses pendant qu'il en était encore temps. Marie alla s'installer à Richmond. Il s'avéra cependant qu'il était trop tard. Les gens les plus intéressants se mirent à bouder ses concerts. Belloni s'arrachait les cheveux de rage. Franci devint nerveux, l'absence du succès le déprima au plus haut point.

Un jour il accompagna Marie aux courses d'Ascot. Cent personnes lui firent signe mais, apercevant Marie, n'allèrent pas le trouver. Sur le chemin du retour ils se disputèrent violemment. Ils se séparèrent en colère. Franci ne resta pas à Richmond, il rentra à Londres immédiatement. Dès le lendemain il écrivit une lettre à Marie : "Hier, d'Ascot à Richmond, vous n'avez pas prononcé une parole qui ne m'ait blessé, humilié. Mais à quoi bon faire le compte des cicatrices de nos cœurs ?… Adieu. Je me sens épuisé. J'aimerais encore une fois vous parler mais le souvenir de vos mots me glace. Bonne nuit, dormez bien. Toute une foule de pensées m'inquiète et me tourmente. Pourrais-je vous parler ? Peut-être pourrai-je encore une fois vous convaincre. Adieu. Je ne suis pas désespéré."

Marie quitta l'Angleterre. Franci la suivit peu après. Sur le bateau il ne tourna pas les yeux vers le pays qui lui avait causé tant d'amertume. Il devait donner des concerts à Hambourg, à Copenhague, à Kiel et Cuxhaven.

Il se lia d'amitié avec le roi du Danemark Christian VII. Le succès était revenu.

A Paris il revit Marie. Ils ne s'étaient pas écrit depuis Londres. Les retrouvailles les réconcilièrent encore une fois. Marie ne trouvait sa place nulle part, elle avait tout perdu, il ne lui restait plus que Franci. Celui-ci se sentait honteux et coupable d'avoir bouleversé la vie de cette femme. Sans amour, tristement, avec les baisers contraints et sans fougue des mariages usés, ils restèrent à nouveau ensemble. Vint l'été, les enfants avaient besoin de vacances. Ils louèrent le petit cloître idyllique de l'île de Nonnenwerth sur le Rhin.

L'endroit était magnifique, les trois enfants gambadaient fous de joie entre les arbres au feuillage épais. Eux seuls étaient empoisonnés par le venin de l'ennui et de l'indifférence. Marie restait assise pendant des heures à regarder dans le vide. Elle aurait bientôt quarante ans et se sentait désespérée. Franci allait s'asseoir au piano. Ses yeux se mettaient à flamboyer. En un instant tout l'univers lui appartenait.

XV

Le travail lui tenait lieu de tout, même si l'agitation de sa vie de nomade l'avait empêché de s'attaquer à ses grands projets, la *Dante symphonie* et la *Faust symphonie.* Il s'était donc consacré à des travaux de moins longue haleine. Il avait transposé des chants de Schubert et de Mendelssohn. Si un poème lui plaisait il le mettait en musique, parfois il adaptait des motifs lyriques, et à la demande pressante des éditeurs il composait les uns après les autres des arrangements pour piano. Partout à travers le monde on jouait ses *Réminiscences* de *Robert le Diable*, de Meyerbeer, celles de *Norma*, de Bellini. Les opéras les plus célèbres parvinrent au public à travers ses propres transcriptions. D'un côté se tenaient Meyerbeer, Donizetti, Weber, Rossini, Mozart et bien d'autres encore, de l'autre côté il y avait l'humanité passionnée de piano, la jeune bourgeoise d'une petite ville de Norvège, l'épouse du roi de l'argent de Chicago, les enfants du colon australien, la colonelle anglaise établie aux Indes et des centaines de milliers, des millions d'hommes assoiffés de musique. Entre les deux groupes Liszt était le médiateur. Il avait jadis beaucoup aimé ce travail de transcription qu'il avait en fait inventé. A présent il le méprisait, c'était pour lui un jeu d'enfant. Mais il avait des contrats, il lui fallait livrer sa marchandise.

Il avait une multitude de partitions manuscrites et les emportait toujours avec lui. Personne à part lui n'aurait pu s'y reconnaître. Peu à peu il avait pris l'habitude de mettre de côté les travaux de composition auxquels il tenait, de les laisser reposer et de les reprendre des mois, des années plus tard, de les ciseler, les corriger, mais sans toutefois s'en séparer. Il y avait une œuvre qu'il avait composée à l'âge de quinze ans. Son père l'avait bien sûr fait éditer parmi les études mais par la suite Franci l'avait reprise plus d'une fois. Il sentait qu'il y avait là plus qu'une étude. Chopin lui avait fait connaître la légende de Mazeppa, ce beau jeune homme amoureux que le mari trompé avait fait attacher nu sur un cheval sauvage qui l'emporta jusqu'en Ukraine. Une étude fougueuse lui était immédiatement venue à l'esprit. Quatre années auparavant il en avait fait un morceau pour piano intitulé *Mazeppa*. Maintenant il l'avait repris et entièrement réécrit. Selon le récit polonais les cosaques avaient trouvé Mazeppa encore vivant et l'avaient choisi pour devenir leur hetman. Il avait terminé sa composition avec une puissante chevauchée de cosaques. Elle était prête et il la rangea encore une fois pour en faire l'orchestration dans des temps plus calmes.

Lorsqu'il jouait pour lui-même ses propres œuvres, c'étaient toujours les deux pièces hongroises qu'il entamait le plus volontiers. L'une était la *Marche héroïque* qu'il avait composée à partir de motifs hongrois gravés dans sa mémoire depuis l'enfance. L'autre, sa préférée, était une œuvre rhapsodique aux accents tziganes, un bouquet de mélodies également hongroises. Tel un Tzigane au piano il semblait cette fois vouloir vaincre non plus Paganini mais Bihari. A Pest il l'avait plusieurs fois interprétée. Le public en délire l'exigeait. Maintenant aussi, dans le silence estival de la petite île de Nonnenwerth, il la jouait souvent, rien que pour lui. Cette musique était un philtre merveilleux qui lui faisait revivre la féerie de Pest et oublier pour un temps Marie, son indifférence et leurs querelles.

Ces vacances d'été ne furent pas le repos total qu'il avait envisagé. Il avait pourtant organisé ses concerts pour avoir quelques semaines de liberté. Mais ayant lu dans les journaux que la cathédrale de Cologne menaçait d'écroulement, il s'offrit sur-le-champ pour donner un concert qui permettrait de réunir les fonds nécessaires à la réparation. Puis une délégation venue d'Aix-la-Chapelle vint le prier d'aller jouer dans cette ville. Il fut ensuite invité à Bonn et à Coblence et ne put refuser. Enfin il dut également se rendre à Francfort, la société musicale Liederkranz lui ayant demandé son aide pour la création d'une fondation Mozart. Jamais il ne refusait ce genre de demande. Son concert à Francfort rapporta près de mille forints qu'il remit intégralement à la Liederkranz.

A Francfort il fit la connaissance d'un compositeur nommé Wilhelm Speier qui lui proposa de rejoindre les francs-maçons.

— Je vous prie de m'excuser, répondit-il, mais je ne sais pas trop ce qu'est cette franc-maçonnerie.

— Vous ne le savez pas ? C'est l'association la plus belle, la plus généreuse et la plus puissante qui soit au monde. Je vais vous en expliquer l'essence, après vous jugerez si vous avez envie de participer à notre travail commun.

Ces idées plaisaient à Franci mais il hésitait encore. Il posa de nombreuses questions concernant les rapports de l'organisation avec l'Eglise, les aspects mystérieux de celle-ci, ses desseins. Il quitta Speier en lui disant qu'il était décidé à devenir franc-maçon.

Le nom de la loge qui l'accueillit était Union. La cérémonie de son admission fut très solennelle et le prince Lichnovsky qui était arrivé à Francfort pour rendre visite à Franci y fut également invité. Les rites de l'admission étaient très étranges. Tout d'abord on le fit entrer dans une cellule obscure, pratique symbolisant la nécessité du recueillement et de la purification. Puis on lui banda les yeux et on le conduisit par la main à travers de longs escaliers. Il se retrouva dans une salle où il entendit le son d'un orgue puis des voix humaines. Ses yeux étaient toujours bandés. Des hommes posaient des questions et d'autres répondaient mais il ne comprenait pas ce langage symbolique constitué exclusivement d'expressions techniques empruntées à l'architecture et à la construction. Tout à coup on lui enleva son bandeau et il vit qu'il se trouvait au milieu d'une salle faiblement éclairée et décorée dans le style égyptien. De tous les côtés des sabres étaient pointés sur lui, détail assez effrayant de prime abord mais qui en fait n'était qu'un symbole innocent : les sabres le menaçaient de mort s'il venait à trahir. Ensuite on lui fit rejoindre sa place parmi les autres. On lui noua un tablier à la taille, on lui passa une sorte d'insigne autour du cou et on lui donna des gants. A la fin de la séance on le pria de jouer à l'orgue et il interpréta une œuvre de Bach pour ses nouveaux frères. Après la cérémonie d'admission tout le monde vint le féliciter puis on lui apprit le serrement de main qui permettait à tous les francs-maçons de se reconnaître à travers le monde. Le premier maître de la loge, un certain Glosz, lui remit un gant de femme, celui de la femme la plus proche de lui. S'il venait à mourir subitement, la dame devait se présenter à la loge et les frères lui porteraient assistance. Le tout lui rappelait les saint-simoniens, lorsque ceux-ci n'étaient pas encore tombés dans des outrances insensées.

Il passa l'automne dans l'île de Nonnenwerth. Lichnovsky était en général chez lui. Ils discutaient longuement de musique, d'amour, d'art. Franci jouait souvent les œuvres de Chopin. Il venait de recevoir ses deux derniers nocturnes. Puis la famille se divisa une fois de plus. Marie regagna Paris pour y vivre sa vie, les trois enfants retournèrent chez leur grand-mère et Franci reprit la longue route de ses tournées.

Il donna tout d'abord un concert à Cassel puis, satisfaisant son ancien désir, il se rendit à Weimar. Il arriva par une douce soirée de novembre dans la petite ville de Goethe et de Schiller. Il descendit avec Lichnovsky et Belloni à l'auberge *A la cour de Russie*. Il retrouva au restaurant Schumann et Clara Wieck en compagnie d'un monsieur qu'il ne connaissait pas, un certain Genast, acteur du théâtre de la cour de Weimar.

— Vous êtes très attendu ici, cher maître, lui dit celui-ci, la salle sera comble à chacun de vos concerts.

— Le public est-il connaisseur en musique ? J'ai en effet remarqué que les villes peuvent être très différentes.

— Depuis la mort de Hummel il manque vraiment quelqu'un pour reprendre la ville en main.

— J'ai autrefois pensé à venir m'installer ici, mais hélas je ne peux pas encore me le permettre. C'est bien dommage. Goethe savait comment un artiste doit vivre : s'installer dans un lieu calme, se plonger dans le travail, créer. C'est ce que je devrais faire, mais je ne fais que parcourir le monde, comme un juif errant. Quel genre d'homme est le grand-duc ?

— Nous l'aimons beaucoup. C'est un homme très bon tout comme la grande-duchesse, notre Maria Pavlovna. C'est la sœur du tsar de Russie, la fille du tsar précédent. Elle est passionnée de musique et compose elle-même. Vous ferez sa connaissance. Je crois que c'est elle qui vous attend à Weimar avec la plus grande émotion. On dit qu'elle aimerait beaucoup vous faire rester ici.

— Ce serait difficile. Matériellement cela m'est impossible. J'ai à me soucier de ma famille et l'argent dont j'ai besoin, je ne peux pas le gagner dans une petite ville. J'ai encore des fortunes à ramasser à travers l'Europe, en Allemagne, en Russie...

Franci surprit le regard de Clara. Dans ces grands yeux noirs d'étranges sentiments se mêlaient. Franci y voyait à la fois une admiration sans bornes et une envie certaine : c'est à son Robert adoré que Clara aurait aimé voir revenir ces succès éblouissants et cet argent. Puis il y avait aussi l'expression troublée de la fiancée fidèle attirée malgré elle par le charme du jeune lion. Franci se dit qu'il lui faudrait se tenir sur ses gardes. Il ne lui faudrait pas grand-chose pour mettre en péril le bonheur amoureux de ce brave Schumann.

Le grand-duc Charles-Frédéric était un militaire aimable et d'une grande simplicité qui aurait pu passer pour un général d'origine bourgeoise. Durant l'audience accordée à Liszt il fit cependant de son mieux pour mener une conversation digne des traditions culturelles du grand-duché de Weimar, en souvenir grandiose de Goethe et de Schiller. Son épouse, la fille du tsar de Russie, était tout à fait différente. A l'audience particulière à laquelle Franci fut convié elle se révéla très férue de musique. Elle confia à son hôte qu'elle était prête à de nombreux sacrifices pour faire de Weimar un grand centre musical. Elle n'exprima pas directement ses desseins, quant à Franci, il ne voulut pas comprendre les allusions.

Le jeune et beau duc Charles-Alexandre, que Franci rencontra le même jour, fut encore plus clair. Le désir ardent de rendre célèbre sa dynastie était plus fort chez l'héritier du trône que chez ses parents. Il lui dit, en français :

— J'aime cette petite ville de Weimar comme Frédéric le Grand aimait la Prusse. Et j'aimerais pouvoir travailler pour elle avec des instruments plus pacifiques. Je suis un homme très dangereux, vous savez. Je reste assis ici comme une araignée dans son coin et dès que j'aperçois quelqu'un qui pourrait être utile à Weimar, je m'efforce de le prendre dans ma toile. Comme vous en ce moment. Ne vous serait-il pas possible de vous installer ici ? Que pensez-vous de cette idée ?

— Votre Altesse, je serai sincère : pour quelque temps encore j'ai besoin de ma liberté. Mais je vous le promets, mes liens avec Weimar ne se relâcheront pas.

Franci donna trois concerts. Il obtint un succès éblouissant auprès du public et des souverains. Il offrit la recette de l'un de ces concerts aux bonnes œuvres de la grande-duchesse. La dynastie de Weimar ne demeura pas en reste avec lui : le grand-duc lui décerna l'insigne de l'ordre du Faucon blanc, la grande-duchesse lui offrit une magnifique bague de diamants.

Il joua à Iéna, à Dresde, Halle, Altenbourg et se rendit même à Leipzig où il retrouva Mendelssohn, Schumann et Clara. Il put quitter cette ville le cœur léger : le succès qu'il y avait moissonné était incontestable.

Il arriva à Berlin après Noël et y resta deux mois. Le succès était à son comble, supérieur même à celui qu'il avait connu à Pest, même si l'intimité chaleureuse et la douceur de la solidarité y manquaient. Dès le premier concert, donné au Conservatoire dont Belloni avait réservé la salle pour dix soirées, les manifestations de sympathie furent triomphales. Le roi était présent ainsi que plusieurs membres de la famille régnante et beaucoup d'aristocrates. Le premier morceau fut applaudi très longuement et l'enthousiasme de l'auditoire se transforma peu à peu en délire. Le roi applaudit avec éclat et la salle entière le suivit dans un tonnerre d'ovations. Lorsque le concert fut terminé la foule se déversa dans la direction de l'artiste comme l'eau libérée par la rupture d'une digue. Tous voulaient le voir de près, entendre sa voix, toucher son habit et il eut bien des difficultés à rejoindre la voiture qui devait le conduire à l'hôtel de Russie. Le lendemain la presse entière chantait ses louanges.

Avec les concerts qui suivirent, l'admiration vouée à Liszt se transforma en une véritable épidémie. On vendait des gants, des assiettes, des verres, des boîtes décorées de son portrait, des plats, des cravates ; des parfums portaient son nom. Chaque jour la presse parlait de lui et quand il n'avait pas de concert mais avait promis d'assister à celui d'un autre artiste, les affiches étaient complétées d'une inscription voyante annonçant que *"Herr Liszt wird anwesend sein*"*, ce qui suffisait à assurer le succès. Dans le couloir de son appartement à l'hôtel de Russie on avait dû installer une longue rangée de sièges à l'intention de la foule de gens qui se succédaient pour le rencontrer. C'était Belloni qui les recevait. La plupart venaient demander une aide et ils répartissaient entre eux la somme assez considérable que Franci leur consacrait chaque jour. De jeunes compositeurs lui laissaient leurs manuscrits, de prétendus parents lui apportaient leur état civil, des inventeurs la description de leurs trouvailles. Et il y avait les petits prodiges. Il ne se passait pas de jour que ne se présentât un ou même deux enfants à l'hôtel. Franci les écoutait tous et si chez aucun d'entre eux il ne découvrit les signes du talent il eut toujours quelques paroles gentilles qui faisaient fondre les parents. A part les enfants il ne recevait pour

* Avec la participation de M. Liszt. *(N.d.T.)*

ainsi dire personne. Une véritable garde veillait à sa tranquillité à l'hôtel. Il ne pouvait pas faire un pas dans la rue sans être littéralement assailli par ses admirateurs. C'étaient surtout les femmes qui dépassaient les limites du bon sens, chaque jour il recevait tout un tas de lettres de déclaration d'amour et de demande de rendez-vous galant.

Les grandes maisons de la ville se disputaient ses faveurs. En premier lieu la famille royale, et surtout le couple héritier. L'héritière du trône lui envoya une invitation dès le lendemain de son arrivée et elle le reçut au palais comme une vieille connaissance.

— Ma mère m'a beaucoup parlé de vous dans ses lettres, dit la princesse Augusta, à son avis, depuis que le monde existe, personne n'a encore joué au piano comme vous. Parlez-moi de Weimar, de mes parents et de mon frère.

Il fut fréquemment invité ici ainsi que chez le roi. Dans la célèbre salle blanche du palais, des réunions furent organisées en l'honneur du grand artiste. Chaque fois, Humboldt, Varnhagen, Meyerbeer, Mendelssohn et bien d'autres grands de la vie littéraire et artistique recevaient une invitation. Mendelssohn résidait à présent à Berlin, le roi lui avait offert la place de directeur du Conservatoire. Poètes, acteurs et chanteurs étaient également présents. Franci y rencontra Karolin qui chantait justement à Berlin. Elle lui présenta un monsieur : son mari, un écrivain du nom de Sabatier avec lequel elle vivait dans un bonheur paisible. Ils avaient acheté une villa à proximité de Florence et y passaient les mois où Karolin n'avait pas de tournée. Franci serra chaleureusement la main du couple. Il était à la fois soulagé de ne pas devoir raviver la petite aventure et heureux pour cette femme qu'il aimait d'une amitié véritable.

Il aperçut par la suite une dame dont la beauté resplendissait parmi la foule d'invités. Il saisit tout ému le bras de Meyerbeer.

— Qui est-ce ?

— La femme qui se trouve au milieu du groupe ? La belle Hagn. C'est ainsi que nous l'appelons tout simplement à Berlin. C'est une grande tragédienne. Son père était un riche propriétaire terrien. Il a fait faillite et laissé derrière lui tout un tas de filles. Cette Charlotte aide ses sœurs à présent. Auparavant elle jouait à Munich et à Vienne. Les plus grands seigneurs lui ont fait la cour. Elle a fait nommer l'une de ses sœurs camériste de la princesse héritière... Pourquoi êtes-vous si nerveux ?

— Présentez-moi à elle, je vous en prie...

Franci passa toute la soirée en compagnie de l'actrice. Ils s'étaient tout de suite plu et Franci convint d'aller la trouver le lendemain au théâtre. Charlotte jouait le rôle de Puck dans *le Songe d'une nuit d'été*. En la voyant dans le costume du lutin insouciant Franci fut enflammé et il se mit à lui faire une cour assidue à laquelle la belle femme opposa la résistance des coquettes. Franci commença à perdre patience.

— Je ne comprends pas, Charlotte. J'espère que vous n'êtes pas une de ces allumeuses que j'exècre. Au début j'avais l'impression de vous plaire et à présent chaque jour vous semblez un peu plus lointaine. Vous ne voulez pas de moi ?

— Mais si, dit la femme avec passion.

— Alors ?

Charlotte rougit. Elle avait un peu honte de se dévoiler.

— Voyez-vous, je préfère que nous restions encore ainsi, vous et moi. Le désir est tellement plus beau que l'accomplissement... la beauté de ces jours ne reviendra jamais plus...

Franci regarda la femme avec stupeur. Il lui donna raison. Par la suite il réfléchit beaucoup à ces phrases. Il avait trente ans et les femmes qui étaient jusqu'alors tombées dans ses bras étaient légion. Mais il avait beau scruter son passé, il ne trouvait pas une seconde qu'il aurait pu considérer comme la seconde de l'infini et de l'éternité de l'amour.

Charlotte von Hagn goûta les plaisirs doux et prometteurs de l'amour naissant tant qu'elle le put. Mais elle dut bientôt se rendre compte que ce demi-dieu vivait dans la lumière de cent beautés qui s'offraient à lui et qu'il partirait bientôt. Le jour où elle rejoignit les rangs des conquêtes de Franci arriva bien vite. Tous les prétendants de Charlotte s'effacèrent, ils ne pouvaient pas rivaliser avec cet homme.

— Dans l'amour c'est soi-même que l'on aime, dit-il à Charlotte dans l'intimité d'un tête à tête.

— C'est bien cela, lui répondit Charlotte en riant, aime-toi le mieux possible !

L'actrice écrivait des poèmes. Elle en lut quelques-uns à Franci qui fut charmé par l'un d'entre eux, quatre petits vers niais et cahotants qu'il mit en musique :

Poète, ce qu'est l'amour, ne me le cache pas.
— L'amour, c'est le souffle de ton âme suave.
Poète, ce qu'est un baiser, apprends-le-moi.
— Ecoute : plus il est bref, plus ton péché est grave.

Ici aussi, à Berlin, Franci composait, et pas seulement ce genre de petite chanson. Le roi lui avait offert une composition pour flûte, œuvre de Frédéric le Grand écrite de la main même de celui-ci, ainsi qu'une autre écrite par l'un des frères de Fridericus Rex, le prince Louis-Ferdinand tombé au combat. Franci composa une fantaisie sur les motifs de cette dernière et la dédia à la princesse héritière. La nouvelle fit naître la jalousie, et là où on s'y serait le moins attendu. Mendelssohn s'était mis à faire des remarques pleines de fiel à propos de ses succès fracassants. Il avait de toute évidence peur de se voir détrôner par Liszt au Conservatoire. Franci ne crut qu'à moitié les phrases qui lui avaient été répétées. Mendelssohn avait toujours fait preuve d'amitié sincère à son égard, à Leipzig il l'avait secouru dans les moments les plus difficiles. Par une splendide matinée de février il le rencontra dans la rue.

— Bonjour, dit Mendelssohn, narquois, j'entends dire que les princes vivants ne vous suffisent plus et que vous ne laissez même plus vivre les morts...

Franci le regarda et continua son chemin, laissant Mendelssohn écumer de rage. Ils ne se revirent plus. Mendelssohn se moqua de Liszt partout où il le pouvait, celui-ci répondit au cours d'un dîner de gala en levant son verre à la prospérité de la vie musicale berlinoise et à son éminent directeur, faisant savoir par là qu'il ne briguait aucunement la place de Mendelssohn. Lorsque, à la fin du repas, l'ancien ami essaya de lui adresser un lâche remerciement, Franci tourna la tête.

Il s'était fait un ami à Berlin, et qui plus est un Hongrois. Le comte Sándor Teleki étudiait à l'université de la ville. Ils s'étaient tout de suite liés. Teleki était un étrange jeune homme au caractère fougueux et aventurier chez qui se mêlaient les idées révolutionnaires les plus radicales et le sentiment national le plus impatient. Franci ne le quittait guère. Un étrange d'Artanan qui s'était battu en duel pour lui et qu'il devait à jamais garder dans son cœur.

Il rencontra aussi Bettina von Arnim, celle qui avait été l'amie de Goethe et de Beethoven. Cette femme prodigieuse qui approchait alors de la soixantaine avait gardé sa beauté et son impétuosité. Tout de suite elle tutoya Franci et lui exprima son profond regret de ne pas avoir vingt ans de moins. Elle lui parla de choses très intéressantes, d'art, de génie et d'âme.

Ses dix concerts furent suivis de dix autres et cette fois à l'Opéra. Le roi, qui revenait d'un voyage à Londres, continua à applaudir seul, alors que le public avait cessé de le faire, et cet honneur suprême déchaîna un nouveau tonnerre d'applaudissements. Franci vint se rasseoir au piano et, pour saluer à son tour le roi, il joua avec une puissance tonitruante le *Heil dir im Siegeskranz*, la tête tournée vers le roi. Tout le monde se leva, le concert n'était plus un concert mais une ovation frénétique. Et c'était maintenant la même chose partout, dans les restaurants, dans la rue. Un jour qu'il buvait le thé chez la mère de Meyerbeer, une dame prit en cachette le thé resté dans sa tasse et elle le versa dans un petit flacon de cristal qu'elle avait apporté dans ce but. Belloni fit le compte des lettres qui lui étaient parvenues pendant son séjour à Berlin : il y en avait plus de trois mille. L'Académie des arts de Berlin le fit membre d'honneur. A la loge maçonnique, après avoir été apprenti, il accéda au rang de compagnon puis, en l'espace de deux semaines, à celui de maître. Dans son appartement des diplômes de membre d'honneur des associations les plus diverses s'empilaient. Enfin le roi lui accorda la médaille de l'ordre du Mérite. Il était le premier civil à la recevoir.

Avant son départ Franci annonça avec regret au comte Teleki qu'ils devaient se quitter, ses contrats l'appelaient en Russie. Teleki était furieux de se trouver sans argent au moment où il aurait aimé accompagner son ami. Celui-ci émit aussitôt une lettre de change de quatre mille thalers sur son compte. Mais Teleki était plus délicat que le prince Lichnovsky, il ne voulut pas entendre parler de prêt. Le lendemain il annonça à Franci tout joyeux qu'il avait trouvé de l'argent.

— Vous me vexez, dit Franci, nous n'acceptez pas d'argent de moi, mais d'un autre, oui. Où vous êtes-vous procuré cette somme ?

— De quelqu'un dont c'est le métier. Il faut bien que les usuriers vivent, les pauvres !

Ils regardèrent leurs passeports pour voir s'ils étaient en règle. Celui de Franci comportait la mention suivante, inscrite à la rubrique de l'état civil : *"Celebritate sua sat notus."* Suffisamment connu par sa célébrité.

Il passa une dernière soirée avec Charlotte et fit une visite d'adieux à toutes ses connaissances. Au moment du départ cent petits enfants vinrent chanter en chœur dans le hall de l'hôtel pour le remercier du concert qu'il avait donné au profit de leur orphelinat.

Devant l'hôtel l'attendait un attelage d'honneur envoyé par l'université de Berlin pour le conduire jusqu'à la chaise de poste. Cette voiture somptueuse tirée par six chevaux blancs harnachés d'argent était suivie de trente attelages à quatre chevaux. Dans le premier se trouvait le comte Teleki avec des messieurs de l'université, dans les autres, des notables de Berlin. Encadré de chaque côté par cinquante cavaliers, représentants des divers corps de la jeunesse universitaire, le cortège solennel fut acclamé par une foule enthousiaste. Le carrosse du roi Frédéric se joignit même à lui, le souverain tenant à voir lui aussi ces adieux merveilleux.

— Vous aussi vous voyagez comme un roi, dit à Franci l'un des messieurs de l'université.

— Non pas comme *un* roi, corrigea un autre, mais comme *le* roi !

XVI

A Berlin déjà Franci et Teleki avaient découvert qu'ils avaient un ami commun : le prince Lichnovsky. Malgré son jeune âge Teleki avait déjà été capable de participer avec celui-ci aux luttes de don Carlos, prétendant au trône d'Espagne. Ils se trouvèrent d'autres amis communs parmi les grands noms de Pest et de Pozsony et ce voyage renforça encore leur amitié. Pendant les longues heures du fatigant voyage ils parcoururent tous les domaines de la vie, du monde et de l'âme, comme dans un autre voyage. Mais c'est des Tziganes et de la musique populaire hongroise qu'ils parlèrent le plus. Dans la voiture Franci fit chanter son ami pendant des heures, il voulait connaître toutes les chansons et, quand ce dernier avait terminé, il n'avait qu'un mot à la bouche : Encore !

En cours de route ils s'arrêtèrent dans de nombreuses villes où Belloni, parti en avant, avait organisé des concerts. A Königsberg Franci se vit conférer par l'université le grade de docteur *honoris causa*. Ils firent halte à Mitau, Riga, Dorpat. Partout il obtint un succès immense. Enfin, un jour de mars, ils arrivèrent à Saint-Pétersbourg.

La ville était encore sous la neige. Le mélange étonnant de palais d'aspect européen et d'églises à bulbes, les troïkas tintinnabulantes avec leurs chevaux attelés de front, la physionomie des passants, la langue tout à fait inconnue, les popes à longue barbe et coiffure cylindrique, les uniformes, les enseignes en lettres cyrilliques, tout leur donna l'impression de se trouver dans un autre monde. Tout était étonnant, coloré et intéressant.

Franci se présenta immédiatement pour obtenir une audience du tsar, et il l'obtint sur-le-champ. Nicolas, le tsar de fer, l'accueillit de façon très obligeante. Il alla vers lui, lui tendit la main et dit :

— Je suis vraiment très heureux de pouvoir vous saluer sur le sol de la Russie. La tsarine m'a raconté des merveilles à votre sujet, tout comme mes sœurs, la grande-duchesse de Weimar, et l'héritière de Prusse.

L'audience dura très longtemps, ce qui n'était pas la coutume lorsqu'il s'agissait d'artistes, et l'un des courtisans, le comte Wielhorsky, lui dit :

— Votre succès à Saint-Pétersbourg est garanti, mon cher ami.

C'était le comte chez lequel, à Rome, il avait imposé la forme audacieuse du récital à un seul artiste. Il revit encore une ancienne connaissance de Rome, le prince Galiczin. Les invitations pleuvaient. Le comte Benkendorff, chef de la police, le comte Woronzoff-Diskoff, le duc Jusszpoff, la duchesse Pjeloszulszka, tout le monde rivalisait pour l'inviter. Ses concerts publics et ceux qu'il donna à la cour remportèrent un succès éblouissant, il brassait l'or et les honneurs. Et cet or, il se mit aussitôt à le distribuer : lorsqu'il apprit par les journaux la nouvelle du gigantesque incendie de Hambourg, il envoya aussitôt cinquante mille francs au profit des sans-abri. Au concert suivant le tsar lui dit :

— J'ai entendu parler de vos nobles dons, cher Liszt. Si vous êtes aussi dévoué, l'occasion s'offre à vous ici : nous voulons organiser un concert au profit des mutilés de la bataille de Borodine. Je serais très heureux de vous voir participer à ce concert.

Franci prit sa décision en un instant. Il secoua la tête :

— Je suis sincèrement désolé, Majesté. C'est aux Français que je dois mon éducation et ma renommée, il m'est impossible de m'identifier à ceux qui les ont vaincus.

Le tsar resta stupéfait de cette réponse, il ne répondit pas et s'en alla. Après le concert Galiczin le prit à part.

— Il y a un petit ennui, mon ami. Le tsar vous en veut. Il dit que deux choses ne lui plaisent pas en vous : vos cheveux et votre politique.

— Je suis vraiment désolé, répondit-il en souriant, mes cheveux ont poussé à Paris et je ne suis disposé à les couper qu'à Paris. En ce qui concerne la politique, je n'en ai pas, n'ayant pas d'armée pour la soutenir.

Ce ne fut qu'un léger incident, par la suite la cour l'invita encore. Il se sentait à merveille, passait beaucoup de temps avec le virtuose allemand Henselt, qui ici dirigeait officiellement la vie musicale russe, ainsi qu'avec Lencz qui était autrefois venu le trouver à Paris et lui avait joué *Invitation à la valse* de Weber. Lorsque les belles journées de Pityer prirent fin, Franci songea en soupirant qu'il lui faudrait quitter la fête des baisers si doux et si lyriques, des belles femmes russes, pour retrouver la grisaille du quotidien avec Marie.

Il n'avait pas vu celle-ci depuis plus de six mois. C'est une nouvelle femme qu'il trouva à Paris. La vieille Mme de Flavigny était morte, Marie avait hérité d'une fortune colossale, s'était installée dans une maison somptueuse et avait organisé un salon qui lentement commençait à être connu. Si son ancien monde, l'aristocratie, s'en tenait éloigné, les gloires de la littérature et de l'art répondaient à ses invitations. Marie prenait en outre de plus en plus au sérieux ses activités d'écrivain, par-ci par-là paraissaient des textes signés du nom de Daniel Stern. Il était évident que pendant la longue absence de Franci elle n'avait pas eu de difficultés à trouver une consolation. Mais Franci ne s'en préoccupait pas le moins du monde.

Il ne logea pas chez elle, cela aurait à présent gêné les efforts qu'elle faisait pour se faire une nouvelle position dans la société. Franci alla habiter chez sa mère et ses trois enfants, rue Blanche. Blandine avait déjà sept ans, Cosima cinq et Daniel, trois. Ils adoraient leur grand-mère et celle-ci s'occupait d'eux avec un dévouement infatigable. Mais elle les éduquait à sa façon simple et villageoise. Et tandis que Franci s'était affiné depuis l'enfance dans le milieu distingué qu'il fréquentait, elle était restée la fille du mercier de Krems par son mode de vie et dans ses exigences. Les deux petites filles mangeaient très salement, elles étaient négligées et mal élevées. Franci ne fit aucune remarque, ne voulant pas blesser la susceptibilité de sa mère qui se dévouait pour lui, mais il sentit obscurément qu'il faudrait faire quelque chose.

S'il ne trouva pas de solution, ce n'était pas un problème d'ordre matériel. Il avait autant d'argent qu'il le désirait, et Marie n'était maintenant plus à sa charge. Il avait en outre en perspective un poste qui lui rapporterait une fortune. A l'époque de ses derniers concerts à Londres on lui avait proposé la direction d'un futur opéra allemand. L'idée plaisait beaucoup à Franci. Tout de suite il avait pensé à Berlioz et à son opéra non représenté. Ce serait un travail passionnant et beau : faire un théâtre moderne et courageux et lutter avec lui pour la renaissance de la musique lyrique. Le projet semblait s'être concrétisé mais au dernier instant les négociations avaient échoué. Les malheureux choristes allemands qui s'étaient rassemblés à Paris et attendaient de se rendre à Londres vinrent pleurer en masse chez Liszt, demandant de l'aide à celui qui aurait été leur directeur. Aussitôt Franci décida d'organiser un concert de bienfaisance pour les aider. Il composa un programme d'œuvres pour la plupart allemandes et se prépara pour le concert qui devait avoir lieu dans la salle de musique de l'hôtel du richissime colonel américain Thorn.

Un journal attaqua violemment Franci : comment osait-il propager à ce point la musique allemande dans la capitale française, au détriment de la musique française ? Quels étaient ces chants, qui était ce Herwegh dont il avait mis les poèmes en musique ? L'attaque fut reprise par plusieurs journaux mais Franci ne changea rien à son programme. Si tout le monde craignait un scandale, lui n'avait pas peur. Et il eut raison : tout le monde fut ébloui par la beauté musicale des morceaux. Ce furent ceux qui s'étaient rendus au concert pour siffler qui applaudirent le plus fort.

Il eut à peine le temps de revoir ses vieux amis, Chopin, Berlioz, Hiller ; déjà il reprenait la route. Succès immense à Liège, succès immense à Bruxelles, longue audience chez le roi Léopold de Belgique, ordre de Léopold. Applaudissements, lettres de femmes, de nouveaux visages toujours et toujours, de la fatigue et de l'argent à flots.

Il passa l'été à Nonnenwerth avec Marie et les enfants. La joie que lui procurait le jeu avec les petits avait disparu. Le père désaccoutumé de la vie en famille et la mère qui se passait difficilement de la grande ville s'ennuyaient à l'extrême. Franci ne s'intéressait pas aux essais littéraires de Marie, celle-ci ne s'intéressait pas à sa musique qu'elle ne comprenait pas. La magnifique petite île sur le Rhin signifiait pour l'un comme pour l'autre le vide le plus atroce.

XVII

Franci était arrivé à Weimar pour de grandes festivités : Charles-Alexandre, le jeune héritier du trône, venait d'épouser la fille du roi de Hollande, Sophie, qui était certes assez laide mais très gentille et très, très riche. Le fils suivait l'exemple de son père : celui-ci avait apporté à Weimar la partie de la fortune du tsar revenant à la fille qu'il avait prise pour femme. Son père vivait dans un bonheur parfait, il l'espérait pour lui-même.

Au milieu des nombreuses festivités le père du marié n'avait cependant pas oublié l'affaire d'Etat que son épouse lui avait énergiquement recommandé de mener à bien : Liszt était à Weimar, il fallait le retenir à tout prix, c'était absolument nécessaire pour le prestige culturel de Weimar. Cette époque n'avait pas donné de grand écrivain qui eût valu la peine d'être attiré ici, mais elle avait produit un musicien génial, c'était donc sur la musique qu'il fallait miser.

Trois mois plus tard le Dr Ferenc Liszt devenait maître de chapelle à Weimar. De grands projets bouillonnaient en lui. Il voulait créer un courant musical foncièrement nouveau qu'il ne savait cependant pas encore bien définir. Pour l'instant il le sentait seulement, au bout de ses doigts et dans son âme enthousiaste. Ce sentiment était composé d'éléments très différents. Il repensait par exemple à Fétis et aux choses étonnantes qu'il avait jadis expliquées lors de sa série de conférences : l'ouïe de l'homme devait se développer, des harmonies considérées jusqu'alors comme insensées seraient accueillies dans les catégories du beau, de l'art. Puis il y avait la musique audacieuse de Berlioz qui le stimulait au plus haut point. Il se rendait compte également de la puissante influence qu'avait eue sur lui le cercle parisien de ses amis écrivains, Hugo et les autres : il lui fallait rejeter les règles contraignantes et figées et créer les siennes propres par rapport au contenu de son message. Mais l'élément le plus fort et le plus profond, c'était ce fougueux sentiment de liberté, ce désir de contradiction passionnée et opiniâtre qui s'allumait en lui dès que surgissait le pouvoir, la violence venue d'en haut, sous quelque forme qu'elle se présentât, sous l'aspect de grands seigneurs arrogants, à travers une opinion publique injuste ou dans des traditions d'une force tyrannique. Comme l'air aux poumons, il lui fallait cette liberté. Dans la nouvelle musique c'était essentiellement ce qu'il recherchait, ce à quoi il aspirait. Il n'avait encore aucune idée de la façon dont il réaliserait ce dessein avec l'arme qu'il avait entre les mains, l'orchestre de Weimar. Des œuvres hardies sortiraient de sa plume ou de celle de jeunes auteurs.

Après Weimar il reprit sa course, alla donner des concerts à Iéna, Cobourg, Gotha, Francfort, Cologne, Aix-la-Chapelle, Amsterdam, Leyde et dans bien d'autres villes encore, puis il arriva de nouveau à Berlin. Son succès fut cette fois encore retentissant, mais les démonstrations hystériques de l'année précédente avaient diminué.

La célèbre cantatrice Schröder-Devrient, dont la médisance et la nature querelleuse étaient très connues, lui dit un jour :

— J'ai bavardé aujourd'hui avec l'auteur de la pièce *Rienzi* que nous sommes en train de répéter. Vous vous prévalez toujours du bonheur avec lequel vous venez en aide aux jeunes talents. Eh bien, cher maître, cet auteur, Richard Wagner, m'a raconté qu'il avait été chez vous à Paris et que vous aviez alors fait si peu de cas de lui que c'en est une honte.

— Richard Wagner ? Je n'ai jamais rencontré cet homme ni même entendu parler de lui. Il doit s'agir d'une erreur.

— Absolument pas. Il m'a raconté dans le détail que vous faisiez le récit de votre voyage en Hongrie devant une foule d'invités et que vous n'avez pas daigné vous intéresser à lui. Ce Wagner a pourtant un talent hors du commun.

Franci ne fit que secouer la tête. Non, vraiment, il ne se souvenait pas de ce Wagner.

Quelques jours plus tard il se rendit chez Mme Schröder-Devrient qu'il devait accompagner à une répétition. Il trouva en compagnie de l'actrice un homme de petite taille et aux yeux bleus qui devait avoir à peu près le même âge que lui.

— Je vous présente votre vieille connaissance, Richard Wagner, l'auteur de *Rienzi*, lui dit la cantatrice avec une joie maligne.

— Est-il vrai que je vous ai blessé ? S'il en est ainsi, c'est bien malgré moi et je m'empresse de vous demander pardon.

Wagner jeta un rapide regard de reproche à la chanteuse.

— Oui, il y a deux ans. J'aurais aimé parler de musique avec vous, j'avais même commencé, mais vous vous êtes tourné vers les autres et...

Wagner bafouillait péniblement. Franci le serra dans ses bras et lui dit :

— Je vous demande encore une fois pardon. Vous ne m'en voulez pas, n'est-ce pas ? Nous aurons encore l'occasion de parler de musique tous les deux. J'irai voir sans faute votre *Rienzi*, on m'en a tellement chanté les louanges. Hélas, maintenant il faut que je me dépêche, nous sommes déjà en retard...

Mais il n'alla pas voir *Rienzi*. Ce qu'il avait entendu au sujet de ce nouvel opéra ne l'avait pas vraiment enthousiasmé. Il le remit sans cesse au lendemain, puis l'oublia. Ses propres concerts, les invitations à la cour l'occupaient beaucoup et le peu de temps qui lui restait, il le consacrait à la composition. Si sa vie mouvementée ne lui permettait pas d'aborder ses grands projets symphoniques, il écrivait de nombreux chants et se délectait dans la composition d'œuvres rhapsodiques dont deux recueils avaient déjà paru chez l'éditeur Haslinger de Vienne et deux autres étaient prêts à être édités. Il avait également une marche écrite sur des motifs hongrois qu'il avait intitulée *Eroica hongroise*. Il la joua à Berlin pour le roi et celui-ci fut à tel point ravi qu'il ordonna dès le lendemain que la marche hongroise fût inscrite au répertoire des orchestres militaires de Prusse.

Il ne quitta pas cette fois Berlin avec une escorte, mais en grand seigneur quand même : il s'était fait construire une luxueuse voiture telle qu'il en rêvait depuis qu'il avait connu celle de Kazmér Esterházy. Ce véritable bijou pouvait faire office de petit salon le jour, et la nuit on pouvait y installer un bon lit. Dans cette voiture le voyage devenait un plaisir, après les inconfortables chaises de poste au plancher couvert de paille et grouillant de puces, dans lesquelles il était impossible de s'étirer et où il fallait dormir tout habillé, sans cesse secoué par les cahots.

La voiture somptueuse mena à Varsovie le prince errant du piano. Sans avoir pris le temps de défaire ses bagages il se mit à écrire une lettre à Chopin, son ami si cher dont le souvenir occupa dès le premier instant son séjour à Varsovie. Les programmes de ses concerts furent presque exclusivement composés d'œuvres de celui-ci et le public polonais qui pensait avec douleur et fierté à ses deux grands compatriotes en exil, Chopin et Mickiewicz, y perçut leur message secret. Les passages parfumés des mazurkas et des polonaises, les puissantes pulsations nationales résonnant dans leurs riches arabesques, la rêverie mélancolique et la nostalgie qui émanaient de ces œuvres eurent l'effet, dans cette ville condamnée au silence par les baïonnettes des soldats russes, d'une immense proclamation politique, d'un fier appel à la liberté. Le tonnerre d'applaudissements qui salua l'artiste s'adressait aussi à la nation polonaise. Ce fut un succès extraordinaire, mais encore une fois différent des précédents. Autrefois à Paris cela avait été le succès de l'enfant prodige. A Pest, c'était la fierté de sa patrie qui parlait, le succès berlinois avait été le délire étrange de la mode et de l'hystérie collective, celui de Varsovie était la reconnaissance d'une nation envers des mains merveilleuses qui pansaient ses blessures.

Bien que Franci ne s'occupât pas de politique, son affection pour les Polonais n'était un secret pour personne. Celui qui voulait se rendre à Saint-Pétersbourg aurait cependant eu intérêt à faire attention à ses déclarations. Franci ne s'en appliqua que mieux à transformer ses concerts en un véritable culte de Chopin. Un jour il poussa même l'audace jusqu'à improviser sur la mélodie de *Jeszcze Polska nie Zginela* devant un public nombreux. Le succès qu'il obtint fut indescriptible. Le lendemain on lui annonçait que le chef de la police, Abramovics, avait eu vent de l'affaire et qu'il la signalerait à Saint-Pétersbourg. Franci se contenta de hausser les épaules.

Celle qui lui avait appris la chose était une femme d'une beauté rayonnante. Elle avait vingt ans et descendait d'une famille de comtes allemands entrés au service des Russes. Son père, qui vivait à Varsovie, était le comte Nesselrode. Marie avait épousé à l'âge de seize ans un riche diplomate grec qu'elle avait quitté après la naissance d'une petite fille. Depuis trois ans elle errait à travers le monde, séjournant tantôt à Paris, tantôt à Baden-Baden, à Varsovie, chez son père, ou à Saint-Pétersbourg où son oncle paternel était chancelier à la cour du tsar. Elle était excellente pianiste et aurait pu se produire en public. Dans cette ville de Varsovie à l'ambiance si particulière elle menait une double existence. Par l'intermédiaire de son oncle elle était très proche de la cour du tsar, où elle était d'ailleurs très bien reçue. Mais sa mère était polonaise et ses sentiments étaient profondément marqués par ce sang maternel. Mariée par le conseil de famille, cette beauté blonde aux yeux bleus n'avait encore jamais aimé et dès le premier regard elle succomba à la fascination de Franci.

— J'ai très peur pour vous, lui dit-elle le soir de leurs adieux, vous êtes si peu réfléchi dans vos actes et vos déclarations. A Saint-Pétersbourg il sera nécessairement question de votre amitié pour les Polonais et je sais d'avance que cela vous causera de gros ennuis. Abramovics a envoyé de fréquents rapports sur vous. De mon côté j'ai tenté de les équilibrer par mes lettres, mais j'ai beau avoir quelque influence à la cour, c'est vous qui allez tout gâcher. Promettez-moi que vous ferez attention.

Franci lui répondit par les derniers baisers brûlants des adieux. Il donna encore un concert à Cracovie puis partit pour Saint-Pétersbourg. Là il ne trouva pas le moindre signe de froideur à son égard. Les préparatifs du premier concert à la cour se déroulèrent sans incident. Le jour du concert arriva. Le tsar était présent. Franci se mit à jouer.

Mais tandis qu'il jouait, à la place du silence envoûté auquel il était habitué, une conversation à mi-voix commença à le déranger. Le tsar bavardait avec l'adjudant assis derrière lui. Franci continua à jouer, le tsar continua à parler. Ceci dura un bon moment et Franci espérait à chaque instant que la conversation prendrait fin. Mais elle ne prit pas fin. L'adjudant répondit quelque chose et le tsar se remit à parler longuement. Franci pâlit. Au beau milieu d'une mesure il s'arrêta de jouer. Il posa ses deux mains sur ses genoux et attendit. Pendant un moment le tsar ne se rendit pas compte de la chose. Puis il se retourna, stupéfait. Il attendit. Mais l'artiste ne joua toujours pas.

— Que se passe-t-il ? demanda enfin le tsar.

— Tant que Votre Majesté parle, répondit Franci avec témérité, tout le monde est tenu de se taire.

Une tension épouvantable emplit l'air de la salle. Les gens de la cour étaient figés d'effroi. Le tsar ne dit rien. Franci poursuivit son jeu. Lorsqu'il eut terminé, le tsar se leva, fit signe à son adjudant et s'éloigna en sa compagnie. Les autres restèrent et Franci poursuivit son programme.

Dès le lendemain il apprit qu'il était tombé en disgrâce auprès du tsar. Les suites furent en fait sans gravité. Le tsar n'assista plus à ses concerts, Franci put également constater qu'on l'observait et que parfois ses lettres avaient été ouvertes. La tsarine, quant à elle, resta indulgente.

Il donna ses concerts en public. La compagnie de Henselt et de Lencz le délassait fréquemment, l'argent affluait sur son compte en banque. Avant son départ il trouva le moyen de montrer que son amitié pour les Polonais ne signifiait pas sa haine des Russes : à son cinquième concert, il improvisa sur un motif de l'opéra de Glinka dont le titre était *la Vie pour le tsar*. Ce fut le plus grand succès de sa tournée en Russie.

Il put se rendre sans difficulté à Moscou où il se lia d'amitié avec Glinka. La ville lui fit une impression beaucoup plus forte que Saint-Pétersbourg. Il la trouva plus vraie, plus russe. La vie était différente, les coutumes plus pittoresques, les costumes plus colorés. A Saint-Pétersbourg c'était l'Allemand Henselt qui était la figure de proue de la culture musicale russe, ici c'était le jovial Glinka.

— Attends un peu, mon mignon, lui dit le compositeur russe, si ce sont des couleurs populaires, et tout spécialement tziganes, que tu veux voir, je vais organiser une vraie fête en ton honneur.

Il tint sa parole. Lorsque Franci se présenta chez lui, il lui fit ôter sa veste et son gilet et lui noua autour du cou un foulard aux couleurs vives. Le grand salon était décoré de branches de sapin d'où dépassaient çà et là des morceaux de toile. Le tout imitait à merveille le camp d'une caravane de Tziganes, avec un chaudron, des tapis bariolés. Il y avait près de quarante invités, écrivains, musiciens, peintres et mécènes. Dans la pièce voisine un chœur invisible chantait des chants populaires russes. Des Tziganes vinrent également et Franci se mit à les interroger par l'intermédiaire d'un interprète. Le dîner fut servi dans des assiettes de terre cuite puis le poète Kukolnik prépara un *krambambuli* : il versa dans le chaudron du champagne, du vin rouge français et du rhum, y jeta des raisins secs et toutes sortes d'épices, ensuite il fit flamber le mélange. Les lumières de la pièce furent éteintes. Un voile de flammes bleues phosphorescentes illuminait le dessus du chaudron, dessinant sur les visages des lueurs et des ombres fantastiques au son des mélodies populaires.

— Tu ne trouves pas que la musique populaire hongroise ressemble beaucoup à la vôtre ? demanda Franci à Glinka.

— Mais il n'y a là rien d'étonnant, puisque vous aussi vous venez d'Asie. L'Asie est notre mère, nous sommes frères.

— Mais ne penses-tu pas que les Tziganes de nos deux peuples sont pour beaucoup dans cette ressemblance ?

— Je n'y ai encore jamais réfléchi. Mais maintenant bois !

Franci buvait volontiers et beaucoup. Lors de son précédent séjour en Russie il avait commencé à s'habituer aux alcools forts. La cuisine très épicée et le froid parfois insupportable lui faisaient apprécier la vodka. Quoiqu'il n'aimât pas trop la boisson en elle-même, l'ivresse douce et brûlante qui inondait ses veines lui faisait du bien, elle allégeait et simplifiait sa vie, ses soucis. Le temps n'existait plus, il se sentait bien. On vint à parler de la littérature russe. Glinka évoqua le souvenir de Pouchkine, qui avait été son ami et était mort dans un duel.

— Et Gogol, où vit-il ?

— A Moscou, lui aussi. J'aurais aimé l'inviter pour que tu fasses sa connaissance, mais il n'accepte aucune invitation. Il s'est donné totalement à la religion et prie du matin au soir au milieu d'icônes saintes.

— Quel est donc ce grand péché qui pèse sur son âme ?

Glinka le regarda tout étonné.

— Nous sommes tous de misérables pécheurs devant le Christ. Bois donc, mon mignon.

Franci pensa souvent à la période de crise mystique de son enfance et au désir qu'il avait alors d'entrer dans les ordres. Sa vie de Tzigane errant de pays en pays, de ville en ville, commençait visiblement à le fatiguer, le succès ne l'attirait plus guère, mais il sentait qu'il ne pourrait plus à présent devenir religieux. Son développement spirituel avait fortement compromis sa foi jadis si parfaite, en outre il aurait été incapable de renoncer aux délices dont les femmes le comblaient.

Solnsev était conseiller d'Etat à Moscou. Il avait une épouse d'une grande beauté dont Franci ne manqua pas de s'éprendre follement. Le mari surveillant avec une jalousie acharnée la belle Slave aux grands yeux, il leur fut impossible de se rencontrer en tête à tête. Franci quitta Moscou furieux. Il emportait dans sa voiture somptueuse deux oursons qu'il avait reçus en cadeau et désirait apporter en France à ses enfants.

Lorsqu'il s'arrêta à la douane de Saint-Pétersbourg, une chaise de poste arrivait justement. Et qui vit-il descendre de celle-ci ? Mme Solnsev. Elle se rendait à Hambourg et devait poursuivre son voyage trois jours plus tard. Franci avait prévu de rester dix jours dans la capitale russe mais il y renonça sur-le-champ, il lui fallait absolument voyager avec cette femme. Hélas, un étranger qui désirait quitter le pays se trouvait dans l'obligation de faire estampiller son passeport huit jours avant son départ. Le lendemain, au cours d'une soirée, tout s'arrangea : la fille du comte Benckendorff, ministre de la Police, lui promit d'arranger la chose. Franci partit donc le jour convenu. Seul. Au relais suivant Mme Solnsev le rejoignit. Ils poursuivirent leur voyage à deux dans la splendide voiture. A l'arrêt précédant la frontière la femme reprit une chaise de poste. Ils se retrouvèrent un peu plus loin et continuèrent leur merveilleux voyage de noces jusqu'à la séparation de leurs routes : Franci se rendait chez le prince Félix Lichnovsky, dans un village de Silésie, Krzyzanowicze.

Après son bref séjour au château du prince il donna encore quelques concerts dans des villes d'Allemagne puis retourna à Paris. L'été arriva. Il donna les oursons aux enfants qui trépignèrent de joie à leur vue. Marie ne semblait pas spécialement heureuse des retrouvailles. Elle trouvait tout simplement naturel qu'ils fussent à présent réunis pour l'été. Elle embrassa Franci avec l'indifférence des femmes dont l'amour s'est usé dans le mariage. Puis ils partirent pour la petite île sur le Rhin.

Il y avait dix ans qu'ils s'étaient embrassés pour la première fois. Ni l'un ni l'autre ne s'en souvinrent.

XVIII

Puis ce fut de nouveaux concerts, de nouvelles chambres d'hôtel, de nouveaux visages.

A Munich il rencontra le peintre Kaulbach qui devint son ami et fit un portrait de lui. A Weimar, où il annonça qu'il ne pouvait pas encore exercer ses fonctions, faute de temps, il ne passa que quelques jours. Il joua le *Concerto en si mineur* de Hummel.

Iéna, Rudolfstadt, Erfurt, Gotha. Puis Dresde où il descendit à l'hôtel de Saxe. Les affiches annonçaient deux événements : le spectacle d'une danseuse andalouse, Lola Montès, et la représentation du *Rienzi* de Wagner. Il décida de se rendre aux deux. Il éprouvait quelques remords d'avoir négligé l'opéra de Wagner à Berlin. Quant à Lola Montès, il en avait déjà entendu beaucoup parler. A peine s'était-elle installée quelque part, un scandale éclatait, partout on se battait en duel à cause d'elle, les suicides ne se comptaient plus.

Il alla la voir. Lola Montès interprétait des danses espagnoles, vêtue d'une immense pièce de soie fleurie, des castagnettes à la main. Elle avait la souplesse serpentine du chat sauvage et fut applaudie hystériquement par le public de Dresde. Le pianiste aux longs cheveux monta sur la scène pour faire la connaissance de la célèbre danseuse. On le conduisit à sa loge.

— C'est toi, le fameux Liszt ? demanda, les yeux étincelants, le beau chat sauvage. On m'avait déjà dit que tu étais à Dresde.

Tout en se déshabillant sous les yeux de Franci elle continua, en un français maladroit où l'on sentait un fort accent anglais :

— J'ai entendu dire que toutes les femmes que tu regardes deviennent tes maîtresses. Eh bien, moi, tu peux toujours me regarder. Tu as beau avoir cette crinière de lion, je ne veux pas de toi.

— Moi non plus, je ne veux pas de toi, ma petite. Je voulais tout juste bavarder un peu.

Lola Montès s'arrêta, surprise. Elle regarda dans le miroir le visage du visiteur assis derrière elle. Puis elle sourit, méprisante.

— Ça va, ça va, je connais. Vous êtes tous pareils. Tu es donc aussi bel homme qu'on le dit ! Mais je déteste les beaux hommes. Celui-là aussi il me dégoûte, ce Moriani...

— Qui est-ce ?

— Un ténor italien. Il veut dîner avec moi, je lui ai promis. Il m'ennuie épouvantablement. Toi aussi tu m'ennuies, tout célèbre que tu es. Tout le monde m'ennuie.

Avec l'impudeur des femmes qui connaissent la perfection de leur corps, la belle Lola allait et venait devant lui. Mais elle avait beau être désirable, l'homme choyé, le prince de la musique ne pouvait souffrir d'être comparé à un quelconque ténor italien. Il se leva et dit en partant :

— Je suis heureux d'avoir fait ta connaissance, belle Lola.

Il ferma la porte de la loge et haussa les épaules. Mais lorsqu'il s'assit à l'hôtel de Saxe pour dîner il se dit que cette danseuse était quand même diablement jolie. Dommage qu'elle fût aussi effrontée.

Il était heureux de pouvoir être un peu seul. Il se mit à manger tranquillement. Non loin de lui il remarqua un homme qui regardait constamment sa montre. Cela ne pouvait être que ce Moriani, le ténor de la danseuse.

Il ne fut pas déçu. Peu après Lola Montès fit son entrée dans le restaurant. Elle regarda dans la salle et se dirigea vers la table du ténor. Elle commanda quelque chose, commença à manger, mais bientôt ils se mirent à se disputer. Tout à coup la danseuse, sans dire un mot, se leva, prit son assiette, et alla s'asseoir à la table de Franci où elle continua son repas.

— Je préfère encore manger avec toi, dit-elle, je suis incapable de rester à la table de cet imbécile.

Le ténor, blême de rage, paya l'addition et s'en alla. Franci et la danseuse étaient plongés dans leur conversation. Ils parlaient du vide de leur vie errante. Tous deux avaient parcouru le monde, tous deux étaient seuls, tous deux avaient connu partout un succès gigantesque, mais tous deux étaient las de cette existence.

— Toi aussi ? demanda Franci. Si jeune ? Mais tu ne dois pas avoir plus de vingt-trois ans !

— Exactement. Mais j'ai déjà traversé tant de choses.

— Et tes parents ?

— Je suis une bâtarde. Ma mère était une créole, mon père un officier écossais. Où sont-ils, que font-ils ? Je n'en sais rien. J'ai été élevée dans une institution pour jeunes filles bien. Mais je ne suis pas faite pour être une dame comme il faut. Le sang de mes ancêtres noirs ne me laisse pas tranquille. Je suis un animal sauvage. Et toi, pourquoi es-tu vagabond ? Quel sang as-tu dans les veines ?

— Je suis hongrois et allemand. Mais ce n'est pas pour cette raison que je cours à travers le monde. Je dois gagner de l'argent pour mes enfants. J'ai deux petites filles et un petit garçon.

Lola soupira doucement, ses yeux se voilèrent.

— Des enfants... Mon Dieu... je meurs du désir d'avoir un enfant. Mais il n'appartiendrait à personne d'autre, son père ne saurait rien de lui, il serait à moi, rien qu'à moi. Je grimperais avec lui aux arbres et me cacherais avec lui dans le feuillage, comme les singes... Comment sont tes enfants, parle-moi d'eux...

Ils bavardèrent longtemps. Peu à peu le restaurant se vida. Ils montèrent à l'étage. Lorsqu'ils furent arrivés à la chambre de Lola, Franci s'arrêta pour prendre congé mais la femme entra en laissant la porte ouverte. Franci, étonné et heureux, la suivit.

A partir de cet instant ils passèrent leur temps ensemble. Lola ne le quittait pas une seconde. S'il avait des affaires à traiter, elle voulait être présente aussi. Ses excentricités causaient la confusion partout, mais elle était si gentille et si drôle que personne n'était capable de lui en vouloir. Ils allèrent voir *Rienzi* à deux. Franci prit place dans sa loge en poussant un profond soupir. Parmi la multitude d'œuvres de compositeurs inconnus dont il était véritablement submergé il savait qu'il s'en trouvait à peine une sur mille qui valût la peine d'une attention soutenue.

Pourtant, l'orchestre avait à peine joué vingt mesures qu'il dressa l'oreille et avança sa chaise. Cette musique avait un langage puissant et personnel. Dans son harmonisation surgissaient à chaque instant des idées tout à fait nouvelles. Mme Schröder-Devrient avait raison : cet homme avait du talent, beaucoup de talent. Au premier entracte il laissa Lola avec le ténor doux qui les suivait partout et se hâta de chercher Wagner. Il le trouva dans la loge du grand chanteur Titchatschek.

— Je suis heureux de pouvoir vous dire à quel point je suis émerveillé par votre musique. Vous avez un talent extraordinaire, cher monsieur Wagner.

— Cela vous a plu ? demanda le compositeur, gêné.

— C'est un mot bien faible. Je suis en extase. Rencontrer un vrai talent est toujours quelque chose de merveilleux et vous avez fait de ce jour un jour de fête. Je ferai tout ce que je pourrai pour vous aider. J'ai toutes sortes de projets pour lesquels j'ai besoin de compositeurs de talent.

Ils se serrèrent la main chaleureusement et Franci retourna à la loge. Le deuxième acte lui plut encore plus que le premier. Une fois habituée au langage de cet homme nouveau, l'oreille trouvait cette musique de plus en plus belle et hardie. La dramaturgie n'était pas moins audacieuse. Le compositeur bouleversait totalement la structure traditionnelle de l'opéra. A la place des arias obligatoires reliées entre elles par le récitatif, la phrase chantée s'éloignait définitivement des formules de l'opéra classique. Franci décida de ne pas perdre de vue cet homme. Il avait sa place aux côtés de Berlioz dans ses projets encore imprécis.

Au deuxième entracte Lola lui dit :

— Ecoute un peu. Il m'est arrivé une fois de rentrer seule et à pied du théâtre, la nuit. Deux hommes ivres ont commencé à m'importuner, j'ai giflé l'un d'eux et ils sont tombés sur moi. Par chance, un homme passait par là, il a fait fuir les deux ivrognes. Cet homme est un écrivain, il s'appelle Edward von Bülow. Il habite ici, à Dresde.

— Et alors ?

— Eh bien, je sais que tu n'aimes pas les petits prodiges, mais cet écrivain a un fils de quatorze ans. Il joue merveilleusement bien. Fais-moi plaisir, il faut que tu l'entendes. Sa mère viendra ce soir avec lui à l'hôtel.

— Volontiers. Un enfant prodige de plus ou de moins... Et parfois l'on trouve de véritables génies parmi eux.

— Tu en as trouvé combien ?

— Deux. L'un vivait à mes côtés comme mon fils. Il s'appelle Hermann Cohen, c'est le fils d'un juif de Hambourg. Nous nous sommes longtemps écrit. A présent il est religieux quelque part. L'autre est également un juif, un jeune Russe du nom de Rubinstein. Ton protégé aurait du mal à suivre leur trace.

Le garçon, Hans von Bülow, était un enfant malingre au front fortement bombé. On le fit asseoir tout de suite au piano dans l'appartement de Franci. Il joua une petite fantaisie qu'il avait composée sur la musique d'une danse espagnole de Lola. Franci l'écouta attentivement puis il alla vers lui et l'embrassa.

— Je t'avais mentionné deux enfants prodiges, dit-il à Lola, c'est le troisième. Et je ne sais même pas s'il n'est pas meilleur que les deux autres. Tu es le seul à ce jour qui peut-être m'égalera plus tard au piano, mon enfant.

Lola était vraiment folle de lui et elle fit annuler les uns après les autres ses spectacles pour rester avec lui. A Bautzen et à Bernburg sa présence était encore supportable mais bientôt elle commença à peser à Franci. A Stettin elle lui fit une telle scène de jalousie que l'hôtel en trembla. Puis ils partirent pour Berlin. Ici c'est sur l'avenue Unter den Linden que le scandale éclata. Franci fut contraint de se réfugier dans une boutique. Il se rendit compte qu'il ne s'agissait pas d'une plaisanterie et qu'il lui fallait quitter la danseuse pendant qu'il était encore temps. Il acheta une bague de diamants qu'il joignit à quelques lignes d'adieux et se sauva à Brunswick. Son concert remporta un succès éblouissant. A deux heures de l'après-midi déjà le public attendait devant l'entrée du Medizinischer Gartensaal pour le spectacle fixé à sept heures. Les unes après les autres les sommités de la ville vinrent lui rendre visite. La présence de Lola aurait été particulièrement désastreuse ici. En entrant dans sa chambre ce fut pourtant la belle créole qu'il trouva.

— Tu ne réussiras pas à te sauver, lui cria-t-elle en jetant la bague à ses pieds, ce n'est pas de ta bague que j'ai besoin, mais de toi !

Ils allèrent ensemble à Magdebourg. Franci décida de mettre fin à cette comédie. Profitant du sommeil de Lola il quitta la chambre d'hôtel qu'il ferma à clef de l'extérieur, puis il dit au portier :

— Mme Montès est restée en haut, j'ai fermé la porte à clef. Elle dort. Lorsqu'elle se réveillera elle fera sans aucun doute un scandale effroyable. Mais vous n'ouvrirez pas la porte avant sept heures du matin, vous m'avez bien compris ? Voici vingt thalers pour vous.

Il partit pour Hanovre. Il pouvait enfin respirer, la danseuse le croyait dans une autre ville. Cette tranquillité si difficilement retrouvée fut gâtée cette fois par une lettre de Marie qui trouvait dans cette aventure avec Lola Montès un bon prétexte de rupture. Franci se rendit à Paris. La rupture définitive se fit beaucoup plus facilement qu'il ne l'avait pensé. Marie était froide et hautaine. Elle attendait visiblement de la part de Franci un désespoir profond mais lorsqu'elle se rendit compte qu'il n'en était pas question elle redevint la fière comtesse d'Agoult regardant avec mépris l'artiste de basse naissance. Ils discutèrent de l'avenir des enfants comme deux ennemis mais parvinrent quand même à se mettre d'accord : les deux filles iraient à l'institution Bernard, où n'étaient admises que des fillettes de grandes familles, le petit Daniel resterait chez sa grand-mère et serait placé lui aussi par la suite dans une bonne institution. Franci se chargerait de toutes les dépenses concernant l'éducation des enfants, il déposait même une somme considérable sur deux comptes en banque distincts, afin que l'avenir des filles fût assuré, quoi qu'il arrivât. Tôt ou tard en effet, elles se marieraient.

— J'aurai soin de les marier selon leur rang, dit Marie, la tête haute, je ne les laisserai pas partir avec le premier... juif venu...

Elle avait manifestement voulu dire "artiste" et s'était reprise au dernier moment. Mais Franci la regarda, consterné. Il éclata, lançant une phrase qu'il était parvenu à contenir pendant dix ans :

— Mais Marie, c'est de très mauvais goût. Vos enfants ont du sang juif, pour l'amour de Dieu !

— Mes enfants ? Les enfants de Marie de Flavigny ? Vous avez perdu la raison ?

— Mais enfin, puisque votre mère est la fille du banquier Bethmann de Francfort !

— Et alors ? Les Bethmann n'ont jamais été juifs ! Ma mère a reçu une éducation protestante très stricte.

Marie ne lui tendit même pas la main. Dans l'entrée il rencontra une jeune fille élancée. C'était la jeune comtesse d'Agoult, la fille aînée de Marie. Elle serait bientôt en âge de se marier.

Chagrin, désagréments, tristesse, Franci ne rencontrait guère autre chose, où qu'il allât. Il rendit visite à Chopin. Son ami était méconnaissable, il ne lui restait plus que la peau sur les os ; les deux taches rouges sur son visage émacié, sa toux continue et la chaleur fiévreuse de ses mains étaient les signes évidents d'une grave tuberculose. Il alla trouver Berlioz. Celui-ci venait de quitter sa femme pour une Espagnole, Marie Recio. Lui aussi était irrité et nerveux. Il rencontra le père Lamennais qu'il n'avait pas vu depuis très longtemps. Il était vieilli, malade.

Seule la bonne humeur de Sándor Teleki vint adoucir un peu ses souffrances. Le comte hongrois lui apporta à Paris un cadeau des plus singuliers : un petit Tzigane. Le garçon devait avoir une douzaine d'années, sur son visage brun d'hindou brillaient des yeux de diamant noir, ses cheveux semblaient du crin noir. Il portait un dolman de hussard élimé, un pantalon en haillons.

— Vous avez dit plus d'une fois que vous aimeriez faire apprendre le violon à un enfant tzigane doué. Je vous fais cadeau de ce petit gars. Il s'appelle Jozsi.

Franci remercia son ami, bien embarrassé. Qu'allait-il faire de ce gamin ? Il n'avait guère le temps de s'en occuper et se contenta tout d'abord de le faire habiller correctement et de le placer chez sa mère à la cuisine. Il examina son savoir au violon, l'enfant était effectivement très habile. Mais bien vite il fallut trouver une autre solution, il volait, touchait à tout, cassait tout. Franci lui trouva une pension, l'inscrivit à des leçons privées chez le professeur du Conservatoire Massard et à des cours de français. Il paya le tout pour une année à l'avance.

Avant de quitter Paris, Franci laissa une composition à ses enfants : une prière du matin pour trois voix avec accompagnement de piano, sur un poème de Lamartine. Puis il partit pour une nouvelle tournée, nerveusement brisé, le cœur douloureux.

En route vers l'Espagne, Franci fit une halte à Pau. C'est là que la lumière rayonnante de pureté d'un visage d'autrefois vint apporter un peu de douceur à son errance : la comtesse de Saint-Cricq. La famille du comte d'Artigaux avait une propriété près de Pau, il ne le savait pas. Lorsqu'il aperçut le visage de Liline au premier rang de l'assistance, il crut être frappé de la foudre. En seize ans ce visage n'avait pas changé. Il lui fallut se ressaisir, jouer. Mais lorsqu'il se retrouva face à elle, dans la cohue des gens qui s'éloignaient, ses lèvres tremblèrent et restèrent muettes. Il tint longtemps dans sa main la fine main blanche et regarda le beau visage adoré.

— Je ne peux le croire… je rêve…

— Moi aussi, Franci…

Liline était venue seule au concert, son mari participait à une grande chasse. Franci viendrait rendre visite le lendemain au château d'Artigaux.

Franci ne put trouver le sommeil cette nuit-là. Il se leva très tôt et erra à travers les rues en attendant l'heure du départ. La voiture le mena sur une route cahoteuse entre les massifs pyrénéens. Tout à coup le château surgit devant lui avec, à l'entrée, la silhouette féminine qui faisait battre son cœur.

Ils s'assirent face à face et de nouveau se regardèrent sans un mot, infiniment émus. Puis ils se mirent tous deux à pleurer et leurs mains se serrèrent. Lorsque leurs larmes furent séchées ils parlèrent longuement. Liline lui raconta sa vie, une existence bien triste. Tout au début de son mariage elle avait donné le jour à une petite fille. Celle-ci souffrait depuis sa naissance d'une maladie incurable des articulations de la hanche et des genoux. Aucun bain, aucun traitement n'était parvenu à améliorer son état. A part cela, elle menait une vie calme, son mari était un homme très bon. S'ils quittaient parfois le château, c'était uniquement pour leur petite fille malade. Liline mena Franci à la chambre de la fillette. C'était une enfant chétive au visage fin et pâle, elle regarda les yeux écarquillés le célèbre artiste dont sa mère lui avait sans doute souvent parlé. Franci l'égaya de quelques paroles drôles, ils éclatèrent de rire tous les trois. Mais lorsque, après l'avoir embrassée sur le front, ils ressortirent de la pièce qui sentait les médicaments, ils éclatèrent en sanglots de nouveau.

Puis Franci raconta sa vie lui aussi, le douloureux roman de sa liaison avec Marie. Il ne l'embellit pas, s'accusant plutôt lui-même. Les heures passèrent et lorsque Franci eut terminé sa confession, la première depuis bien longtemps, un profond silence suivit.

— Avez-vous parfois pensé à moi ? demanda-t-il ensuite tout bas, lâchement.

— Je n'ai jamais cessé de penser à vous, Franci. Depuis seize ans il n'y a pas eu un seul jour que je n'aie prié pour vous. Le jour où est née mon enfant aussi. L'amour que je ressentais à votre égard vit toujours. Mais il s'est élevé dans des hauteurs inconnues, il n'y a plus rien de terrestre en lui. Il ressemble à présent à la religion et m'a aidée à traverser toutes mes souffrances. Lorsque je sens en moi la révolte, je pense à vous et je parviens à accepter la volonté de Dieu.

Ils étaient seuls, personne ne vint les déranger. Pourtant ni l'un ni l'autre ne songèrent à l'amour charnel. Franci s'assit au piano et joua la prière du matin qu'il avait composée pour ses enfants.

Il partit au crépuscule. Liline le raccompagna un moment à pied. Ils marchèrent côte à côte derrière la voiture. Dans l'obscurité qui tombait sur les montagnes retentit tout à coup l'angélus. Ils s'arrêtèrent et se signèrent tous deux. Mais au lieu d'une prière Liline lui dit :

— Promettons-nous mutuellement de penser l'un à l'autre chaque fois que nous entendrons l'angélus du soir…

Franci lui tendit la main, ils se dirent adieu.

— Nous reverrons-nous encore un jour ? demanda-t-il.

— Cela n'a pas d'importance, dit Liline avec gravité, je resterai de toute façon avec vous jusqu'à mon dernier souffle. Cherchez une femme douce, gentille, épousez-la, et soyez heureux.

— Heureux ? J'aurais pu être heureux si j'avais pu vivre à vos côtés. Sans vous je suis condamné à une atroce solitude, à jamais.

— Je sais, Franci. Dieu l'a voulu ainsi, nous devons nous soumettre. Et maintenant, allez, ne vous retournez pas.

Franci lui baisa la main. Il pleurait. Liline éclata en sanglots. La voiture était bien loin déjà, Franci se mit à courir, il ne se retourna pas. Il pensait à la silhouette à peine perceptible dans l'obscurité, au bonheur que le destin lui avait montré pour le meurtrir encore plus douloureusement en le lui ôtant.

La petite auberge de province n'avait pas de piano. Pourtant il s'assit pour composer à la lueur d'une bougie, tard dans la nuit. Il s'occupait beaucoup des poèmes de Herwegh dont il avait mis en musique plusieurs. Ce soir-là une strophe lui sauta aux yeux : *"Ich möchte hingehen wie das Abendroth*.*"* Après avoir esquissé la mélodie et les harmonies, il se coucha. Il souffla la bougie et se mit dans l'obscurité à jouer du piano en imagination. De la main droite il menait la mélodie *sotto voce*, de la gauche il répandait *dolcissimo staccato* les harmonies morcelées. Ce lied était le testament de sa jeunesse.

* "Je voudrais passer comme le coucher de soleil…" *(N.d.T.)*

XIX

L'élégant employé de l'office des cérémonies de la cour madrilène lui expliquait depuis vingt minutes les règles très strictes à suivre à l'occasion du concert qu'il devait donner à la cour. A plusieurs reprises il avait attiré l'attention du célèbre artiste sur le fait que celles-ci différaient considérablement de l'étiquette viennoise, cette dernière, qui se prétendait espagnole, s'étant regrettablement éloignée de ses origines traditionnelles. Profitant d'un instant où le monsieur de la cour reprenait son souffle, Franci lui demanda :

— Veuillez m'excuser de vous interrompre : quand serai-je présenté à Sa Majesté la reine ?

Le courtisan parut consterné.

— Vous présenter ? Mais je vous demande pardon, comment vous imaginez-vous une telle chose, maître ? L'étiquette espagnole ne connaît pas la présentation d'artistes.

— Ah oui ? Vous imaginez-vous, señor, que je vais jouer du piano dans une demeure dont je ne connais pas les hôtes ? Ce serait de ma part une incivilité sans nom. Un orchestre de Tziganes peut le faire, pas moi.

— Mais je vous en prie, faites-moi la grâce de le comprendre : c'est contraire à l'étiquette. L'étiquette commande la reine elle-même. Si elle voulait par exemple que vous lui soyez présenté, elle ne pourrait pas le faire.

— Quel dommage. J'aurais pourtant beaucoup aimé jouer devant Sa Majesté. Dans ces conditions, naturellement, le concert ne peut avoir lieu.

Le courtisan regarda Franci, sidéré, puis s'en alla. Franci reçut le jour même une invitation chez la comtesse Montijo, première dame d'honneur de la reine Isabelle. La comtesse l'accueillit avec grande amabilité. Elle aurait aimé arranger l'affaire du concert à la cour. Tandis qu'ils bavardaient, sa fille de dix-huit ans, Eugénia, entra pour le thé. Franci fut ébloui un instant par la beauté de la jeune comtesse, puis il continua obstinément à défendre son point de vue avec une grande habileté.

— Je ne peux pas le faire, car à mon avis cela offenserait Sa Majesté. J'aurais l'impression de supposer de Sa Majesté la reine qu'elle ne sait pas faire la différence entre un avaleur de sabres et un pianiste.

— Elle fait très bien la différence. Mais l'étiquette prescrit strictement les formes.

— Alors il faut changer l'étiquette.

La comtesse Montijo trouva la phrase très amusante et elle éclata de rire. Pas Franci. Il ne plaisantait pas. Et c'est lui qui gagna. L'incroyable, l'inimaginable se produisit. La visite dura quatre minutes. La souveraine de quatorze ans négligea l'étiquette de sa cour au point de tendre la main au moment de l'adieu. L'édifice du Palacio Real frémit lorsque la main et les lèvres du musicien touchèrent la main d'une Bourbon d'Espagne. Le concert eut donc lieu. La cour tout entière fut à tel point ravie par le jeu merveilleux du pianiste que la reine Isabelle le nomma chevalier de l'ordre de Charles III et lui fit cadeau d'une broche de diamants. Le succès des concerts publics ne fut pas moindre. Tout Madrid fêta avec fièvre le prodige du piano.

Après Madrid il se rendit dans les autres grandes villes d'Espagne : Cordoue, Séville, Valence, Cadix, Gibraltar d'où il prit un bateau pour se rendre à Lisbonne. La cour portugaise le combla d'honneurs. Ici aussi, c'était une femme qui était assise sur le trône, Maria II da Gloria. L'artiste quitta Lisbonne en chevalier de l'ordre du Christ et avec un cadeau somptueux de la reine, une boîte à cigares en or incrusté de diamants. Puis Alicante, Malaga, Barcelone, partout un succès immense. Puis de nouveau la France, Marseille, Lyon et une multitude de villes françaises.

Dans l'agitation constante des voyages, des concerts et des applaudissements, les paroles de Liline lui revenaient sans cesse à l'esprit : il devait trouver une compagne, fonder un foyer et travailler. Il pensait souvent à la nièce de Lamartine, la comtesse Valentine Cessiat. Il la connaissait depuis longtemps, mais superficiellement. Cette fille belle, sérieuse et silencieuse lui avait toujours beaucoup plu. Il évoquait en lui sa silhouette élancée, son visage aux traits un peu durs mais d'une régularité toute classique, son talent de pianiste, l'attention et les soins avec lesquels elle entourait le célèbre poète. Elle n'aurait pas été une mauvaise épouse. Il prit sa décision : profitant de quelques jours de liberté entre deux tournées il se rendit à Monceau, au château des Lamartine.

Le poète reçut Franci avec une grande amitié. Le grand homme aux épaules larges et aux tempes blanches était assis, comme il en avait l'habitude, dans la grande salle du rez-de-chaussée, entouré de ses chiens. Son épouse descendait peu de sa propre chambre, c'était Valentine qui s'occupait du poète, en silence. Tout de suite ils abordèrent un sujet qui les intéressait profondément tous deux : les divergences entre l'Eglise officielle et le catholicisme qu'ils avaient élaboré eux-mêmes. Depuis ses premiers écrits religieux Lamartine avait fait du chemin. Il avait désormais été mis à l'index par l'Eglise mais il continuait à professer obstinément son propre catholicisme, attaquant le célibat des prêtres et glorifiant la morale familiale la plus rigide et la plus sévère, base essentielle de toute la société.

C'est justement ce que Franci aurait aimé réaliser dans sa vie. Plus il regardait Valentine, plus elle lui plaisait. Il n'avait guère l'occasion de bavarder avec elle, seulement aux repas où la jeune comtesse dévoilait un esprit très fin. Chaque minute passée en sa présence renforçait Franci dans sa conviction qu'elle était la femme qu'il cherchait. Déjà il se demandait où ils vivraient, en dehors des trois mois passés à Weimar.

Enfin, le troisième jour, il put parler seul à seul avec elle. Le poète était parti très tôt le matin avec sa suite de chiens. C'est au jardin qu'ils se rencontrèrent, dans la lumière éclatante de la fin du mois de mai.

— Dites-moi, comtesse, vous suis-je aussi sympathique que vous l'êtes pour moi ?

Valentine rougit. Sa main posée sur les feuilles d'un rosier se mit à trembler.

— Comment le saurais-je ?

— Il serait pourtant important de le savoir, car je voudrais vous épouser.

La fille fut consternée. Franci essaya de lui rendre son calme en lui expliquant les raisons de son choix. Il était las de la carrière de virtuose et aspirait à l'intimité d'un foyer. Le bon Dieu les avait créés l'un pour l'autre. Il n'était pas nécessaire d'évoquer les questions matérielles, il pourrait assurer à sa femme une existence aisée.

— J'ai un petit défaut, dit-il enfin en plaisantant, j'aime boire. Mais vous me ferez perdre cette mauvaise habitude. Et maintenant, dites-moi vite oui, car j'aimerais que le mariage ait lieu le plus vite possible.

— Je ne puis répondre, dit la comtesse les yeux baissés, car il ne s'agit pas seulement de nous deux.

— Et de qui donc ?

— De mon oncle Alphonse. Il me considère comme sa fille. Il dit que je ressemble beaucoup aux deux femmes qu'il a le plus aimées dans sa vie : sa mère et sa fille défunte. Il a également coutume de dire que je suis née au même moment que son œuvre préférée : *les Méditations*. Si je le quittais, il serait bouleversé. Même pour travailler il ne serait plus capable de se passer de moi. Il ne m'est pas si facile de dire oui. Je dois réfléchir.

— Bien. Réfléchissez-y. Nous nous retrouverons ici demain matin.

Valentine se hâta de rentrer. Franci aperçut le regard de Mme de Lamartine qui les observait de sa fenêtre et il comprit soudain la tragédie brûlante de cette famille : Lamartine, cet homme qui approchait de la soixantaine, était amoureux de sa nièce de vingt ans, et sa femme le savait. Et voilà qu'il surgissait, lui, l'étranger, qui emporterait peut-être cette fille et lui ferait retrouver sa place auprès de son époux...

Toute la journée il observa la famille. Il ne s'était pas trompé. Il eut profondément pitié de cet homme éperdument amoureux. Que ferait-il si on lui enlevait la dernière lumière de sa vie ? Mais l'instinct de rivalité masculine s'éveilla en lui. S'il fallait choisir, c'était impossible qu'on ne le choisît pas, lui.

Ce n'était pourtant pas impossible. Le lendemain matin, devant le rosier, Valentine lui dit :

— J'ai décidé. Ne m'en veuillez pas, oubliez-moi.

— Comment ? Vous ne voulez pas être ma femme ?

— Je ne peux pas. Ce serait la mort de cet homme si bon. Je le dis sérieusement : il n'y survivrait pas. Il est bon envers moi et je ne peux pas le tuer. Bientôt nous serons ruinés, je le sais. Pourtant, je choisis de rester fille et pauvre. Comprenez-moi et oubliez-moi.

— Je vous comprends, comtesse, mais je ne vous oublierai pas.

Il partit le jour même, laissant les trois êtres avec la croix de leur vie empoisonnée, et reprit sa course à travers le monde.

Bien vite il oublia Valentine. Mais ce n'était que cette femme qu'il avait chassée de sa mémoire, pas le désir profond qu'il avait de ne plus être seul.

A Bonn on inaugura enfin le monument Beethoven à la souscription duquel il avait largement contribué. Les plus grands noms de la vie musicale honorèrent l'événement : Spontini, Auber, Halévy, Thomas, Mendelssohn, Schumann, Glinka, Nicolai, et des centaines d'autres encore, moins connus, dont Wagner, qui rayonna de bonheur en revoyant le grand Liszt. Vinrent également la reine Victoria avec son époux, le couple royal de Prusse ainsi que le couple héritier du trône et toute une foule de grands.

La presse de Bonn fut unanime, personne ne mettait en doute la toute-puissance du pianiste hongrois. C'était lui qui s'occupait de tout dans l'organisation de ces fêtes grandioses, c'était lui que les foules acclamaient dans la rue. Ce fut lui qui dirigea la *Symphonie en do mineur* et l'ouverture de *Fidelio*. Ce fut lui que le public applaudit fébrilement, il était le plus grand parmi les grands, tout juste après le génie défunt. Mais ceux qui s'étiolaient dans l'ombre de sa gloire se mirent bientôt à grogner et à comploter.

Le grand événement était pour Franci la *Cantate de fête* qu'il avait composée pour la circonstance. C'était une œuvre hardie, d'interprétation difficile et à tel point originale qu'on pouvait douter de son succès. Il y avait travaillé au fil de ses voyages, à Lyon, Avignon, Colmar, Mühlhausen. Il y avait mis toute son affection pour le souvenir de Beethoven et toute sa foi.

Les répétitions furent peu nombreuses, musiciens et chanteurs mirent peu d'enthousiasme à travailler cette œuvre qu'ils ne comprenaient pas et en laquelle ils ne croyaient pas. Il était en outre évident que certains s'appliquaient à monter les musiciens et les choristes contre elle. Et le comportement original de Franci n'arrangeait pas les choses. Il cria par exemple aux cors :

— Plus de bleu, messieurs ! C'est beaucoup trop rouge !

Les musiciens se regardèrent furtivement : cet homme était fou. Puis ils continuèrent à jouer comme ils l'entendaient. Tout portait à croire que la représentation serait un échec total. La veille du grand concert de clôture un dîner d'honneur eut lieu au restaurant Stern. Tous les musiciens d'Europe étaient assis à la longue table de banquet. Les uns après les autres les toasts furent portés. Franci ne parvint pas à se contrôler, il but beaucoup, pour apaiser dans la douce ivresse ses nerfs tourmentés par les répétitions. Il dut lui aussi prononcer son discours, ce qui n'alla pas sans mal. En conclusion de cette suite confuse de grandes phrases creuses il dit :

— Je lève mon verre aux nations qui sont venues ici en pèlerinage : Hollandais, Anglais, Viennois, Espagnols, Russes, Italiens, à tous !

De faibles applaudissements suivirent. C'est alors que bondit de sa chaise Chélard, le Français dirigeant la chapelle de Weimar :

— Vous oubliez les Français, monsieur !

Un grand trouble éclata. Des cris montèrent :

— C'est vrai ! Il a raison !

— Asseyez-vous ! Vive Liszt !

Un autre Français se leva, rouge comme un coq et lui aussi cria en français :

— Vous avez salué la reine Victoria, mais pas le roi de France !

— Allons, je vous en prie, intervint un Anglais, pourquoi pas l'empereur de Chine et le khan mongol ? Eux non plus n'étaient pas présents. Ils ont autant le droit d'être salués que le roi au parapluie !

A présent tout le monde hurlait. Franci se leva, blême, il essaya de s'expliquer mais ses paroles se perdirent dans le vacarme. Il se mit alors lui aussi à hurler :

— Je n'ai pas non plus mentionné la Hongrie, et pourtant je suis hongrois !

Le banquet prit fin, un grand nombre de musiciens se leva et quitta la salle. Franci resta assis, sans comprendre très bien ce qui se passait. On le raccompagna à son hôtel.

Le lendemain, au réveil, il eut honte de son comportement de la veille. Il aurait aimé se gifler. Comment avait-il pu tomber si bas, lui, le célèbre, le fier Liszt ? Il se dit que cela ne pouvait plus continuer de la sorte : il lui fallait mettre de l'ordre dans sa vie. Il devait se marier, travailler. Depuis plus de six ans il avait en tête le projet grandiose de symphonies et n'en avait pas encore composé la moindre ligne.

Il n'eut guère le temps pourtant de ruminer sa honte, il lui fallait se dépêcher, le concert de clôture était fixé à neuf heures du matin. C'était lui qui dirigeait la *Cantate de fête.* On attendit longtemps le roi et sa suite puis l'on commença sans eux. Franci comprit tout de suite que l'orchestre et les choristes travaillaient contre lui. Les attaques étaient négligées, l'orchestre tout entier traînait pesamment comme un âne obstiné tiré par une corde. Ce fut épouvantable. Les faibles applaudissements de politesse lui furent mille fois plus douloureux que le silence.

Le couple royal fit alors son entrée. Franci réfléchit un instant, frappa de sa baguette et dit à l'orchestre : *Da capo !* Les musiciens se regardèrent, ahuris, mais n'osèrent pas ne pas obéir. Le public ne fut pas moins consterné. Comment ? Bisser une œuvre si longue ? Mais la baguette du chef d'orchestre fit se taire les murmures. Le chœur retentit.

Ses yeux étincelaient, ses narines se dilataient. Il dirigea comme un cavalier parfait dompte un cheval fougueux. Les musiciens et les choristes se soumirent à la puissance du maître qui se donnait corps et âme dans son œuvre. Il y avait du feu et de la fièvre dans cette interprétation et lorsqu'il eut terminé, mort de fatigue, c'est un tonnerre d'applaudissements et d'acclamations qui le tint debout. C'était une victoire inouïe, la victoire d'un roi qui par sa seule présence fait se baisser les armes de la révolte.

— Le petit accident d'hier soir est réparé, lui dit Berlioz.

Il haussa les épaules en souriant.

— Tout m'est permis, à moi.

Il ne s'en voulait plus, il ne songeait plus à se marier. Ce soir-là de nouveau le champagne coula à flots jusqu'au matin. Puis il donna un concert à la cour. Les voyages reprirent. Les concerts. Les aventures. Le champagne. Il avançait dans le monde entre la musique, la boisson et les baisers tel un somnambule.

XX

Il était à Vienne, avec Berlioz qui, lui aussi, donnait des concerts à travers l'Europe. Leur amitié n'avait pas tiédi malgré la distance, ils avaient l'habitude de s'envoyer leurs œuvres et s'écrivaient régulièrement. Les virtuoses ont autant de mal à se rencontrer que les souverains et ils se réjouissaient d'autant plus de leurs retrouvailles. Ils passèrent tout leur temps libre ensemble. Franci devait donner neuf concerts à Vienne, quant à Hector, il se rendait à Pest.

— Il me faudrait un bon morceau hongrois que je travaillerais à ma manière, dit-il à Franci avant son départ.

— Je peux t'en donner un, répondit Franci, nous autres, Hongrois, avons un morceau on ne peut plus séditieux.

Il lui interpréta une série de mélodies hongroises, dont la *Rákóczi-marche*. Berlioz fut enflammé. Il passa sa dernière journée à écrire l'orchestration de la marche. Après avoir donné rendez-vous à Prague à son ami, il partit pour Pest. Franci resta à Vienne. Il était invité partout et Belloni avait bien du mal à faire régner un peu d'ordre à l'hôtel *Zur Stadt London* où une foule d'admirateurs venaient trouver le grand musicien. Deux de ces visiteurs retinrent l'attention de Franci. L'un, jeune prodige hongrois, fils d'un commerçant de Köpcsény nommé Joachim, âgé de quinze ans, était un merveilleux violoniste. Il avait déjà parcouru le monde, avait joué devant la reine d'Angleterre et devant le tsar. Franci fut ébloui par son talent et ils se produisirent ensemble. Le public viennois acclama les deux Hongrois avec frénésie. L'autre découverte de Franci était également un Hongrois, un pianiste nommé Ehrlich. Il jouait dans un style tzigane qui plut fortement à Liszt et avait composé lui aussi un grand nombre de fantaisies à partir de motifs hongrois. Ses ouvrages hongrois emplissaient dix recueils qu'il avait réunis sous le titre de *Rhapsodies hongroises.*

— J'ose à peine vous le demander, maître, dit Ehrlich, ce serait une telle absurdité... J'aimerais tellement, pourtant, que vous mettiez à votre programme, lorsque vous serez à Pest, l'une de mes compositions...

— Et pourquoi serait-ce une absurdité ?

— C'est que vous faites dans le même genre des choses mille fois meilleures. Pourquoi propageriez-vous mes œuvres, pourquoi feriez-vous tort à vos propres affaires auprès des maisons d'édition ?...

— Vous me connaissez très mal, mon ami. Mais oui, je jouerai vos compositions.

Ehrlich s'en fut, tout étonné et débordant de gratitude. Franci se remit à l'ouvrage. Il s'était imprégné de l'ambiance de la ville impériale et avait réuni des mélodies de Schubert sous le titre de *Soirées de Vienne.* Lorsqu'il eut terminé ses concerts il partit pour Prague où il devait retrouver Berlioz. On y présentait le *Roméo et Juliette* de ce dernier.

— Et la marche de Ráckóczi ? demanda Franci en serrant son ami dans ses bras.

— Cela a été un succès inouï. Votre pays m'a fasciné, Franci. Quelle gentillesse, quelle noblesse dans leur comportement, quel élan, quel enthousiasme ! Je n'avais jamais connu un tel succès. Le comte Kazmér Batthyány a acheté deux mille forints le droit d'interprétation pour votre Théâtre national.

— Je n'en suis pas étonné. J'ai toujours moi aussi un succès sans pareil chaque fois que je joue cette marche au piano. Eh bien, pourquoi faites-vous cette tête ?

— C'est que… je ne savais pas que vous vous occupiez de ce morceau. Dans ce cas, il n'est naturellement pas question que je fasse éditer cette partition. C'est vous qui avez la priorité. Est-elle déjà publiée ?

— Non, pas encore, et je ne le ferai pas avant vous. Acceptez cette petite prévenance en cadeau, en échange de la gentillesse avec laquelle vous vous êtes exprimé au sujet de ma patrie.

— Non, Franci, c'est impossible. Cette partition vous apportera beaucoup d'argent. Je ne peux pas vous la prendre.

— Mais puisque je vous l'offre. Prenez-le comme une fleur, accrochez-le à votre boutonnière. Moi aussi je ferai éditer par la suite ma partition.

Berlioz accepta le cadeau qu'il rendit à son ami en lui dédiant sa nouvelle œuvre, *la Damnation de Faust*. Les deux amis furent très proches pendant ces journées passées à Prague. Ils bavardèrent longuement, firent la fête. Une nuit, dans les vapeurs du champagne, Franci chercha querelle à un monsieur tchèque, en pleine rue. Il voulut se battre en duel, sur-le-champ, et réclama des pistolets. Par chance, Berlioz et Belloni parvinrent à le calmer et le ramenèrent à son hôtel. Le lendemain ils regardèrent en tremblant dans les journaux si la presse tchèque n'avait pas étalé le scandale au grand jour.

— Pourquoi buvez-vous autant, Franci ? C'est mauvais, vous devriez vous en déshabituer.

— J'y ai pris goût en Russie ; là-bas il était impossible de s'en passer. Et parfois, quand on est de bonne humeur, ça fait du bien…

— Mais vous n'avez pas peur du scandale ? Est-ce digne de vous ?

Franci se tut. Son ami avait raison, il le savait mieux que quiconque. Mais que faire ? il était incapable de se maîtriser. A peine avait-il bu le premier verre, il ne pouvait plus s'arrêter, il était perdu. Mais bien vite, comme toujours, il chassa de sa tête les pensées désagréables. Il songeait avec une fièvre croissante au prochain voyage à Pest, comme un enfant attend Noël. C'était le printemps. A Vác il fut accueilli par deux bateaux bondés à craquer d'une délégation de magnats, d'éminences officielles et des épouses de ceux-ci. De Vác à Pest, il fut assailli par tous. Tout le monde voulait le voir de près, échanger ne fût-ce que deux mots avec lui, toucher son vêtement, comme une statue miraculeuse.

A Pest une nouvelle délégation en habits hongrois monta sur le bateau. A sa tête se tenait le comte István Széchenyi. Il adressa à Franci un discours en français au nom de la nation hongroise qui s'apprêtait à retrouver en son sein son fils fidèle. Lorsque le comte serra la main de l'artiste en habit hongrois, lui aussi, les occupants des deux embarcations lancèrent des vivats qui furent repris par les milliers d'admirateurs enthousiastes se pressant sur la rive.

Autour de la calèche d'apparat se trouvaient de nombreuses connaissances : Festetics, Fay, Augusz, Esterházy, Zichy et bien d'autres. Széchenyi prit place à côté de lui dans la voiture.

— Je ne vous laisserai même pas vous installer dans votre chambre à l'hôtel de la Reine d'Angleterre, il faut avant toute chose que vous voyiez mon pont.

Ils longèrent la rive. De loin déjà on pouvait voir les deux piliers gigantesques qui s'élevaient des eaux du Danube. Les travaux se poursuivaient sur la rive de Pest et au pied de la colline du Château. Franci se tourna vers le comte et lui dit, débordant d'enthousiasme :

— Je vous félicite ! C'est magnifique ! Ce pont est une action colossale.

— C'est plus encore, répondit le comte aux sourcils épais, ce pont, c'est de l'histoire !

— Mon Dieu, s'écria Franci, très ému, moi aussi… moi aussi je veux réaliser une action de ce genre…

— Que voulez-vous faire ?

— Je voudrais créer un conservatoire à Pest. Et je le ferai ! Vous verrez, comte, je le ferai !

La voiture quitta la rive et les mena à l'hôtel. Devant l'entrée une foule s'était amassée qui criait des vivats sans discontinuer. Dans l'appartement qui lui avait été préparé, Franci trouva une multitude de cadeaux, et des fleurs, des fleurs, partout. On lui offrait des livres dédicacés, mais spécialement des partitions, presque toutes manuscrites, dans leur reliure typique, dorée ou aux couleurs nationales. Il y avait là entassés toutes sortes de souvenirs, même des gourdes aux motifs naïfs de tulipes. Dehors les acclamations retentissaient toujours. Les visiteurs se succédaient, puis une foule portant des flambeaux vint lui souhaiter la bienvenue, puis un orchestre. Ferenc Erkel dirigea en personne l'ouverture de son opéra, *Hunyadi*.

— Nous avons à présent un opéra national, dit derrière lui Leo Festetics tandis qu'ils se tenaient tête nue à la fenêtre, la première a eu lieu il y a deux ans mais l'enthousiasme est toujours aussi grand.

— Oui, je sais, la chose m'intéresse énormément. Il faut à tout prix que j'entende l'opéra tout entier.

— N'avez-vous pas envie vous aussi de composer un opéra, maître ? Ce serait merveilleux. Le monde entier aurait les yeux fixés sur la première…

— J'y ai déjà pensé. Il me faudrait un bon livret.

Discours, acclamations, dîners d'honneur, divertissement jusqu'à l'aube, musique tzigane. Franci nageait dans le bonheur d'être fêté, et aimé. Le lendemain il visita longuement avec Széchenyi la construction du pont de Chaînes et les nouveaux chantiers navals. Déjeuner chez Széchenyi. La splendide comtesse Crescendia.

Concert à la Redoute, rhapsodies hongroises. Tonnerre d'applaudissements. Banquet d'honneur. Réception chez la comtesse Karolyi, dîner chez la baronne Wenckheim. Musique aux flambeaux. Concert. Marche de Rákóczi, délire. Concert de l'artiste hongrois Rozsavölgyi, mélodies hongroises poignantes. Dîner au Cercle de Pest, discours solennel du comte László Teleki. Le célèbre acteur Gábor Egressy déclame l'ode du grand poète hongrois, Mihály Vörösmarty. Poèmes solennels de Lisznyay et de Garay. Franci reçoit une couronne de lauriers d'or... Il faut qu'il s'adresse au peuple. Il prononce les quelques mots hongrois appris soigneusement :

— Vive les citoyens de Pest !

Dans ce véritable conte des *Mille et Une Nuits*, un livre. Il venait de paraître à Paris. Son titre était *Nélida*, son auteur Daniel Stern. Marie avait écrit un roman.

Il le lut d'une traite. Il voulait tout juste en lire quelques pages avant de se coucher mais ne put le reposer. Dès la première page il apprit qu'il s'agissait d'une grande histoire d'amour entre une dame de l'aristocratie et un artiste. Marie avait écrit un roman à clefs, sous l'influence évidente de George Sand. Il lut le livre avec avidité, jusqu'au matin.

L'héroïne, Nélida de la Thieullaye, épouse de Timoléon de Kervaëns, fait la connaissance d'un peintre d'origine roturière, Guermann Régnier. Ils tombent amoureux et se donnent l'un à l'autre. Le peintre, jusqu'à la cent quarante-sixième page, est le modèle fascinant du génie, puis, à partir de là, il devient tout à coup un être méprisable. Un type abject qui trompe de la façon la plus basse la sublime et idéale Nélida. Mais il est puni d'avoir traité de la sorte cette dame parfaite qui, toutes les deux pages, accomplit un sacrifice énorme pour lui ; dévoré de remords il meurt en se repentant.

Le livre glissa de ses mains, il ne le ramassa pas. Il passa ses doigts dans ses épais cheveux blonds, se leva et alla à la fenêtre. Pest s'éveillait. C'était le printemps, il ouvrit la fenêtre, l'air frais fit du bien à ses yeux brûlants. Il sentait son corps fatigué, son âme brisée, mais pourtant soulagée. Il se mit à fredonner. Aime, tant que tu sais aimer, aime, tant qu'il te faut le baiser… Oh oui, il avait encore besoin du baiser, il saurait encore aimer. Mais qui ? Où se trouvait cet être qui s'installerait avec lui à Weimar et serait sa compagne dans le grand travail, la grande œuvre de sa vie ? Peut-être n'y aurait-il personne. Peut-être que si cette femme existait, ce n'était pas le bonheur, mais la peine qu'elle lui procurerait, cette fois encore. Il avait trente-cinq ans. Jusqu'à quand vivrait-il ? Il fallait qu'il vécût très longtemps, il avait tant de projets…

Il alla au piano et frappa un accord en *la* bémol majeur, tout bas, pour ne pas troubler le silence du petit matin. Il joua le petit chant, presque imperceptiblement, avec ce pianissimo léger comme un souffle que lui seul au monde connaissait. Il joua pour la femme mystérieuse de sa vie future, cette femme qu'il ne connaissait pas encore, qui viendrait demain, ou dans un an.

Ou peut-être ne viendrait-elle jamais.

TROISIÈME PARTIE

I

Franci rentra à son hôtel fatigué et un peu ivre. Il venait du restaurant *Zum Zeisig* où il était allé dire adieu à Jozsi, le petit Tzigane. Il lui avait en effet fallu retirer l'enfant des cours de Massart, car il n'était pas disposé à étudier et ne s'intéressait guère qu'aux cravates et aux parfums. Il l'avait placé dans un lieu plus calme, la petite ville de Löwenberg, auprès du violoniste Stern, musicien à la cour du prince Hohenzollern. Les nouvelles qu'il avait reçues de celui-ci étaient tout aussi alarmantes. C'est alors que dans un restaurant où il s'était rendu avec des amis un musicien de l'orchestre tzigane s'était jeté à ses pieds en le suppliant de rendre Jozsi à sa famille. Cet homme qui avait naturellement reconnu le célèbre Liszt était le frère aîné de l'enfant. La scène avait fait sensation dans le restaurant. Franci lui avait promis de faire venir Jozsi à Vienne ; c'était à lui de décider de son avenir. Et il l'avait fait venir. L'enfant était fou de joie, Franci avait renoncé à ses grands projets d'expérimentation musicale et organisé une soirée d'adieux. Jozsi s'était si bien soûlé qu'il n'avait pas pu dire adieu à son protecteur.

Franci était d'humeur joyeuse et avant de se coucher il jeta un coup d'œil à ses partitions et à ses notes, sans but précis, comme il aimait le faire. Il y avait la sérénade espagnole de Leo Festetics qu'il avait transcrite pour piano, métamorphosant la naïve petite pièce en un morceau somptueux. Puis il regarda ses partitions des sonnets de Pétrarque. A cette époque il avait constamment dans sa poche les œuvres de Pétrarque, il s'était inventé un amour profond pour une Laura inconnue et mettait en musique avec ferveur les poèmes italiens. Puis il consulta une pile de notes : il voulait écrire un opéra, un livret intitulé *Sardanapale* lui avait beaucoup plu et il avait décidé d'en faire la composition dans le style italien.

Sur le piano où étaient rangés ses divers ouvrages en cours il remarqua un livret étranger. Il l'ouvrit sans grand intérêt, il en recevait par centaines. Mais il le reconnut. C'était la nouvelle œuvre du chef d'orchestre de Dresde, Richard Wagner, dont il avait écouté le *Rienzi* en compagnie de Lola Montès. Le nouvel opéra s'intitulait *Tannhäuser.* Il feuilleta la partition d'orchestre. D'un seul coup d'œil il était capable d'embrasser l'orchestre et la scène. Il lisait la partition comme un autre lit le journal et entendait instantanément l'ensemble des instruments et des voix.

Il feuilleta encore une fois le livret puis s'assit et se mit à le lire attentivement, du début à la fin, tout en sirotant le café qu'on lui préparait toujours pour la nuit et en fumant des cigares. Lorsqu'il reposa la partition, il se leva et fit quelques pas dans la chambre. Puis il reprit au début. Le jour commençait à pointer.

Les poèmes puissants, un peu emphatiques, mais parfois d'une beauté poignante l'avaient subjugué. Il enviait ce don, il enviait le thème, l'œuvre tout entière. Et en songeant au minable livret de *Sardanapale* il se sentit relégué à l'arrière-plan.

Cette musique l'avait secoué, bouleversé, ravi, surtout l'ouverture. Il y revint à deux reprises. Lorsqu'il en connut le sens il y découvrit des beautés encore plus nombreuses. Il ne pouvait se lasser du motif religieux qui était l'un des éléments de base de cette œuvre de grande envergure. Quelle force expressive dans ces seize mesures en *mi* majeur réunissant clarinettes, cors et bassons, quel brillant jeu de cadence avec la dominante ! Et l'autre partie de ce même motif religieux : l'âme assoiffée s'accroche à la ligne jaillissante de la mélodie des violoncelles, quel élan dans ce désir montant, au moment où, à la neuvième mesure, cette mélodie est reprise par les violons ! Puis viennent les cuivres, accompagnés des triolets de doubles croches, telles de petites langues de feu sur la lave qui déferle. Le mouvement tout entier s'assourdit et se ralentit progressivement jusqu'à l'accord de septième diminuée et c'est alors que retentit le deuxième élément de base, le motif de Vénus, reine de la volupté. A l'arrière-plan de la mer parfumée et tremblante des flûtes, hautbois et violons, le compositeur a dessiné une ligne fulgurante étonnamment zigzagante. C'est une mélodie étrange, capricieuse, inquiétante, fascinante, exécutée par les altos, puis par les hautbois et les clarinettes. L'ambiance voluptueuse de la grotte de Vénus bruit et ondoie, l'éclair de corps de nymphes trace dans l'orchestre des arabesques d'une douceur douloureuse et dans ce flux de plaisir affolant retentit l'appel au secours de l'âme en proie à la tentation. Le miracle de l'ouverture apporte l'aide au désespéré : de nouveau surgit la phrase sublime de l'amour religieux, cette fois triomphale, impérieuse.

Ecrasé de fatigue, il se coucha au petit matin mais ne parvint pas à dormir profondément. Lorsqu'il se leva, sa première pensée fut pour l'ouverture de *Tannhäuser*. Il alla au piano et joua de mémoire le chœur des pèlerins, puis il posa la partition sur le pupitre et joua l'opéra en entier. Il ne s'était pas trompé : Wagner était un grand artiste, un grand poète. Plus grand que tous ceux qui composaient des opéras de par le monde. Peut-être plus grand que Berlioz même.

La musique de *Tannhäuser* avait totalement imprégné son cœur, ses idées avaient envahi son esprit. Il se sentait profondément seul et aspirait à l'amour parfait d'une Elisabeth qui comblerait le vide de sa vie. Quoiqu'il pût à juste titre se considérer comme un homme bon, et fidèle, son existence l'avait amené à ne pouvoir aimer qu'avec le désespoir de l'exilé. Il n'était pas un vrai père pour ses enfants, il n'était pas un vrai fils pour sa mère ni un vrai enfant pour sa patrie. Lorsqu'il songeait à la ferveur avec laquelle il proclamait la parole divine de l'art, il se voyait prêtre. Puis, devant l'amas enchevêtré et fougueux de ses sentiments, il se sentait tzigane. Qui suis-je ? se demandait-il souvent. Mais il ne savait répondre et ne pouvait que considérer sans comprendre cet univers confus dont il portait en lui-même le paradis et l'enfer.

En revenant de Pest, il connut à Vienne un grand moment de joie : on lui offrit le piano de Beethoven. Il fit courir ses doigts sur le clavier puis soupira. Ce piano aussi lui rappelait qu'il n'avait pas de foyer dont ce cadeau de prince aurait dû être le trésor. Il ne pouvait que l'envoyer à Paris, chez sa mère. Une errance de plusieurs mois l'attendait de nouveau. Après de petites villes d'Autriche il atteignit Sopron où il fut élu magistrat du tribunal civil. Il ne comprit d'ailleurs pas très bien de quoi il s'agissait. Dans la petite ville de Köszeg il fut fait citoyen d'honneur. Encore une fois il se rendit à Doborján, son village natal, qu'il combla de bienfaits. Il parcourut les villes croates et se dirigea vers Debrecen. Il y revit Jozsi. Le joli-cœur de Paris était presque méconnaissable. Encore une fois il lui demanda s'il ne voulait pas étudier. Devant le refus épouvanté de celui-ci, il sourit, pensif. Il n'est pas seul, lui, pensa-t-il.

A Pécs, il fit la connaissance de l'évêque Scitovszky. C'était un homme très cultivé, au goût raffiné, et qui aimait beaucoup la musique religieuse. Il suggéra à Franci de composer une messe pour sa patrie. L'idée l'enthousiasma. Le sentiment de plus en plus fort de sa solitude espérait un réconfort de ce travail qui pouvait lui donner l'occasion de se fondre sans obstacle dans une grande communauté aimée.

A Szekszárd il fut pour quelques jours l'hôte du baron Augusz. Il put enfin questionner cet ami sur un problème qui l'intriguait depuis longtemps déjà : qui était ce Kossuth Lajos dont on parlait tant, qu'est-ce qui l'opposait à Széchenyi ? Le baron lui retraça la carrière de Kossuth. Issu d'une famille de hobereaux sans fortune, après une jeunesse passée en province, il était entré dans la politique du pays et, par un talent d'orateur irrésistible, avait vite attiré l'attention publique sur sa personne. C'était un bel homme, un orateur-né, un peu démagogue. Sa ligne politique était foncièrement constitutionnelle et s'opposait sans véritables réflexions économiques à l'idée directrice de centralisation de la dynastie. A la Diète de Pozsony il avait lancé des publications sans l'autorisation de la censure autrichienne, ce qui lui avait valu d'être condamné à quatre ans de prison. Sa popularité en avait été multipliée par cent. Son activité menaçait le pays des plus grands maux : tôt ou tard il mettrait face à face la puissance de la dynastie et la nation très mal préparée du point de vue économique et culturel. La politique de Széchenyi, par contre, s'appuyait sur le bon sens : il voulait faire de la Hongrie un pays fort, riche et instruit, afin que la dynastie fût contrainte de déplacer sur lui le centre de gravité.

— Il est en tout cas plus facile de prononcer de beaux discours, dit Augusz, que de construire le pont de Chaînes.

Il aimait beaucoup parler de ce pont, il adorait Széchenyi et avait matériellement fortement contribué à l'entreprise. La guerre civile ne devait guère être de son goût.

— Ne voyez-vous pas les choses trop sombrement, cher baron ?

— Je ne peux me référer qu'aux propos de Széchenyi. Plus d'une fois il m'a prédit que Kossuth mettrait le pays à feu et à sang si l'on ne parvenait pas à faire échec à sa politique.

Franci ne croyait qu'à moitié ces prédictions sinistres, quoiqu'il aimât beaucoup Széchenyi et le tînt pour un génie. Puis, après Arad, Temesvár et Lugos, il se retrouva à Kolozsvár où il passa la majeure partie de son temps avec son vieil ami Teleki, chez la famille duquel il fut même logé. Ce séjour fut une fête ininterrompue mais ici aussi surgirent les questions politiques. Le comte Sándor Teleki voyait, lui, les choses d'une autre façon qu'Antal Augusz :

— Il est temps que nous changions l'air de ce pays. Nos serfs ont le sort des bêtes, nous sommes la honte de l'Europe. Et même la honte de la dynastie qui trouve naturellement bien agréable de gouverner des millions d'esclaves. Mais ce monde est terminé. Depuis des dizaines d'années la liberté retentit de l'Occident et nous l'avons enfin entendue. Il faut envoyer promener toute notre juridiction, les opprimés veulent vivre. Et ils vivront.

— Mais que se passera-t-il, dit Franci, si les choses se compliquent ? J'ai entendu dire par beaucoup que la nation peut facilement se trouver aux prises avec la dynastie, et que cela finira par une catastrophe.

— Oui, cela sera la catastrophe, répondit Teleki en frappant sur la table, mais pas pour nous. N'écoutez pas les Augusz et les Festetics, ce sont des conservateurs incorrigibles.

A Nagyszeben il lui arriva la même chose qu'à Leipzig : on alla jusqu'à le siffler à son concert. Mais ce n'était pas cette fois pour des motifs artistiques, c'était une manifestation politique. Le programme était trop hongrois au goût du public saxon. Franci sourit de cet accueil, il en était même un peu fier.

— Je ne comprends pas, dit-il à Teleki qui l'accompagnait, vos Saxons de Transylvanie sont donc contre les Hongrois ?

— Tout cela est orchestré de Vienne. Les Valaques aussi sont montés contre nous.

Après Brasso Franci découvrit de nouvelles villes, Jassy, Bucarest… Puis de nouveau la frontière, l'Ukraine, une infinité sous la neige, de minuscules villages aux toits de chaume, et enfin les dômes en oignon des églises russes. Kiev et, comme partout, l'éternelle chambre d'hôtel réservée par Belloni, avec le piano toujours mal accordé, la bouteille de cognac et le café sur la table. Dix personnes qui attendent, des compositeurs du lieu, un petit prodige avec ses parents, la veuve d'un professeur de musique, une dame de la haute société l'invitant à un dîner, une jeune fille passionnée de musique demandant un souvenir, partout les mêmes, à Brünn, à Besançon, à Padoue… Partout le même rédacteur digne mais ému, avec lequel, sur les supplications de Belloni, il faut être très gentil. Partout la même commission de trois messieurs en manteau noir qui viennent prier le grand artiste, dont la générosité était connue, de bien vouloir donner un concert. C'était cette fois au profit des sinistrés de l'incendie d'Odessa.

C'était la même feuille de souscription à l'œuvre de bienfaisance. Cinq roubles, six roubles, deux roubles…

— Qui est-ce ? demanda Franci en indiquant un nom à côté duquel figurait la somme étonnante de cent roubles.

— La princesse de Sayn-Wittgenstein. Elle n'est pas d'ici mais de Russie méridionale, elle n'est venue que pour quelques jours, elle vit séparée de son mari et dirige elle-même ses domaines.

Le lendemain Franci rendit visite à la princesse à son hôtel. C'était une femme de petite taille, brune, chétive, ni jolie ni laide, tout simplement insignifiante. Les traits de son visage avaient quelque chose d'asiatique, non pas tartare, plutôt arabe ou juif d'Asie Mineure. Mais dès qu'elle levait la tête la première impression disparaissait : ses grands yeux noirs rayonnaient d'intelligence et d'ardeur.

Le mouvement avec lequel elle tendit sa main à l'artiste dénotait son appartenance à la classe des grands seigneurs. Le français avec lequel elle répondit à la présentation de Franci était parfait.

— Vous n'avez pas à me remercier, monsieur, j'ai donné cette somme très volontiers et vous devez être remercié tout autant que moi. Vous donnez votre travail, moi mon argent. Votre sacrifice a indubitablement plus de valeur que le mien.

Ils bavardèrent avec aisance avec ces phrases bien tournées que la langue française offre toutes faites pour ce genre de conversations mondaines. Au bout d'un moment Franci se dit qu'il conviendrait de se retirer et prit congé, mais, répondant à une question de la princesse, il évoqua ses voyages et tous deux se replongèrent dans une conversation des plus passionnées. La princesse avait beaucoup voyagé, quoiqu'elle n'eût visiblement pas encore trente ans. Ils évoquèrent l'une après l'autre les villes d'Europe qu'ils connaissaient tous deux, se découvrirent de nombreux amis communs. La princesse était d'origine polonaise et connaissait très bien la société de Varsovie. Elle avait même rencontré Berlioz dont ils parlèrent pendant plus d'un quart d'heure. La visite de politesse dura une heure et demie. La princesse lui tendit la main et ils se dirent adieu.

Franci rentra à son hôtel et s'assit au piano pour travailler. Comme il en avait l'habitude, il plaça un livre sur le pupitre. Son jeu était à tel point devenu mécanique qu'il n'avait plus besoin de faire attention à ses doigts qui, tels des esclaves bien domptés, égrenaient docilement les tierces chromatiques tandis qu'il était plongé dans la lecture de *la Divine Comédie*.

On frappa à sa porte. C'était Belloni qui s'annonçait par le signal convenu : un dactyle et un spondée. Il le fit entrer et l'écouta rendre compte de diverses affaires tout en continuant à travailler.

— Avez-vous parlé avec la princesse, maître ?

— Oui, et même pendant plus d'une heure et demie. C'est une femme extraordinairement fine et intelligente. Il y avait longtemps que je n'avais pas rencontré une femme à l'esprit aussi vif.

Il cessa tout à coup de jouer, regarda dans le vide et sourit.

— A quoi pensez-vous, maître ?

— A rien.

Il reprit ses exercices. Il avait un instant repensé au fait que la princesse connaissait bien le latin, chose assez rare chez les femmes. Jadis une autre femme l'avait surpris avec ce savoir tout au début de leur liaison. C'était Marie.

II

Au cours des journées qui suivirent, il pensa souvent à cette femme étrange et intéressante. Celle-ci ne s'était pourtant pas manifestée. Il l'avait bien vue et saluée au concert mais ne l'avait plus rencontrée par la suite. Elle avait sûrement quitté Kiev pour retourner dans ses domaines. Franci se dit qu'ils ne se reverraient pas et mit un point final à cette rencontre. Il s'en était fait une raison : tout au long de la route de sa vie il avait fait tant de connaissances attachantes mais qu'il avait dû à jamais laisser derrière lui…

Et voilà que dix jours plus tard il reçut une lettre. La princesse Carolyne de Sayn-Wittgenstein le priait de lui rendre visite. Comme c'était étrange. Karolin Unger avait été la première femme à faire vibrer son cœur, Caroline de Saint-Cricq avait été le vrai amour de sa vie. Le destin semblait lui dire que cette femme signifierait encore beaucoup pour lui.

La princesse l'invita cette fois à déjeuner. Dans l'étroit restaurant de l'hôtel ils étaient entourés de gens à l'allure provinciale, propriétaires ukrainiens, qui semblaient sortir d'un roman russe.

— Hier j'étais à l'église, dit la princesse, et j'ai été particulièrement frappée par un Pater Noster. Je connais assez bien la musique sacrée, mais cette composition m'était tout à fait inconnue. Après la messe j'ai fait demander à l'organiste qui en était l'auteur...

— Et l'on vous a appris qu'il était de moi, poursuivit Franci en souriant. Ce Belloni est vraiment habile ! Mon modeste Notre Père vous a plu ?

— Oui, il m'a beaucoup plu, et c'est un mot bien faible. Vous savez, au début je ne savais où vous classer du point de vue musical. Devais-je vous considérer comme un virtuose, une sorte de Paganini qui ravit le monde par sa technique stupéfiante, ou comme un poète, un musicien qui, selon mes notions très sévères, est véritablement un artiste ? J'ai écouté votre concert avec la plus grande attention. Lorsque vous avez joué Beethoven, je vous ai senti poète. Lorsque vous avez joué la fantaisie sur des motifs d'opéra, je vous ai senti virtuose. Mon jugement n'était pas encore très sûr, je pouvais me tromper. Mais dans l'église je ne me suis pas trompée. Vous êtes un poète. Le virtuose ne m'aurait pas intéressée plus longtemps, mais j'aimerais connaître mieux le poète.

— Vous me comblez, princesse. Vous vous occupez également de poésie ?

— Oh oui. En ce moment je me dis constamment que je devrais me mettre à mon grand projet. Je veux écrire un commentaire en plusieurs volumes du *Faust* de Goethe. Vous le connaissez ?

— Oui, si l'on peut déclarer ce genre de chose à propos d'une telle œuvre. Je l'ai lu trois fois, mais en ce moment il ne vit pas en moi. J'étais jusqu'à présent tout occupé par Pétrarque dont les sonnets m'ont profondément inspiré. J'ai terminé ce travail et désire m'attaquer à *la Divine Comédie*. Il y a dix ans déjà que je me promets d'écrire une symphonie de Dante. Mais je ne regrette pas d'avoir retardé cet ouvrage. Seul un homme mûr peut entamer une telle besogne. J'ai des projets gigantesques. Jadis, en Italie, j'ai eu la révélation soudaine que l'ensemble des arts parlent d'une seule et même chose. Mon rêve est de parler à l'humanité non pas avec un art, de façon isolée, mais avec l'ensemble des arts. L'humanité a déjà découvert le théâtre, dans une représentation d'opéra la pensée artistique est exprimée en même temps par la musique, la littérature dramatique, l'art scénique, la peinture, et même l'architecture. Moi-même je suis très tenté par le théâtre…

— Excusez-moi de vous interrompre : vous n'écrivez pas d'opéra ?

— J'avais le projet d'en composer deux, et même commencé l'un, que j'aurais intitulé *Sardanapale*. Mais entre-temps j'ai fait la connaissance d'un compositeur nommé Richard Wagner. Ses œuvres sont extraordinaires. Si je parviens à me fixer à Weimar et y obtiens la direction du théâtre, je veux à tout prix faire admettre ce Wagner par le public. Quant à mes propres ouvrages, je les abandonne, car il écrit de meilleurs opéras que moi. Mais pour en revenir à notre sujet : le théâtre n'est pas, selon moi, l'unique lieu de réunion des arts. A Weimar j'ai rencontré un peintre de grand talent, Genelli, et l'idée magnifique m'est venue qu'il faudrait que je compose une symphonie de Dante tandis que lui la peindrait. De la sorte on entendrait et verrait simultanément Dante. On pourrait projeter les tableaux de Genelli, la technique de ce genre de projection en couleurs n'est pas insoluble. On pourrait faire des tableaux vivants, que sais-je ?… Pour l'instant une série de dioramas donnerait le Dante de la peinture et mon orchestre viendrait y ajouter le Dante de la musique. Hélas, il faudrait beaucoup d'argent pour réaliser ce projet.

La princesse l'écouta avec le plus grand intérêt puis elle dit :

— Faites une symphonie de *Faust* et que ce Genelli en peigne des tableaux. Personne ne peut mieux connaître que moi le *Faust* et je veux participer aux discussions concernant l'élaboration de cette œuvre. L'argent n'est pas un obstacle, je suis très riche. De quoi dépend votre nomination à la direction du théâtre de Weimar ?

— En fait de moi seulement... et même pas, car j'ai promis à la grande-duchesse et à l'héritier du trône de m'installer chez eux, et il faut que je tienne ma parole. Mais c'est très difficile... Je ne parviens pas à me décider. Jusqu'à aujourd'hui j'avais un prétexte : les tournées de concerts pour lesquelles j'avais signé des con-trats. Cette année je renonce à ceux-ci et je ne me sens pourtant pas la force de sauter le pas...

— Pourquoi ? Qu'est-ce qui vous retient ?

— La solitude. Je pense qu'il me faut fonder un foyer et cela me semble une absurdité dans de telles conditions.

— Vous êtes seul à ce point, vous aussi ?

— Vous aussi ?

Ils se regardèrent. Franci aurait aimé livrer son cœur si désireux de trouver une compagne, et en même temps entendre les secrets de la solitude de la princesse. Un long silence suivit. Le garçon apporta les plats. La princesse se mit à parler de ses études sur *Faust*. Elle avait lu l'œuvre originale et en connaissait presque par cœur les deux parties. Lorsqu'elle en vint aux obscurités de la seconde partie, Franci intervint :

— Ce sont justement celles que j'aime. Elles font naître en moi le sentiment d'avoir quitté une compagnie bruyante et de rester seul à seul avec l'unique être qui m'intéressait. Enfin seul.

La princesse le fixa de ses grands yeux noirs. Son regard était empli d'un étonnement heureux et d'une intime compréhension. Ils parlèrent encore longtemps de Goethe, de musique, de Weimar, d'art. Mais il leur fallut se dire adieu et lorsqu'ils se serrèrent la main la princesse dit :

— J'aimerais que ma petite fille fasse votre connaissance. J'organise une petite fête pour son dixième anniversaire chez moi, à Woronince. N'auriez-vous pas envie de venir y passer un ou deux jours ? J'espère que vous ne me ferez pas faux bond...

— Au contraire, je suis très heureux d'accepter votre invitation.

Ils convinrent tout de suite du jour et se quittèrent. Leurs regards se rencontrèrent une dernière fois, souriants.

Franci partit pendant la Semaine sainte. Dans le traîneau qui l'emmenait à travers les champs de neige infinis il repensait à sa jeunesse et à sa vie. Un jour il était parti de Doborján et, depuis, ne s'était pas arrêté. Où trouverait-il un port, seul le bon Dieu le savait.

Enfin ils atteignirent Woronince. Dans le château sans étage construit dans le style polonais la princesse l'attendait avec la petite fille accompagnée de sa gouvernante anglaise.

— Soyez le bienvenu. Grâce à Dieu, les loups ne vous ont pas mangé. Venez que je vous présente à ma fille et à miss Anderson.

Puis ils allèrent s'asseoir dans une pièce de tonalité vert clair entourée de sofas bas. Devant la cheminée était étalée une énorme peau d'ours blanc. Un jeune paysan en costume villageois apporta le samovar. La maîtresse de maison s'installa sur la peau d'ours et alluma un cigare. En songeant à George Sand, Franci se dit que le destin semblait avoir placé dans cette nouvelle femme un trait de toutes celles qu'il avait connues jusqu'alors. La princesse s'était transformée tout à coup en femme, en femme désirable. C'était à présent une femme qui le regardait de ses yeux de diamant noir. L'homme parcourut la silhouette de jeune fille qui se dessinait sous la robe d'intérieur aux broderies paysannes, les chevilles d'une fragilité extrême et les très petits pieds. Cette femme sera mienne, se dit-il tout au fond de lui-même.

Il but son thé et se mit au piano pour jouer le *Faust* de Berlioz.

— Jouez plutôt une de vos œuvres. Quelque chose de religieux. Vous devez savoir que cette demeure est très pieuse. Nous avons notre propre chapelle, autrefois il y avait un frère capucin qui disait la messe. Maintenant je fais venir un prêtre... Mon Dieu, je n'arrête pas de bavarder et ne vous ai même pas encore montré la maison et votre chambre. Nous aurons le temps de faire de la musique plus tard.

Franci avait vu toutes sortes de manoirs au cours de ses voyages, de l'Espagne à l'Angleterre jusqu'à la Hongrie. A présent il découvrait un château polonais. La princesse était la fille unique d'un nabab polonais du nom d'Ivanovski frappé d'apoplexie quelques années auparavant en pleine messe. Ce château était le sien, dans sa grande bibliothèque se trouvaient les statues des grands philosophes. Les murs de la salle à manger étaient ornés d'une multitude de perroquets qu'il avait rapportés de ses voyages. Seules deux chambres étaient modernes dans le château, la chambre toute blanche de la fillette et celle de la princesse Carolyne, aux meubles feu le long de murs tapissés de gris ; l'un des murs était occupé par un immense crucifix au-dessus d'un prie-Dieu rouge feu. Les autres pièces renfermaient des tableaux d'ancêtres, de très vieilles étoffes paysannes polonaises, des armes.

— J'aime beaucoup cette atmosphère polonaise, dit Franci, il faut que j'écrive à Chopin, sans faute.

— Oui, nous sommes une famille très particulière. Mon mari est le fils d'un général tsariste très conservateur, par contre mon cousin, Dénes Ivanovski, est exilé en Sibérie avec sa femme et ses trois grandes filles.

C'était la première fois que la princesse mentionnait le nom de son mari. Franci avait appris certaines choses à son sujet, à Kiev. Le couple y avait vécu assez longtemps et leur vie avait été plutôt tumultueuse, le jeune prince étant très beau et aimant faire la fête. Maintenant qu'ils vivaient séparés, il profitait de sa liberté plus que jamais.

— Voici votre chambre. Un domestique sera à votre service. S'il fait une faute, il faut le battre...

— Le battre ? Un homme ?

— Ce ne sont pas des hommes, mon cher ami. Si vous viviez ici un certain temps, vous vous en rendriez compte. Ce sont des esclaves, ils m'appartiennent tous, comme mon mouchoir. Si l'envie m'en prend, je peux les tuer. On ne s'en rendrait même pas compte, il y en a trente mille. Au revoir.

Franci resta seul dans sa chambre. Il avait déjà quelques notions de la société russe et savait qu'un domaine de trente mille paysans constituait une fortune colossale. Le fruit du travail de ces trente mille hommes appartenait à cette femme chétive qui vivait ici, perdue au milieu de l'immensité de neige, rêvant d'art dans sa solitude sans mari.

Ils dînèrent à quatre. La conversation se déroulait en anglais. La petite princesse Magne était une fillette très belle, douce, charmante et intelligente. Après le dîner ils se retrouvèrent de nouveau en tête à tête et Franci joua des œuvres religieuses.

— Votre vocation, la seule, c'est la musique sacrée, dit la princesse dans le silence profond de la nuit, lorsque le piano se tut, je serais heureuse de pouvoir vous en convaincre. Peut-être ces paroles sont-elles dictées par mon profond catholicisme, mais je les pense très sincèrement.

— Vous êtes à ce point catholique ?

— Oui, de toute mon âme. La tragédie de ma vie, c'est d'avoir épousé un protestant par la volonté de mon père. En me mariant avec le prince de Sayn-Wittgenstein, j'ai péché contre le saint sacrement du mariage et Dieu m'en a punie. La religion est mon unique consolation. Je me fonds dans la prière et deviens incorporelle en m'agenouillant devant le Sauveur. Je comprends le bonheur des saints et des martyrs.

Franci saisit la main de la femme et s'agenouilla près d'elle.

— Rendez-moi cette force, princesse, rendez-la-moi ! Autrefois j'avais moi aussi cette foi et je l'ai perdue. Je vous en supplie, apprenez-moi à croire de nouveau et jusqu'à la fin de ma vie je bénirai votre nom.

Ses yeux étaient pleins de larmes. La princesse ne retira pas sa main, elle s'assit et le regarda dans les yeux.

— J'accepte cette tâche. Mais il faut que vous soyez tout à fait sincère avec moi. Racontez-moi votre vie, du début à la fin.

Franci se versa du cognac et commença à raconter. La princesse l'écouta sans l'interrompre une seule fois. Le récit sincère et mortifiant se prolongea jusqu'à l'aurore.

La journée du lendemain fut consacrée à l'anniversaire de la petite princesse et le soir ils se retrouvèrent de nouveau en tête à tête près de la grande cheminée de la pièce verte. Cette fois Carolyne raconta son enfance au village de Monasterska, les steppes infinies, les querelles violentes de ses parents et leur séparation. Par la suite elle fut ballottée entre une mère qui voyageait constamment et un père qui l'élevait comme un garçon, la faisant monter à cheval, boire du vin et fumer le cigare. Lorsqu'elle eut dix-sept ans son père l'obligea à épouser le prince, ils vécurent à Kiev puis elle contraignit son mari à abandonner la carrière militaire pour venir à Woronince. Celui-ci ne supporta pas cette retraite forcée et ils se séparèrent. Parfois il venait voir leur fille, ils passaient régulièrement l'été ensemble à Odessa chez la sœur de celui-ci et son mari, le prince Leiningen.

Ils revinrent à la musique. Franci parla de ses nombreux projets, les symphonies, la messe promise à l'évêque de Pécs, *le Triomphe de la mort,* la grande composition sur le poème de Hugo "Ce qu'on entend sur la montagne" et bien d'autres encore. Puis ils parlèrent de Weimar ; selon la princesse il fallait à tout prix que Franci acceptât l'invitation du grand-duc. Les dioramas de Dante l'enthousiasmaient beaucoup, elle proposa de mettre à la disposition du théâtre de Weimar la somme de vingt mille roubles pour la réalisation de ce projet. Ils bavardèrent de nouveau jusqu'à l'aube, le troisième jour de même. C'était Vendredi saint. Franci passa presque toute la journée dans sa chambre à prier et à demander à Dieu d'éclairer son âme. Le soir il avait pris sa décision. Il dit à la princesse :

— Je dois partir demain, princesse. Mais seul mon corps quittera ce lieu, mon âme restera avec vous. Je vous aime.

La princesse répondit calmement en le regardant droit dans les yeux :

— Seul mon corps restera ici demain, mon âme partira avec vous. Je vous aime moi aussi. C'est la première fois de ma vie. Et j'ose faire le serment sur la croix que c'est aussi pour la dernière fois. Je sais que lorsque je mourrai, avec le nom de mon enfant c'est le vôtre que je prononcerai.

Ils se regardèrent, le visage transfiguré, muets de bonheur. Le visage insignifiant de la femme était sublimé, semblable à celui d'une sainte plongée dans l'extase de la prière. Elle tendit sa main, Franci y déposa un baiser en l'attirant doucement à lui. Mais la princesse se redressa.

— Non, non, ne m'embrassez pas. Pas dans cette maison. C'est la demeure de mon mari. Un jour… bientôt… si le bon Dieu le veut… et chaque jour je prierai pour pouvoir être à vous… vous ne m'en voulez pas, n'est-ce pas, vous me comprenez ?

— Oui, je vous comprends et vous admire, Carolyne. Moi aussi je prierai chaque jour.

— Et dès que vous le pourrez, vous reviendrez ici ?

— Oui. Et de toute façon nous nous reverrons cet été à Odessa, et nous nous écrirons.

— Oui. Et maintenant, venez avec moi.

Elle le prit par la main et l'amena dans sa chambre, vers le prie-Dieu. Tous deux s'agenouillèrent sous le grand crucifix et prièrent. Puis la princesse se leva, Franci l'imita. Elle traça une croix sur le front de celui-ci.

— Maintenant, allez, et n'oubliez pas qu'à partir de cet instant chacun de vos pas est le mien. Que Dieu vous conduise.

III

Tchernovtsy, Galatzi, la mer Noire, Constantinople. Au milieu des innombrables beautés de la capitale turque il ne cessa de penser à la princesse. Ses succès furent éblouissants. Le sultan lui accorda une audience et bavarda longtemps avec lui. Le padischah lui offrit un coffret d'or incrusté d'émail rempli de pièces d'or ainsi qu'une décoration.

En 1847, un jour d'octobre, peu avant son trente-sixième anniversaire, il donna son dernier concert public. L'auditoire constitué presque exclusivement d'officiers russes ne savait pas ce que représentait pour l'artiste ce concert, et cet accord en *si* majeur qu'il frappa et refrappa sur le piano avec la puissance du tonnerre, tel un magistral point final à cette longue phrase de sa vie. Cet accord était un adieu à ses voyages, à ses errances, à sa vie de Tzigane sans foyer, aux visages d'un jour. Après avoir joué le dernier morceau il ferma le couvercle du piano, chose qu'il n'avait jamais faite auparavant. Le premier pianiste du monde, le magicien merveilleux quittait l'estrade dans une petite ville russe. Les derniers applaudissements résonnaient encore dans ses oreilles lorsqu'il partit le soir même pour Odessa.

— Le destin s'est comparé de façon bien étrange avec moi, écrivit-il le lendemain à la princesse, il m'a choisi pour être le dernier à subir jusqu'au bout les fatigues inhumaines de la vie de virtuose. L'humanité vient de découvrir le chemin de fer. La petite ville de Weimar a elle aussi un chemin de fer. Ceux qui me suivront ne sauront jamais ce qu'était pour l'artiste en tournée la chaise de poste, ou même la voiture particulière. Mais je ne regrette rien. *"Multo maiora canamus."* La *Faust symphonie*, le poème de Hugo, les idéaux de Lamartine, *le Triomphe de la mort.* Tout, tout. Mais auparavant il me faut le repos.

Il n'envoya pas la lettre mais l'apporta lui-même au château de Woronince où il avait l'intention de passer quelques semaines.

Le 22 octobre, pour son anniversaire, la princesse organisa au château une grande fête. Avec la passion du chasseur Franci découvrit les motifs des chants populaires d'Ukraine joués par les meilleurs Tziganes que la princesse avait fait venir de toute la Podolie. Pendant de longues journées il resta au piano et un beau matin la princesse reçut au réveil avec son thé la nouvelle œuvre de son hôte, *les Glanes de Woronince.* Le petit village d'Ukraine était entré dans l'histoire de la musique.

Le temps passa, Noël arriva. Toute la journée et tard dans la nuit ils étaient ensemble et leur amour grandissait de jour en jour. Avec leurs pensées ils ne faisaient qu'un et parlaient de leur amour comme du contenu éternel de leur vie. Mais ces phrases passionnées n'étaient pas transgressées par le moindre enlacement.

— Je ne vous comprends pas, Carolyne, de quelle matière Dieu vous a-t-il créée ? Nous sommes ici l'un à côté de l'autre, nous nous aimons de toute notre âme, tout autour de nous c'est la neige infinie et le silence, comme si nous vivions tous deux sur une petite île au milieu de l'océan. Et vous ne voulez pas être à moi. Je comprends vos principes. Mais je ne comprends pas la femme que vous êtes.

— Je vous ai déjà cent fois demandé de ne pas me tourmenter avec cela. Mes propres tourments sont bien suffisants.

Une nuit de janvier, après avoir longuement discuté d'un passage de Dante, Franci se retira dans sa chambre pour écrire des lettres qu'il devait confier à un paysan osant s'aventurer dans l'immensité de neige. Le profond silence traversé par le grésillement de la bougie fut tout à coup troublé par un bruit venant du couloir. Franci se leva et alla ouvrir la porte. C'était la princesse Carolyne.

— Je voulais justement frapper, comme c'est étrange…

— Que se passe-t-il ?

— Rien, il faut que je vous parle. J'ai pris ma décision.

Ils entrèrent dans la chambre et s'assirent.

— Ecoutez-moi, Franci. J'ai consulté ma raison et mon cœur. Je n'en peux plus. Je vais divorcer et être votre femme. Je veux vivre comme Mme Ferenc Liszt à Weimar et prendre part à votre travail. Mais pourquoi cet air consterné ? Je croyais que vous exulteriez de joie. Pourquoi ne dites-vous rien ? Ce n'était donc qu'un jeu ?

— Cela n'est pas si simple, répondit-il après plusieurs allées et venues dans la chambre, je ne peux exulter de joie tant que vous n'aurez pas accepté mes conditions.

— Et quelles sont-elles ?

— Elles sont d'ordre matériel. Je connais bien votre situation. Mon désir est que vous fassiez un sacrifice pour moi, que vous n'apportiez avec vous que la fortune que vous avez apportée dans votre premier mariage. Elle suffira à ce que vous ne sentiez pas la pauvreté à côté de moi qui dois me soucier de ma mère et de mes trois enfants.

— Oui, Franci, mais le reste... ce domaine immense... je ne comprends pas...

— Faites mettre le tout au nom de votre fille. Je ne veux pas être riche par l'intermédiaire de votre amour. Non, il n'est pas possible d'en discuter, vous ne pouvez qu'y répondre par un oui, ou par un non. Vous êtes si riche que je n'aurais pas pu parler de mariage avec vous. Mais si vous êtes disposée à partager ma vie, que Dieu vous bénisse du bonheur sans pareil que vous m'offrez. Eh bien, c'est oui ou non ?

— Sans hésiter : oui.

— J'en étais sûr. Maintenant, voyons un peu comment vous envisagez la chose. Avant tout, pouvez-vous divorcer ?

— Mon mari sera consentant, cela ne fait aucun doute. L'essentiel est le divorce religieux. Est-il possible d'obtenir à Rome l'annulation de mon mariage ? J'ai étudié à fond la jurisprudence du Saint-Siège. Il y a un paragraphe selon lequel est considéré comme invalide le mariage auquel une fille mineure a été contrainte par la force. C'est bien mon cas. Dès que le divorce religieux sera prononcé nous nous marierons. En attendant... j'ai pensé quitter le pays en prétextant un voyage à Karlsbad. J'emmènerai naturellement ma fille avec moi, il me serait impossible de m'en séparer.— A moi également. Elle est à présent dans mon cœur comme ma propre fille. Nous voilà donc maintenant des fiancés secrets ?

Il se pencha vers la femme, les yeux étincelants. Mais celle-ci se recula, épouvantée.

— Non, non, restez tranquille. Je ne veux pas que vous m'embrassiez dans cette maison. Nous pouvons encore attendre un peu. Rien ne me retient ici. Les Wittgenstein ne mettront pas la main sur ma fortune, j'ai pris toutes mes dispositions déjà. J'ai déjà un acheteur qui paiera en argent comptant. Je placerai cette somme dans une banque sûre, au nom de Maria, puisque vous le désirez. Il ne reste plus que quelques formalités à accomplir et je pourrai partir.

Le 24 janvier 1848 Franci quitta Woronince. Il avait habité trois mois sous le même toit que cette femme qui l'aimait et qu'il aimait, et qu'il n'avait encore jamais embrassée.

Il se rendit à Weimar et se présenta aussitôt pour une audience chez le grand-duc. Celui-ci ravi d'apprendre que le maestro s'était enfin décidé envoya immédiatement son adjudant auprès de Maria Pavlovna pour qu'elle reçût Liszt. Cette seconde audience fut très longue. Franci dut rendre compte dans le détail des divers potins de la société russe, des bains d'Odessa, des manœuvres militaires d'Elisabethgrad. Au début il évita de mentionner le nom de la princesse. Puis ils en vinrent aux nouveautés de Weimar. Le grand-duc avait satisfait le désir de l'artiste en nommant Ziegesaar comme intendant. Ensuite Franci parla de ses projets. Il resterait quelques semaines à Weimar, prendrait en main la direction des représentations d'opéras, organiserait quelques concerts à la cour, s'occuperait des leçons de théorie musicale de la grande-duchesse et de celles de chant pour l'héritière du trône, puis il lui faudrait encore faire un voyage, cette fois le dernier.

— Vous voyagez toujours ? Où allez-vous encore une fois, pour l'amour de Dieu ?

— Je vais un peu étonner Votre Altesse : je vais à la frontière de Silésie au-devant de ma fiancée, que Votre Altesse connaît assez bien...

Maria Pavlovna hocha la tête, sans le moindre étonnement.

— Les potins étaient donc vrais. Il s'agit bien de Carolyne Wittgenstein, n'est-ce pas ?

— Mais oui. Votre Altesse le savait ?

— Mon cher ami, je reçois beaucoup de lettres de Russie. Vous avez habité trois mois chez la princesse. Vous ne pensez quand même pas que la chose est passée inaperçue ? Je vous félicite de tout mon cœur et vous souhaite le plus grand bonheur. Ainsi que beaucoup de force et de courage, le divorce ne sera pas aussi facile.

Franci se hâta de rentrer à l'Erbprinz pour relater cette conversation à la princesse. Puis il alla au théâtre où il avait rendez-vous avec l'intendant, Ziegesaar. Celui-ci l'attendait déjà dans le bureau du directeur.

Trois hommes entrèrent : Chélard, Eberwein et Genast. Chélard était l'actuel chef de la vie musicale de Weimar, c'était un personnage vaniteux et sans talent, celui qui avait été à l'origine du scandale contre Liszt au banquet des musiciens de Bonn. Eberwein était le directeur musical du théâtre, un musicien excellent et homme agréable. Genast, ami de Franci, était le metteur en scène. L'intendant salua solennellement le nouveau venu et souhaita la plus grande des chances pour l'accomplissement de ses projets.

— J'ai bien peur, dit tout de suite Chélard, que les projets fortement modernes de M. Liszt ne rencontrent ici des obstacles...

— J'écraserai ces obstacles, monsieur Chélard !

Un lourd silence suivit, puis Franci mena la conversation.

— Je veux avant toutes choses préparer une représentation de *Fidelio*. Nous ne serons pas prêts pour l'anniversaire de la grande-duchesse. Il faudrait pour cette occasion une œuvre agréable. J'aimerais être informé des œuvres qui attendent d'être représentées.

Chélard ne répondant pas, Genast énuméra un grand nombre d'opéras que Franci ne connaissait pas pour la plupart. Il demanda que lui fût envoyée à son hôtel chacune des partitions d'orchestre afin qu'il pût y jeter un coup d'œil le jour même. Puis il demanda la liste complète des chanteurs du théâtre, avec le détail précis de leurs contrats. Il se fit remettre l'inventaire des instruments de l'orchestre, la liste précise du matériel musical conservé à la bibliothèque du théâtre, ainsi que les comptes des représentations d'opéras des trois dernières années. Il décida une répétition de *Fidelio* pour le lendemain et en fit demander la partition d'orchestre pour rétablir les passages qui avaient été sauvagement supprimés. Enfin il se leva.

— J'espère, daigna enfin dire Chélard, qu'à la tête de l'orchestre vous saurez diriger aussi bien qu'ici.

— Moi aussi je l'espère, répondit aussitôt Franci, car l'instrument qui n'entrera pas précisément à mon geste pourra sur-le-champ débarrasser le plancher !

Il travailla toute la journée, se fit même apporter ses repas dans sa chambre. Il joua à la hâte six opéras et choisit la petite œuvre facile d'un chef d'orchestre nommé Flotow, *Marta*. Puis il se plongea dans *Fidelio*. Il y travailla jusqu'à l'aube, dormit trois heures puis se rendit à la répétition. Il fit la connaissance des membres du chœur et de l'orchestre. Enfin il prit la place du chef d'orchestre, fit le signe de croix et prit la baguette. Il frappa. L'orchestre entama l'ouverture de *Léonore*. Après cinq mesures il frappa de nouveau.

— Non, messieurs, non. Je vous demande à chacun de vous imaginer dans une église et de jouer comme un apôtre. Ceci est de l'orgue de Barbarie. A partir d'aujourd'hui c'est terminé. A partir d'aujourd'hui chaque jour sera une fête. Allons-y.

L'ouverture fut reprise. A la dixième mesure Franci fronça les sourcils et scruta la musique, comme à la recherche d'une mauvaise odeur. Son oreille ne pouvait s'être trompée. Son regard se posa sur un joueur de hautbois au visage rusé. Il frappa de sa baguette et montrant le musicien :

— Mon ami, vous vous fatiguez pour rien. Vous voulez tromper l'oreille de Ferenc Liszt ?

Le joueur de hautbois se tut, gêné.

— Cessons la plaisanterie, messieurs, ici tout le monde doit se faire à l'idée que la baguette se trouve dans ma main. Que votre musique soit telle une prière. C'est Beethoven que nous jouons, messieurs, Beethoven, qui vient tout de suite après Dieu.

Cette fois la répétition se déroula sans problème. Chaque musicien et chaque chanteur considérait avec stupeur cet homme aux cheveux longs qui s'agitait avec une fougue démoniaque et leur criait des instructions semblables à des rébus :

— Ne "chantez" pas, madame, mais chantez !

— Ce piano n'est pas assez parfumé ! Je veux davantage de parfum ! Vous ne comprenez donc pas, messieurs, ce qu'est le parfum ?

— Cette entrée n'est pas bonne ! Il ne faut pas inciser mais se fondre ! La différence est énorme ! Allons !

Après la répétition, chose inouïe, les musiciens et les chanteurs ne partirent pas tout de suite. Il leur fallait discuter de cet homme fantastique qu'ils avaient déjà entendu plusieurs fois au piano mais jamais à la direction d'orchestre. Son travail étrange et inquiétant les avait bouleversés, enfiévrés. Au fil des répétitions trépidantes la résistance fut de plus en plus faible et l'enthousiasme grandit.

La représentation de *Marta*, dirigée par Franci, obtint un grand succès auprès du public, dans la loge de la cour la dynastie applaudit ostentatoirement. Au premier entracte le nouveau chef d'orchestre alla rendre ses hommages à la loge du grand-duc.

— C'est magnifique ! lui dit avec enthousiasme la grande-duchesse.

— Oh, ce n'était rien encore. Ce n'est pas la musique que je veux faire ici, à Weimar. En automne, je m'y mettrai de toutes mes forces. Bien des choses auront changé alors... !

Il s'arrêta sans terminer sa phrase. Le grand-duc bavardait avec l'héritier du trône. Personne ne prêtait attention à eux.

— Vous êtes très amoureux ? demanda la grande-duchesse.

— Comme un écolier, répondit-il, honteux et fier à la fois.

Quand il fut rentré chez lui ce soir-là, mort de fatigue, il ne put écrire à la princesse qu'une très courte lettre. Il n'y avait sur la feuille de papier que ces lettres : "BBBBB." Ils étaient tous deux les seuls à pouvoir en comprendre le sens. Dans leur jargon amoureux elles signifiaient une phrase franco-polonaise : *"Bon boje bénira bons bessons."* Le bon Dieu bénira les deux bons frère et sœur. Eux deux. Oui, il les bénirait. Le divorce réussirait, ils seraient l'un à l'autre, à jamais, la vie se déroulerait dans les délices du travail créateur le plus beau, le plus sublime, jusqu'à l'heure sainte et silencieuse de la mort.

IV

Avant d'aller rejoindre la princesse, Franci avait décidé de faire un bref voyage à Paris pour parler, à ce grand tournant de sa vie, avec sa mère et ses enfants. C'est alors que les journaux annoncèrent la révolution parisienne. Il reçut peu après une lettre détaillée de son ami l'écrivain Jules Janin. Il y décrivait la situation, les fusillades, le trouble, l'insécurité, les heures difficiles de Louis-Philippe. Avant même qu'il eût envoyé sa lettre, les choses se précipitèrent : le roi-citoyen avait abdiqué et le comte de Paris avait été acclamé roi de France. Janin ajouta un rapide post-scriptum. Mais celui-ci fut suivi d'un second : le comte de Paris était tombé lui aussi, la France était devenue une république.

Il écrivit à Janin qu'il renonçait à son voyage à Paris. Il se rendit à Dresde où il voulait à tout prix rencontrer Wagner.

Richard Wagner se présenta à la chambre dix-sept de l'hôtel de Saxe, une pile de dossiers sous le bras. Il était gauche et tendu mais Franci alla au-devant de lui le visage rayonnant et le serra contre lui.

Franci s'assit immédiatement au piano et joua l'ouverture de *Tannhäuser*, tout en regardant Wagner. Celui-ci avait les yeux pleins de larmes.

— C'est un chef-d'œuvre, dit-il ensuite, vous verrez ce que je vais en faire à Weimar. J'y ai des projets gigantesques et parmi ces projets c'est vous qui êtes le premier. Je vous considère comme un génie, mon ami. A quoi travaillez-vous actuellement ?

Wagner prit son gros paquet de partitions. Un titre y était inscrit : *Lohengrin.*

— Quel mot étrange. Qu'est-ce que c'est ?

— C'était le nom d'un chevalier du Graal. Avez-vous déjà entendu parler de la quête du Graal, *Herr Hofrat* ?

— Oui, mais ne me donnez pas de titre, je vous prie. La légende du Graal, oui, j'en ai quelques vagues souvenirs. Le roi Arthur, la Table ronde, n'est-ce pas ?

— C'est bien cela. J'ai choisi l'un des épisodes de ce cycle de légendes. Mais le plus important est le contenu spirituel que j'ai voulu inscrire dans cet opéra. L'idée de base est que l'homme ne peut être rendu heureux que par l'amour que la femme lui donne sans réserve, avec une foi complète, parfaite et aveugle.

— L'amour de la femme doit donc être comme une religion, dit Franci dans un sourire pensif.

— Exactement. Dans mon opéra le chevalier du Graal descend de la montagne de Monsalvat et épouse une princesse en lui faisant promettre de ne point l'interroger sur ses origines. Mais la femme est une femme. La pièce se termine sur le départ mystique du chevalier.

— Doit-elle obligatoirement se terminer de cette façon ? demanda Franci, en se versant un nouveau cognac.

— Mais bien sûr. Existe-t-il une femme qui puisse aimer avec une foi et une ferveur parfaites ?

— Moi j'en connais une. En existe-t-il une autre, je ne le sais pas.

Wagner regarda bouche bée son protecteur, puis il soupira.

— Si vous saviez à quel point je vous envie. Mais pour en revenir à... Non, je préfère poursuivre au piano.

Il se mit à jouer tout en expliquant l'orchestration, puis il chanta l'ensemble des rôles avec un talent de comédien étonnant. Les phrases d'Elza étaient fondantes et chastes, dans le rôle d'Ortrud il prenait un masque funeste et sombre. La sueur coulait sur son front. Il aurait pu en fait sembler comique mais Franci fut incapable d'en sourire, ravi par la grandeur de ce talent. Il se permit une seule réflexion :

— Votre roi ne cesse de mentionner avec mépris les hordes sauvages de Hongrois. Je vous avertis que je suis hongrois moi aussi. Ai-je vraiment l'air d'un sauvage ?

Wagner blêmit mais Franci le rassura tout de suite et ils éclatèrent de rire. Ils parlèrent encore longuement en buvant, Wagner lui raconta sa vie, triste et misérable.

— C'est incroyable ! s'exclama tout à coup Franci en consultant sa montre. J'ai deux heures de retard, les Schumann m'attendent. Venez-vous avec moi ?

Clara les reçut avec froideur. Schumann, comme toujours, resta muet mais on sentait derrière son silence la colère de l'homme offensé. Seule la musique pouvait sauver la situation. Franci voulut entendre le *Trio* de

Schumann. Il aurait donné beaucoup pour pouvoir disparaître à l'instant. La musique ne lui plut pas du tout, elle était lourde, étriquée. Et quoiqu'il eût toutes les raisons d'être poli avec ses hôtes, il ne sut mentir.

— Qu'en dites-vous ? demanda Clara.

— C'est un peu provincial à mon goût.

Clara fut stupéfaite, ses beaux yeux étincelèrent. Schumann ne dit rien mais sa bouche devint blanche et ses mains tremblèrent. Franci s'assit au piano. N'était-il pas Orphée qui savait calmer de ses sons magiques la mer en furie ? Seulement les doigts d'Orphée bafouillèrent cette fois. Trois fois de suite il fit une fausse note, chose qui ne lui était jamais arrivée. Il se leva, sentant qu'il n'y avait rien à faire. Il suffisait d'une étincelle pour faire éclater le drame. Il aurait aimé se sauver. Juste au moment où il s'apprêtait à prendre congé, Wagner se mit à parler avec Clara de Mendelssohn, mort l'année précédente.

— Quelle perte… Quel langage orchestral incomparable il avait !

— Vous semblez oublier Meyerbeer, lança Franci.

Ce fut l'étincelle. Schumann détestait Meyerbeer. Il explosa.

— Comment ? Vous ne voulez quand même pas comparer Meyerbeer à Mendelssohn ?

— Bien sûr que je ne le veux pas, repartit Franci, à présent incapable de se contrôler, on ne peut d'ailleurs pas les comparer. Meyerbeer est un nabab là où Mendelssohn était un épicier.

— Ecoutez, dit Schumann d'une voix tremblante, si c'est pour dire de telles bêtises, vous feriez mieux de vous taire.

— Ne soyez pas grossier, mon vieux, je m'y connais en musique encore autant que vous.

— Qui êtes-vous donc pour oser parler ainsi d'un Mendelssohn ? hurla Schumann, hors de lui.

Franci regarda, épouvanté, le visage déformé par la fureur de cet homme qui l'avait saisi par le manteau. Wagner courut vers eux, Clara poussa un cri. Alors Schumann ravala sa salive, lâcha Franci et quitta la pièce en claquant violemment la porte. Franci regarda Clara et il vit dans ce visage la réponse à ses questions. Cette femme le haïssait, c'était elle qui montait contre lui son mari influençable, irritable et faible des nerfs.

— Dites à votre époux qu'il est le seul homme au monde de qui je puis supporter cette insulte. Allons-nous-en, Wagner.

Le lendemain il repartit en chaise de poste. Lorsqu'il arriva au château du prince Lichnovsky, son ami l'accueillit avec un air compatissant. Les nouvelles étaient mauvaises. La révolution grondait à travers toute l'Europe, la folie s'était emparée de Paris, Berlin, Milan, Vienne et Pest. On disait partout que le gouvernement du tsar allait fermer les frontières de la Russie. Personne n'obtenait plus d'autorisation pour sortir du pays. La princesse était bloquée en Russie, le beau projet s'écroulait.

Franci s'effondra anéanti dans un fauteuil du grand salon. Il devint blême. Le prince Félix tenta de le consoler, mais en vain. Le deuxième jour il reprit un peu ses esprits. Il avait reçu des nouvelles de Hongrie qui apaisèrent légèrement son désarroi. La Diète s'était réunie à Pozsony, Kossuth était devenu le chef de la révolution mais il n'y avait pas eu d'effusion de sang. A Pest, la jeunesse universitaire et quelques écrivains, dont Petöfi, avaient mis en pratique la liberté de la presse, le pouvoir oppresseur avait battu en retraite mais la dynastie était restée en place avec le très populaire archiduc François-Joseph, âgé de dix-huit ans. Un gouvernement constitutionnel hongrois s'était formé, avec à sa tête le comte Lajos Batthyány. Le portefeuille des Affaires étrangères avait été confié à Pál Esterházy, l'actuel seigneur de Doborján. L'Europe bruissait du nom de ses amis. Le ministre des Affaires étrangères du gouvernement français était Lamartine, la comtesse Belgiojoso était l'un des personnages principaux de la révolution milanaise. Et son hôte, le prince Lichnovsky, était devenu membre de la Constituante allemande.

Le troisième jour il n'avait toujours pas reçu de nouvelles. Et après une attente angoissante de deux semaines ce fut la princesse en personne qui surgit au château, fraîche bien qu'encore un peu plus maigre après les épreuves de ces derniers temps. Elle était accompagnée, comme prévu, de la petite Magne et de miss Anderson. Leur émotion avait été grande : elles étaient arrivées à la frontière au même instant que le décret du tsar interdisant toute sortie du pays. Elles avaient été les dernières à pouvoir passer, sous leurs yeux les officiers de la douane avaient fait faire demi-tour aux voyageurs qui les suivaient.

Lorsque les amoureux se retrouvèrent enfin seuls, Franci ouvrit ses bras. Dans aucun baiser Franci n'avait éprouvé un tel bonheur. Les replis insondables de l'âme lui firent songer l'espace d'un instant que cette Carolyne qu'il tenait dans ses bras était semblable à Karolin Unger, à Caroline de Saint-Cricq. Mais ce mirage des sentiments se dilua aussitôt. Non, c'était la princesse de Sayn-Wittgenstein qu'il embrassait, aucune autre, et, si Dieu leur venait en aide, elle deviendrait bientôt Mme Ferenc Liszt.

V

A l'occasion de l'anniversaire de la grande-duchesse, le 16 février, jour où le théâtre de Weimar organisait traditionnellement un événement de qualité, Franci décida de pousser l'audace jusqu'à présenter le *Tannhäuser* de Wagner.

Il procéda selon un plan élaboré minutieusement. Au cours des leçons de théorie musicale qu'il donnait à la grande-duchesse, il expliqua à cette dernière les beautés et la hardiesse artistique de l'ouverture de l'opéra. Au début la vieille dame trouva un peu sauvage et barbare cette musique mais peu à peu elle s'y habitua. Un soir de novembre l'orchestre joua l'ouverture et, avec le consentement de la cour, Franci put fixer la grande première pour le jour de l'anniversaire. La nouvelle sidéra les musiciens et les chanteurs. Jouer l'opéra du chef d'orchestre de Dresde ? Cette pièce que tous les théâtres avaient refusée ? Liszt avait perdu la tête.

Le soir il alla dîner à l'Erbprinz. Il était de très mauvaise humeur, car les nouvelles de Hongrie étaient alarmantes. Les troupes de François-Joseph gagnaient les batailles les unes après les autres. Kossuth avait détrôné les Habsbourg, écartant définitivement la solution pacifique. Schober, qui était à présent en service à Weimar en qualité de conseiller à l'ambassade d'Autriche, confirma ces tragiques nouvelles. Franci était distrait et nerveux. Autour de lui tous parlaient de *Tannhäuser*, sans cacher qu'ils considéraient comme un acte irréfléchi le choix de cette pièce. Il y avait en particulier un certain Mangold, chambellan à la cour, personnage très présomptueux qui avait le verbe haut.

— Je ne vous comprends pas, maître, vous n'avez donc pas trouvé d'autre opéra ?

— Mais si, j'en ai trouvé ! Il y a le *Benvenuto Cellini* de Berlioz. Si je veux propager à Weimar les nouveaux mouvements musicaux, c'est à Berlioz que revient la première place. Il a commencé avant Wagner. Mais l'auteur de *Benvenuto Cellini* est français, son sujet est italien. Il serait absurde de jouer cet opéra à l'occasion d'une fête nationale allemande. Wagner est allemand, sa pièce a un sujet allemand. Ne croyez pas, messieurs, que le choix a été aussi facile. Il y a par exemple Meyerbeer que j'aime et estime beaucoup, j'ai pourtant choisi Wagner, car je sais qu'il le détrônera dans le domaine de l'orchestration. J'ai bien réfléchi, mon choix est fait, que ces messieurs s'en fassent une raison, un point c'est tout.

— Mais moi, je ne m'en ferai pas une raison, répliqua, vexé, Mangold, et puisque vous me contraignez à donner mon opinion, j'estime que ce choix est une ânerie.

Franci regarda avec étonnement cet homme emporté. On ne lui avait encore jamais dit ce genre de chose à Weimar.

— C'est une ânerie ? Quant à moi, je sais très bien que je suis entouré d'ânes, à ma droite et à ma gauche, mais que je poursuis quand même mon chemin. Le *Tannhäuser* sera représenté, vous avez compris ?

Le chambellan devint tout pâle, il se leva sans dire un mot et s'en alla. Quelques jours plus tard Franci reçut une citation devant le tribunal de première instance de Weimar. Le chambellan avait porté plainte : Ferenc Liszt avait qualifié d'ânes le public de Weimar. Franci alla en appel à Iéna, furieux de perdre une journée au moment des répétitions. Le juge d'Iéna ayant reçu de Maria Pavlovna un avis confidentiel déclarant indésirable la condamnation de Ferenc Liszt, celui-ci fut acquitté.

Après avoir déjeuné rapidement avec son ami Gille, grand connaisseur des tendances les plus modernes de la musique, il retourna à Weimar, accablé de soucis. Les répétitions étaient désastreuses, les musiciens se moquaient de l'œuvre derrière son dos, les chanteurs apprenaient leur rôle avec répugnance, convaincus de l'échec. Les décors n'étaient pas très réussis et l'intendant, malgré toute sa bonne volonté, faisait la grimace devant les dépenses. Le chanteur principal, Götze, se fit porter malade six jours avant la première, craignant pour sa réputation. Aussitôt Franci envoya Genast à

Dresde pour demander l'aide de Titchatschek, premier chanteur du rôle. L'excellent chanteur serait volontiers venu mais l'intendant de Dresde, Lüttichau, ennemi acharné de Wagner, lui refusa un congé. Franci se précipita à la cour pour obtenir un appui mais il y arriva à un bien mauvais moment : l'héritière du trône était en train d'accoucher. Tous les ennuis accablaient Franci en même temps, tout allait mal, il n'en pouvait plus de crier, en outre il prit froid et dut se rendre fiévreux aux répétitions, la nuit la toux l'empêchait de dormir.

Et le *Tannhäuser* fut quand même présenté. Seul un miracle pouvait épargner à Franci un échec ridicule. Et ce miracle se produisit. L'ouverture, que le public entendait pour la seconde fois, fut très applaudie. Titchatschek, qui avait finalement pu se libérer, chanta à merveille. Les musiciens, les chanteurs, le public furent comme hypnotisés. Le succès fut éclatant.

Le troisième jour une nouvelle représentation fut donnée devant une salle comble, puis le ténor dut retourner à Dresde. Informé par celui-ci du succès gigantesque de son œuvre, Wagner écrivit à Franci une lettre débordante de bonheur et de reconnaissance. Franci alla trouver l'héritier du trône et lui présenta *Lohengrin*. Enflammé par cet opéra, ce dernier adressa même une lettre à Wagner dans laquelle il le qualifia de "plus grande œuvre de notre temps". Franci était au comble du bonheur, il expliquait que ce n'était là qu'un début, Weimar deviendrait le centre musical du monde. Ce que jadis Goethe et Schiller avaient fait de cette ville par la littérature, il le ferait, lui, par la musique.

Si l'avenir s'annonçait merveilleux dans ce domaine, toute autre nouvelle les accablait. Un jour Schober annonça, livide, que François-Joseph était parvenu à gagner l'aide du tsar contre les Hongrois qui se défendaient violemment. Une gigantesque armée déferlait sur la Hongrie dont le sort était définitivement réglé.

Il était en outre évident à présent que, malgré la protection de Maria Pavlovna, les choses s'annonçaient assez mal en ce qui concernait l'annulation du mariage. Le tsar prit le parti des Wittgenstein et la demande de divorce religieux fut rejetée.

Seul le travail offrait quelque réconfort à Franci pendant ces sombres journées, et la musique de Wagner, qui s'élevait bien loin des soucis douloureux de la politique.

Le 13 mai, alors qu'il était en train de composer dans sa chambre de l'Erbprinz une fantaisie sur des thèmes du *Prophète* de Meyerbeer, Franci vit tout à coup la porte s'ouvrir et surgir devant lui Wagner, le visage décomposé, extrêmement agité. On le poursuivait. Tout avait commencé avec une clarinette basse que Wagner avait réclamée à l'intendant Lüttichau. Ils s'étaient disputés violemment et Wagner avait eu des paroles ironiques et méprisantes à l'égard du pouvoir. On avait voulu l'arrêter mais au dernier instant il était parvenu à s'enfuir avec le passeport de l'écrivain Wiedemann. Où se serait-il réfugié, sinon chez Liszt ? Ils se rendirent tous deux à l'Altenburg et la princesse conseilla d'aller trouver la grande-duchesse. Celle-ci accepta de faire la connaissance du grand compositeur.

Wagner passa une semaine à l'Altenburg. La circulaire arriva à Weimar. Le sort du fuyard était décidé : il se rendrait à Paris. Franci lui proposa de l'accompagner jusqu'à Eisenach. En cours de route il le persuada d'aller faire une visite à la Wartburg et là, alors que Wagner ne se doutait de rien, il le présenta à la grande-duchesse qui séjournait dans le château.

Pendant l'audience Franci admira les célèbres trésors du château. Les salles de l'édifice laissé à l'abandon l'emplirent de mélancolie. Il était vraiment incapable de situer en ce lieu les concours de *Minnesänger* du *Tannhäuser* et était gêné par la grande différence entre la représentation scénique et cet environnement. Dans l'une des salles il s'arrêta devant des fresques dont la beauté le toucha. L'officier qui l'accompagnait lui expliqua qu'il s'agissait de scènes tirées de la vie de sainte Elisabeth de Hongrie, épouse de l'un des comtes de Thuringe. Franci regarda tout ému l'œuvre de Schwind, songeant que, tandis qu'il présentait un compositeur allemand à une grande dame, le frère de celle-ci était en train d'écraser impitoyablement la belle Hongrie. Il pensa à Chopin dont la patrie avait été massacrée par ce même tsar. Le pauvre Frédéric... Lui aussi agonisait, comme la Hongrie.

Wagner quitta la grande-duchesse rayonnant de joie et d'enthousiasme, lui, l'ennemi juré des têtes couronnées et de tout pouvoir. A Eisenach ils se séparèrent, Franci rentra à Weimar.

Une lettre de sa mère l'attendait. Blandine et Cosima allaient bientôt faire leur première communion, il serait bon que leur père leur envoyât à cette occasion quelques lignes affectueuses. Les larmes aux yeux, Franci écrivit une longue lettre.

— Ne serait-il pas possible de faire venir ces enfants ici ? demanda Carolyne en constatant le grand désarroi de Franci. Ils seraient très bien avec Maria. Et je les aimerais beaucoup.

— Votre bonté est immense, Carolyne, mais c'est hélas impossible. Leur mère, qui les voit à peine, tient à cette fiction, c'est le prix de la paix entre nous. Vous croyez que ce problème ne me tourmente pas depuis des années ? Mais que faire ?... Vous ne pouvez pas comprendre, grâce à Dieu, l'amertume qui m'étouffe. Je ne peux rien y changer, je dois me contenter de les entretenir. Mais je ne les connais pas.

— On ne peut pas laisser aller ainsi les choses. Il faut changer les jeunes filles d'institution. Je vais écrire à l'institut de Mme Patersi, qui fut jadis ma gouvernante.

La comtesse d'Agoult n'aura rien à redire, c'est une institution excellente. Le pas suivant sera plus facile, n'en convenez-vous pas ?

Ils s'embrassèrent. Leur amour était parfait et heureux. Peu après ils apprirent que Wagner était arrivé sans problème à Paris. Après avoir lu sa longue lettre réconfortante, Franci se remit au travail. Il composait, à l'occasion des fêtes de Goethe, une symphonie sur le Tasse.

VI

Plus de dix ans auparavant, Franci avait lu une biographie du Tasse qui l'avait passionné et il avait depuis le projet d'écrire une *Tasse symphonie.* Lorsqu'on en vint à discuter du programme que donnerait le théâtre pour le centième anniversaire de la naissance de Goethe, il proposa à l'intendant Ziegesaar de composer un morceau pour orchestre qui servirait d'ouverture à une représentation du Tasse.

Maintes fois il s'était dit que la vie du Tasse ressemblait à la sienne, et principalement dans le fait que le poète de *la Jérusalem délivrée* n'avait vraiment été reconnu qu'après sa mort. Il était lui aussi convaincu de ne jamais pouvoir connaître de son vivant le couronnement du véritable contenu de sa vie artistique, son œuvre de compositeur.

Une mélodie résonnait en lui du passé, de l'époque qu'il avait passée à Venise avec Marie d'Agoult. Là son gondolier chantait souvent les premiers vers de *la Gerusalemme liberata* :

Canto l'armi pietose e'l Capitano,
Che'l gran sepolcro libero di Cristo.

Il n'avait jamais pu oublier cette mélodie qui, avec la gondole, nageait sur les flots en descendant souplement les degrés d'une octave. C'est sur ce souvenir musical qu'il construisit son poème symphonique, *Tasso, lamento e triomfo.* Il le divisa en trois mouvements : la souffrance, l'amour et la glorification après la mort. L'esprit tout imprégné du poème de Byron, *The Lament of Tasso*, il exprima les sentiments tourmentant le poète dans sa captivité vénitienne. La clarinette de basse déclamait en un mouvement *adagio mesto* la tragédie de cet être jusqu'à l'éclatement le plus violent. Puis le poète était transporté dans l'atmosphère parfumée et scintillante de la cour de Ferrare au son d'un menuet accompagné par le doux océan des notes égrenées par la harpe. Enfin, dans le troisième mouvement, il en venait au véritable contenu de cette œuvre : l'allégro de l'amour d'Eléonore plongeait avec un élan gigantesque dans la mort du poète. Le presto de la mélodie vénitienne était suivi d'un silence soudain, le silence stupéfiant de la mort. Puis résonnait avec une puissance extraordinaire l'hymne grandiose, celui du triomphe, de la gloire.

Franci avait terminé son œuvre, il avait même composé un chant sur le poème de Schober *Weimars Toten.* L'ivresse que lui avait procurée son grand ouvrage sur le Tasse lui manquait beaucoup. Il aurait eu besoin de joies, de bonnes nouvelles, de distraction. Mais à la place de celles-ci ce fut l'annonce de l'écrasement des troupes hongroises à Világos qui vint le bouleverser. Petöfi, le grand poète, était tombé au combat. Le tsar Nicolas avait sauvé le trône de François-Joseph, la Hongrie en tant qu'Etat indépendant avait disparu de la surface du globe.

C'est dans cet état d'esprit que Franci vécut les fêtes du centenaire de Goethe. La *Tasse symphonie* fut applaudie. Quelques instants d'applaudissements, ce fut tout l'écho de ce travail immense, de cette confession profonde et émouvante de l'artiste. Mais pouvait-il d'ailleurs s'attendre à plus ? Les beautés d'une œuvre ne se découvrent qu'après avoir été entendues cinq fois, dix fois. La symphonie avait retenti comme un cri dans le désert.

L'anniversaire de Goethe n'avait pas seulement revêtu cette solennité qu'à Weimar. En Allemagne, proclamée empire par la Diète de Francfort, le sentiment national flamboyait. A Berlin on commença à songer à la création d'un institut à la mémoire de Goethe, lequel prendrait en main l'ensemble de la vie culturelle allemande.

L'héritier du trône de Weimar fit appeler Franci :

— Vous avez toujours des idées de génie, cher Liszt. J'ai discuté hier avec mon père de ce mouvement berlinois. Il serait dommage d'en céder la direction aux Berlinois. Ce qu'ils veulent faire, c'est à nous de le faire. N'avez-vous pas quelque idée à ce sujet ?

— J'avais justement l'intention de demander une audience. Je vais vous expliquer la chose en un mot : faisons à Weimar ce que les Grecs classiques appelaient olympiades. En laissant naturellement de côté les compétitions sportives. Nous ne nous ferons pas ridiculiser avec des concours de course et de natation. Mais chaque art viendrait concourir ici sous le nimbe de Goethe. Le plus beau tableau, la plus belle statue, le plus beau drame et le plus bel opéra, la plus belle symphonie, le plus beau poème seraient couronnés et entreraient dans un musée de Goethe. Qu'est-ce que cinquante années dans la vie de Weimar ? Rien. Mais imaginez un peu, Majesté, ce que renfermerait dans cinquante ans notre musée : les chefs-d'œuvre d'un demi-siècle.

L'héritier fut fasciné par ce projet. Franci décida d'écrire un mémoire plus approfondi sur la question. Il partit en compagnie de la princesse, de la petite Magne et de miss Anderson pour les bains de Helgoland. Il y retrouva de nombreuses connaissances, dont un écrivain du nom de Dingelstedt, dramaturge du théâtre de

Francfort. Il aurait aimé le faire venir au théâtre de Weimar depuis longtemps déjà et après les longues heures de discussion qu'ils eurent ensemble sur le projet des olympiades de Weimar, son désir ne fit que se renforcer. Il écrivit son mémorandum *Sur la fondation Goethe à Weimar*, en français, car il avait quelque difficulté à rédiger en allemand. Avec la princesse Carolyne, avec la famille du grand-duché il parlait français. Depuis près de vingt-cinq ans qu'il parlait cette langue, il pensait à présent en français et il dut bientôt convenir de la nécessité de prendre un secrétaire. Son choix se porta sur un jeune musicien suisse, Raff, qui devait entrer à son service en automne pour un salaire de six cents thalers. Mais il fallut retarder la chose, la princesse étant tombée malade. Les douleurs hépatiques dont elle souffrait les firent se rendre aux bains d'Eilsen, vivement conseillés par les médecins. C'était déjà l'automne, la petite station balnéaire était presque déserte. Parfois ils se rendaient dans la petite ville voisine, Bückeburg, pour acheter les journaux.

C'est là que Franci apprit l'exécution des généraux hongrois. Ses mains tremblèrent lorsqu'il lut le nom de son ami, le comte Lajos Batthyány. Il hurla presque de douleur dans le fond de la voiture qui le raccompagnait à Eilsen.

— Que vous est-il arrivé ? demanda la princesse, effrayée par son visage.

Il ne parvint pas à répondre, lui tendit le journal. La princesse parcourut l'article et s'écria joyeusement :

— Dieu soit loué que vous ne vous soyez pas engagé lorsque la révolution a éclaté à Pest !

Elle était femme, sa première pensée avait été pour celui qu'elle aimait. Mais celui-là avait été totalement anéanti. Pendant des jours il resta dans un état de prostration. Peu à peu ensuite sa douleur s'apaisa dans la musique. Il mit de côté le mémorandum sur la fondation

Goethe : il voulait composer, faire entendre au monde le deuil de l'homme sans patrie. Il pensait constamment à Chopin, son frère dans l'art et dans la perte de sa patrie. Il jouait souvent sa marche funèbre. Lorsqu'il se rendit de nouveau à Bückeburg pour acheter le journal, il apprit que Frédéric était mort.

C'en était trop cette fois. Avec la perte de cet ami quelque chose s'était brisé en lui pour la vie. Une nouvelle musique naquit sur le piano de la chambre d'Eilsen. Ces *Funérailles* furent un baume indicible sur la blessure de son cœur. Tandis qu'il travaillait, il observait avec étonnement en lui ce démon étrange que la langue appelle artiste et qui s'empare avec tyrannie des sentiments humains. Celui qui est possédé par ce démon ne peut garder ses sentiments les plus saints même, le démon les transforme inexorablement en art.

En décembre ils étaient toujours aux bains d'Eilsen, la petite princesse souffrant d'une sorte de typhus. Ils avaient l'impression d'être à Woronince, la neige les séparait du monde, dans le silence infini ils croyaient percevoir les battements de leurs cœurs. Franci écrivit à Raff, le secrétaire, de venir à Eilsen. Celui-ci commença son travail le 1er décembre : Liszt lui dictait des lettres, il mettait au point certaines orchestrations en suivant les directives du maître, puis se mit à la traduction de l'écrit sur la fondation Goethe. Dès le premier jour il se montra débordant de zèle. Mais il y avait dans son comportement une certaine gêne que Franci remarqua.

— Dites-moi, Raff, j'ai l'impression que vous voudriez dire quelque chose mais que vous ne savez comment vous y prendre.

Le jeune homme rougit. Après s'être un peu fait prier il sortit de sa poche un journal allemand. Il y avait un poème, œuvre de Heine. Celui-ci y glorifiait l'héroïsme des Hongrois puis en venait à Liszt qui, lui, était vivant et dont le sabre était resté dans l'armoire. Plus tard, quand il serait vieux, le chevalier Ferenc raconterait qu'en quarante-huit il était là, lui aussi, le sabre brandi.

Franci fut touché au vif. Son origine hongroise était un point particulièrement sensible à sa fierté. Si l'année précédente, pendant les événements de mars, il ne s'était pas rué dans la politique qu'il ne comprenait pas, si, en commençant sa vie nouvelle, il n'était pas parti dans sa patrie pour saisir une arme, sa conscience était restée nette. István Széchenyi, que l'on appelait le plus grand Hongrois, était lui aussi resté éloigné de cette révolution qui s'opposait à ses convictions. Et pourtant... Le poème de Heine lui faisait très mal. Il songeait au discours prononcé jadis sur la scène du Théâtre national, aux phrases héroïques que son rôle pathétique l'avait entraîné à dire. Que pouvait-il faire à présent ? Expliquer que Dieu lui avait assigné une mission tout autre ? Non, toute déclaration aurait été ridicule et maladroite. Il ne pouvait qu'avaler l'outrage et continuer à travailler. S'il parvenait à faire triompher la renaissance musicale du monde, ce serait l'œuvre d'un Hongrois resté en vie.

VII

L'ambassadeur de Russie à Weimar, le baron Maltiz, était un homme énorme et très grand, un vrai colosse. Lorsque Franci le rencontrait, ils se saluaient avec une politesse glaciale. Franci voyait en lui le tsar, l'ambassadeur voyait en lui l'homme qui avait enlevé la princesse russe. Il n'était guère imaginable que le baron se rendît un jour en visite à l'Altenburg. Cela se produisit pourtant.

— Il apportait un message du tsar, raconta la princesse à Franci, intrigué. Le tsar me fait savoir qu'il me faut sans tarder rentrer en Russie, faute de quoi je peux m'attendre au pire. Je serai bannie, mais surtout je m'expose à la confiscation de ma fortune. Que faire à présent ?

Ils discutèrent et réfléchirent longuement mais ne parvinrent pas à trouver une solution. Ils allèrent voir la grande-duchesse, laquelle ne put leur donner de conseil. Elle était russe elle aussi et savait bien que si la princesse Carolyne passait la frontière c'était la Sibérie qui l'attendait. Si par contre elle s'obstinait à rester à Weimar, elle serait bannie, ce qui signifiait qu'elle ne pourrait plus se présenter à la cour de Weimar, la sœur du tsar ne pourrait la recevoir. Finalement la grande-duchesse proposa de parler de l'affaire avec Maltiz.

Deux jours plus tard elle apprit à Franci une horrible nouvelle : la famille avait décidé d'enlever à sa mère la petite Maria. Ils ne voulaient pas laisser l'enfant entre les mains d'une mère qui avait scandaleusement quitté son mari et qui entretenait une relation avec un musicien de basse extraction.

La grande-duchesse eut une idée pour sauver la situation qui semblait désespérée. Avec le baron Maltiz elle rédigea un arrangement aux termes duquel la fillette restait à Weimar sous sa protection jusqu'à sa majorité. Si la princesse Wittgenstein se remariait, l'indépendance de la fortune de l'enfant était assurée par un contrat et le prince Nicolas recevrait à titre de compensation un septième de cette fortune.

— Je vous avertis que cette convention ne règle que la question de l'enfant, dit à Franci la grande-duchesse, l'ordre du tsar concernant le retour de la princesse est tout à fait indépendant. Et, hélas, je ne peux pas vous aider sur ce point.

— Nous en avons pris notre parti, Majesté, il nous faut accepter le bannissement. L'année dernière encore nous avions l'intention, si cette éventualité se produisait, d'émigrer en Amérique. A présent nous ne pouvons plus le faire. Je ne pourrais plus abandonner Weimar et ce travail qui a si bien commencé. Non, quoi qu'il arrive, je veux mener ce combat jusqu'au bout. En ce moment *Lohengrin* me préoccupe beaucoup, j'hésite à le présenter.

— Et pourquoi ?

— Ce serait cette fois une entreprise trop audacieuse. Que Sa Majesté imagine un peu le ténor entrant sur scène dans une barque tirée par un cygne, et, à la fin de l'opéra, le cygne qui se métamorphose en prince. Cela donnerait libre cours à de telles explosions de rire qu'il m'est difficile d'en assumer la responsabilité. Je préférerais que Wagner écrive autre chose.

Afin que le nom de Wagner restât constamment au premier plan, il fit représenter pour l'anniversaire de la grande-duchesse l'*Iphigénie* de Gluck dans la version de Wagner. Il gagnait ainsi du temps pour décider du sort de *Lohengrin*. Entre-temps il s'intéressait également aux œuvres d'autres auteurs. Il y avait l'opéra de Schumann, *Genoveva*, qu'il désirait connaître.

— Vous voulez présenter cet homme qui a été si impoli à votre égard ? demanda Carolyne.

— Non, répondit-il, ce n'est pas lui que je veux présenter, mais sa musique. Et sa musique est bonne. Je vais vous dire quelque chose, chère Carolyne. Pour moi l'art et la religion ne font qu'un. Quelle que soit la question artistique qui surgit en moi, j'y trouve aussitôt une analogie dans le monde de la religion. C'est toujours infaillible. On ne peut recevoir la communion que l'âme pure, n'est-ce pas ? Eh bien, je ne peux également m'approcher de la musique qu'après avoir purifié mon âme de l'égoïsme. La musique n'est pas faite pour que je me venge, à travers elle, de mes offenses personnelles. Et puis j'ai pardonné depuis longtemps à Schumann. C'est un homme étrange et qui n'a pas toute sa raison à mon avis. Il n'y a pas d'homme parfait. La sainte écriture dit : Ne juge pas pour ne pas être jugé.

La princesse le regarda. Après une petite pause elle lui dit :

— Il y a quelque chose de l'abbé en vous, Franci. Si vous n'étiez pas musicien, il vous faudrait être prêtre. Je comprends de mieux en mieux ce que vous m'avez raconté de votre jeunesse. Vous feriez une carrière éblouissante en tant que prêtre. A la fin on vous élirait pape !

— Comme ce serait bien : j'annulerais immédiatement votre mariage. Mais je ne pourrais plus vous épouser. Restons donc comme nous sommes, je ne serai pas prêtre mais un paisible chef de famille. A propos, ma mère a écrit. Elle aimerait me voir. Qu'en pensez-vous, si nous l'invitions ici à Weimar ? Il faut également que nous lui parlions au sujet des enfants, nous devons réaliser votre idée.

Et un beau jour maman Liszt arriva à Weimar, vêtue de ses plus beaux habits et ses cheveux blancs soigneusement coiffés.

Elle resta un mois chez eux. Elle parla beaucoup des connaissances parisiennes. Franci l'interrogea surtout sur Chopin. Le pauvre Frédéric agonisait depuis des années, depuis trois ans il était si faible qu'un domestique le portait chaque soir dans son lit. Il vivait dans un appartement misérable place Vendôme. La comtesse Delphine Potocka venait lui rendre visite chaque jour et sa sœur aînée, Louise Chopin, qu'il avait tant aimée, était venue de Pologne pour le voir. Il était mort vers trois heures du matin après avoir reçu l'extrême-onction. George Sand n'était pas à ses côtés, seulement sa fille Solange. Puis maman Liszt parla de Musset qui, toujours amoureux de George Sand, s'adonnait à la boisson. Mme d'Agoult tenait un grand salon fréquenté par des noms illustres, elle ne rendait que très rarement visite à ses filles à l'institution Bernard. La vieille femme se mit à critiquer violemmnent cette institution. La nourriture y était mauvaise, la discipline défectueuse, l'enseignement nul, les jeunes filles ne savaient même pas écrire correctement.

— C'est horrible, horrible, dit Franci, pourquoi ne m'avez-vous pas averti, maman ?

— C'est toi qui as voulu qu'elles ne soient pas élevées par moi.

C'était évident, maman Liszt voulait que les enfants lui fussent rendus. La princesse Carolyne avait raison ; il ne fallait pas craindre la réaction de Mme d'Agoult mais montrer que le père avait le droit de décider de l'éducation de ses filles. Maman Liszt quitta Weimar avec une lettre l'autorisant à retirer immédiatement les deux jeunes filles de l'institution Bernard. Pour ne pas attrister sa mère, Franci ne l'informa pas de son intention de les placer auprès de Mme Patersi.

Outre les soucis familiaux, Franci était occupé par cent choses en même temps. Comme d'habitude son bureau était jonché des notes de dix travaux de composition qu'il menait parallèlement. L'orchestration de la *Berg symphonie*, celle de *Mazeppa*, une petite mazurka, un impromptu, plusieurs fantaisies et toujours l'opéra *Sardanapale*. Il avait également une énorme correspondance à mettre à jour, tenant absolument à répondre à chaque lettre qui lui était adressée. Tous ceux qu'il avait pu rencontrer se tournaient tôt ou tard vers lui pour requérir sa protection. Dans ce déluge de lettres un nom du passé surgissait parfois : Charlotte von Hagn qui lui recommandait une jeune chanteuse, Camilla Pleyel, Mme Belgiojoso. Il répondait à chacune d'entre elles chaleureusement et poliment, mais d'une manière qui ne prêtait à aucune équivoque. Un tel lien l'attachait à la princesse que même en pensée il lui était fidèle. Il n'aurait jamais cru en être capable.

Parmi les nombreux écrits littéraires qu'il avait commencés se trouvait un épais dossier de notes rassemblées sur Chopin. Il avait l'intention d'écrire un livre sur son ami disparu. Et au milieu de tous ces travaux une pensée ne lui laissait pas de répit : comment allait-il continuer son combat commencé pour Wagner, oserait-il faire représenter *Lohengrin* ? Ce fut une lettre de Wagner lui-même qui mit fin à ses hésitations. Il lui demandait de représenter son opéra. "Tu es le seul à qui je puisse le demander : à personne d'autre, je ne confierais la présentation de cette œuvre... Fais représenter *Lohengrin*, que sa naissance sur la scène soit ton œuvre."

Sa décision était prise et il se lança de toute son âme dans l'entreprise. Avant tout il convint avec l'intendant de ce que la première aurait lieu pour l'anniversaire de la naissance de Goethe. Avant la grande représentation aurait également lieu une fête en l'honneur de Herder, pour l'inauguration du monument Herder à Weimar. Ils donneraient la pièce du grand écrivain, *Prométhée délivré*, pour laquelle Franci composerait une introduction orchestrale. Suivraient donc la répétition générale et la première, avec un prologue écrit par Dingelstedt. L'orchestre aurait deux violonistes en plus, un contrat serait signé avec le célèbre violoncelliste Cossmann, une clarinette de basse serait achetée, quant aux décors et costumes de *Lohengrin*, on leur consacrerait deux mille thalers du budget annuel du théâtre, somme encore jamais attribuée à aucune pièce.

Les répétitions commencèrent. Franci s'était chargé d'un travail surhumain en décidant de mener de front *Lohengrin* et la composition. Au début il pensait écrire une œuvre brève mais en se mettant à la lecture de Herder des pensées naquirent, qui vinrent gonfler son projet initial pour aboutir à une œuvre chorale grandiose. D'un seul élan, travaillant du matin jusqu'à l'aube, il écrivit le *Prométhée* en l'espace de deux semaines. L'ouverture était divisée en trois mouvements. L'idée de base double, la souffrance de Prométhée et sa libération, était en effet reliée à une fugue dont il avait tressé les deux thèmes avec l'aisance et l'art presque diabolique du maître formé à travers Bach. Cette fugue représentait l'idée d'Epiméthée, découverte dans l'œuvre de Herder. Pourquoi la fugue, en dehors de sa forme musicale gratuite, ne pourrait-elle pas avoir un contenu idéal ? Cette pensée, nouvelle pour lui également, l'emplit de délice. Lorsque l'œuvre fut achevée avec les chœurs, il la présenta au piano à son premier public, Carolyne. Celle-ci l'écouta avec ferveur et lorsqu'il eut terminé elle lui dit :

— Franci, c'est sublime. Si vous m'aimez, accomplissez mon vœu le plus cher : changez le programme, que ce *Prométhée* soit joué à l'occasion des fêtes de Goethe…

— Non, ma chérie, ce n'est pas possible. Je ne peux pas changer l'anniversaire de Herder avec celui de Goethe. Et d'ailleurs ce jour est celui de Wagner. C'est important pour lui. Moi, mon travail n'est pas lié au temps.

— Vous êtes épouvantable. On dirait que vous travaillez contre vos propres œuvres. Pourquoi n'utilisez-vous pas votre propre musique, mais celle d'un autre, pour faire connaître aux hommes la nouvelle voie ?

— C'est une question de caractère. Je ne dis pas que le succès me soit indifférent. Mais les efforts qu'il exige n'en valent pas la peine. Connaissez-vous la devise de Herder que l'ancien grand-duc fit graver sur son tombeau ? *Licht, Liebe, Leben.* Lumière, Amour, Vie. C'est ce dont j'ai besoin, moi aussi, pas du succès. Et maintenant, embrassez-moi, je cours au théâtre.

A présent les musiciens ne riaient plus sous cape, ils ne pouvaient plus discuter le premier succès de Wagner. Mais ils ne comprenaient pas cette musique. Ils connaissaient sur le bout des doigts le bel canto italien et tous ses clichés orchestraux sanctifiés depuis longtemps. Mais ici chaque mesure était différente, encore plus étrange et incompréhensible pour eux que celles du *Tannhäuser*. Les musiciens étaient en outre agacés par la nouvelle composition de l'orchestre. A côté des deux hautbois se trouvaient à présent le cor anglais, trois clarinettes, trois bassons, trois cors s'alignaient les uns à côté des autres, l'orchestre tout entier étant dérangé, agité, et seul celui qui connaissait déjà par cœur la partition était capable de les réunir. Les chanteurs étaient troublés eux aussi. Chacun d'entre eux ressentait instinctivement qu'il était détrôné, qu'il devenait l'instrument d'une volonté artistique toute-puissante dont ils ne faisaient que soupçonner la présence, tout comme les fourmis qui ne peuvent comprendre, en parcourant les morceaux de pierre, la signification de la statue.

Ce fut pour tout le monde un travail d'une difficulté incomparable. La belle Rosa Agthe, qui avait reçu le rôle d'Elsa, fondit en larmes au cours des répétitions. Mlle Fastlinger, qui chantait le rôle d'Ortrud, démissionna à deux reprises. Genast, le metteur en scène, commençait à perdre la raison et répétait constamment qu'il préférerait mourir. Beck, le pâtissier devenu ténor, prenait des forces en engloutissant des quantités inouïes de bière ; lorsqu'il reçut son costume il fut désespéré, persuadé qu'on allait se moquer de lui. Tout le monde était indécis, épouvanté et sceptique. Un seul homme parmi eux travaillait infatigablement, le grand admirateur de Wagner dont les yeux étaient marqués de profonds cernes noirs par les efforts surhumains qu'il déployait pour la réussite de l'opéra. Puis, les derniers jours, en plus de *Lohengrin* il fallut faire les répétitions de *Prométhée*. C'est au milieu de ces épreuves qu'il apprit la triste nouvelle de la mort de Balzac.

Le 24 août la ville de Weimar fut envahie par une foule de célébrités venues de tous les coins de l'Europe : Jules Janin, Fétis, l'éminent critique anglais Chorley, Bettina von Arnim, accompagnée de ses deux filles,

Meyerbeer, Gérard de Nerval, le jeune Bülow, le violoniste Joachim, Dingelstedt et bien d'autres. Seul Wagner était absent, Franci lui ayant bien recommandé de ne pas venir.

Les fêtes de Herder furent très réussies. Le monument fut inauguré près de la cathédrale et l'ancienne demeure de l'écrivain ouverte au public. Le soir Franci dirigea l'ouverture de *Prométhée*. Ce fut un grand succès. Meyerbeer qualifia la fugue de chef-d'œuvre, Chorley déclara que le chœur des moissonneurs et des vendangeurs resterait à jamais telle une perle fine dans l'histoire de la musique.

Mais Franci ne s'intéressait généralement à ses propres œuvres que lorsqu'il y travaillait. A présent une seule chose le préoccupait et l'enflammait : le sort de *Lohengrin*. La répétition générale était fixée à sept heures et demie. Une émotion incroyable s'était emparée de tous, dans les loges et sur la scène. Franci s'apprêtait à descendre dans l'orchestre lorsqu'une panique se déclencha. Un incendie s'était déclaré non loin de là. La répétition générale eut lieu le lendemain. Pendant l'entracte Franci interrogea les invités, tout spécialement Janin, Meyerbeer, Chorley et Fétis. Mais ceux-ci s'exprimèrent avec politesse en se dérobant. Comme s'ils s'étaient concertés, tous qualifièrent l'œuvre d'"intéressante", ce qui n'était guère encourageant.

Le lendemain il se rendit au théâtre et s'informa auprès du brave caissier Sernau sur la vente des billets. Elle était faible. La pièce avait un mauvais titre, elle n'attirait pas le public. Franci se précipita chez la grande-duchesse. Un quart d'heure plus tard un officier d'ordonnance venait chercher deux cents billets qui furent distribués par vingt soldats au cours de l'après-midi, aux adresses communiquées par l'intendant.

Le soir le théâtre était plein. La représentation n'alla pas sans mal mais Franci fut globalement content de la scène et de l'orchestre. Ce ne fut pas le cas du public. Le succès n'était pas celui de *Tannhäuser*, il s'en fallait de beaucoup. On applaudit, certes, la barque et le cygne plurent beaucoup, mais la soirée tout entière fut marquée par l'indifférence.

— Eh bien, que dit-on de l'opéra ? demanda la princesse le lendemain.

— Cela n'a pas la moindre importance. L'essentiel, c'est que notre musique ait trouvé un appui enthousiaste en la personne du rédacteur de la *Neue Zeitschrift für Musik*. Il s'appelle Brendel, c'est un homme génial. En général la presse ne sera pas bonne, mais cela nous sera plutôt profitable. Le fait est que, à partir d'aujourd'hui, l'ensemble du monde musical va garder l'œil sur Weimar. Je vais écrire sans tarder à Wagner. Le pauvre, il passait la journée d'hier avec sa femme au sommet du Righi et toutes ses pensées devaient être ici.

— Je serais curieuse de savoir comment il vous remerciera de ce que vous avez fait. Mais laissons cela. J'ai moi aussi quelque chose à vous annoncer. Le baron Maltiz est venu me trouver ce matin. Il va écrire au tsar, il est contre le bannissement.

Franci enlaça sa bien-aimée. Leurs espoirs se ravivèrent. A partir de ce jour leur projet de mariage se précisa. Carolyne écrivit à Mme Patersi et la fit venir à Weimar pour la présenter à Franci. Celle-ci séjourna assez longtemps à l'Altenburg, étant tombée malade entre-temps, et Franci eut le temps d'observer cette personne cultivée, intelligente et d'une grande honnêteté. Il écrivit donc à sa mère sa décision de confier les deux filles à son institution.

— Pauvre maman, dit-il lorsqu'il eut terminé, cela lui fera de la peine. Elle recevra cette lettre le jour de mon anniversaire.

VIII

La santé de la princesse les fit se rendre de nouveau pour une cure à Eilsen. Franci annonça à l'intendant Ziegesaar qu'il voulait composer et que dorénavant il ne se chargerait plus que des pièces de Wagner et des autres opéras entrant dans ses grands projets, les représentations insignifiantes seraient confiées à d'autres. La retraite paisible qu'il avait pensé trouver à Eilsen fut bien vite troublée par la maladie. La petite Maria attrapa de nouveau le typhus, puis Carolyne, peu après avoir appris la nouvelle de la mort de sa mère, en Russie. Leur convalescence se prolongea jusqu'au printemps. Franci était constamment entre Weimar et Eilsen. Il ne put réaliser un projet qu'il avait à cœur, celui de diriger l'opéra *le Roi Alfred* du jeune Raff. C'est également au milieu d'allées et venues incessantes qu'il prépara le *Harold* de Berlioz. Berlioz allait enfin se trouver au programme du théâtre de Weimar à côté de Wagner. La symphonie fut jouée et accueillie avec une réticence polie. Franci n'en fut pas découragé, il décida même de faire représenter le *Benvenuto Cellini*, lequel, de nombreuses années auparavant, avait été sifflé à Paris.

Lorsque vint l'été, Franci crut être sorti des épreuves qui les avaient accablés au cours des derniers mois. Maman Liszt vint leur rendre visite, elle parla beaucoup des enfants en avouant que l'éducation de Mme Patersi les avait presque métamorphosés. Elle repartit et le lendemain un télégramme venu d'Erfurt leur apprit qu'elle était couchée à l'hôpital avec une jambe cassée. Carolyne partit aussitôt pour Erfurt et lorsque la vieille femme fut en état de voyager elle la ramena à Weimar. Maman Liszt s'installa à l'Altenburg pour une longue convalescence.

Malgré tous ces soucis Franci travaillait sans relâche. Il acheva la suite de *Mazeppa*, composa de nombreuses petites œuvres et, sous la pression des nouvelles désolantes venues de Hongrie, il se tourna de nouveau vers les motifs hongrois. Il classa les fantaisies composées sur des fragments de chants populaires hongrois et leur donna le nom de *Rhapsodies hongroises.* Les gens de Weimar qui passaient sur la route d'Iéna s'arrêtaient souvent sous les fenêtres de l'Altenburg pour écouter les accents de cette musique, douloureux jusque dans les rythmes endiablés de ses csardas.

Tandis qu'il travaillait à ces rhapsodies, Franci eut la grande surprise de voir arriver à Weimar le jeune Hans von Bülow. Le jeune homme avait été à tel point enthousiasmé par le *Lohengrin* qu'il s'était rendu à Zurich pour demander l'aide de Wagner. Ce dernier lui avait procuré un poste de corépétiteur au théâtre de Zurich puis à la compagnie de Saint-Gall. Les parents avaient dû renoncer à contrecœur à ce que leur fils poursuivît une carrière diplomatique. Celui-ci voulait à présent se consacrer entièrement à la musique et, dégoûté de la médiocrité de la troupe suisse, il avait décidé de s'installer dans la Mecque de la nouvelle musique, auprès de son prophète.

Franci l'accueillit avec une grande affection et bien vite Hans devint un véritable membre de la famille. Ses rêves magnifiques furent néanmoins rapidement déçus. Il trouva un théâtre qui, depuis que Franci avait laissé à d'autres la direction systématique, était tombé au-dessous du niveau de villes beaucoup moins importantes. La direction des opéras avait été reprise par Chélard, incapable et sans talent. L'orchestre qui, en l'espace de deux ans, avait atteint sous la baguette de Liszt des sommets, faisait à présent fuir le public avec des représentations négligées et plates. Comble d'infortune, l'excellent intendant Ziegesaar était tombé gravement malade et avait été remplacé par un monsieur de la cour, Beaulieu-Marconnay, qui n'apportait à cette tâche rien d'autre que sa bonne volonté. Franci aurait accepté de sacrifier son travail de composition pour reprendre en main le théâtre en perdition, mais il était trop tard. Sans Ziegesaar il ne pouvait rien faire. En outre le beau projet d'olympiades de Goethe commença lentement à se volatiliser. Le grand-duc promettait sans cesse la réunion de commissions mais il craignait les grandes dépenses qu'aurait nécessitées la réalisation du projet.

Franci, pour l'instant, supportait la situation et attendait. Avec une soif inextinguible de création et d'organisation il se plongea dans la musique de concert. Weimar n'avait pas de salle de concert digne de ce nom, les concerts ne pouvaient être donnés qu'au théâtre. Il dut se contenter de musique de chambre à l'Altenburg ou chez des grands de Weimar, parfois même à la cour. Joachim, qu'il était parvenu à faire venir à Weimar, était un violoniste sans pareil, Cossmann était le maître du violoncelle, Bülow jouait du piano à la perfection, d'autres musiciens de qualité se joignirent à eux et les concerts privés obtinrent des succès éblouissants. Franci n'observait le théâtre que d'un œil et attendait. Pour garder en éveil ses grands projets il correspondait assidûment avec Berlioz et Wagner, écrivait des études sur la musique de ce dernier. Il aida Hans à composer une ouverture pour la représentation théâtrale de *Jules César*. Franci dirigea lui-même cette ouverture et l'orchestre retrouva quelques instants la splendeur de la vraie musique. Tout espoir n'était pas perdu. Ziegesaar guérirait peut-être et tout s'arrangerait. En attendant il pouvait se consacrer pleinement à son propre travail et passer ses soirées en compagnie de ses amis. Hans, Szerdahelyi qui avait fui la Hongrie, Raff, Joachim, Cossmann et quelques fervents admirateurs se réunissaient régulièrement à l'Altenburg, ils faisaient de la musique, discutaient passionnément. Et ils attendaient deux grands événements : le *Cellini* de Berlioz et le *Siegfried* de Wagner.

L'attente commença cependant à devenir dangereuse. Au fil des mois Franci comprit que s'il n'intervenait pas il n'y aurait plus personne à qui montrer les œuvres qui faisaient partie de ses projets. Le public s'était complètement détourné du théâtre et le nouvel intendant qui ne s'intéressait guère qu'à la recette du jour présentait désormais des spectacles de prestidigitateurs et d'acrobates pour avoir quelques spectateurs.

C'est toujours dans l'attente que Franci fêta son quarantième anniversaire. Il fut comblé de cadeaux par la cour. Chaque membre de la dynastie lui accorda une audience. A la grande-duchesse qui lui demandait comment elle pourrait lui exprimer sa reconnaissance pour la tâche qu'il avait accomplie à Weimar, il répondit :

— Il y a quelque chose qui me tient à cœur : que Votre Majesté mette de l'ordre au théâtre. Le théâtre est l'instrument de mes grands projets. Et je ne sais pas jouer sur un piano désaccordé.

Malgré les promesses rien ne se produisit. Le mois d'avril approchait. Serait-il possible de faire jouer une musique aussi difficile que celle de Berlioz ? Franci prit sa décision. Il écrivit un mémorandum à l'attention de la grande-duchesse. En des phrases bien tournées il y exposa tous les griefs qu'il avait contre la direction du théâtre et les insuffisances de celui-ci. Enfin, il déclarait que si aucun changement ne se produisait, il serait incapable de poursuivre le travail dont il s'était chargé.

Le mémoire effraya la grande-duchesse. De nouvelles promesses furent données. Franci était cependant peu confiant.

— Et si rien ne se passe ? demanda Carolyne.

— Je laisse tout tomber et nous partons d'ici.

— Partir ? Mais où ? En Amérique ?

— Non, pas là-bas. Mais n'importe où en Europe où l'on m'accueille avec les œuvres de Wagner. Je veux me battre jusqu'au bout.

IX

Quelques efforts furent effectivement faits. Le ténor Beck céda la place à l'excellent Knopp, le baron Beaulieu fut plus large pour les décors et les costumes du *Benvenuto Cellini.* L'opéra de Berlioz fut représenté mais lorsque le rideau retomba c'est un silence glacial qui suivit. Le public de la petite ville n'avait rien compris, tout comme s'il s'était agi d'une compagnie jouant en langue chinoise.

— Cela me fait penser à une phrase de Pascal, dit Hans après la première. Selon Pascal il y a des limites à tout, sauf à deux choses : la bêtise et la méchanceté humaine.

Berlioz n'était pas venu à Weimar, il donnait des concerts en Angleterre. Les nouvelles qui lui arrivaient de là-bas emplirent Franci d'une douce nostalgie. Au concert londonien de Berlioz la belle Camilla serait également présente. Où était cette époque ?... Les amours étouffantes des années parisiennes... Dans le miroir Franci voyait maintenant un visage mûr et durci, marqué de quelques verrues et, aux coins de sa bouche, des traits profonds qu'avait dessinés le combat acharné qu'il menait contre le monde entier pour faire triompher ses idéaux musicaux. Mais sa chevelure était celle de ses vingt ans et l'éclat de son regard n'avait rien perdu du feu de jadis. Les baisers et les étreintes qui le liaient à la princesse différaient des orages amoureux de sa jeunesse passée comme un vin vieux de grand cru diffère d'un vin jeune.

Une seule ombre venait troubler leur amour, c'était l'impossibilité de leur mariage. Un jour d'automne le prince de Sayn-Wittgenstein arriva en personne à Weimar. Il exigeait que l'éducation de la petite princesse de quinze ans fût retirée à sa femme. Il désirait donc que sa fille, si elle ne pouvait entrer à la cour, habitât au moins séparément. Maria Pavlovna porta son choix sur un vieux bâtiment nommé la Bastille et situé à proximité du château du grand-duc. Pendant des jours tout Weimar parla du scandale : la princesse russe avait été contrainte de se séparer de sa fille car elle menait une vie immorale.

Ce scandale aurait pu causer la perte de Carolyne mais la grande-duchesse donna un dîner le jour du départ de Wittgenstein et y invita de façon ostentatoire Carolyne et Franci. Personne ne pouvait porter atteinte à la réputation de la princesse. Les habitants de Weimar s'habituèrent à voir se rendre chaque soir à la Bastille la petite princesse accompagnée de la miss anglaise. Pour les amoureux tout espoir n'était cependant pas perdu. Ils comptaient sur l'avidité du prince de Wittgenstein : celui-ci avait intérêt à ce que le divorce religieux fût prononcé au plus vite, afin de pouvoir mettre la main sur la fortune que lui attribuait le contrat signé à Weimar.

Franci se remit au travail avec entrain. Il attendait impatiemment l'opéra que Wagner s'était engagé à écrire sur la mort de Siegfried. C'est alors qu'il reçut une longue lettre, un véritable dossier. Wagner y expliquait qu'il était dans l'impossibilité de livrer la pièce avant trois ans et se contentait de joindre le texte de l'une des parties, *la Jeunesse de Siegfried*. En travaillant sur la mort de Siegfried il s'était en effet rendu compte de la nécessité de composer auparavant l'histoire du jeune Siegfried. Puis il s'était dit que les parties obscures devaient être expliquées dans un prélude. Et bien vite la trilogie avait été complétée par un prologue, donnant naissance au projet colossal d'une tétralogie : *la Walkyrie, la Jeunesse de Siegfried, la Mort de Siegfried.*

Le visage de Franci s'éclaira comme s'il avait eu une vision miraculeuse :

— Carolyne ! Ce que cet homme écrit est gigantesque ! Savez-vous ce que signifie ce projet cyclopéen ?

Ce sera l'événement musical le plus grand de ce siècle. J'ai toujours dit que cet homme était un génie. On n'a jamais écrit une œuvre aussi monumentale depuis que la musique existe ! Carolyne, si cela réussit, ce sera quelque chose d'incroyable… incroyable…

Ils lurent le manuscrit de *Siegfried* à trois, avec Hans. Franci termina la lecture des poèmes presque mort de fatigue, puis ils se mirent à parler de l'œuvre. Le bouquet puissant de la langue archaïsante de ces vers, le thème coloré des légendes les avaient envoûtés. Derrière le mystère colossal de la religion primitive germanique on soupçonnait l'existence de symboles profonds qui n'apparaîtraient vraiment qu'avec l'ensemble de la tétralogie.

— Ce petit Wagner est Wotan lui-même, dit Franci. Cette œuvre est monumentale. Weimar la présentera, et comme il le veut, quatre soirs de suite. J'irai demain chez la grande-duchesse.

Une soirée de lecture fut organisée avec une quinzaine d'invités, dont Ziegesaar, Joachim, Raff, Cossmann, Bülow, Genast et Marr, le nouveau dramaturge. Tout le monde fut émerveillé.

— Que se passera-t-il donc ? demanda la grande-duchesse lorsque Franci vint la saluer. Nous devons attendre trois ans maintenant ?

— Mais non, nous n'attendrons pas, Majesté. Wagner a un autre opéra, *le Vaisseau fantôme.* Je ne le connais que superficiellement, mais c'est une œuvre de Wagner. Nous le donnerons cet hiver. D'ici là nous organiserons une semaine Berlioz, en novembre. Nous aurons un public aussi somptueux que pour *Lohengrin.*

Franci et Hans, sur le chemin du retour, déclamaient avec enthousiasme des fragments du texte de Wagner qu'ils avaient déjà lu six fois au moins. Le brave bourgeois de Weimar rentrant chez lui en balançant sa petite lampe eut bien vite reconnu le musicien extravagant aux cheveux longs et son disciple. En haussant les épaules il poursuivit sa route vers le pont de la petite Illm.

X

Un rocher tombé dans un petit lac de montagne soulève d'énormes vagues qui, formant des cercles de plus en plus larges et plats, finissent par disparaître. Ici un miracle s'était produit : on avait présenté dans la petite ville de Weimar un compositeur rejeté et sifflé, un grain de poussière était tombé dans l'océan de l'univers musical, la petite onde imperceptible avait donné naissance à des vagues de plus en plus hautes.

De partout des jeunes gens venaient trouver Franci dans sa chambre de l'Erbprinz. Un certain Klingworth, de Hanovre ; un jeune homme de Munich, Pruckner, à peine âgé de dix-sept ans. Où qu'il allât, Liszt était accompagné d'une suite de jeunes gens, tous des talents prometteurs, avec à leur tête le cher Hans von Bülow. Ils écoutaient chacune de ses paroles avec ferveur. Le maître ne se contentait pas de leur enseigner la musique, mais la virginité de leur art, le don total de leur enthousiasme. Laissant de côté les vieux manuels d'harmonisation et d'orchestration, c'était dans l'esprit de la nouvelle musique que ces jeunes fanatiques de Wagner attendaient la naissance de la tétralogie comme l'accomplissement de quelque prophétie de l'Ancien Testament.

— Savez-vous, mes enfants, leur dit un jour Franci, comment a été construite la cathédrale de Séville ? L'un des prêtres du chapitre avait dit à l'architecte : Il faut construire une cathédrale telle que l'on en dise en la voyant : "Le chapitre de Séville a perdu la tête en commandant cet édifice." Le drame lyrique des *Nibelungen* sera cette cathédrale pour notre musique.

Lorsque Berlioz vint à Weimar, ces jeunes musiciens l'entourèrent avec vénération. Si Wagner était pour eux le nouveau rédempteur de la musique, ils voyaient en Berlioz le Jean-Baptiste de leur religion, le premier annonciateur du tremblement de terre que produirait cette musique future.

Le *Benvenuto Cellini* fut applaudi par une salle comble. D'autres œuvres obtinrent même un succès resplendissant. L'orchestre joua, sous la direction de l'auteur, les deux mouvements de *la Damnation de Faust*. Cette fois encore la *Rákóczi-marche* souleva un tonnerre d'applaudissements. Franci se frotta les mains. Il ne se réjouissait pas seulement du succès de son ami, mais aussi de celui de la cause qu'il défendait. Le public se trouvait à présent dans l'obligation d'admettre que cette "musique de l'avenir" qu'il avait jusqu'alors critiquée et ridiculisée était capable de créer des œuvres qui lui plaisaient.

— Que se passe-t-il donc ici avec ce Wagner ? demanda Hector à son ami. On en parle plus que du prince Bonaparte à Paris.

— Wagner est ici pour moi une carte maîtresse, c'est d'ici, de Weimar, que Wagner connaîtra la gloire.

— Tu lui trouves un talent si extraordinaire ?

— C'est un génie pour moi.

— Ah bon. Et en quoi consiste son génie ?

— Dans le fait qu'il dit des choses que personne n'a dites avant lui, et ce, avec une maîtrise et un talent sans pareils. Comme Stevenson a inventé le chemin de fer, Wagner a inventé le drame musical.

— Oui, c'est intéressant, j'en conviens. Mais enfin, la musique dramatique n'est qu'un petit territoire. Ce que j'ai voulu créer de nouveau, moi, se rapporte à toute musique. A la sienne également. J'ai entendu dire qu'il travaille avec des leitmotive. Cette idée fixe, n'est-ce pas moi qui l'ai découverte dans ma *Symphonie fantastique* ?

— Bien sûr que c'est toi qui l'as découverte. C'est indiscutable, et personne n'en a jamais douté.

Ils se turent. Berlioz étouffa en lui la question dévorante : qui était donc le plus grand, lui, ou ce nouveau venu ? Oui, Franci aimait de tout son cœur Berlioz. Mais Wagner était la cause elle-même, l'idée, le but, l'accomplissement. Et l'art a ceci de comparable à la religion que celui qui croit doit sans hésitation renier pour lui les êtres aimés. Mais devait-il se renier lui-même ? Wagner était-il plus grand que lui ?

Franci connaissait ses défauts et les limites de ses capacités. Wagner était plus grand que lui sur scène, mais pas dans le domaine de la musique orchestrale. Il passa en revue toutes les œuvres qu'il avait composées. Pour de nombreuses d'entre elles il estimait objectivement être très en avance sur son temps. Dans la *Symphonie de Tasse* il y avait des choses que seules les générations futures comprendraient. Dans ses *Années de pèlerinage*, dans *Sposalizio* par exemple, il découvrait la vraie musique du futur, celle que cent ans plus tard on considérerait comme musique moderne. La musique de Wagner était celle du présent. Wagner ferait indubitablement la conquête du monde. Son monde à lui était ailleurs.

Berlioz quitta Weimar le lendemain. Franci reçut ce jour-là le texte en vers de la première partie du grand cycle wagnérien. En se plongeant dans la lecture de *l'Or du Rhin* il ressentit le frisson que ne lui procuraient que les grandes émotions. Le livret de l'opéra commençait avec un décor d'une audace jamais vue : l'immense aquarium du fond du Rhin avec, dans la masse de ses flots au scintillement vert, les trois Ondines, Woglinde, Wellgunde, Flosshilde. Ces noms déjà faisaient résonner le parfum puissant et magique de la langue de Wagner, devenue plus pleine et plus savoureuse encore dans ses accents archaïques depuis *Siegfried.*

— Savez-vous, Carolyne, dit-il à la princesse, ce que notre ami réalise dans ce travail ? Il donne à sa patrie un cadeau tel qu'Homère en avait offert aux Grecs. Je vois à présent toute sa grandeur. Un jour il sera Wotan dans le Walhalla des grands esprits allemands. Je vais vous dire quelque chose, Carolyne : si je n'avais jamais rien fait d'autre dans ma vie que sauver cet homme du moisissement, j'aurais largement mérité la gratitude de l'esprit humain.

XI

Lorsqu'il lut le texte du *Vaisseau fantôme*, il constata avec étonnement que celui-ci ressemblait considérablement à deux œuvres bien connues, *la Ballade* de Heine et le roman de Balzac *Une fille d'Eve.* Wagner écrivait d'ailleurs dans la préface à son opéra que le livret de celui-ci était une adaptation de l'œuvre de Heine. Il ne connaissait pas le roman de Balzac. Indubitablement, Balzac et Heine avaient entendu ensemble la légende à Paris. Tout ceci intéressait particulièrement Franci car il écrivait une longue étude sur l'opéra, afin de donner une opinion personnelle à ceux qui empruntaient celle qu'ils avaient entendue ou lue. Même au moment de la gestation de la tétralogie il ne voulait pas négliger la représentation du *Vaisseau fantôme.* Il trouvait même ce travail très utile, d'une part pour la continuité de la présence de Wagner au programme de Weimar, d'autre part pour enseigner que les aspirations innovatrices du compositeur partaient de cette œuvre. Pendant la même période il dirigeait également les répétitions, mais chaque jour il sortait du théâtre de très mauvaise humeur. Peu à peu cette mauvaise humeur se transforma en nervosité, puis en fureur.

Le théâtre de Weimar était tombé si bas sous la conduite du nouvel intendant qu'il était complètement désespéré et exaspéré à la fois. L'orchestre était indiscipliné, négligé, son effectif était insuffisant. Il ne possédait pas un seul bon violoniste, Joachim était parti pour Hanovre, ne supportant plus la situation. Genast avait démissionné de son poste de metteur en scène, car il ne s'entendait pas avec le directeur littéraire Marr. Les décors minables n'étaient pas remplacés, les costumes étaient utilisés dans des pièces de styles tout à fait différents, il n'était pas question de demander quelque somme que ce fût pour l'achat de nouveaux équipements.

Franci attendit que fût représenté l'opéra. Tout comme à Berlin et Cassel, dix ans auparavant, la première se déroula sans grand succès. Mais tout de suite il parvint à faire organiser un cycle des œuvres de Wagner, pendant trois soirées consécutives. Les représentations eurent lieu, mais elles furent d'un niveau exécrable. Cette fois sa patience était à bout. Il ne couvrirait plus de son nom la pitrerie honteuse qui se déroulait au théâtre. Il écrivit une lettre à l'héritier du trône, dans laquelle il lui faisait part de sa décision. Le jour même ce dernier répondit, en le félicitant pour sa franchise et en lui promettant de suivre l'affaire de près. Franci ne remit plus les pieds au théâtre. A présent il espérait même que ses conditions ne fussent pas remplies : il avait renoncé au rêve de faire naître ici le cycle des *Nibelungen.* Il reconnaissait qu'il lui fallait céder à d'autres villes la gloire de la présentation du *Ring.* Celles-ci moissonneraient les fruits du travail inhumain qu'il avait mené à Weimar. Au fil des semaines, constatant que même sans Liszt le théâtre continuait à donner ses représentations quotidiennes, le grand-duc, vieil homme fatigué et décrépit, laissa les choses comme elles étaient.

Franci se mit à sa *Faust symphonie.* Comme pour chacun de ses ouvrages, il avait noté depuis de nombreuses années ce qui lui venait à l'esprit. Certaines de ces notes dataient même de sa jeunesse. Après les avoir toutes passées en revue il fit le point en lui-même. Il vit clairement qu'il n'avait pas l'intention de suivre Goethe. Celui-ci ne l'avait jamais enthousiasmé vraiment. Il ne le considérait pas comme un soleil au firmament de l'esprit humain, mais comme un clair de lune glacé. A l'époque où son esprit était le plus réceptif, c'était la force volcanique de Dante et le pessimisme enragé de Byron qui l'avaient le plus fortement influencé. Cette sagesse inébranlable, cette assurance froide du génie supérieur avec lesquelles Goethe considérait le monde emplissaient Franci de respect mais lui restaient étrangères. Et s'il désirait écrire l'esprit de l'homme éternel à la recherche des secrets de la divinité et de l'amour, ce n'était plus à ses yeux le *Faust* de Goethe, mais le sien propre. Carolyne, fervente admiratrice de Goethe, s'en étonnait :

— Ce n'est pas ce que vous disiez à Woronince. A l'époque nous parlions constamment du *Faust* de Goethe. Et maintenant, tout à coup, il n'y a plus de Goethe ? Pourquoi donnez-vous donc à cette symphonie le nom de Faust ?

— Parce que c'est pratique. Ce nom, Faust, a un contenu qui n'appartient plus à Goethe, mais à l'humanité. Il exprime tout simplement une vision du monde. Et moi je vais donner la mienne, qui diffère passablement de celle de Goethe. Il était une âme fermée, moi, je suis une âme ouverte, je suis le chœur final de la *Neuvième Symphonie*. Savez-vous comment Wagner m'appelle ? "L'homme sans secret."

L'homme sans secret s'attaqua à la composition de sa symphonie. Trois éléments lui servaient de base. Il voulait tout d'abord montrer dans sa musique l'homme qui s'interroge, se débat, aspire à l'infini, puis le malin primitif, le désir de volupté égoïste, la cupidité, les ténèbres, l'esprit de négation, le matérialisme, enfin l'apothéose de l'amour, la glorification dans l'abnégation totale de soi. C'est-à-dire, Faust, Méphisto et Gretchen. Il mit de côté tout autre travail important, ne gardant sur sa table que quelques ouvrages mineurs qui lui permettaient de se reposer de sa fatigue. C'est en composant sa symphonie qu'il se rendit compte pour la première fois de l'état de solitude dans lequel il se trouvait face à l'œuvre la plus belle de sa vie. Ce qu'il composait maintenant était tellement éloigné de la nature des symphonies pouvant être exprimée par le langage de la littérature, chacune de ses pensées était à tel point musicale qu'il ne pouvait présenter les fragments de son travail qu'au piano. Il aurait aimé expliquer à Carolyne qu'il avait découvert quelque chose avec les accords parfaits augmentés, quelque chose que personne encore n'avait fait avant lui. Carolyne écouta avec plaisir et attention le motif nouveau, en fit l'éloge mais sans pouvoir naturellement se douter de l'importance de cette trouvaille pour l'histoire de la musique. Et Franci ressentit pour la première fois qu'il y avait tout un domaine de son âme que jamais Carolyne ne pourrait soupçonner.

Un jour une jeune femme vint lui rendre visite. C'était Agnès Denis-Street, née Klindworth, la sœur d'un de ses élèves. Restée seule avec deux enfants la jeune Agnès désirait parfaire son savoir auprès du maître afin de devenir professeur de piano. Franci l'invita pour le soir même à l'Altenburg.

Mme Denis-Street se présenta à sept heures précises chez la princesse. Elle avait revêtu une robe du soir, très sobre, mais d'une grande élégance. La princesse n'avait jamais su s'habiller de cette façon. Ou elle négligeait sa tenue ou elle la composait d'éléments si tapageurs que l'œil ne s'y habituait que difficilement.

Après le dîner la jeune femme s'assit au piano. Elle joua une sonate de Beethoven avec une compétence indubitable. Elle pouvait sans problème choisir cette carrière. Franci la félicita et lui proposa de venir rejoindre les autres élèves à l'Altenburg.

— Ne joueriez-vous pas ce à quoi vous avez travaillé aujourd'hui ? demanda Carolyne.

Après avoir expliqué à l'invitée qu'il composait une *Faust symphonie*, Franci prit place au piano et se mit à jouer. Négligemment, comme il en avait l'habitude, le cigare à la bouche, le prenant parfois entre deux doigts et continuant à jouer, ce qui stupéfiait toujours ceux qui l'écoutaient. Mais tout à coup la jeune femme le pria de rejouer pour elle une progression. Franci la regarda, étonné, et s'exécuta.

— C'est prodigieux, dit Agnès, c'est quelque chose de totalement nouveau. J'en suis tout émue. Votre dissonance est d'une telle limpidité pour moi. J'ai l'impression d'entendre un homme qui porte en lui quelque chose de tragique. Cinq accords qui se suivent de la sorte, jamais personne n'avait osé écrire une telle chose...

Agnès de Klindworth s'installa à Weimar et bien vite la silhouette à l'élégance toute parisienne de la jeune femme promenant ses deux petits garçons fut connue de toute la ville. Le travail de Franci avançait rapidement, il en fut bientôt à la partie de Marguerite. Et dans la musique de celle-ci, comme dans un miroir magique, il découvrit de plus en plus distinctement les traits d'un visage. C'était le visage d'Agnès. Il savait déjà que dans la représentation féminine de l'amour il commettrait une trahison. Cet être à la douceur idéale, à la féminité éternelle, à la tendresse des pétales de fleur, qu'il désirait dépeindre par les innombrables couleurs de l'orchestre, ne ressemblait pas à Carolyne. Il ne pouvait faire entrer dans les cadres de cette musique les secrets de leur amour fougueux. Dans cette confession cruelle que constitue la création artistique, il tenta au moins de rester fidèle à son amour en pensant à la petite Magne lorsqu'il dessina musicalement la figure de la jeune vierge. A côté du *do* fondamental de Faust il plaça ce doux caractère dans la tendresse délicieuse du *la* bémol majeur. Et lorsque le mouvement eut pris forme sous sa plume il découvrit avec effarement que ce visage qui se dégageait était quand même celui d'Agnès.

Son amour pour Carolyne n'était pas mort, il aurait été incapable de vivre sans elle. Mais son espoir de rester à jamais de toute son âme attaché à cet amour l'était. Jadis il avait cru trouver en lui, au midi de sa vie, la capacité de l'amour parfait. A présent, il lui fallait s'avouer que jamais il n'avait su et ne saurait aimer. Ce n'était pas de Carolyne que venait sa déception, mais de son propre amour.

Entre-temps la vie à l'Altenburg était devenue très animée. Les jeunes admirateurs se multipliaient. Un jour d'été trois invités se présentèrent, Joachim, Ede Reményi, le violoniste hongrois, et un jeune pianiste très beau nommé Brahms qui parcourait le monde avec la recommandation de Schumann. Franci ne les laissa pas partir avant plusieurs semaines. Il y avait suffisamment de place à l'Altenburg, des pièces qui attendaient depuis si longtemps, en vain, furent à leur disposition. La demeure de la princesse résonna des accents fougueux de la musique hongroise. Reményi jouait des heures avec Franci et lorsque, après les chansons graves et tristes, il entonnait une csardas, il ne pouvait le faire qu'en dansant. Ils parlaient beaucoup de la nouvelle musique aussi. Le jeune Brahms, dont toute jeune fille eût envié le teint de porcelaine, fronçait les sourcils en entendant des fragments de Wagner. Il ne sentait pas cette musique.

Un après-midi il arriva quelque chose. Le petit Pruckner, toujours prêt à ce genre de jeux, proposa de trouver dans quelle tonalité chacun d'entre eux pourrait être dépeint. Pour Brahms, à l'humeur toujours sombre, ils se mirent d'accord sur le *si* bémol mineur, à la nature active et déterminée de Raff revint le *ré* majeur, et ainsi de suite. Franci était la gamme chromatique elle-même, l'ensemble des notes du monde entier.

— Et Agnès ? demanda Hans.

Franci répondit, encouragé par le regard de la jeune femme :

— *La* bémol majeur.

Les jeunes gens opinèrent respectueusement mais aucun d'entre eux n'analysa la réponse du maître, ils se mirent à parler d'autre chose. Agnès, cependant, laissa tomber un objet par terre et se baissa pour le ramasser, afin de cacher sa rougeur. Elle était la seule à avoir compris le sens du *la* bémol majeur. Dans la symphonie en préparation, c'était la tonalité de Marguerite.

Reményi, Brahms et Joachim repartirent, quant à la princesse, elle décida de se rendre cette fois à Karlsbad pour faire une cure, puis de passer quelque temps à Munich avec sa fille. Il allait falloir en effet bientôt songer au mariage de Magne et la mère trouvait l'aristocratie bavaroise la plus appropriée. Franci ne voulut pas rester seul à Weimar. Wagner ayant insisté dans chacune de ses lettres pour qu'il lui rendît visite, il décida de terminer sa symphonie puis de se rendre à Zurich.

Il arriva à Zurich par une journée torride de juillet. Une fille à la tête effrayante d'hydrocéphale vint lui ouvrir la porte. Il eut un léger sursaut devant cette apparition mais tout de suite arriva Minna, la femme de Wagner, qui le fit entrer en poussant des cris de joie. Wagner se précipita à sa rencontre aussitôt, se jeta véritablement sur lui, l'embrassant sur le visage, sur le cou, le front, avec un débordement de tendresse proche de la folie. En jetant un rapide coup d'œil sur la mise élégante de son ami, sur l'ameublement luxueux de la pièce, Franci fut un peu étonné, après toute la série de lettres dans lesquelles Wagner se plaignait de la misère et réclamait constamment de l'argent.

— Tu vois, dit Wagner avec exaltation, c'est à toi que je dois tout cela ! Et regarde mon vêtement. J'ai enfin l'air d'un être humain. Tout ceci est ton œuvre. Je ne peux trouver les mots pour exprimer ma gratitude.

Il l'enlaça et l'embrassa de nouveau. Franci commençait à trouver un peu pesante cette démonstration d'affection mais il ne put que sourire de la joie puérile de son ami. Enfin ils se mirent à parler sur un ton normal. Wagner avait terminé le texte des quatre opéras.

— Nathalie, fermez la porte, cria Wagner, je ne suis ici pour personne.

— Elle n'a pas l'air bien maligne ta bonne, dit Franci en allumant un cigare.

— Nathalie ? Ce n'est pas la bonne, c'est la sœur de Minna.

Franci eût voulu disparaître sous terre mais il n'eut guère l'occasion de se confondre en excuses, son ami se mit tout de suite à la lecture de *la Walkyrie*.

Franci fit l'éloge de cette œuvre dont la beauté et la puissance l'avaient envoûté. Aussitôt il insista pour entendre la dernière partie qu'il ne connaissait pas encore : la mort de Siegfried.

— Ce ne sera pas le titre, dit Wagner, je l'ai changé. La troisième partie sera tout simplement *Siegfried* et celle-ci *le Crépuscule des dieux*.

— Tu es l'un des plus grands esprits du siècle, dit Franci après la lecture.

— Oui, tout ceci est gigantesque. Je sais que je suis un génie. Toi aussi, tu le sais, mais c'est le monde entier qui doit le savoir à présent.

— Nous y parviendrons, dit Franci en souriant, mais explique-moi un peu : dans toute ta tétralogie la boisson magique a un rôle particulier. Que signifie ce philtre ? Ce n'est pas un instrument dramatique, pourquoi l'utilises-tu constamment ?

— Je ne sais pas, répondit Wagner en fixant le vide, ce philtre m'a toujours attiré, depuis mon enfance. Les eaux du Léthé m'ont aussi passionné... Tu sais, cela fait du bien d'inscrire son rêve dans une œuvre. La vie est pleine de soucis effroyables lorsqu'un homme est las d'une femme et en désire une autre. Dans l'art tout est si facile : Siegfried boit une goutte de ce philtre et il oublie tout à fait Brunehilde. Ni remords, ni compassion, il tend la main vers Gutrune. Comme ce serait bien dans la réalité, non ?

— Tu me sembles bien bouleversé intérieurement, Richard.

— Oh oui. C'est facile pour toi, homme sans secret. Je ne peux dire les luttes et les souffrances qui me rongent. Que puis-je faire de cette Minna, dis-moi ? Ni mon corps ni mon âme n'en ont plus besoin, et pourtant, après tant d'années... Et puis il y a une femme, l'épouse d'un industriel, Wesendonck. Matild est passionnée par ma musique. Minna, qui était actrice et a vécu au milieu de la musique pendant des années, ne comprend rien à ce que je fais. Tu as vu cette fille idiote. Eh bien, c'est sa fille. A l'âge de dix-sept ans elle a donné naissance à ce monstre. Personne ne le sait, même pas Nathalie. Nous n'avons pas eu d'enfants, ma vie de famille c'est cela, cette idiote et cette femme malheureuse que j'ai déjà beaucoup fait souffrir mais qui me reste attachée. C'est l'enfer, au moment où j'aurais besoin de la plus grande tranquillité pour composer *le Ring*. Mais parlons d'autre chose...

Franci resta huit jours à Zurich. Puis un télégramme lui parvint un jour : le grand-duc était mort. Franci écrivit une longue lettre de condoléances à Maria Pavlovna et au nouveau grand-duc. Le défunt avait toujours été très bon envers lui. Mais l'affliction fut tout de suite dominée par deux questions qui le touchaient de près : que signifierait le changement de trône pour le divorce de Carolyne et que ferait Charles-Alexandre dans l'intérêt de la "musique de l'avenir" ?

— Retourne à ton paradis, moi je retourne à mon enfer, lui dit Wagner lorsqu'ils se quittèrent.

Franci ne répondit rien. Wagner ne soupçonnait pas que son ami n'était plus un homme sans secret. Leur situation était peu différente. Ni l'une ni l'autre n'était le paradis ni l'enfer. C'était la vie, comme celle de tout le monde sur terre, la grande aspiration à l'inaccessible dans un combat éternel avec la réalité quotidienne. C'était la *Faust symphonie*, telle qu'elle était sortie de l'âme du poète-musicien.

XII

Avant d'aller rejoindre Carolyne à Karlsruhe, Franci dut quand même passer par Weimar pour discuter avec le nouveau souverain de la marche de fête qui devrait être composée pour son avènement au trône. Il se retrouvait donc à proximité du danger : la beauté de la douce et silencieuse Agnès ne lui était pas sortie de la tête. Il ne la rencontra pas le jour de son arrivée. Il lui fallait aller rendre visite au nouveau grand-duc.

— Je compte sur vous, dit-il à Franci, je ne peux imaginer de réaliser mes projets culturels sans votre aide. Lorsque j'aurai réglé les questions politiques les plus importantes et que j'aurai le temps d'entrer dans le détail des problèmes artistiques, je souhaite trouver la façon de vous reconquérir pour notre théâtre.

— Cela ne dépend pas de moi, Majesté. C'est avec plaisir que je travaille dans un bon théâtre. Weimar aurait à présent l'occasion d'écrire à jamais son nom en lettres majuscules dans l'histoire de la musique. J'ai beaucoup parlé à Sa Majesté de la tétralogie géniale de Wagner. C'est de là qu'il faudrait partir, pendant qu'il est encore temps. Wagner ne s'est encore engagé nulle part pour la représentation de son œuvre. Il songe pour l'instant au théâtre de Strasbourg, mais si je recevais la somme nécessaire je pourrais procurer à Weimar cette gloire immense.

— De l'argent, de l'argent, dit le souverain, c'est le premier mot de tous ceux que je rencontre. Où en trouver autant ? Enfin, nous verrons. Nous ferons notre possible.

Franci rejoignit sa chambre à l'Erbprinz, accablé et triste. Il se sentait très seul et pensait constamment à Agnès. Il aurait aimé travailler mais n'y parvenait pas.

Le lendemain il fit en sorte de se trouver en tête à tête avec la jeune femme.

— Agnès, vous m'aimez, dit-il sans ambages en lui prenant la main.

— Oui, répondit-elle calmement, sans la moindre surprise, et vous aussi, vous m'aimez. Nous le savons depuis longtemps tous les deux.

— Oui, et y a-t-il des obstacles à notre amour ?

— Vous appartenez à une autre femme.

— Mais je veux l'oublier à présent, et vous aussi, oubliez-le.

— C'est impossible. Et si vous m'aimez vraiment, n'en parlez plus. Notre amitié n'est-elle pas plus belle qu'une petite aventure banale ? Pourquoi ne voulez-vous pas la conserver dans sa beauté et sa pureté ?

Franci comprit qu'elle avait raison, leur amitié valait un petit renoncement. Quelques jours plus tard il partit pour Karlsruhe, la conscience heureuse de n'avoir pas tout gâché.

Au départ, les fêtes de Karlsruhe ne devaient avoir qu'une importance locale, mais, l'organisation ayant été confiée par le régent du Bade à Franci, l'affaire tout entière donna l'occasion d'une vaste confrontation entre les adeptes et les ennemis de la nouvelle musique. Franci décida de mettre au programme, à côté de Beethoven, Bach et Mozart, des œuvres de Wagner, Berlioz, Schumann, Joachim et de lui-même, avec, entre les deux groupes, Meyerbeer et Mendelssohn. Il apportait à Karlsruhe deux nouvelles compositions, l'*Ode aux artistes*, œuvre chorale avec accompagnement d'orchestre sur un poème de Schiller, ainsi qu'une fantaisie sur des thèmes des *Ruines d'Athènes* de Beethoven. C'est avec cette œuvre qu'il désirait présenter Bülow au public.

Pendant les préparatifs déjà il était visible que les passions allaient se déchaîner. A cette fête dont le régent Frédéric voulait faire le congrès musical des villes du sud de l'Allemagne, devaient participer de nombreux orchestres et chorales. Peu à peu le bruit courut que partout les feuilles locales essayaient de convaincre les musiciens de ne pas participer aux fêtes. Articles diffamatoires et pamphlets se succédèrent, le passé amoureux de Franci fut étalé au grand jour, ni la comtesse d'Agoult ni la princesse ne furent épargnées. Franci ne comprenait pas qui pouvait s'être laissé aller à de telles extrémités, et pourquoi.

— Je soupçonne déjà d'où vient le vent, dit Hans, tout cela vient de Hiller.

— Hiller ? Ne sois pas ridicule, mon garçon. Hiller, mon ami de jeunesse ? Sais-tu quelle affection nous liait, Chopin, lui et moi ? Nous n'étions pas des amis, mais des frères. Je pourrais le croire de n'importe qui, mais pas de lui. Non, Hiller ne peut pas avoir fait une chose pareille.

Pourtant Hans avait bien raison. Lorsque celui-ci lui eut mis les preuves sous le nez, Franci fut accablé. Le tonnerre d'applaudissements après l'ouverture de *Tannhäuser* qu'il avait fallu répéter le deuxième jour, la reconnaissance éblouissante du talent de Hans, le triomphe indubitable des fragments de *Lohengrin*, tout ceci ne put apaiser la profonde souffrance que lui avait causée la bassesse de son frère d'autrefois.

Et c'était justement là-bas, dans le Paris de sa jeunesse, qu'il s'apprêtait à se rendre pour revoir ses enfants. Il pensait constamment à Chopin. Qu'aurait donc dit ce cher Frédéric en apprenant la chose ? La visite chez Wagner adoucit un peu la perte de l'ancien ami. Ils étaient convenus de se retrouver à Bâle, ville la plus proche de la frontière du Bade où le "révolutionnaire" ne pouvait toujours pas se rendre. Franci lui prépara une grande surprise en se faisant accompagner par les jeunes admirateurs de Weimar. La "société wagnérienne" sous la conduite de Franci occupa une chaise de poste entière. Les retrouvailles furent arrosées au kirsch. Le lendemain la princesse arriva avec sa fille. A Karlsruhe déjà Carolyne avait appris à Franci que leur séjour à Munich n'avait pas été inutile. Dès le premier jour elles avaient fait la connaissance du jeune prince Hohenlohe-Schillingfurst et les deux jeunes gens semblaient se plaire. L'ambiance était si bonne que toute la compagnie se rendit en train jusqu'à Strasbourg. Puis il fut décidé que Wagner les accompagnerait à Paris. Ils firent leurs adieux aux cinq jeunes musiciens et s'installèrent dans le train qui les menait à Paris.

Au fil des heures Franci sentait grandir son émotion. Il n'avait pas vu ses enfants depuis huit ans. Nerveux, il fit semblant de somnoler pour ne pas avoir à parler. Daniel avait quatorze ans, Cosima seize ans et Blandine dix-huit ans.

Dix-huit ans ! Elle était plus âgée que la princesse Magne que sa mère essayait déjà de marier. Comme un écolier qui n'a rien appris et, sur le chemin de l'école, s'empresse de feuilleter son livre, lui aussi s'efforçait de se préparer à ces retrouvailles. En vain. Et son émotion ne faisait que croître. Avant ses concerts il n'avait jamais eu le trac, maintenant qu'il allait affronter ses enfants sa gorge se serrait.

Lorsque le train entra à Paris il chercha des yeux sa famille dans la foule qui se pressait sur le quai. Tout à coup il vit devant lui Mme Patersi. Une jeune dame se tenait à côté de la gouvernante.

— Blandine, dit-il avec un sourire gêné.

— Non, moi je suis Cosima. Blandine est là, à côté de moi, rectifia la jeune fille avec un fort accent parisien.

C'est alors qu'un grand gamin lui sauta au cou en criant :

— Papa ! Papa !

Il l'embrassa avec une affection brûlante. Les larmes lui vinrent aux yeux.

— Daniel, mon cher petit…

XIII

Il lui fallait faire la connaissance de ses enfants, il ne savait rien d'eux. De la paternité il n'avait jusqu'alors connu que les soucis, de ses joies il n'avait reçu que bien peu.

Les filles habitaient dans la rue Casimir-Périer, Daniel avait une gouvernante chez laquelle il habitait, de là il se rendait au lycée Bonaparte. Maman Listz avait elle aussi son appartement. Rassemblant les siens à l'un ou l'autre endroit Franci entreprit la conquête la plus importante de sa vie : celle de ses propres enfants. Peu à peu il apprit à connaître leur caractère et leur personnalité. Les deux filles étaient très différentes. Blandine était douce, modeste et timide. Cosima, pourtant plus jeune, semblait plus âgée que sa sœur. On sentait en elle un esprit très fin ainsi qu'une dureté et une détermination presque masculines. Le père leur fit une véritable cour pour gagner leurs faveurs, les comblant de cadeaux, admirant leurs cheveux, leur teint, leur faisant les compliments que prodigue un galant à la femme courtisée. Mais s'il lui fut aisé de gagner l'affection de Blandine, la victoire avec Cosima ne fut pas aussi facile. Celle-ci restait froide et distante et il s'efforçait de gagner ses sourires. Physiquement c'était Cosima qui lui ressemblait le plus, on n'aurait pas pu la dire jolie avec ces traits durs et ce nez puissant qu'elle avait hérités de lui. Blandine ressemblait plutôt à sa mère, elle n'était peut-être pas aussi belle que celle-ci, mais elle avait dans l'expression de son joli visage un charme que n'avait jamais possédé le visage altier de la comtesse d'Agoult.

Daniel était le portrait de son père, non seulement par son visage, mais aussi dans ses attitudes, sa démarche, et le mouvement de ses mains. Et tandis que les deux filles se contentaient de répondre aux questions, le garçon harcelait littéralement son père par son désir de tout dire et de tout savoir. Parmi les enfants il était sans nul doute le plus doué et le plus intelligent. Son père était véritablement envoûté par l'enthousiasme débordant dont il faisait preuve.

— Que veux-tu faire plus tard ?

— Je serai peintre et je peindrai des tableaux magnifiques, je peindrai le monde entier, les hommes, les objets et la nature, tout. J'ai déjà remporté trois médailles au lycée. Attendez un peu, papa, je vais vous montrer tout de suite mes dessins.

Avec l'émotion d'un artiste exposant ses œuvres il présenta les feuilles au public pour lui le plus important, son père. Effectivement, il semblait avoir beaucoup de talent. Certains traits témoignaient d'une observation étonnante et d'une maturité stupéfiante chez un garçon de treize ans.

Il fit asseoir au piano ses trois enfants. Chacun d'entre eux jouait très bien, Cosima était peut-être la meilleure musicienne. Puis il leur posa mille questions sur leurs jeux, leurs camarades, leurs goûts, se découvrant lui-même dans ces trois êtres si différents. Il fallut enfin poser la question la plus délicate :

— Comment va votre mère ?

Cosima s'empressa de répondre, de toute évidence c'était elle la plus attachée à Marie. Celle-ci allait très bien, elle avait acheté un magnifique petit hôtel sur les Champs-Elysées, la Roseraie. Les enfants parlèrent avec entrain de cette maison où ils ne pouvaient se rendre que très rarement, leurs études ne leur laissant libre que le dimanche, jour de réception de la comtesse.

Puis ils parlèrent de la naissance de leur petite nièce, la fille de leur demi-sœur Claire qui avait épousé le marquis de Charnacé.

— Le mariage de Claire était très beau, papa. Ils ont joué une marche magnifique de Mendelssohn. Papa, pourquoi êtes-vous incapable de composer !

— Comment ? demanda Franci en regardant son fils, sidéré. Je suis incapable de composer ? D'où te vient cette idée ?

— C'est maman qui l'a dit.

— Ne dites pas de sottises, Daniel, maman n'a jamais dit cela, répliqua Cosima, elle a dit que papa était un compositeur extraordinaire, mais un pianiste encore plus extraordinaire.

Franci en savait suffisamment. Il reconnaissait la petitesse de Marie à travers ces propos. Pourtant, pendant les huit jours qu'il passa à Paris il ne parla de celle-ci à ses enfants que dans les termes les plus élogieux. Que Marie sût davantage haïr qu'aimer, elle n'y pouvait rien. Elle était née ainsi.

Franci organisa un grand dîner familial au Palais-Royal. Carolyne y rencontra les enfants pour la première fois. Daniel se sentit tout à fait à son aise, il bavarda intelligemment avec la princesse qu'il semblait trouver très gentille, tout comme Magne. Les deux filles en revanche restèrent distantes, voyant en elle l'ennemie principale de leur mère. Si Blandine se détendit un peu et finit par témoigner de l'amitié à la jeune fille, Cosima montra résolument qu'elle n'était pas décidée à céder.

Pris par son nouveau rôle de père, Franci n'eut guère le temps de profiter de Paris et de la vie effervescente que la capitale connaissait depuis l'avènement de Napoléon III. Il rendit visite aux Erard en compagnie de Wagner et déjeuna chez Berlioz avec Jules Janin. Il apprit que Lamartine était complètement ruiné, Victor Hugo tombé en disgrâce auprès du nouveau pouvoir, George Sand installée à Nohant, Lamennais très vieux et malade, Urhan mort depuis longtemps, Heine atteint du tabès. Rien que des nouvelles sombres et attristantes. Paris tout entier le faisait souffrir et c'est avec soulagement qu'il quitta la vieille ville de sa jeunesse.

XIV

Le jour de l'anniversaire du défunt grand-duc, un laquais de la cour apporta à l'Erbprinz un petit paquet accompagné d'une lettre en français. Le grand-duc Charles-Alexandre lui décernait la croix de chevalier de l'ordre du Faucon, la plus grande distinction du grand-duché de Weimar. Franci savait quel en était le prix : il lui faudrait de nouveau se charger du programme des opéras au théâtre, dans les mêmes conditions de misère. Il n'y avait pas d'argent, seulement de la bonne volonté et de l'estime et c'est en soupirant qu'il prit connaissance des promesses de l'intendant, sachant à l'avance ce qu'elles valaient.

Pour l'anniversaire de Maria Pavlovna il décida de faire représenter l'*Orphée* de Gluck. Pendant les répétitions le souvenir de Liline ne le quitta pas. Il se rappelait sans cesse ce jour lointain où la jeune comtesse avait vu au Louvre un vase grec représentant Orphée, personnage en qui elle avait découvert une ressemblance frappante avec lui, Franci. De ce souvenir douloureux naquit une composition qui fut jouée comme ouverture de la représentation de Gluck. Sur le programme il fit imprimer quelques lignes d'explication dont Carolyne fit la lecture au théâtre : "Orphée pleure Eurydice, symbole de l'idéal perdu dans le chagrin et la souffrance. Il parvient à la libérer des divinités infernales et à la ramener sur terre, mais ne peut plus la garder en vie."

Devant les nombreux soucis qui l'accablaient, Franci trouva un refuge dans le travail. Une pensée de Lamartine, trouvée dans les *Méditations poétiques*, l'avait enthousiasmé : la vie humaine n'est que le prélude bigarré de ce chant inconnu dont la première note est chantée par la mort. Il inscrivit le titre : *les Préludes*, et se mit à l'ouvrage. Après la *Faust symphonie*, qu'il laissait reposer de temps en temps, il voulait faire un tour d'horizon léger et coloré sur la vie humaine. De charmantes idées lyriques lui vinrent à l'esprit et lorsqu'il eut trouvé la pensée maîtresse de son œuvre il se mit à fredonner joyeusement, penché sur le papier à musique. Quoiqu'il ne fît aucune concession, il était conscient que cette composition serait attirante et populaire, de par son caractère mélodieux, sa diversité et sa coloration rayonnante. Il l'eut très vite terminée et la joua peu après *Orphée* à l'occasion d'un concert donné à la cour. Son attente ne fut pas déçue : tout le monde fut charmé par cette œuvre de maître. Les derniers accords puissants et solennels en *do* majeur furent suivis d'applaudissements tels qu'il n'en avait pas entendu depuis longtemps.

— Vous êtes heureux à présent, n'est-ce pas ? lui dit la princesse rayonnante de joie.

— Oui, je suis heureux, mais pas à cause des applaudissements. Je méprise ces marques d'approbation tout autant que le blâme. Ces gens n'ont aucune idée de ce qu'est ma musique, ou celle de Wagner. Je leur présente l'opéra de Heinrich Dorn et je ris dans ma barbe. Qu'est-ce qu'ils en savent, eux, de ce que je fais et de ce que je veux ?...

Le théâtre de Weimar avait en effet monté un opéra intitulé *Nibelungen*, œuvre d'un compositeur berlinois très influent qui avait par hasard lui aussi puisé dans la mythologie allemande. Sa musique ne dépassait guère le niveau des œuvres dites de chef d'orchestre, mais Franci l'avait fait représenter pour deux raisons. D'une part il trouvait bon de présenter avant la tétralogie l'univers des *Nibelungen*, d'autre part il avait ainsi pu obtenir de Dorn que le *Tannhäuser* fût donné au théâtre de Berlin. Entre-temps il correspondait continuellement avec Wagner. Celui-ci travaillait sans répit à sa grande œuvre et tandis qu'il créait son chef-d'œuvre ses compositions précédentes accomplissaient lentement leur travail de fermentation.

Parmi le grand nombre de jeunes gens qui se rendaient à Weimar de tous les coins de l'Europe pour voir de près le travail gigantesque que Liszt menait pour faire triompher la révolution musicale, un ancien élève de Paris se présenta un jour à l'Erbprinz. Rubinstein, le petit prodige russe, était à présent un colosse de vingt-quatre ans qui ressemblait étrangement à Beethoven. Après bien des errances il était retourné en Russie et était devenu l'organisateur des concerts de la cour de la grande-duchesse Hélène. S'il considérait toujours le piano comme sa vocation principale, il s'était mis à la composition d'opéras. Ses trois premiers opéras n'avaient pas obtenu le moindre succès à Saint-Pétersbourg mais il aurait aimé faire représenter le quatrième, *le Chasseur de Sibérie*, au théâtre de Weimar.

Franci fit asseoir Anton Grigorievitch au piano. Il joua Chopin. Le maître fut émerveillé par le talent incomparable de son ancien élève, par la richesse lyrique des couleurs, la douceur veloutée et la finesse qui se dégageaient de son jeu.

— Mes félicitations, jeune homme. Nous sommes seulement trois au monde à pouvoir jouer ainsi. Moi, Hans von Bülow et vous. Vous avez déjà entendu parler de Bülow ? C'est un garçon extraordinairement gentil et très doué. Il faut que vous fassiez sa connaissance. Il a très longtemps vécu à mes côtés, maintenant il est professeur de piano à Berlin au conservatoire Stern.

Puis Franci se mit au piano pour jouer le même morceau. Il avait décidé de faire pleurer le jeune Russe. Et il y parvint.

— C'est désespérant, dit celui-ci la larme à l'œil, jamais je ne pourrai jouer comme cela ! Alors à quoi bon me tuer en efforts ? Pourquoi donc avez-vous abandonné l'estrade, maître ? N'est-ce pas un péché de priver le monde de votre talent ?

— Non, mon enfant. J'ai une mission plus importante à accomplir maintenant. Je compose. Et je veux que le monde sache qui est Wagner. Vous saurez bientôt qui il est.

— Mais j'aimerais plutôt savoir qui est Liszt.

— Vous êtes très gentil, mais vous ne pourrez pas vous dérober. Ici il faut se prononcer, mon garçon. Celui qui n'est pas avec nous est contre nous.

Franci était d'excellente humeur, une grande joie l'attendait : Daniel lui rendrait visite à Weimar. Il arriva en compagnie de sa gouvernante parisienne et se jeta dans les bras de son père avec une joie débordante. Il avait été décidé qu'il logerait à l'Altenburg, mais le jeune garçon voulut à tout prix être constamment aux côtés de son père et il emménagea à l'Erbprinz. Franci l'emmenait partout avec lui, il le présenta à Maria Pavlovna et au couple souverain, le fit asseoir au théâtre pendant les répétitions, lui montra la maison de Goethe, de Schiller, de Herder. Le garçon était si gentil, si intelligent, ses réflexions témoignaient d'une telle maturité que Franci se sentait profondément fier et ému. La princesse considérait avec quelque jalousie la grande tendresse qui unissait le père et le fils mais se gardait de faire quelque remarque que ce fût.

Lorsqu'il dut se séparer de Daniel pour le faire rentrer à Paris, il se remit au travail avec une énergie décuplée. Il travaillait beaucoup, composait, rédigeait des essais, voyageait pour diriger des concerts, correspondait assidûment avec Wagner, s'occupait de ses élèves, combattait. Car les remous passionnés causés par la nouvelle musique avaient atteint Weimar. Peu à peu il constata que le public de la petite ville s'était scindé en deux parties et qu'il était devenu fortement impopulaire pour la partie qui l'emportait de loin par le nombre. Lorsqu'il dirigeait au théâtre, son oreille fine distinguait déjà quelques manifestations désobligeantes à son égard ; certaines de ses connaissances l'évitaient depuis quelque temps ; le curé de Weimar était ostensiblement froid avec lui. S'il se souciait peu des attaques qui le touchaient personnellement, il ne souffrit pas que la cause qu'il représentait fût à ce point malmenée. L'excellent écrivain Hoffmann von Fallersleben, qui vivait depuis un moment à Weimar, s'était lié d'amitié avec Franci et, devenu adepte fervent de la nouvelle tendance musicale, il avait refusé d'entrer dans la Société de la clef. Cette société, compagnie organisant une fois par mois, sous prétexte de conférences scientifiques, de gaies soirées arrosées abondamment à la bière, était violemment hostile à la nouvelle musique, indigne des grandes traditions de Weimar. Le refus de

Fallersleben fit enrager les messieurs de la société qui clamèrent ouvertement que c'en était assez du règne de Liszt, qu'ils voulaient retrouver la vieille et belle musique allemande à la place des inepties à la Wagner. Fallersleben eut alors l'idée qu'il faudrait fonder une société de l'opposition. Pohl, l'habile auteur des articles wagnériens, sous le nom d'Hoplit, fut chargé de son organisation. La séance inaugurale eut lieu le soir de la Saint-Sylvestre à l'Altenburg. Cette association composée des meilleurs musiciens du théâtre et des élèves de Franci fut baptisée Nouvelle Société de Weimar. Il fut décidé que les membres se réuniraient chaque lundi dans un local qu'ils demanderaient à l'hôtel de ville. Ils écriraient un journal satirique dont le titre serait *le Flambeau*. Le premier lundi de cette année 1855 ils entonnaient déjà un petit poème mis en musique par Franci. La nouvelle société fit sensation à Weimar. Schöll, le président de la Société de la clef, qualifia la chose d'ignominie scandaleuse, le curé Dittenberger, pris d'une fureur subite, projeta d'évoquer l'affaire dans son sermon, mais il y renonça.

A la même époque Franci reçut une lettre de Hongrie. Son vieil ami le baron Augusz lui rappelait sa promesse faite jadis à l'évêque de Pécs de composer une messe. Depuis, Scitovszky était devenu primat de Hongrie et il avait l'intention de consacrer la nouvelle basilique d'Esztergom. Il fallait une messe, la réponse était urgente.

— Vous acceptez ? demanda la princesse folle de joie.

— Et comment ! Je vais m'y mettre dès aujourd'hui. Et c'est moi qui la dirigerai à Esztergom. Oh la Hongrie, la chère Hongrie... Courage, ma chérie. Peut-être notre affaire se sera-t-elle arrangée d'ici là. Comme ce serait merveilleux de se marier là-bas...

XV

“A celle qui a accompli sa foi par l’amour, agrandi son espérance à travers la douleur, édifié son bonheur par le sacrifice. A celle qui demeure la compagne de ma vie, le firmament de ma pensée, la prière vivante et le ciel de mon âme. A Jeanne Elisabeth Carolyne, le 8 février 1855, Liszt.”

C’est dans ces termes que Franci dédiait à la princesse ses nouveaux poèmes symphoniques. A cette femme qui avait sacrifié pour lui sa position sociale, sa fortune, sa patrie, il ne pouvait témoigner toute la chaleur et tout le dévouement qu’il aurait aimé lui donner. Tandis que l’ardeur de leur amour languissait, un grand sentiment d’amitié grandit entre eux. Alors qu’un véritable déluge de maux s’abattait sur leurs connaissances les plus proches, il avait l’impression de celui qui s’est réfugié sous un toit devant l’orage qui gronde. Wagner errait d’un endroit à l’autre sans sa femme, à la recherche du milieu propice à son grand travail. Après de longues souffrances l’abbé Lamennais était mort et reposait à La Chênaie. Victor Hugo vivait en exil. Mais les nouvelles les plus horribles concernaient Schumann ; celui-ci avait été interné dans un asile d’aliénés.

Franci décida de représenter l’opéra de Schumann, *Genoveva.* Cette pièce avait souvent été un sujet de dispute entre Liszt et Schumann. Franci trouvait le texte un peu faible et il aurait aimé que Schumann le corrigeât, mais Clara était intervenue et rien n’avait pu se faire. Il fallait donc donner l’opéra tel quel. Franci invita Clara à la première, mais celle-ci ne vint pas.

Un changement important se produisit dans le groupe d’élèves de Franci : Agnès Street-Klindworth avait terminé ses études, elle estimait en savoir suffisamment pour entreprendre sa carrière de professeur de piano.

Un jour elle annonça à son maître qu'elle allait quitter Weimar. Il n'alla pas l'accompagner à la gare, ce qui aurait été naturel après deux ans d'enseignement et d'amitié. Il prétexta une migraine. Il voulait garder en lui le doux souvenir de cet être merveilleux qu'il avait serré contre lui la veille en lui promettant d'écrire souvent. Et ce soir-là il se coucha avec la pensée que quelque chose s'était brisé entre Carolyne et lui.

La place de la jeune femme ne resta pas longtemps vide. Un garçon de treize ans arriva de Russie avec des lettres de recommandation d'aristocrates russes. Il s'appelait Charles Tausig, c'était un enfant d'apparence insignifiante mais lorsqu'il s'assit au piano il se transforma en un véritable démon. Ebahi par son talent, Franci l'installa sans tarder à l'Altenburg.

Il y avait toujours de la place dans la maison de la princesse, malgré le grand changement qui s'était produit. En effet, un soir, Franci se plaignit de maux de tête après le dîner et la princesse le fit rester pour la nuit, après quoi il s'installa définitivement à l'Altenburg, vivant aux côtés de la princesse comme s'ils avaient été mariés. A la cour personne ne fit de remarques à ce sujet. Le grand-duc continua tout simplement à considérer que Franci habitait toujours à l'Erbprinz, où il avait d'ailleurs conservé sa chambre. C'était là que lui étaient envoyés messages et invitations, lesquels étaient portés à l'Altenburg par le domestique de l'hôtel.

Depuis qu'il habitait chez la princesse, Franci travaillait avec un entrain décuplé. Il lui avait enfin été possible de faire de l'ordre parmi ses innombrables livres et partitions, il ne devait plus empiler des dizaines de livres pour pouvoir accéder à un volume, ni feuilleter des centaines de notes avant de trouver celle qu'il cherchait. Ses plumes et son encre étaient toujours préparées sur son bureau avec du papier à musique ; s'il désirait du café, il ne devait plus attendre des heures le garçon d'hôtel. Sur sa table un bouquet de fleurs toujours renouvelées apportait une note de fraîcheur. Son travail avançait à merveille. Il composait la *Messe d'Esztergom*, après avoir étudié chez Palestrina et Orlando Di Lasso les formes liturgiques obligatoires auxquelles il devait adapter son esprit créateur. Cette tâche n'était pas entièrement nouvelle pour lui. Il avait déjà écrit à Weimar une messe pour chœur d'hommes, mais l'œuvre actuelle n'était pas comparable à celle-là. Il désirait exprimer de toute la puissance de son talent ce que signifiaient pour lui depuis son enfance Dieu, la foi, l'humilité, le Christ, le miracle mystique de la transsubstantiation du pain et du vin, l'instant sacré de l'élévation.

Depuis que Franci s'était installé chez elle et qu'une nouvelle forme de vie, en tout point semblable à celle du couple marié, était née, la princesse s'efforçait d'arranger les affaires personnelles de Franci. Ils avaient appris de Paris que Mme Patersi, la gouvernante des filles, était gravement malade. C'était l'occasion rêvée pour avancer d'un pas dans leur projet : après avoir passé en revue toutes les possibilités, Carolyne proposa de placer les jeunes filles chez la mère de Hans von Bülow, à Berlin. L'installation à Berlin se passa sans la moindre difficulté, Marie ne sembla guère souffrir de la cruelle séparation ; quant à maman Liszt, elle dut se consoler avec la présence de Daniel, son préféré, qui resterait à Paris pour terminer ses études secondaires.

Recommandé par Franci auprès du couple héritier, le jeune Hans von Bülow s'était vu ouvrir les portes dorées et c'était lui qui donnait les leçons de piano à la petite princesse Lujza. Le professeur de musique de vingt-cinq ans était devenu quelqu'un qu'il fallait prendre au sérieux. En automne il réserva une grande surprise à son maître : il l'invita à venir donner un concert à Berlin. Le directeur de l'école de musique où

Hans enseignait s'occupait également, en effet, de l'organisation de concerts, et le jeune homme était parvenu à faire figurer le compositeur Ferenc Liszt dans la série de concerts qui devait être donnée en automne. Cette invitation combla Franci. Berlin était très importante pour lui, ou plus exactement pour Wagner. Depuis longtemps il avait tout fait pour que le *Tannhäuser* fût représenté à Berlin. L'opéra n'ayant vu le jour que sur une petite scène de province, une première berlinoise aurait fait avancer la cause wagnérienne d'un pas de géant. Naturellement tout dépendait de la qualité du spectacle, et Wagner avait posé comme condition de la représentation de son œuvre à Berlin que les répétitions et la direction fussent confiées à Liszt. L'intendant de Berlin, le comte Hülsen, n'osa pas accepter cette clause, craignant la colère jalouse des chefs d'orchestre berlinois. Franci ne se résigna pas, il alla tout simplement trouver le grand-duc de Weimar et lui demanda d'écrire au roi de Prusse pour que ce dernier arrangeât l'affaire. C'est alors qu'il reçut une nouvelle consternante de Berlin : l'intendant avait essayé de s'adresser directement à Wagner, il y était parvenu et l'auteur avait renoncé à ce que son opéra fût dirigé par Liszt.

Ce retournement de la situation provoqua de longues discussions entre la princesse et Franci. Ce dernier défendit Wagner à fond, l'essentiel restant de toute façon pour lui la représentation de l'opéra. La première était fixée au mois de janvier et pour l'instant il lui fallait s'occuper de son propre concert.

Lorsqu'il arriva à Berlin, Franci repensa à l'époque de ses grands succès de virtuose, à Charlotte von Hagn, au comte Teleki. Quinze ans avaient passé depuis et le monde avait bien changé. La belle Charlotte s'était mariée, avait divorcé et vivait misérablement quelque part. La défaite sanglante de la révolution hongroise avait fait de Teleki un émigrant errant de par le monde.

Sous ses doigts à lui s'était tu le miracle de la musique de piano. A la gare il fut accueilli par un groupe de jeunes gens : Hans et ses compagnons adeptes de la nouvelle musique. L'emploi du temps de Franci avait été préparé avec une précision tout allemande.

— Que signifient ces heures encerclées ? demanda Franci.

— Ce sont les leçons de Cosima, répondit Hans, puis, rouge jusqu'aux oreilles, il s'empressa de rectifier : Je veux dire les leçons de Blandine et de Cosima. Nous avons laissé un petit temps de liberté chaque jour, afin que tu puisses être avec tes filles.

La rougeur n'était pas passée inaperçue et à la table des Bülow Franci remarqua également qu'un changement évident s'était produit dans le comportement de Cosima. Elle était subitement devenue une jeune femme, plus féminine et plus adulte que son aînée de deux ans. Franci entrevit tout de suite cet amour naissant et il fut empli de joie, il aimait Hans comme un fils.

Le lendemain les répétitions commencèrent et ils travaillèrent durement jusqu'au jour du concert. Ce soir-là la salle était pleine à craquer. Au premier rang était assise Mme von Bülow en compagnie de Blandine et de Cosima. Le public était splendide, la cour, les aristocrates, une ambiance étouffante. Franci fut salué par des applaudissements polis mais pleins d'attente. Il frappa de sa baguette. L'orchestre entama les *Préludes.* L'œuvre mélodieuse et colorée obtint le succès attendu. Puis ce fut l'*Ave Maria*, pour chœur mixte, avec accompagnement d'orgue. Cette œuvre à l'harmonisation audacieuse, qui ne fut que modérément applaudie, était suivie du *Concerto pour piano en mi bémol majeur*. Hans joua à la perfection. En entendant les deux mesures puissantes du motif principal, Franci songea un instant à la phrase que Hans avait coutume de prononcer à ce moment : "Eh oui, qu'est-ce qu'il en sait, le public, de tout ceci ?" Qui comprenait, dans cette salle, que le compositeur avait tressé deux accords chromatiques de septièmes diminuées, qui se suivaient à un demi-ton d'intervalle ? Qui comprenait l'idée d'ensemble de l'œuvre qui, entre le quasi-adagio et le mouvement lyrique, venait insérer un scherzo relevé par les triangles ? Comment auraient-ils pu comprendre à travers ce dosage orchestral des pensées réparties avec économie, ce style propre à Liszt ? Les applaudissements furent un peu hésitants et ce qu'ils contenaient de chaleur s'adressait purement au vernis extérieur, au talent du jeune virtuose, à son personnage sympathique et au charme irrésistible du célèbre compositeur.

Après la *Tasso symphonie*, qui fut accueillie avec chaleur, Franci présentait en première audition sa toute dernière œuvre sur le treizième psaume du roi David, composée dans le même souffle que sa *Messe d'Esztergom*. Le concert de Berlin s'acheva sur le magistral accord final en *la* majeur rayonnant de joie : "Que je chante à Iahvé pour le bien qu'il m'a fait."

Ce fut un triomphe, le compositeur dut revenir à trois reprises sur la scène. Au dîner d'honneur qui suivit, tout le monde déclara que le compositeur Ferenc Liszt commençait sans aucun doute à rattraper, pour le grand public, le virtuose Ferenc Liszt. Il était évident que la presse du lendemain ne pourrait que rendre compte de ce succès. Ce ne fut pourtant pas le cas. La presse refusa unanimement sa musique. Que ce fût sur le ton des regrets, sur celui de la compassion ou avec une rage écumante, chaque article annonçait que le grand pianiste faisait fausse route en tant que compositeur, que ses œuvres n'étaient bonnes à rien, qu'elles étaient dépourvues du moindre intérêt et constituaient une atteinte aux règles éternelles de l'art. L'homme fier qui avait coutume de dire que ce n'était pas pour le présent qu'il travaillait, mais pour l'avenir, que l'éloge ou le blâme des incompétents lui étaient tout à fait indifférents, ne put nier pourtant la souffrance que lui causèrent ces articles. Mais sa blessure fut vite guérie et c'est en souriant qu'il parla de son échec cuisant auprès de la presse.

— De telles journées m'apprennent que marcher devant les foules est une chose belle, mais triste aussi. Elle ressemble un tout petit peu au sort des martyrs. Un journal de Prague écrivait de la *Symphonie en la majeur* de Beethoven que celui-ci avait sa place chez les fous... Moi, je poursuis ma tâche, car j'y crois et je la ressens comme une obligation aussi.

Franci repartit pour Weimar où il passa la Noël avec la princesse, Magne et ses élèves. Pendant les fêtes il reçut une lettre du comte Hülsen. Celui-ci le priait de lui apporter son aide en venant assister à quelques répétitions de *Tannhäuser*, car ils étaient incapables de s'en sortir.

— C'est magnifique, magnifique, jubilait Carolyne, ils ont quand même besoin de vous, n'est-ce pas ? Maintenant ils n'ont plus qu'à manger leur soupe ! Et Wagner se rendra enfin compte de ce qu'il vaut sans vous ! Oh, comme je suis heureuse !

— Ne vous réjouissez pas, chère Carolyne, car je serai dès demain à Berlin.

— Comment ? Vous parlez sérieusement ? Franci, pour l'amour de Dieu, il n'y a donc pas la moindre goutte d'amour-propre en vous ?

— Vous jugez très mal la situation. Il ne s'agit pas ici de moi, mais de la cause que je défends. Vous ne comprenez pas ? Il s'agit de la musique nouvelle ! Je pars demain.

XVI

A Vienne on fêtait le centième anniversaire de la naissance de Mozart et les organisateurs eurent l'idée de faire diriger les concerts donnés en mémoire de l'enfant prodige du XVIIIe siècle par l'enfant prodige du XIXe siècle. Franci accepta avec joie ce grand honneur, il dirigea deux concerts au programme desquels figuraient exclusivement des œuvres de Mozart.

C'est à cette occasion qu'il vit pour la première fois l'empereur. Le jeune souverain, âgé alors de vingt-six ans, était accompagné de la magnifique impératrice Elisabeth. Ils étaient beaux, resplendissants et jeunes, mais lorsque Franci se retourna pour frapper de sa baguette, il pensa à Lajos Batthyány, son hôte de Pozsony. Ceci ne dura que le temps d'un éclair et il se plongea corps et âme dans les beautés de la *Symphonie en sol mineur.* Vienne, sa chère vieille ville de Vienne, le fêta avec la même affection que trente ans auparavant. Après le dernier morceau les ovations furent telles qu'il dut rester pendant très longtemps sur l'estrade. Sur celle-ci se tenait un buste de Mozart couronné de lauriers et soudain le maire de la ville quitta sa place au premier rang, monta sur l'estrade et déposa ces lauriers sur la tête de Franci. Les applaudissements redoublèrent. Franci leva les yeux vers la loge impériale. Elle était déjà vide.

Franci habita chez oncle Eduard, le seul parent avec lequel il avait conservé des contacts ; ils s'écrivaient régulièrement et s'aimaient beaucoup. Eduard, excellent magistrat qui attendait sa nomination en tant qu'avocat général, avait épousé la fille d'un officier. Ils avaient déjà un petit garçon dont le parrain était Franci et qu'ils avaient baptisé Ferenc. Dans cette douce ambiance familiale aux parfums de café au lait et de kouglof, Franci eut l'impression de posséder un foyer, pour la première fois dans sa vie d'adulte. Il se dit que l'Altenburg non plus ne lui procurait pas cette sensation, peut-être par sa faute à lui, peut-être par celle de Carolyne.

La douce tranquillité du séjour en famille fut quand même troublée. L'impératrice Elisabeth souhaitant faire organiser un concert à la cour, on priait Liszt de bien vouloir se charger du morceau au piano. Franci réfléchit un bref instant puis il répondit au monsieur envoyé par les services du majordome :

— Je suis infiniment honoré par l'invitation, mais celle-ci ne pourrait s'adresser à moi. Je ne suis plus pianiste, mais compositeur. Si les services du majordome souhaitaient faire jouer l'une de mes œuvres à ce concert, j'en serais très honoré.

La chose en resta là, Franci ne joua pas à la cour impériale. Il embrassa le petit Ferenc Liszt, fit ses adieux à Eduard et Henriette et repartit pour Weimar. Il avait à résoudre des questions beaucoup plus importantes pour lui que celle de savoir s'il se produirait ou non au concert de quelque cour que ce fût. La *Messe d'Esztergom* était terminée et jamais il n'avait attendu la présentation d'une de ses œuvres avec une telle impatience et une telle émotion. Après une longue pause de plusieurs mois Franci put enfin envoyer sa partition. Les chœurs nécessaires seraient demandés au Théâtre national, seulement quatre-vingts chanteurs, les tribunes d'orgue de la basilique ne pouvant en contenir davantage. La décision ne plut guère à Franci qui avait composé sa messe pour un chœur immense, mais il envoya quand même sa partition. En réponse il reçut une lettre de celui qui avait été son ami, le comte Leo Festetics. C'était une lettre consternante. En tant que membre de la commission chargée de l'affaire par le primat, Festetics lui faisait savoir avec sécheresse que la présentation de la messe s'avérait impossible, qu'elle exigeait un appareil beaucoup trop grand et trop coûteux. En un mot, Franci devait comprendre que le mieux à faire serait de renoncer de son propre chef à ce que la basilique fût sanctifiée par sa messe.

Franci en fut atterré. Festetics, son vieil ami, celui qui lui avait remis le sabre d'honneur, celui qu'il avait cru son frère le plus fidèle et le plus proche, c'était ce Festetics qui avait écrit ces mots ? Il réfléchit longtemps et finit par adresser à Festetics une lettre modeste et soumise : il était décidé à renoncer aux chœurs mixtes et à réécrire le tout pour chœurs d'hommes. Cette fois la réponse du comte fut limpide : la messe était trop longue, elle coûterait trop cher, bref, ils n'en avaient pas besoin.

Franci fut brisé, il ne comprenait pas. Et c'est à ce moment douloureux et sombre, où il voyait s'envoler le plus grand rêve de sa carrière de compositeur, qu'il reçut une lettre qui signifiait pour lui l'accomplissement de son désir le plus cher : Hans lui demandait la main de Cosima. Franci répondit aussitôt aux jeunes gens en bénissant leur amour. Il leur demandait seulement d'attendre encore un an avant de se marier.

Le bonheur que lui procura l'événement lui donna des forces pour affronter l'échec. Son dynamisme reprit le dessus. Peut-être tout n'était-il pas perdu. Il écrivit au baron Augusz, à Ferenc Erkel, à tous ceux qui pourraient éventuellement être entendus à la cour primatiale. Peu à peu les réponses lui arrivèrent et il y lut le compte rendu détaillé de la véritable campagne menée par Festetics contre sa messe. Deux partis s'étaient constitués à Pest et à Esztergom, pour et contre la messe de Liszt. Les combats étaient suivis de près par la presse et bientôt ce furent les journaux étrangers qui se mirent à intervenir dans l'affaire. Enfin, un jour d'été, la décision définitive du primat Scitovszky arriva à Weimar : la messe de Liszt serait présentée lors de la cérémonie de consécration de la basilique d'Esztergom.

Franci était fou de joie. Il fallait se dépêcher, il ne lui restait plus qu'un mois avant la date fixée pour les fêtes d'Esztergom. En toute hâte il régla ses affaires à Weimar et partit pour la Hongrie. Il n'alla pas directement à Pest mais s'arrêta à Esztergom, impatient de voir la basilique et de rencontrer le primat. C'est en sa compagnie qu'il visita la cathédrale. Le soir il dîna chez lui et c'est de son secrétaire, l'évêque Fekete, qu'il apprit enfin la raison de la rancune de Festetics.

— Essayez un peu de vous souvenir, cher maître... N'y a-t-il pas eu entre vous une querelle à propos d'une femme ? Car le comte Leo est un grand admirateur du beau sexe.

Franci comprit tout en un instant. Il se souvint d'une belle femme aux cheveux noirs et aux yeux de diamants. Cela ne faisait aucun doute, après son départ celui-ci avait découvert la vérité, et Franci ne pouvait guère lui en vouloir.

Il partit la nuit même afin d'arriver incognito dans la capitale. C'est dans l'aube rayonnante d'une journée d'août qu'il revit sa ville. Au-dessus du Danube scintillant se dessinait la ligne fine des arcs du pont de Chaînes avec, sur la rive de Pest, toute une rangée de nouveaux édifices somptueux. Sur la rive de Buda, au pied de la colline du Château, un tunnel était en construction. Le voyageur partit à pied jusqu'à son hôtel puis il se lança à travers les rues de la ville. Le développement incroyable de celle-ci le stupéfia. De nombreux édifices avaient vu le jour et les environs du Théâtre national, jadis déserts, étaient méconnaissables. L'ambiance matinale de la ville était la même que dix ans auparavant, et pourtant, entretemps les obus avaient volé au-dessus du toit de cette maison, et les rues avaient été jonchées de blessés et de morts. Lui, tout comme Széchenyi, n'était pas là alors, et le poème de Heine avait marqué son absence du sceau de l'infamie. Heine, il était bien loin déjà... Il avait succombé au printemps dans les horribles souffrances du tabès. Ne restait pour le monde que son nom, tout comme le sien resterait après sa mort. Le poème de Heine lui aussi subsisterait, sa messe aussi.

Sa première visite fut pour le comte Raday, au Théâtre national. Il voulait discuter avec lui des répétitions des chœurs. Pas un mot ne fut prononcé sur le scandale déclenché à propos de la messe. Entre-temps arriva le baron Augusz. Franci l'embrassa avec affection et lui exprima toute sa reconnaissance pour l'aide que cet ami fidèle lui avait apportée. Bras dessus, bras dessous ils allèrent déjeuner dans un petit restaurant et ne se quittèrent plus. Ils se rendirent tout d'abord chez le tailleur où Franci commanda un habit de gala hongrois, l'ancien ayant été dévoré par les mites. L'après-midi il rencontra Ferenc Erkel, Mosonyi, Abrányi et le fabricant de pianos Beregszaszy. Ceux-ci lui apprirent que la vie musicale avait pris un grand essor au cours des dix dernières années, un public nombreux se rendait aux spectacles d'opéra, les concerts attiraient également un auditoire de plus en plus large et de qualité et les partitions se vendaient comme des petits pains dans le nouveau magasin de Rozsavölgy.

— Il faut à tout prix que nous fassions cette académie de musique. Même si elle ne commence que dans trois petites pièces, cela ne fait rien. Il faut que Pest ait un conservatoire. J'ai déjà commencé, il y a bien longtemps, à rassembler les fonds nécessaires, cette somme ne doit quand même pas s'être envolée.

— A moins que les Autrichiens n'aient mis la main dessus, dit sombrement Erkel.

Tout le monde se tut et Franci, qui se sentait tout à fait étranger à la politique intérieure, ne posa aucune question. Le soir ses amis l'emmenèrent dîner au restaurant Lloyd où jouait l'orchestre de Ferko Patikarus. Le Tzigane, qui avait tout de suite reconnu le célèbre Liszt, vint jouer près de lui et soudain Franci sursauta :

— Mais c'est ma première rhapsodie…

— Bien sûr, répondit Erkel, il les joue toutes. Et pas seulement lui d'ailleurs, tous les Tziganes, tout le pays. Toutes les demoiselles à marier se pavanent en jouant les rhapsodies de Liszt devant leurs prétendants !

Toute la soirée se passa au son de la musique tzigane. Et Franci sentit et comprit tout à coup que ce qui se passait ici était semblable à ce qui s'était passé à Varsovie avec la musique de Chopin. On peut faire taire la bouche d'une race opprimée, mais pas son cœur. Cette terre et ce peuple ne perdraient jamais leurs couleurs, leur sang, leur goût bien à eux. Il prit dans sa poche un billet qu'il tendit au violoniste mais celui-ci se recula et dit quelque chose en hongrois.

— Il dit, lui traduisit Augusz, qu'en jouant pour toi il est largement payé.

Dès le lendemain on pouvait se rendre compte dans la ville que le célèbre Liszt était arrivé. Les vitrines étaient décorées de ses portraits, parfois couronnés de lauriers, mais sans le ruban tricolore cette fois. Dans la rue les gens l'acclamaient et dès le troisième jour les lettres arrivaient par centaines à son hôtel. Les invitations se multipliaient sans cesse. Il rencontra également Festetics à qui il tendit la main aimablement, sans révéler le moins du monde qu'il était au courant de l'affaire.

Les répétitions commencèrent. Franci n'avait jamais préparé avec un tel soin et un tel souci de perfection l'exécution de ses œuvres. Il faisait répéter cent fois chaque phrase musicale, expliquait longuement les nuances les plus infimes et si les choses n'allaient pas comme il le désirait, il s'emportait violemment. A la troisième répétition déjà on lui rapporta la plaisanterie qui courait à son sujet dans toute la capitale : “Liszt a écrit sa messe en priant, mais c'est en jurant qu'il la fait répéter.”

Dans la salle du Théâtre national, parmi les membres qui assistaient régulièrement aux répétitions, se trouvait une jeune actrice nommée Lilla Szilagyi. La romantique belle femme tomba dans ses bras sans qu'il ait eu à tendre la main. Et lorsqu'il se retrouva seul dans le silence de la nuit avec le léger parfum d'ambre qu'elle avait laissé derrière elle, Franci fut pris de remords étranges. Qu'il ait trompé Carolyne ne lui causait guère de soucis, celle-ci étant devenue pour lui une compagne de vie plutôt qu'une amante. Mais dans son âme était apparu le visage délicat d'Agnès, Agnès qui lui avait écrit dernièrement une lettre très triste : elle était atteinte de tuberculose. Pauvre petite Marguerite, il l'avait trompée, elle qui ne lui avait jamais appartenu.

Deux jours avant la consécration il embarqua avec les musiciens à bord du *Marianne*. Ils arrivèrent le soir à Esztergom mais, fuyant le grand désordre qui régnait, Franci préféra retourner sur le bateau où il se fit un lit avec des chaises et des manteaux. Le matin il se rendit à la basilique pour la répétition où il resta toute la journée. Cent un coups de canon annoncèrent l'arrivée du bateau de Vienne à bord duquel se trouvait la cour. Il ne vit rien des somptueuses cérémonies d'accueil qui se déroulaient à l'extérieur. Il passa la nuit suivante sur le bateau et le matin du grand jour il revêtit son frac orné de toutes ses décorations. Il monta à la basilique en compagnie des musiciens et des chœurs. Tout le long du chemin se tenait une foule de badauds.

A dix heures tout le monde se trouvait à sa place. En bas la cérémonie commença. Une demi-heure passa, une heure, deux heures. Enfin, à deux heures et demie, la messe put commencer. Franci jeta un coup d'œil aux musiciens et choristes morts de fatigue après ces trois heures et demie d'attente debout, dans une chaleur suffocante. Il fit le signe de croix, leva sa baguette. Le *ré* majeur puissant et grandiose retentit.

Lorsque le *"ite, missa est"* fut prononcé, Franci s'appuya, épuisé, au bord de l'orgue. Il s'était donné à fond à sa musique et avait vécu pleinement chacune des prières de celle-ci, du Kyrie à l'Agnus Dei. Comme celui qui se lève après une longue maladie il titubait en revenant à la réalité et il put à peine lever la main lorsqu'il félicita tour à tour ceux qui avaient participé à la naissance de son œuvre. Il devait également les quitter : les musiciens et les choristes étaient attendus sur le bateau pour le déjeuner, lui avait été invité au repas d'honneur du primat. Il en eut un peu honte devant ses fidèles collègues.

En bas, à la sortie de la basilique, un jeune prêtre lui remit un papier sur lequel était indiquée la place qu'il aurait à la table d'honneur.

— Il y a deux tables, lui expliqua le prêtre, la première étant réservée à Son Eminence, à la cour et aux notabilités. Votre Honneur a une place à la deuxième table. N'auriez-vous pas vu le comte Raday ?

Franci retourna le papier entre ses doigts, rouge jusqu'aux oreilles. On le faisait asseoir à la deuxième table ? Lui qui avait composé la messe ? Lui qui dans son art avait conquis pour sa patrie la première place du monde ?

C'est alors qu'il aperçut les comtes Raday, Karácsonyi et Festetics.

— Vous allez au repas d'honneur, Franci ? lui demanda Festetics.

— Je ne sais pas. On m'a casé à la petite table.

— Ce n'est pas mal, dit Raday en riant amèrement, nous aussi nous y avons été relégués tous les trois. Nous ne sommes pas assez bien pour ces misérables Viennois. En arrière, les Hongrois. Place aux Tchèques et aux Polonais. Allez donc déjeuner, mais sans moi.

— Pour ma part, j'irai déjeuner sur le bateau, dit Franci, avec mes collègues. Ma place est parmi eux. Au revoir.

— Attendez, répliqua le comte Guido Karácsonyi, nous aussi nous y allons !

Ils descendirent tous quatre la colline et furent accueillis par des cris de joie sur le bateau. Le vin coula à flots toute la nuit. Sur la rive du Danube où le peuple faisait la fête Franci dansa et chanta, plus rien n'existait désormais pour lui que la musique tzigane qui l'entraînait dans la fougue sauvage et païenne du divertissement ancestral.

A Pest il passa encore quelques jours chez le comte Karácsonyi. Il rendit visite au grand peintre Miklos Barabás, se rendit à Fót pour voir les fresques du château Károlyi et discuta avec Heckenast de l'édition hongroise de son futur livre sur les Tziganes. Sa petite messe de Weimar fut chantée à l'occasion de la consécration de la chapelle Hermina. Enfin, le dernier jour, il alla chez les franciscains. De ceux qui l'avaient vu trente-cinq ans auparavant, plus un ne vivait, mais ceux qui l'accueillirent le choyèrent comme s'il était toujours le même petit garçon. Les frères inscrivirent dans leurs annales : *"Liszt ab convento confrater assumi desideravit."*

XVII

Il était convenu que Franci retrouverait la princesse à Zurich. Il se réjouissait à l'avance des soirées qu'il passerait avec Wagner. Ses espoirs furent déçus. Carolyne avait tenu à habiter à l'hôtel Baur au Lac, elle avait fait une longue liste de tous les grands savants qu'elle pouvait trouver à Zurich et les invitait par groupes. La princesse était dans son élément, discutant de l'écorce terrestre avec le géologue, des premiers chrétiens avec l'historien, de la circulation du sang avec le médecin, nageant avec bonheur dans son rôle de muse de la science. Quant à Franci et Wagner, tels des amoureux, ils tissaient de véritables complots pour pouvoir voler une heure ou deux de tranquillité, afin de se consacrer aux détails de *l'Or du Rhin* et de *la Walkyrie.*

Carolyne et Wagner se concertèrent et organisèrent une grande fête pour l'anniversaire de Franci. Après le dîner les nombreux invités prirent place dans la grande salle de l'hôtel, Wagner s'assit au piano et joua *la Walkyrie* en chantant les rôles de Siegmund et de Hundig tandis qu'une chanteuse de Zurich interprétait celui de Sieglinde. Franci aurait aimé à chaque instant sauter de joie. De quelque côté qu'il approchât l'édifice gigantesque de cette tétralogie, qu'il y vît le poème symbolique de la malédiction du matérialisme, ou la désagrégation audacieuse et victorieuse des anciennes formes d'opéra, ou la richesse éblouissante des couleurs de l'orchestre et de l'harmonisation, il sentait en tout cas qu'il était en train de vivre les instants les plus sacrés de l'art pur.

Parmi les invités se trouvaient la malheureuse Minna ainsi que les Wesendonck. En regardant Matild, Franci se demanda s'il existait une femme qui pourrait être la véritable compagne de vie de ce génie. Puis il pensa à lui-même et à la princesse et une sage mélancolie l'emplit. Les querelles familiales et la religion avaient totalement détruit l'équilibre nerveux de Carolyne. Il était à présent très difficile de vivre à ses côtés, sa superstition s'était transformée en une sorte de maladie, sa religiosité en un bigotisme effrayant. Lorsque les événements de la journée l'avaient particulièrement éprouvée, elle avait d'horribles visions la nuit et allait réveiller sa fille pour que celle-ci s'assît à son chevet et lui lût quelque chose à voix haute.

Après avoir passé quelques jours avec les Wagner à Saint-Gall, Franci, Carolyne et sa fille se rendirent à

Munich. Franci passa beaucoup de temps avec le peintre Kaulbach qui fit de lui un portrait et dont le tableau intitulé *la Bataille des Huns* lui plut tant qu'il en composa une œuvre pour orchestre.

Lorsqu'ils rentrèrent à Weimar et qu'il reprit la direction musicale du théâtre, après une longue pause, il se replongea dans le travail. Mais bientôt le coup qui menaçait depuis longtemps s'abattit sur eux : la princesse était bannie de Russie. La famille Wittgenstein avait repris l'attaque plus violemment que jamais auprès du nouveau tsar, Alexandre II, et elle était parvenue à ses fins. Le jour même le grand-duc le fit demander et lui apprit qu'il ne lui serait plus possible de recevoir la princesse à la cour. Franci était brisé ; il aurait aimé taire la chose à Carolyne mais ce n'était guère possible. La princesse se mit à sangloter dans ses bras, comme celui qui se noie s'accroche désespérément à l'unique planche.

— Je le savais, je le savais, j'ai rêvé d'un cercueil. Et hier il y avait treize œufs dans le panier, à la cuisine ils ne font jamais attention. Franci, Franci, qu'allons-nous devenir ? Sauvez-moi, sauvez-moi…

Cette nuit-là à minuit Magne se mit à faire la lecture à sa mère et à quatre heures du matin, épuisée, elle se fit relayer par le petit Tausig qui, lui, trouva la chose très drôle et lut en hurlant jusqu'à six heures. Franci, épouvanté, se demandait s'il ne vaudrait pas mieux qu'il mît fin à ses jours. Comment pourrait-il parvenir à travailler, à vivre, à côté de cette femme qui frôlait parfois la folie ? Mais il pensa à ses enfants, à la sainte cause de la nouvelle musique, et à la religion. Il se mit à genoux dans sa chambre et pria longtemps.

Les mauvaises nouvelles semblent souvent en appeler d'autres. L'un des élèves préférés de Franci, Bronsart, quitta Weimar et ce départ lui fut très douloureux. Il composa pour lui un *Concerto en la majeur*, œuvre qui reliait encore plus étroitement l'orchestre et le piano que celui en *mi* bémol majeur. Malgré les délices éprouvées dans la création du concerto, dans l'interprétation parfaite de Bronsart, Franci ne pouvait plus se réjouir pleinement de son travail dans cette atmosphère effroyable.

Puis commencèrent les angoisses concernant la santé de Daniel. Le garçon avait terminé le lycée en remportant tous les premiers prix de sa classe. Il avait été décidé qu'il entamerait une carrière diplomatique tout en se formant en peinture. Il lui fallait donc poursuivre ses études de droit et c'est l'université de Vienne qui fut choisie, le jeune homme pourrait loger chez Eduard. Avant de s'y rendre, Daniel passa quelques jours chez son père. Sa gentillesse et son intelligence apportèrent une douce consolation aux soucis de Franci. Un jour pourtant quelque chose se produisit qui fit se figer le sang dans les veines du père. Daniel avait été pris d'une forte toux et Franci se rendit compte que son mouchoir était taché de sang. Le garçon le rassura en lui affirmant que les médecins n'avaient rien trouvé d'anormal. Franci ne dormit pas cette nuit-là, il pensait sans cesse au frère qu'il n'avait jamais connu et qui était mort de tuberculose. Puis surgissait la fin tragique de Chopin. Une angoisse comme jamais il n'en avait connue ne le quitta pas tant qu'il n'eut pas reçu le diagnostic des professeurs de Berlin et de Vienne qui avaient examiné Daniel : ils n'avaient décelé aucune maladie mais trouvaient l'organisme du jeune homme insuffisamment résistant.

Ce fut ensuite le concert de Leipzig. Celui-ci était organisé au profit des vieux musiciens et Franci, à qui l'on avait demandé de participer, accepta, comme d'habitude en telle occasion. Toute la deuxième partie du programme était composée de ses œuvres. Les *Préludes* obtinrent un certain succès mais *Mazeppa* fut sifflé, ridiculisé. Le public obstinément rétrograde de Leipzig rejetait durement les desseins de la nouvelle musique. Le scandale en lui-même aurait vite été étouffé, mais dès le lendemain la presse déclarait unanimement qu'il était temps d'en finir une bonne fois pour toutes avec cette tendance musicale.

Cette campagne lancée contre Liszt ne s'arrêta pas aux frontières allemandes. A Vienne devait avoir lieu la présentation des *Préludes* et Franci attendait beaucoup de cet événement. On l'estimait tant dans la capitale autrichienne. Ne lui avait-on pas remis les lauriers de Mozart ? En outre, l'autorité en matière de critique musicale était toujours le jeune Hanslick qui, plusieurs années auparavant, s'était enthousiasmé pour ce que certains appelaient la musique à programme. Les *Préludes* furent joués et Franci reçut les journaux viennois à Weimar. A l'exception d'un seul, tous attaquaient violemment cette œuvre et c'était Hanslick qui était le plus violent, disséquant avec une ironie cruelle le poème symphonique et, faisant allusion au rôle du triangle, le qualifiant de sonnailles.

Franci en tomba malade. Une grave crise de furonculose le cloua au lit. Au printemps il recommença à pouvoir se lever. Il lui fallut alors se rendre à Aix-la-Chapelle pour diriger les fêtes musicales du bas Rhin. Sachant qu'une petite minorité aurait voulu que la direction fût confiée à Hiller, il avait refusé à deux reprises, mais une délégation s'était ensuite rendue à Weimar pour le faire céder. Ses craintes se vérifièrent : lorsque Hans attaqua le *Concerto en mi bémol majeur*, un sifflement aigu retentit dans la salle. C'était Hiller, le cher Hiller des années parisiennes ! A son signal fusèrent de partout les sifflements et les huées. L'ami de jadis ne se contenta pas de cet exploit ; il écrivit dans le *Kölnische Zeitung* un article fielleux dans lequel il couvrait Franci d'un torrent d'injures.

Franci essaya de trouver une consolation auprès de ses enfants. Le mariage de Hans et de Cosima se préparait.

Il eut lieu le 18 août et Franci crut qu'il oublierait ce jour-là tous ses soucis. Mais à la place de Daniel ce fut une lettre qui arriva : celui-ci souffrait de fièvres persistantes. En même temps lui parvint une lettre de Mme d'Agoult, laquelle, furieuse de constater que le mariage de Cosima se faisait sans elle, exigeait que Blandine rentrât immédiatement à Paris : c'est elle qui se chargerait cette fois du mariage. Le père brisé ne pouvait rien faire contre la volonté de Marie et Blandine partit peu après le mariage pour la Suisse où sa mère l'attendait.

En septembre devaient avoir lieu les fêtes musicales de Weimar, le jour du centième anniversaire de la naissance du grand-duc Charles-Auguste. Les statues de Goethe et de Schiller seraient inaugurées devant le théâtre. Franci invita son ami Joachim, le violoniste hongrois. Celui-ci avait habité pendant des mois à l'Altenburg, ils avaient été ensemble à Zurich avec Wagner, ils étaient compatriotes. En outre une grande affection les liait depuis longtemps.

— J'ai encore un ou deux amis sur lesquels je peux compter dans ce monde si laid...

A la place de Joachim ce fut une lettre qui arriva. L'ami y disait que la musique de Liszt lui était tout à fait étrangère et qu'elle s'opposait à tout ce dont il s'était nourri, à l'esprit des grands.

— Je ne m'étonnerai plus de rien désormais, se dit Franci en soupirant, qu'est-ce qui peut bien encore venir après tout cela ?

XVIII

Depuis la messe il travaillait à sa grande *Dante symphonie.* Il y disait la douleur de ses désillusions, il s'y confessait à lui-même sa faiblesse humaine, ses regrets d'avoir obéi cent fois à l'appel de la chair, il y trouvait un refuge dans la pureté enfantine de la prière. Lorsqu'il eut terminé son œuvre il se sentit un autre homme. Il avait parcouru le monde dantesque de la souffrance, des regrets et de l'élévation. Il avait vu des régions de l'âme que bien peu avaient la chance de connaître et parvenait à présent à supporter avec une patience redoublée les maux qui l'accablaient.

Une bonne nouvelle vint égayer un instant la grisaille des journées à Weimar : Blandine demandait à son père l'autorisation d'épouser un jeune avocat, Emile Ollivier. Après avoir pris des renseignements sur le jeune homme, Franci donna son accord et le mariage eut lieu à Florence. Il ne s'y rendit pas, peu désireux de rencontrer Marie.

Ses deux filles s'étaient mariées en l'espace de quelques mois mais son mariage à lui ne s'arrangeait pas le moins du monde. Pour la troisième fois le métropolite Hotoniewski rejetait la demande d'annulation de mariage et la quatrième tentative semblait tout aussi désespérée. Franci entourait Carolyne d'une patience infinie et d'une grande tendresse, mais l'amour entre eux avait disparu. Un jour Agnès arriva à Weimar pour passer quelques jours auprès de son maître. Des nombreuses lettres que Franci lui écrivait elle était très précisément au courant de la situation à l'Altenburg et cette fois plus aucun obstacle n'exista pour eux. Après quelques jours de bonheur secret, Agnès repartit. Le rayon de soleil apparu dans la vie de Franci s'effaça avec elle. Franci avait bien changé. Sa bonne humeur et sa gaieté de jadis avaient disparu. Il souriait rarement et évitait les contacts avec le monde. Parmi les quelques connaissances qu'il continuait de rencontrer régulièrement, il y avait Dingelstedt, qu'il était enfin parvenu, après de longues années de combat, à faire admettre à la direction du théâtre de Weimar et que le grand-duc avait nommé intendant.

Le théâtre ne l'intéressait plus beaucoup. Il avait bien encore fait quelques tentatives auprès du grand-duc pour que fût représentée la tétralogie mais il commençait à renoncer à son grand rêve. Wagner lui-même attendait quelque miracle et avait mis de côté ses quatre opéras à présent terminés. Il travaillait désormais à une nouvelle œuvre sur Tristan. Franci s'efforçait de faire mettre au programme du théâtre le plus grand nombre d'œuvres de Berlioz et de jeunes compositeurs adeptes de la nouvelle musique, comme Cornelius.

La *Dante symphonie*, qu'il n'avait cessé de ciseler et à laquelle était même venu s'ajouter un nouveau mouvement, fut présentée à Dresde. Ce fut l'échec. La presse s'en donna à cœur joie et à côté des attaques les plus sauvages un nouveau ton se fit sentir : on le traitait comme une figure comique dont les aberrations musicales donnaient toutes les possibilités de sourire.

Il n'avait pas le droit d'abandonner la lutte, il sentait avec une certitude croissante que c'était là le sens de sa vie. Il se remit au travail. Il avait trouvé parmi ses notes quelques lignes concernant son passage à la Wartburg où il avait vu les fresques retraçant des scènes de la vie de sainte Elisabeth. Il retourna à la Wartburg et demanda une audience auprès du grand-duc pour lui proposer de restaurer l'édifice laissé à l'abandon et d'y organiser une grande fête. L'idée plut au souverain. Carolyne fut enthousiasmée par le projet et elle présenta à Franci celui qu'elle avait trouvé pour écrire le livret, un certain Roquette dont Franci n'avait jamais entendu parler. Pour faire plaisir à Carolyne, il conserva ce Roquette, mais en réécrivant son texte. L'auteur du livret accepta toutes les transformations, l'important pour lui étant de voir son nom figurer à côté de celui de Liszt.

Ayant reçu l'avis officiel de son admission en tant que confrère parmi les franciscains, il ne voulut à aucun prix manquer la cérémonie et décida de se rendre à Pest, après s'être arrêté à Prague et à Vienne où il avait à faire.

A Prague il voulait présenter la *Dante symphonie* à un chef d'orchestre nommé Wildner. Les répétitions se déroulèrent à merveille. L'œuvre remporta un succès fracassant et le petit Tausig, que Franci avait emmené avec lui, émerveilla véritablement le public dans son interprétation du *Concerto pour piano en la majeur*. La presse fut très élogieuse. Quelques jours plus tard fut donné un second concert. La *Tasso symphonie* fut jouée deux fois.

A Vienne Franci fut accueilli par Eduard et Daniel. Le garçon n'avait pas mauvaise mine, mais son père le trouva trop maigre. Le médecin qui avait décelé une petite anomalie dans l'un des poumons estimait la chose sans gravité. Chez Eduard et Henriette, dans la douce intimité familiale, Franci souhaita un instant ne jamais voir cesser cette soirée. Jamais il ne s'était senti aussi heureux qu'à présent avec son fils à côté de lui.

La *Messe d'Esztergom* plut beaucoup à Vienne. Le baron Augusz, venu à Vienne ainsi que de nombreuses connaissances pour entendre l'œuvre une deuxième fois, fit accorder à Franci une audience auprès de l'empereur, afin qu'il remerciât le souverain de la décision qu'il avait prise de faire éditer la partition par l'Etat. C'est à cette occasion que Franci apprit que lui était décernée la croix de chevalier de l'ordre de la Couronne de Fer, ordre réservé à la noblesse : il était donc invité à solliciter l'anoblissement.

Après avoir été reçu pendant deux minutes par François-Joseph il alla présenter ses respects au baron Bach, auprès duquel Augusz lui avait également demandé une audience. Il y resta plus d'une demi-heure et fut agréablement étonné de l'extraordinaire gentillesse de cet homme que tout Pest aurait aimé voir mort.

— A Pest, dites aux Hongrois qui me haïssent qu'ils font fausse route. C'est moi qui ai raison et pas eux. Ils ne peuvent être forts qu'au sein d'une monarchie puissante. Et la monarchie ne peut être puissante que dans l'unité.

— Il est très difficile de choisir, Excellence : être fort, ou être hongrois…

— Vous avez déjà choisi, monsieur le conseiller Liszt. Vous êtes les deux.

Après avoir rédigé sa requête en vue de son anoblissement, sous la direction d'Augusz, Franci partit pour Pest. Il se présenta chez les franciscains. Le père gardien dit une messe basse. Ensuite le supérieur lui adressa un discours en latin et l'admit solennellement dans l'ordre en tant que membre civil. Un déjeuner suivit au réfectoire où il fit la connaissance d'un chanoine, Danielik, venu d'Eger pour le rencontrer. Ce dernier avait écrit un ouvrage au sujet de sainte Elisabeth et, ayant appris par les journaux que le grand musicien s'occupait de ce sujet, il lui proposait les fruits des longues recherches effectuées par lui.

Le soir Franci dîna en compagnie d'Erkel, Mosonyi, Doppler et bien d'autres au son de l'orchestre tzigane. Il annonça avec bonheur à Erkel qu'il avait dix nouvelles rhapsodies.

— Et vous, à quoi travaillez-vous en ce moment ? Pourquoi ne faites-vous pas traduire votre *Lászlo Hunyádi* en allemand ? Je pourrais le faire représenter à Weimar.

Erkel se contenta de remuer la tête. Une telle traduction lui coûterait trop cher. Franci fut consterné : d'autres le harcelaient sans cesse pour faire connaître leurs œuvres, Erkel repoussait la proposition d'un air morne et blasé. Il finit quand même par promettre à Franci de s'en occuper, mais n'en fit rien, et après l'avoir relancé plusieurs fois de Weimar, Franci se lassa.

XIX

L'ancien élève Cornelius, qui s'était retiré comme un ermite pour travailler, arriva à Weimar avec son opéra *le Barbier de Bagdad*. Franci le trouva excellent, c'était le premier qui l'intéressât depuis le *Cellini* de Berlioz, à part les œuvres de Wagner bien entendu. Il informa aussitôt le théâtre de son désir de présenter l'opéra dès l'automne. La réponse de l'intendant Dingelstedt fut surprenante. Il lui demandait de rétablir l'équilibre entre les soirées musicales et celles théâtrales en diminuant le nombre des premières. Le grand-duc, qui s'intéressait davantage à la littérature et au théâtre, appuya cette proposition mais Franci répondit par un non catégorique. Le grand-duc n'insista pas mais leurs rapports ne furent plus les mêmes. On ne pouvait pas ne pas sentir l'influence de la campagne de presse lancée contre Franci depuis le concert de Leipzig. Celui qui n'était pas connaisseur ne pouvait qu'être ébranlé dans ses convictions en lisant de la part de spécialistes que ces œuvres étaient dépourvues de tout talent, confuses et ridicules. Franci ne parlait plus de Wagner devant lui. Le beau rêve de la tétralogie se retrouva au rebut, avec les cadavres des olympiades de Goethe et d'autres grands projets.

Mais il tint bon pour l'opéra de Cornelius, le premier élève qu'il avait formé. Après bien des tracasseries la première put avoir lieu un jour de décembre.

Lorsque le grand-duc et son épouse apparurent dans leur loge, la représentation commença, sous la direction de Franci. L'ouverture et le premier acte se passèrent sans problème puis, au milieu des applaudissements, retentirent des sifflements de plus en plus forts. La cabale avait été bien menée par Dingelstedt. Le soir même Franci remit sa démission au grand-duc. Cette affaire lui fit très mal. Au cours des dernières années il avait l'impression d'être poursuivi par un démon qui ravissait peu à peu tout ce qui lui était cher : la foi qu'il avait dans ses anciens amis, la confiance en la bonté et en l'honnêteté de l'homme. Il ne lui restait plus que Wagner, le pauvre Wagner qui s'était enfui à Venise et y composait le chef-d'œuvre nourri de son amour pour Matild, *Tristan*. Leur correspondance se poursuivait, toujours aussi ardente, mais dans l'état d'abattement où l'avait laissé sa rupture définitive avec le théâtre, Franci écrivit une lettre encore plus chaleureuse que d'ordinaire. Il y apprenait à Wagner qu'ayant quitté le théâtre il ne pourrait faire représenter *Rienzi*, et était donc momentanément incapable de lui envoyer de l'argent. La réponse qu'il reçut était cynique et Franci en fut bouleversé : "Ta réponse est bien trop pathétique à mon goût. Qu'ai-je à faire de ce Dingelstedt, du grand-duc et de *Rienzi* ! C'est de l'argent qu'il me faut !" Le reste de la lettre était rédigé sur le même ton. Franci en eut les larmes aux yeux. Même cette amitié extraordinaire avait été envenimée par le destin ? Il écrivit la lettre la plus douloureuse de sa vie : "… Comme la *Symphonie* et la *Messe* ne peuvent remplacer de bonnes valeurs en banque, il devient inutile que je te les envoie. Non moins superflues désormais seront tes dépêches urgentes et tes lettres blessantes."

Une longue lettre arriva de Venise. Franci reconnut qu'il avait peut-être jugé un peu trop sévèrement cet homme étrange qu'était Wagner. Au fil des lettres ils se réconcilièrent mais Franci garda à jamais au fond de son cœur le souvenir de cette désillusion.

Il se décida enfin à écrire son ouvrage sur les Tziganes, en partie pour fournir une occupation à Carolyne. Le prince Hohenlohe avait demandé Magne en mariage, mais au lieu de se réjouir de l'événement, Carolyne était désespérée de perdre sa fille. Elle était de nouveau hantée par d'horribles visions et le petit Tausig, qu'elle ne pouvait plus supporter, avait dû quitter la maison.

Franci la fit donc participer activement à la rédaction de son livre et dès les premiers jours l'idée s'avéra avoir été excellente. La princesse, qui se sentait enfin utile à quelque chose, se métamorphosa véritablement. Franci lui confia l'élaboration des chapitres consacrés à la description des Tziganes de Pologne et de Russie et c'est avec une joie attendrie qu'il la vit reprendre goût à la vie.

C'est alors qu'une grande nouvelle arriva de Saint-Pétersbourg : le métropolite était mort. Celui qui s'était opposé si opiniâtrement au divorce religieux n'était plus. A la même époque s'était éteinte celle qui pendant tant d'années s'était efforcée d'équilibrer le comportement de l'autorité ecclésiastique de Saint-Pétersbourg : Maria Pavlovna. Avant que Carolyne n'ait eu le temps de prendre une décision, un homme très malin nommé Okraszewski vint lui proposer ses services. Ils convinrent d'une somme de soixante-dix mille roubles qui serait versée lorsque l'annulation aurait été prononcée.

Cet ancien tenancier de l'un des domaines de la princesse reçut une avance qui couvrirait ses frais et il repartit pour la Russie. Carolyne reprit espoir, après douze ans d'attente elle croyait voir enfin se réaliser ce qui ne semblait plus qu'un rêve lointain. Il était à présent tout à fait vraisemblable que le mariage avec Franci pourrait avoir lieu dans les mois suivants.

La jeune princesse fit ses adieux à l'Altenburg. Le mariage avait lieu à Munich, Franci ne se rendit pas à la cérémonie, sa présence n'aurait été que gênante. Il resta seul à l'Altenburg et termina son ouvrage intitulé *Des Bohémiens et de leur musique en Hongrie.* La parution en France de ce gros livre ne lui procura guère de joie. Il était très inquiet pour Daniel dont l'état de santé était critique. La fièvre ne le quittait plus, il maigrissait à vue d'œil et vivait entre la prière et ses livres.

L'ouvrage sur les Tziganes fut mal accueilli par la critique, et tout spécialement par son ancien ennemi parisien Scudo, qui, dans la *Revue des Deux-Mondes*, traita l'ouvrage d'horrible confusion, d'amas audacieux d'affirmations tout à fait gratuites. Franci se contenta de hausser les épaules. Cependant, peu après c'est de Budapest que lui parvint l'écho provoqué par le livre. L'indignation était générale. Selon un journal il n'était pas possible de prendre au sérieux cet écrit bien intentionné, certes, mais puéril et dépourvu du moindre fondement. Franci prit connaissance des critiques avec calme. Il savait très bien que le livre était mauvais. Il avait laissé trop de liberté au dilettantisme enfantin de Carolyne et la naïveté de certains passages de sa plume aurait pu le faire rougir sans doute de honte. Il ne comprenait cependant pas les attaques lancées contre lui. Jamais il n'avait affirmé que la musique hongroise n'existait pas. S'il avait été de cet avis il aurait appelé ses rhapsodies hongroises rhapsodies tziganes. On avait tout à fait mécompris son livre en Hongrie. Mais il était trop fatigué pour expliquer son point de vue de façon détaillée et publiquement ; il se contenta d'écrire quelques lettres personnelles et s'efforça de cacher les mauvaises critiques à Carolyne.

Au beau milieu du déluge d'articles indignés, il reçut un avis l'informant que François-Joseph l'avait anobli. En contemplant le magnifique diplôme signé de la main de l'empereur, Franci songea longuement à l'époque où était née cette idée d'anoblissement. Il avait vingt-deux ans alors et était grisé par ses succès de virtuose.

— Franz von Liszt, Franz von Liszt, répétait-il en lui-même, Daniel von Liszt…

Puis son regard se posa sur l'une des expressions de la lettre d'anoblissement : “Et à ses descendants issus du mariage.” Il referma le document, le mit de côté. Que valait donc tout cela si Daniel ne pouvait s'en réjouir ? Comment pourrait-il porter un rang qu'il ne pouvait pas donner à son propre fils ? Il ne savait pas encore ce qu'il ferait. Une seule chose était sûre : il ne couvrirait pas de honte le nom de son fils.

Le jeune homme était à présent à Berlin, chez Cosima et Hans. Alarmé par les nouvelles de plus en plus inquiétantes il alla lui rendre visite.

Il arriva complètement brisé et vieilli de dix ans au chevet du malade. Après avoir serré dans ses bras le corps d'une maigreur extrême, il demanda au garçon d'une voix tremblante :

— Comment vas-tu, mon enfant ?

— Merci, papa. J'ai perdu beaucoup de sang.

— Et comment t'occupes-tu donc au lit ?

— Oh, cela va vous intéresser sûrement. A Vienne déjà je m'intéressais à la philosophie, beaucoup plus qu'au droit. Vous avez lu les *Lettres provinciales* ? Et les *Pensées* ?

— Oui, je les ai lues toutes les deux.

— Comme elles sont belles, n'est-ce pas ? Le passage qui me plaît le plus est celui où Pascal explique la beauté de l'humilité et de la pureté. Et vous voyez, à côté de ce livre, il y a votre *Messe d'Esztergom* ! J'ai remarqué que Pascal et votre messe disaient exactement la même chose. Je les étudie, tantôt l'un, tantôt l'autre. Papa, je vous suis tellement reconnaissant. Je viens seulement de comprendre quel grand homme vous êtes...

Le visage diaphane du garçon resplendissait mystérieusement en regardant son père. Franci ressentit un bonheur immense et à la fois une douleur épouvantable. Son fils ne pouvait plus être sauvé, il suffisait de le regarder. Les quelques phrases prononcées l'avaient épuisé, il ferma les yeux. Peu après il récita un poème hongrois, puis se tut de nouveau. Il ne dormait pas. Sa main chercha la main de son père et ils restèrent ainsi très longtemps. Cosima pleurait sans bruit.

— Je vais mourir, dit longtemps après le jeune homme avec calme et douceur, je pars en avant, je vais préparer votre place...

Ses lèvres remuèrent un instant dans une prière muette puis il ne bougea plus. Franci retira lentement sa main de celle de son fils mort. Ils ne hurlèrent pas de douleur, leurs sanglots ne furent pas redoublés. Ils regardèrent très longtemps le jeune homme endormi pour l'éternité. Ils restèrent à ses côtés comme pour protéger le sommeil de cet être qui leur ressemblait tant à tous deux.

Franci resta jusqu'à l'enterrement. La princesse s'y rendit également et c'est à deux qu'ils retournèrent à Weimar. Il passa deux jours dans le mutisme le plus complet. Parfois il s'asseyait au piano et y parlait à son fils. Puis il s'effondrait en larmes et se mettait à prier. Lorsque sa douleur se fut un peu apaisée il adressa une requête à Sa Majesté. Remerciant humblement l'empereur de la grâce extrême que celui-ci lui avait faite en l'anoblissant, il demandait que le titre de noblesse fût attribué à son oncle paternel, le docteur Eduard Liszt, avocat général résidant à Vienne, ainsi qu'à ses descendants légaux. Carolyne s'écria, à la lecture de la lettre :

— Que faites-vous, Franci ? Vous renoncez à ce que vous avez mérité par le travail de toute une vie ?

— Oui, chère Caroline. Je le dépose sur la tombe de Daniel.

XX

Brahms, Joachim et quelques autres musiciens déclarèrent ouvertement qu'ils n'avaient rien à voir avec la tendance musicale représentée par Liszt. Celui-ci ne fit encore une fois que hausser les épaules. La trahison de

Joachim disparaissait à côté de la douleur causée par la perte de Daniel. Puis ce fut la nouvelle de l'échec cuisant de *Tannhäuser* qui avait été présenté à Paris.

— Cet homme est un génie et il triomphera, dit-il à Carolyne qui s'efforçait en vain de le convaincre de l'inutilité de son entreprise, tant pis si je suis le seul au monde à m'en rendre compte. Un jour des millions me suivront.

La princesse ne cachait plus désormais qu'elle était l'ennemie de Wagner. Franci tentait d'éviter les discussions à ce sujet, ce qui n'était guère facile, Carolyne ayant recouvré toute sa vigueur d'antan. De bonnes nouvelles arrivaient constamment de Saint-Pétersbourg. Enfin, un télégramme annonça un beau jour l'annulation du mariage. Il ne manquait plus que la validation de la décision par le Saint-Siège. Quelques jours plus tard arrivait, à Weimar, Okraszewski qui exigeait son argent. Ils finirent par décider de se rendre ensemble à Rome. L'accord papal serait sans nul doute facile à obtenir, le frère du mari de Magne, l'évêque Hohenlohe, étant l'homme le plus proche du pape.

Un jour de mai Carolyne se mit en route avec Okraszewski. Franci resta seul à l'Altenburg. Il travailla beaucoup. Il écrivit une symphonie intitulée *les Morts*, en souvenir de son fils. Il mit en musique des psaumes, cisela son *Oratorio de sainte Elisabeth.* Il attendait le télégramme qui lui annoncerait la décision positive du Vatican. Mais rien n'arrivait. La princesse avait dû réaliser que rien n'était plus difficile que d'être présentée au pape. Elle était arrivée à Rome au mois de mai et ce n'est qu'en septembre qu'elle fut reçue en audience. Pie IX lui promit d'examiner son cas. Carolyne parvint à obtenir une seconde audience où elle supplia tant le pape que celui-ci fit porter l'affaire le jour même devant la conférence cardinalice, laquelle se prononça en faveur de la princesse. Il ne restait plus que quelques formalités à remplir. En attendant la lettre de l'évêque de Fulda, Franci rédigea son testament.

Mais Franci et Carolyne n'en avaient pas fini. Les Wittgenstein ne s'étaient pas résignés à leur échec. Le nonce de Vienne considéra la décision comme non valable et renvoya toute l'affaire à Rome.

Les mois passèrent. Franci attendait. Il alla diriger quelques concerts et voyagea. Il rendit visite à son ami et grand admirateur de Wagner, le prince Hohenzollern-Hechingen, à Löwenberg. A Vienne, où Eduard avait déjà reçu sa lettre d'anoblissement, il fut nommé citoyen d'honneur. Puis survint une grande joie : Cosima avait donné naissance à une petite fille, Daniela Senta. L'heureux grand-père n'avait pas encore cinquante ans.

Il se rendit à Paris où il voulait faire la connaissance du mari de Blandine. Sa fille était visiblement très heureuse. Franci passa la première soirée avec eux. Maman Liszt était présente elle aussi. Elle vivait toute seule à présent mais s'était à tel point enracinée à Paris qu'elle n'aurait voulu retourner en Autriche pour rien au monde. Plus rien ne l'intéressait d'ailleurs que le souvenir de Daniel et le prochain mariage de Franci.

Le lendemain il rendit d'innombrables visites, en premier lieu à l'ambassade d'Autriche où le jeune Metternich lui promit de lui obtenir une audience auprès de Napoléon. Il alla trouver Rossini. Le vieillard italien, s'il appréciait en cuisine toutes les sensations, était un grand adversaire de la nouveauté en musique. Mais Franci évita de parler de ce genre de chose. Ce n'était pas le grand musicien qu'il voulait revoir, mais l'un de ses souvenirs de jeunesse.

Franci se sentit très vieux. Il reconnaissait à peine Paris, cette ville où il avait eu vingt-cinq ans, vingt-cinq ans auparavant. Le souvenir de Marie s'empara subitement de lui. Depuis leur rupture il avait évité de la revoir. Ils ne s'étaient pas adressé la parole depuis seize ans. Il alla lui rendre visite. Marie avait cinquante-six ans, elle portait la robe de soie noire qui sied aux dames de son âge, le gris de ses cheveux était accentué par la poudre. Seul son visage avait gardé le teint de sa jeunesse et son allure était toujours aussi altière.

Il revit Berlioz qu'il trouva vieilli, malade et accablé de soucis. Berlioz parlait sans cesse de Wagner qu'il jugeait, méprisait, haïssait. Ce qu'il avait commencé à faire bouger, c'était Wagner qui l'avait poursuivi et accompli. Quant à celui-ci, il vivait dans un petit meublé de la rue d'Aumale, en compagnie de Minna et du petit Tausig. Ils dînèrent ensemble et parlèrent longuement de *Tristan*, puis de la grande œuvre pour orgue que Franci avait composée, la *Fantaisie et fugue sur le nom de Bach.*

Chez Gounod, Franci fit la connaissance d'un poète nommé Baudelaire dont un recueil intitulé *les Fleurs du mal* faisait beaucoup de bruit à Paris et qui était l'un des rares admirateurs de *Tannhäuser.* Au premier instant Franci sentit en lui l'étincelle mystérieuse qu'on appelle génie. Désireux d'apporter son aide au poète il écrivit un grand nombre de lettres de recommandation à son intention.

Chez Halévy il découvrit un autre jeune talent : Georges Bizet, élève du Conservatoire et lauréat du prix de Rome. Le jeune virtuose voulait être compositeur et Franci l'encouragea chaleureusement.

Enfin il se présenta devant l'empereur. Metternich lui avait obtenu une invitation à déjeuner à la cour. L'empereur comme l'impératrice le reçurent comme une vieille connaissance. Comparant les souvenirs de son enfance, pendant l'ère des Bourbons, avec ce qu'il ressentait à présent dans l'ambiance des Tuileries, Franci se décida en faveur du Second Empire. La gloire de son époque de virtuose semblait être revenue, les journaux écrivirent en termes très élogieux à son sujet,

Napoléon III l'invita une seconde fois et lui remit la cravate de commandeur de la Légion d'honneur.

Avant de quitter Paris il rendit une seconde visite à Marie, pour faire plaisir à ses filles. Il fut surtout question de George Sand que Marie haïssait à présent. Ils se dirent adieu. Dehors, dans la rue, Franci réalisa que pendant toutes les conversations qu'ils avaient eues, cette femme n'avait pas prononcé une seule fois le nom de Daniel.

XXI

La situation politique de Wagner s'arrangeait lentement. S'il ne pouvait pas encore se rendre en Saxe, il circulait sans problème dans les autres Etats allemands. Il se rendit à Weimar pour les fêtes organisées à l'occasion de la fondation de la Société musicale allemande, dont l'idée venait de Franci et qui était en quelque sorte la réalisation en petit de son projet d'olympiades de Goethe.

Le festival était à peine terminé que Franci fut alerté d'urgence par la princesse : tout était arrangé et elle souhaitait se marier le jour des cinquante ans de Franci, le 22 octobre.

Après avoir fait l'inventaire de l'Altenburg et fait ses adieux à ses élèves, au couple grand-ducal et aux Schorn, la seule famille restée fidèle à Carolyne, il se mit en route. De la fenêtre du train il ressentit une profonde émotion en voyant disparaître peu à peu la petite ville où il avait passé douze ans de sa vie et fait connaître la musique de Wagner.

Après un voyage long et fatigant il arriva à Rome deux jours avant la date prévue pour le mariage. A la gare Carolyne l'attendait. Il ne l'avait pas vue depuis un an et demi. Elle avait beaucoup vieilli. Elle n'avait pas plus de quarante-deux ans mais les rudes épreuves qu'elle avait dû subir pour arriver à ses fins l'avaient nerveusement épuisée. Son visage était fané, ses cheveux commençaient à blanchir. Franci en fut touché. Tout ce que cette femme avait souffert, c'était pour lui.

Le soir ils allèrent dîner et Carolyne raconta dans le détail tout le calvaire que Franci connaissait déjà par les lettres. Puis elle parla du mariage. Tout était prêt. Ils se marieraient dans une charmante petite église portant le nom de San Carlo di Corso. Le lendemain il alla visiter son futur appartement. Celui-ci ne lui plut guère mais il n'en dit rien à Carolyne. Il se confessa puis, jusqu'au soir, aida la princesse à la décoration de l'église. La cérémonie aurait lieu le lendemain à six heures.

Ils dînèrent ce soir-là chez la princesse et comme Franci se préparait à partir pour être sur pied le lendemain à cinq heures, on frappa à la porte.

— Ce doit être une erreur, dit Carolyne, il est dix heures et demie, je n'attends personne. Restez encore un instant.

Elle sortit et revint avec un prêtre. Celui-ci était porteur d'un message du Vatican : le pape demandait à revoir le dossier, car on lui avait fait savoir que le motif de cassation était discutable. Le prêtre de San Carlo di Corso avait été prévenu, le mariage du lendemain n'aurait pas lieu.

Franci resta pétrifié. Il s'attendait à ce que Carolyne s'évanouît ou se mît à hurler. Mais à la place elle répondit avec un calme qui lui fit froid dans le dos :

— Je le savais. J'y étais préparée. Faites dire à Son Eminence que je renonce définitivement à ce mariage.

— Carolyne ! s'écria Franci en bondissant de sa chaise.

— C'est décidé, poursuivit tranquillement Carolyne, je ne vous retiens pas plus longtemps, mon père.

Carolyne raccompagna le prêtre jusqu'à la porte. Franci se tenait debout près de la table, comme paralysé. Carolyne revint.

— Ne dites rien, Franci. Je savais tout cela depuis trois jours par différents signes divins. Nous n'avons pas le droit de nous marier. Dieu ne le veut pas. Ce qui s'est passé maintenant est un avertissement de Dieu. Et maintenant, rentrez chez vous.

— Mais Carolyne, pour l'amour de Dieu…

La princesse se mit alors à hurler de toutes ses forces :

— Partez ! Je vous adore, mais Dieu ne le veut pas, vous ne comprenez pas ? Ne me reparlez jamais plus de mariage ! Dieu nous en fait signe ! Allez-vous-en immédiatement, ne péchez pas contre Dieu !

Elle se mit à trembler des pieds à la tête et fixa Franci. Franci comprit qu'il ne pouvait plus rien faire. Quatorze années d'attente venaient d'être anéanties en quelques secondes.

QUATRIÈME PARTIE

I

Franci ne put jamais savoir exactement ce qui s'était passé au Vatican la veille du jour prévu pour son mariage. Il apprit seulement que des parents des Wittgenstein résidaient justement à Rome et que, apprenant que le mariage aurait lieu le lendemain, ils étaient allés trouver le cardinal Catarani. Comment ce dernier était parvenu à influer à ce point sur le pape, la chose était restée sans réponse.

Carolyne avait décidé de se vouer désormais à la littérature ecclésiastique, encouragée par le cardinal Antonelli. Gardant pour toujours à Franci son affection fraternelle et dévouée, elle enterrait son amour et sa féminité et mettait son âme tout entière au service de Dieu. Il ne lui restait plus rien au monde que sa religion et Franci.

Franci se sentait responsable du sort de cette femme qui avait tout laissé pour lui. Carolyne ne voulait plus quitter Rome, il y resta lui aussi. Il trouva dans la via Felice un petit logement modeste qui donnait sur le forum. Il se levait très tôt le matin, travaillait toute la matinée et dans l'après-midi. Chaque soir il se rendait chez la princesse, ils dînaient ensemble et bavardaient. A onze heures du soir déjà il était couché. Il consacrait tout le reste de son temps à la découverte de Rome. Il songeait souvent à la phrase de Goethe : Rome, la Ville Eternelle, est semblable à la mer, plus l'homme s'y enfonce, plus elle est profonde. C'était surtout dans son quartier qu'il aimait se promener. Trois ou quatre fois par jour il entrait dans la Basilica di Santa Maria, toute proche de chez lui.

De l'église on pouvait voir le splendide Palazzo di Venezia. C'était là qu'habitait l'ambassadeur d'Autriche, qui n'était autre que le baron Alexandre Bach, affecté à un poste à l'étranger après l'échec de sa politique intérieure. Franci lui rendit visite, ainsi qu'à quelques autres personnes. Peu à peu il se lia avec quelques maisons romaines. Il se rendait régulièrement, par exemple, chez le premier ministre Minghetti. Il fit également la connaissance d'une dame, amie de Garibaldi, qui se faisait appeler Elpis Melena, traduction grecque de son nom, Espérance Schwartz. En quelques semaines Franci rencontra toutes les figures importantes et intéressantes de la société romaine. Nombreux étaient ceux qui venaient lui rendre visite à son appartement pour se présenter à lui. Les jeunes musiciens s'y rendaient en pèlerinage tout comme les autres allaient voir le pape. Même s'il avait quitté l'estrade, le premier pianiste du monde n'avait en rien perdu la gloire que lui procurait sa renommée.

Il recevait de temps à autre des nouvelles de Wagner. *Tristan* n'avait pas encore été représenté que Wagner travaillait déjà à un nouvel opéra. Cette fois il s'agissait d'un thème enjoué emprunté à l'univers musical de l'Allemagne médiévale. L'œuvre s'intitulait *les Maîtres chanteurs de Nuremberg*. Il était facile de reconnaître derrière les personnages principaux, Hans Sachs et Walter Stolzingi, les modèles que Wagner avait pris : Franci et lui-même. Dans la figure de la belle Eva, il avait décrit la femme rêvée qui serait la sienne en récompense de son art. Là Franci ne comprenait plus. Qui était cette femme que Hans offrait à Walter ? Etait-ce le symbole du succès musical décisif ?

De son côté, Franci ne s'occupait plus que de son oratorio. Dans les six tableaux de *la Vie de sainte*

Elisabeth il pouvait faire entrer tout ce qu'un compositeur pouvait désirer : marches, tempête, miracle, enterrement, prières, défilé, hymnes, chant de chasseurs, chœur d'enfants... Il possédait tous les motifs nécessaires, le chanoine d'Eger Danielik et le supérieur Kronperger lui ayant envoyé de nombreux documents.

Plongé dans son travail, il apprit la naissance de Daniel, le fils de Blandine. Franci avait à peine envoyé une longue lettre de félicitations débordante de tendresse qu'il recevait de Saint-Tropez des nouvelles alarmantes : Blandine allait très mal. Il se réfugia dans le travail. Sans cesse il s'imaginait Elisabeth sous les traits de sa fille et pendant qu'il composait la mort de la sainte, il se rendit compte, épouvanté, que c'était Blandine qu'il pleurait. Le jour même il recevait un nouveau télégramme : Blandine était morte.

Après Daniel il venait de perdre Blandine. Il tomba malade et lorsqu'il se fut rétabli il se reconnut à peine dans le miroir. Il avait vieilli beaucoup, ses cheveux étaient devenus tout blancs. Il se traînait, dégoûté de tout, fuyant la société. Son âme suppliciée ne trouvait plus de consolation que dans la pensée du Christ, celui qui avait souffert encore plus que lui. Les contours imprécis d'une grande symphonie commencèrent à apparaître : c'était Dieu lui-même qu'il voulait cette fois composer.

A cette époque n'importe qui l'eût pris pour un somnambule. Seul son corps vivait dans la réalité terrestre. Il avait constamment sur lui la Bible et la feuilletait à tout moment. Chaque jour il allait à la chapelle Sixtine. Il rendait visite au beau-frère de Magne, l'évêque Hohenlohe, à qui il posait de nombreuses questions de théologie. Il aimait aussi aller aux Archives du Vatican où il avait retrouvé, vingt ans plus tard, le prêtre Theiner. Avec ce dernier également il ne parlait que du Christ. Tout comme avec Carolyne. Celle-ci se trouvait dans son élément et chaque soir elle se lançait dans de nouvelles tirades passionnées. Ils formaient tous les deux un couple bien étrange au deuxième étage de cet immeuble de la via del Babuino, le célèbre musicien bourreau des cœurs et la princesse enfuie pour lui qui discutaient avec fièvre de la scène dramatique du jardin de Gethsémani.

La vie à Rome lui était de plus en plus insupportable. Le bruit des rues et les invitations, qu'il ne pouvait pas toujours refuser, le rendaient nerveux. Il ne pouvait pourtant pas quitter Rome, à cause de Carolyne, laquelle se sentait ici comme un poisson dans l'eau, passant ses journées à rendre visite à des gens d'Eglise ou à les inviter, en écrivant dans l'intervalle des essais religieux.

Un jour d'hiver, alors qu'il s'était longuement plaint au père Theiner de devoir rester dans cette ville où il ne trouvait pas sa place, celui-ci lui proposa d'aller s'installer sur le Monte Mario, dans le cloître de la Madonna del Rosario. Comme si l'un des plus beaux rêves s'était réalisé, Franci vécut dans cette retraite paisible une existence presque monacale. Il se levait à l'aube et se rendait chaque jour à la petite église pour y jouer de l'orgue. Il n'allait en ville que tous les deux ou trois jours pour voir Carolyne. Les jours passèrent dans le bonheur que lui procurait le travail.

Au mois de mars il apprit la naissance d'une troisième petite-fille, le deuxième enfant des Bülow qui avait reçu le nom de Blandine. C'est une nature en plein renouveau qui salua l'événement. Sur le Monte Mario chaque jour apportait une nouvelle merveille dans les fleurs qui s'ouvraient, les papillons et le gazouillement des oiseaux. Lorsque l'été arriva, le chant de ceux-ci parvenait même à couvrir le piano. Franci les avait apprivoisés, il les aimait et se sentait très proche d'eux. La légende de saint François d'Assise lui revint à l'esprit, il se mit au piano et peu à peu naquit la *Prédication aux oiseaux*.

Ce calme ne devait pas durer très longtemps. Carolyne s'était mis dans la tête de faire créer pour son ami une fonction dans laquelle celui-ci serait chargé par le pape de toutes les questions relatives à la musique religieuse catholique. Franci mordit bien vite à l'hameçon et se mit déjà à songer aux congrès qu'il organiserait, au renouveau du système grégorien.

Un matin d'été le petit cloître fut en émoi : Pie IX venait rendre visite à Liszt ! Celui-ci s'était déjà trouvé face à tous les souverains d'Europe, avait plaisanté avec la reine Victoria, bavardé avec Napoléon III, refusé l'étiquette de la cour d'Espagne et vexé le tsar de Russie. Cette fois pourtant il tomba à genoux et n'éprouva qu'humilité lorsque le Vicaire du Christ tendit vers lui son anneau.

II

Le beau projet avait du mal à progresser. Dans la grande complexité de la cour du Vatican et dans ce véritable duel que se livraient depuis de longues années Merode et Antonelli, Franci et la princesse avaient du mal à s'y reconnaître. Les positions des personnages influents changeaient constamment sur l'échiquier et ce qui avait été construit au prix d'efforts soutenus pouvait en un instant s'effondrer, l'un des camériers ayant changé de camp.

Franci dut constater qu'il était pris dans les filets des intérêts de la cour papale et qu'il devait soigner ses relations, donc faire des visites. Si c'est à contrecœur qu'il abandonna la douce quiétude qu'il avait trouvée au cloître Rosario, Carolyne poursuivit la lutte avec ténacité et passion. Les mois passèrent sans apporter le moindre espoir. La composition du *Christus* n'avançait guère. Franci descendait maintenant chaque jour en ville et son calendrier était de nouveau rempli d'invitations.

Lors d'une réception il fut frappé par la beauté d'une femme à la peau d'un blanc de neige et aux yeux noirs. C'était l'épouse du secrétaire de l'ambassade de Russie à Rome, la baronne Meyendorff. Quelques semaines plus tard ils avaient une liaison. C'est pour l'ardente Olga qu'il remonta sur l'estrade, poussé également par Carolyne qui eut peu de mal à le convaincre de la nécessité d'organiser un concert au profit du denier de saint Pierre. Il ne joua que des œuvres religieuses. Le succès qu'il remporta fut fracassant et lorsqu'il se retrouva dans sa cellule du Monte Mario, en frac et couvert de ses distinctions, il se mit à songer à l'étrange situation dans laquelle il se trouvait. Accablé par une tristesse sincère il regrettait d'avoir perdu la paix de son âme.

Quelques jours plus tard, lorsqu'il se rendit chez la princesse il fut accueilli par une nouvelle surprenante : le mari de celle-ci était mort. Le comte Nicolas de Sayn-Wittgenstein était un homme encore jeune mais sa vie dissipée lui avait été fatale. Son épouse était libre à présent. Veuve, elle pouvait se remarier.

— Quand nous marions-nous ? demanda Franci, calmement.

— Nous ne nous marions pas. Ma décision est prise. Dieu ne le veut pas.

Franci fut profondément bouleversé. Il connaissait très bien les superstitions ridicules de Carolyne, ses manies de vieille femme, son impatience injuste à l'égard de certains, mais même avec ses défauts elle lui paraissait au degré le plus élevé de la bonté et de la fidélité humaine et il éprouvait un grand respect pour elle. Il savait que, quoi qu'il arrivât, il serait jusqu'à la mort profondément lié à elle, à elle dont il n'était plus amoureux depuis longtemps, à elle qui le savait.

Sa vie se poursuivit dans le même désordre inquiet. Il n'était pas capable de se plonger vraiment dans son travail. S'il composait il se sentait attiré par le monde extérieur, il songeait aux invitations, aux étreintes de Mme Meyendorff. Mais dans le scintillement des soirées et dans l'intimité des rendez-vous amoureux avec Olga, il aspirait sans cesse au silence et à la paix que lui avait procurés sa cellule au cloître.

Depuis longtemps déjà on l'invitait à se rendre en Allemagne. Brendel, fervent adepte et défenseur de la nouvelle musique, lui envoyait lettre sur lettre pour qu'il assistât au congrès de Karlsruhe. Franci finit par accepter, à condition que la direction des fêtes musicales fût confiée à Hans, lequel résidait à présent à Munich. Wagner devait également s'y trouver avec son nouveau protecteur, le roi de Bavière.

Lorsqu'il fut arrivé à Karlsruhe il constata avec étonnement que Cosima l'attendait seule.

— Où est Hans ?

— Il est malade. Il est resté à la maison. Il ne pourra pas diriger d'ailleurs.

Il y avait dans la voix de Cosima une espèce d'impatience qui ne plut pas au père. Celui-ci scruta le visage de marbre et tenta d'obtenir quelques éclaircissements sur la maladie de Hans. Cosima expliqua que son mari se surmenait, qu'il était incapable de garder la mesure dans le travail. En outre son amitié avec le sociologue révolutionnaire Lassalle, ami de Wagner, avait eu des conséquences funestes sur lui. C'était ce Lassalle qui avait habitué Hans à l'opium.

Franci écouta sa fille, puis, après un moment de silence, il lui prit la main.

— Regarde-moi dans les yeux, Cosima. Tu es malheureuse ?

Cosima eut une réponse sèche qui mit fin à la discussion sur sa vie privée :

— Je ne suis ni heureuse ni malheureuse. Mon mariage ressemble à tous les autres.

A l'hôtel une foule de connaissances les attendait : le grand Gille d'Iéna, l'ancien élève Pruckner, Ede Reményi, un jeune musicien hongrois nommé Bertha, Mme Kalergis, Agnès et bien d'autres. Les retrouvailles furent chaleureuses et pendant les quatre jours que durèrent les fêtes, Franci n'eut guère l'occasion de reparler avec sa fille, laquelle ne semblait pas y tenir d'ailleurs.

A Munich où il s'était empressé de se rendre, dès la fin des fêtes, Franci dut constater avec tristesse que le baiser froid et rapide qu'échangèrent Cosima et Hans était celui de l'indifférence et de l'habitude. En observant Hans il découvrit dans son comportement le désespoir du mari délaissé et repoussé. Les jeux et les cris des deux petites filles égayaient le logis, mais les parents ne participaient pas à cette bonne humeur. Sur leur visage étaient gravés les soucis et l'expression peinée des couples en crise.

Franci profita d'une occasion où il se trouvait seul avec Hans pour aborder prudemment la question :

— Comment vivez-vous, Cosima et toi ? J'espère que l'harmonie n'a pas disparu entre vous.

— Non, ce n'est rien du tout, répondit Hans, nous sommes un peu nerveux tous les deux, c'est tout.

Il s'empressa de parler d'autre chose. Il était évident que ce sujet lui était pénible à lui aussi. Il avait d'ailleurs bien des choses à raconter à Franci. Après s'être fait donner un compte rendu détaillé des événements de Karlsruhe, il parla de son propre travail et de Wagner, dont le nom revenait dans chacune de ses phrases. C'était Wagner qui l'avait fait venir à Munich, il lui avait fait obtenir le titre de pianiste du roi Louis, mais sa tâche consistait essentiellement à aider Wagner dans les répétitions de ses opéras. Le roi Louis voulait faire de l'Opéra de Munich le temple de la musique de Wagner, ils étaient justement en train de préparer *le Vaisseau fantôme.*

— Voici enfin le souverain digne de cette tâche, dit Franci en hochant la tête. Mon Dieu, combien de temps ai-je passé à Weimar pour essayer de convaincre le grand-duc ! Cela n'a pas marché. A présent la gloire éternelle reviendra à Munich. Ma mission aura été de soutenir Richard dans les épreuves. Maintenant d'autres viendront, mais c'est dans l'ordre des choses. Le principal, c'est que notre cause soit victorieuse.

Wagner, qui avait reçu du roi une magnifique villa sur le bord du lac de Starenberg pour y travailler, fut prévenu par Cosima de la présence de Franci à Munich et il arriva le jour même. Après de grandes effusions il raconta à son ami qu'il n'avait pas vu depuis trois ans les péripéties et le revirement merveilleux de son existence qui faisait vraiment songer à un conte de fées.

— Je vois que te voilà définitivement arrivé au port, lui dit Franci en le raccompagnant au lac de Starenberg.

— Il était temps. J'ai cinquante et un ans, j'ai souffert mille ans et je veux enfin vivre et connaître le triomphe de mon travail. Minna, la malheureuse, ne le verra plus... Mais parlons un peu de toi. Que deviens-tu ?

— Je pense sans cesse à la mort. Je sens approcher quelque chose qui n'est peut-être pas la mort, mais la fin de quelque chose dans ma vie, je suis moi-même incapable de l'expliquer. C'est d'ailleurs ce qui m'a fait venir ici, et non pas les attraits de Karlsruhe. Je voulais voir Cosima. Mais ne le lui dis pas.

— Oh, Cosima... il n'est pas nécessaire de lui dire quoi que ce soit, elle devine tout. Cosima est l'être féminin le plus grand que j'aie jamais rencontré. Et elle est solitaire, comme toutes les âmes supérieures.

Franci prit un air sévère :

— Elle n'a aucune raison d'être solitaire. Elle a un mari excellent et qui l'adore. Cosima devrait en remercier Dieu et respecter son mari. Une femme comblée de bienfaits n'a pas à être solitaire. J'ai d'ailleurs l'intention de le lui dire, car je trouve qu'elle n'est pas assez tendre avec Hans. Tu devrais toi aussi lui en faire la remarque. Je vois que tu as beaucoup d'influence sur eux. Cosima n'est pas sur la bonne voie. C'est ainsi que commence la perte irréparable d'un foyer. Si je ne connaissais pas Cosima et si je ne savais pas qu'elle est incapable d'actes indignes, j'aurais peur pour son avenir.

Wagner regarda son ami dans les yeux en s'efforçant de montrer la fidélité et la sincérité les plus profondes.

— Tu peux avoir confiance en Cosima. Et en moi aussi, si tu comptes sur mon aide. Car je vous aime tous les deux plus que tout.

Franci décida d'emmener Cosima à Paris. Heureux d'être avec sa fille, il estimait en outre que ce petit voyage serait utile et la changerait de l'atmosphère maussade du foyer des Bülow. Lorsque Cosima rentrerait, Hans serait complètement rétabli et tout s'arrangerait. Après un passage à Weimar Franci rendit visite au couple grand-ducal qui passait l'été au Wilhelmstal. Il déclina poliment l'invitation que le grand-duc lui fit parvenir à Weimar, puis il alla à Löwenberg chez le prince Hohenzollern-Hechingen avant de partir pour Paris.

Maman Liszt vivait chez les Ollivier. Elle avait emménagé chez sa petite-fille Blandine peu après le mariage de celle-ci et elle était restée auprès du nourrisson après sa mort. Le petit Daniel avait maintenant deux ans. Maman Liszt avait beaucoup vieilli, sa jambe cassée n'avait jamais guéri parfaitement et il lui fallait à présent des béquilles pour se déplacer. Ollivier, le gendre, était resté très attaché à Franci, même après le décès de sa femme, et il tenait à ce que sa maison fût un foyer pour celui-ci à chacun de ses séjours à Paris.

Il ne resta à Paris que huit jours. Il eut tout juste le temps de serrer la main à Berlioz, au vieux Rossini, à Jules Janin, à Erard et au Belloni de ses années de virtuose, lequel maintenant habitait Paris. Il échangea quelques banalités avec Marie. Puis il fit ses adieux à sa mère.

Ollivier et Cosima l'accompagnèrent à Saint-Tropez où il voulait voir la tombe de Blandine. Il pria dans la pièce où sa fille était morte puis alla se recueillir dans le parc près de sa tombe. Au port de Marseille il fit enfin ses adieux à celle qu'il aimait plus que tout, Cosima. Celle-ci semblait métamorphosée par le voyage, elle était de bonne humeur, spirituelle et très tendre avec son père. Au dernier instant pourtant leur profonde affection se voila d'un léger nuage.

— Promets-moi, Cosima, que tu seras patiente avec Hans.

— Mais oui, répondit Cosima poliment.

— Et que tu l'aimeras. Que tu t'efforceras à tout prix de lui donner l'amour qu'il mérite, même si parfois cela t'est difficile. Depuis notre départ je voulais te le dire, mais je n'en avais pas le courage. Tu fais fausse route, ma fille. Hans mérite de toi bien autre chose que de l'impatience...

Cosima coupa la parole à son père :

— Ecoutez papa, je suis adulte, j'ai deux enfants et je suis capable de m'occuper moi-même de ma vie. Ayez confiance en moi.

— Tu me parles sur ce ton au dernier instant ?

— D'accord, bien... Je vous promets tout, ne m'en veuillez pas. Embrassez-moi, il faut monter.

Le bateau partit pour Civitavecchia. Il était très tard dans la nuit quand Franci arriva à Rome et, ne voulant pas réveiller le cloître, il prit une chambre à l'*Albergo Inghilterra*. Mais il ne trouva pas le sommeil, malgré la fatigue du voyage. Il pensa longuement à son destin, à sa vocation, à cet instinct étrange qui creusait de plus en plus évidemment un fossé entre lui et la vie. Il prit un livre qu'il reposa vite. Dans le luxe de sa chambre il songeait constamment au bonheur de sa petite cellule du Rosario.

Et tout à coup ses réflexions et l'image de la cellule se rejoignirent et se confondirent. Comme une révélation il comprit ce qui le pourchassait depuis si longtemps. Il serait prêtre. Il avait attendu quarante ans, il pouvait enfin enfermer dans le sein de Dieu son âme douloureuse et fatiguée.

Il se leva et s'habilla en toute hâte. Dehors c'était déjà le jour. Il se rendit directement à la via del Babuino. Carolyne était déjà au travail. En robe de chambre elle était assise et écrivait quelque chose tout en fumant le cigare. Elle bondit de son siège en apercevant Franci.

— Carolyne, je vous apporte une grande nouvelle. J'entre en religion. Je vous le demande encore une fois : voulez-vous être ma femme ?

La princesse secoua la tête.

— Que je vous enlève à Dieu ? C'est impossible. Vous ne pouvez pas savoir quelle joie me procure votre décision.

III

L'évêque Hohenlohe fut à la fois étonné et heureux de la nouvelle. Il s'entretint longuement avec lui sur les tâches qu'il lui restait à accomplir. La déception de Franci fut grande lorsqu'il dut se rendre à l'évidence que son désir de dire la messe était semblable à un rêve insaisissable. Il ne lui restait que l'espoir de pouvoir, un jour, y parvenir. Pour l'instant il lui fallait étudier catéchisme, liturgie, droit canonique et d'autres choses encore.

Personne parmi ses connaissances n'était au courant de ce projet, pas même Mme Meyendorff, à laquelle il ne voulut pas donner le véritable motif de sa rupture. La chose ne fut pas facile. La belle Olga le harcela de questions. Elle partit en pleurant et Franci, resté seul dans la petite chambre où ils avaient coutume de se retrouver, se demanda un instant pourquoi il avait renoncé à cette femme merveilleuse, alors que pour l'instant rien ne l'y obligeait. S'il entrait dans l'état ecclésiastique en tant que clerc il n'aurait à faire aucun vœu, il pourrait même se marier. Sa volonté l'emporta pourtant. La belle Olga se consolerait bien vite. Il lui dédierait l'une de ses œuvres, ayant remarqué que les dames étaient excessivement sensibles à ce genre de gloire et qu'elles étaient même prêtes à subir une déception amoureuse pour en être l'objet.

Franci poursuivit ses leçons secrètes avec son maître spirituel, le père dominicain Salua, mais il ne changea rien à sa vie quotidienne. Au Monte Mario pourtant il lui fallut demander un logement plus grand pour pouvoir y recevoir ses élèves. On lui donna un appartement composé de trois pièces dont l'une donnait directement dans l'oratoire de la petite église. C'était dans ces pièces aux murs blancs que venait lui rendre visite une foule de jeunes gens, parmi lesquels Sándor Bertha, le jeune Hongrois resté à Rome pour parfaire ses connaissances aux côtés du maître, un jeune Anglais nommé Walter Bache, un Italien dont le talent de compositeur était prometteur : Sgambati. Peu à peu une petite cour se forma autour de lui au cloître comme jadis à l'Altenburg.

A Rome il avait également un petit logement où il dormait lorsqu'il restait en ville tard le soir ; monsignore Nardi lui avait en effet proposé sa chambre d'ami en lui expliquant qu'il n'était pas prudent de prendre la route la nuit, en raison des dangers constants que les brigands faisaient peser sur les routes des environs.

Au début de la nouvelle année Sándor Bertha le quitta après s'être brouillé avec lui. Ils avaient passé la dernière soirée de l'année soixante-quatre au cloître. Vers onze heures Franci s'était décidé à se rendre en ville avec son élève. La voiture louée par ce dernier attendait devant les escaliers du Mario.

— Où puis-je vous conduire, maître ? demanda Bertha.

— Si cela ne vous fait pas faire un détour, déposez-moi au Palazzo di Venezia. Je vais chez le baron Bach.

— Comment, demanda le jeune homme sidéré, vous avez des contacts avec le baron Bach ? Vous, un Hongrois ? Mais c'est ce Bach qui a fait assassiner István Széchenyi, maître !

— Allons, ne dites pas de bêtises. Comment peut-on être dupe de pareils contes ? Vous n'avez pas honte ? La chose a été élucidée depuis longtemps, Széchenyi s'est suicidé.

— Bien, disons que Széchenyi n'a pas été assassiné par lui. Mais il a suffisamment fait souffrir la Hongrie tant qu'il était au gouvernement ! Vous ne connaissez pas assez bien la situation du pays, maître. Je vous en prie, croyez-moi, un vrai Hongrois ne peut pas serrer la main du baron Bach.

— Ecoutez un peu, Bertha, ne dites pas de telles sottises sinon je vais me fâcher. Sa politique n'a rien à voir là-dedans, le baron Bach est un homme de grande qualité et c'est mon ami. Je ne permettrai pas que vous l'insultiez en ma présence.

Bertha se tut. Après un long chemin dans la neige ils parvinrent à l'ambassade d'Autriche et Franci descendit. Regrettant d'avoir été si dur avec le jeune homme, il lui souhaita une bonne nuit et l'invita pour le lendemain matin.

Le réveillon chez le baron dura très longtemps, Franci passa la nuit chez Nardi et lorsqu'il arriva le lendemain au cloître son élève l'attendait déjà.

— Maître, dit Bertha, je n'ai pas dormi de toute la nuit. Il faut que je vous parle. Je vous en supplie, ne poursuivez pas cette amitié avec le baron Bach. Vous avez toujours dit à quel point vous aimiez votre patrie, maître. Croyez-moi, les deux ne sont pas compatibles. Votre livre sur les Tziganes vous a déjà causé un tel tort que si l'on apprenait votre amitié…

— Dites un peu, mon garçon, je suis ami avec qui je l'entends. Ce sont mes affaires, et je n'aime pas que d'autres s'en mêlent.

— Mais non, ce ne sont pas vos affaires, s'écria, au comble de l'émoi, le jeune homme, c'est l'affaire de la Hongrie, des Hongrois ! Vous êtes le Hongrois le plus célèbre de tous, maître. Le monde tout entier observe chacun de vos gestes. Si Ferenc Liszt serre la main du baron Bach, c'est le Hongrois le plus célèbre qui justifie devant le monde entier ces dix années de répression !

Franci regarda tout étonné le jeune musicien hongrois. Celui-ci avait éclaté en sanglots sous le coup de l'émotion.

— Nous en reparlerons une autre fois, mon garçon, il faut que vous vous calmiez un peu, rentrez chez vous.

Sándor Bertha s'en alla. De la fenêtre Franci le regarda qui descendait l'escalier. Le garçon pleurait encore. Franci resta pensif. Il justifiait ces dix années de gouvernement de Bach, de quarante-neuf à cinquante-neuf, lui ? Bach rêvait d'une monarchie et il s'était naturellement efforcé d'anéantir la tendance indépendantiste hongroise. Il avait blessé le pays au point de faire fondre en larmes ce jeune homme, encore maintenant ? Oui, peut-être ce jeune homme avait-il raison… Mais lui, il était incapable de le ressentir. La cause en était sans doute qu'il n'avait pas de contacts avec son pays, qu'il vivait à l'étranger. Parce que sa patrie était petite et pauvre, que le talent ne pouvait s'y développer convenablement, les talents qu'enfantait cette terre merveilleuse étaient contraints à partir, loin, vers l'ouest. Si un jour pouvait naître cette académie de musique, pour laquelle il avait donné le premier forint vingt ans auparavant, elle éduquerait elle-même les talents du sol hongrois, ceux-là n'auraient plus à s'exiler à

Vienne, à Paris – et ce serait aussi un peu son œuvre. Ce projet magnifique se réaliserait-il un jour ?

De nouveau il fut pris d'un désir très violent d'aller en Hongrie, mais cette fois il parvint à contenir ce désir. Dieu lui avait tracé une voie différente, il serait prêtre à Rome. Ses leçons religieuses continuaient. Elles étaient en fait de longues conversations, sur la nature de la foi, sur l'Eglise, la signification des dogmes, l'esprit du catholicisme. Parfois elles se transformaient même en discussions virulentes alimentées par les nombreuses lectures que Franci avait faites jadis de Chateaubriand, par les luttes passées de Lamartine et par le calvaire de l'abbé Lamennais.

L'évêque Hohenlohe avait fixé la date de l'ordination au 25 avril. Cinq jours avant, Franci avait donné un concert au palais Barberini. En mettant son frac il songea que c'était pour la dernière fois. Couvert de ses distinctions il prit place dans l'élégante calèche de Nardi. Dans le grand salon toute l'aristocratie romaine était présente. Il joua *l'Invitation à la valse* de Weber : il voulait jouer, rien que pour lui-même, la dernière évocation des salons de la danse, du parfum des bougies, la fin d'un univers sur lequel le dandy en secret fermait la porte à jamais. Puis il joua *Erlkönig*, ce morceau d'une extrême difficulté qui, à travers toute l'Europe, avait été magnifié et traîné dans la boue. Il fut applaudi avec passion, les gens s'étaient levés et criaient des bravos. Lui s'inclinait, le cœur battant, en pensant que personne ici ne comprenait quel adieu signifiait cet *Erlkönig*. Le célèbre historien de l'art Gregorovius lui dit :

— Mes félicitations. Vous êtes avec votre piano l'unique centaure vivant.

Dans sa chambre chez Nardi où il passa sa dernière nuit avant son ordination, il repensa à l'autre soirée d'adieux à Elisabethgrad qui avait mis un terme à sa carrière de virtuose.

— Quelle comédie j'ai jouée dans ma vie, se dit-il, quelle affectation, quelle pose… Mais jamais je n'ai menti, même dans ces poses, je les ressentais au plus profond de moi-même. Elles plaisaient à ma vanité. C'est fini maintenant.

Le lendemain de bon matin il entra au cloître des lazaristes pour une retraite de quatre jours. Seules trois personnes étaient au courant de la chose à Rome : Carolyne, Hohenlohe et le pape. Après ces quatre journées de méditation et de recueillement il se rendit dans une voiture fermée au Vatican. C'était un merveilleux dimanche de printemps. Il gagna son appartement préparé par Carolyne dans l'aile des *Stanze* de Raphaël. Sur le lit était préparée sa soutane. Il la revêtit avec une joie indicible, regrettant de ne pouvoir sortir de lui-même pour se contempler. Sur la table il aperçut une petite boîte sur laquelle il reconnut l'écriture de Carolyne. Il ouvrit le paquet et découvrit une boîte de cartes de visite au nom de "l'abbé François Listz". Il en éprouva une telle joie qu'il aurait aimé danser, mais il se retint : ce genre de démonstration seyait peu à la soutane.

Le valet de l'évêque frappa à sa porte.

— *Sono pronto*, répondit Franci.

Il se mit en route vers l'un des autels latéraux de l'église Saint-Pierre. La cérémonie commença. Lorsque l'évêque pratiqua symboliquement la tonsure, il frémit imperceptiblement, ayant toujours été très attaché à sa chevelure, puis très vite il eut honte et s'efforça d'élever son âme jusqu'à Dieu. En sentant les paroles latines de l'évêque tomber sur lui comme des gouttes d'eau bénite il eut l'impression de rêver. Il était entré dans l'Eglise, il était clerc. Il se dirigea vers le couloir des *Stanze* comme métamorphosé. Il sentait sien l'immense Vatican, il regardait les murs et les colonnes avec un bonheur fraternel. Lorsqu'il fut de nouveau dans sa chambre, l'évêque vint le féliciter.

— Cette soutane vous va tout à fait bien. Vous pourriez même dire la messe.

— Oh, la messe... Dites-moi, monseigneur, quelles activités me sont en fait permises dans l'Eglise ?

— Vous ne pouvez ni dire la messe, ni confesser, c'est vrai. Mais selon le droit canon vous pouvez remplir les fonctions d'ostiarius, de candelarius, de lector, d'acolytat et surtout d'exorcista. Cela ne vous suffit pas ?

Franci regarda l'évêque, ne sachant s'il parlait sérieusement. Avec Hohenlohe on ne pouvait jamais en être sûr. Ils bavardèrent encore un peu puis l'évêque s'en alla. Franci s'empressa d'aller chez Carolyne. Celle-ci l'accueillit en poussant un cri de joie, puis elle s'agenouilla devant lui et lui baisa la main.

— Mais enfin Carolyne, comment pouvez-vous penser... ?

La princesse ne prêta pas attention aux protestations de Franci. Elle se leva et se mit à pleurer. Franci s'aperçut bientôt que ce n'étaient pas des larmes de joie mais de douleur. Il la prit tendrement contre lui et lui demanda ce qu'elle avait.

— Je pensais comme cela aurait été merveilleux que nous nous mariions...

— Carolyne, il n'est pas encore trop tard ! Il suffit d'un mot de vous !

— Non, non, c'est impossible. Vous devez être prêtre. Dieu l'a voulu ainsi. Et vous serez chanoine à l'église Saint-Pierre...

— Je n'y aspire aucunement, Carolyne. J'aimerais dire la messe, je l'avoue. Mais outre cela je veux me consacrer entièrement à la musique. Maintenant je dois vous quitter. Il faut que j'écrive à ma mère et à Cosima.

Il rentra chez lui, le cœur palpitant de joie à l'idée que ce chez-lui signifiait maintenant le Vatican. Dans la rue il observait avec avidité les réactions des gens. Mais personne ne faisait grand cas de son état, la soutane n'était pas un spectacle rare dans les rues de Rome. Parfois une vieille ou un mendiant le saluaient avec zèle et il répondait à leur salut avec reconnaissance. Et il se surprit plus d'une fois à regarder si les plis de son élégante soutane tombaient bien.

Il annonça donc la grande nouvelle à sa mère et à Cosima. Celle-ci venait de donner naissance à un troisième enfant auquel les parents, grands admirateurs de Wagner, avaient donné le nom d'Isolda. L'abbé Liszt songea avec tendresse à sa nouvelle petite-fille. Celle-ci resserrerait sûrement les liens des parents...

La grande nouvelle eut tôt fait de se répandre dans la presse à travers toute l'Europe : Ferenc Liszt était devenu prêtre ! La plupart des journaux y virent du sensationnalisme. D'autres constataient en un sourire que ce n'était là qu'une nouvelle aventure de cet artiste capricieux et exalté, elle ne durerait pas longtemps.

L'abbé Liszt habitait dans le bâtiment du Vatican, sous le même toit que le pape, il lisait les journaux, étonné, déçu. Il s'assit au piano pour détourner ses pensées de ce qui le meurtrissait. Il frappa les premières mesures de la composition orchestrale née sous l'inspiration du *Faust* de Lenau. Il joua *la Valse de Méphisto.* Les ondes puissantes de la valse infernale se répandirent dans les couloirs et firent tonner les murs ancestraux. C'était Méphisto lui-même qui jouait cette valse dans le palais du pape.

La porte s'ouvrit. Franci leva les yeux et vit un valet.

— Monseigneur l'évêque adresse ses salutations au maître et lui fait savoir qu'il aimerait que vous eussiez l'obligeance de jouer quelque œuvre religieuse.

Franci se leva, ferma le couvercle du piano et d'un geste de la tête il donna congé au valet.

IV

Il était inquiet, agité. Il pouvait se considérer comme homme d'Eglise et ne l'était pourtant pas vraiment, puisqu'il aurait pu se marier à n'importe quel moment. La prêtrise était encore bien loin... Lorsqu'il vivait encore avec la croyance profonde qu'une harmonie miraculeuse se produirait en lui en même temps que l'ordination, il avait renoncé à se rendre à Pest. Maintenant il commençait à désirer ce voyage plus que tout et un beau jour il décida d'y aller.

Le jubilé de l'école de musique avait été reporté au mois d'août et il put donc y assister. C'est par une chaleur accablante qu'il arriva à Pest. Il descendit à la *Reine d'Angleterre*. Il fut bientôt rejoint par Cosima et Hans accompagnés d'Eduard. *Tristan* avait enfin été présenté à Munich dans le théâtre du roi Louis. La représentation avait été magnifique, Hans avait aidé aux répétitions. Toute une foule de gens s'était déplacée à cette occasion.

Le couple des Bülow semblait tout à fait réconcilié. Hans semblait beaucoup moins nerveux mais ses brusques changements d'humeur prouvaient qu'il n'était pas vraiment rétabli. Il perdait totalement le contrôle de lui-même si la conversation touchait à Wagner. Le fanatisme dont il faisait preuve à ces moments-là était véritablement anormal.

Le texte de *la Légende de sainte Elisabeth* avait été traduit en hongrois par le poète et critique musical Abrányi. Ce fut une sensation étrange pour Franci d'entendre chanter son œuvre à la Redoute dans une langue qu'il ne comprenait pas. La répétition lui plut beaucoup et il ne se lassa pas d'en faire les louanges au dîner que le curé de la cité avait organisé en son honneur. A la place du frac il avait revêtu une somptueuse soutane de soie et en jetant un rapide coup d'œil à l'ensemble des membres du clergé présents à la table, il constata qu'il était l'abbé le plus élégant.

Le lendemain un spectacle étonnant l'attendait dans la rue. La ville était pavoisée aux couleurs nationales, rouge, blanc et vert.

— Que se passe-t-il, demanda-t-il au baron Béla Orczy venu le chercher à son hôtel, c'est donc permis ?

— Et comment ! Vous ne savez donc pas, monsieur l'abbé, les changements qui se sont produits ici ? L'empereur a fait la paix et il va même se faire couronner roi de Hongrie.

— C'est inouï. Et quand ?

— Il peut encore se passer plusieurs mois d'ici là, pour l'instant toutes sortes de commissions traitent des questions de droit public. Mais le compromis aura lieu, c'est à présent hors de doute. La Hongrie sera libre et indépendante. Avez-vous déjà entendu parler de notre politicien Ferenc Deák ?

— Il me semble que Bach m'en a parlé à Rome, mais je ne me souviens plus de ce qu'il en a dit.

— Ce Deák a écrit à Pâques un article qui a tout mis en route. L'an prochain le couronnement se fera, c'est presque sûr. J'espère que vous viendrez ?

— Sans faute, si Dieu me prête vie. Mais regardez donc, qui sont ces gens ?

Des chorales de province défilaient dans la rue, en une procession sans fin. Chaque société portait le drapeau de sa ville ainsi que des pancartes où était indiqué le nom de celle-ci. Franci y lut le nom de Kismarton et il songea avec tendresse à sa lointaine enfance. Certains portaient des drapeaux en lambeaux, dépouilles de quarante-huit. Leurs costumes à tous étaient hauts en couleur, tout comme ceux du public qui remplissait les rues. Les couleurs semblaient vouloir transformer l'oppression de tant d'années en une immense symphonie hongroise.

Avant le concert une messe fut dite à l'église de la cité. On joua la *Messe en do mineur* de Beethoven. Puis l'assistance se rendit à la Redoute. Franci monta sur l'estrade dans sa robe de soie, une chape sur les épaules. Que se passerait-il ? Les sifflements d'indignation causée par son livre sur les Tziganes retentiraient-ils ?

Il n'y eut pas de sifflements mais un tonnerre d'applaudissements. Le pays à présent heureux avait oublié ce livre. L'auteur dirigea lui-même l'oratorio, à sa façon, se comportant plutôt en auditeur qu'en acteur ; parfois il était à tel point pris par les beautés de son œuvre qu'il laissait retomber sa baguette et se délectait, immobile, relayé par Ferenc Erkel, lequel, assis à côté de Liszt, était sur le qui-vive. Ce fut un succès incomparable, le public se leva, tapa des pieds, des mains et agita des mouchoirs blancs en direction de l'abbé.

Franci voulait à tout prix conduire Cosima et Hans à Esztergom pour leur montrer la cathédrale que sa messe avait consacrée. Ils furent invités à déjeuner chez le cardinal, et Hans amena adroitement la conversation sur le couronnement. Le résultat fut inespéré. Le cardinal exprima son souhait de voir composer la messe par Liszt et promit d'appuyer la chose à Vienne. Il assura Franci de la certitude du succès.

Franci était au comble du bonheur. Il ne fallut guère le prier pour qu'il acceptât de jouer en public. Il ne pouvait plus rien refuser à Pest. Il se produisit donc à la Redoute, devant une salle pleine. On avait retenu des places de Vienne même en apprenant que l'abbé Liszt donnerait un récital. Il joua l'*Ave Maria*, puis le *Cantique d'amour.* L'assistance fut véritablement envoûtée par le talent et la passion se dégageant des doigts démoniaques de cet homme élégant en soutane. Et lorsque la soirée eut pris fin les fervents admirateurs qui s'étaient attroupés des deux côtés de l'escalier pour voir une dernière fois le magicien chuchotaient en le regardant passer : l'abbé descendait en tenant sa fille par le bras.

Augusz tint absolument à les inviter à Szekszárd. Le soir, la population donna une sérénade sous les fenêtres du château. Une foule immense portant des flambeaux poussait des vivats. Franci fit pousser un piano sur le balcon et, avec Reményi au violon, il joua une rhapsodie hongroise. Puis, à quatre mains avec Hans il interpréta la *Rákóczi-marche*. Comme toujours, l'enthousiasme délirant ne put attendre la fin du morceau pour éclater.

Tout le séjour en Hongrie se déroula dans une ambiance passionnée. Depuis longtemps déjà Franci aurait dû rentrer, mais on voulait le garder encore. Haynald, que le revirement politique avait ramené en Hongrie, le fit rester. Toute la presse commentait chacun de ses pas et les poèmes qu'on lui adressait pleuvaient de toutes parts. Lorsque arriva enfin le moment du départ une chorale lui fit des adieux chaleureux sur le quai de la gare et à l'arrêt de Székesfehérvár une grande foule vint le saluer dans l'ivresse effrénée d'une nation heureuse.

Il fit également ses adieux à Cosima et à Hans.

— Embrassez Richard de ma part, dit-il à Hans, je suis très triste de ne pas avoir vu son *Tristan*. Au fait, j'avais oublié de vous le demander, que devient cette Mme Wesendonck ? La chose dure toujours ?

— Oui, bien sûr, répondit vivement Hans, c'est tout à fait sûr que ça dure encore.

Son visage prit cependant une étrange expression de douleur qui laissa Franci pensif pendant un moment. Puis il l'oublia.

A Rome une grande nouvelle l'attendait : l'évêque Gustav Hohenlohe avait reçu du pape la promesse de la barrette de cardinal. Le futur cardinal avait déjà quitté le Vatican pour Albano. Les pièces de ses anciens appartements avaient été réparties de façon différente et Franci, qui avait été l'hôte de l'évêque, n'y avait plus de place.

Il retourna au Monte Mario. Lorsqu'il se réveilla entre les murs blancs de sa chambre du cloître il se sentit mal, comme oppressé. Le silence lui pesait et il constata pour la première fois l'humidité des murs. Et puis la ville était si lointaine...

Il ne se sentait plus aussi bien dans le petit cloître.

V

Maman Liszt était morte. Il avait reçu une lettre d'Ollivier qui lui apprenait que celle-ci était gravement malade, on pouvait craindre une pneumonie. Et presque en même temps était arrivé le triste télégramme. La vieille femme s'était éteinte doucement. "Je l'ai embrassée deux fois, lui écrivait son gendre, une fois en ton nom, une fois en souvenir de Blandine."

L'abbé ne ressentit ni douleur ni deuil au premier instant, mais une profonde révolte. Lorsqu'il réalisa qu'aucune vengeance ne pouvait atteindre la mort, il ressentit une grande souffrance. Il avait l'impression d'avoir perdu un morceau de lui-même.

Il ne pouvait arriver à temps à Paris pour assister à l'enterrement et resta donc à Rome quelques semaines encore. Il avait en effet le projet de se rendre à Paris pour assister à la représentation de sa messe à l'église Saint-Eustache. Il attendait la commande officielle de la messe du couronnement et travaillait au *Christus.* Il se rendait à de nombreuses invitations, voyait Carolyne chaque soir, vivait de la même façon qu'un an auparavant, à la seule différence qu'il portait la soutane. Les dames de la haute société et les Américaines se passionnaient pour l'abbé, qui était à présent encore plus romantique. La fascination grandissait de jour en jour, comme une épidémie, depuis qu'il ne paraissait plus en public. On racontait qu'une femme américaine avait fait encadrer le tissu recouvrant le siège sur lequel Liszt s'était assis…

Pour l'inauguration de la nouvelle Sala Dante, sa *Dante symphonie* fut jouée sous la direction de Sgambati. Le succès fut immense, les gants et le mouchoir de l'auteur disparurent, ses fervents admirateurs se partagèrent ces véritables reliques après les avoir coupées en morceaux.

A Paris il logea chez Ollivier, rue Saint-Guillaume, dans les pièces où flottait encore le souvenir de sa mère. Parmi les objets qui avaient appartenu à la vieille femme, dont la plupart étaient des cadeaux qu'il lui avait faits pour sa fête et son anniversaire, il trouva une photographie représentant la grand-mère entourée de ses trois petits-enfants. De ces êtres chéris il ne restait plus désormais que Cosima.

La messe fut chantée à l'église Saint-Eustache d'étrange façon, les autorités religieuses ayant interdit la présence de femmes dans la chorale, les parties de soprano et d'alto ayant été confiées à des enfants. En outre l'œuvre fut tout à fait gâtée par la musique militaire également présente. La presse fit un accueil des plus défavorables, elle qualifia unanimement cette musique de cacophonie incompréhensible et barbare. Des admirateurs fervents de Liszt, tels d'Ortigue et Berlioz, approuvèrent la critique. Quant au journaliste de *Liberté*, le marquis Guy de Charnacé, gendre de Marie, il se montra l'un des plus virulents. On racontait à Paris que c'était en fait Marie d'Agoult qui rédigeait ses articles.

Marie était donc toujours son ennemie. Peut-être encore plus acharnée que jadis. Il alla lui rendre une visite de politesse et c'est alors qu'il apprit qu'elle se préparait à faire rééditer *Nélida*.

— Comment, s'écria Franci, hors de lui, vous ressortez ce roman à clefs vingt ans après ? Quel sens cela a-t-il donc ?

— Je ne le fais pas rééditer comme roman à clefs, répondit froidement la femme aux cheveux blancs, c'est la maison d'édition qui a voulu le rééditer. Finalement, je suis écrivain et le nom de Daniel Stern a acquis une certaine renommée... Je ne vois pas pourquoi je devrais enterrer à jamais une de mes anciennes œuvres.

— Vous ne voulez quand même pas me faire croire que c'est une idée de l'éditeur ? Dans ce livre vous m'avez traîné dans la boue il y a vingt ans. Depuis, tout le monde l'a oublié. Vous estimez d'actualité de réchauffer le tout, maintenant que je porte la soutane ?

— Il ne s'agit absolument pas de vous ici, Franci. Mon livre ne parle pas de nous. Mais j'écrirai aussi une œuvre qui nous concerne cette fois. Je veux en effet rédiger mes Mémoires, j'ai déjà de nombreuses notes. Vous n'avez rien à craindre : je serai objective et sincère. N'auriez-vous pas une bonne idée de titre ? Vous avez toujours de telles trouvailles.

Franci se leva.

— Oui, j'ai une très bonne idée maintenant aussi. Donnez donc à l'histoire de votre vie le titre de *Poses et mensonges*. Adieu, Marie.

Il partit en se disant que c'était la dernière fois qu'il voyait la mère de ses enfants.

Il se rendit de nouveau chez Napoléon III. L'empereur causa avec lui une demi-heure. Ils parlèrent de Rome, de Lucien Bonaparte qui attendait impatiemment la barrette de cardinal. Puis de la famille de Franci, du talent inouï de Bülow, des petits-enfants, de l'Opéra de Munich et de la grande admiration que le roi Louis portait à Wagner.

— Un mécène sur un trône est quelque chose de magnifique, dit l'empereur, mais les petits-bourgeois s'en réjouissent rarement. On m'a fait savoir de Munich que l'opinion publique trouve exagérées les dépenses effectuées pour les arts. Croyez-moi, cher Litz, il est beaucoup plus pratique d'avoir des favoris que des artistes. Ils coûtent moins cher !

Avant de quitter Paris il demanda au violoniste Kreutzer de lui organiser une rencontre avec d'Ortigue, Berlioz et tous ceux envers qui il était dans une situation délicate depuis la présentation de sa messe. Kreutzer était lui-même très curieux des explications de cette nouvelle musique. Il n'ignorait pas que jadis Beethoven avait écrit pour son père la *Sonate à Kreutzer*, alors que son père reniait le grand musicien comme révolutionnaire. Depuis, Beethoven s'était imposé au monde entier, et peut-être en serait-il de même des deux nouveaux révolutionnaires, Liszt et Wagner. Franci entreprit donc d'expliquer à ses anciens amis que ce qu'il faisait s'accordait tout à fait avec les lois éternelles du rythme, de l'harmonie et de la mélodie. Il passa en revue la messe dans son intégralité. Après quatre heures d'explications et de réponses aux objections faiblissantes, il demanda une réponse sincère. D'Ortigue et Kreutzer s'affirmèrent convaincus. Berlioz reconnut qu'il avait raison en grande partie mais qu'il ne s'en réjouissait guère. Franci en connaissait la raison. C'était bien évidemment Wagner. La fièvre de fanatisme avait commencé à gagner les capitales de l'Europe. Le grain que le musicien hongrois avait semé à Weimar se mettait à germer dans toute l'Europe.

Mais si la popularité de Wagner croissait partout, à Munich la situation était loin d'être favorable. Les déclarations de Napoléon correspondaient très exactement à la réalité. En Bavière les dépenses démesurées de Wagner ne plaisaient pas et la presse s'était emparée de la chose. Franci était impatient de rencontrer Hans et Cosima. C'était à Amsterdam qu'ils s'étaient donné rendez-vous, la *Messe d'Esztergom* devant y être jouée à la même époque que le concert de Hans.

Cosima était rayonnante de santé et d'esprit. A ses côtés Hans semblait encore plus éprouvé par les tracasseries des derniers temps. Il paraissait beaucoup plus vieux que son âge, ses mains tremblaient, ses yeux étaient profondément cernés.

Hans raconta avec fougue et nervosité ce qui s'était passé à Munich. L'opinion publique s'était transformée avec la rapidité d'un orage d'été. Wagner en l'espace d'un an était devenu l'homme le plus détesté de la ville. La haine s'était naturellement étendue à ses proches fidèles, les Bülow. A Munich on n'appelait plus guère Hans que du nom de "favori du favori". De la façon la plus mesquine on s'attaquait à eux et les pires ragots passaient de bouche à oreille. On commençait à chuchoter que des penchants pervers liaient le roi à Wagner.

Franci songea un instant à cette habitude désagréable que Wagner avait de l'embrasser chaque fois qu'ils se rencontraient. Mais il connaissait la vie et était capable d'un jugement raisonné. Il savait qu'en chacun de nous existaient toutes sortes de penchants et que ce genre de petits signes ne voulaient souvent rien dire. Non, il était impossible de prêter foi à ces racontars stupides. Si l'on pouvait avoir quelque doute en ce qui concernait le roi, personnage assez étrange, il était évident que l'on ne pouvait se l'imaginer dans le cas de Wagner.

— Eh oui, dit Hans, c'est tout aussi dément que l'autre ragot qui court : Richard serait l'amant de Cosima.

Franci fut comme frappé par la foudre. Depuis longtemps déjà cette idée était terrée en lui mais il venait seulement de s'en rendre compte. Il voulut scruter le visage de Cosima mais n'eut guère le temps. A cet instant Hans éclata en sanglots. Le père et la fille tentèrent de le consoler et de le calmer. Puis il poursuivit son récit. Richard avait trouvé plus raisonnable de quitter Munich et il s'était installé en Suisse, près de Lucerne, à Triebschen. Il avait terminé l'orchestration des *Maîtres chanteurs* et travaillait maintenant à un projet gigantesque, *Parsifal*. C'était l'apothéose sublime de la pureté et de la foi chrétienne, avec le miracle bouleversant du Saint-Graal contenant le sang du Christ.

— Et l'on ose dire de cet homme qu'il est antichrétien, s'écria Hans avec passion, on fouille le passé de ce saint homme d'une main immonde pour forger les calomnies les plus basses.

— Quel genre de calomnies ?

— Ce n'est pas sérieux, il ne vaut même pas la peine d'en parler... Richard est né six mois après la mort de son père. Son père adoptif, qui épousa ensuite sa mère, était un acteur juif. Tu comprends les déductions honteuses que l'on peut en tirer ?

Franci n'écouta plus que d'une oreille ce qui suivit et il s'empressa de quitter Hans et Cosima pour être seul. Il songea longuement à ce qu'il avait appris des origines incertaines de Wagner. De qui était-il le fils ? Du greffier de police Wagner ou de l'acteur Geyer ? Cela avait peu d'importance. La vérité était celle de Richard. Franci comprit alors bien des mystères qui lui étaient apparus dans la tétralogie. Ce philtre assurément, cette boisson de l'oubli jouait un rôle dans cette incertitude douloureuse. Il passa en revue les œuvres de son ami. Dans *Lohengrin* il reconnut Wagner lui-même à travers le personnage qui fait promettre à la femme aimée de ne pas l'interroger sur ses origines.

Quand il arriva aux *Maîtres chanteurs* la révélation fut si violente qu'il se redressa dans son lit, le cœur battant. Cette Eva n'était autre que Cosima... Il éprouva un étrange sentiment fait d'un mélange de douleur, de colère et de jalousie. Les ragots de Munich n'étaient sans doute pas dépourvus de fondement. Et c'était ce malheureux Hans qui envoyait sa femme rejoindre Wagner en Suisse ? C'était effroyable.

Quoiqu'il fût décidé à apprendre la vérité de la bouche de sa fille, Franci n'aborda pas la question. Il avait évidemment peur de Cosima, de son regard fier, froid et dur. Il conserva son soupçon, moins douloureux peut-être.

Il rentra à Rome en passant par Paris. Les journaux étaient emplis de nouvelles alarmantes sur les tensions prusso-autrichiennes. En juin la guerre éclata. La Bavière avait rejoint les Autrichiens et l'Italie s'était alliée à la Prusse. Dans les salons des diplomates où il évoluait, Franci avait des nouvelles quotidiennes. Il espérait voir vaincu son souverain, François-Joseph, la défaite de l'Autriche ne pouvant que servir au compromis. Son état d'esprit était étrange, puisqu'il souhaitait en fait l'échec de celui dont il préparait la messe de couronnement... Pendant ces journées d'émoi c'est pourtant Cosima qui l'occupa constamment.

Il termina le *Christus*, auquel il travaillait depuis des années, puis se mit à cette messe, quoique n'ayant encore reçu aucune réponse officielle. Cette fois encore c'est du baron Augusz que naquirent ses espoirs, lesquels ne furent pas déçus. La défaite de Königgrätz obligeait François-Joseph à régler le problème hongrois le plus vite possible et de façon radicale. Le couronnement fut donc mis à l'ordre du jour et Franci reçut enfin la lettre tant attendue. On était au mois de mars et le couronnement devait avoir lieu en juin.

Entre-temps Cosima avait donné naissance à un quatrième enfant. Une petite fille, Eva. Et le grand-père, dont les pensées se trouvaient de plus en plus canalisées, se demandait sombrement à Rome : Qui peut bien être le père de cet enfant ?

VI

La *Messe du couronnement* ne fut pas épargnée. Tout comme pour la *Messe d'Esztergom* les problèmes ne tardèrent pas à apparaître. A Pest on voulait Liszt, à

Vienne on n'en voulait pas. Le Burg avait son propre orchestre, son propre chef d'orchestre, lequel ne pouvait guère se faire à l'idée qu'un tel événement officiel fût décidé sans qu'il eût été consulté. La *Messe du couronnement* devint donc le centre de rivalités politiques et constitutionnelles. Le primat Scitovszky était mort et sa place avait été occupée par Jänos Simor, le jeune évêque de Györ. Gagner celui-ci était déjà toute une entreprise. Finalement le dernier mot revint à l'impératrice Elisabeth : à la cérémonie du couronnement ce serait la messe de Liszt qui serait jouée et chantée.

L'abbé Liszt arriva à Pest débordant de joie. Après vingt années de souffrances ses compatriotes étaient enfin parvenus à la victoire de leurs désirs nationaux : le souverain se rendait chez eux, descendait jusqu'à eux pour recevoir la couronne de saint Etienne et prêter serment sur la constitution. Les deux villes sur le Danube, la très vieille Buda et la jeune Pest, n'étaient que couleurs et scintillements, les maisons étaient pavoisées, les fenêtres décorées de tapis, de guirlandes de fleurs, les rues étaient fourmillantes de monde. Fringants Hongrois en habit de gala, bannières, allégresse, le pays était en fête.

Franci fut logé à la paroisse de la cité, le curé Schwendtner l'ayant invité une fois pour toutes lors de son séjour précédent. Il aurait d'ailleurs eu le plus grand mal à trouver une chambre d'hôtel, la plus grande partie des foules affluant de la province était contrainte à camper en plein air.

La répétition générale fut dirigée par ses soins dans la magnifique église Mathias. C'était ici qu'aurait lieu le couronnement. Dans la nef principale et sur les autels latéraux les ouvriers travaillaient encore. Cette messe devait être de durée plus courte que la précédente, puisqu'elle ne devait pas dépasser une demi-heure. Franci avait donc raccourci chaque partie. La messe tout entière avait un caractère fortement hongrois de par le nombre de motifs hongrois utilisés, dans le Gloria et le Sanctus principalement. La générale fut très réussie. Franci était cependant un peu attristé par le fait que ce ne serait pas lui qui dirigerait sa messe. En outre, les Viennois étaient parvenus à évincer Reményi et à le remplacer par un violoniste nommé Hellmesberger pour le solo du Benedictus, composé spécialement pour l'ami hongrois.

Liszt n'était pas venu à Pest en tant que compositeur et citoyen hongrois seulement, il était également cette fois le messager du pape. Pie IX l'avait chargé de remettre à François-Joseph son cadeau de couronnement, une œuvre d'art splendide représentant un petit autel, en or pur incrusté de nacre. En signe de remerciement l'empereur le nomma chevalier de l'ordre de François-Joseph.

Le couronnement devait avoir lieu le 8 juin. Jusqu'au 7, l'auteur de la messe attendit en vain son invitation et son billet. On n'avait pas invité Liszt à sa messe, c'était incroyable mais vrai. Franci, désirant à tout prix entendre sa musique, oublia sa colère et décida de s'y rendre coûte que coûte.

Le lendemain il se leva à l'aube, mit sa plus belle soutane de soie et se mit en route pour l'église Mathias. Huit fois son fiacre fut arrêté, chaque fois il déclara qui il était et qu'il n'avait pas d'invitation à présenter. Une foule compacte se tenait des deux côtés de la route, la plupart s'étaient postés la veille afin d'avoir une place. Non loin de l'église il lui fallut descendre de voiture et à plusieurs reprises encore on l'arrêta pour lui demander son invitation. Tout le monde trouvait normal que Ferenc Liszt se rendît à sa propre messe. L'église était déjà à moitié pleine, pourtant la cérémonie n'aurait pas lieu avant plusieurs heures. Il monta à la tribune d'orgue et attendit.

Il songea longuement aux rapports du pouvoir et de l'art, cette question douloureuse dont il avait été l'un des plus illustres combattants. Il était le premier musicien à s'être assis dès l'enfance à la table des seigneurs. C'était lui qui avait brisé les préjugés de la société parisienne, laquelle auparavant ne laissait entrer l'artiste tout au plus que dans sa chambre, mais jamais dans son salon ni dans sa salle à manger. C'était lui qui avait écrit cette série d'articles réclamant le droit de l'artiste à être traité à part entière par la société. C'était à cause de lui que l'on avait été contraint de modifier l'étiquette à Madrid. C'était lui qui avait fait remarquer au tsar que la couronne elle aussi devait se taire lorsque l'art parlait. Et maintenant il fallait que dans sa propre patrie il fût victime de cet acte mesquin ?

Peu à peu l'église fut remplie à craquer des privilégiés qui avaient reçu une invitation. Lorsque le primat de Hongrie déposa sur la tête de l'empereur la couronne royale, Franci ne prêta guère attention à cette scène historique : c'était la musique qui le prenait corps et âme, la voix de l'orgue sublime qui lançait son Gloria vers les cieux. A cet instant c'était lui la voix de la nation hongroise.

Lorsque le dernier amen de la messe retentit, il n'était déjà plus dans le chœur. Dès le Sanctus il s'était mis à se frayer un chemin vers la sortie. La messe était terminée, le reste n'était pas pour lui. Il sortit à l'air libre.

La foule entassée des deux côtés de la route crut que le cortège avait quitté l'église. Très vite ils reconnurent le célèbre Liszt et en un instant les vivats se transformèrent en un immense cri de joie. Il arriva au pont de Chaînes près de la tête duquel se dressaient de grandes tribunes où s'entassaient des Hongrois en vêtement de gala. Sous le tonnerre d'acclamations il posa le pied sur le pont où flottaient une multitude de drapeaux. C'est ainsi qu'il arriva à Pest, seul, le chapeau à la main, les cheveux au vent. Il lui semblait que la Hongrie tout entière était accourue pour saluer le petit enfant de

Doborján. C'était comme si la mer s'était ouverte pour lui afin qu'aux yeux du pays il pût marcher fièrement dans son manteau de soie scintillant au soleil de juin.

VII

Cet été-là Rome fêtait le centenaire de Saint-Pierre. Cinq cents prélats et évêques étaient arrivés dans la Ville Eternelle et, selon les journaux, près de quatorze mille prêtres. Les fêtes se succédèrent, plus somptueuses les unes que les autres. Une nouvelle commençait à se répandre : le pape avait l'intention de réunir le concile l'année suivante pour que celui-ci proclamât le dogme de l'infaillibilité pontificale.

Il discuta du sujet avec Carolyne, véritablement enflammée par ce projet. La princesse trouvait trop tiède la foi de son ami, elle aurait aimé le voir plus fervent, n'ayant toujours pas renoncé à faire de Franci un nouveau Palestrina ou un Orlando Di Lasso. Quant à Franci, il avait depuis longtemps déjà oublié ces chimères qui ne vivaient plus que dans les pièces enfumées de la via del Babuino où Carolyne restait confinée pendant des jours. A présent Franci cherchait une base musicale à son séjour romain : il voulait faire aimer Beethoven en cette ville qui ne lui était guère favorable afin de parvenir ensuite à Wagner. Son élève romain le plus cher, Sgambati, se joignit à lui avec plaisir. Entre les murs tout neufs de la Sala Dante il organisa des séries de concerts au cours desquels Liszt, toujours présent, put constater une très lente progression du nombre des auditeurs.

Maintenant qu'il ne se sentait plus autant lié à Rome, il voyageait volontiers, au grand désespoir de Carolyne. Lorsqu'il apprit que le grand-duc de Weimar voulait faire jouer l'oratorio dans le château de la Wartburg, il s'empressa de faire savoir qu'il serait présent lui aussi.

Le succès de l'œuvre fut grandiose. Le grand-duc, après une longue introduction, fit comprendre à Franci que la situation avait beaucoup changé à Weimar, que le théâtre était fort apprécié du public, que la troupe était très bonne. Il finit par lui exprimer son souhait de le voir revenir à Weimar.

Franci ne repoussa pas la proposition, il répondit qu'il y réfléchirait. Il écrivit à Carolyne qui lui adressa aussitôt une lettre débordante de fureur : "Mensonges, mensonges, mensonges, ce ne sont que des mots. A Weimar on fait passer pour les Alpes le moindre monticule de sable. Ils parlent constamment du passé et de l'avenir de Weimar mais laissent pourrir son présent ! Sacha ne te mérite pas et il ne peut t'offrir ce que tu mérites."

Il reconnut que Carolyne avait en grande partie raison. Il décida de ne pas retourner à Weimar. Il vida totalement l'Altenburg et fit vendre les meubles aux enchères, ne conservant que quelques pièces qu'il fit ranger au sous-sol. Pourquoi ? Quelque chose lui disait, obscurément, qu'il ne devait pas rompre définitivement avec cette ville. Il s'était rendu compte de l'affection profonde qui le liait à Weimar, en dépit de toutes les douleurs dont elle avait été la cause.

Puis il se rendit à Munich où il lui fallait parler avec Hans. Il trouva chez les Bülow une atmosphère insoutenable, un beau-fils surmené et nerveux, une fille qui se plaignait constamment de l'air de Munich, le bruit et les pleurs de quatre petites filles geignardes. Et audessus de tout une admiration démesurée pour le grand Wagner.

Dès le lendemain de son arrivée il contraignit sa fille à lui parler franchement, Hans ne devant rentrer que le soir. Cosima fondit en larmes, Franci en fut bouleversé et sa sévérité disparut aussitôt. Cosima lui avoua son amour pour Richard, la pitié et la haine qu'elle éprouvait pour Hans. Ils restèrent assis côte à côte pendant des heures et peu à peu Franci soumit sa fille à un véritable interrogatoire. Il ne parvenait pas à croire que ces deux êtres qui s'aimaient tellement aient pu rester des semaines entières ensemble à Triebschen sans qu'une liaison en naquît. Cosima pourtant nia formellement.

— Ne me harcelez pas comme un mari jaloux, papa. Je n'ai pas de liaison avec Richard. Ce dont j'ai besoin, c'est d'une solution, avant qu'il ne soit trop tard, car je sens que mes nerfs ne tiendront plus longtemps.

Franci décida de rendre visite à Wagner. Celui-ci habitait dans une somptueuse villa. Sur sa table de travail se trouvaient la photographie de Cosima et celle du roi Louis de Bavière l'une à côté de l'autre.

— La région est magnifique, dit Wagner fièrement, j'ai un jeune ami, Nietzsche, qui la considère comme l'une des plus belles de la terre. Il faut que tu connaisses ce Nietzsche, Franci. C'est un grand musicien, et il connaît l'histoire de la philosophie comme moi ma main…

— Laissons Nietzsche pour le moment, je t'en prie. Je suis venu pour une affaire grave. Je suis au courant de tout, j'ai parlé avec Cosima. Il nous faut trouver une solution permettant d'arranger la chose avec le moins de souffrances possible.

La conversation s'engagea entre les deux amis et Franci, qui se croyait préparé au pire, reçut le dernier coup lorsque Richard s'écria avec impatience en frappant sur la table :

— D'ailleurs ne suis-je pas le père des enfants ?

Franci devint pâle comme un linge.

— Que racontes-tu là ?

— Comment, qu'est-ce que je raconte ? Tu as dit que tu étais au courant de tout. Tu dois alors savoir que c'est moi le père des deux petites.

Les deux hommes se fixèrent un instant sans dire un mot.

— Pourquoi m'as-tu menti, Richard, dit-il en se contenant, pourquoi n'as-tu pas été honnête avec moi ?

— Parce que je ne voulais pas te faire de peine. Parce que je t'aime. Parce que je croyais que le secret ne serait jamais levé. Je ne voulais pas avoir la cruauté de tuer la foi que tu avais en la perfection du couple de Cosima et Hans. Si tu sais tout maintenant, je n'en suis pas fautif. J'aurais aimé te l'épargner.

Le dialogue se poursuivit et finalement Franci fit promettre à Wagner d'accepter que Cosima se rendît pour six mois auprès de sa demi-sœur. Il se chargerait d'annoncer la chose à Hans et le divorce pourrait être entrepris sans scandale. Wagner essaya de marchander, arguant du fait que le scandale existait de toute façon. Franci ne céda pas et Wagner se décida à donner sa parole.

A Munich Cosima accepta elle aussi la solution de son père. Celui-ci aurait voulu rentrer en vitesse à Rome mais Hans le retint encore une semaine. Il rendit visite au prince Chlodwig Hohenlohe, l'aîné des trois frères ; il passa quelques heures dans l'atelier de Kaulbach ; à la maison il joua avec les petites filles. Dans le visage des deux plus jeunes il remarqua avec effroi les traits de Wagner et frissonna à l'idée que Hans voyait ces petits visages chaque jour. Etait-il aveugle au point de ne s'apercevoir de rien ?

A Rome il attendit la nouvelle du départ de Cosima pour la France. Mais elle n'arriva pas. Il apprit qu'elle s'était rendue à Triebschen. Le père avala la chose. Il comprenait que les deux amoureux eussent envie de se dire adieu. Mais Cosima ne partit jamais pour la France. Pendant longtemps elle n'écrivit pas, puis la nouvelle qu'il reçut le terrassa : Hans avait intercepté une lettre que Cosima avait écrite à Wagner. Il avait tout compris et d'horribles journées avaient suivi. Hans avait voulu s'empoisonner et Cosima, au milieu de scènes atroces, avait quitté le domicile conjugal et s'était réfugiée auprès de son amant.

Le scandale se répandit à travers toute l'Europe. Franci écrivit alors la lettre la plus pénible de sa vie. Il écrivit à Wagner et à Cosima qu'ils l'avaient perdu à jamais. A la même époque il dédia son *Oratorio de sainte Elisabeth*, qui devait être édité, au grand mécène de l'art nouveau, le roi Louis II de Bavière. C'est également alors qu'il apprit de Paris la nouvelle de la mort de Berlioz.

VIII

Parmi les élèves de Franci apparut une jeune femme particulièrement bizarre. Elle s'était présentée sous le nom d'Olga Janina et se disait comtesse circassienne. Elle prétendait être née en Ukraine d'une famille très riche. A l'âge de quatorze ans elle avait épousé un officier cosaque qu'elle avait quitté peu après. Elle voulait être pianiste. Franci habitait près de l'église Santa Francesca Romana lorsque la comtesse vint le trouver. Elle joua une polonaise de Chopin en se trompant sans cesse et le maître lui dit, de mauvaise humeur :

— Le problème ne se trouve pas dans votre talent, mais dans le fait malencontreux qu'au piano les touches sont trop rapprochées.

Prête à fondre en larmes la jeune femme lui demanda si elle pourrait quand même recevoir des leçons du maître et celui-ci, précisant qu'il ne donnait pas de leçons, lui proposa de venir rejoindre ses élèves une fois par semaine.

— Ce n'est pas que je vous trouve un talent très spécial mais vous êtes si jolie. Je n'aime pas être entouré de gens laids.

Olga Janina était en effet très jolie et désirable. Elle vint donc chaque vendredi et en trois semaines elle devint follement amoureuse de Liszt. Bientôt elle ne se contenta plus des rencontres hebdomadaires et se mit à venir chez Franci à tout moment, lui apportant des fleurs et une foule d'objets inutiles. Franci restait poli et patient mais un jour il crut bon de prévenir la jeune femme qu'elle perdait son temps et qu'il y avait suffisamment de jeunes hommes à Rome.

— Non, je n'ai besoin d'aucun autre. J'attendrai.

Franci sourit et donna une petite tape au visage rouge d'émotion de la jeune femme. Puis tout reprit comme avant. Olga Janina continua à apporter ses fleurs et ses petits cadeaux, lentement et imperceptiblement elle s'insinua dans la vie quotidienne de l'abbé. Son idole ne prêtait guère attention à elle. Il fréquentait beaucoup de gens et allait chaque soir rendre visite à Carolyne. Un jour, alors qu'ils parlaient de la Messe d'or du pape pour laquelle les fidèles envoyaient de tous les points du monde une multitude de présents les plus variés, Franci annonça à la princesse qu'il n'assisterait pas au grand événement : il partait pour Weimar. Carolyne lui reprocha amèrement de ne pas se mettre à la musique religieuse.

— Vous ne portez la soutane qu'à l'extérieur. A l'intérieur c'est toujours la tétralogie qui occupe vos pensées. Après tout ce que cet homme méchant vous a fait.

— Ce n'est pas lui le premier responsable, mais Cosima. Elle n'accepte pas la réconciliation, elle m'en veut. Mais tout ceci n'a rien à voir avec le problème de la musique. Effectivement je songe constamment à la tétralogie. A cette musique que nous avons fait démarrer en Europe et qui ici, à Rome, est comme un poisson sur le sable. Vous ne pouvez donc pas comprendre, Carolyne, qu'il m'est impossible de vivre sans musique ?

Olga Janina pleura pendant deux jours en apprenant que son maître partait pour Weimar. Elle l'accompagna même à la gare.

— Le mieux serait de mourir, dit-elle en versant des larmes, et de ressusciter à votre retour.

A Weimar une grande surprise l'attendait : le souverain Charles-Alexandre lui avait fait installer une charmante maison à étage dans l'ancienne Hofgärtnerei où avait jadis habité le peintre Preller. Ce logement somptueux et chaleureux fit bondir de joie l'abbé Liszt. Dès le troisième jour il reçut ses premiers invités : le couple grand-ducal. Sa gouvernante Paulina avait rassemblé toute sa science pour confectionner le déjeuner. Ils parlèrent du programme de musique dont Franci aurait à se charger. Dingelstedt avait quitté Weimar depuis longtemps et le travail d'intendant était à présent confié au baron Loën, personne très raffinée et expérimentée qui s'intéressait par-dessus tout aux œuvres de Wagner. Hélas, sur celles-ci, le roi de Bavière avait mis la main. Il restait pourtant de quoi occuper Franci : il fallait organiser la saison des concerts à la cour, aider aux leçons de chant de la grande-duchesse et à l'apprentissage du piano des deux petites duchesses. En un mot, il avait à faire revivre la vie musicale à Weimar, tâche la plus agréable qu'il pouvait espérer.

Les concerts se suivirent avec un succès croissant. L'abbé invita les uns après les autres ses célèbres élèves, Bronsart, Rubinstein, Tausig. Les trois enfants prodiges de jadis étaient à présent des adultes mariés. Celui qui avait été la terreur de Carolyne à l'Altenburg, le "petit Tausig", était rongé par la tuberculose qui l'emporterait bientôt.

Arrivé au mois de janvier, Franci quitta Weimar en mars le cœur gros. Il se rendit d'abord à Vienne où il voulait assister à la présentation de son *Oratorio*. Celui-ci obtint un grand succès, tout comme son *Concerto pour piano en mi bémol majeur* que joua Sophie Menter, bravant audacieusement ceux qui, tel Hanslick, avaient jadis qualifié cette musique de "sonnailles".

Renonçant à son voyage à Regensburg où Hans donnait un concert, il n'eut pas à se faire prier par son ami le baron Augusz pour reprendre la direction de Pest. Il y passa deux semaines. Au cours d'une grande soirée chez le chef du gouvernement, le comte Gyula Andrássy, il fut même présenté à la très belle reine Elisabeth. Il fit la connaissance de personnages tous très intéressants : le jeune comte Albert Apponyi, le célèbre écrivain Mór Jókai, le politicien Samuel Bonis, celui qui avait enterré la couronne hongroise lors de la défaite des luttes pour la liberté. Il les trouvait tous d'une infinie gentillesse. Le seul envers lequel il ressentait une certaine antipathie était le chef de l'opposition parlementaire, Kálmán Tisza, l'une des figures principales du protestantisme hongrois. Le baron Augusz lui expliqua en détail ce qu'était cette *gentry* hongroise à laquelle appartenait Tisza. Ce dernier trouvait Liszt trop peu hongrois et l'ouvrage sur les Tziganes l'avait révolté, comme beaucoup d'autres.

Lors d'un dîner d'honneur Kornél Abrányi s'adressa pathétiquement à l'abbé Liszt en lui disant que sa place était en Hongrie. Le soir, seul dans sa chambre, ce dernier méditait longuement sur ses origines hongroises. Il aurait aimé ne rien savoir ni de Paris, ni de Weimar, ni de Rome. Il aurait aimé être attaché à cette terre de Hongrie comme les Tisza qu'il haïssait et adorait à la fois pour le désir qu'ils faisaient naître en lui de leur ressembler. Pendant toute sa vie il n'avait eu qu'un désir : se donner corps et âme. Il avait cherché d'abord en Dieu cette dissolution semblable à l'anéantissement. Cela n'avait pas réussi. Il l'avait cherchée dans les femmes, dans l'amitié. En vain. Il l'avait cherchée dans le patriotisme, et là son échec avait été le plus cuisant. Même dans la musique son succès n'avait été qu'incomplet : comme avec Marie, puis avec Carolyne, il y avait eu des instants où il avait cru s'être donné totalement, mais plus tard il lui avait fallu se rendre compte qu'au fond de son âme restait toujours quelque chose d'inassouvi.

A présent brillait un rayon d'espoir. S'installer en Hongrie changerait peut-être bien des choses. D'innombrables points de vue entraient en jeu ici, musicaux et privés, depuis Carolyne jusqu'à l'isolement de la vie musicale hongroise. Mais s'il était enfin possible de réaliser cette académie de musique…

IX

En été, Franci partit pour Munich avec Nino Sgambati : il trouvait important de faire connaître à cet excellent élève la tétralogie. Les admirateurs de Wagner avaient afflué de tous les coins d'Europe pour assister à la grande première de *l'Or du Rhin*. Franci revit de nombreuses connaissances, Mme Kalergis, la comtesse Mimi Schleinitz, qui avait le salon littéraire et artistique le plus intéressant de Berlin, la célèbre chanteuse Pauline Viardot-Garcia, une ancienne élève, et bien d'autres encore. Tout le monde cependant partit comme il était venu, sans avoir vu *l'Or du Rhin*. En effet, Hans, alors qu'il s'était jusqu'alors contraint héroïquement à diriger chacune des œuvres de Wagner, n'avait pas pu supporter plus longtemps le déchirement intérieur qui le minait. Il avait laissé tomber son travail et quitté Munich. Le jeune musicien Hans Richter qui avait pris sa place, constatant lors des répétitions que la représentation était indigne de l'œuvre, avait déclaré qu'il n'était pas disposé à diriger. La première avait été remise à une date indéterminée et l'anniversaire du roi Louis II fut fêté sans *l'Or du Rhin*.

Franci rendit plusieurs fois visite à Mme Bülow, la mère de Hans. Il apprit de celle-ci que Cosima lui en voulait à jamais de ne pas l'avoir secourue dans le malheur qu'elle venait de traverser. Franci en fut profondément affecté. Il ne comprenait pas. Cosima n'avait pas besoin de lui. Cosima qu'il avait toujours aimée, Cosima vivait, elle, elle était heureuse mais ne voulait plus entendre parler de son père et ne permettait pas à Wagner la réconciliation que celui-ci désirait pourtant ardemment.

A Rome Carolyne ne dormait plus, sous l'émotion du concile qui approchait. Franci bénissait chaque heure qu'il n'avait pas à passer à la via del Babuino, auprès de cette femme qui lui semblait à présent si lointaine et si étrangère. Il s'intéressait beaucoup plus à ses élèves. Il venait justement de découvrir un jeune Scandinave aux longs cheveux, Grieg. Celui-ci lui avait apporté une sonate pour violon et piano dans laquelle le maître trouva une grande originalité et beaucoup d'audace.

Les progrès qu'il pouvait constater chez les jeunes talents auxquels il consacrait une grande partie de son temps lui procuraient une joie bien douce pendant ces mois où l'hostilité de Cosima ne quitta pas ses pensées. Les événements de l'époque emplissaient les journaux, que ce fût l'inauguration du canal de Suez ou le début du concile. Pris entre le fanatisme délirant de Carolyne et les scènes de jalousie d'Olga Janina, Franci en eut bien vite assez et un beau jour il partit pour la Hongrie. Il se rendit directement à Horpács, chez le comte Imre Széchenyi. Ces journées passées en compagnie de ses chers amis hongrois, parmi lesquels se trouvaient Apponyi et Odön Mihálovics, firent encore grandir en lui le désir de travailler en Hongrie. La chose ne semblait pas irréalisable. Il fallait que la Diète votât la création d'un conservatoire subventionné par l'Etat et le nom de Liszt était presque une assurance de succès.

Rentré à Rome, il eut ensuite à subir les foudres des deux femmes. Carolyne, que le concile avait complètement déboussolée, reçut le coup de grâce en apprenant les projets hongrois de son ami. Ne trouvant guère d'arguments sensés elle se lança dans les plaintes passionnées et dans les prédictions les plus funestes.

L'autre femme, Olga Janina, était complètement possédée par la jalousie. Les scènes d'hystérie, les menaces de suicide et de meurtre n'étaient pas rares. Devant partir à Weimar il fut contraint de l'emmener avec lui. Il l'installa à l'Erbprinz mais le jour même tout Weimar savait que l'abbé Liszt était arrivé avec une femme, et des plus jolies. Par chance, Olga Meyendorff avait quitté Weimar et Franci fut un peu soulagé. Il n'avait pas à craindre, au moins, que les deux Olga ne s'affrontent ! Les scènes recommencèrent. La jeune femme avala un demi-somnifère et simula un suicide. Enfin, devenue docile, elle accepta d'aller aux bains d'Helgoland. L'abbé Liszt pouvait respirer, débarrassé de cette adorable folle. Pas pour longtemps d'ailleurs.

Entre-temps, Ollivier, le mari de la pauvre Blandine, avait trouvé la voie du succès politique. Il était devenu premier ministre et l'abbé Liszt pouvait dire avec fierté que son petit-fils, Daniel Ollivier, était le fils du premier ministre français, également ministre de la Justice et des Cultes. Mais bientôt les événements se bousculèrent. Le 18 juillet les journaux annonçaient que le dogme de l'infaillibilité du pape avait été voté par le concile. Le lendemain la guerre éclatait entre la France et l'Allemagne.

Ne pouvant aller à Rome où la guerre menaçait, Franci choisit Munich. La déclaration de la guerre l'avait bouleversé. Les deux nations qui s'affrontaient lui étaient très chères, l'une comme l'autre. Paris signifiait sa jeunesse, la comtesse Liline, l'effervescence de son développement intellectuel qui devait laisser une marque si profonde en lui ; l'Allemagne, c'était tout son travail de compositeur adulte, la nouvelle musique, Wagner, Weimar. L'un de ses petits-enfants était français, les autres étaient allemands. Le hasard horrible aurait pu les faire se tuer sur le front, s'ils avaient été des garçons en âge d'être soldats. Depuis longtemps il connaissait les deux souverains et à présent c'était avec une neutralité douloureuse qu'il lisait les nouvelles de la guerre.

Dans la ville allemande en émoi il fit la connaissance de Lenbach, portraitiste qui accédait à la gloire et qui s'empressa de peindre le grand Liszt. Il rencontra les vieilles connaissances et alla au théâtre où l'on jouait déjà deux pièces de la tétralogie, *l'Or du Rhin* et *la Walkyrie*. Guerre, papauté et histoire cessèrent alors d'exister pour lui, il quitta la salle de spectacle comme ivre, même si les représentations avaient été nettement inférieures à ce que l'auteur de ces chefs-d'œuvre avait rêvé pour la scène.

Ce dernier n'était pas présent. Il habitait toujours à Triebschen avec Cosima. La fille de Franci n'était pas disposée à la réconciliation et dans ces conditions celui-ci ne pouvait naturellement pas espérer revoir Wagner. Il lui avait adressé un télégramme pour sa fête et Wagner lui avait répondu chaleureusement, sans toutefois mentionner Cosima.

Après une halte à Oberammergau où il voulait assister aux spectacles des Mystères de la Passion, il alla d'une traite à Szekszárd, chez le baron Augusz, en compagnie de l'un de ses élèves, le jeune Servais. Au sein de la charmante famille il se sentit merveilleusement bien. Cette vie idyllique fut pourtant bientôt troublée par l'arrivée d'Olga Janina. Il fallut lui prendre une chambre dans la petite auberge située face au château d'Augusz, les chambres y étant toutes retenues pour des invités. Olga ne quittait pas l'abbé Liszt d'une semelle, depuis la messe du matin jusqu'au coucher. Du point de vue des convenances, sa présence ne pouvait soulever aucune objection, elle était une élève qui suivait son maître, tout comme le petit Servais. Rapidement, hélas, elle parvint à compliquer les choses. Avec l'arrivée des nouveaux hôtes, Odön Mihálovics, Reményi et Sophie Menter, la belle Sophie blonde, pianiste fervente admiratrice de Liszt, les scènes de jalousie recommencèrent. Peu à peu la compagnie s'habitua aux extravagances de la jeune femme. Un jour qu'elle s'était emparée des journaux du baron, elle s'écria devant tout le monde :

— Oh la la ! En voilà une nouvelle ! Que tout le monde félicite l'abbé Liszt ! Wagner et Mme von Bülow se sont enfin décidés à se marier. C'est dans le journal ! Le mariage a eu lieu à Lucerne !

Franci prit le journal des mains d'Olga en rougissant profondément. Un silence lourd de malaise suivit. Le maître de maison tenta de faire oublier l'incident en faisant dévier la conversation sur les nouvelles de la guerre. Le gouvernement français d'Ollivier avait été renversé sous la pression de l'opinion publique. Les Allemands avaient lancé une puissante attaque sur le front français et les Italiens s'étaient empressés de venir coincer les troupes de Napoléon. Resté sans la défense des Français l'Etat papal s'était effondré. Les troupes italiennes ne lui avaient laissé que le Vatican. Mais tout ceci semblait très lointain à l'abbé. Depuis six mois qu'il avait quitté Rome il lui semblait ici, dans le château de province, que là-bas il n'avait jamais été qu'un invité de passage. En prenant la soutane il aurait aimé en devenir le vrai citoyen mais cela ne s'était pas réalisé. Du grand désir qui l'avait poussé à rejoindre l'Eglise, il ne lui restait plus rien d'autre que sa messe quotidienne et son bréviaire. La soutane n'était plus que le symbole d'un désir réduit en cendres.

Il était décidé à partir travailler à Pest. Tout le monde le savait à présent et la presse commençait même à propager la grande nouvelle. Comme toujours, le véritable soutien et conseiller de Franci était son ami Augusz. Ils passèrent en revue toutes les possibilités et en conclurent qu'il fallait faire créer l'académie de musique par le Parlement. Sa direction serait une tâche digne du grand Ferenc Liszt revenu au pays après cinquante ans de tribulations à l'étranger.

X

A Pest aussi on fêtait le souvenir de Beethoven. La situation étant toujours aussi trouble à Rome, il resta en Hongrie. Il accompagna la famille Augusz qui rejoignait la capitale pour l'hiver et s'installa chez Schwendtner.

Les fêtes de Beethoven se déroulèrent dans le plus grand apparat. Sa *Cantate de Beethoven* fut également jouée. Le grand concert fut donné à la Redoute, en présence du roi, des archiducs Albrecht et Joseph, de l'archiduchesse Klotild, des Esterházy, Andrássy et d'une foule d'éminents personnages. Les applaudissements qui accueillirent son œuvre révélaient déjà que la nouvelle de son installation en Hongrie s'était largement répandue.

Avec Augusz ils se mirent donc à l'ouvrage. Le baron était d'avis que le seul personnage qu'il fallait gagner à la cause de l'académie de musique était Ferenc Deák. Le "vieux monsieur", comme on l'appelait partout dans le pays, n'avait pas accepté de portefeuille ministériel après le compromis, mais en tant que chef de parti il avait conservé toute son autorité. Si lui le voulait, le Parlement voterait l'académie de musique. L'abbé se fit annoncer à l'hôtel de la Reine d'Angleterre et Deák le reçut sans cérémonies.

Le grand homme habitait dans une chambre d'hôtel modestement meublée. Jamais deux Hongrois aussi différents ne s'étaient trouvés face à face. L'un était svelte, grand et sec, avec des cheveux épais et un air théâtral, l'autre était presque chauve, gros et négligé. L'un avait passé toute sa vie à l'étranger et parlait cinq langues, l'autre n'avait jamais éprouvé le désir de passer la frontière et avait le plus grand mal à s'exprimer en une langue étrangère. L'un était le mouvement même, le feu, l'inquiétude permanente, l'ardeur intérieure, l'autre était le symbole du calme et de la sagesse orientale. Mais sur le point dont il était question ils s'étaient tout de suite entendus à merveille.

— Je ne suis pas le seul à souhaiter que vous rentriez en Hongrie, c'est tout le pays qui le souhaite. Il n'y aura là aucune difficulté.

— L'idée d'une académie de musique peut donc compter sur votre soutien ?

— Sans condition ! La seule question est de savoir dans quel budget il sera possible de faire entrer la dépense. J'ai bien peur que pour l'année soixante et onze il ne soit un peu tard. Nous sommes déjà en décembre soixante-dix, dans le meilleur des cas nous pouvons songer à soixante-douze. Mais ne vous en faites pas, Andrássy trouvera une solution d'ici là. Andrássy trouve toujours une solution.

Obtenir une audience auprès du comte Gyula Andrássy n'était pas chose facile. Enfin, après bien des difficultés il se présenta chez le grand homme élégant. Ils en vinrent très vite à l'aspect financier de l'installation de Liszt à Budapest et le comte apprit à ce dernier qu'il avait proposé au roi de lui donner un titre de conseiller royal et de l'argent. Franci intervint très vite :

— Je vous prie de m'excuser, Excellence, mais je crois qu'il y a ici un petit malentendu. J'ai suffisamment de titres et l'argent ne m'a jamais vraiment intéressé. Ce n'est pas de cela que dépend la réalisation de mon grand désir, mais de ce que je pourrai faire ici dans mon pays. Je vous remercie infiniment de la bienveillance qui me touche profondément mais j'aimerais plutôt parler à présent de l'académie de musique.

Le comte Andrássy regarda l'abbé, perplexe.

— Eh bien, mon cher Liszt, on peut dire que vous êtes d'une espèce très rare. Je m'étonne que la chaise sur laquelle vous êtes assis ne se soit pas écroulée de stupéfaction. Ceux qui sont généralement assis à cette place désirent toujours plus d'argent et moins de travail. Vous faites tout le contraire.

Andrássy lui promit de faire son possible. Enfin, Franci parla avec le baron Eötvös, ministre des Cultes, l'unique grand politicien qui était parvenu à être ministre en quarante-huit et en soixante-sept. Ce bel homme un peu mélancolique désirait passionnément l'académie de musique. Il s'entretint longuement avec son hôte des détails de l'organisation de celle-ci. Franci lui recommanda pour le Théâtre national, aux côtés d'Erkel, un excellent chef d'orchestre d'origine hongroise lui aussi, son ami Hans Richter. En serrant la main du baron, Franci se décida à exprimer une pensée qui lui pesait depuis quelque temps.

— Excellence, je ne peux travailler que si l'on me laisse ma liberté. Je serais très heureux si le gouvernement m'assurait cette liberté en me dispensant d'influences extérieures, bref en me laissant les mains libres. Car si je ne l'obtenais pas, ce grand honneur que représente pour moi la direction de l'académie de musique ne serait qu'une corde autour de mon cou.

— N'ayez aucune crainte à ce sujet, maître. Ce ne sera pas une corde, mais une cravate très agréable à porter.

Tandis que le baron Augusz se démenait pour maintenir le projet en éveil, l'abbé Liszt s'était mis à redonner un peu d'élan à la vie musicale pestoise. A la paroisse, des concerts étaient organisés chaque dimanche matin. Il dirigea également les sociétés philharmoniques. A l'un des programmes figurait une œuvre orchestrale, une

Marche nuptiale, de son ancien élève Sándor Bertha, celui avec lequel il s'était disputé un soir de Saint-Sylvestre à propos du baron Bach. Le jeune Hongrois n'avait toujours pas oublié sa rancune.

Au printemps, tandis qu'il se préparait à rejoindre Weimar, il eut le grand plaisir d'apprendre de la bouche d'Olga Janina que celle-ci ne pouvait pas le suivre. Restée sans un sou, elle devait se rendre à Rome et Franci se sentit soulagé d'un grand poids. Il était tout à coup libéré d'une tyrannie qui durait depuis deux ans. Après avoir entendu une dernière fois les menaces de mort de la jeune exaltée, il partit pour Weimar. Mais là c'est entre les griffes de l'autre Olga qu'il tomba. La baronne Meyendorff l'attendait à la gare en grand deuil. Son mari, gravement atteint de tuberculose, était mort et Olga avait décidé de s'installer dans cette ville où elle était sûre de pouvoir revoir l'abbé Liszt quelques mois par an. Elle avait acheté une villa non loin de chez lui. Dans chacune des pièces on pouvait voir un portrait de Liszt, au-dessus du piano était accrochée, encadrée, la page de titre de l'œuvre qu'il lui avait dédiée.

Mme Meyendorff savait beaucoup de choses des Wagner. Elle raconta à Franci que Wagner avait forgé un projet gigantesque : la construction d'un théâtre où pourraient être représentées les pièces de la tétralogie de la façon qu'il voulait. Tausig l'avait aidé à élaborer le projet ; Wagner avait déjà consulté des architectes et le coût de l'entreprise, selon les devis, devrait s'élever à trois cent mille thalers. Wagner pensait réunir la somme en trouvant à travers l'Europe mille personne prêtes à lui donner chacune trois cents thalers. Il avait déjà trouvé un grand nombre de souscripteurs et tout portait à croire que l'entreprise audacieuse réussirait.

C'était tout ce qu'il put apprendre de sa fille et de son gendre… Le projet d'ailleurs l'intéressait beaucoup. Il allait pouvoir en savoir davantage de la bouche de Tausig, avec lequel il avait rendez-vous à Leipzig. L'enfant prodige de jadis s'était senti très mal pendant le voyage et dès son arrivée il avait dû s'aliter. C'était le typhus. Son organisme affaibli par la tuberculose ne résista pas longtemps, il mourut. Pendant les premiers jours de sa maladie il parla cependant beaucoup à Franci du merveilleux théâtre que Wagner avait rêvé dans la vieille petite ville de Bayreuth, au sommet d'une colline. Dans sa fièvre le malheureux Tausig ne cessait de mentionner l'édifice grandiose qui verrait peut-être avant deux ans la représentation de la tétralogie. Mais lui ne le verrait plus.

A Weimar Franci s'occupa des concerts habituels et de quelques nouveaux élèves. Il poursuivait entretemps une correspondance assidue avec Pest. L'affaire de l'académie avançait, très lentement il est vrai. En ce qui concernait les titres et l'argent, Andrássy avait tenu sa promesse : un jour Franci fut avisé que le roi le nommait conseiller royal en récompense de ses mérites et qu'il lui accordait une somme annuelle de quatre mille forints. Cette somme, ajoutée aux trois mille marks qui lui revenaient à Weimar ainsi qu'aux revenus provenant des partitions, lui assurait un avenir sans soucis. En effet, autant son ami Wagner était exigeant et dépensier, autant il vivait modestement. Il se contentait d'une nourriture simple et, à part le cigare, n'avait aucune passion coûteuse. Un cadre où il pouvait travailler au calme était son seul luxe.

Après une absence d'un an et demi il alla voir Carolyne à Rome, où il n'était encore une fois que de passage, en route vers Pest. Carolyne toujours hostile à son projet lui fit des scènes très violentes. Elle était devenue une vieille femme insupportable, totalement livrée à ses étranges manies. Elle ne permettait pas que l'on aérât ses pièces, détestant au plus haut point l'air frais. Elle vivait confinée dans un appartement aux rideaux tirés même le jour, entourée d'une montagne de livres religieux, manuscrits et revues. Dans le nuage de fumée des cigares qu'elle fumait constamment, son visage à la peau jaunie et au nez d'aigle la faisait ressembler à une sibylle effrayante proclamant le caractère divin de la papauté et la damnation éternelle du démon, incarné pour l'occasion par Wagner, l'Antéchrist, l'esprit malin qui avait été envoyé sur terre pour la perte de l'abbé Liszt.

Pour son soixantième anniversaire, Franci reçut une visite inattendue : Bülow, qui s'était installé à Florence après la tragédie familiale, vint le voir à Rome. Lorsqu'ils furent ensemble, Hans laissa échapper un torrent de plaintes douloureuses.

— Mais je ne te comprends pas, Hans. Tu étais aveugle à ce point ? Les journaux en parlaient tous et toi tu ne voyais pas ce qui se passait sous tes yeux, et tu continuais à envoyer Cosima à Triebschen ?

— J'étais déjà à moitié fou. Bien sûr que je n'étais pas aveugle. Mais je croyais à tel point en eux deux que je me contraignais à ne pas y prêter d'importance.

— Tu le hais, n'est-ce pas ?

— Non. Il est un artiste bien trop grand pour que je le haïsse.

— Moi je le hais, dit Franci en silence, mais je ne peux pas vivre sans lui. Il m'a jeté à jamais un sortilège. Ce n'est pas un homme mais un démon. Il ne peut exister une force aussi terrifiante dans un homme. Si je compose, tu sais ce que je fais ? Je mène une véritable lutte contre Wagner. Je me suis tellement donné à son charme, il m'a tellement dépouillé de tout, que j'ai cessé d'être moi-même. Je compose comme celui qui crie dans la forêt obscure parce qu'il a peur. Et si je n'avais pas écrit le *Faust*, le *Dante* ou le *Tasse* et quelques autres œuvres, je serais tout simplement fini. Il faut que je pense à elles si je veux avoir l'impression d'être moi-même.

— Mais moi je n'ai pas d'œuvres qui eussent pu me rendre indépendant de lui. Je suis mort en Wagner. Il est venu et il a écrasé ma vie, mon bonheur. Maintenant aussi il est assis parmi nous, nous ne sommes pas capables de parler d'autre chose que de lui…

Bülow ne resta que deux jours à Rome, il rentra ensuite à Florence. Quant à Franci, malgré toutes les scènes de Carolyne, il repartit pour Pest.

Un nouveau logement l'y attendait, dans la rue Nádor, au numéro vingt. C'était un petit appartement simple et agréable comme il l'avait désiré. Il avait même un valet à son service, un certain Mihály Sipka qui parlait bien l'allemand et était d'une grande honnêteté. La vie aurait été agréable et paisible si Olga Janina n'avait pas surgi de nouveau. La folle lui avait envoyé un télégramme très précis : "J'arrive et nous mourrons tous les deux, Olga."

Refusant d'avoir recours à la police comme le lui avaient conseillé ses amis, Franci resta calme. Il ne voulait pas de scandale. Un soir Olga frappa effectivement à sa porte et Franci lui fit comprendre clairement qu'il en avait assez de ses comédies. La femme sortit de sa poche non pas un pistolet mais une petite fiole brune sur le côté de laquelle était dessinée une tête de mort. Elle en avala le contenu et se jeta par terre en se convulsant. Franci ne se laissa pas prendre au piège et il conduisit la femme à son hôtel, aidé de son valet. Il demanda ensuite à Mihálovics d'arranger l'affaire pour lui. Celui-ci expliqua à Olga Janina que si elle ne quittait pas le pays de son plein gré elle se retrouverait en prison. La femme prit peur et remit même entre les mains de Mihálovics le revolver avec lequel elle avait l'intention de tuer Franci.

Mihálovics accompagna Olga à la gare. En montant dans le train celle-ci se mit à proférer des menaces : l'abbé entendrait encore parler d'elle !

Effectivement, il entendit encore parler d'elle. Il était depuis longtemps retourné à Weimar et avait oublié la

Circassienne. Un livre lui arriva de Paris : *les Souvenirs d'une femme cosaque*. Ecrit par Robert Franz. Il ne connaissait pas d'écrivain de ce nom. Il se mit à lire et comprit dès la deuxième page que le livre avait été écrit par Olga Janina. Il ne put s'empêcher de le lire jusqu'à la fin, révolté, furieux, honteux. Quoique dans le livre le personnage masculin principal fût nommé X, on ne pouvait pas ne pas reconnaître qu'il s'agissait de Liszt. Ce roman à clefs affirmait par exemple que celui-ci n'était attiré que par les femmes riches. Aucun des amis de Franci n'était épargné, Carolyne, les Augusz, Reményi... Que pouvait-il faire avec un tel torchon ? Se présenter devant la justice, en soutane, et déclarer qu'il se reconnaissait dans ce X, et que cette femme de chambre ne pouvait être que la baronne Augusz ?

Il sut tout de suite que le grand-duc de Weimar avait lui aussi reçu le livre. Quelques jours plus tard il apprit qu'il en était de même pour le pape. Toutes ses connaissances de Pest et de Weimar avaient également eu cet honneur.

Quelques semaines plus tard un nouveau livre arrivait de Paris : *les Mémoires d'un pianiste*. Ce démon de femme avait imaginé une réponse au premier ouvrage, la réponse de Liszt qui avait été attaqué. Ce livre dans lequel le prétendu Liszt réfutait les choses sans importance du premier ouvrage et reconnaissait par contre toutes ses horreurs fut également envoyé au pape, au grand-duc, à Carolyne, à Augusz, Eduard, tout le monde...

— Je suis désolé, vraiment, lui dit le grand-duc qui prenait le thé chez lui.

— J'ai beaucoup réfléchi à tout ceci, Majesté. Ce qui m'arrive est tout à fait normal. La vie ne donne rien gratuitement. Cette femme m'a fait payer toutes les joies que j'ai pu recevoir jadis des autres femmes. Et j'en ai reçu beaucoup.

XI

Wagner avait manifestement réussi à réunir la somme nécessaire à la construction de son théâtre car les journaux annonçaient que la première pierre serait posée à Bayreuth. La princesse Carolyne avait bien recommandé à Franci de ne pas se rendre à la manifestation, au cas où il serait invité, car le théâtre serait l'œuvre de Satan. L'abbé l'avait laissée dire : de toute façon il ne serait pas invité.

Il se trompait. Richard Wagner lui adressa une lettre le 18 mai 1872 dans laquelle il le priait chaleureusement d'assister à l'événement. Franci n'y alla pourtant pas. Non pas qu'il eût peur de la princesse, mais parce que ce n'était pas Cosima qui l'avait invité. Il rédigea une réponse dans laquelle sa fille devait comprendre le grand désir qu'il avait de se réconcilier avec elle. Au mois de septembre les Wagner arrivaient à Weimar.

Les premiers instants des retrouvailles bouleversèrent Franci. Il avait décidé de se maîtriser, de faire comme si rien ne s'était passé entre eux. Mais ses sentiments furent plus forts et en serrant sa fille dans ses bras il ne put s'empêcher d'éclater en sanglots en lui disant :

— Cosette, ma petite fille, ai-je donc mérité tout cela ?

Cosima répondit calmement qu'elle ne désirait pas revenir sur le passé, qu'ils devaient tout oublier et se réjouir d'être de nouveau réunis. Le père essuya ses larmes. Sa fille, une fois de plus, avait gagné. Mais cela n'avait plus d'importance pour lui, jamais aucun être ne lui avait semblé aussi proche, aussi précieux, ni en amour ni en amitié.

Le couple passa deux jours à Weimar. Il n'était guère possible de parler avec eux d'autre chose que de Bayreuth. Avec passion ils expliquèrent à Franci chaque détail, et spécialement ceux qui faisaient différer leur théâtre du type traditionnel. Lorsque l'un d'eux parlait, l'autre le regardait comme fasciné. On voyait tout de suite qu'ils étaient pleinement heureux. Chose assez rare dans la vie : deux êtres faits l'un pour l'autre s'étaient rencontrés, au prix de la souffrance des autres, il est vrai, mais en les voyant ainsi ensemble on était obligé de reconnaître que leur union était légitime. Le père lui aussi s'en rendait compte. Il avait souvent vu Wagner amical, débordant d'affection, mais c'était la première fois qu'il constatait qu'il pouvait également faire preuve de tendresse. Quant à Cosima, cette femme hautaine et froide, il la voyait humble et soumise. Ils étaient Tristan et Iseult tous deux, mais sans le roi Marc, heureux, actifs.

Avant les adieux, alors qu'ils étaient assis chez Franci, Cosima aperçut un pot de fleurs noué d'un voile de deuil et demanda à son père de quoi il s'agissait.

— C'est le souvenir de la comtesse Liline. Mais tu ne sais pas qui elle était...

— Mais si, c'était votre grand amour de jeunesse. Maman m'en a beaucoup parlé jadis.

— Oui. Elle est morte récemment. Chaque jour je prie pour cet ange. J'arrive à peine maintenant à me rappeler ses traits, elle n'est plus qu'un souvenir. Et il me semble même parfois que ce n'est pas moi qui l'ai tant aimée et qui ai tant souffert à cause d'elle. J'aurais été heureux avec elle, j'en suis sûr maintenant encore. Mais tu ne serais pas née... Le bon Dieu sait mieux que nous ce qu'il fait.

A Bayreuth, où Franci arrivait pour la première fois, les Wagner habitaient dans un logement provisoire en attendant que leur villa fût construite. Dès le premier jour ils conduisirent Franci sur la colline située en bordure de la petite ville. Les ouvriers travaillaient assidûment aux fondations. Wagner avait été très audacieux d'entreprendre le chantier car, en fait, l'argent nécessaire était encore inexistant. Lui comme Cosima ne songeaient pourtant pas aux difficultés financières, ils croyaient tous deux aveuglément en leur projet et en son succès.

La relation qui s'était instaurée entre Franci et les Wagner était assez stupéfiante. Franci, qui était le père, qui avait donné la vie à Cosima et le succès à Richard, était modeste et recherchait les bonnes grâces de l'une comme de l'autre. Ceux-là se comportaient en quelque sorte comme le couple royal fondateur de quelque patrie, indifférents désormais à leur passé et à celui dont ils n'avaient désormais plus besoin. Quoiqu'ils fussent excessivement polis à son égard, il sentait très nettement, et surtout dans le comportement de Cosima, que son aide était superflue. Mais il ne leur en voulait pas, il se disait avec sagesse que c'était là une des cruelles lois de la vie…

Franci évitait à présent Rome et Carolyne, car il n'entendait de celle-ci que des choses désagréables sur tous ceux et ce qu'il aimait : Cosima, Augusz, la Hongrie, Weimar. Il se rendit de nouveau à Horpács, chez le comte Imre Széchenyi, où il retrouva encore une fois Mihálovics. Tous trois allèrent faire un pèlerinage à Doborján, le vin coula à flots pour les paysans et lorsque l'illustre enfant du village leur fit ses adieux on sonna même en son honneur la cloche de la petite église. Le 9 février 1873 l'abbé Liszt put lire dans le *Pester Lloyd* que le Parlement avait voté la fondation de l'académie de musique. Les dés étaient jetés, Carolyne ne pouvait plus espérer que son ami passerait ses vieux jours à ses côtés.

Non, il ne pouvait pas donner ces années à Carolyne. Il avait plus de soixante ans, à n'importe quel instant pouvait surgir une maladie qui l'emporterait, même si pour l'instant il jouissait d'une santé de fer. Lui qui depuis l'âge de dix ans avait travaillé sans le moindre répit, il voulait enfin vivre. Il voulait écouter de la bonne musique, moissonner avec joie les représentations de ses nombreuses œuvres dans les villes d'Europe, passer de longues soirées à Weimar aux côtés de la baronne Olga et s'émerveiller, se délecter de Pest, assister à l'essor de la culture musicale de cette jeune capitale. Si Carolyne avait encore eu besoin de lui, il aurait renoncé à tout cela, le cœur déchiré. Mais Carolyne n'avait plus besoin de lui. Elle ne vivait plus que pour ses ouvrages de religion, son ami n'occupait plus dans sa vie qu'une place secondaire, et si elle se souciait parfois de lui, c'était pour donner libre cours à sa haine pour Cosima et Wagner.

La vie était belle ainsi, libre. Lentement il comprit que les décisions brutales, les principes durs et irréversibles étaient absurdes et désagréables. Il ne voulait plus rien d'autre que vivre, vivre heureux, tant que Dieu le lui permettrait. Sa grande résolution qu'il avait prise d'apprendre le hongrois fut bien vite abandonnée. Dès le premier cours il put se rendre compte de l'extrême difficulté de cette langue qui ne ressemblait en rien à celles qu'il connaissait à la perfection, le français, l'anglais, l'allemand, le latin ou l'italien. Au bout de la cinquième leçon il capitulait. Il repensa souvent à Daniel et à ses dernières heures, moment à jamais gravé dans le cœur du père. L'enfant agonisant avait alors récité un poème en hongrois. Jamais il ne saurait duquel il s'agissait. Les paroles de son fils étaient perdues pour toujours. Maintenant, pour le peu de temps qui lui restait, il se disait qu'il pouvait bien se passer de cette langue.

Lorsqu'au printemps il arriva à Weimar il eut la grande joie d'apprendre que son oratorio *Christus* allait être représenté. La première fut un grand événement, de partout on se rendit à Weimar. Les Wagner arrivèrent de Bayreuth et de Pest, ce fut toute une délégation : Albert Apponyi, les Abrányi, Siposs, Mihálovics, János Végh, propriétaire de Transdanubie et excellent musicien. C'est Liszt lui-même qui dirigea l'œuvre gigantesque. Depuis longtemps il n'avait connu un tel bonheur.

Les invités hongrois apprirent au maître qu'un grand événement se préparait à Pest : le jubilé de Liszt.

— Quel jubilé ? demanda l'intéressé.

— La Messe d'or musicale du maître, répondit Abrányi, cela fera cinquante ans que vous êtes monté pour la première fois sur l'estrade, à Vienne.

— Vraiment, oui. Je n'y pensais même plus. J'en suis vraiment heureux. Ça sera merveilleux, si je vis jusque-là !

L'été se passa à Weimar puis il rendit de nouveau visite aux Wagner, au cardinal Hohenlohe, et partit à Rome pour trois semaines. Pendant ces trois semaines il écouta patiemment les reproches incessants de Carolyne qui finissaient tous invariablement sur l'enfer et les souffrances atroces qui attendaient l'abbé Liszt. Après une dernière dispute et une dernière réconciliation Franci embrassa Carolyne sur le front et partit le cœur léger, tel un écolier après les examens.

A Vienne il arriva accompagné d'un petit garçon de onze ans, Daniel, le fils de Blandine. Il avait en effet rencontré Ollivier à Florence, celui-ci vivant en Italie depuis la chute de son gouvernement. Le grand-père s'était pris d'une telle affection pour ce petit garçon qui ressemblait tant à ses enfants disparus qu'il avait insisté pour l'emmener à Pest et lui montrer en même temps l'Exposition universelle de Vienne. Ollivier avait fini par céder devant l'insistance de Daniel. Le garçon trouva un compagnon de son âge à Vienne : le fils d'Eduard, Ferenc.

Pour le jubilé, Franci vit arriver un grand nombre d'amis et connaissances : la baronne Meyendorff, la comtesse Dönhoff, la comtesse Schleinitz et le baron Loën, intendant de Weimar, la chanteuse d'opéra

Marianne Brand, le facteur de pianos Bösendorfer, la princesse Bibescu, le jeune compositeur Károly Goldmark, la charmante Sophie Menter qui venait d'épouser le violoncelliste Popper, le directeur du conservatoire de Prague, de nombreux journalistes de Paris, Munich, et toute une foule de personnalités invitées par l'Etat hongrois.

Sur la place où habitait Franci, une foule immense s'était réunie pour assister au début des festivités, le 8 novembre. Une musique militaire joua les œuvres du maître qui dut paraître plusieurs fois à sa fenêtre sous les acclamations. Ensuite une soirée avait été organisée au *Hungaria*. Le lendemain un concert était donné à la Redoute où Franci se vit remettre une couronne de lauriers d'or. A cinq heures de l'après-midi Richter dirigea l'oratorio *Christus*.

Les fêtes officielles du jubilé se prolongèrent pendant des jours et Franci commença même à trouver exagéré l'honneur dont il était l'objet. Une certaine dissonance était d'ailleurs apparue au sein de la ville en fête. Akos Greggus, que l'on disait excellent esthète, avait en effet attaqué Liszt au cours d'une séance de la société Kisfaludy en faisant un jeu de mots assez facile sur Liszt (farine en hongrois) et Arany (or).

— La patrie considère Arany comme de la farine, mais elle couvre d'or Liszt !

Dès le lendemain Liszt avait été informé de la chose et ses amis s'étaient empressés de le consoler en expliquant que l'auteur du jeu de mots désirait tout simplement obtenir les bonnes grâces du vieux poète Arany. La presse s'était saisie de l'incident et avait défendu Liszt qu'elle estimait injustement attaqué au moment de son installation en Hongrie.

Franci n'avait guère été touché par l'attaque. Ses pensées étaient occupées par une nouvelle élève, Ilonka Ravasz. La bonne humeur et l'humour de la jeune fille le rafraîchissaient. Un soir d'hiver qu'elle était restée comme d'habitude pour bavarder avec le maître, elle confessa à celui-ci qu'elle était follement amoureuse de lui.

— Si vous m'aimez, pourquoi ne m'embrassez-vous pas ?

La gaieté de la jeune fille avait subitement disparu. Elle murmura d'une voix tremblante :

— Je... je ne savais pas que c'était permis...

Elle pencha la tête, ferma les yeux, attendant le baiser.

XII

Il avait tant été fêté, acclamé, salué à Pest qu'en apprenant que Weimar s'apprêtait à organiser aussi un jubilé, il prit peur. Il se sentait trop fatigué pour recommencer et il décida de ne pas se rendre à Weimar cette année-là. Il partit pour la villa d'Este que le cardinal Hohenlohe avait mise à sa disposition.

C'est dans le murmure des fontaines de la villa d'Este qu'il se mit à composer *Stanislas.* L'œuvre resta cependant inachevée : Cornelius, qui était l'auteur du texte, mourut entre-temps.

A Rome Carolyne multipliait les reproches et les scènes. A présent elle ne manquait pas d'évoquer sans cesse le nom de Bülow : celui-ci avait délaissé l'école Wagner-Liszt pour se tourner vers celle de Brahms qu'il considérait comme le sauveur de la musique.

— Et voilà, lui dit un jour Carolyne, vous l'avez bien mérité. Cet homme aurait donné sa tête à couper pour vous. Mais vous, vous avez pris le parti des Wagner. Vous avez trahi Bülow avec le séducteur de Cosima. Voici le résultat. C'est vraiment dommage d'avoir perdu cet homme.

— Je regrette beaucoup, mais ce qui s'est passé est tout à fait naturel. Ce fanatisme à l'égard de Wagner était à la fin maladivement artificiel, c'était la maladie d'un homme jaloux, rien d'autre. Lorsque Cosima l'a quitté il ne lui restait plus aucune raison de poursuivre dans cette voie. Il s'est détourné de celui qui a détruit sa vie. Et bien sûr il ne s'est pas tourné vers moi qui suis wagnérien, corps et âme, mais vers Brahms, qui est à la fois mon ennemi et celui de Wagner. Hans est quelqu'un qui a besoin d'admirer un autre, sans bornes. Il a trouvé Brahms maintenant. Le pauvre, on ne peut pas lui en vouloir… Il a déclaré récemment que le jésuite Baumgartner est un écrivain bien plus grand que Goethe. Mais enfin, c'est quand même lui qui, après moi, joue le mieux au piano. Je vais tâcher de le faire venir à l'académie de musique de Pest.

— On ne peut pas discuter avec vous.

— En effet, lorsque j'ai raison c'est très difficile.

— Bien, laissons cela. Comment va Miksa ?

— Je l'ai fait entrer à l'hôpital. Il va très mal.

Le valet de Franci était tombé malade, les médecins ne savaient pas quel était son mal. Liszt partit donc sans lui pour Pest, d'où il avait reçu une lettre d'Augusz lui annonçant que la création de l'académie de musique était gravement compromise.

En entrant dans son appartement il vit tout de suite que quelqu'un était passé par là. Le voleur avait emporté les lauriers d'or et ceux d'argent ainsi que du linge. Il fut facile de le retrouver, ce n'était autre qu'un ami de Miksa. Franci récupéra ses affaires. Il n'avait plus d'objets de valeur chez lui, en ayant fait don au musée national. On pouvait déjà y voir, entre autres, le piano de Beethoven, un pupitre pour partitions en argent, une baguette de chef d'orchestre en or incrusté de pierres précieuses et le sabre de Báthori.

La situation était effectivement des plus troubles en ce qui concernait l'académie de musique, il était impossible de savoir exactement d'où venaient les réticences. Au ministère des Cultes chaque division accusait l'autre, mais partout on était unanime pour déclarer qu'il n'y avait pas suffisamment d'argent pour fonder l'académie. En outre, certains craignaient que l'esprit musical hongrois ne fût pas dignement représenté au sein de cette institution. Franci comprit tout de suite que l'attaque venait de Kálmán Tisza.

— Cette peur est dénuée de tout fondement, déclara Franci à Tréfort. Tout d'abord il est absolument ridicule de craindre que l'auteur des *Rhapsodies* ne bafoue le caractère hongrois de l'académie. Ensuite, nous avons décidé de donner la direction à Ferenc Erkel, je suppose qu'il peut être une garantie suffisante, même pour Tisza et les siens.

— Vous n'avez pas besoin de me convaincre, cher Liszt. Mais ne voudriez-vous pas tenter de convaincre Tisza ?

— Excellence, ne me demandez pas cela. Je ne peux aller trouver quiconque à la façon de celui qui cherche à obtenir un emploi. C'est avec plaisir que je suis revenu dans mon pays pour y passer mes vieux jours et travailler, tant que cela me sera possible, pour la musique hongroise. Mais n'oublions pas que l'on m'a invité, que l'on m'a appelé. L'opinion publique tout entière, la presse, le gouvernement, tout le monde. Que j'aille maintenant faire des avances à des gens qui ne veulent pas de moi ? Non, je ne peux pas le faire. Celui qui n'est pas d'accord peut venir me trouver. Nous sommes des adultes et nous nous comprendrons, je n'en doute pas.

— Je vous le répète, pour ma part je tiens à la création de l'académie. Mais la somme dont nous disposons ne suffit pas. Il est impossible de mettre sur pied avec vingt-cinq mille forints un conservatoire et une école nationale d'art dramatique. J'ai fait réaliser moi-même le budget de l'école d'art dramatique. On ne peut prévoir moins de treize mille forints. Restent douze mille forints pour la section musicale. Non, c'est impossible.

— Bien sûr que c'est impossible dans de telles conditions. Mais je n'ai rien à voir avec la formation des acteurs et n'ai pas non plus besoin de conservatoire. Il n'était absolument pas question de ces projets au départ. Je veux une académie de musique hongroise, mais avec très peu de chaires. Une chaire de piano est nécessaire, mais uniquement pour les pianistes d'un niveau supérieur. En ce qui concerne la liste des professeurs, j'étais d'avis de nommer Erkel pour la musique hongroise, Volkmann pour la théorie, Bülow à la chaire de piano, et le docteur Witt, de Regensburg, pour la musique religieuse. Quant à moi, je me chargeais de la direction de l'institut. Cela fait cinq professeurs. Il faudrait en outre un secrétaire, je propose Abrányi. Pourquoi la somme ne serait-elle pas suffisante, si nous laissions tomber l'école d'art dramatique, dont il n'a jamais été question ?

Il fut décidé que Liszt récapitulerait par écrit ce qu'il venait d'expliquer à Tréfort et que le Conseil des ministres donnerait sa décision sur la base de ce mémorandum. Franci se mit donc à l'ouvrage. Il insista dans son écrit sur le caractère de l'académie de musique qu'il imaginait : celle-ci ne devait pas s'occuper de la formation musicale de base, il y avait à cet effet l'Ecole de musique. Il recommanda également Bülow et Witt. Rappelant qu'avant l'ouverture de l'académie un grand travail d'organisation était nécessaire et que la bibliothèque ainsi que l'achat de matériel exigeraient une somme représentant la dotation d'une année, il demanda expressément que les nominations eussent lieu le plus vite possible. Dans le meilleur des cas l'académie pourrait ouvrir ses portes en automne soixante-seize. Le mémorandum fut envoyé au ministère. Franci n'avait plus qu'à attendre le résultat.

Franci eut de quoi s'occuper en attendant. Wagner était débordé par les soucis d'argent. Il n'était pas parvenu à obtenir un crédit et les travaux de construction avaient dû être arrêtés. La presse allemande était dans l'ensemble hostile au projet de Bayreuth, ce qui ne favorisait évidemment pas la vente des parts à trois cents forints. Wagner avait décidé de se procurer de l'argent en donnant des concerts et il avait écrit à Mihálovics et Richter qu'il était prêt à venir à Pest, mais à une seule condition : il fallait qu'un bénéfice de cinq mille forints lui fût assuré. Or il était tout à fait impossible de songer à une telle somme. Il n'y avait pas à Pest de salle assez grande pour réunir cinq mille forints sans augmenter de façon inouïe le prix des billets. Après s'être longuement consultés les admirateurs de Wagner trouvèrent la solution : il suffisait d'annoncer que Liszt jouerait lui aussi, ce qui permettrait de vendre les billets à un prix jamais vu : cinquante forints pour une loge et vingt forints en moyenne pour les autres places.

Franci accepta tout de suite. C'était l'abri de la musique de Wagner qui était en jeu, et le bonheur de Cosima. Les billets furent achetés. L'idée de Mihálovics avait fait ses preuves.

Wagner et Cosima semblaient tous deux soucieux et fatigués. Ils étaient comme désabusés et ne se réjouirent qu'à peine du succès financier du concert.

Les répétitions eurent lieu au premier étage du Théâtre national. Au programme figurait l'une des toutes dernières œuvres de Liszt, *les Cloches de Strasbourg*. Elle lui avait été inspirée par un poème de Longfellow : une nuit les diables de Lucifer attaquent la cathédrale de Strasbourg, désirant détruire l'autel, les tableaux, la croix et les reliques, mais les anges accourent pour défendre l'église et ils triomphent.

— Franci, dit Wagner, c'est très beau. Je suis jaloux de n'avoir pas écrit moi-même ce chef-d'œuvre.

— Vraiment ? J'en suis vraiment heureux.

— Oui, elle me plaît énormément. Ce motif des cloches à deux mesures, je le trouve excellent.

Il le fredonna plusieurs fois, mais ce fut sa seule parole agréable pendant les répétitions. Il se disputait avec les musiciens, se plaignait d'être dérangé par les gens assis dans la salle. Il alla jusqu'à les faire mettre dehors, ferma les portes à clef de l'intérieur et poursuivit son travail. Il n'épargnait personne, faisant travailler chacun avec des méthodes quasi tyranniques, mais il avait raison : le concert allait récompenser leurs efforts.

Le premier morceau du programme était *les Cloches de Strasbourg*, suivies du *Concerto pour piano en mi bémol majeur.* Wagner était assis à la grosse caisse et le public si curieux de le voir eut une réaction étrange lorsque le célèbre compositeur s'avança sur l'estrade pour diriger la marche funèbre de *Siegfried* : ceux qui étaient assis à l'arrière se levèrent pour le voir mieux, puis peu à peu toute la salle se leva, comme s'ils voulaient saluer Wagner. Ce dernier en fut naturellement persuadé, et Liszt se dit en lui-même qu'il avait bien raison, que c'était l'hommage qu'il méritait, même si le public n'en était pas encore conscient.

La musique de Wagner eut beaucoup de succès. Le public réclama une deuxième fois la marche funèbre. Pourtant la puissance des applaudissements ne pouvait tromper : c'était bien l'abbé Liszt que la salle acclama le plus chaleureusement.

Le formidable succès du concert de Wagner et Liszt était encore sur toutes les bouches lorsque Franci reçut la visite de Tréfort. Le ministre lui apportait en personne le document par lequel le gouvernement le nommait président de la nouvelle académie de musique. Franci était comblé. Il y avait une seule ombre au tableau : Bülow avait refusé la chaire de piano, il avait un contrat pour l'Amérique.

— Nous voilà déjà sans professeur de piano, dit Liszt, à moins que ne s'en charge quelqu'un...

— A qui pensez-vous donc, maître ?

— A Ferenc Liszt, répondit l'abbé en souriant mystérieusement.

Tréfort n'en croyait pas ses oreilles. La nouvelle se répandit aussitôt. Franci reçut d'innombrables vœux de réussite, beaucoup vinrent le féliciter personnellement. Le jeune compositeur Goldmark en profita pour lui présenter son opéra, *la Reine de Saba*, en se plaignant des difficultés qu'il rencontrait pour faire jouer cette œuvre. L'Opéra de Vienne l'avait acceptée mais la représentation était sans cesse reportée et remise en question. L'abbé se chargea d'écrire immédiatement à l'Opéra de Vienne où se trouvait justement depuis peu le ministre des Affaires étrangères, Gyula Andrássy.

Franci attendait en vain le rétablissement de son valet Miksa. Celui-ci mourut à l'hôpital. A sa place arriva un jour un homme noiraud au visage rusé qui parlait l'allemand avec un accent étrange. Il venait du Monténégro, s'appelait Spiridion Knezovics et était envoyé par la princesse Carolyne. De toute évidence ce Spiridion espionnait pour Carolyne : Franci se rendit vite compte du fait que la princesse était au courant de choses dont il ne lui avait jamais parlé. Il laissa faire. Carolyne ne s'intéressait plus depuis longtemps à ses aventures amoureuses, dont il ne faisait d'ailleurs aucun secret. Spiridion pouvait tout au plus la tenir au courant des amitiés certaines qu'il entretenait avec l'alcool et le vin. Aux repas il buvait du vin rouge, un excellent vin de Szekszárd venu de la cave d'Augusz et dont il recevait toujours d'importantes quantités, qu'il fût à Rome ou à Weimar. Le matin il aimait boire de la bière et après le dîner il mélangeait volontiers cognac et vin rouge. Depuis quelque temps cependant il ne dépassait plus le stade de la griserie légère.

N'ayant plus rien à régler jusqu'à l'ouverture de l'académie il quitta Pest pour Weimar. Il y organisa une cérémonie en souvenir de Mme Kalergis qui venait de mourir. Avec elle disparaissait la première des grandes admiratrices de Wagner. Sa place était à présent occupée par les comtesses Schleinitz et Dönhoff qui soutenaient avec ardeur le mouvement de Bayreuth. Leur aide était cependant, comme le concert donné à Budapest, une goutte dans la mer. Encore une fois ce fut du roi Louis II de Bavière que Wagner reçut le secours tant attendu. Ils se réconcilièrent et les travaux reprirent.

Franci alla leur rendre visite dans leur nouvelle villa. Devant celle-ci avait été érigée la statue en marbre blanc du beau souverain. La maison portait le nom de Wahnfried, expliqué par des vers de chaque côté de l'entrée : le Wahnfried signifiait le repos paisible après les longues réflexions et les nombreux soucis. La façade était également ornée d'une splendide fresque mythologique représentant le dieu Wotan avec les deux corbeaux et des figures allégoriques. Dans l'escalier le petit Siegfried, que tout le monde dans la famille appelait Fidi, jouait avec un chien. A l'intérieur tout était somptueux, luxueux, depuis les lourds tapis jusqu'aux innombrables statues et peintures.

Des répétitions avaient déjà eu lieu au théâtre mais il ne s'agissait encore que d'essais, le grand festival d'ouverture ne devant commencer que l'année suivante. Wagner voulait connaître l'acoustique de la salle et étudier de plus près la nouvelle disposition de l'orchestre. Il était impatient d'entendre enfin de la musique entre les murs de ce théâtre, la réalisation de son rêve fou.

Il resta deux semaines chez les Wagner. Entre-temps un petit accident désagréable s'était produit : en se rasant il s'était coupé le pouce droit, ce qui le gênait beaucoup lorsqu'il voulait jouer. Cette petite blessure ne guérissait pas. A Rome, où il alla ensuite, il montra son doigt à un médecin qui lui dit qu'il n'avait pas à s'inquiéter.

C'est à Rome qu'il reçut la grande nouvelle : l'académie de musique avait été ouverte à Pest. Erkel, Volkmann et Abrányi avaient reçu leur nomination. Mais Witt, qui avait accepté avec joie la chaire de musique religieuse, était tombé malade et avait dû renoncer à son poste. Franci attendit encore un peu avant de se rendre à Pest. L'académie de musique était loin de ressembler au théâtre de Bayreuth. Mais dans les petites pièces qui l'abritaient c'était son rêve à lui, celui qui était né jadis dans la gloire de ses succès de virtuose. C'était ce qu'il avait voulu : une académie de musique, rien de plus, si modeste fût-elle.

XIII

La blessure qu'il s'était faite à Bayreuth s'était envenimée au point que le médecin avait dû procéder à une petite incision. Il le rassura tout de suite :

— Dans quelques jours ce sera guéri.

— Enfin ! Mais comment cela se fait-il qu'une petite blessure de ce genre ait pu durer si longtemps ?

— A votre âge, maître, c'est normal. Il faut faire attention à tout.

Ces mots lui étaient allés droit au cœur. Il avait toujours été très fier de sa santé et se réjouissait de tous les compliments qu'on lui adressait en ce qui concernait son physique. Il lui fallait à présent s'en faire une raison : il vieillissait, lui aussi. Peu à peu les petits ennuis de santé avaient commencé à apparaître sournoisement. Il lui fallait se faire arracher des dents et régulièrement il était fiévreux le soir.

Lorsqu'il pensait à la vieillesse il se tournait invariablement vers les femmes pour se consoler. Celles-ci s'intéressaient toujours à lui. Il savait que rien ne touchait autant l'Eve éternelle que la célébrité. Mais il aurait aimé que l'adoration féminine fût provoquée, en partie au moins, par sa personne même. Il s'habillait avec encore plus de soin que par le passé. Il ne portait plus la soutane que le soir, en société, ou lors de grandes occasions. Le jour il préférait maintenant le pantalon et la redingote, ne conservant que le col de prêtre et le gilet haut. A la maison il revêtait plutôt une veste d'intérieur de velours. Il peignait ses longs cheveux blancs avec soin et le rusé Spiridion se réjouissait de trouver quelques cheveux sur le peigne de son maître. Il en faisait de petites mèches et parvenait à les vendre à un prix inouï. Ces futilités rendaient Franci très heureux. C'était là l'unique remède contre les douleurs que lui causait la vieillesse. Parmi ses élèves il s'était pris d'affection pour un garçon blond qui s'appelait Aladár Juhász. C'était sans aucun doute le plus doué des premiers élèves de l'académie. Au bout de deux semaines il était convaincu du talent exceptionnel du jeune homme et songeait à faire de lui son digne successeur. Bien vite il fut un ami de la famille. Peu à peu le cercle de ses connaissances s'élargit. Celui-ci réunissait toutes les couches supérieures de la société de Pest. Il était aussi souvent invité chez les aristocrates que dans le monde de l'art, ou dans les milieux ecclésiastiques, politiques et financiers. Désormais même le peuple de la rue le connaissait, il était devenu un personnage célèbre de Pest. On le voyait souvent traverser la ville dans son fiacre attelé d'un cheval gris et comme il ne détestait pas se faire remarquer il emportait une bougie avec lui pour lire son bréviaire. Quoiqu'il le fît avec un zèle sincère, il éprouvait un grand plaisir à savoir que les passants ne pouvaient manquer de l'apercevoir et se le montraient en chuchotant : Regarde, c'est Liszt ! Il ira bientôt chez le roi de Hollande et chez le grand-duc de Weimar.

Bayreuth avait ouvert ses portes au monde. Wagner mit au programme sa tétralogie quatre fois de suite. Au début du mois d'août Franci arriva à la villa Wahnfried. Au sommet de la colline resplendissait au soleil d'été la coupole verte de l'édifice rouge pompéien. Wagner et Cosima travaillaient dur, dormant à peine et s'en souciant peu d'ailleurs. Franci se rendit aux répétitions puis, sentant qu'il dérangeait Wagner, il préféra rester avec les enfants. Les deux filles de Bülow, Daniela et Blandine, avaient respectivement quatorze et douze ans et il pouvait à présent discuter avec elles. Il jouait pendant des heures à cache-cache, aux gendarmes et aux voleurs avec les deux petites et avec Fidi, le garçon de sept ans. Tandis que les parents travaillaient au théâtre, ne rentrant même pas pour déjeuner, les enfants se déguisaient avec toutes sortes de chiffons en rois et en fées et le grand-père jouait du piano.

Quand les grands jours arrivèrent les trains déversèrent à Bayreuth les wagnériens arrivés de tous les coins de l'Europe. Le rêve était devenu réalité et il semblait un conte de fées aussi merveilleux que ceux que le grand-père jouait avec ses petits-enfants. Un chef d'orchestre de Dresde, dont les pièces avaient été sifflées et qui devait mettre sa montre au mont-de-piété pour pouvoir manger, avait décidé de construire un théâtre où l'on ne jouerait que ses œuvres à lui. Et cette absurdité était à présent coulée dans la pierre au sommet de la colline de Bayreuth. A la première représentation était présent l'empereur d'Allemagne en personne. La comtesse Schleinitz était parvenue à convaincre le souverain dont les goûts musicaux étaient pourtant fort éloignés de la musique de Wagner. La comtesse avait su expliquer la splendeur de cette force nationale que Bayreuth offrait à la nation allemande tout entière et l'empereur, qui avait réalisé l'unité allemande avec Bismarck, était sensible à ce genre d'arguments. Sa présence donna un poids incomparable à la représentation de la tétralogie et à la tétralogie elle-même.

— Je savais tout cela à l'avance, se disait l'abbé.

Il se le disait à lui-même, n'ayant personne à qui le dire. Tout le monde observait l'empereur et Wagner, c'étaient eux deux les héros, les deux grands Allemands. Le vieux compositeur n'était plus ici qu'un personnage secondaire, presque un figurant, on ne s'occupait pas de lui, ce n'était plus lui que l'on applaudissait, il semblait même être inutile et gênant. La famille Wagner regarda la représentation de la loge double qui lui était réservée. Cette représentation était pourtant sa victoire à lui aussi. Lorsque le premier soir retentit la première note de *l'Or du Rhin*, le très long *mi* bémol mystique, tel le Chaos primitif duquel lentement, imperceptiblement, sort le *si* bémol, puis les autres notes, faisant s'épanouir le monde, il trembla véritablement d'émotion. Il sentait là une grandeur suprême qu'il avait toujours reconnue, pour laquelle il avait lutté. Tous les soirs il était assis dans la loge, bousculé par la foule d'admirateurs venus saluer Cosima, et lui ne put pas partager avec eux une seule minute de ce bonheur : sa présence et son admiration étaient naturelles pour eux, ici ne comptaient plus désormais que les autres, ceux qu'il fallait conquérir.

L'empereur n'assista qu'aux deux premières représentations, il partit après *la Walkyrie*, après avoir exprimé un avis très favorable sur les deux parties qu'il avait entendues. Le quatrième soir, après la représentation du *Crépuscule des dieux*, un dîner de gala fut servi pour sept cents invités dans le restaurant du théâtre. Au cours du discours qu'il fit, Wagner se tourna vers l'abbé qui était assis modestement dans son coin, et prononça ces paroles :

— Il y a ici quelqu'un qui croyait déjà en moi quand personne encore ne savait rien de moi. Quelqu'un sans lequel vous n'auriez vraisemblablement pas entendu une seule note de mes œuvres. Il s'agit de mon ami le plus cher, Ferenc Liszt !

Les applaudissements éclatèrent aussitôt. L'abbé resté assis s'inclina pour remercier les invités. A cet instant qui les réunissait tous les trois, Wagner, Cosima et lui, dans la victoire glorieuse qui couronnait leur long combat, il jeta un coup d'œil vers Cosima. Celle-ci était immobile, le visage glacial. Ces applaudissements qui, en ce grand jour, ne s'adressaient pas à son mari semblaient la déranger et l'agacer. L'abbé se leva.

— Je remercie pour cette reconnaissance qui m'honore mon cher ami Wagner dont je resterai toujours l'admirateur le plus humble et le plus dévoué. Et de même que nous devons nous incliner devant Dante, Michel-Ange, Shakespeare et Beethoven, de même je m'incline ce soir devant le génie du Maître.

Cette fois Cosima applaudit. Tout le monde applaudit. Wagner se tenait au sommet de la vie, à la cime de la réussite, avec la compagne de sa vie. L'abbé se rassit et il se sentit tout à coup infiniment seul.

Il resta à Bayreuth jusqu'à la fin et sa solitude le fit penser souvent à Hans, duquel il avait eu quelques nouvelles par les connaissances venues assister aux représentations. Epuisé physiquement et moralement par sa tournée en Amérique il avait dû entrer au sanatorium de Godesberg où l'on soignait les affections nerveuses les plus graves.

Franci décida d'aller lui rendre visite. Il lui avait depuis longtemps pardonné de s'être tourné vers la musique de Brahms. Les opinions combatives que Hans professait n'avaient pas pu effacer en lui le souvenir du jeune élève qui jadis avait lutté de toutes ses forces et de toute son âme aux côtés de son maître.

C'est un vieil homme brisé qu'il revit dans le jardin du sanatorium. Franci ne voulait à aucun prix parler du

Festival de Bayreuth, le malade n'était intéressé vraisemblablement par rien d'autre. Il lui posa mille questions sur l'acoustique, sur le succès de certains passages, sur tout ce qui pouvait intéresser un musicien passionné par son art. Et Franci fut obligé de répondre.

— Et maintenant, quels sont ses projets ?

— Il va composer son *Parsifal*, puis il a un projet très intéressant : il veut créer une école de style à Bayreuth. Les chanteurs y apprendraient le style de chant spécifique du drame musical. Les chefs d'orchestre y recevraient même un enseignement qui leur révélerait les secrets des rythmes justes.

— C'est une idée excellente. Eh oui, c'est un génie, on ne peut pas le nier.

Ils se turent. Au-dessus d'eux planait le nom que ni l'un ni l'autre n'avait encore prononcé. Mais Bülow ne put résister.

— Et Cosima ?

— Merci, répondit Franci en essayant de conserver un ton naturel, elle va bien. Elle est un peu fatiguée, ces derniers temps elle a travaillé énormément. Je n'ai d'ailleurs guère eu l'occasion de bavarder avec elle…

— Et les enfants ?

L'abbé voulut répondre mais il n'en eut pas le temps. Hans avait éclaté en sanglots. L'infirmière qui était assise non loin d'eux sur un banc arriva et se mit à consoler Hans comme si celui-ci avait été un malade mental.

— Vous l'avez bouleversé, dit-elle à Franci sur un ton de reproche, les émotions sont très mauvaises dans son état.

— Je suis désolé… Je m'en vais. Adieu, Hans, je suis heureux de t'avoir revu.

L'homme en pleurs leva les yeux vers lui :

— Dis-leur ce qu'ils ont fait de moi. Dis à Richard dans quel état tu m'as trouvé. Moi qui aurais été prêt à mourir pour lui.

Puis il se tourna et continua à pleurer. Franci parla avec le médecin qui le traitait. Celui-ci le rassura. Hans était atteint de neurasthénie mais il se calmerait et recouvrerait bientôt toutes ses facultés de travail. Son cerveau était tout à fait sain, il lui fallait seulement se reposer et éviter toute émotion.

L'abbé partit. Il regrettait d'être venu. Une longue lettre affectueuse n'aurait pas bouleversé à ce point le malade. De toute évidence celui-ci avait vécu un véritable enfer pendant les journées de Bayreuth. Il avait dû repenser à l'époque de l'Altenburg, lorsqu'ils avaient lu tous les deux la longue lettre de Wagner sur son projet de tétralogie et le livret tout neuf de *Siegfried.* Avec quelle passion, quelle ferveur ils avaient alors créé le parti de Wagner tous les deux : Liszt et Bülow. Combien de souffrances il avait connues jusqu'à la première représentation à Bayreuth de ce *Siegfried*... Et tout le monde avait pu être présent à l'événement, sauf lui, l'admirateur dépouillé, trahi, bafoué. Il devait croupir ici dans la misère morale d'un sanatorium tandis que Cosima adorait son idole parvenue au faîte de la gloire.

La princesse fut scandalisée d'apprendre que Franci avait assisté à l'ouverture du théâtre de Bayreuth. Elle donna libre cours dans ses lettres à sa colère et à sa haine. L'abbé, pour la première fois depuis qu'ils se connaissaient, finit par se fâcher. Carolyne se permettait à présent des jugements de valeur sur la musique de Wagner. Il décida de ne pas se rendre à Rome. Il partit directement pour Pest.

Pendant son absence des troubles s'étaient produits. Le Parlement s'était mis à critiquer l'académie de musique. Avec Kálmán Tisza les ennemis acharnés de Liszt avaient ressorti l'ouvrage sur la musique tzigane, trouvant inadmissible que l'auteur de cette infamie pût quand même diriger en paix une institution hongroise. Certains allèrent jusqu'à proposer que le budget voté pour l'académie par le Parlement fût tout simplement annulé. Tréfort eut beau intervenir, l'opposition réussit à obtenir un vote et la majorité de la Chambre repoussa les idées du ministre. Il ne s'ensuivit aucune crise gouvernementale mais la conséquence en fut que l'académie de musique ne pouvait désormais plus recevoir un sou de l'Etat. Elle était condamnée à fermer ses portes. François-Joseph, informé en détail par Gyula Andrássy, se mêla de la chose. Il n'aimait pas ce genre de désordre. L'opposition n'avait pas le droit d'avoir raison. Peu après, les journaux annoncèrent que les frais de l'académie de musique seraient dorénavant couverts dans leur totalité par la caisse privée de Sa Majesté le roi.

L'académie de musique put poursuivre paisiblement son activité assidue sur la place dite du Poisson.

Quand Franci arriva à Pest tout était déjà rentré dans l'ordre. Pourtant, il éprouvait une grande tristesse, il ne pouvait supporter qu'on ne l'aimât pas et parfois il pensait qu'il ferait mieux de laisser tomber le tout : là où l'on n'avait pas besoin de lui, il préférait s'en aller. Mais qu'aurait-il donc fait à Pest sans travail ? Sans travail il ne pouvait pas vivre. En outre, les mois passés à Pest l'avaient à tel point attaché à cette ville que pour rien au monde il ne l'aurait quittée. Il lui fallait donc patiemment rester à la tête de l'académie.

Souvent il pensait à Tisza et aux raisons de l'inimitié que celui-ci manifestait à son égard. Il savait que Tisza n'entendait rien aux diverses tendances musicales et que les causes de cette hostilité ne pouvaient en aucun cas être de cette nature. Mais Tisza était par-dessus tout hongrois et il trouvait Liszt insuffisamment hongrois pour pouvoir diriger une institution culturelle à Pest. Etait-ce une injustice ? Avait-on le droit de juger de la sorte l'auteur des *Rhapsodies* ?

Les *Rhapsodies*... Il y avait adapté des chants populaires hongrois, ou des mélodies qu'il avait tenues pour tels. Plus d'une fois il s'était trompé. L'une des mélodies de la deuxième rhapsodie était en fait l'œuvre d'un compositeur hongrois, Ehrlich. Il n'avait connu la vérité que bien plus tard et avait échappé de justesse à une accusation de plagiat. De même, dans la treizième rhapsodie une mélodie était l'œuvre de Rozsavölgyi. Selon Erkel, il avait commis la même erreur dans la quatorzième. Dans son *Oratorio de sainte Elisabeth* il avait utilisé à un endroit des plus sublimes un motif au sujet duquel il avait appris par la suite que son texte était comique et bon marché. Le Hongrois ne pouvait s'empêcher en souriant à ce moment-là de penser aux radis et au pain noir dont il était question dans l'original. Il ne fallait d'ailleurs pas être musicien pour déceler ces petites fautes agaçantes, il suffisait d'être hongrois. Et Kálmán Tisza devait bien sûr estimer, avec la crainte la plus sincère, qu'il n'était pas bon que les jeunes générations de musiciens hongrois apprissent de telles choses de leur maître.

Dans ses pensées un Tisza imaginaire opposait ses arguments. La musique de Liszt, qui était presque semblable à celle de Wagner, ne pouvait en aucun cas être le cadre officiel d'une académie hongroise. Schubert lui aussi avait adapté des mélodies hongroises, Brahms aussi, pourtant ni l'un ni l'autre n'était habilité à donner ses bases à la culture musicale hongroise. Il fallait que l'académie de musique de Pest grandît sur un humus national. Elle n'avait que faire de Paris, de Rome et de Weimar.

Franci avait appris une chose au fil de ses combats intérieurs : son passé et sa vie passée à l'étranger se tiendraient à jamais entre lui et sa patrie. Quel bonheur devait éprouver Lajos Kossuth dans son exil à Turin, en se sentant hongrois. Et quelles souffrances il avait à endurer, lui, en constatant que pour bien des compatriotes il n'était qu'un exilé. Si cette pensée était douloureuse elle ne provoquait désormais plus ses passions. Il était devenu sage et patient avec les ans. Il fallait vieillir pour pouvoir enfin comprendre les paroles du prédicateur : *Vanitatum vanitas.* Tout n'était que vanité dans la vie.

Pourtant il y avait un point sur lequel il n'était pas encore parvenu à cette conclusion. Il avait toujours besoin de l'amour des femmes. Sa vie avait été la chaîne ininterrompue des combats qu'il avait menés, attiré à la fois par le plaisir effréné des baisers et par la pureté. Ces combats ne s'étaient pas arrêtés. La vie lui avait donné son dernier amour, Sophie Menter.

La ravissante Sophie n'était pas heureuse avec son mari, le violoncelliste David Popper. Ils ne restèrent d'ailleurs pas longtemps ensemble. Un jour Sophie en eut assez des éternelles disputes et elle décida de s'installer à Pest. Elle voulait être tout près du Titan du piano, de Liszt qu'elle adorait. Depuis que Sophie avait eu l'audace de jouer à Vienne le *Concerto pour piano en mi bémol majeur*, tant décrié par les critiques, Franci s'était pris d'une réelle affection pour cette jeune femme blonde dont rayonnait tout le charme du sud de l'Allemagne. C'était un être simple et naturel, d'une opiniâtreté à toute épreuve pour les questions musicales. L'abbé aimait lui écrire et recevoir ses lettres et il s'efforçait toujours de l'inviter là où il séjournait. Il y avait dans les phrases qu'il lui écrivait une chaleur que seule Agnès avait pu jadis en recevoir. Et voilà qu'elle avait surgi à Pest. Elle avait trente et un ans, elle était belle et désirable. L'abbé l'avait reçue avec une joie indicible. Il lui avait proposé de venir l'aider à l'académie de musique. Elle était revenue le lendemain, le troisième jour, chaque jour. Elle se rendait trois fois par semaine aux cours de Liszt. Elle trouva un logement et s'installa. Ce fut alors l'abbé qui alla chez elle chaque jour. Bien vite il ne put résister aux charmes de la jeune femme. Un jour qu'il avait voulu l'embrasser, Sophie lui dit calmement mais avec détermination :

— Non, non, laissez-moi. Je suis tellement dégoûtée de l'amour... Et puis je ne veux pas être un numéro parmi vos centaines de conquêtes. Non, je vaux mieux que cela.

L'abbé s'était rassis en riant. Mais à l'intérieur il souffrait. Il se disait qu'il était vieux et qu'elle n'avait que faire de lui. Le lendemain il recommença son siège, elle le repoussa de nouveau.

Sophie avait un petit chat très drôle. Il était tout blanc avec une petite tache noire au bout du museau, comme s'il l'avait trempé dans de l'encre. L'abbé l'avait surnommé Klecks et ce nom lui était resté.

— Il est mignon, n'est-ce pas ? Je l'ai ramassé dans la rue. Je ne peux pas supporter de voir un animal abandonné. Je suis prête à n'importe quoi quand je vois un être souffrir. Si j'ai épousé Popper c'est également par pitié, je crois.

Puis ils avaient parlé d'autre chose mais le vieux séducteur n'avait rien perdu de ces paroles d'apparence anodine. Il avait attendu quelques jours puis s'était mis à parler de la vieillesse. Il s'était plaint de la triste condition de celui qui a vieilli et de la souffrance qu'il éprouvait à voir les jeunes qui, eux, avaient encore droit au bonheur. Celui qui vieillissait, même si son cœur était resté jeune, n'en était que plus cruellement touché. Lorsque deux larmes vinrent aux yeux de Sophie que la confession avait profondément troublée, il enlaça les belles épaules. La tête blonde se posa docilement sur sa poitrine. Franci avait tenu entre ses bras des centaines de femmes mais jamais il n'avait ressenti envers aucune d'entre elles la reconnaissance sincère qu'il éprouvait pour Sophie dans ce dernier baiser.

Il avait soixante-six ans.

XIV

C'est avec son soixante-dixième anniversaire, de façon soudaine, en l'espace de quelques semaines, que Franci devint un vieillard. Au point que ceux qui le virent à quelques mois d'intervalle s'en effrayèrent. L'abbé svelte et dynamique s'était transformé en un vieillard pansu et courbé, à la bouche édentée. Il ne se préoccupait plus du tout de sa mise. Ses vêtements étaient tachés et couverts de cendre de cigare.

Il avait reçu le rang de chanoine au chapitre d'Albano où une prébende s'était justement libérée. Il s'était fait confectionner une petite mosette violette et se rendait parfois à l'église d'Albano pour chanter avec les autres chanoines.

Ses proches eux aussi avaient bien vieilli : la princesse Carolyne avait plus de soixante ans, elle écrivait invariablement ses livres d'histoire de l'Eglise, économisant chaque sou dans l'espoir de faire éditer l'ouvrage colossal. Wagner malgré ses soixante-huit ans était toujours aussi actif, mais les soucis n'avaient pas disparu de son existence. Le système de parts utilisé jusque-là pour le Festival de Bayreuth ne fonctionnait que très imparfaitement et il commençait à envisager une autre solution. Cosima avait plus de quarante ans, elle avait gardé sa silhouette splendide, la blancheur froide et transparente de son visage, mais ses premiers cheveux blancs apparaissaient déjà et bientôt il lui faudrait songer à marier ses filles. La plus grande avait dix-sept ans.

Et lui soixante-dix. Il avançait avec difficulté, avait beaucoup de mal à se baisser et souffrait constamment de cent petits maux, migraines et fièvres. A présent les événements glissaient sur lui comme une hirondelle effleure en volant la surface de l'eau. Il lui fallait beaucoup pour être touché ou ému. Lorsqu'il songeait parfois aux quatre dernières années c'était toute une suite d'images colorées qui défilait dans sa mémoire.

Il se revoyait à Pest à un concert : un jeune homme de dix-neuf ans jouait du violon de façon merveilleuse. C'était un garçon très élégant, élancé, aux traits fins et racés, aux cheveux blonds, le fils de l'un des chefs d'orchestre du Théâtre national, Jenö Hubay. Puis il se revoyait dans sa maison de Weimar, jouant au piano avec l'extraordinaire Borodine. Ce Borodine, descendant des princes Imérétinsky, était professeur de chimie à l'université de Saint-Pétersbourg mais s'occupait également, accessoirement, de musique. Au cours d'un voyage à travers l'Europe il avait tenu à se rendre à la Mecque de tous les musiciens, Weimar, pour y rencontrer Liszt. Il avait apporté son opéra, *le Prince Igor*, et Liszt avait été littéralement étonné par le talent de ce compositeur dilettante.

Dans la magnifique ville de Kolozsvár il s'était lié d'une profonde amitié avec un aristocrate hongrois, le comte Géza Zichy. A la suite d'un accident celui-ci avait perdu un bras mais il était capable de jouer à la perfection de sa main gauche. Ils avaient donné ensemble un concert et c'est à cette occasion qu'il avait revu son ancien ami, le comte Sándor Teleki. L'étudiant en droit de jadis avait bien vieilli lui aussi. Il avait gardé sa bonne humeur et sa joie de vivre. Ils firent la fête au son de la musique tzigane, essayant en vain de retrouver un peu de leur jeunesse. Même les chansons n'étaient plus les mêmes et le nouveau Tzigane ne connaissait guère les vieilles mélodies de jadis.

Puis il se revoyait à l'Exposition universelle de Paris. Il avait été élu président du groupe hongrois. Il habitait chez Erard. Il avait revu Victor Hugo. Le prince des poètes français était rentré d'exil après la mort de Napoléon III et avait occupé son trône littéraire. Les souvenirs communs qu'ils évoquèrent alors avaient cinquante ans. L'abbé aux cheveux blancs joua au poète aux cheveux blancs la symphonie composée un demi-siècle auparavant sur le poème "Ce qu'on entend sur la montagne". La section hongroise de l'exposition était très intéressante et à tel point typiquement hongroise que les participants se disputaient constamment. Au salon les deux célèbres peintres Mihály Munkácsy et Mihály Zichy en étaient presque venus aux mains pour décider lequel des deux obtiendrait la meilleure place pour présenter son tableau. Sándor Bertha, l'ancien élève, vivait à Paris et ils s'étaient rencontrés. Ils n'avaient pourtant échangé que quelques paroles sèches. L'abbé n'avait jamais pardonné à Bertha que celui-ci ait pu douter de la sincérité de ses sentiments hongrois.

Il avait été de nouveau à Loon, au château d'été du roi Guillaume de Hollande. Le souverain était le frère de la grande-duchesse de Weimar et il aimait beaucoup Liszt auquel il avait demandé d'être président du jury réuni pour attribuer des prix artistiques. Le jury était composé de personnages tous plus intéressants les uns que les autres : Saint-Saëns, Thomas, Vieuxtemps, Wieniawski parmi les musiciens, Bouguereau et Gérome parmi les peintres, tous des célébrités. Chaque soir ils dînaient avec le roi et assistaient à une représentation du ballet royal.

Saint-Saëns était venu lui rendre visite à Pest où il avait à tout prix voulu jouer sur l'orgue de la synagogue de la rue Dohány. Il l'avait mené au nouveau local qui abritait dorénavant l'académie de musique, au premier étage d'un bel édifice de l'avenue Andrássy. Les pièces y étaient plus spacieuses, l'équipement meilleur, les élèves plus nombreux et l'enseignement plus gai que par le passé. L'académie avait à présent un directeur administratif, János Végh, une vieille connaissance de Liszt, dont la présence était surtout nécessaire lorsque ce dernier était en voyage. Tous deux s'écrivaient régulièrement pour traiter des questions les plus importantes concernant le corps professoral et l'enseignement.

Et Sophie, la chère, la charmante, la douce Sophie... La musique les avait séparés, juste au moment où leur amour eût commencé à perdre le parfum de sa fraîcheur. Sophie avait été invitée en Russie à un poste exceptionnel. Ils s'étaient dit adieu, s'étaient embrassés. Depuis ils s'écrivaient souvent.

A Sienne où Wagner et Cosima passaient l'automne, il avait séjourné une huitaine de jours. S'il s'entendait à merveille avec son ami, ses relations avec sa fille étaient des plus tendues. Wagner tout comme lui avait atteint l'âge où l'on préfère ne plus voir que le beau côté des choses. Toute la journée les deux vieux amis riaient des choses les plus insensées, tels deux vieux enfants. Cosima ne cachait guère son agacement, il était impossible de ne pas remarquer à quel point la présence de son père lui pesait.

Puis une autre image apparaissait dans sa mémoire : celle de son nouveau logement à Pest, tel qu'il lui était apparu au premier instant. Cet appartement lui avait été installé à l'académie de musique. Ses amis et admirateurs s'étaient cotisés pour l'aménager. Albert Apponyi, Mihálovics et le baron Harkanyi avaient offert de splendides tapis, d'autres des rideaux, un vase, de la porcelaine, une armoire ancienne. Le logement était un véritable musée. Il était constitué d'une entrée, d'une salle à manger, d'un petit salon et d'une chambre à coucher. Les fenêtres ne donnaient pas sur l'avenue Andrássy mais sur la petite rue silencieuse.

Et Doborján, une fois encore. Une foule immense assistait à l'inauguration de la plaque commémorative fixée sur le mur de sa maison natale. Discours, déjeuner d'honneur, discours, acclamations...

A Florence il avait rendu visite à la première Caroline de sa vie, Carlotta Unger, qui avait épousé l'écrivain français Sabatier. Dresde : la *Faust symphonie.* Wiesbaden : la *Faust symphonie.* Sondershausern : la *Berg symphonie.* Francfort : *Christus.* Venise, Hanovre, Baden-Baden, Vienne... Les nuits passées dans le train à lire à la lumière d'une bougie fixée au siège... Et puis de nouveau Weimar, Rome. Et parfois la féerique villa d'Este où il était si agréable de travailler, dans l'éternel murmure des fontaines qui lui avait fait composer ses *Jeux d'eaux à la villa d'Este*, œuvre pour piano dans laquelle il savait qu'il était en avance d'un demi-siècle sur son époque.

XV

Bülow désirait voir ses filles depuis longtemps et Cosima avait permis à Daniela d'aller faire une visite à son père. Tous deux s'étaient alors rendus à Weimar. Le grand-père avait été très heureux de les voir. Il leur consacra tout le temps libre que lui laissaient ses élèves. Il les mena chez la baronne Meyendorff, se promena en paradant au bras de la jeune fille, présenta celle-ci à la grande-duchesse. Il faisait de son mieux pour paraître plus jeune, se redressait tant qu'il pouvait, brossait soigneusement ses habits et se rasait de près. Il voulait être un beau grand-père digne de sa belle petite-fille.

Cette charmante vanité fut cruellement punie : en montant trop vite les marches de la Gärtnerei il perdit l'équilibre et tomba dans l'escalier. Spiridion et Paulina se précipitèrent pour le relever, en vain. Le sang coulait de son front, il était incapable de tenir sur ses jambes. Ils parvinrent enfin à le conduire dans sa chambre où ils le couchèrent. Rien n'était cassé et il ne permit pas qu'on appelât un médecin. Lorsque Hans et Daniela rentrèrent de la ville ils le trouvèrent alité avec une serviette mouillée autour de la tête ainsi que sur ses genoux meurtris par la chute. La baronne Meyendorff était assise à son chevet, livide.

— Ce n'est rien du tout, dit-il à Hans et à Daniela, je me lèverai dès demain.

— Mais enfin, grand-papa, il faudrait quand même appeler un médecin…

— Non, non, il n'en est pas question. Je n'ai pas le moindre mal. Je me lèverai dès demain, un point c'est tout.

Mais le lendemain il ne se leva pas. Il se sentait mal. Son corps tout entier était douloureux. Le troisième jour de même, et ce n'est que très lentement qu'il put de nouveau se rasseoir dans son fauteuil. Hans et sa fille repartirent très inquiets après lui avoir fait promettre d'aller consulter le docteur Volkmann. Après l'avoir examiné à fond celui-ci déclara qu'il n'avait aucune affection grave. Il lui conseilla de limiter un peu le tabac car il avait constaté quelques foyers dans les poumons.

— Bien, je tâcherai de fumer moins.

Il n'avait pas la moindre intention de fumer moins. Il grillait l'un après l'autre ses cigares de Virginie. Ou plus exactement il en fumait la moitié et en rongeait le reste.

Il s'apprêtait à partir pour Bayreuth et eut tôt fait de mettre au rancart les conseils du médecin. Il avait reçu récemment de Wagner l'arrangement pour piano de *Parsifal* et cette nouvelle œuvre de son ami l'avait émerveillé. Il avait hâte de voir représentée sur scène la couronne de l'œuvre de Wagner. Dès le début des représentations de Bayreuth il fut sur place avec Olga Meyendorff. A la répétition générale il était assis au premier rang. Dans un véritable état d'extase et de ferveur profonde il écouta l'œuvre en se disant que c'était là le chef-d'œuvre du siècle.

Il sentit tout à coup sur son épaule la main de Wagner. Il se tourna vers lui.

— Et maintenant écoute bien, Franci, c'est quelque chose qui vient de toi.

L'orchestre joua le motif liturgique de *Parsifal.*

— Oui, dit Franci en hochant la tête, je l'avais déjà remarqué dans l'arrangement pour piano. C'est ainsi que commencent *les Cloches de Strasbourg.* C'est un beau motif et je suis content qu'il se retrouve à une si bonne place.

Il était sincère, il aurait tout donné pour le *Parsifal.* Il était en outre un peu flatté par le choix de Wagner qui, pour ce motif si important dans l'œuvre, avait puisé dans son trésor à lui. Ce n'était d'ailleurs pas étonnant, l'œuvre entière de Wagner montrait dans son ensemble l'influence féconde de son œuvre à lui.

Carolyne n'avait pas renoncé à s'opposer violemment au séjour à Bayreuth, quoiqu'elle sût très bien que c'était peine perdue. A Rome se présenta un jour chez Franci une dame d'âge moyen, compositeur et écrivain allemand, nommée Lina Ramann. Elle avait formé le projet d'écrire la biographie de Liszt et avait déjà réuni une grande quantité de notes mais désirait entendre l'essentiel de la bouche même du héros de son ouvrage. Ils passèrent de longues heures ensemble et l'abbé commença à en avoir assez de ces réunions. Ce n'était pas le cas de Carolyne. Elle en profita pour mettre la main sur Lina Ramann, déterminée à ce que cette vie de Liszt ne fût en aucun cas favorable à Wagner. Le vieux maître était fatigué et il se disait que de toute façon il verrait le manuscrit définitif et qu'il aurait alors l'occasion d'en extraire ce qui ne lui plairait pas. Il confia donc la chose aux deux femmes et Carolyne se mit à interpréter à sa façon la biographie de son ami. Elle avait à présent terminé son grand ouvrage religieux en vingt-deux volumes et l'avait soumis à l'approbation du Saint-Siège en vue de l'*imprimatur*. Les tomes attendaient leur sort quelque part avec des milliers d'ouvrages de ce genre. Se consacrant désormais tout entière à ce nouveau travail, Carolyne courait du matin au soir à la recherche de vieilles lettres, souvenirs, mille détails dans lesquels elle recherchait quelque donnée pouvant servir contre Wagner.

Liszt assista cinq fois de suite à la représentation de *Parsifal* sans s'en lasser le moins du monde. Cependant Olga Meyendorff, qui l'avait accompagné à Bayreuth, voulait à tout prix rentrer à Weimar. Après une scène violente Franci céda à son amie. Il partit donc, au grand regret de Wagner. Les disputes se poursuivirent pendant le voyage et à Weimar.

— Ou c'est moi que vous aimez, ou c'est Wagner, lui déclara Olga, je peux encore avaler vos petites aventures mais pas cela. C'est à vous de choisir.

— Ecoutez-moi, Olga. Ne soyez pas ridicule. Je suis un vieil homme et je voudrais vivre paisiblement. C'est quand même incroyable que s'il existe une musique que j'adore, je sois écartelé et torturé par l'une à Rome et par l'autre à Weimar. Laissez-moi vivre en paix et parlons d'autre chose.

— Non, je ne parlerai pas d'autre chose. Choisissez. C'est ou bien Bayreuth avec votre fille hautaine, ingrate et désagréable et avec votre rôle humiliant de figurant, ou bien moi, qui suis à l'affût de chacune de vos pensées et qui suis désespérée à la moindre de vos toux. Je suis prête à rompre, sachez-le.

— Allons, je vous en prie, qu'est-ce donc, ce que vous voulez rompre ? Allons ! J'ai soixante et onze ans !

— Vous feriez mieux de vous taire à ce sujet. Je suis au courant de toutes vos relations avec vos élèves. Cela commence d'ailleurs à suffire. Je vous prie de répondre à ma question.

— Ma réponse est que je vous prie d'arrêter de me harceler.

La baronne Meyendorff fit ses bagages et partit pour Rome. Quant à lui, fou de joie, il se hâta de retourner à

Bayreuth. Il put arriver juste à temps pour la dernière représentation de *Parsifal.* Puis il resta encore un moment pour assister à un heureux événement : la deuxième fille de Bülow, âgée de dix-huit ans, se mariait avec un jeune aristocrate italien, le comte Gravina. Après les noces le jeune couple partit en lune de miel et l'abbé Liszt rejoignit ses élèves à Weimar. Jamais il n'avait été aussi bien dans cette ville : maintenant que la baronne était partie il pouvait rester le soir avec ses élèves et jouait d'interminables parties de whist. Il adorait ce jeu et quoiqu'il ne jouât pas pour de l'argent, la victoire le faisait bondir de joie. Les élèves avaient vite constaté la peine que lui causait en revanche la défaite et ils cachaient les as sous la table pour que le maître gagnât. Ce dernier s'en rendait bien compte mais il laissait faire pour ne pas les attrister. Pendant des heures le vieillard et ses jeunes élèves se trompaient ainsi mutuellement avec affection et chacun s'amusait beaucoup.

Wagner n'aimait pas passer l'hiver à Bayreuth. Cette année-là il avait choisi de louer le palazzo Vendramin, propriété du fils de la duchesse de Berry, le duc Della Grazzia. Il avait à sa disposition dix-huit pièces somptueusement aménagées et avait fait venir de la villa Wahnfried tout le personnel. En outre, deux gondoliers se tenaient constamment à leur service devant le *palazzo*.

Quand il alla leur rendre visite le grand-père reçut une chambre donnant sur le Canale Grande. Il se levait tôt chaque jour et allait entendre la messe dans l'église San Geremia, à quelques pas de là. Il prenait ensuite son petit déjeuner, seul, et se mettait à sa correspondance et à ses partitions. Il ne parvenait guère à se concentrer, constamment à l'affût de Cosima. Celle-ci venait jeter un coup d'œil chez lui vers midi, lui demandait poliment comment il allait, ils échangeaient quelques phrases rapides et elle disparaissait.

— Reste donc un petit peu pour bavarder avec moi, lui dit-il un jour, pourquoi te sauves-tu constamment... ? Je ne peux jamais te parler pendant plus de cinq minutes.

— Je n'ai pas le temps maintenant, papa, il faut que je veille à ce que le déjeuner soit parfait, Richard est très difficile sur ce point. Je vais envoyer Daniela, si vous vous ennuyez. Quant à nous, nous pourrons bavarder au déjeuner.

— Oui, mais je ne déjeune pas à la maison à midi. Je suis invité quelque part.

Cosima le traitait avec brusquerie, comme c'est souvent le cas avec les vieillards. Le grand-père sentait très bien qu'il la gênait, qu'il gênait les habitudes de la maison. Wagner était pantouflard, il ne se sentait bien qu'entouré des siens, à la maison. Il détestait les invités, s'emportait si l'on venait lui rendre visite. Il aimait après le dîner s'asseoir en famille, faire la lecture d'un livre puis discuter de celui-ci. Le grand-père en revanche aimait le mouvement, la compagnie, les allées et venues, et s'il n'allait nulle part le soir il voulait au moins jouer au whist. Wagner n'aimait pas le whist. Ils avaient beau être heureux de se trouver réunis sous un même toit, la présence de Franci gênait et provoquait une tension désagréable.

Ces derniers temps la pensée de la mort ne le quittait pas. Il sentait continuellement sa présence, et tout particulièrement dans cette demeure de Venise. Il ne savait pas pourquoi. Le soleil inondait les pièces où retentissaient les cris joyeux d'enfants, pourtant un pressentiment très vague reliait en lui la mort et l'atmosphère de Venise.

Six semaines après son arrivée il décida de partir. Au moment des adieux Cosima lui baisa la main puis elle tendit son haut front blanc au baiser paternel. Elle quitta l'entrée sans se retourner. Wagner l'accompagna jusqu'à la gondole. Ils s'embrassèrent et Richard remonta jusqu'à la porte. De nouveau il descendit à la gondole pour l'embrasser encore plus affectueusement. Franci vit longtemps la silhouette de son ami debout, tête nue, agitant sa main.

Il se rendait à Pest pour reprendre ses fonctions à l'académie de musique. Ce travail était de plus en plus ardu car l'ancienne harmonie avec Erkel avait disparu. De nouveau des remous s'étaient produits dans les rangs du Parlement et au ministère des Cultes. De plus en plus nombreux étaient ceux qui estimaient bien pâle le caractère hongrois de l'académie, et notamment celui de la chaire de piano. Certains allaient jusqu'à demander à quoi bon s'occuper de Wagner quand la Hongrie avait un Erkel. Même si l'intelligence et le tact de János Végh permirent toujours d'éviter que la situation ne s'envenimât, l'élan et l'enthousiasme qui avaient jadis existé au moment de l'ouverture de l'académie de musique n'existaient désormais plus au sein de la direction de celle-ci.

En revanche il trouvait de nombreuses consolations auprès de ses amis et élèves. Il fréquentait beaucoup le salon des sœurs Wohl, Janka et Stefania, personnes intelligentes qui savaient s'y prendre à merveille pour mêler les sommités de la société et les célébrités de l'art. Il y avait aussi le salon de la belle Emma Földvary, un peu plus guindé, où Franci avait pu maintes fois rencontrer le général Türr, le peintre Munkácsy et Jenö Hubay. Il voyait souvent le curé Schwendtner. C'est chez lui qu'il avait fait la connaissance d'un jeune homme à la voix merveilleuse, Zsigmond Rath, qui voulait devenir chanteur d'opéra mais qui avait été contraint par sa famille de suivre la carrière juridique. Il allait chez les Juhász, les Jókai. Le sculpteur Strobl avait modelé son portrait, Mór Than l'avait peint, de même que la comtesse Nándor Nemes, peintre et pianiste de grand talent. Son amitié pour Albert Apponyi était toujours aussi forte, de même que pour Géza Zichy qui l'invitait souvent dans son château de Tetlén. Parfois il était l'hôte du grand seigneur Tasziló Festetich, dont la femme, la princesse Hamilton, avait quitté son mari, le prince de Monte-Carlo, pour l'épouser. C'était un grand amateur de musique et il avait largement contribué financièrement à la construction du théâtre de Bayreuth. Le vieux chanoine déjeunait également chez bien d'autres connaissances, les Sztaray, les Széchenyi, l'éditeur de musique Taborszky, Leo Festetics.

En effet Franci et Leo étaient de nouveau très amis, les vieilles rancœurs étaient oubliées depuis longtemps. Il rencontra de même Joachim, le violoniste, de passage à Pest pour un concert. Il l'avait salué et lui avait tendu la main. La cause que jadis Joachim avait trahie pouvait à présent autoriser le pardon. A travers toute l'Europe on jouait Wagner et Bayreuth était devenu le centre musical du monde moderne.

Maintenant il passait quatre après-midi par semaine avec ses élèves, Aladár Juhász le secondait en quelque sorte et Franci ne tarda pas à le faire nommer professeur stagiaire. Les jeunes musiciens faisaient des progrès qui le comblaient d'orgueil. Et un beau jour surgit parmi eux une nouvelle Janina, une jeune femme allemande qui s'appelait Lina Schmalhausen.

C'était une grande fille débordante de vitalité, parlant haut et toujours très gaie. Elle avait commencé par être une admiratrice fervente, comme toutes les autres, puis avait poursuivi, comme la Janina de jadis : sans cesse elle allait chez le maître, même en dehors des cours, et peu à peu elle fit sentir à celui-ci que ce qu'elle éprouvait à son égard était un sentiment bien plus profond que l'admiration. Lorsque les allusions se transformèrent en une déclaration d'amour claire et nette, le vieillard dit à la fille en souriant tristement :

— Que veux-tu de moi, petit ? J'ai soixante et onze ans, que diable !

Pour toute réponse la fille s'était blottie contre son idole et l'avait embrassé avec fougue. Le vieux maître s'était laissé faire. Les caresses de la jeune femme avaient fait renaître en lui la vigueur de sa jeunesse.

Dès lors Lina Schmalhausen consacra chaque instant de sa vie à son maître. Elle s'occupait de lui avec une tendresse toute maternelle. Spiridion n'était plus au service de Liszt, la fortune gagnée grâce aux divers trafics, de cheveux ou autres, lui avait permis d'ouvrir une boutique à Weimar. A présent un valet italien nommé Achille le remplaçait et c'était de Lina qu'il recevait tous ses ordres. C'était Lina qui s'occupait du linge, des menus de repas, c'était elle qui achetait le café et le sucre, qui chaque semaine lavait de ses mains l'abondante chevelure de neige de l'abbé Liszt, restant ensuite assise à ses côtés, de peur qu'il ne sortît et ne s'enrhumât. Le vieux chanoine en éprouvait une certaine vanité. Il avait soixante et onze ans et entretenait une maîtresse.

Un matin János Végh vint lui rendre visite à l'académie de musique. Ils avaient quelques questions à régler concernant le corps enseignant, mais lorsqu'ils eurent terminé János Végh ne s'en alla pas.

— J'aimerais encore vous dire quelque chose, maître. J'aurais une grande prière à vous adresser : faites davantage attention à votre santé, qui nous est très précieuse à nous tous et que vous traitez un peu à la légère. Je n'aime pas être vulgaire, mais je trouve par exemple que ce matin vous avez l'air particulièrement fatigué.

Le vieillard rougit, il savait bien pourquoi il était aussi fatigué ce matin-là. La remarque l'avait touché au vif. Il répondit quelque peu nerveusement :

— A quoi voulez-vous que je fasse attention, dites-moi, à quoi ? Je ne passe pas de nuits blanches, je vis normalement. Que dois-je faire de plus ?

— Tout d'abord, vous fumez beaucoup, mais beaucoup trop. Et puis tout cet alcool que vous buvez, le vin rouge, le cognac. Et les femmes… Il est impossible que tous ces abus ne soient pas néfastes pour votre santé. J'ai peut-être le droit de profiter de la chaude amitié qui nous lie pour vous prier, une fois encore, de faire attention à vous.

Le vieux chanoine se redressa tout heureux et flatté d'être toujours considéré, à son âge, comme un enfant terrible.

— Je suis un pauvre vieux pécheur, mon ami, qu'y puis-je ? Depuis soixante et onze ans je n'ai cessé de gaspiller ma vie, et jusqu'à présent cela ne m'a semble-t-il pas nui outre mesure. Ce qui me reste encore à vivre, je préfère le vivre sans rien changer. Allons, parlons d'autre chose. Les jeunes font des progrès formidables. Vous savez, c'est une joie très rare que de pouvoir constater le fruit de son travail. Quand je songe à tous ceux que j'ai formés, je me sens vraiment très fier.

— Qui considérez-vous comme votre meilleur élève ?

— Bülow. Il a vieilli avant l'âge, hélas. Mais depuis son remariage avec cette actrice, Marie Schanzer, on peut espérer qu'il se reprenne. C'est lui le plus grand pianiste que je connaisse. Bien sûr il y en a eu beaucoup d'autres qui avaient un grand talent. Ces derniers jours je pense constamment à l'un de mes anciens élèves que j'avais fait entrer comme professeur de piano au conservatoire de Genève… c'était il y a cinquante ans… Je l'aimais beaucoup, c'était un enfant charmant. Je lui avais donné mon surnom : Putzi. Quel était donc son nom de famille ? C'est vraiment agaçant, depuis quelque temps je perds complètement la mémoire !

János Végh était déjà parti depuis longtemps qu'il réfléchissait encore à ce nom qu'il avait oublié. Sa mémoire le trahissait, sa vivacité d'esprit avait diminué. Puis il pensa à Lina et haussa les épaules. Tant pis, se dit-il, celui qui a passé toute sa vie avec des femmes doit en payer le prix un jour ou l'autre quand la vieillesse a établi son règne.

Il sortit son calendrier de rendez-vous et regarda ceux du jour. Le 15 février 1883 : dîner chez le comte Sándor Apponyi. Il était content de cette invitation chez le petit-fils de son bienfaiteur de jadis, l'ambassadeur à Paris. Le temps passait…

Soudain on frappa et aussitôt la porte s'ouvrit. Kornél Abranyi apparut haletant, le visage décomposé.

— Maître, je viens d'apprendre quelque chose d'épouvantable : Wagner est mort.

— Allons ! D'où tirez-vous cette bêtise ?

— Je l'ai appris de plus de dix personnes, toute la ville en parle.

— Allons, c'est impossible. Ce n'est pas la première fois que l'on diffuse à son sujet ce genre de nouvelle. Moi aussi on m'a jadis enterré… Wagner est à Venise et il se porte comme un charme.

On frappa de nouveau. C'était l'éditeur Taborszky.

— Maître, Wagner est mort. Regardez, c'est dans *l'Extrablatt* !

— Faites voir.

Effectivement le journal annonçait en deux lignes la nouvelle du décès de Wagner, éteint à Venise à l'âge de soixante-neuf ans.

— C'est impossible… S'il y a quelqu'un qui devrait être au courant, c'est quand même bien moi. Faites venir Achille.

Le valet arriva et Franci lui remit un télégramme en français à l'adresse de Cosima. Le valet partit et il resta seul, figé, ne sachant plus que croire. Non, c'était impossible, il n'avait jamais été informé d'une quelconque maladie de Wagner. Cosima ne pouvait pas le lui avoir caché.

Le valet était à peine parti porter son télégramme qu'il en recevait deux l'un après l'autre : la grande-duchesse de Weimar, puis la baronne Meyendorff lui présentaient leurs condoléances. Puis quatre autres télégrammes, puis dix…

Enfin, l'après-midi une dépêche lui parvenait de Venise. C'était Daniela qui lui répondait de rester à Pest, sa mère le priant de ne pas aller à Venise. Après un bref séjour à Munich elle ferait transférer le corps à Bayreuth.

Il s'enferma avec le télégramme. Il voulait être seul. Il ne parvenait pas à croire l'évidence : Cosima ne l'avait pas prévenu, elle n'avait pas éprouvé le besoin de se tourner vers son père en cet instant bouleversant. Maintenant elle ne souhaitait pas le voir à l'enterrement. A l'enterrement de l'homme à qui il avait consacré la moitié de sa vie. Il y aurait là-bas bien d'autres personnages plus intéressants que lui. Des princes, les représentants de toute la vie musicale allemande, tout le monde serait présent. Mais pas lui, Ferenc Liszt. Alors… Il avala sa salive pour retenir les sanglots prêts à éclater. Il restait donc à Pest.

Lorsque le soir fut venu il revêtit sa plus belle soutane et fit venir une voiture. Il donna au cocher l'adresse de Sándor Apponyi. Dans le fiacre il songea bouleversé à l'œuvre qu'il avait composée au palazzo Vendramin : *la Gondole funèbre.* Cette gondole emmenait peut-être déjà le corps de Wagner vers l'église Santa Lucia. Wagner était couché dans le cercueil, à jamais, à côté était assise Cosima, en grand deuil. Il sentit soudain comme un soulagement, une libération. Epouvanté il essaya de comprendre ce sentiment démoniaque qui s'était emparé de son âme. Il n'avait jamais été méchant, pourquoi n'éprouvait-il donc ni douleur ni deuil ? Pourquoi pensait-il à Cosima avec une sorte de joie maligne inexplicable ? Il ne parvenait pas à se comprendre lui-même.

Arrivé devant la demeure du comte Apponyi, il constata avec étonnement qu'aucun attelage ne stationnait dans la rue, comme c'était le cas les soirs de grand dîner. Il sonna et demanda au portier :

— Le dîner n'a-t-il donc pas lieu ce soir ? Me serais-je trompé de jour ?

— Mais non, mon père, M. le comte a décommandé tout le monde en raison du deuil.

— Je ne comprends pas, il ne m'a pas prévenu, moi.

— C'est que, mon père, M. le comte a dit qu'il ne fallait pas vous déranger aujourd'hui…

XVI

Une lettre de Daniela arriva à Weimar. Celle-ci transmettait encore une fois un message de sa mère : le grand-père ne devait pas encore venir à Bayreuth car Cosima était actuellement dans un tel état qu'elle était incapable de recevoir des invités. Elle préviendrait dès qu'elle irait un peu mieux. Franci rangea la lettre, il n'en parla à personne. Mais il souffrait beaucoup.

Il trouvait une consolation et un réconfort dans ses élèves et ses nombreux voyages. C'était comme si l'instinct de nomade flamboyait une dernière fois en lui, telle la bougie qui s'éteint. Il se rendit à Meining où Bülow donnait un concert. Hans semblait métamorphosé. Etait-ce la mort de Wagner qui l'avait fait renaître ? Il alla ensuite à Pozsony pour diriger sa *Messe du couronnement* à l'occasion de la Messe d'or du curé Heidler. A Vienne Tilgner modela son portrait. Puis il revint à Weimar. Il voyageait sans répit partout, sauf en l'unique endroit où il aurait aimé se rendre : Bayreuth. Là personne ne l'invitait. Cosima n'avait toujours pas envie de revoir son père. Le vieillard espérait et attendait une lettre. Celle-ci ne vint jamais.

Plus d'une année avait passé depuis la mort de Wagner. Il se décida alors à écrire à Bayreuth. Il se sentait très vieux et peut-être ne vivrait-il plus guère que quelques mois. Il voulait revoir ses petits-enfants. Cette fois non plus Cosima ne répondit pas. Daniela écrivit à sa place. En raison des représentations de *Parsifal* sa mère avait énormément de travail et à la villa Wahnfried le grand-père ne se serait pas senti à l'aise. Elles lui avaient cependant trouvé un logement à proximité, il s'y sentirait très bien.

A gauche de la villa Wahnfried se trouvait une petite rue étroite que le tourisme florissant depuis quelque temps avait enrichie de jolies maisons. Cette petite rue avait été baptisée rue Siegfried. Au coin se trouvait la maison dans laquelle on lui avait retenu un appartement, deux pièces assez agréables. Le vieux Liszt déposa ses bagages et s'empressa vers la villa Wahnfried. Dans la cour les deux énormes saint-bernard accoururent en aboyant mais tout de suite ils le reconnurent et se mirent à lui faire fête. De la villa sortit un valet qui fit taire les chiens.

— Annoncez mon arrivée à ma fille. Les enfants sont à la maison ?

— Ils sont tous partis en promenade, mon père. Par ailleurs je n'ai le droit d'annoncer personne. Madame m'a ordonné de faire savoir qu'elle n'était là pour personne. Elle s'est enfermée dans son bureau et travaille.

— C'est bon. Alors dites-lui donc que je suis arrivé et qu'elle me prévienne quand je pourrai venir la voir.

Il tourna les talons et partit se promener. Lorsqu'il rentra à son petit appartement il demanda à la maîtresse de maison, Mme Forstrat von Fröhlig, si on ne l'avait pas cherché. Non, personne n'était venu. Le lendemain Daniela lui rendit visite. Elle expliqua toute gênée que sa mère était débordée de travail, qu'elle n'avait pas une seconde à elle, mais que le grand-père n'avait qu'à se sentir comme chez lui à Bayreuth, la loge de la famille était à son entière disposition. La petite-fille ne s'attarda pas auprès du vieillard, elle aussi avait beaucoup à faire ; elle aidait à présent sa mère dans l'organisation du festival. C'était elle qui accueillait les invités de marque arrivant par le train. Le grand-père voulait jouer l'après-midi avec les enfants et il le fit savoir à la villa. En réponse on lui apprit que ceux-ci avaient des leçons de langues et qu'il était strictement interdit de les supprimer. Il repartit donc se promener. Le soir il entra tout ému dans la loge familiale. Mais celle-ci était vide. Cosima n'assistait pas à la représentation.

Le lendemain il attendit de nouveau un message de Cosima. Pas un signe ne vint. Le soir, avant le spectacle, les enfants, les deux petites filles et Fidi, vinrent le voir. Il bavarda joyeusement avec eux, leur raconta des histoires, les fit rire. Puis les enfants partirent et il resta seul. Cosima ne vint pas au théâtre. Le jour suivant Daniela lui fit savoir que leur loge était occupée par des invités étrangers mais qu'on lui avait réservé une place d'orchestre. Quant à la mère, elle était extrêmement désolée de ne pouvoir toujours pas rencontrer le grand-père. Peut-être l'occasion se présenterait-elle les jours suivants.

Le vieillard sourit paisiblement mais ses yeux s'emplirent de larmes. Il ne dit rien à personne, fit ses bagages et partit avec le premier train. Il se sentait comme un chien vagabond traînant autour de la villa Wahnfried qu'il ne pouvait apercevoir qu'à travers la grille. Cosima ne lui avait même pas écrit. Il se résigna à son sort. Sa fille ne voulait pas le voir. Il retourna à Weimar. Auprès de ses élèves.

C'étaient eux qui formaient sa véritable famille, une troupe bigarrée où se mélangeaient des jeunes gens venus de tous les coins d'Europe. Eugène d'Albert, le grand passionné qui était amoureux à mourir d'une nouvelle femme toutes les semaines et désirait se marier immédiatement, tant que son maître ne lui faisait pas la leçon ! Albeniz, le jeune Espagnol d'une infinie gentillesse, toujours souriant. Zarembski, le Polonais tantôt délirant de joie, tantôt sombrant dans le spleen. Emil Sauer, un jeune homme de Hambourg qui avait étudié auprès de Rubinstein et s'efforçait par ses progrès effarants d'être le successeur du talent de ses maîtres. Felix von Weingartner, autrichien, d'une grande famille de Zara, qui forgeait de somptueux projets et rêvait déjà d'être chef d'orchestre. Lamond, le jeune homme de Glasgow. Da Motta, le Portugais venu d'une île de Guinée vivant du trafic d'esclaves. Siloti, le Russe de Harkov. Puis István Thoman, le fils du médecin d'Homonna. Stevenhagen, fils du directeur général de la firme berlinoise. Spindler, un garçon de toute beauté, idole des élèves de sexe féminin, après le maître, cela s'entend. Friedheim, le juif de Russie, accompagné par sa mère qui le surnommait Artisa. Göllerich, qui était déjà marié, avec une femme extrêmement grosse. Et les filles. Tout d'abord, bien sûr, il y avait Lina Schmalhausen. Puis Arma Senkrach, l'Américaine surveillée par sa mère. Cette dernière avait été surnommée "le chœur grec" par Liszt, car elle se mêlait de tout et commentait tout, tout comme le chœur de la tragédie antique. Amy Fay, l'autre Américaine, très belle et amoureuse de son maître au point que sa main tremblait sans cesse. Marie Lipsius, qui écrivait çà et là sous le nom de La Mara. Adele Aus Der Ohe au si joli nom. La flamboyante Russe, Vera Timanoff. Et toute une troupe de talents, une plus grande encore sans talent que Liszt écoutait patiemment et félicitait poliment. Ils pouvaient bien jouer au piano, puisqu'ils aimaient cela... Ils ne faisaient de mal à personne ! Ceux qui avaient du talent par contre n'échappaient pas à sa sévérité. Ceux-là, il valait la peine de les gronder, de les faire souffrir, de les diriger, de les corriger et se délecter des progrès qu'ils réalisaient.

Il vivait parmi eux comme un prince. Son autorité était inouïe, personne n'osait ouvrir la bouche tant que le maître ne lui avait pas posé de question. Comme cela se fait dans les cours princières, des partis se formaient, les favoris tissaient des intrigues les uns contre les autres, une unique remarque du maître pouvait remuer le camp pendant des jours. Ils allaient le trouver avec leurs affaires privées, leurs problèmes amoureux, leurs soucis professionnels. Il donnait des conseils, réconciliait les couples, faisait taire les menaces de délaissés jaloux, et lorsqu'il recevait une lettre angoissée de l'une des familles il ne manquait pas d'adresser une bonne semonce à celui ou celle qui n'écrivait pas régulièrement à sa mère.

Lorsqu'il se rendit à Pest certains le suivirent et le groupe des élèves hongrois s'en trouva agrandi. Ce deuxième groupe était tout à fait différent et constituait une sorte de deuxième cour du prince partagé entre deux pays. Aggházy, le jeune homme *székely* qu'il aimait beaucoup. Károly Rauch, le riche garçon qui aurait voulu entreprendre une carrière musicale, choix que sa famille n'acceptait pas. Arpád Szendy, le plus doué après Juhász, celui qui était le plus capable de s'imprégner du style de Liszt. Vilma Warga, dans la villa de laquelle il avait passé des journées bien agréables à Rákospalota. Izabella Kuliffay, la fille d'un célèbre journaliste. Et ici aussi Lina Schmalhausen, aussi bienfaisante que fatale.

Ses forces physiques avaient diminué énormément au cours des derniers temps. Sa vue s'affaiblissait de jour en jour et même avec des lunettes il avait des difficultés à lire. Il ne déchiffrait qu'à grand mal les lettres de Carolyne, Sophie et Olga. Il souffrait d'insomnies, se levait avec des paupières rouges et des yeux larmoyants. Il était devenu susceptible et très irritable. Des vétilles le mettaient hors de lui, sans parler des plus grandes émotions. Et pourtant il n'en était pas privé. La froideur cruelle et inexplicable de Cosima lui rongeait le cœur. En outre une autre affaire devait encore l'éprouver rudement. François-Joseph avait offert à Pest un somptueux opéra. Celui-ci avait été construit sur la place Hermina, sa façade donnant sur l'avenue Andrássy. On avait demandé au vieux Liszt de composer pour l'ouverture un hymne au roi. Il s'était exécuté mais l'intendant, le baron Frigyes Podmaniczky, avait refusé le chant en arguant du fait que le compositeur y avait intégré le motif d'un chant kouroutz, détail que le baron trouvait particulièrement contraire à l'hommage des sujets envers leur souverain. Le vieillard n'en dormit pas pendant des nuits et il n'assista pas à l'inauguration superbe du merveilleux édifice. A ses visiteurs il ne manquait pas d'expliquer l'inconséquence avec laquelle il était traité : soit on ne le trouvait pas assez hongrois, soit on le trouvait trop hongrois. Et pourtant il était toujours le même.

Et tout à coup il fut repris par son instinct insatiable de vagabondage. Il avait déjà beaucoup de mal à monter tout seul dans la voiture du train et pourtant il allait d'une ville à l'autre, inlassablement. Il assista à Pozsony à un concert de Rubinstein. Puis Vienne, Weimar, Karlsruhe, où il revit l'ancien régisseur du théâtre de Bayreuth, Felix Mottl, à présent chef d'orchestre. A Strasbourg il écouta un concert dont le programme était exclusivement composé de ses œuvres. De là il alla à Anvers où l'on donnait la messe qu'il avait écrite pour chœur d'hommes. A Aix-la-Chapelle de même on jouait les œuvres de Liszt. Puis ce fut Munich, où l'on représentait l'opéra de Cornelius, le célèbre *Barbier de Bagdad.* Il avait l'intention de gagner le Chiemsee pour rendre visite à l'un de ses élèves mais une tempête épouvantable avait bloqué toute circulation sur le lac. Il n'avait pas attendu et s'était rendu à Itter, petit coin tyrolien où Sophie s'était acheté une maison de campagne pour y passer le temps libre que lui laissait son emploi en Russie. Il resta deux jours chez Sophie, écouta le récit de ses succès et se plaignit de sa vieillesse à lui, puis il partit pour Innsbruck où il avait rendez-vous avec Lina et Thoman. Il avait l'intention de fêter son soixante-quatorzième anniversaire à Rome mais les inondations du Pô l'obligèrent à rester à Innsbruck en compagnie de ses chers élèves. C'est ensuite avec eux qu'il alla à Rome.

Carolyne poussa les hauts cris en le voyant.

— Mon Dieu, c'est épouvantable, dans quel état êtes-vous ! Mais il n'y a là rien d'étonnant. J'entends à votre sujet de ces choses effroyables... Il faudrait administrer une bonne correction à cette petite saleté de Schmalhausen. C'est elle qui vous mènera à la tombe.

— Allons, c'est une très bonne fille. Elle prend soin de moi.

— Ah ça, on peut le dire ! Vous avez l'air d'un mort-vivant déjà. C'est horrible, horrible. A part ça, mes félicitations, arrière-grand-père !

— Moi, je suis arrière-grand-père ?

— Vous ne le saviez donc pas ? La comtesse Gravina a donné le jour à un petit garçon, en Sicile. Il s'appelle Manfréd. Je l'ai entendu dire la semaine dernière. Vous ne le saviez pas ?

— Non, je ne le savais pas, marmonna le vieillard, on ne m'a pas informé.

XVII

Le dernier voyage de Liszt commença à Paris. On y donnait la *Messe d'Esztergom*. Le vieillard avait pris une chambre à l'hôtel de Calais. Mme Munkácsy s'était empressée d'aller le trouver et lui faire promettre qu'il viendrait s'installer chez eux dès son retour d'Angleterre. Le peintre hongrois avait une demeure somptueuse dans l'avenue de Villiers. Il était en train de peindre son tableau sur la mort de Mozart. Malade, atteint du tabès, il exécutait sa corvée sous la baguette d'une femme certes incomparablement habile et qui avait beaucoup aidé son mari à s'affirmer. Le peintre avait fait d'elle un portrait admirable et d'un pinceau tremblant il avait tracé l'inscription "à Ferenc Liszt". Franci aimait beaucoup cet homme rude à l'âme noble et son épouse intelligente, plaisante et toujours très active, malgré sa forte corpulence. Pourtant il se sentait mal dans cette maison. Elle était triste, démoralisante, tragique.

Comme vingt ans auparavant la messe fut donnée à l'église Saint-Eustache, mais cette fois le succès fut immense. Dans la salle de concert du Trocadéro, sous la direction de Colonne on joua les *Préludes*, une rhapsodie arrangée pour le piano et *Orphée*. La presse en vingt ans s'était mise au diapason de la nouvelle musique qui avait fini par s'imposer. Le vieillard fut fêté comme un prince. Erard organisa en son honneur un dîner de trois cents couverts. Il s'assit au piano et une fois encore le vieux Klingsor, le magicien hongrois, plongea Paris dans l'émerveillement.

De nouveau il traversa le détroit pour revoir une dernière fois Londres. Il n'y était pas retourné depuis l'horrible époque où Marie l'y avait rejoint. Les scandales d'alors étaient bien loin, cette fois il ne connut plus que triomphe et adoration. *La Légende de sainte Elisabeth* fut jouée à St James Hall. Le succès fut tel qu'une seconde représentation eut lieu quelques jours plus tard, en présence du prince Edward et de son épouse. L'héritier du trône commençait à prendre de l'âge mais n'avait rien perdu de son élégance éblouissante. Le lendemain la reine Victoria reçut Liszt à Windsor. Ils ne s'étaient pas vus depuis plusieurs dizaines d'années. La reine jadis si belle était devenue une petite vieille difforme, le dandy jadis si svelte et irrésistible était maintenant un vieux chanoine qui traînait les pieds. Tous deux se regardèrent et tandis qu'ils échangeaient formules de politesse et phrases toutes faites pour l'occasion, ils songeaient en soupirant à leur lointaine jeunesse, à leur beauté à jamais disparue.

Il retourna à Paris. Le voyage en bateau l'avait beaucoup affaibli et chez les Munkácsy où il logeait il dut garder le lit. Lorsqu'il se fut difficilement remis il reçut chaque soir la visite de Rubinstein. Ils jouaient au whist et bavardaient. Puis il décida de se rendre à Weimar. Son état n'était guère satisfaisant, il était fatigué, fiévreux, toussait beaucoup. Il promit aux Munkácsy qu'il irait leur rendre visite pendant l'été à leur château luxembourgeois de Colpach.

A Weimar il retrouva Mme Meyendorff qui avait quitté Rome pour se trouver aux côtés de son vieil ami. C'en était fini de la bonne ambiance qu'il avait connue avec ses élèves. La vieille baronne était devenue autoritaire, tyrannique même, désagréable. Mais Franci ne pouvait s'en libérer. Lorsque le soir arrivait il lui fallait donc se résigner à son sort et aller la retrouver. Ils dînaient ensemble, parfois en compagnie d'un invité, et la vieille femme aigrie se plaisait à se moquer continuellement de l'admiration sans bornes que vouaient au vieillard décrépit Lina et d'autres élèves.

Un jour il reçut un télégramme de Cosima. Celle-ci annonçait son arrivée. Le vieillard fut complètement bouleversé par l'événement et il alla montrer la dépêche à la baronne.

— Vous voyez, Cosima a quand même besoin de moi. Elle s'est rendu compte qu'elle a besoin de me voir. C'est tout de même ma fille, même si je suis très fâché…

— Allons, ne soyez pas aussi naïf. Cette année les locations s'annoncent mal à Bayreuth, elle a besoin de vous comme d'une pièce d'exposition, comme d'une attraction. Cosima sait très bien ce qu'elle fait. Elle va venir ici, dire deux mots, et vous allez courir à Bayreuth comme un caniche à qui l'on a lancé une balle.

— Moi ? Je préférerais qu'on me coupe la tête plutôt que d'aller là-bas !

Il décida héroïquement qu'il allait donner une bonne leçon à Cosima. Il allait la punir : il n'irait pas à Bayreuth. On verrait bien l'année suivante...

Lorsque Cosima descendit du train, le vieil homme courbé se tenait sur le quai. La fille s'avança vers lui et il tomba dans ses bras en sanglotant.

— Ne nous faisons pas remarquer, papa. Venez.

Elle le prit par le bras et lentement ils allèrent jusqu'à la voiture. A l'intérieur le vieillard se remit à pleurer. Il revoyait sa fille pour la première fois depuis la mort de Wagner.

— Papa, dit Cosima lorsqu'ils furent enfin assis chez son père, vous êtes bien sûr convaincu de m'en vouloir à juste titre. Je ne peux ni ne veux de toute façon vous prouver que vous avez tort. Il me faut supporter votre rancune. Mais vous n'avez pas le droit d'en vouloir à Daniela. Je suis venue en son nom pour vous inviter à son mariage. Elle épousera au début du mois de juillet un jeune homme de grandes qualités.

— Qui est-il ?

— Thode, un historien de l'art, vous ne le connaissez pas. Si vous n'assistez pas au mariage, Daniela sera inconsolable et je ne sais pas ce que penseraient les parents de Thode... Bref, Daniela vous supplie de venir à son mariage, à Bayreuth.

— J'irai, bien sûr que j'irai. Je veux aussi être là pour le festival. J'irai, sans faute.

— Nous comptons bien sur votre présence, papa. La villa Wahnfried serait cependant trop bruyante pour vous, mais vous pourrez loger comme l'autre fois chez Mme Fröhlig ; là, personne ne vous dérangera.

— Tout est bien pour moi, pourvu que je sois avec vous.

Il ne pouvait se lasser de regarder sa fille. Il lui tenait sans cesse la main, la caressait. Il lui posa cent questions au sujet des enfants. Comment était l'arrière-petit-fils Gravina ? Et les deux petits, que faisaient-ils ? Fidi voulait-il toujours être architecte ? Qui jouerait à Bayreuth cet été ? Il était intarissable, Cosima aurait pu rester une semaine, il aurait encore eu des questions à lui poser.

Mais Cosima ne resta pas une semaine. Une fois sa mission accomplie elle repartit à Bayreuth sans perdre un instant. Quant au vieillard, la joie subite de revoir sa famille lui provoqua un tel choc qu'il tomba malade. Il pouvait à peine se déplacer sur ses jambes enflées et douloureuses. Mme Meyendorff, après l'avoir tourmenté pendant des jours en lui reprochant sa faiblesse et son manque de fierté, ce qui ne fit que l'accabler encore bien plus, l'emmena de force un jour à Halle pour consulter des médecins. Ceux-ci l'examinèrent très consciencieusement.

— Qu'y a-t-il dans mes jambes ? demanda le vieux Liszt.

— De l'eau, répondit sans ambages l'un des médecins.

— Hydropisie… Sachez que je suis tout à fait au courant de ce que cela signifie. J'en sais à ce sujet suffisamment. Combien de temps puis-je vivre encore ?

— Personne ne peut le dire. Si vous faites attention à vous, maître, vous pouvez vivre encore très longtemps.

— Je n'en ai plus besoin. Je veux seulement tenir jusqu'au mois d'août, car il faut que je sois en juillet à Bayreuth. Il faut que je voie *Tristan* et *Parsifal*. Je vivrai jusque-là, n'est-ce pas ?

— Mais bien sûr. Seulement, soyez très prudent.

Ils rentrèrent à Weimar. Là il travailla encore un peu. Il avait composé le portrait musical de six Hongrois : Széchenyi, Deák, Eötvös, László Teleki, Vörösmarty et

Petöfi. Avec ces œuvres auxquelles il donnait à présent une ultime petite retouche, il voulait déclarer une dernière fois sa totale appartenance à la Hongrie. Mais le travail lui était désormais très pénible. Il était presque aveugle, il ne pouvait plus déchiffrer les lettres que si elles étaient écrites en très gros caractères rouges.

Puis il se rendit à Bayreuth pour le mariage. Là il vécut des heures de bonheur total, tout le monde était gentil et affectueux avec lui, même Cosima. Il quitta la petite ville le cœur joyeux pour aller rendre visite aux Munkácsy, comme il le leur avait promis. Haynald se trouvait lui aussi à Colpach. Ils passèrent des heures très douces dans le beau parc de la propriété, parlant de musique. Ils étaient bien. Le vieux Liszt accepta de donner pour les bonnes œuvres un récital de piano à Luxembourg. Le dernier jour, tremblant déjà de joie, il alla encore entendre la messe du matin. Il faisait un temps pluvieux et désagréable. En sortant de l'église glaciale il fut secoué de frissons. Il comprit tout de suite qu'il avait pris froid.

Il arriva à Bayreuth le 24. Il y rencontra Lina, à qui il avait auparavant envoyé un télégramme. Le soir il sentit qu'il avait de la fièvre. Le lendemain matin à six heures Cosima vint lui rendre visite. Ils prirent leur petit déjeuner ensemble puis Cosima partit au théâtre où elle serait occupée toute la journée. Il commença à tousser très fort, sa poitrine lui faisait mal, il aurait aimé se coucher, mais ce n'était pas possible : il avait promis à sa fille d'aller déjeuner chez la comtesse Hatzfeld. L'après-midi il essaya de jouer aux cartes mais ses mains tremblaient tellement qu'il y renonça. Il ne se coucha pourtant pas, car il avait également promis à sa fille de venir le soir à la villa Wahnfried à la soirée où plusieurs personnes étaient impatientes de faire sa connaissance. Il s'y rendit, complètement étourdi et toussant épouvantablement.

— Ce doit être très grave, dit-il en souriant amèrement, même le cigare commence à me dégoûter.

Lorsqu'il rentra dans le petit appartement il était brûlant de fièvre. Il se leva pourtant le lendemain car il devait recevoir quelques visiteurs, des étrangers qui voulaient venir le saluer. A quatre heures de l'après-midi commençait la représentation de *Parsifal*. Il s'assit dans la loge de la famille, appuyé à la colonne, fiévreux, un mouchoir devant la bouche pour étouffer ses toux.

— Après-demain on donnera *Parsifal*, papa, lui dit Cosima après le spectacle. J'espère que vous viendrez, c'est très important que vous soyez présent.

Il se contenta de hocher la tête, incapable de prononcer un mot, tant il toussait. Il rentra. Le lendemain de nouveau des gens vinrent le trouver, envoyés par Cosima. Il répondit patiemment à leurs questions, il fut pourtant assez sec avec une femme américaine qui voulait à tout prix qu'il lui jouât sur-le-champ quelque chose au piano. C'était vendredi. Le samedi aurait lieu la représentation de *Parsifal*.

— Pour l'amour de Dieu, supplia Lina, n'y allez pas.

— Il faut que j'y aille. Cosima me l'a demandé, et je le lui ai promis.

Lina pleura et essaya de le raisonner mais il partit quand même. En attendant le début de la représentation il fit tous ses efforts pour rester au bord de la loge. Dès que l'obscurité se fit dans la salle il recula et se laissa emporter par l'ivresse de la musique mêlée à la torpeur de la fièvre. Quand ce fut l'entracte il retourna encore une fois au bord de la loge pour applaudir de ses mains brûlantes de fièvre. Il fallait qu'on le vît, que tout le monde le vît.

Le dimanche il céda enfin aux supplications de Lina et fit venir un médecin. Le docteur de Bayreuth, Landgraff, commença par lui interdire toutes les boissons alcoolisées. Ses repas lui furent envoyés de la villa Wahnfried, or depuis longtemps il était incapable de mâcher, faute de dents, et ne savait que faire de ces plats de viande. Lina voulut y mettre de l'ordre mais on ne la reçut pas à la villa Wahnfried. Cosima lui fit seulement savoir qu'elle lui conseillait de laisser le malade en paix, maintenant qu'elle l'avait complètement détruit. Toute la journée il n'avala rien d'autre que de l'eau minérale. Il suppliait Lina de lui donner du cognac mais celle-ci, assise au bord du lit, n'osait pas lui en apporter. La journée du lundi se passa de la même manière. A présent on avait fermement averti Lina que sa présence auprès du malade n'était pas du tout désirable.

— Je m'en vais maintenant, chuchota-t-elle au malade, mais je reviendrai cette nuit, la fenêtre est ouverte.

A minuit elle entra par la fenêtre. Le malade ne dormait pas, elle s'assit au bord du lit.

— Comment allez-vous, mon chéri ?

— Mal. Je n'ai pas du tout confiance en ce médecin. Il dit sans cesse que je vais mieux, mais moi je me sens de plus en plus mal. Tu n'as pas apporté de cognac ?

— Non. Je n'ose pas. Peut-être le médecin a-t-il raison.

Il s'endormit et Lina ressortit par la fenêtre. Mais le lendemain matin, de bonne heure, elle revint, persuadée qu'on ne la verrait pas.

— Comment allez-vous ? demanda-t-elle, angoissée.

— Hélas, je ne vais pas mieux. Je me suis réveillé tout de suite après m'être endormi et depuis je ne suis pas parvenu à fermer l'œil.

A cet instant Cosima entra dans la chambre. Elle aperçut aussitôt Lina à laquelle elle dit, sèchement :

— Veuillez sortir d'ici immédiatement. J'ai prévenu Mme Fröhlig de ne laisser entrer ici personne. Je ne permettrai pas que l'on dérange le malade. Disparaissez, mademoiselle. Comment allez-vous, papa ?

— Mal.

— J'ai envoyé un télégramme à Erlangen. Un autre médecin viendra demain. Ce Landgraff ne sait rien. Soyez patient, tout s'arrangera. Vous guérirez très vite.

Puis elle sortit. Le malade resta seul.

Lina avait été chassée, le secrétaire Göllerich était alité dans l'autre appartement, fiévreux lui aussi. Les heures passèrent dans cette solitude horrible, sans l'alcool que le vieillard désirait tant. Personne ne vint le voir de tout le jour. Le soir il y eut une réception à la villa Wahnfried, il entendit la musique. On ne joua que Wagner, rien que Wagner. Il soupirait pourtant après un morceau de Liszt, rien qu'un, comme après un verre de cognac.

Le lendemain le médecin d'Erlangen, Fleischer, l'examina et diagnostiqua aussitôt une double pneumonie. Cosima, qui était présente, fut visiblement effrayée par le verdict. Elle déclara qu'elle se ferait installer un lit près de son père, dans l'entrée, et qu'elle viendrait lui rendre visite plusieurs fois au cours de la journée. Mais il était strictement interdit à Lina d'entrer, elle ordonna au valet de la chasser.

Il la vit encore une ou deux fois se pencher au-dessus de lui, comme à travers un brouillard. Il pensait alors à Carolyne. Quelque chose d'effroyable lui était arrivé, une punition qui anéantissait sa vie tout entière... qu'était-ce donc ?... il avait du mal à rassembler ses pensées... que s'était-il donc passé ?... ah oui, le pape avait mis à l'index l'œuvre en vingt-deux volumes de la princesse Carolyne...

Puis il crut voir Carolyne devant lui, jeune, en robe de mariée, elle lui tenait la main. Mais il lâcha cette main car il venait d'apercevoir Liline. Liline s'avançait vers lui en souriant, rougissante. Il l'enlaça très fort et chercha ses lèvres. Il l'embrassa, pour la première fois. Une musique merveilleuse retentit.

La vision se dissipa, la musique se tut. Il entendit un vague bruit qui s'approchait et soudain il se sentit très léger. Il se sentit grandir, grandir, s'élever, jusqu'à recouvrir le monde. Il disparut avec un élan épouvantable dans l'infini. Il sut à cet instant qu'il se fondait en Dieu.

Il trouva alors pour la première fois l'abnégation parfaite que toute sa vie il avait cherchée, en vain.

FIN

TABLE

BABEL

Extrait du catalogue

53. JORIS-KARL HUYSMANS
A rebours

54. HENRY BAUCHAU
Œdipe sur la route

55. ÉMILE ZOLA
La Bête humaine

56. GÖRAN TUNSTRÖM
L'Oratorio de Noël

57. FÉDOR DOSTOÏEVSKI
La Douce

58. VICTOR HUGO
Ecrits sur la peine de mort

59. PAUL GADENNE
Baleine / L'Intellectuel dans le jardin / Bal à Espelette

60. PAUL AUSTER
Le Voyage d'Anna Blume

61. JOHN CLELAND
Fanny Hill, la fille de joie

62. NINA BERBEROVA
Récits de l'exil, t. I

63. ALEXANDER LERNET-HOLENIA
Le Baron Bagge

64. CORINNA BILLE
Juliette éternelle

65. ELENA PONIATOWSKA
Cher Diego, Quiela t'embrasse

66. HORST KRÜGER
Un bon Allemand

67. AUGUST STRINDBERG
Petit catéchisme à l'usage de la classe inférieure

68. PAUL AUSTER
Moon Palace

69. ANTON TCHEKHOV
Les Trois Sœurs

70. ROBERT LOUIS STEVENSON
L'Ile au trésor

71. FÉDOR DOSTOÏEVSKI
L'Idiot, vol. I (livres 1 et 2)

72. FÉDOR DOSTOÏEVSKI
L'Idiot, vol. II (livres 3 et 4)

73. FÉDOR DOSTOÏEVSKI
L'Idiot, vol. III (roman préparatoire)

74. CHARLES PÉGUY
De Jean Coste

75. Anonyme
Le Portier des chartreux

76. YI MUNYŎL
Notre héros défiguré / L'Oiseau aux ailes d'or / L'hiver, cette année-là

77. MA JIAN
La Mendiante de Shigatze

78. NINA BERBEROVA
Récits de l'exil, t. II

79. MAURICE BARTHÉLEMY
De Léopold à Constance, Wolfgang Amadeus

80. HARRY MULISCH
L'Attentat

Ouvrage réalisé
par l'Atelier graphique Actes Sud.
Reproduit et achevé d'imprimer
en mai 2023
par Normandie Roto Impression s.a.s.
61250 Lonrai
sur papier fabriqué à partir de bois provenant
de forêts gérées durablement (www.fsc.org)
pour le compte des éditions
Actes Sud
Le Méjan
Place Nina-Berberova
13200 Arles.

Dépôt légal
1re édition : septembre 1993
N° impr. : 2301978
(Imprimé en France)